网络法典型案例

裁判要旨与分析

TYPICAL CASES OF INTERNET LAW

JUDICIAL GISTS AND ANALYSIS

吴尚聪 编著

社会科学文献出版社
SOCIAL SCIENCES ACADEMIC PRESS (CHINA)

序

　　中国拥有世界上人数最多的互联网人口，拥有跨越地域最辽阔的互联网基础设施，拥有一批具有世界级影响力的互联网企业，也拥有与世界同步的最新网络样态和技术实践。可以说，互联网已是中国在信息化时代傲人的核心竞争力之一。与此同时，我们对于网络安全和可持续性发展的重视也上升到了国家战略的高度，容括了技术防控、政策因应、法理治理的多层次、立体化的互联网安全措施正在逐次推进和不断深化。当然，在如此繁复、幽深、流动着巨量信息和蕴藏着惊人财富的网络世界里，法律不应缺席，也绝不缺席。我们有理由相信，中国的网络空间中，同样有着世界上类型最繁多的犯罪样式、构造最复杂的交易模式、数量最多的法律问题和最惊人的体量，这固然不值得赞许，但是客观上也给中国网络法的创生和发展提供了营养足够丰富的土壤。因此，对于网络法学研究而言，这是一个"最坏的时代"，但同时也是"最好的时代"。

　　现有的法律和司法体制模式，产生于农业社会，成熟和完备于工业社会。在社会不断转型、互联网迭代发展的大背景之下，面对信息时代和信息社会，如何实现法律和司法体制的代际发展与革命提升，是一个必须面对和思考的重大问题。信息时代法律规则和理论的时代更新，绝不仅仅是一个理论主张，而是一个必然的历史进程。在这一历史进程中，我国的网络法治实践贡献了不可估量的司法智慧，对于推动传统法律规则变革以适应信息时代，进而塑造信息时代自有的治理模式与法律规则，起到了先期探索的作用。16年来中国的网络法治实践，伴随着网络的迭代发展，实际形成了一套颇具规模的规则体系，在相当程度上走在了立法的前面。它的辐射范围，从最初的财产属性、电子证据、网络犯罪等热点问题，逐渐扩散至网络交易、网络不正当竞争、网络知识产权、个人信息保护和网络平台等领域，涵盖面越来越广，领域越来越深。以网络法中最棘手的网络犯罪为例，在农业社会和工业社会，科学技术与社会发展进程的相对稳定和缓慢，使得罪刑法定原则约束下的刑法能够较为顺利地应对实践中出现的绝大部分问题。但随着人类步入信息时代，社会的发展速度大幅加快，各种新技术、新事物层出不穷，受罪刑法定原则"束缚"的刑法在面对实践中出现的新问题时越来越捉襟见肘、疲于奔命，刑法在信息时代陷入了前所未有的尴尬境地。在这种情况下，单靠立法的途径是难以解决的。因此，司法智慧的贡献度较之立法显得更为突出。基于秩序维护的需要而进行有节制的扩张解释，成为一种正在悄然进行的"润物细无声"式的司法探索，也成为帮助传统刑法悄然迈入网络空间、网络世界的基本模式。通过一个个案件判决显示的司法智慧和确立的定罪量刑等领域的规则，悄然通过一桩桩案件不断进行展示，进而宣示，最终达成共识。因此，网络法的学习、研究乃至发展，需要格外重视案例的作用，重视大步前行的司法案件中的法理探索和判决结论。借助司法实践的个案处理，一方面，具有"短平快"的特点，能够及时回应现实需求；另一方面，则能够以个案形式不断探索网络时代的法律规则，为今后的网络立法提供经验、铺平道路。以网络犯罪的四次迭代发展为例，网络的发展先后经历了"前网络时代—网络1.0时代—网络2.0时代—网络'空间化'时代"四个阶段。前网络时代的犯罪主要是盗版软件问题，实际上并不涉及网络，也和计算机没有直接关系，而是属于"与计算机有关的犯罪"，计算机本身仅仅是盗版软件的读取工具和犯罪的"媒介"，因此当时立法上通过新增"侵犯著作权罪"和"销售侵权复制品罪"就能够解决；进入网络1.0时代，犯罪开始针对计算机信息系统，主要表现为非法侵入、破坏计算机信息系统，将计算机本身作为"犯罪对象"加以侵害，于是通过两次立法，构建了我国计算机犯罪罪名体系，并通过后续的司法解释不断进行了完善与细化；踏入网络2.0时代，真正意义上的"互联网"开始出现，人与人之间的交流变得可能，点对点的犯罪也开始出现，传统犯罪在网络时代产生了异化，网络开始以"犯罪工具"的形象展现，于是立法和司法再次发力，立法上通过及时增设新罪名严密法网，司法上则变为与时俱进的司法解释出台，从这一时期的司法解释远远多于其他时期可见一斑；到了网络"空间化"时代，随着平台思维的兴起，网络成为滋生犯罪的空间与土壤，网络正式成为"犯罪空间"，此时刑法本身因尚未总结出规律和形成类型化的解决思路而稍有停滞，只能通过司法解释有针对性地予以回应。网络犯罪的发展总是伴随着人类对网络深度利用而变化的，是网络自身不断升级发展的过程，更是网络逐渐"主体化"的过程。网络在网络犯罪中的地位经历了一个演变历程：媒介—对象—工具—空间。甚至在不远的将来可能发展到"主体"这一阶段。与网络在犯罪中的地位发展历程相伴的是，网络犯罪侵犯的客体也在不断发生变化，并逐渐趋向整体化、抽象化：软件—系统—财产—秩序。如果按照网络未来的发展趋势，"人身"成为网络犯罪的客体或许将是难以避免的事实。因此，犯罪没有终点，网络犯罪也不会消亡，我们唯一能做的，就是尽可能地顺应时代发展，更新观念，以应对不断升级变异的网络犯罪。

源自实践的司法智慧不断回应与填补网络时代的法律发展需求与漏洞，并以个案形式不断探索、点滴汇聚，最终反哺网络法律理论，促成网络立法的出台。同样以网络犯罪为例，作为两项重要的网络犯罪刑事立法思路，"帮助行为正犯化"和"预备行为实行化"就是源于实践的不断探索，进而反哺理论，最终上升为立法举措。二元化立法体制下"双重犯罪原则"导致的帮助犯难以处罚的尴尬、网络时代下帮助犯的危害性扩大与独立性提升、网络的虚拟性导致犯意无法证明等原因，使得实践中对网络犯罪的帮助犯如何定性与定量存在巨大争议。面对汹涌而来的现实案件，理论界通过实践归纳和分析，逐渐摸索出了一条突破传统共犯理论的做法，逐渐获得理论界的认可，最终反映到立法当中。这就是所谓的"帮助行为正犯化"。帮助行为正犯化理论的内涵在于两方面，一是帮助犯"定性独立化"，二是帮助犯"评价正犯化"。"定性独立化"是指认定犯罪、追究责任时对于帮助犯可以脱离实行犯而单独、直接定罪；"评价正犯化"是指由于网络时代"一帮多"现象的大量存在，以及技术性帮助行为的地位越发重要，传统理论中被视为从犯、共犯的帮助犯，在评价上应当被视为主犯、正犯予以量刑处罚。《刑法》第 287 条之二规定了"帮助信息网络犯罪活动罪"，对于网络犯罪的帮助犯予以独立入罪。"预备行为实行化"也是依照同样的轨迹发展。在社会不安全感加重的背景下，预防性犯罪化的巨大作用和价值开始受到重视，对于恐怖主义犯罪、重大网络犯罪等具有高危害特质的犯罪行为，刑法进行预先性防御的必要性激增。在立法的普遍处罚主义和司法的普遍不处罚主义的鸿沟面前，将部分危险性较高的"预备行为"法定化为"实行行为"，不失为一种可行做法。预备行为实行化是将原本属于其他犯罪的预备行为按照实行行为予以处罚。预备行为的实行化具有两个效果：一是对于预备行为处罚的独立化，这一点与帮助行为的正犯化是一致的；二是刑法打击时点的前移，如果高风险犯罪必须等到危害结果发生再去处罚，往往不能有效保护法益。《刑法》第287条之一规定了"非法利用信息网络罪"，对于利用网络设立违法犯罪的网站、通讯群组，以及发布违法犯罪信息的行为，予以定罪处理。

中国的网络法治实践对于搭建中国现行法律体系从传统社会、传统空间通向网络社会、网络空间的无形之梯提供了无数"试点"。编织网络法治的法网目前仍然处于探索阶段，作为一个当之无愧的网络大国，中国为世界各国提供了编织网络法治法网的实践样本与经验，更为国际社会建立网络空间国际治理规则在网络法领域提供了可以一起积极努力和有所贡献的思路。随着中国互联网技术的加速发展，以及中国参与国际互联网治理体系的程度加深，中国网络法律和司法探索对于网络法治的经验值得国际分享，这是中国为世界网络法治发展提供的中国思路、中国经验和中国智慧的一部分。

于志刚

2018 年 9 月 26 日

目　录

第三编　网络言论

第四编　电子合同

第五编　网络不正当竞争

第七编　网络犯罪

第八编　电子证据

第一编　网络管辖

1. 天猫管辖协议被认定无效案

——浙江天猫网络有限公司诉高泽标网络购物合同纠纷案

裁判要旨

1. 《淘宝用户协议》中关于协议管辖的规定，未采取合理方式提请消费者注意，同时，可能使得网站所在地以外的所有消费者负担大量额外的、相比购物价格明显不合理的差旅和时间花费，导致消费者的诉讼权利无法正常实现。因此该争议管辖的条款应视为对消费者无效的格式条款。

2. 以信息网络方式订立的买卖合同，通过信息网络交付标的的，以买受人住所地为合同履行地；通过其他方式交付标的的，收货地为合同履行地。合同对履行地有约定的，从其约定。

案件索引

广州市中级人民法院（2017）粤 01 民辖终 217 号

当事人上诉

上诉人浙江天猫网络有限公司（简称"天猫公司"）因网络购物合同纠纷一案，不服广东省广州市从化区人民法院驳回其管辖异议申请的（2016）粤 0184 民初 2122 号民事裁定，向法院提出上诉。

上诉人浙江天猫网络有限公司上诉称：根据淘宝网站上的在线购物流程，消费者在注册会员后进行购物，进入结算页面时系统会与消费者确认订单。该"检查订单"页面的显要位置处用加黑字体提示了被上诉人如不同意相关协议或其中任何条款约定，应停止注册程序。既然被上诉人已经成功在淘宝平台下单购买商品，即可认定被上诉人同意与淘宝平台的协议。该协议中用粗体下划线突出了在本网站引起的任何争议应提交被告住所地人民法院诉讼解决。《淘宝用户协议》不排除诉权，也不会加重消费者责任/维权成本。该管辖约定条款不涉及实体权利，因此不会排除消费者诉权，同时高泽标与天猫公司在诉讼中的地位完全相等，不存在消费者利益受损的情况。况且，浙江法院电子网上法庭（网址：https://www.yuncourt.com）已经建立，余杭区人民法院也有网上法庭，消费者可以以网络法庭平台为依托，把诉讼的每一个环节（起诉、立案、举证、开庭、裁判）通过上述网站实现，大大减少消费者去法院立案、举证、开庭的成本。综上，请求撤销原审裁定，将案件移送至杭州市余杭区人民法院管辖。

二审法院审理

二审法院经审查认为，本案为网络购物合同纠纷，上诉人提供了淘宝网站上的在线购物流程，消费者在注册会员后进行购物，进入结算页面时系统会与消费者确认订单。该"检查订单"页面的显要位置处虽然用加黑字体提示了被上诉人如不同意相关协议或其中任何条款约定，应停止注册程序。但由于该合同属于格式合同，在发生争议时法院需要对其中的协议管辖条款效力进行考量，以排除不合理的协议管辖条款。经审查，首先，本案中的协议管辖条款夹杂在大量烦琐资讯中，使被上诉人难以注意到该格式条款的具体内容，故不能认定上诉人已经采取了合理方式提请被上诉人注意。其次，该协议管辖条款是对消费者不公平、不合理的规定，严重不合理地加重了消费者在管辖方面的负担。因为对广大消费者而言，网上购物的商品往往价格不高，但其住所地或合同履行地往往与网站所在地相隔甚远。如果根据《淘宝用户协议》中关于协议管辖的规定，可能使得网站所在地以外的所有消费者负担大量额外的、相比购物价格明显不合理的差旅和时间花费，导致消费者的诉讼权利无法正常实现。因此，根据《中华人民共和国合同法》第三十九条、第四十条的规定，"采用格式条款订立合同的，提供格式条款的一方应当遵循公平原则确定当事人之间的权利和义务，并采取合理的方式提请对方注意免除或者限制其责任的条款，按照对方的要求，对该条款予以说明"。"提供格式条款一方免除其责任、加重对方责任、排除对方主要权利的，该条款无效。"《中华人民共和国消费者权益保护法》第二十六条的规定，"经营者在经营活动中使用格式条款的，应当以显著方式提请消费者注意商品或者服务的数量和质量、价款或者费用、履行期限和方式、安全注意事项和风险警示、售后服务、民事责任等与消费者有重大利害关系的内容，并按照消费者的要求予以说明。经营者不得以格式条款、通知、声明、店堂告示等方式，作出排除或者限制消费者权利、减轻或者免除经营者责任、加重消费者责任等对消费者不公平、不合理的规定，不得利用格式条款并借助技术手段强制交易。格式条款、通知、声明、店堂告示等含有前款所列内容的，其内容无效。"根据《中华人民共和国民事诉讼法》第三十一条："经营者使用格式条款与消费者订立管辖协议，未采取合理方式提请消费者注意，消费者主张管辖协议无效的，人民法院应予支持。"本案中《淘宝用户协议》中关于争议管辖的条款应视为对被上诉人无效的格式条款。

《中华人民共和国民事诉讼法》第二十三条规定："因合同纠纷提起的诉讼，由被告住所地或者合同履行地人民法院管辖。"《最高人民法院关于适用〈中华人民共和国民事诉讼法〉的解释》第二十条规定："以信息网络方式订立的买卖合同，通过信息网络交付标的的，以买受人住所地为合同履行地；通过其他方式交付标的的，收货地为合同履行地。合同对履行地有约定的，从其约定。"本案网络订单载明的收货地址位于广州市从化区，即合同履行地在原审法院辖区内，故原审法院对本案有管辖权。综上所述，原审裁定正确，二审法院予以维持。上诉人上诉的理由不成立，二审法院予以驳回。依照《中华人民共和国民事诉讼法》第一百七十条第一款第一项、第一百七十一条之规定，裁定如下：

驳回上诉，维持原裁定。

本裁定为终审裁定。

评析

本案是涉及网络购物合同纠纷中协议管辖条款效力认定的典型案例。采用格式条款订立合同的，提供格式条款的一方应当遵循公平原则确定当事人之间的权利和义务，并采取合理的方式提请对方注意免除或者限制其责任的条款，按照对方的要求，对该条款予以说明。经营者使用格式条款与消费者订立管辖协议，未采取合理方式提请消费者注意的，消费者可主张管辖协议无效。本案中，《淘宝用户协议》系格式合同，因其中的协议管辖条款夹杂在大量烦琐资讯中，使消费者难以注意到该格式条款的具体内容，故不能认定天猫公司已经采取了合理方式提请消费者注意。其次，该协议管辖条款是对消费者不公平、不合理的规定，严重不合理地加重了消费者在管辖方面的负担。因为对广大消费者而言，网上购物的商品往往价格不高，但其住所地或合同履行地往往与网站所在地相隔甚远。如果根据《淘宝用户协议》中关于协议管辖的规定，可能使得网站所在地以外的所有消费者负担大量额外的、相比购物价格明显不合理的差旅和时间花费，导致消费者的诉讼权利无法正常实现。因此，《淘宝用户协议》中关于争议管辖的条款应视为对原审原告无效的格式条款。

以信息网络方式订立的买卖合同，通过信息网络交付标的的，以买受人住所地为合同履行地；通过其他方式交付标的的，收货地为合同履行地。合同对履行地有约定的，从其约定。本案网络订单载明的收货地址位于广州市从化区，即合同履行地在原审法院辖区内，故原审法院对本案有管辖权。

2. 网络购物合同纠纷涉网络购物平台时管辖法院的确定

——北京京东叁佰陆拾度电子商务有限公司上诉邱某等买卖合同纠纷案

裁判要旨

1. 网络购物合同纠纷中，网络购物平台承担连带责任。

2. 以信息网络方式订立的买卖合同，通过信息网络交付标的的，以买受人住所地为合同履行地；通过其他方式交付标的的，收货地为合同履行地。

案件索引

一审：北京市丰台区人民法院（2016）京 0106 民初 3883 号
二审：北京市第二中级人民法院（2016）京 02 民辖终 701 号

审理经过

上诉人北京京东叁佰陆拾度电子商务有限公司（简称"京东公司"）因与被上诉人邱某、上海美涛商贸有限公司（以下简称"美涛公司"）买卖合同纠纷一案，不服北京市丰台区人民法院（2016）京 0106 民初 3883

号管辖权异议民事裁定，向法院提起上诉。法院于 2016 年 7 月 25 日受理后，依法组成合议庭审理了此案。

原告起诉

邱某在一审中起诉称：其于 2016 年 1 月 28 日，在美涛公司京东专营店（京东商城第三方卖家）上购买了 25 套手机信号放大器，单价 288 元，由于缺货改为 258 元的同类设备，经协商实际消费 6450 元，收到货后，邱某发现上述产品为三无产品属违法且禁止销售的产品，京东公司作为网络交易平台应承担连带责任。其为此起诉，请求判令美涛公司退还购物款并支付三倍赔偿金，判令京东公司承担连带赔偿责任等。

被告辩解

一审法院向美涛公司、京东公司送达起诉状后，京东公司在法定答辩期内向一审法院提出管辖权异议，京东公司认为，邱某与美涛公司间系买卖合同关系，京东公司仅是购物平台提供者，不是买卖合同相对方。因此，邱某与京东公司之间也就不存在合同履行地，本案无法适用合同履行地条款确定管辖法院。本案纠纷应当由被告住所地人民法院管辖，现京东公司住所地位于北京市大兴区，故本案应当由北京市大兴区人民法院管辖。邱某对京东公司上述主张不予认可。邱某称其收货地位于北京市丰台区，故北京市丰台区人民法院有管辖权；邱某对其主张提交快递资料予以佐证，该资料显示收货地位于北京市丰台区。

一审法院裁判

一审法院经审理认为，因合同纠纷提起的诉讼，由被告住所地或者合同履行地人民法院管辖。两个以上人民法院都有管辖权的诉讼，原告可以向其中一个人民法院起诉。以信息网络方式订立的买卖合同，通过信息网络交付标的的，以买受人住所地为合同履行地；通过其他方式交付标的的，收货地为合同履行地。因现有证据可以认定邱某通过信息网络方式与美涛公司订立买卖合同后，美涛公司以非信息网络方式交付标的，收货地位于北京市丰台区，故一审法院对本案拥有管辖权。一审法院裁定：驳回北京京东叁佰陆拾度电子商务有限公司对管辖权提出的异议。

当事人上诉

京东公司不服一审裁定，以对法人或者其他组织提起的民事诉讼，而该公司住所地位于北京市大兴区为由，向法院提起上诉，请求撤销一审法院民事裁定，将本案移送至北京市大兴区人民法院审理。

邱某、美涛公司对于京东公司的上诉，均未向法院提交书面答辩意见。

二审法院裁判

二审法院经审查认为：邱某以其购买美涛公司的系三无产品属违法且禁止销售的产品为由，提起本案诉讼，要求判令美涛公司退还购物款并支付三倍赔偿金，判令京东公司承担连带赔偿责任等，故本案属于因买卖合同纠纷提起的诉讼。

《中华人民共和国民事诉讼法》第二十三条规定："因合同纠纷提起的诉讼，由被告住所地或者合同履行地人民法院管辖。"《最高人民法院关于适用〈中华人民共和国民事诉讼法〉的解释》第二十条规定："以信息网络方式订立的买卖合同，通过信息网络交付标的的，以买受人住所地为合同履行地；通过其他方式交付标的的，收货地为合同履行地。"本案邱某收货地位于北京市丰台区，属一审法院辖区范围内，邱某选择向合同履行地的一审法院提起诉讼，符合《中华人民共和国民事诉讼法》第三十五条关于"两个以上人民法院都有管辖权的诉讼，原告可以向其中一个人民法院起诉；原告向两个以上有管辖权的人民法院起诉的，由最先立案的人民法院管辖"的规定，法院应予支持；京东公司所提本案应由北京市大兴区人民法院管辖的上诉理由不成立，法院不予支持，所提上诉请求应予驳回。据此，一审法院裁定结果正确，应予维持。依照《中华人民共和国民事诉讼法》第一百七十条第一款第（一）项、第一百七十一条、第一百七十五条之规定，裁定如下：

驳回上诉，维持原裁定。

案件受理费 70 元，由北京京东叁佰陆拾度电子商务有限公司负担（于本裁定生效之日起七日内向一审法院交纳）。

本裁定为终审裁定。

评析

本案是涉及网络购物平台时，网络购物合同纠纷案件如何确定管辖权的案例。因合同纠纷提起的诉讼，由被告住所地或者合同履行地人民法院管辖。两个以上人民法院都有管辖权的诉讼，原告可以向其中一个人民法院起诉。以信息网络方式订立的买卖合同，通过信息网络交付标的的，以买受人住所地为合同履行地；通过其他方式交付标的的，收货地为合同履行地。本案中，邱某以其购买美涛公司京东专营店（京东商城第三方卖家）的系三无产品属违法且禁止销售的产品为由，提起本案诉讼，要求判令美涛公司退还购物款并支付三倍赔偿金，判令京东公司承担连带赔偿责任等。因现有证据可以认定邱某通过信息网络方式与美涛公司订立买卖合同后，美涛公司以非信息网络方式交付标的，收货地位于北京市丰台区，本案一审法院即丰台区人民法院为最先立案的人民法院，对本案拥有管辖权。

3. 网络购物合同纠纷中买卖双方没有明确约定管辖权的，依行业惯例确定

——晏景中诉百丽电子商务（上海）有限公司买卖合同纠纷案

裁判要旨

买卖合同双方在合同中对交货地点有约定的，以约定的交货地点为合同履行地。网络购物中，买卖双方通过第三方交易平台支付宝订立了书面买卖合同，那么双方自愿遵守的《支付宝争议处理规则》应作为买卖合同的组成部分，具有法律约束力。当发生争议时，可依据《支付宝争议处理规则》中约定的货物交付地点作为合同履行地确定享有管辖权的法院。

案件索引

一审：江苏省宿迁市宿豫区人民法院（2012）宿豫商初字第 0194 号
二审：江苏省宿迁市中级人民法院（2013）宿中商辖终字第 0027 号

基本案情

原告晏景中通过网络并使用支付宝付款的方式向被告百丽电子商务（上海）有限公司（简称"百丽公司"）购买运动鞋，收货地点为江苏省

宿迁市宿豫区。2012 年 9 月 10 日，原告晏景中因产品质量问题以百丽公司为被告提起诉讼。

在答辩期限内，被告百丽公司提出管辖权异议称：因合同纠纷提起的诉讼，由被告所在地或者合同履行地人民法院管辖，本案被告的所在地在上海市虹口区；双方对合同履行地没有书面约定，但按照电子商务行业的惯例和实践，合同履行地为网店经营者的发货地即百丽公司的所在地；根据《合同法》第六十二条第（三）项的规定，"履行地点不明确，……；交付不动产的，……；其他标的，在履行义务一方所在地履行"，本案既非交付货币，亦非交付不动产，涉案合同的履行义务一方为本案被告，故合同履行地为被告所在地。故本案应由上海市虹口区人民法院管辖。

法院裁判

法院认为：因合同纠纷提起的诉讼，由被告住所地或者合同履行地人民法院管辖。买卖合同双方当事人在合同中对交货地点有约定的，以约定的交货地点为合同履行地。原、被告之间通过电子数据交换的形式即通过第三方交易平台支付宝订立了书面买卖合同。因原、被告自愿选择使用支付宝进行交易，《支付宝争议处理规则》应作为双方买卖合同的组成部分，对双方均具有约束力。《支付宝争议处理规则》约定："交易双方可以自行约定货物的交付地点，没有约定或者约定不清的，以买家留下的收货地址作为货物交付地点。"因此，本案中的合同履行地为买家原告留下的收货地址，而该收货地址在宿迁市宿豫区苏果超市汇通快递公司旁，故宿迁市宿豫区人民法院和上海市虹口区人民法院对本案均享有管辖权。综上，被告百丽公司提出的管辖权异议不能成立。

江苏省宿迁市宿豫区人民法院于 2013 年 1 月 5 日作出（2012）宿豫商初字第 0194 号民事裁定书：驳回被告百丽电子商务（上海）有限公司对本案管辖权提出的异议。宣判后，被告百丽公司在上诉期内提出上诉，江苏省宿迁市中级人民法院于 2013 年 4 月 1 日作出（2013）宿中商辖终字第 0027 号民事裁定书：驳回上诉，维持原裁定。

评析

网络购物合同纠纷中买卖双方没有明确约定管辖权，但是通过第三方交易平台进行交易的，第三方交易平台争议处理规则对双方均有约束力。因合同纠纷提起的诉讼，由被告住所地或者合同履行地人民法院管辖。买卖合同双方当事人在合同中对交货地点有约定的，以约定的交货地点为合同履行地。本案中，原、被告之间通过电子数据交换的形式即通过第三方交易平台支付宝订立了书面买卖合同。因原、被告自愿选择使用支付宝服务进行交易，《支付宝争议处理规则》应作为双方买卖合同的组成部分，对双方均具有约束力。《支付宝争议处理规则》约定："交易双方可以自行约定货物的交付地点，没有约定或者约定不清的，以买家留下的收货地址作为货物交付地点。"因此，本案中的合同履行地为买家原告留下的收货地址。

第二编 个人信息保护

4. 网络暴力首案

——王菲诉张乐奕名誉权纠纷案

裁判要旨

公民网络上的言论自由应当以不侵害他人的合法权益为限，这种自由侵犯他人的隐私权、名誉权或者其他民事权益的，应当承担相应的法律责任。除了民事责任以外，还有可能涉及刑事责任。

案件索引

一审：北京市朝阳区人民法院（2008）朝民初字第 10930 号民事判决书

二审：北京市第二中级人民法院（2009）二中民终字第 5603 号

基本案情

北京市朝阳区人民法院经审理查明，王菲与死者姜岩系夫妻关系。2007 年 12 月 29 日晚，姜岩跳楼自杀死亡。姜岩生前在网络上注册了名为"北飞的候鸟"的个人博客，并进行写作。姜岩在博客中以日记形式记载了自杀前两个月的心路历程，将王菲与案外女性东某的合影贴在博客中，认为二人有不正当两性关系，自己的婚姻很失败。姜岩的日记中显示出了丈夫王菲的姓名、工作单位地址等信息。2007 年 12 月 29 日姜岩跳楼自杀死亡后，姜岩的网友将博客密码告诉了姜岩的姐姐姜红，姜红将姜岩的博客打开。

张乐奕系姜岩的大学同学。得知姜岩死亡后，张乐奕于 2008 年 1 月 11 日注册了非经营性网站，名称与姜岩博客名称相同，即"北飞的候鸟"。张乐奕、姜岩的亲属及朋友先后在该网站上发表纪念姜岩的文章。张乐奕还将该网站与天涯网、新浪网进行了链接。

姜岩的博客日记被一名网民阅读后转发在天涯网的社区论坛中，后又不断被其他网民转发至不同网站上，姜岩的死亡原因、王菲的"婚外情"行为等情节引发众多网民的长时间、持续性关注和评论。许多网民认为王菲的"婚外情"行为是促使姜岩自杀的原因之一；一些网民在参与评论的同时，在天涯网等网站上发起对王菲的"人肉搜索"，使王菲的姓名、工作单位、家庭住址等详细个人信息逐渐被披露；一些网民在网络上对王菲进行指名道姓地谩骂；更有部分网民到王菲和其父母住处进行骚扰，在王家门口墙壁上刷写、张贴"无良王家""逼死贤妻""血债血偿"等标语。直至本案审理期间，许多互联网网站上仍有大量网民的评论文章。

王菲认为"北飞的候鸟"网站上刊登的部分文章中披露了其"婚外情"以及姓名、工作单位、住址等信息，并包含有侮辱和诽谤的内容，侵犯了其隐私权和名誉权，分别是以下内容。

《哀莫大于心死》一文。该文于 2008 年 1 月 11 日由张乐奕根据姜红口述整理而成，文章采用按照时间排序的方式向读者介绍了姜岩自杀事件发展的过程。在文章前部，张乐奕写道"这里的留言是开放的，不会像天涯那里被封帖"；介绍事件的人物时写道"姜岩：因为婚姻出现第三者而且无法承受丈夫及丈夫一家的屡次打击，在 2007 年 12 月 29 日晚上 23：00选择自杀的女孩儿；王菲：姜岩的丈夫……"张乐奕将姜岩博客中王菲与东某的合影在该文中再次进行粘贴，将王菲与姜岩的住所地址、王菲的工作单位名称及地址进行了披露，描述了姜岩的姐姐姜红亲历的姜岩两次自杀行为及死亡的全部细节和过程，表达了对王菲及其家人极度不满的态度。王菲主张"北飞的候鸟"网站在刊登该文时使用了王菲的真实姓名，粘贴了王菲与东某的照片，构成侵犯隐私权。

《静静的》一文。该文中有"我曾经设想过无数次再见到他的场景，我想，无论怎样，我都一定会先狠狠抽他几记响亮的耳光……只会在父母的羽翼下苟且的可怜虫而已"一段文字，并使用了王菲的真实姓名。王菲主张"北飞的候鸟"网站将带有这种侮辱性文字的文章予以刊登构成侵犯名誉权，披露王菲的姓名构成侵犯隐私权。

《心上的月光》一文。王菲主张"北飞的候鸟"网站在刊登该文时披露了王菲的真实姓名，构成侵犯隐私权。

另外，张乐奕在"北飞的候鸟"网站上撰写了《青春透明如醇酒，可饮可尽可别离》一文，回忆了其与姜岩的交往过程。王菲认为该文可以证明张乐奕与姜岩藕断丝连，是影响王菲与姜岩夫妻感情的因素之一。

另外，张乐奕在管理网站过程中，曾经删除了部分网友的留言，并在网站上留言，倡导网友"不要在这里报复性地贴任何人的通信方式、家庭住址，网络上有太多的地方可以搜索到，不要再让他们出现在这里"。

2008 年 3 月 11 日，王菲委托北京市方圆公证处对从"北飞的候鸟"网站、大旗网和天涯网三个网站中下载的与本案相关的网页进行了证据保全，花费公证费 2050 元。

王菲为了证实由于此事其被工作单位盛世长城国际广告有限公司辞退而产生的工资损失，向法院提供了工资清单及盛世长城国际广告有限公司在《大家好，我是姜岩的姐姐》一帖中回复的帖子，内容为："……在得知此事原委之后，公司即决定让王菲、东某两名员工暂时停止工作，以妥善处理此事。其后不久，他们二人即向公司提请辞职，公司已予批准。"王菲的工资清单显示其 2007 年 12 月的月工资收入为 19300 元。

本案审理中，王菲承认与东某确实曾有"婚外情"。

2008 年 1 月 19 日，王菲作为乙方与作为甲方的姜岩父母签订关于姜岩后事处理的协议书。该协议第三部分第 1 条内容为"对于婚后乙方的不忠行为及以后发生的不幸事件，乙方向甲方表示诚挚的歉意"。

📖 一审裁判理由

北京市朝阳区人民法院经审理认为，我国婚姻法规定，夫妻应当相互忠实。根据王菲的当庭自认及王菲与姜岩父母的协议内容，可以证实王菲与案外人东某确有不正当男女关系，王菲的行为违背了我国的法律规定。根据姜岩的日记，姜岩因此遭受了巨大伤害，承受了巨大精神痛苦。王菲的这一行为不仅违背了法律规定，也背离了社会道德标准，法院予以批评。

公民享有名誉权，禁止用侮辱、诽谤、泄露他人隐私等方式损害公民的名誉。我国《互联网信息服务管理办法》及《互联网电子公告服务管理规定》中规定，互联网信息服务提供者应当向上网用户提供良好的服务，并保证所提供的信息内容合法。任何人不得在电子公告服务系统中发布含有侮辱或者诽谤他人、侵害他人合法权益的信息。电子公告服务提供者发现其电子公告服务系统中出现明显属于上述信息内容的，应当立即删除，保存有关记录，并向国家有关机关报告。

张乐奕作为姜岩的大学同学，在得知姜岩自杀身亡后，为了祭奠姜岩，抨击王菲的不忠行为，注册了"北飞的候鸟"网站。张乐奕在注册网站后，应当依法管理网站，对该网站中发布的帖子内容负责。

本案双方争议的焦点在于，张乐奕将王菲的真实姓名、工作单位、家庭住址、与其他女性有"婚外情"的信息在"北飞的候鸟"网站中进行披露，是否侵犯了王菲的隐私权和名誉权。

隐私一般是指仅与特定人的利益或者人身发生联系，且权利人不愿为他人所知晓的私人生活、私人信息、私人空间及个人生活安宁。隐私权一般指自然人享有的对自己的个人秘密和个人私生活进行支配并排除他人干涉的一种人格权。采取披露、宣扬等方式，侵入他人隐私领域、侵害私人活动的行为，就是侵害隐私权的行为。

公民的个人感情生活，包括婚外男女关系问题，均属个人隐私范畴。在正常的社会生活中，此类情况一般仅为范围较小的相对特定的人知晓，正常情况下，当事人一般不愿也不会向不特定的社会公众广为散布。本案中，张乐奕基于与姜岩的同学关系，知晓了王菲存在"婚外情"的事实，张乐奕在姜岩死亡后，不仅将此事实在"北飞的候鸟"网站上进行披露，还将该网站与其他网站相链接，扩大了该事实在互联网上的传播范围，使不特定的社会公众得以知晓，张乐奕的行为构成对王菲隐私权的侵害。

　　此外，在社会生活中，公民为了交往的需要，常常主动将姓名、工作单位、家庭住址等个人信息告知他人，这些个人信息有时也会被他人通过一定途径知晓和利用。这些个人信息的披露、使用等行为是否构成侵犯隐私权，应当结合行为人对这些信息的取得方式、披露方式、披露范围、披露目的及披露后果等因素综合认定。

　　本案中，张乐奕对王菲的婚姻不忠行为持否定、批判的态度。其在网站上主动披露此事实和王菲的个人信息之前，明知披露对象已超出了相对特定人的范围，而且应当能够预知这种披露行为在网络中可能产生的后果。因此，张乐奕在网络中披露王菲"婚外情"和个人信息的行为，应属预知后果的有意为之。王菲的"婚外情"、姓名、工作单位等信息被披露，成为网民知晓其真实身份的依据之一，引发了众多网民的批评性言论及不满情绪，乃至形成了蔓延之势。因此，张乐奕在披露王菲婚姻不忠行为的同时，披露王菲的姓名、工作单位名称、家庭住址等个人信息，亦构成了对王菲隐私权的侵害。

　　名誉是指社会对特定民事主体品德、才能以及其他素质客观、综合的评价。名誉权是指民事主体就自身属性和价值所获得的社会评价和自我评价享有的保有和维护的人格权。

　　张乐奕披露王菲的上述隐私内容后，在造成众多网民在不同网站上持续发布大量批评和谴责性言论的同时，引发众多网民使用"人肉搜索"的网络搜索模式，搜寻与王菲及其家人有关的任何信息，并逐步演变成对王菲进行密集的、长时间的、指名道姓的谩骂，甚至发生了网民到王菲及其父母住所张贴、刷写侮辱性标语等极端行为。张乐奕的披露行为对王菲的影响已经从网络发展到现实生活中，不仅严重干扰了王菲的正常生活，而且使王菲的社会评价明显降低。这种侵害结果的发生与张乐奕的披露行为之间存在直接的因果关系，因此，应当认定张乐奕以披露王菲隐私的方式造成了对王菲名誉权的侵害。

　　关于王菲所称的"北飞的候鸟"网站上刊登的部分文章捏造事实，构成诽谤、侮辱的诉讼主张，法院进行了相关事实的审查。庭审中，就上述问题王菲未提供证据证明真实情况，法院无法认定是否属于捏造事实，即无法认定张乐奕对王菲构成诽谤。

另，王菲认为"北飞的候鸟"网站登载的《静静的》一文中的一段文字对其构成了侮辱。法院认为，该文章系姜岩的亲属在姜岩不堪王菲的婚姻不忠行为而自杀后所发表的谴责王菲、宣泄个人感情的文章，该文章的文字并无异常过激之处。张乐奕在"北飞的候鸟"网站上登载该篇文章的行为不构成对王菲的侮辱。

　　张乐奕作为"北飞的候鸟"网站的注册管理者，在自己管理的网站上撰写文章、登载网民的文章，享有言论自由的权利。但张乐奕的这些行为均应建立在遵守法律法规的基础之上，并以不侵害他人的合法权益为前提。本案中，张乐奕刊载的文章内容侵犯了王菲的隐私权和名誉权，在产生了严重后果及王菲起诉后，张乐奕作为网站的管理者还不予以妥善处理，故张乐奕应当承担相应的侵权民事责任。具体方式包括停止侵害，将网站中的侵权信息（包括侵权文章及侵权图片）删除，赔礼道歉及赔偿相应损失。

　　张乐奕在"北飞的候鸟"网站上刊登《哀莫大于心死》《静静的》《心上的月光》三篇文章的行为均构成侵权，应予删除。因王菲未主张《青春透明如醇酒，可饮可尽可别离》一文侵犯其隐私权、名誉权，故对于该文章法院不要求张乐奕删除。

　　关于王菲要求的误工费损失。王菲提供的其原工作单位在网络上所发帖子的内容显示王菲主动离职，而不是单位将其辞退，故此项诉讼请求证据不足，法院不予支持。

　　关于王菲要求的公证费用。因网络中的内容始终处于不断更新的状态，王菲为搜集证据而对相关网页采用公证的形式予以固定，因此而支出的费用属于取证的合理支出，王菲要求张乐奕承担部分公证费的诉讼请求合理，法院予以认可。

　　关于王菲要求的精神损害抚慰金。王菲因为此事件遭受到舆论压力，承受了较大精神痛苦，张乐奕应赔偿其精神损害抚慰金。但是，考虑到以下事实的存在，张乐奕的赔偿责任应予适当减轻：（1）在张乐奕披露相关情况之前，姜岩的博客已经打开，并为公众知晓，张乐奕的行为是事件影响进一步扩大的其中一个因素，并非唯一因素；（2）张乐奕在网站管理过程中，有主动删除部分侵权信息的行为；（3）在张乐奕的披露行为之外，同时还存在其他途径的披露行为，如姜岩的博客、其他网站上网民的"人肉搜索"等；（4）王菲的婚姻不忠行为属实，且为社会道德规范所否定。因此，王菲精神损害抚慰金的具体数额，由法院综合上述因素酌情确定。

综上，依据《中华人民共和国民法通则》第一百零一条，第一百三十四条第一款第（一）、（七）项，《最高人民法院关于确定民事侵权精神损害赔偿责任若干问题的解释》第一条第二款之规定判决。

一审裁判结果

一、被告张乐奕于本判决生效后七日内停止对原告王菲的侵害行为，删除刊登在"北飞的候鸟"网站（http://orionchris.cn/）上的《哀莫大于心死》《静静的》《心上的月光》三篇文章及原告王菲与案外人东某的合影。

二、被告张乐奕于本判决生效后七日内在"北飞的候鸟"网站（http://orionchris.cn/）首页上刊登向原告王菲的道歉函，刊登天数不得少于十天，道歉函的内容由法院核定；否则法院将本案判决书主要内容刊登于其他媒体上，费用由被告张乐奕承担。

三、被告张乐奕于本判决生效后七日内赔偿原告王菲精神损害抚慰金5000元。

四、被告张乐奕于本判决生效后七日内赔偿原告王菲公证费用684元。

五、驳回原告王菲其他诉讼请求。

当事人上诉

一审宣判后，张乐奕不服，上诉到北京市第二中级人民法院。

张乐奕上诉称：（1）王菲就其违背道德的行为不享有隐私权，其对姜岩自杀这一公众事件的披露符合公众利益，王菲的个人信息在"北飞的候鸟"网站开办前已被他人披露，该已为社会公众知情的信息不再构成隐私；（2）网友对王菲的谴责是因其不法行为引发，"人肉搜索"以及部分极端行为与"北飞的候鸟"网站缺乏因果关系，王菲的社会名誉与其言行相当，不存在被损害的情况；（3）原审法院认定姜岩的博客是姜红打开，未查清天涯网及其他网站先于"北飞的候鸟"网站披露事件经过的事实属认定事实不清；（4）原审判决删除全部三篇文章不合理，判决张乐奕承担高额精神损害抚慰金不合理。请求二审法院查清事实，正确适用法律，依法改判驳回王菲的全部诉讼请求。

二审裁判理由

北京市第二中级人民法院经审理认为，公民依法享有名誉权，公民的人格尊严受法律保护。根据查明的事实可以确认，王菲在与姜岩婚姻关系存续期间与他人有不正当男女关系，其行为违反了我国法律规定，违背了社会的公序良俗和道德标准，使姜岩遭受巨大的精神痛苦，这是造成姜岩自杀这一不幸事件的因素之一，王菲的上述行为应当受到批评和谴责。但应当指出，对王菲的批评和谴责应在法律允许的范围内进行，不应披露、宣扬其隐私，否则构成侵权。张乐奕作为姜岩的大学同学，在姜岩自杀后以祭奠姜岩、抨击王菲不忠行为为目的设立"北飞的候鸟"网站，将王菲的姓名、工作单位、家庭住址、照片及与他人有"婚外情"等王菲不愿让不特定的社会公众知晓的私人信息在网站中向社会公众披露，并通过该网站与其他网站的链接，扩大了王菲私人信息向不特定社会公众传播的范围，对部分网民向王菲发起"人肉搜索"、谩骂王菲、骚扰王菲及其父母正常生活的不当行为有相当的推动和促进作用，严重干扰了王菲的正常生活，造成了王菲社会评价的明显降低。张乐奕作为"北飞的候鸟"网站的管理者未尽到应尽的管理责任，泄露王菲个人隐私的行为已构成对王菲的名誉权的侵害，张乐奕应当对此承担相应的民事责任。张乐奕以王菲就其违背道德的行为不享有隐私权，其对姜岩自杀这一公众事件的披露符合公众利益为由认为其不构成名誉权侵权，缺乏法律依据，法院不予采信。另，相关证据虽能证明在张乐奕2008年1月11日开办"北飞的候鸟"网站前，部分网民已在其他网站披露了姜岩自杀事件的经过，其间对王菲的个人情况已有披露，但应当指出，他人对王菲个人信息的披露并不意味着张乐奕可以继续对此予以披露、传播，他人此前对王菲个人信息的披露不影响张乐奕侵犯王菲名誉权的事实成立，故张乐奕以其他网站先于"北飞的候鸟"网站披露事件经过、相关信息已不具备私密性为由不同意承担侵权责任，没有法律依据，法院亦不予采信。原审法院认定张乐奕侵犯了王菲的名誉权事实清楚、适用法律正确，法院予以维持。在此基础上，原审法院根据双方当事人的过错及相关具体情况，适当减轻了张乐奕的赔偿责任，判令张乐奕删除侵权的三篇文章及相关照片、判令张乐奕赔礼道歉并酌情判令张乐奕赔偿王菲相应的精神损害抚慰金及公证费并无不当，法院亦予以维持。

二审裁判结果

驳回上诉，维持原判。

评析

公民网络上的言论自由应当以不侵害他人的合法权益为限，这种自由侵犯他人的隐私权、名誉权或者其他民事权益的，应当承担相应的法律责任。隐私权一般指自然人享有的对自己的个人秘密和个人私生活进行支配并排除他人干涉的一种人格权。采取披露、宣扬等方式，侵入他人隐私领域、侵害私人活动的行为，就是侵害隐私权的行为。在社会生活中，公民为了交往的需要，常常主动将姓名、工作单位、家庭住址等个人信息告知他人，这些个人信息有时也会被他人通过一定途径知晓和利用。这些个人信息的披露、使用等行为是否构成侵犯隐私权，应当结合行为人对这些信息的取得方式、披露方式、披露范围、披露目的及披露后果等因素综合认定。公民享有名誉权，禁止用侮辱、诽谤、泄露他人隐私等方式损害公民的名誉。我国《互联网信息服务管理办法》及《互联网电子公告服务管理规定》中规定，互联网信息服务提供者应当向上网用户提供良好的服务，并保证所提供的信息内容合法。任何人不得在电子公告服务系统中发布含有侮辱或者诽谤他人、侵害他人合法权益的信息。

公民的个人感情生活，包括婚外男女关系问题，均属个人隐私范畴。

本案中，王菲与死者姜岩系夫妻关系。张乐奕基于与姜岩的同学关系，知晓了王菲存在"婚外情"的事实，张乐奕在姜岩死亡后，不仅将此事实在"北飞的候鸟"网站上进行披露，还将该网站与其他网站相链接，扩大了该事实在互联网上的传播范围，使不特定的社会公众得以知晓，张乐奕的行为构成对王菲隐私权的侵害。张乐奕对王菲的婚姻不忠行为持否定、批判的态度。其在网站上主动披露此事实和王菲的个人信息之前，明知披露对象已超出了相对特定人的范围，而且应当能够预知这种披露行为在网络中可能产生的后果。因此，张乐奕在网络中披露王菲"婚外情"和个人信息的行为，应属预知后果的有意为之。王菲的"婚外情"、姓名、工作单位等信息被披露，成为网民知晓其真实身份的依据之一，引发了众多网民的批评性言论及不满情绪，乃至爆发和形成了蔓延之势。因此，张乐奕在披露王菲婚姻不忠行为的同时，披露王菲的姓名、工作单位名称、家庭住址等个人信息，亦构成了对王菲隐私权的侵害。

张乐奕披露王菲的上述隐私内容后，在造成众多网民在不同网站上持续发布大量批评和谴责性言论的同时，引发众多网民使用"人肉搜索"的网络搜索模式，搜寻与王菲及其家人有关的任何信息，并逐步演变成对王菲进行密集的、长时间的、指名道姓的谩骂，甚至发生了网民到王菲及其父母住所张贴、刷写侮辱性标语等极端行为。张乐奕的披露行为对王菲的影响已经从网络发展到现实生活中，不仅严重干扰了王菲的正常生活，而且使王菲的社会评价明显降低。这种侵害结果的发生与张乐奕的披露行为之间存在直接的因果关系，因此，应当认定张乐奕以披露王菲隐私的方式造成了对王菲名誉权的侵害。

5. 冒用他人信息资料在网上进行内容低下的聊天侵犯名誉权案

——周达华诉郭宝金侵犯名誉权案

裁判要旨

冒用他人个人信息资料在网上进行内容低下的聊天，造成他人精神上的痛苦和创伤，应认定造成了严重后果，属于侵犯名誉权的行为。原告有权要求被告停止侵害、消除影响、赔礼道歉并赔偿精神损害抚慰金。

案件索引

江苏省淮安市清河区人民法院（2001）河民初字第 631 号

基本案情

被告郭宝金与原告周达华的丈夫系同单位职工。在 2001 年上半年，被告用虚拟名"亲亲女生"及女性的身份，在"OICQ"网络寻呼机上与网友聊天、谈情。网友向其询问"做我女朋友……""亲你吻你……""你是处女吗？……""要不要来点刺激的、你玩过性游戏没有？……""为什么，怕我钓你啊……"等等，被告均以"亲亲女生"名义作了相应回答。与此同时，被告将其网名"亲亲女生"明示为原告周达华，并将原告的工作单位、住宅电话号码告知多个网上相对人，并希望进行联系，致先后有数名网上相关人将电话打到原告家中，要求与原告处朋友。2001 年 5 月 8 日，被告以"亲亲女生"名义与他人在网上聊天时，原告报警。派出所出警将被告传唤至派出所后，被告对上述事实予以承认。此后，被告未再以"亲亲女生"名义在网上与他人聊天。2001 年 6 月 19 日，原告周达华诉至淮安市清河区人民法院。

原告周达华诉称，被告郭宝金与其丈夫系同单位职工，并合伙承包车辆，后双方产生矛盾导致散伙。2001 年上半年，被告在"腾讯 OICQ"网络寻呼机上以"亲亲女生"名义与网友聊天、谈情，其在网上登记的个人资料用其的真实姓名和住宅电话号码。聊天内容极其低下，贬低了其人格。被告在与网友聊天时，还将其真实姓名、工作单位、家庭电话号码告知聊天网友，致使数名网友多次打电话到其家中，影响了其的正常生活，给其精神上造成极大的伤害和痛苦。要求被告停止侵害、消除影响、赔礼道歉并赔偿精神损害抚慰金 5000 元。

被告郭宝金答辩称：其与原告丈夫之间的矛盾，与其以原告周达华名义上网的行为之间没有因果关系。其没有侵犯原告的名誉权，其行为也没有造成严重后果，故不应承担精神损害抚慰金 5000 元。

法院裁判

淮安市清河区人民法院经审理认为，互联网上虚拟人对虚拟人进行信息交流，如果对现实没有针对性，就不应负有法律责任；如果有现实针对性，且违反社会生活规则，就应承担法律责任。被告郭宝金用网名"亲亲女生"与他人在网上聊天、谈情，并将其网名明示为原告周达华，应认定被告系以原告名义与他人在网上进行信息交流。被告以原告名义在网上先后与多人进行聊天、谈情的内容极为低下，对现实具有针对性，且违反了社会生活规则，相对人数次打电话到原告家中，足以致原告的社会评价降低，存在原告名誉受损的事实。被告以原告的名义与他人在网上聊天、谈情的行为，与原告名誉受损事实之间存在法律上的因果关系。被告在主观上应当预见自己的行为会造成原告名誉受损，仍故意为之，构成了故意过错。因此，根据《中华人民共和国民法通则》第一百零一条"公民、法人享有名誉权，公民的人格尊严受法律保护，禁止用侮辱、诽谤等方式损害公民、法人的名誉"的规定，被告的网上行为已侵害了原告的名誉权。同时，其行为导致数人多次打电话到原告家中，要求与原告联系，造成原告精神上的痛苦和创伤，应认定造成了严重后果。原告要求被告赔偿精神损害抚慰金，理由成立，但要求赔偿数额偏高，以酌情赔偿为宜。鉴于被告在 2001 年 5 月 8 日被派出所传唤后，对原告没有再实施侵权行为，原告要求被告停止侵害，无事实依据，不予支持。

依据《中华人民共和国民法通则》第一百零一条、第一百二十条的规定，该院于 2001 年 11 月 12 日作出如下判决。

一、被告郭宝金在本判决生效后即向原告周达华赔礼道歉，并在"腾讯 OICQ"网络寻呼机上消除对原告周达华的侵权影响。

二、被告郭宝金于本判决生效后即赔偿原告周达华精神损害抚慰金 2000 元。

三、驳回原告周达华其他诉讼请求。

📖 评析

冒用他人个人信息资料在网上进行内容低下的聊天，造成他人精神上的痛苦和创伤，应认定造成了严重后果，属于侵犯名誉权的行为。互联网上虚拟人对虚拟人进行信息交流，如果有现实针对性，且违反社会生活规则，就应承担法律责任。

被告郭宝金用网名"亲亲女生"与他人在网上聊天、谈情，并将其网名明示为原告周达华，应认定被告系以原告名义与他人在网上进行信息交流。被告以原告名义在网上先后与多人进行聊天、谈情的内容极为低下，对现实具有针对性，且违反了社会生活规则，相对人数次打电话到原告家中，足以致原告的社会评价降低，存在原告名誉受损的事实。被告以原告的名义与他人在网上聊天、谈情的行为，与原告名誉受损事实之间存在法律上的因果关系。被告在主观上应当预见到自己的行为会造成原告名誉受损，仍故意为之，构成了故意过错。因此，被告的网上行为已侵害了原告的名誉权。同时，其行为导致数人多次打电话到原告家中，要求与原告联系，造成原告精神上的痛苦和创伤，应认定造成了严重后果。

6. 网络精准广告投放中用户信息保护与利用的利益平衡

——朱烨与北京百度网讯科技公司隐私权纠纷上诉案

▌裁判要旨

公民个人信息是指以电子或者其他方式记录的能够单独或者与其他信息结合识别特定自然人身份或者反映特定自然人活动情况的各种信息。网络精准广告中使用 cookie 技术收集、利用的匿名网络偏好信息虽具有隐私属性，但不能与网络用户个人身份对应识别，网络服务提供者和社会公众无法确定该偏好信息的归属主体，不符合个人隐私和个人信息的"可识别性"要求，因而该行为不构成侵犯隐私权。

▌案件索引

一审：江苏省南京市鼓楼区人民法院（2013）鼓民初字第 3031 号
二审：江苏省南京市中级人民法院（2014）宁民终字第 5028 号

▌原告起诉

原告（被上诉人）朱烨诉称，其在家中和单位上网浏览相关网站过程中发现，利用百度搜索引擎搜索"减肥""丰胸""人工流产"等关键词，并浏览相关内容后，在 www.4846.com、www.paolove.com、www.500kan.com 等一些网站上就会相应地出现"减肥""丰胸""人工流产"的广告。北京百度网讯科技公司（简称"百度网讯公司"）在朱烨不知情和未选择情况下，利用网络技术记录和跟踪了朱烨所搜索的关键词，将朱烨的兴趣爱好、生活学习工作特点等显露在相关网站上，并利用记录的关键词，对朱烨浏览的网页进行广告投放，侵害了朱烨的隐私权，使朱烨感到恐惧，精神高度紧张，影响了正常的工作和生活。故诉至法院，请求判令百度网讯公司立即停止侵害，赔偿精神损害抚慰金 1 万元、公证费 1000 元。

被告辩解

被告（上诉人）百度网讯公司辩称，cookie 技术是一项合法的、基础的、中立的工具，在全球范围内被谷歌、雅虎、亚马逊等网络服务商普遍采用。百度网讯公司收集的 cookie 并不包含任何个人身份识别信息，无法识别特定网民在现实世界的个人信息，更无法与特定的人身相联系。百度网讯公司在合作网站上展示推广的内容仅是个性化地展现在朱烨控制的电脑中，并未公开、宣扬朱烨隐私为公众所知悉，不涉及隐私侵权。百度网讯公司网站首页"使用百度前必读"中的"隐私权保护声明"中已经明确告知用户，使用 cookie 技术是为用户提供服务，保障用户的知情权。而且网站也提供了选择退出机制，朱烨可以通过关闭设置，非常轻松且没有任何成本地阻止推广结果的展现。同时，朱烨也可以通过浏览器对 cookie 进行设置，包括禁用 cookie 或清除 cookie。综上，百度网讯公司并未侵犯朱烨的隐私权，请求驳回朱烨的诉讼请求。

一审裁判

法院经审理查明：朱烨在家中和单位上网浏览相关网站过程中发现，利用百度搜索引擎搜索相关关键词后，会在百度网络联盟的特定网站上出现与关键词相关的广告。例如，朱烨在通过百度网站搜索"减肥""人工流产""丰胸"关键词后，再进入"4816"网站、"500 看影视"、"泡爱

网"等网站时，就会分别出现有关减肥、流产和丰胸的广告。2013 年 4 月
17 日，朱烨通过南京市钟山公证处对上述过程进行了公证并支付了 1000
元公证费。

百度网讯公司个性化推荐服务的技术原理是：当网络用户利用浏览器
访问百度网站时，百度网站服务器就会自动发送一个 cookie 信息存储于网
络用户浏览器。通过建立 cookie 联系后，百度网站服务器端对浏览器浏览
的网页内容通过技术分析后，推算出浏览器一方可能的个性需求，再基于
此种预测向浏览器的不特定使用人提供个性化推荐服务。cookie 技术主要
是用于服务器与浏览器之间的信息交互，使用 cookie 技术可以支持服务器
端在浏览器端存储和检索信息。当浏览器访问服务器时，服务器在向浏览
器返回 HTTP 对象的同时发送一条状态信息保存到浏览器，这个状态信息
被称为 cookie 信息，主要说明哪些范围的 URL（链接）是有效的。此后，
浏览器再向服务器发送请求时，都会将 cookie 信息一并发送给服务器。服
务器据此可以识别独立的浏览器，以使服务器与浏览器处于会话中的状
态，如判定该浏览器是否已经登录网站，是否在下一次登录网站时保留用
户信息简化登陆手续等。当网络用户电脑中有多个不同内核浏览器时，就
会被服务器识别为多个独立访客；当多个网络用户在同一电脑上使用同一
个浏览器时，则会被识别为一个独立访客。

百度网讯公司在百度网站（www.baidu.com）首页设置了"使用百度
前必读"的链接，该链接位于页面的最下方，并用下划线的方式进行了标
注，但字体较小且呈灰色，夹在了"◎2014Baidu"与"京 ICP 证 030173
号"中间。点击进入"使用百度前必读"，页面的右侧放置了"隐私权保
护声明"的链接，点击进入，该声明共六条，第二条第三款告知用户百度
网讯公司使用了 cookie 技术，cookie 主要的功能是"便于您使用网站产品
和/或服务，以及帮助网站统计独立访客数量等。运用 cookie 技术，百度
能够为您提供更加周到的个性化服务，并允许您设定您特定的服务选项。
当您使用服务时，会向您的设备发送 cookie。当您与我们提供给合作伙伴
的服务（例如广告和/或推广服务，以及可能显示在其他网站上的由百度
提供的服务功能）进行交互时，我们允许位于百度域的 cookie 或者其他匿
名标识符发送给百度的 web 服务器。您可以选择拒绝 cookie。您可以通过

修改浏览器设置的方式拒绝 cookie。如果您选择拒绝 cookie，则您可能无法登录或使用依赖于 cookie 的百度服务或功能。如果您不希望在您访问百度联盟网站时，百度基于 cookie 向您推送个性化的信息，可以通过个性化配置限制百度对 cookie 的使用"。同时，百度网讯公司在上述"个性化配置"字样下插入了超链接。点击此超链接进入"个性化配置工具设置"页面，页面内容是"为了在您访问百度联盟网站时，向您推送与您更相关或您更感兴趣的推广信息，百度联盟网站通过 cookie 记录您的偏好信息（不涉及任何指向您个人的信息）；如果您不希望百度联盟网站利用记录到的偏好信息向您推送推广信息，可以通过下方按钮选择停用，停用后百度的联盟网站将不会再根据您的偏好信息向您推广信息。网盟隐私保护设置只适用于您当前使用的计算机上的当前浏览器，当您删除当前浏览器的 cookie 后，系统会自动重置您浏览器的隐私保护设置"。在上述文字下方，百度网讯公司提供了"选择停用"按钮。

百度网讯公司与联盟合作网站签订的《百度联盟会员注册协议》载明，百度网讯公司系租用联盟合作网站的网页位置提供个性化推荐服务，并不向联盟合作网站出售 cookie 信息、检索关键词记录以及浏览网页记录等数据信息。百度网站只是向联盟合作网站提供一个特定的代码，联盟合作网站将这个代码投放到自己的网页中，通过代码引导的有效显示、点击以及由百度服务播放而产生的效果数据将被记录下来作为百度网讯公司与联盟合作网站结算的依据。

江苏省南京市鼓楼区人民法院于 2014 年 10 月 13 日作出（2013）鼓民初字第 3031 号民事判决：一、北京百度网讯科技有限公司于判决生效之日起 10 日内向朱烨赔礼道歉（如北京百度网讯科技有限公司未按判决进行赔礼道歉，法院将通过相关媒体公告判决书的内容，由此产生的费用由北京百度网讯科技有限公司承担）；二、北京百度网讯科技有限公司于判决生效之日起 10 日内赔偿朱烨公证费损失 1000 元；三、驳回朱烨的其他诉讼请求。

⚑ 二审裁判

宣判后，百度网讯公司提出上诉，江苏省南京市中级人民法院于 2015

年 5 月 6 日作出（2014）宁民终字第 5028 号民事判决：一、撤销江苏省南京市鼓楼区人民法院（2013）鼓民初字第 3031 号民事判决；二、驳回朱烨的全部诉讼请求。

法院生效裁判认为，个人隐私属于受法律保护的民事权益，《中华人民共和国侵权责任法》第三十六条第一款规定，网络用户、网络服务提供者利用网络侵害他人民事权益的，应当承担侵权责任。《最高人民法院关于审理利用信息网络侵害人身权益民事纠纷案件适用法律若干问题的规定》（以下简称《规定》）第十二条第一款规定，网络用户或者网络服务提供者利用网络公开自然人基因信息、病历资料、健康检查资料、犯罪记录、家庭住址、私人活动等个人隐私和其他个人信息，造成他人损害，被侵权人请求其承担侵权责任的，人民法院应予支持。本案中，判断百度网讯公司是否侵犯隐私权，应严格遵循网络侵权责任的构成要件规定，正确把握互联网技术的特征，妥善处理好民事权益保护与信息自由利用之间的关系，既规范互联网秩序，又保障互联网发展。

首先，百度网讯公司在提供个性化推荐服务中运用网络技术收集、利用的是未能与网络用户个人身份对应识别的数据信息，该数据信息的匿名化特征不符合"个人信息"的可识别性要求。根据工业和信息化部《电信和互联网用户个人信息保护规定》对个人信息的界定，个人信息是指电信业务经营者和互联网信息服务提供者在提供服务的过程中收集的用户姓名、出生日期、身份证件号码、住址、电话号码、账号和密码等能够单独或者与其他信息结合识别用户的信息，以及网络用户使用服务的时间、地点等信息。网络用户通过使用搜索引擎形成的检索关键词记录，虽然反映了网络用户的网络活动轨迹及上网偏好，具有隐私属性，但这种网络活动轨迹及上网偏好一旦与网络用户身份相分离，便无法确定具体的信息归属主体，不再属于个人信息范畴。经查，百度网讯公司个性化推荐服务收集和推送信息的终端是浏览器，没有定向识别使用该浏览器的网络用户身份。虽然朱烨因长期固定使用同一浏览器，感觉自己的网络活动轨迹和上网偏好被百度网讯公司收集利用，但事实上，百度网讯公司在提供个性化推荐服务中没有且无必要将搜索关键词记录和朱烨的个人身份信息联系起来。因此，一审法院认定百度网讯公司收集和利用朱烨的个人隐私进行商业活动侵犯了朱烨隐私权,与事实不符。

其次,百度网讯公司利用网络技术向朱烨使用的浏览器提供个性化推荐服务不属于《规定》第十二条规定的侵权行为。《规定》第十二条强调"利用网络公开个人隐私和个人信息的行为"和"造成损害"是利用信息网络侵害个人隐私和个人信息的侵权构成要件。本案中,百度网讯公司利用网络技术通过百度联盟合作网站提供个性化推荐服务,其检索关键词海量数据库以及大数据算法均在计算机系统内部操作,并未直接将百度网讯公司因提供搜索引擎服务而产生的海量数据库和 cookie 信息向第三方或公众展示,没有任何的公开行为,不符合《规定》第十二条规定的利用网络公开个人信息侵害个人隐私的行为特征。同时,朱烨也没有提供证据证明百度网讯公司的个性化推荐服务对其造成了事实上的实质性损害。朱烨虽然在诉讼中强调自己因百度网讯公司的个性化推荐服务感到恐惧、精神高度紧张,但这仅是朱烨个人的主观感受,法院不能也不应仅凭朱烨的主观感受就认定百度网讯公司的个性化推荐服务对朱烨造成事实上的实质性损害。个性化推荐服务客观上存在帮助网络用户过滤海量信息的便捷功能,网络用户在免费享受该服务便利性的同时,亦应对个性化推荐服务的不便性持有一定的宽容度。本案中,百度网讯公司的个性化推荐服务的展示位置在百度联盟合作网站的网页,只有网络用户控制的浏览器主动登录百度联盟合作网站时才会触发个性化推荐服务,并非由百度网讯公司或合作网站直接向网络用户的私有领域主动推送个性化推荐服务,即便没有开展个性化推荐,百度联盟合作网站也会在其网页上进行一般化推荐。百度网讯公司的个性化推荐利用大数据分析提高了推荐服务的精准性,只发生在服务器与特定浏览器之间,没有对外公开宣扬特定网络用户的网络活动轨迹及上网偏好,也没有强制网络用户必须接受个性化推荐服务,而是提供了相应的退出机制,没有对网络用户的生活安宁产生实质性损害。

最后,百度网讯公司利用网络技术对朱烨提供个性化推荐服务并未侵犯网络用户的选择权和知情权。百度网讯公司在"使用百度前必读"中已经明确告知网络用户可以使用包括禁用 cookie、清除 cookie 或者提供禁用按钮等方式阻止个性化推荐内容的展现,尊重了网络用户的选择权。至于一审法院认为百度网讯公司没有尽到显著提醒说明义务的问题,二审法院认为，cookie 技术是当前互联网领域普遍采用的一种信息技术，基于此而产生的个性化推荐服务仅涉及匿名信息的收集、利用，且使用方式仅为将该匿名信息作为触发相关个性化推荐信息的算法之一，网络服务提供者对个性化推荐服务依法明示告知即可，网络用户亦应当努力掌握所需网络服务的知识和使用技能，提高自我适应能力。经查，百度网讯公司将"使用百度前必读"的链接设置于首页下方与互联网行业通行的设计位置相符，链接字体虽小于处于首页中心位置的搜索栏字体，但该首页的整体设计风格为简约型，并无过多图片和文字，网络用户施以普通注意义务足以发现该链接。在"使用百度前必读"中，百度网讯公司已经明确说明 cookie 技术、使用 cookie 技术的可能性后果以及通过提供禁用按钮向用户提供选择退出机制。朱烨在百度网讯公司已经明确告知上述事项后，仍然使用百度搜索引擎服务，应视为对百度网讯公司采用默认"选择同意"方式的认可。《信息安全技术公共及商用服务信息系统个人信息保护指南》（GB/Z 28828 - 2012）第 5.2.3 条规定："处理个人信息前要征得个人信息主体的同意，包括默许同意或明示同意。收集个人一般信息时，可认为个人信息主体默许同意，如果个人信息主体明确反对，要停止收集或删除个人信息；收集个人敏感信息时，要得到个人信息主体的明示同意。"参考该国家标准化指导性技术文件精神，将个人信息区分为个人敏感信息和非个人敏感信息的一般个人信息而允许采用不同的知情同意模式，旨在于保护个人人格尊严与促进技术创新之间寻求最大公约数。举重以明轻，百度网讯公司在对匿名信息进行收集、利用时采取明示告知和默示同意相结合的方式亦不违反国家对信息行业个人信息保护的公共政策导向，未侵犯网络用户的选择权和知情权。

综上，百度网讯公司的个性化推荐行为不构成侵犯朱烨的隐私权。一审判决认定事实基本清楚，但判定百度网讯公司承担侵犯朱烨隐私权的法律责任不当，依法应予改判。

评析

公民个人信息是指以电子或者其他方式记录的能够单独或者与其他信

息结合识别特定自然人身份或者反映特定自然人活动情况的各种信息。网络精准广告中使用 cookie 技术收集、利用的匿名网络偏好信息虽具有隐私属性,但不能与网络用户个人身份对应识别,网络服务提供者和社会公众无法确定该偏好信息的归属主体,不符合个人隐私和个人信息的"可识别性"要求,因而该行为不构成侵犯隐私权。

判断百度网讯公司是否侵犯隐私权,应严格遵循网络侵权责任的构成要件。首先,百度网讯公司在提供个性化推荐服务中运用网络技术收集、利用的是未能与网络用户个人身份对应识别的数据信息,该数据信息的匿名化特征不符合"个人信息"的可识别性要求。网络用户通过使用搜索引擎形成的检索关键词记录,虽然反映了网络用户的网络活动轨迹及上网偏好,具有隐私属性,但这种网络活动轨迹及上网偏好一旦与网络用户身份相分离,便无法确定具体的信息归属主体,不再属于个人信息范畴。百度网讯公司个性化推荐服务收集和推送信息的终端是浏览器,没有定向识别使用该浏览器的网络用户身份。其次,百度网讯公司利用网络技术向朱烨使用的浏览器提供个性化推荐服务不属于网络侵权行为。"利用网络公开个人隐私和个人信息的行为"和"造成损害"是利用信息网络侵害个人隐私和个人信息的侵权构成要件。百度网讯公司的个性化推荐利用大数据分析提高了推荐服务的精准性,只发生在服务器与特定浏览器之间,没有对外公开宣扬特定网络用户的网络活动轨迹及上网偏好,也没有强制网络用户必须接受个性化推荐服务,而是提供了相应的退出机制,没有对网络用户的生活安宁产生实质性损害。最后,百度网讯公司利用网络技术对朱烨提供个性化推荐服务并未侵犯网络用户的选择权和知情权。百度网讯公司在对匿名信息进行收集、利用时采取明示告知和默示同意相结合的方式亦不违反国家对信息行业个人信息保护的公共政策导向,未侵犯网络用户的选择权和知情权。综上,百度网讯公司的个性化推荐行为不构成侵犯朱烨的隐私权。

7. 全国首例"被遗忘权"起诉被驳回案

——任某某与北京百度网讯科技有限公司名誉权、姓名权、一般人格权纠纷上诉案

➤ 裁判要旨

我国现行法律中并无对"被遗忘权"的法律规定,亦无"被遗忘权"的权利类型。如果依据一般人格权主张其被遗忘权应属一种人格利益,该人格利益若想获得保护,则须证明其在具体案件中的正当性和应予保护的必要性,否则不予支持。

➤ 案件索引

一审:北京市海淀区人民法院(2015)海民初字第 17417 号
二审:北京市第一中级人民法(2015)一中民终字第 09558 号

➤ 审理经过

上诉人任某某因与被上诉人北京百度网讯科技有限公司(以下简称"百度公司")名誉权纠纷一案,不服北京市海淀区人民法院(2015)海民初字第 17417 号民事判决,向法院提起上诉,法院依法组成合议庭对本案进行了审理,本案现已审理终结。

📓 原告起诉

任某某在原审法院诉称:任某某系国家高级人力资源师,是中国著名管理设计大师,中科院中科博大特聘高级工程师,邀选《中国世纪专家》《新世纪功臣大典》《中国国情报告·专家学者卷》等。任某某在教育及管理领域均享有极高的声誉。从 2015 年 2 月初开始,任某某陆续在百度公司的网站上发现"陶氏教育任某某""无锡陶氏教育任某某"等字样的侵权内容及链接,任某某未曾在陶氏教育公司上班,也从未在网上上传过"陶氏教育任某某""无锡陶氏教育任某某"等信息,由于陶氏教育在外界颇受争议,"陶氏教育任某某""无锡陶氏教育任某某"等侵权信息给任某某名誉造成极大侵害,任某某曾多次发邮件给百度公司要求删除相关内容,也多次亲自从山东跑到百度公司处要求删除,但是至今百度公司仍没有删除或采取任何停止侵权的措施。同年 3 月,任某某曾应聘多家公司,但均由于"陶氏教育任某某"和"无锡陶氏教育任某某"等负面信息严重影响任某某取得公司信任而无法工作,每月造成至少 5 万元的经济损失。任某某为维护权益,到处联系删帖公司,花钱删帖,浪费时间、财力、精力,并且找寻律师维护权益,自费到无锡、北京等地维护权益,不能正常工作生活。百度公司的侵权行为已给任某某精神、经济和健康上造成极大的伤害。此外,任某某认为百度公司的侵权行为还侵犯了一般人格权,不良的搜索结果会影响任某某的就业、工作交流、日常生活,任某某认为还有一个"被遗忘权"问题,现在陶氏跟任某某没有关系,公众会误解任某某与陶氏还有合作,误导潜在合作伙伴、误导学生。陶氏教育在行业内口碑不好,经常有学生退钱,如果有学生搜索任某某的名字,看到这个结果会对其产生误解。不排除一些客户利用百度搜索后,看到结果关键词就不再点开看了,直接误解任某某还在陶氏工作。综上所述,依据《中华人民共和国侵权责任法》《关于审理利用信息网络侵害人身权益民事纠纷案件适用法律若干问题的规定》等相关法律,现请求:1. 判令百度公司立即停止侵犯任某某姓名权、名誉权的一切行为,并赔礼道歉、消除影响。其中,在百度搜索界面中输入"任某某"进行搜索,搜索结果中不得出现"陶氏任某某"、"陶氏超能学习法"、"超能急速学习法"、"超能学习法"、"陶氏教育任某某"和"无锡陶氏教育任某某"六个关键词。赔礼道歉指的是双方之间通过书面方式赔礼道歉，不需要公开赔礼道歉。对于消除影响，如果可以在搜索"任某某"之时屏蔽上述关键词，其认为已经达到消除影响的目的，就不再主张消除影响。2. 判令百度公司支付任某某精神损害抚慰金 2 万元。3. 判令自 2015 年 3 月 12 日至百度公司停止一切侵权行为期间（删除上述关键词以及赔礼道歉完毕之日），百度公司向任某某每月支付经济赔偿金 5 万元。4. 判令百度公司支付任某某为维权支付的合理费用，包括公证费 700 元、500 元，住宿费 2270 元，交通费差旅费 965.5 元。

被告辩解

百度公司在原审法院辩称：第一，在本案事实中，百度公司只提供了互联网搜索引擎服务，包括"关键词搜索"和"关键词相关搜索"，无论哪一种搜索方式，都客观体现了网民的搜索状况和互联网信息的客观情况，具有技术中立性和正当合理性。百度搜索引擎除提供传统的"关键词搜索"功能外，还提供"关键词相关搜索"功能，"关键词相关搜索"就是搜索引擎自动统计一段时间内互联网上所有网民输入的搜索关键词的频率，在某个网民输入一个关键词进行搜索时，搜索引擎自动显示所有网民输入的与该关键词相关联的搜索频率最高的关键词，网民点击相关搜索中的关键词后，可以找到与其搜索内容相关的互联网上客观存在的信息。随着所有网民输入关键词的内容和频率的变化，相关搜索中的关键词也会自动进行更新。因此，相关搜索是网络用户搜索行为的客观体现，搜索引擎服务商仅是将网民的搜索行为客观展现出来供网络用户参考，在服务过程中百度公司未做任何人为的调整和干预。

第二，本案中客观上不存在任某某姓名权和名誉权受侵犯的情形。其一，就本案涉诉事实而言，根据任某某的法庭陈述，其之前确实与陶氏教育有过现实的业务合作与媒体宣传，此业务合作与宣传信息反映在互联网上，根据搜索引擎的机器算法法则，搜索"任某某"，不仅会出现与关键词"任某某"有关的第三方网页链接，还会自动出现与"任某某"相关的搜索关键词,如"陶氏教育任某某""陶氏教育"。即使在双方现实业务合作终止后,在互联网上,由于在相关搜索 query 的时间参考期限内,搜索"任某某",相关搜索词依然有可能为"陶氏教育任某某"或"陶氏教育×××";同时,由于搜索的用户可能并不知道任某某与陶氏教育合作变化事宜,可能还会继续在互联网上检索相关的检索词,也造成出现涉诉相关检索词。目前来看,线上的结果已经改变,也说明了搜索用户已经逐渐知悉了此情况,行为上的关联度逐渐在降低,再结合算法计算后,相关搜索词已经改变(根据任某某起诉时提交的证据、任某某补充提交的证据、当前实时数据,相关搜索词每次均不同),更加说相关搜索是机器自动的、实时的、动态的。法律上,侵犯姓名权的行为主要表现为:擅自使用他人姓名、假冒他人姓名、干涉他人使用姓名或采取违法方式或违背善良风俗使用他人姓名等。因此,百度搜索引擎的上述情形,不属于侵犯任某某姓名权的行为。其二,在本案中,无论是"任某某"关键词搜索,还是相关搜索,搜索词以及链接信息均不存在对任某某侮辱或诽谤的文字内容。搜索时,与任某某名字同时出现的"陶氏教育"相关信息,也与任某某的现实社会关系客观上存在一定关联,也不构成对任某某的侮辱或诽谤。因此,百度搜索引擎的上述情形,不属于侵犯任某某名誉权的行为。

第三,任某某主张的权利没有明确的法律依据,据百度公司了解,被遗忘权主要指的是一些人生污点,本案并不适用。任某某并没有举证陶氏教育的负面影响有多大,社会评价有多低,对任某某的客观影响在哪里。本案的关键词本身不具有独立的表达,例如,"陶氏任某某",想要知道具体内容一定要点开链接看,不能说看见这个关键词,就认为任某某现在陶氏工作,因此,任某某对被遗忘权的主张不能成立。

第四,关于任某某主张的经济赔偿金和精神损害抚慰金,理由不成立。没有证据证明任某某存在精神损害和经济损失,以及与本案中百度提供的搜索引擎服务存在任何因果关系。任某某证据中的投诉渠道也不是有效的。

综上,百度公司请求法庭依法驳回任某某的全部诉讼请求。

一审法院查明事实

原审法院审理查明：任某某系人力资源管理、企事业管理等管理学领域的从业人员，曾以笔名加羽著有《合一兵法》一书，其于2014年7月1日起在无锡陶氏生物科技有限公司从事过相关的教育工作，2014年11月26日由该公司向其发出了《自动离职通知书》解除劳动关系。百度公司系提供网页搜索、相关搜索等网络搜索服务的提供商。

2015年4月8日，任某某向湖南省怀化市天桥公证处申请对百度网页上"任某某"及任某某个人邮箱内的相关内容进行证据保全，该处作出（2015）湘怀天证字第642号公证书。该公证书显示：点击"浏览器为360－7"，打开页面，点击"百度"，键入"任某某"，"网页"页面中在"相关搜索"处显示有"任""陶氏教育任某某""任某某酷6""国际超能教育任某某""美国潜能教育任某某""香港跨世纪教育任某某"；另，在搜索框内键入"陶氏教育"，在"相关搜索"处显示有"无锡陶氏教育""陶氏教育怎么样""陶氏""陶氏教育骗局""陶氏远航教育是骗局吗""陶氏教育集团""陶氏远航教育""陶宏开""右脑开发"。该公证书还显示：用李三云手机上网，点击"百度"，键入"任某某"，手机页面中"相关搜索"处显示"美国潜能教育任某某""dna全脑超能学习法""突围突围""全脑开发音乐""陶氏教育任某某""国际超能教育任某某""任""任某某酷6"。

2014年6月26日，百度公司向北京市方正公证处申请对百度网页相关内容进行证据保全，该处作出（2014）京方正内经证字第09695号公证书。该公证书显示：打开已连接互联网的计算机，清除计算机缓存，打开IE浏览器，自动显示该计算机设置的默认空白页面，在该页面的地址栏中输入www.baidu.com，分别点击该页面下方的"使用百度前必读""权利声明""隐私权保护声明"，对页面显示进行了截屏保存。"使用百度前必读"部分中显示："百度提醒您：在使用百度搜索引擎（以下简称百度）前，请您务必仔细阅读并透彻理解本声明。您可以选择不使用百度，但如果您使用百度，您的使用行为将被视为对本声明全部内容的认可。""权利声明"部分中"权利通知"显示:"任何个人或单位如果同时符合以下两个条件:1. 权利人发现网络用户利用网络服务侵害其合法权益;2. 百度的搜索引擎系统以自动检索方式而链接到第三方网站的内容侵犯了上述权利人的合法权益。请上述个人或单位务必以书面的通讯方式向百度提交权利通知。……请您把以上资料和联络方式书面发往以下地址:北京市海淀区上地十街 10 号,北京百度网讯科技有限公司法务部,邮政编码 100085。"

2015 年 5 月 18 日,百度公司向北京市方正公证处申请对百度网页相关内容进行证据保全,该处作出(2015)京方正内经证字第 05338 号公证书。该公证书显示:打开已连接互联网的计算机,清除计算机缓存,打开 IE 浏览器,自动显示该计算机设置的默认空白页面,在该页面的地址栏中输入 www. baidu. com,在搜索栏中输入"任某某",点击"百度一下",对显示页面进行了截屏保存。在网页搜索中首页显示链接分别为:"任某某百度百科""任某某的最新相关信息""任某某:争做教育行业的领跑者""任某某的微博腾讯微博""任某某互动百科""任某某的相关视频在线观看百度视频""任某某 – 热门标签 – 高清视频在线观看 – 爱奇艺""香港跨世纪教育任某某技术效果明显视频在线观看 56. com""台湾灵感教育任某某 – 凤凰水寨 – 凤凰论坛""少年大学教育 – 任某某视频在线观看 56. com""国际超能教育任某某 – PPS 爱频道"。相关搜索中显示词条分别为:"任""任某某酷 6""国际超能教育任某某""美国潜能教育任某某""香港跨世纪教育任某某"。

2015 年 5 月 19 日,百度公司向北京市方正公证处申请对使用手机查看百度网页相关内容进行证据保全,该处作出(2015)京方正内经证字第 05525 号公证书。该公证书显示:打开 iPhone 手机,对手机进行重置处理,重置过程中选择公证处设置的无线局域网并连接,通过手机主界面点击"AppStore",进入"手机百度"界面,点击"进入首页",显示新的界面,连续点击"不允许"、点击"确定",在搜索栏中输入"任某某",点击"确认",显示新界面并浏览,连续点击"下一页",显示新界面并浏览,公证员用摄像机进行摄像取证保存,后打开计算机,清除计算机缓存,在计算机中新建 word 文档,打开摄像机的录像内容,对视频中相关内容进行截屏并将截屏内容均保存在文档中。在该手机页面中相关搜索于上午 11:

43 显示词条分别为："国际超能教育任某某""超能极速学习法""全脑开发巨人""香港跨世纪教育任…""间脑开发骗局""全脑开发好吗有用吗""dna 全脑超能学习法""陶氏超能学习法有…"。

2015 年 5 月 19 日，百度公司向北京市方正公证处申请对使用手机查看百度网页相关内容进行证据保全，该处作出（2015）京方正内经证字第 05526 号公证书。该公证书显示：打开华为手机，对手机进行重置处理，重置过程中选择公证处设置的无线局域网并连接，通过手机主界面点击"应用市场"，进入"手机百度"界面，点击"进入首页"，显示新的界面，点击"禁止"、关闭广告弹窗，在搜索栏中输入"任某某"，点击"搜索"，显示新界面并浏览，连续点击"下一页"，显示新界面并浏览，公证员用摄像机进行摄像取证保存，后打开计算机，清除计算机缓存，在计算机中新建 word 文档，打开摄像机的录像内容，对视频中相关内容进行截屏并将截屏内容均保存在文档中。在该手机页面中相关搜索于上午 10：59 显示词条分别为："国际超能教育任某某""超能极速学习法""全脑开发巨人""香港跨世纪教育任某某""间脑开发骗局""全脑开发好吗有用吗""dna 全脑超能学习法""陶氏超能学习法有用吗"。

2015 年 5 月 21 日，任某某向湖南省怀化市天桥公证处申请对百度网页上"任某某"的相关内容进行证据保全，该处作出（2015）湘怀天证字第 1085 号公证书。该公证书显示：点击"浏览器为 360－7"，打开页面，点击"百度"，键入"任某某"，"网页"页面中在"相关搜索"处显示有"任""任某某酷 6""国际超能教育任某某""美国潜能教育任某某""香港跨世纪教育任某某"；另，在公证人员的面前，通过由任某某操作由该处提供的手机（号码：151××××××××）进行手机上网，点击"百度"，键入"任某某"，手机显示页面，按顺序拍照打印页面，其中"相关搜索"处显示："国际超能教育任某某""超能极速学习法""全脑开发巨人""香港跨世纪教育任某某""间脑开发骗局""全脑开发好吗有用吗""dna 全脑学习法""陶氏超能学习法有用吗"。

另查，2015 年 1 月 28 日 8：33，任某某通过电子邮箱×××向百度公司的电子邮箱×××及×××发送电子邮件，主题为"×××：请认真认真详读！严重侵权！尽快删除！严重侵权！尽快删除！"2015 年 1 月 28 日

9:17，百度公司通过电子邮箱×××向任某某回复邮件："尊敬的客户，您好：为了高效的处理问题，请按以下路径进行投诉处理。投诉路径：1. 登录网页，http://tousu.baidu.com/webmaster/add 进行投诉；2. 移动端，首页底部，用户反馈入口进行投诉，感谢您对百度的支持和关注。"

2015 年 2 月 26 日，任某某通过电子邮箱×××向百度公司的电子邮箱×××发送电子邮件，表示"严重侵权信息，请务必删除"并附上一张百度搜索手机网页截屏，相关搜索处显示"美国潜能教育任某某""陶氏教育任某某""dna 全脑超能学习法术""陶氏任某某""凤凰军事""英语右脑教育机构""陶氏教育""香港跨世纪教育任"。

2015 年 3 月 24 日，任某某通过电子邮箱×××向百度公司的电子邮箱×××及×××发送电子邮件，表示"用手机百度搜索'任某某'会出现'陶氏教育任某某''无锡陶氏教育任某某'字样，我是'任某某'严重声明，我也早已经不在陶氏教育，陶氏教育声名狼藉（此信息作为法律证据）"，并附上一张百度搜索手机网页截屏，相关搜索处显示"美国潜能教育任某某""无锡陶氏教育任某某""dna 全脑超能学习法术""全脑开发音乐""陶氏教育骗局""广州培训师联合会""任""陶氏教育任某某"。

百度公司表示未收到任某某按照其公示投诉渠道的正式投诉，未对任某某的投诉进行删除处理。

庭审中，任某某主张百度公司搜索页面中显示的关键词给其造成了不利影响和经济损失，应当向其进行损害赔偿，就此向法院提交了一份《解除劳动合同协议》和部分交通住宿票据及湖南省怀化市天桥公证处分别出具的 700 元和 500 元的公证业务费发票。其中该《解除劳动合同协议》显示，北京道雅轩商贸有限公司（甲方）与任某某（乙方）协商一致自愿于 2015 年 3 月 12 日正式解除劳动合同关系，解除理由是自甲方聘用乙方并开始试用后，发现百度网络上显示"无锡陶氏教育任某某"，陶氏教育被很多人称为骗子公司，甚至有人说是邪教，因甲方对乙方从事的工作对信誉度要求高，双方自愿解除合同，原定甲方聘用乙方的 60 万元年薪，由于时间短，乙方同意甲方不支付任何工资和任何经济补偿。

另，任某某当庭陈述之前跟百度公司投诉的两个关键词"陶氏教育任某某"和"无锡陶氏教育任某某"，其最早于2015年1月28日发现，但是现在百度页面已经没有了，当庭要求另行删除四个关键词："陶氏任某某""陶氏超能学习法""超能急速学习法""超能学习法"。该四个关键词其之前并未向百度公司投诉过。百度公司抗辩称相关搜索的关键词是根据过去其他用户的搜索习惯和当前搜索词之间的关联度计算而产生，并非该公司人为干预，而且一直处于动态变化之中，并要求现场用手机进行勘验予以证明其观点。法庭现场组织双方通过各自的手机进行勘验，任某某使用自己的手机点击百度搜索页面，并输入"任某某"，显示结果中又出现了"陶氏教育任某某"，但是没有当庭明确要求删除的前述四个关键词，其后又使用双方代理人手机点击百度搜索页面，并输入"任某某"，结果又显示有关键词"超能急速学习法"，但没有其他三个关键词。后任某某当庭明确其要求百度公司删除的是"陶氏教育任某某"和"无锡陶氏教育任某某"、"陶氏任某某"、"陶氏超能学习法"、"超能急速学习法"、"超能学习法"共计六个关键词。

此外，任某某主张百度公司侵犯其姓名权、名誉权及一般人格权中"被遗忘"的权利，其侵权行为表现在未经其允许，上传者结合百度搜索引擎功能共同盗用其姓名，编造已经不存在的事实，把陶氏教育机构与其捆绑并造成其经济损失，而且其过去与无锡陶氏生物科技有限公司的合作已经结束，现在已经与该公司没有关系了，由于该公司在业界口碑不好，经常有学生退钱，如果有学生及合作伙伴搜索其名字，从百度页面看到搜索结果会误以为其与该公司还有合作，该不良搜索结果会影响其就业、工作交流及日常生活，这样的搜索信息应当被"遗忘"，但是百度公司拒绝删除。百度公司对前述主张不予认可，主张其并未实施侵害任某某姓名权、名誉权及被遗忘权的行为，其提供的搜索服务中相关搜索是搜索引擎的重要组成部分，其作用是客观体现网民的搜索情况和互联网信息的客观情况。目前根据检索词"任某某"会出现相关检索词的情况是结合近9个月的数据，同时也综合了六类相关搜索算法得出的，根据任某某的法庭陈述，其之前确实与陶氏教育有过现实的业务合作与媒体宣传，这些业务合作与宣传信息反映在互联网上，根据六类相关搜索算法搜索"任某某"，相关搜索词出现"陶氏教育任某某""陶氏教育×××"等符合相关搜索的计算法则。即使在双方现实业务合作终止后,在互联网上相关搜索查询的时间参考范围内搜索"任某某",相关搜索词依然有可能为"陶氏教育任某某""陶氏教育×××",同时,由于搜索的用户可能并不知道任某某与陶氏教育合作变化事宜,可能还会继续在互联网上检索相关的检索词,也造成出现涉诉相关检索词。目前来看,线上的结果已经改变,也说明了搜索用户已经逐渐知悉此情况,行为上的关联度逐渐在降低,再结合算法计算后,相关搜索词已经改变,因为根据任某某起诉时提交的证据、补充提交的证据及当前实时数据,相关搜索词每次均不同,更加说明相关搜索是实时的、动态的。搜索引擎服务商仅是将网民的搜索行为客观展现出来供网络用户参考,在服务过程中未做任何人为的调整和干预,故也不存在侵权行为。

⚔ 一审法院裁判

原审法院判决认为:本案的法律争议之核心在于对"相关搜索"技术模式及相应服务模式正当性的法律评价问题,具体涉及事实及法律两个层面的基础问题。其一是百度公司"相关搜索"服务显示的涉及任某某的检索词是否受到了该公司人为干预。这属于事实层面的问题。其二是百度公司"相关搜索"技术模式及相应服务模式提供的搜索服务是否构成对任某某的姓名权、名誉权及任某某主张的一般人格权中的所谓"被遗忘权"的侵犯。这属于法律评价层面的问题。此外,网上侵权中"通知—处理"规则在本案中的适用及责任承担问题均是建立在前述两个层面的基础问题之上的,应当视前述结论而推导之。以下具体论述之。

一、涉诉"相关搜索"显示词条是否受到百度公司人为干预之事实判断

法院认为,搜索引擎的"相关搜索"功能,是为用户当前搜索的检索词提供特定相关性的检索词推荐,这些相关检索词是根据过去其他用户的搜索习惯与当前检索词之间的关联度计算而产生的,是随着网民输入检索词的内容和频率变化而实时自动更新变化的。如果百度公司在"相关搜索"服务中存在针对任某某相关信息改变前述算法或规律的人为干预行为，就应当在"相关搜索"的推荐服务中对任某某在本案中主张的六个关键词给予相对稳定一致的公开显示，或者至少呈现一定规律性的显示。但是，无论从任某某自述及双方提供的公证书，还是法院当庭现场勘验的情况，均可以看出在百度公司搜索页面的搜索框中输入"任某某"这一检索词，在"相关搜索"中都会显示不同的排序及内容的词条，而且任某某主张的六个检索词也呈现时有时无的动态及不规律的显示状态，这与搜索引擎"相关搜索"功能的一般状态是一致的，并未呈现人为干预的异常情况，足以印证百度公司所称的相关搜索词系由过去一定时期内使用频率较高且与当前搜索词相关联的词条统计而由搜索引擎自动生成，并非由于百度公司人为干预。综上，在任某某无相反证据的情况下，法院认定百度公司并未针对任某某的个人信息在相关搜索词推荐服务中进行特定的人为干预。

二、百度公司"相关搜索"技术模式及相应服务模式是否侵犯任某某姓名权、名誉权及任某某主张的一般人格权中的所谓"被遗忘权"之法律判断

法院认为，既然百度公司并未在"相关搜索"服务中针对任某某进行特定的人为干预，即不存在针对任某某个人之特定意图的可能，那么，百度公司现有"相关搜索"技术模式及相应服务模式本身是否对任某某主张的涉诉权益构成现实的侵犯就成为本案的关键。

就相关搜索服务模式而言，其初始功能仅系动态反映过去特定期间内网络用户所使用检索词的内容与频率等客观情况，为当前用户的信息检索提供相关度及关注度等特定指标的参考指引或推荐，该模式本身并无实质性的侵权之目的。百度公司作为搜索引擎运营企业，也应当向网络用户提供客观、中立、准确的相关搜索词使用状态信息，提供比原有关键词搜索服务更加便捷、智能的升级服务，以方便用户检索查找相关信息。

具体到本案诉争相关搜索词条而言，百度公司搜索页面的相关搜索处显示词条——"陶氏教育任某某""无锡陶氏教育任某某""陶氏任某某""陶氏超能学习法""超能急速学习法""超能学习法"本身并无表面及实质性的褒贬含义，本质仍属供网络信息检索使用之参考词，且系对广大网络用户检索与"任某某"这一词条相关内容的客观反映，其既非被检索的网络信息本身,又非百度公司针对任某某主观控制或创造的负面词。况且,从庭审查明的事实看,任某某从事过"教育"工作,而且与"陶氏"相关企业之间存在过现实的业务合作与媒体宣传关系,有关"任某某"与"陶氏""教育"等关键词的信息反映在互联网上,不仅会出现在与检索词"任某某"有关的第三方网页链接上,当然也会按照相关搜索特定算法而自动出现在与检索词"任某某"相关的"相关搜索"的推荐词条上,这正是对任某某从事与陶氏相关企业教育工作的历史情况的客观反映。至于任某某主张其已经与无锡陶氏生物科技有限公司结束业务关系,在相关搜索中却依然出现前述词条,由于搜索引擎自动统计的是"特定参考时段"内的网上所有网民输入的搜索关键词的频率,故即使在双方现实业务合作终止后,在互联网上相关搜索查询的"特定参考时段"范围内搜索"任某某",相关搜索词依然有可能出现上述词条,而且不排除搜索用户并不知道任某某前述合作业务变化事宜的可能,还会继续在互联网上检索相关的检索词,这也会造成在相关搜索中持续出现涉诉相关检索词,这本身与百度公司提供的相关搜索服务是否存在实质性侵权目的无关,而与搜索用户对"任某某"这一检索词的关注度、用户习惯及使用频率等因素有关。进一步就百度公司的涉诉技术模式及相关服务模式是否实质性侵犯任某某的名誉权、姓名权而言,首先,公民享有名誉权,公民的人格尊严受法律保护,禁止使用侮辱、诽谤等方式损害公民、法人的名誉。本案中,综合前文对相关搜索技术模式及相关服务模式的正当性的论述,加之百度公司在"相关搜索"中推荐涉诉六个词条的行为,既不存在使用言辞进行侮辱的情况,也不具有捏造事实传播进行诽谤的情况,明显不存在对任某某进行侮辱、诽谤等侵权行为,故百度公司相关搜索的前述情形显然不构成对任某某名誉权的侵犯。其次,公民享有姓名权,有权决定、使用和依照规定改变自己的姓名,禁止他人干涉、盗用、假冒。本案中,既然百度公司并无人为干预"相关搜索"有关"任某某"词条的行为,没有指向特定的个人,那么,对于作为机器的"搜索引擎"而言,"任某某"这三个字在相关算法的收集与处理过程中就是一串字符组合,并无姓名的指代意义;即使最终在"相关搜索"中出现"任某某"这一词条与本案任某某有关,也只是对网络用户使用"任某某"这三个字符状态的客观反映,显然不存在干涉、盗用、假冒本案任某某姓名的行为，况且现代社会中自然人不享有对特定字符及组合的排他性独占使用的权利，故百度公司在相关搜索中使用"任某某"这一词并不构成对任某某本人姓名权的侵犯。

至于百度公司是否侵犯了任某某主张的一般人格权中的所谓"被遗忘权"。任某某认为，其已经结束了在陶氏相关企业的教育工作，其不再与该企业有任何关系，此段经历不应当仍在网络上广为传播，应当被网络用户所"遗忘"，而且该企业名声不佳，在百度相关搜索上存留其与该企业的相关信息会形成误导，并造成其在就业、招生等方面的困难而产生经济损失，且已经产生了现实的损害，百度公司应当承担侵权责任，这种"利益"应当作为一种一般人格利益从人格权的一般性权利即一般人格权中予以保护。

法院认为，我国现行法中并无法定称谓为"被遗忘权"的权利类型，"被遗忘权"只是在国外有关法律及判例中有所涉及，但其不能成为我国此类权利保护的法律渊源。我国侵权责任法规定，侵害民事权益，应当依照本法承担侵权责任。行为人因过错侵害他人民事权益，应当承担侵权责任。由此可见，民事权益的侵权责任保护应当以任某某对诉讼标的享有合法的民事权利或权益为前提，否则其不存在主张民事权利保护的基础。人格权或一般人格权保护的对象是人格利益，既包括已经类型化的法定权利中所指向的人格利益，也包括未被类型化但应受法律保护的正当法益。就后者而言，其必须不能涵盖到既有类型化权利之中，且具有利益的正当性及保护的必要性，三者必须同时具备。

本案中，任某某希望"被遗忘"（删除）的对象是百度公司"相关搜索"推荐关键词链接中涉及的其曾经在"陶氏教育"工作经历的特定个人信息，这部分个人信息的确涉及任某某，而且该个人信息所涉及的人格利益是对其个人良好业界声誉的不良影响，进而还会影响其招生、就业等经济利益，与任某某具有直接的利益相关性，而且，其对这部分网络上个人信息的利益指向的确也并不能归入我国现有类型化的人格权保护范畴，因此，该利益能否成为应受保护的民事法益，关键就在于该利益的正当性与受法律保护的必要性。

任某某主张删除的直接理由是"陶氏教育"在业界口碑不好，网络用户搜索其姓名"任某某"时,相关搜索推荐的词条出现的其与"陶氏教育"及相关各类名称的"学习法"发生关联的各种个人信息于其不利,实际上这一理由中蕴含了其两项具体的诉求意向:其一是正向或反向确认其曾经合作过的"陶氏教育"不具有良好商誉;其二是试图向后续的学生及教育合作客户至少在网络上隐瞒其曾经的工作经历。就前者而言,企业的商誉受法律保护,法律禁止任何人诋毁或不正当利用合法企业的商誉。况且,不同个人对企业商誉的评价往往是一种主观判断,而企业客观上的商誉也会随着经营状况的好坏而发生动态变化,因此不宜抽象地评价商誉好坏及与商誉产生后果的因果联系,何况任某某目前与陶氏教育相关企业之间仍具有同业或相近行业的潜在竞争关系。就后者而言,涉诉工作经历信息是任某某最近发生的情况,其目前仍在企业管理教育行业工作,该信息正是其行业经历的组成部分,与其目前的个人行业资信具有直接的相关性及时效性;任某某希望通过自己良好的业界声誉在今后吸引客户或招收学生,但是包括任某某工作经历在内的个人资历信息正是客户或学生借以判断的重要信息依据,也是教师诚实信用的体现,这些信息的保留对于包括任某某所谓潜在客户或学生在内的公众知悉任某某的相关情况具有客观的必要性。任某某在与陶氏相关企业从事教育业务合作时并非未成年人或限制行为能力人、无行为能力人,其并不存在法律上对特殊人群予以特殊保护的法理基础。因此,任某某在本案中主张的应"被遗忘"(删除)信息的利益不具有正当性和受法律保护的必要性,不应成为侵权保护的正当法益,其主张该利益受到一般人格权中所谓"被遗忘权"保护的诉讼主张,法院不予支持。

综上,百度公司在"相关搜索"中推荐的有关任某某及"陶氏教育"与相关学习法的词条是对网络用户搜索相关检索词内容与频率的客观反映,属于客观、中立、及时的技术平台服务,并无侵害任某某前述主张权益的过错与违法行为;此外,网络服务商未履行"通知—删除"义务或未停止侵权,应承担对自己行为的侵权责任或对他人侵权扩大损害的侵权责任,其前提是自己或他人的侵权责任成立,鉴于本案中任某某主张百度公司侵害其名誉权、姓名权及一般人格权中所谓"被遗忘权"缺乏相应的事实与法律依据,故百度公司未履行"通知—删除"义务亦无须承担侵权责任，法院对任某某的全部诉讼请求均不予支持。

综上，依照《中华人民共和国民事诉讼法》第六十四条第一款之规定，判决：驳回原告任某某的全部诉讼请求。

当事人上诉

任某某不服原审判决，提起上诉。上诉请求是：1. 请求撤销原审判决；2. 请求改判百度公司立即停止对任某某人格权实施的一切侵权行为，并赔礼道歉；3. 请求改判百度公司向任某某支付精神损害抚慰金 2 万元；4. 请求改判自 2015 年 3 月至百度公司停止一切侵权行为期间，百度公司向任某某每月支付经济赔偿金 5 万元；5. 请求改判百度公司支付任某某维权所支付的必要成本费 4000 元。上诉理由是：1. 百度"相关搜索"显示词条并非"非人为可控"，原审认定事实不清；2. 百度公司已经构成对任某某姓名权、名誉权、一般人格权严重侵权，原审认定不侵权属于认定事实不清，适用法律错误；3. 百度公司怠于履行删除义务，应承担赔偿责任。

被上诉人辩解

百度公司答辩称：原审判决认定事实清楚，适用法律正确，程序合法。请求驳回任某某的上诉请求，维持原审判决。

二审法院裁判

二审法院经审理查明：原审法院判决认定的证据真实有效，据此认定的事实无误，二审法院予以确认。

二审法院认为：本案争议的焦点问题是百度公司"相关搜索"服务显示的涉及任某某的检索词是否侵犯了任某某的姓名权、名誉权及任某某主张的一般人格权中的所谓"被遗忘权"。

关于姓名权问题。姓名权是公民享有的依法决定、使用和依法变更自己姓名的权利。一般而言，侵害姓名权的行为主要有以下几种。第一，干涉他人行使其姓名权。主要包括干涉他人命名、干涉他人合法使用其姓名、干涉他人改名等行为。第二,应使用而不使用他人姓名。主要包括在使用他人作品时应标明作者而未标明,特定场合应称呼他人姓名而未称呼,以及特定场合以谐音或起绰号方式恶意不使用他人姓名等行为。第三,非法使用他人姓名。主要包括盗用他人姓名和假冒他人姓名的行为。第四,故意混同使用他人姓名。主要包括恶意使用与他人姓名在外观上和发音上相类似的姓名,恶意对某物命名与他人姓名相同的名称等行为。本案中,百度公司相关搜索服务显示涉及任某某的检索词显然不符合上述第一、第二、第四种情形。就第三种情形即"非法使用他人姓名"的情形而言,相关检索词的出现虽然未经任某某本人允许,但检索词本身系网络用户在搜索引擎中键入的指令,搜索结果中的"检索词"也只是动态反映过去特定时间内网络用户使用检索词的客观情况,并为当前用户的信息检索提供参考指引。即"任某某"是百度搜索引擎经过相关算法的处理过程后显示的客观存在于网络空间的字符组合,并非百度公司针对"任某某"这个特定人名的盗用或假冒。故百度公司并未侵犯任某某的姓名权。原审法院认定正确。

关于名誉权问题。侵害名誉权责任的法定构成要件包括行为人有违法行为、受害人确有名誉被损害的事实、违法行为与损害后果之间有因果关系、行为人主观上有过错。具体到本案中,首先,涉案检索词"陶氏任某某""陶氏超能学习法""陶氏教育任某某"等,明显不存在对任某某进行侮辱的言辞,亦未捏造事实对任某某进行诽谤。任某某认为"陶氏教育"在业界口碑不好,与其关联影响声誉,法院认为任某某对"陶氏教育"的个人主观评价不能作为认定相关词语具有侮辱性、诽谤性的依据。其次,"任某某"与"陶氏"或"陶氏教育"机动同时出现是对特定时间内网络用户所使用的检索词的客观情况的反映,任某某本人在庭审中亦认可检索词的序列动态变化、时时更新。故百度公司对"陶氏任某某""陶氏超能学习法"等关键词在搜索结果中出现并不存在主观过错。综上,百度公司既不存在侵权事实亦不存在主观过错,故对任某某的名誉权不构成侵犯。原审法院认定正确。

关于"被遗忘权"问题。被遗忘权是欧盟法院通过判决正式确立的概念，虽然我国学术界对被遗忘权的本土化问题进行过探讨，但我国现行法律中并无对"被遗忘权"的法律规定，亦无"被遗忘权"的权利类型。任某某依据一般人格权主张其被遗忘权应属一种人格利益，该人格利益若想获得保护，任某某必须证明其在本案中的正当性和应予保护的必要性，但任某某并不能证明上述正当性和必要性。故原审法院认定正确。

在百度公司不构成侵权的前提下，原审法院驳回任某某对百度公司赔偿其相关损失及精神损害抚慰金的诉讼请求亦是正确的。

另，任某某二审期间提交证据一：其与删帖人的通话记录（附光盘），欲证明人为可以删除百度相关内容。提交证据二：相关退款记录，欲证明其损失扩大的事实。对于该两份证据，在百度公司不构成侵权的情况下，对本案事实的认定没有意义，故法院不予认证。

综上所述，任某某的上诉请求与理由无法律及事实依据，法院不予支持。原审判决认定事实清楚，适用法律正确，应予维持。依据《中华人民共和国民事诉讼法》第一百七十条第一款第（一）项之规定，判决如下：

驳回上诉，维持原判。

一审案件受理费825元，由任某某负担（已交纳）。

二审案件受理费1650元，由任某某负担（已交纳）。

本判决为终审判决。

评析

民事权益的侵权责任保护应当以起诉人对诉讼标的享有合法的民事权利或权益为前提，否则其不存在主张民事权利保护的基础。人格权或一般人格权保护的对象是人格利益，既包括已经类型化的法定权利中所指向的人格利益，也包括未被类型化但应受法律保护的正当法益。就后者而言，其必须不能涵盖到既有类型化权利之中，且具有利益的正当性及保护的必要性，三者必须同时具备。

被遗忘权是欧盟法院通过判决正式确立的概念，我国现行法律中并无对"被遗忘权"的法律规定，亦无"被遗忘权"的权利类型。本案中，任某某希望"被遗忘"（删除）的对象是百度公司"相关搜索"推荐关键词链接中涉及的其曾经在"陶氏教育"工作经历的特定个人信息,其依据一般人格权主张其被遗忘权应属一种人格利益。但该人格利益若想获得保护,任某某必须证明其在本案中具有利益的正当性和应予保护的必要性,但任某某并不能证明上述两点。法院认为,任某某的诉求前提是要确认陶氏教育公司不具有良好的商誉。法院认为不宜抽象地评价该企业的商誉好坏及与商誉产生后果的因果联系,何况任某某目前与陶氏教育相关企业之间仍具有同业或相近行业的潜在竞争关系。其次,任某某的行为在实质上是为了向潜在客户或雇主隐瞒自己曾经的职业经历,而这些信息与个人行业资信具有直接的相关性和时效性。故该利益不具有正当性更不应受到法律的保护。因此,法院对此不予支持。

8. 非法购买学生信息出售牟利，构成侵犯公民个人信息罪

——周滨城等侵犯公民个人信息案

▶ 裁判要旨

非法购买学生信息出售牟利，构成侵犯公民个人信息罪。

▶ 案件索引

浙江省平湖市人民法院 （2016） 浙 0482 刑初 1022 号

▶ 基本案情

2016 年 4 月，被告人周滨城向他人购买浙江省学生信息 193 万余条。后被告人周滨城将其中 100 万余条嘉兴、绍兴地区的学生信息以 6 万余元的价格出售给被告人陈利青，将 45655 条嘉兴地区的学生信息以 3500 元的价格出售给被告人刘亚、陈俊、周红云，将 7214 条平湖地区的学生信息以 1400 元的价格出售，将 2320 条平湖地区的学生信息以 500 元的价格出售，共计非法获利 65400 元。此外，2016 年 4 月，被告人刘亚、陈俊、周红云以 3000 元的价格向他人购买嘉兴地区学生信息 25068 条。

法院查明事实

经审理查明：

1. 2011 年，被告人周滨城向他人购买浙江省学生信息 579 万余条；2016 年 4 月，被告人周滨城又向陈磊（另处）购买浙江省学生信息 193 万余条。后被告人周滨城将其中 100 万余条嘉兴、绍兴地区的学生信息以 6 万余元的价格出售给被告人陈利青，将 45655 条嘉兴地区的学生信息以 3500 元的价格出售给被告人刘亚、陈俊、周红云，将 7214 条平湖地区的学生信息以 1400 元的价格出售给潘亚芳，将 2320 条平湖地区的学生信息以 500 元的价格出售给侯颖红，共计非法获利 65400 元。

2. 2016 年 4 月，被告人刘亚、陈俊、周红云以 3000 元的价格向他人购买嘉兴地区学生信息 25068 条。

另查明，被告人陈俊、周红云分别于 2016 年 7 月 13 日和 8 月 26 日至平湖市公安局曹桥派出所投案，归案后如实供述了自己的罪行；公安机关从被告人周滨城处扣押手机二部、笔记本电脑一台、移动 U 盘一个、学生信息表 63 张，从被告人陈利青处扣押手机二部，从被告人刘亚处扣押 U 盘一个。

上述事实，五被告人在开庭审理过程中基本无异议，且有受案登记表、证人证言、辨认笔录、手机内容截图、接受证据清单、户口注销证明、搜查证及搜查笔录、扣押决定书、扣押清单、调取证据清单、费用明细表、电子证物检查工作记录、抓获经过、案发经过、违法犯罪经历查询证明、身份证明等证据予以证实，足以认定。

法院裁判

法院认为，被告人周滨城、陈利青、刘亚、陈俊、周红云违反国家有关规定，向他人出售或以购买的方法非法获取公民个人信息，数量分别为 193 万余条、100 万余条、7 万余条、7 万余条、7 万余条，其行为均已构成侵犯公民个人信息罪，其中被告人刘亚、陈俊、周红云系共同犯罪。公诉机关指控的罪名成立，应予支持。公诉机关指控被告人周滨城共向他人购买浙江省学生信息 772 万余条，经查，其中 579 万余条学生信息系其 2011 年购买，根据法无明文规定不为罪的原则，对该部分数量不应认定为犯罪数额，被告人周滨城对此提出的辩解及其辩护人对此提出的辩护意见均予以采纳。被告人陈俊、周红云有自首情节，被告人陈利青、刘亚归案后能如实供述自己的罪行，均可以依法从轻处罚；被告人周滨城当庭能自愿认罪，可以酌情从轻处罚，被告人周滨城、陈利青、刘亚的辩护人提出的从轻辩护意见予以采纳。综上，对被告人刘亚、陈俊、周红云适用缓刑不致再危害社会，可以依法对三被告人适用缓刑，被告人刘亚的辩护人提出的对被告人刘亚适用缓刑的辩护意见予以采纳。据此，为惩治犯罪，依照《中华人民共和国刑法》第二百五十三条之一第一、三款，第二十五条第一款，第六十七条第一、三款，第七十二条第一、三款，第六十四条及最高人民法院《关于处理自首和立功具体应用法律若干问题的解释》第一条之规定，判决如下：

一、被告人周滨城犯侵犯公民个人信息罪，判处有期徒刑一年十一个月，并处罚金 40000 元（即自 2016 年 7 月 8 日起至 2018 年 6 月 7 日止）；

二、被告人陈利青犯侵犯公民个人信息罪，判处有期徒刑十一个月，并处罚金 10000 元（扣除先行羁押的一个月零七日，即自 2016 年 12 月 6 日起至 2017 年 9 月 28 日止），上述二被告人的刑期从判决执行之日起计算，判决执行以前先行羁押的，羁押一日折抵刑期一日；

三、被告人刘亚犯侵犯公民个人信息罪，判处有期徒刑九个月、缓刑一年，并处罚金 5000 元；

四、被告人陈俊犯侵犯公民个人信息罪，判处有期徒刑七个月、缓刑一年，并处罚金 4000 元；

五、被告人周红云犯侵犯公民个人信息罪，判处有期徒刑七个月、缓刑一年，并处罚金 4000 元，上述三被告人的缓刑考验期限从判决确定之日起计算，上述五被告人的罚金款限本判决生效后十日内缴纳；

六、扣押在案的作案工具笔记本电脑一台、移动 U 盘一个、U 盘一个、学生信息表 63 张由扣押机关依法予以没收，手机四部分别发还被告人周滨城和陈利青，责令被告人周滨城在本判决生效后十日内退缴违法所得

65400 元。

被告人刘亚、陈俊、周红云回到社会后，应当遵守法律、法规，服从监督管理，接受教育，完成公益劳动，做一名有益于社会的公民。

评析

我国《刑法》第二百五十三条之一第一款规定，违反国家有关规定，向他人出售或者提供公民个人信息，情节严重的，处三年以下有期徒刑或者拘役，并处或者单处罚金；情节特别严重的，处三年以上七年以下有期徒刑，并处罚金。本案中，被告人周滨城、陈利青、刘亚、陈俊、周红云违反国家有关规定，向他人出售或以购买的方法非法获取公民个人信息，数量分别为 193 万余条、100 万余条、7 万余条、7 万余条、7 万余条，其行为均已构成侵犯公民个人信息罪。

9. 非法查询征信信息牟利，构成侵犯公民个人信息罪

——韩世杰、旷源鸿、韩文华等侵犯公民个人信息案

▮ 裁判要旨

1. 公民个人信息，是指以电子或者其他方式记录的能够单独或者与其他信息结合识别特定自然人身份或者反映特定自然人活动情况的各种信息，包括姓名、身份证件号码、通信通讯联系方式、住址、账号密码、财产状况、行踪轨迹等。个人的征信信息也属于公民的个人信息。

2. 违反国家有关规定，将在履行职责或者提供服务过程中获得的公民个人信息，出售或者提供给他人的，依照侵犯公民个人信息罪从重处罚。

▮ 案件索引

湖北省巴东县（2016）鄂 2823 刑初 132 号

▮ 基本案情

2015 年 9 月 3 日至 4 日，被告人韩世杰、旷源鸿、韩文华利用连光辉（湖北省巴东县农村商业银行沿渡支行征信查询员）的征信查询 ID 号、密码及被告人李冲、耿健美（洛阳银行郑州东风路支行客户经理）提供的洛

阳银行郑州东风路支行的银行专用网络，在该行附近使用电脑非法查询公民个人银行征信信息 3 万余条。

2015 年 9 月 5 日至 6 日，被告人韩世杰、旷源鸿、韩文华利用连光辉的征信查询 ID 号、密码及被告人李楠、卢惠生（德州银行滨州金廷支行行长）提供的德州银行滨州分行的银行专用网络，在该行南面的停车场内，使用电脑分两次非法查询公民个人银行征信信息 2 万余条。

2015 年 9 月 8 日，被告人韩世杰、旷源鸿、韩文华利用李涛（江苏省淮安市农村商业银行徐溜支行职工）的银行征信查询 ID 号、密码及被告人李楠、卢惠生提供的德州银行滨州分行专用网络，在该行南面的停车场内，使用电脑非法查询公民个人银行征信信息近 3 万条。

被告人韩亮、邓佳勇获得征信查询 ID 号、密码并非法提供给被告人韩世杰等人使用，双方通过被告人陈莎莎中转租金、传递密码。被告人韩世杰、旷源鸿、韩文华将查询获得的上述公民个人银行征信信息出售给他人，向被告人韩亮、李冲、李楠支付了相关费用。

▨ 法院查明事实

经审理查明，2015 年 8 月，被告人韩世杰欲查询他人银行征信信息出售牟取非法利益，遂邀约被告人韩文华通过互联网 QQ 群寻找可查询征信信息的银行专用网络及征信查询 ID 号、密码。被告人韩亮得知该信息后，欲向其提供征信查询 ID 号、密码牟取非法利益，遂向被告人邓佳勇寻找征信查询 ID 号、密码。为牟取非法利益，被告人邓佳勇通过田某，获得湖北省巴东县农村商业银行沿渡支行征信查询员连某 1 的征信查询 ID 号、密码，并将该 ID 号、密码提供给被告人韩亮。被告人韩亮以每天 36 万元的价格将该征信查询 ID 号、密码提供给被告人韩世杰、韩文华使用。后被告人韩世杰联系到被告人李冲，被告人李冲为牟取非法利益，表示为其提供银行专用网络。尔后，被告人李冲找到被告人耿健美，被告人耿健美为牟取非法利益，表示愿意为被告人李冲提供银行专用网络。被告人旷源鸿得知被告人韩世杰、韩文华可查询征信信息后，称其有需求银行征信信息的客户资源，被告人韩世杰遂邀约被告人旷源鸿一同前往查询。

被告人韩世杰、韩文华、旷源鸿来到河南省洛阳市找到被告人李冲，被告人李冲将设置好的无线路由器交给被告人耿健美，被告人耿健美将无线路由器安装到洛阳银行郑州东风路支行电脑上，将该行的银行征信查询专用网络以无线 wifi 的形式发射出来，并将银行电脑的 IP 地址告诉被告人李冲。2015 年 9 月 3 日至 4 日，被告人韩世杰、韩文华、旷源鸿利用连某 1 的征信查询 ID 号、密码及被告人李冲、耿健美提供的洛阳银行郑州东风路支行的银行专用网络，在洛阳银行郑州东风路支行附近的"金水桶足浴店"，使用电脑非法查询公民个人银行征信信息 3 万余条。其间，被告人韩亮和被告人韩世杰、旷源鸿、韩文华之间因租金支付发生矛盾，被告人旷源鸿联系被告人陈莎莎，被告人陈莎莎从中撮合，双方又通过被告人陈莎莎中转租金、传递密码再次合作。

尔后，被告人韩世杰、韩文华、旷源鸿又来到山东省滨州市，被告人韩世杰联系到被告人李楠，被告人李楠找到袁某，袁某找到被告人卢惠生，被告人李楠、袁某将设置好的无线路由器交给被告人卢惠生，被告人卢惠生将无线路由器安装到德州银行滨州分行电脑上，将该行的征信查询专用网络以无线 wifi 的形式发射出来，并将银行电脑的 IP 地址告诉被告人李楠、袁某。2015 年 9 月 5 日至 6 日，被告人韩世杰、韩文华、旷源鸿利用连某 1 的征信查询 ID 号、密码及被告人李楠、卢惠生提供的德州银行滨州分行的银行专用网络，在该行南面的停车场内，使用电脑分两次非法查询公民个人银行征信信息 2 万余条。

2015 年 9 月 3 日至 9 月 4 日、9 月 5 日至 9 月 6 日被告人韩世杰、韩文华、旷源鸿利用连某 1 的征信查询 ID 号、密码及洛阳银行郑州东风路支行、德州银行滨州分行的银行专用网络，非法查询公民个人银行征信信息共计 51784 条。

2015 年 9 月 8 日，被告人旷源鸿通过嘉银（上海）企业征信服务有限公司淮安分公司职工马某，得到江苏省淮安市农村商业银行徐溜支行职工李某 1 的银行征信查询 ID 号及密码，被告人旷源鸿、韩世杰、韩文华利用该 ID 号、密码及被告人李楠、卢惠生提供的德州银行滨州分行专用网络，在该行南面的停车场内，使用电脑非法查询公民个人银行征信信息 28423 条。

为牟取非法利益，被告人韩世杰、旷源鸿、韩文华将查询获得的上述公民个人银行征信信息均出售给他人，给被告人韩亮、李冲、李楠支付了相关费用。被告人韩亮给被告人邓佳勇、被告人李冲给被告人耿健美、被告人李楠给袁某、袁某给被告人卢惠生分得了相关费用。被告人韩世杰获利260000元，被告人旷源鸿获利6100元，被告人韩亮获利37700元，被告人邓佳勇获利322300元，被告人李冲获利6000元，被告人耿健美获利90000元，被告人李楠获利71000元，被告人卢惠生获利19000元。在公安机关侦查阶段，被告人耿健美、邓佳勇、卢惠生已退缴了上述非法所得。

2016年4月25日，被告人韩世杰主动到巴东县公安局投案自首。被告人耿健美被巴东县公安局列为网上逃犯，2016年3月28日被郑州市公安机关抓获。

另查明，被告人李楠因犯侵犯公民个人信息罪，于2016年4月20日被山东省无棣县人民法院判处有期徒刑十个月，缓刑一年，尚在缓刑考验期限内。

上述事实，被告人邓佳勇、韩亮、韩世杰、韩文华、旷源鸿、陈莎莎、李冲、耿健美、李楠、卢惠生在开庭审理过程中亦无异议，且有书证受案登记表、拘留通知书、批准逮捕决定书、取保候审决定书、湖北巴东农村商业银行股份有限公司给巴东县公安局的发函、征信查询投诉电话记录、常住人口信息查询资料及户籍证明、到案经过及抓获经过说明、在逃人员登记、撤销表、调取证据清单、情况说明、搜查笔录、扣押物品清单、调取证据通知书、个人征信异议核查通知单、个人征信异议核查结果说明、鉴定聘请书、电子物证检查报告、电子物证检验笔录、巴东县农村商业银行征信工作管理规定、巴东县农村商业银行征信工作岗位责任承诺书、用户信息登记表、相关文件、搜查证、相关短信聊天记录截图、中国银行客户回单、相关银行交易记录、城市便捷酒店宜昌五一广场店入住记录、QQ及短信记录截图、短信转账记录、中国工商银行交易记录、中国建设银行交易记录、支付宝账号注册信息、收款记录、微信聊天及转账记录截图、洛阳银行股份有限公司郑州分行出具的证明、洛阳银行股份有限公司相关规定及说明、计算机安全使用管理规范、网络管理制度、中国工商银行交易明细、淮安市公安局清河分局受案登记表、江苏省淮安农村商业银行股份有限公司报案申请、中国人民银行淮安市中心支行征信管理科异常查询说明、淮安市公安局清河分局发破案及抓获经过说明、太原市公安局抓获经过说明、移送案件通知书、接受证据材料清单、嘉银（上海）征信服务有限公司淮安分公司营业执照、接受证据材料清单、李某1情况简介、社区矫正人员报到情况通知单、山东省无棣县人民法院刑事判决书、湖北省非税收入缴款书、鉴定聘请书、鉴定文书、辨认笔录、电子物证检验报告、淮安市公安局清河分局鉴定聘请书、司法鉴定委托书、鉴定意见通知书、上海辰星电子数据司法鉴定中心司法鉴定检验报告书、电子物证检查工作记录、提取笔录；证人黄某1、许某、谭某、连某2、赵某1、谢某、邓某、李某2、江某、杨某2、连某1、田某、秦某、黄某2、李某3、魏某、王某、郝某、赵某2、袁某、马某、李某1、陈某1、陈某2、李某4的证言；被告人邓佳勇、韩亮、韩世杰、韩文华、旷源鸿、陈莎莎、李冲、耿健美、李楠、卢惠生的供述与辩解；现场勘查笔录、现场方位图、现场照片；银行数据光盘、电子数据等证据予以证实，足以证实。

法院裁判

法院认为，关于被告人旷源鸿、陈莎莎、李冲、耿健美、卢惠生的辩护人提出的被告人旷源鸿、陈莎莎、李冲、耿健美、卢惠生系从犯的辩护意见。经审查，法院认为，十被告人临时结合在一起，各自实施不同的行为，各自牟取各自的利益，共同合作完成犯罪行为，在共同犯罪中不宜区分主从犯，各自对各自实施的犯罪行为承担刑事责任。但各被告人的地位、作用、参与程度、犯罪情节、危害后果不同，量刑时应予以区别。辩护人提出的上述辩护意见，法院不予采纳。

关于被告人耿健美的辩护人提出的被告人耿健美具有自首情节的意见。经审查，法院认为，案发后，被告人耿健美被巴东县公安局列为网上逃犯，于2016年3月28日被郑州市公安机关抓获，并未自动投案，不构成自首。辩护人提出的上述辩护意见，法院不予采纳。

法院认为，被告人韩世杰、韩文华、旷源鸿、邓佳勇、韩亮、陈莎莎、李冲、耿健美、李楠、卢惠生违反国家有关规定，非法获取公民个人信息出售牟利，情节严重，其行为符合侵犯公民个人信息罪的法定构成要件，均构成侵犯公民个人信息罪。公诉机关指控的罪名成立。被告人韩世杰主动到公安机关投案自首，依法可以从轻或者减轻处罚。被告人邓佳勇、韩亮、韩文华、旷源鸿、陈莎莎、李冲、耿健美、李楠、卢惠生归案后能如实供述自己的罪行，坦白认罪，依法可以从轻处罚。被告人耿健美、邓佳勇、卢惠生积极退缴非法所得，可酌情从轻处罚。辩护人提出的被告人耿健美、卢惠生归案后能如实供述自己的罪行，积极退赃，可从轻处罚的辩护意见，法院予以采纳。辩护人提出的被告人韩亮、旷源鸿、陈莎莎、李冲归案后能如实供述自己的罪行，可从轻处罚的辩护意见，法院予以采纳。被告人李楠因犯侵犯公民个人信息罪，被判处有期徒刑十个月，缓刑一年，在缓刑考验期限内发现判决宣告以前还有其他罪没有判决，应当撤销缓刑，对新发现的罪作出判决，按照数罪并罚的原则对其科以刑罚。被告人陈莎莎、李冲、耿健美、卢惠生有悔罪表现，没有再犯罪的危险，宣告缓刑对所居住社区没有重大不良影响，法院决定对其宣告缓刑。综上，依照《中华人民共和国刑法》第二百五十三条之一第一款、第三款，第六十四条，第六十七条第一款、第三款，第六十九条第一款，第七十二条第一款、第三款，第七十三条，第七十七条第一款之规定，判决如下。

一、被告人韩世杰犯侵犯公民个人信息罪，判处有期徒刑一年六个月，并处罚金20000元（刑期从判决执行之日起计算，判决执行以前先行羁押的，羁押一日折抵刑期一日。即自2016年4月25日起至2017年10月24日止；罚金限判决生效后十日内缴纳）。

二、被告人旷源鸿犯侵犯公民个人信息罪，判处有期徒刑一年三个月，并处罚金20000元（刑期从判决执行之日起计算，判决执行以前先行羁押的，羁押一日折抵刑期一日；罚金限判决生效后十日内缴纳）。

三、被告人韩文华犯侵犯公民个人信息罪，判处有期徒刑一年二个月，并处罚金10000元（刑期从判决执行之日起计算，判决执行以前先行羁押的，羁押一日折抵刑期一日。即自2016年3月17日起至2017年5月16日止；罚金限判决生效后十日内缴纳）。

四、被告人韩亮犯侵犯公民个人信息罪，判处有期徒刑一年，并处罚金10000元（刑期从判决执行之日起计算，判决执行以前先行羁押的，羁押一日折抵刑期一日。即自 2015 年 12 月 23 日起至 2016 年 12 月 22 日止；罚金限判决生效后十日内缴纳）。

五、被告人邓佳勇犯侵犯公民个人信息罪，判处有期徒刑十一个月，并处罚金 10000 元（刑期从判决执行之日起计算，判决执行以前先行羁押的，羁押一日折抵刑期一日；罚金限判决生效后十日内缴纳）。

六、撤销山东省无棣县人民法院（2016）鲁 1623 刑初 14 号刑事判决书对被告人李楠宣告的缓刑。

七、被告人李楠犯侵犯公民个人信息罪，判处有期徒刑一年，并处罚金 10000 元；原侵犯公民个人信息罪判处有期徒刑十个月，数罪并罚，决定合并执行有期徒刑一年八个月，并处罚金 10000 元（刑期从判决执行之日起计算，判决执行以前先行羁押的，羁押一日折抵刑期一日。即自 2016 年 5 月 16 日起至 2018 年 1 月 15 日止；罚金限判决生效后十日内缴纳）。

八、被告人陈莎莎犯侵犯公民个人信息罪，判处有期徒刑七个月，缓刑一年，并处罚金 10000 元（缓刑考验期限从判决确定之日起计算；罚金限判决生效后十日内缴纳）。

九、被告人卢惠生犯侵犯公民个人信息罪，判处有期徒刑六个月，缓刑一年，并处罚金 10000 元（缓刑考验期限从判决确定之日起计算；罚金限判决生效后十日内缴纳）。

十、被告人李冲犯侵犯公民个人信息罪，判处拘役六个月，缓刑九个月，并处罚金 10000 元（缓刑考验期限从判决确定之日起计算；罚金限判决生效后十日内缴纳）。

十一、被告人耿健美犯侵犯公民个人信息罪，判处拘役五个月，缓刑六个月，并处罚金 10000 元（缓刑考验期限从判决确定之日起计算；罚金限判决生效后十日内缴纳）。

十二、被告人邓佳勇违法所得 322300 元、被告人韩世杰违法所得 260000 元、被告人耿健美违法所得 90000 元、被告人李楠违法所得 71000 元、被告人韩亮违法所得 37700 元、被告人卢惠生违法所得 19000 元、被告人旷源鸿违法所得 6100 元、被告人李冲违法所得 6000 元，予以追缴（被告人耿健美、邓佳勇、卢惠生的部分已追缴）。

十三、在案扣押的作案工具，予以没收。

评析

　　本案是侵犯公民个人信息罪的典型案例。公民个人银行征信信息是以电子方式记录的能够识别特定自然人身份的信息，是公民个人信息的一种。我国刑法规定，违反国家有关规定，将在履行职责或者提供服务过程中获得的公民个人信息，出售或者提供给他人的，依照侵犯公民个人信息罪从重处罚。窃取或者以其他方法非法获取公民个人信息的，依照侵犯公民个人信息罪的规定处罚。

　　被告人韩世杰等利用连光辉（湖北省巴东县农村商业银行沿渡支行征信查询员）的征信查询 ID 号、密码及被告人李楠、卢惠生（德州银行滨州金廷支行行长）提供的德州银行滨州分行的银行专用网络，使用电脑非法查询公民个人银行征信信息。公民个人银行征信信息属于公民个人信息。被告人韩世杰等违反国家有关规定，非法获取公民个人信息出售牟利，情节严重，其行为符合侵犯公民个人信息罪的法定构成要件，均构成侵犯公民个人信息罪。

10. 非法出售大量他人住宿信息牟利，构成侵犯公民个人信息罪

——丁亚光侵犯公民个人信息案

裁判要旨

1. 公民个人信息是指以电子或者其他方式记录的能够单独或者与其他信息结合识别特定自然人身份或者反映特定自然人活动情况的各种信息，包括姓名、身份证件号码、通信通讯联系方式、住址、账号密码、财产状况、行踪轨迹等。公民的住宿记录属于公民的活动情况，属于公民个人信息。

2. 非法获取公民个人信息后又出售或者提供的，公民个人信息的条数不重复计算。

案件索引

浙江省乐清市人民法院（2016）浙 0382 刑初 2332 号

基本案情

2013 年底，一家为全国 4500 多家酒店提供网络服务的公司因系统存在安全漏洞，致使全国高达 2000 万条宾馆住宿记录泄露。2015 年初至 2016 年 6 月，被告人丁亚光通过在不法网站下载的方式，非法获取宾馆住

宿记录等公民个人信息，并上传至自己开办的"嗅密码"网站。该网站除了能够查询住宿记录外，还提供用户 QQ、部分论坛账号及密码找回功能。其中住宿记录共有将近 2000 万条，用户经注册成为会员后，可以在网页"开房查询"栏目项下，以输入关键字姓名或身份证号的方式查询网站数据库中宾馆住宿记录（显示姓名、身份证号、手机号码、地址、住宿时间等信息）。丁亚光自 2015 年 5 月前后开始对该网站采取注册会员方式收取费用 60元/人，到 2016 年 1 月上调到 120 元/人。2015 年 11 月 1 日至 2016 年 6 月 23日，"嗅密码"网站共有查询记录 49698 条，收取会员费 191440.92 元。

一审答辩

被告人丁亚光对起诉书指控的主要事实没有异议，并自愿认罪。被告人丁亚光及其辩护人提出如下辩护意见。1. 虽然网站涉及的开房信息近 2000 万条，但存在重复性，且未对全部信息的真实性进行确认，网站只能通过指定的信息去搜索开房信息，本案应当以网站实际泄露的 49698 条信息进行认定。2. 本案违法所得不应按照 191440.92 元认定，网站除了有开房记录查询外，还有 QQ 及论坛密码查询功能，而网站流量分析截图显示，网站总计浏览次数为 454555 次，而其中单项的开房浏览次数仅为 5077 次，仅占很小的比例。3. 本案涉及的公民个人信息私密性低、利用价值小、社会危害性不大。4. 丁亚光具有如实供述和积极退赃的从轻情节，并要求对丁亚光适用缓刑。

法院裁判

经审理查明，2015 年初至 2016 年 6 月 23 日，被告人丁亚光在未经信息所有人许可的情况下，通过互联网下载方式非法获取宾馆住宿信息等公民个人信息，并私自将获取的公民个人信息上传至自己创办的"嗅密码"网站，该网站除了能够查询宾馆住宿记录外，还提供用户 QQ、部分论坛账号及密码找回功能。其中宾馆住宿信息共有将近 2000 万条，用户经注册成为会员后，可以在网页"开房查询"栏目项下，以输入关键字姓名或身份证号的方式查询网站数据库中宾馆住宿信息，该信息能够显示公民姓名、身份证号、手机号码、地址、住宿时间等个人信息。丁亚光自 2015 年 5 月前后开始对该网站采取注册会员方式收取每人费用 60 元，到 2016 年 1 月将费用上提到 120 元/人。其中 2015 年 11 月 1 日至 2016 年 6 月 23 日，"嗅密码"网站实际开房记录查询 49698 条，丁亚光在此期间共收取会员费用 191440.92 元。案发后，被告人家属已经代为将上述会员费用 191440.92 元上交至法院。

上述事实，有公诉机关提交并经法庭质证、认证的下列证据予以证明。

1. 手机、扣押物品清单，证实公安机关从丁亚光处扣押涉案手机一部。

2. 支付宝账户清单，证实公安机关从丁亚光支付宝账号提取 2015 年 11 月起至 2016 年 6 月 23 日网站会员费收取情况，共计金额人民币 191440.92 元，并经丁亚光本人核实确认。

3. 证明，证实账户姓名"高某"和"燕某"，账户姓名"薛某"和"新某"为同一账户，上述两个账户均为南通普讯网络科技有限公司所拥有。

4. 流量分析截图，证实 2016 年 5 月 23 日至 2016 年 6 月 23 日，涉案"嗅密码"网站用户访问数量分析，其中全站信息总计浏览次数为 454553，开房信息浏览次数为 5077。

5. 开房查询截图、人员档案，证实公安机关在"嗅密码"网站开房查询项下输入 5 个身份证号，网页能够显示对应人员的姓名、性别、家庭住址、手机号码等信息，上述信息经公安机关核实，与公安机关人员档案信息一致。

6. 情况说明、截图，证实公安机关为查清涉案开房信息数量，因数量巨大，避免重复，侦查人员从前期丁亚光使用的服务器中下载的公民个人信息分包数据中的随机 5 个分包中各选取 2 条记录中的身份证号码，共 10 个身份证号码在"嗅密码"上进行查询，均只出现一条唯一的记录，并无重复记录出现。

7. 前科情况核实证明、户籍证明，证明被告人丁亚光作案时已具有完全刑事责任能力，案发前并无前科劣迹。

8. 证人林某的证言，其手机经常接到一些诈骗、传销的电话，多的时候每天有十几个，其怀疑个人信息被泄露，经公安人员打开"嗅密码"网站，并输入其名字，发现共有 340 条姓名为林某的个人信息，其中有其本人的个人信息，包括姓名、身份证号、性别、家庭住址、联系电话等。

9. 证人倪某的证言，2015 年底时，其老婆的 QQ 密码被盗，其通过百度查到一个社工库网站，网站名称为"嗅密码"，其花了 120 元注册，但是没有在该网站找回 QQ 密码。后发现该网站上有开房查询的功能，通过这个功能可以查询到个人的姓名、身份证号、住址和手机号码等。

10. 到案经过，证实公安机关于 2016 年 6 月 23 日 15 时许，在北京市海淀区北京旷世科技公司将丁亚光抓获归案。

11. 被告人丁亚光的供述与辩解，其于 2015 年初在一些社工库论坛上发现一些 QQ、论坛账号及密码和开房记录被公开在网络上，其中开房记录数据都是 2011 年以前一家连锁酒店的，便将上述信息拷贝下来并上传到"嗅密码"网站供他人查询，刚开始时是免费供人查询的，到 2015 年 5 月（3、4 月）前后开始按 60 元的价格出售网站账号，到 2016 年 1 月价格涨到 120 元，每一个账号都可以查询网站数据库里的所有信息，包括如家的开房记录，开房记录上有开房者的姓名、身份证号、联系电话、住址、开房时间，还可以查询到一些论坛和 QQ 的账号以及密码。其中开房记录大概有 2000 万条，有部分是重复的，开房记录查询在网站总查询中占的比例比较小，查询的人也不多，网站总共获利 19 万元，款项是用户注册时通过 33 发卡网和 28 发卡网，由 33 发卡网和 28 发卡网收取百分之二三手续费后转到其支付宝账号的，支付宝交易对象薛某、新某、高某、燕某的交易记录都是其卖"嗅密码"网站账号的款项。

12. 远程勘验工作记录、情况说明，证实公安机关对涉案"嗅密码"网站相关信息进行远程勘验。其中，a. 乐公（网警）勘（2016）24 号勘验目的为勘验网站涉案信息。显示，在网站首页发现查询对话框及在页面右上角有登录按键；通过登录按键，进入注册页面，在注册页面有两个赞助地址，点击分别打开 33 发卡网和 28 发卡网站的售卖 xiumima 注册码的页面；使用账号登录后，网站顶部有开房查询栏目，以姓名和身份证号为关键字进行查询，可以获取姓名、身份证号、性别、手机号、住址等信息，以"张伟"为关键字进行查询，获取结果条数为 12724 条，以"林某"为关键字进行查询，获取结果条数为 340 条。b. 乐公（网警）勘（2016）63 号电子证物检查工作记录，检查目的是提取 xiumima.com 网站访问日志中 2015 年 11 月 1 日至 2016 年 6 月 23 日开房数据查询记录，结果发现共有 49698 条记录，统计时间为 2015 年 11 月 1 日 0 时至 2016 年 6 月 23 日 15 时 30 分，丁亚光被抓获的时间。c. 乐公（网警）勘（2016）36 号远程勘验工作记录，勘验目的是勘验 xiumima.com 网站页面及访问日志等相关涉案信息，梳理 2015 年 11 月 1 日至 2016 年 6 月 23 日，网站的"开房查询"查询次数为 49856 条，统计时间为 2015 年 11 月 1 日 0 时至 2016 年 6 月 23 日 23 时 56 分。d. 乐公（网警）勘（2016）39 号远程勘验工作记录，勘验目的是勘验服务器中开房查询数据库中开房查询数据消除重复数据结果。使用临时登录账号登录服务器，将 kaifang 数据库备份，获取 20050145 条记录；利用身份证号对应的字段"idcard"为关键字建立唯一索引并消除重复数据，获取消除重复数据后的结果为 19846399 条记录。

针对被告人及其辩护人的辩解和辩护意见，法院认为，1. 关于公民个人信息数量的认定。首先，公民个人信息是指能够单独或者与其他信息结合识别自然人个人身份的各种信息，虽然本案涉及泄露的住宿信息是 2011 年前后的登记记录，但该信息包括了住宿人员的姓名、身份证件号码、住址、电话等信息，上述信息的泄露确有可能会影响人身、财产安全，而并非如辩护人所称私密性低、社会危害性不大。其次，根据勘验结论，本案指控的公民个人信息 19846399 条是经公安机关对网站开房数据库采取消除重复数据处理后的最终数据。虽然涉案网站"开房记录"查询的条数为 49698 条，但用户在注册成为会员后，可以凭关键字对上述全部 19846399 条公民个人信息进行查询，故本案公民个人信息数量应以网站可供查询的数量进行认定。2. 关于非法获利金额的认定。涉案"嗅密码"网站除了能够查询开房记录中涉及的公民个人信息外，还提供 QQ 及论坛账号密码找回服务，根据勘验记录，用户登录网站时页面并无显示开房记录查询功能，只有在注册缴费成为会员后网页才会显示开房查询一栏，故不排除部分用户在注册后未进行过开房记录查询的可能。但法院认为，正如前述，用户在注册成为会员后，其便能够对上述全部公民个人信息进行查询，实际上网站已经向所有注册交费用户提供了查询公民个人信息的服务，故对上述会员费用无须再进行区分。

法院认为，被告人丁亚光非法获取公民个人信息，并向他人非法出售公民个人信息近 2000 万条，属于情节特别严重，其行为已经构成了侵犯公民个人信息罪。公诉机关指控的犯罪事实清楚，证据充分，罪名成立，但指控"情节严重"不当。被告人归案后如实供述自己的罪行，并积极退赃，依法可予以从轻处罚。辩护人上述相关从轻处罚的辩护意见法院予以采纳。综合本案犯罪事实、情节、危害后果及被告人认罪悔罪表现，依照《中华人民共和国刑法》第二百五十三条之一、第六十七条第三款、第六十四条之规定，判决如下。一、被告人丁亚光犯侵犯公民个人信息罪，判处有期徒刑三年，并处罚金人民币 20000 元（刑期从判决执行之日起计算。判决执行以前先行羁押的，羁押一日折抵刑期一日，即自 2016 年 6 月 23 日起至 2019 年 6 月 22 日止）。二、追缴被告人丁亚光的违法所得人民币 191440.92 元（已暂扣于法院），予以没收，上缴国库。三、随案移送的作案工具手机一部，予以没收。

⚖. 评析

公民个人信息是指能够单独或者与其他信息结合识别自然人个人身份的各种信息或者反映特定自然人活动情况的各种信息。本案中，公民的住宿记录属于公民的活动情况，属于公民个人信息。虽然本案涉及泄露的住宿信息是 2011 年前后的登记记录，但该信息包括了住宿人员的姓名、身份证件号码、住址、电话等信息，上述信息的泄露确有可能会影响人身、财产安全。

本案指控的公民个人信息 19846399 条是经公安机关对被告人丁亚光开办的"嗅密码"网站开房数据库采取消除重复数据处理后的最终数据，即非法获取公民个人信息后又出售或者提供的，公民个人信息的条数不重复计算。虽然涉案网站"开房记录"查询的条数为 49698 条，但用户在注册成为会员后，可以凭关键字搜索对上述全部 19846399 条公民个人信息进行查询，实际上网站已经向所有注册交费用户提供了查询公民个人信息的服务，故本案公民个人信息数量应以网站可供查询的数量进行认定。

11. 淘宝订单数据属性的认定

——罗滔、罗林、柯泰龙非法获取计算机信息系统数据、非法获取公民个人信息案

裁判要旨

1. 违反国家法律规定，非法采用技术手段，获取普通计算机信息系统中存储的数据，情节特别严重，均应以非法获取计算机信息系统数据罪追究刑事责任。

2. 公民个人信息是指以电子或者其他方式记录的能够单独或者与其他信息结合识别特定自然人身份或者反映特定自然人活动情况的各种信息，包括姓名、身份证件号码、通信通讯联系方式、住址、账号密码、财产状况、行踪轨迹等。淘宝订单中数据包含买家姓名、手机号码、送货地址等个人信息，属于公民个人信息。

案件索引

浙江省杭州市西湖区人民法院（2014）杭西刑初字第859号

基本案情

一审法院经审理查明以下事实。

（一）非法获取计算机信息系统数据

2011 年底，被告人罗滔在天翌（广西）通信发展有限公司担任语音客服期间，在该公司的 11 台电脑上安装了域名解析软件（俗称"花生壳"，显示计算机地址）、多用户系统软件（远程控制计算机）、键盘记录软件（俗称"灰鸽子"，盗取账号和密码）。2014 年 4 月 4 日至 5 月 7 日，被告人罗滔通过上述三种软件远程控制天翌（广西）通信发展有限公司的电脑，盗取电脑系统内的淘宝客服账号及密码，查询并提取了浙江淘宝网络有限公司的订单数据（包含买家姓名、手机号码、送货地址等个人信息）9 万组以上，通过 QQ 贩卖给被告人柯泰龙等人，获利共计人民币 207944 元。

2014 年 4 月 16 日至 5 月 7 日，被告人罗滔将其通过软件非法获取淘宝订单数据并出售获利一事告诉其姐姐罗林，并让被告人罗林帮其一起贩卖淘宝订单数据。后被告人罗林负责用该 QQ 联系"买家"，将"买家"购买数据的要求提供给被告人罗滔，由罗滔用上述手段获取数据后再交由罗林发给"买家"。其间，二人共获利人民币 179639 元，被告人罗林分得人民币 37171.13 元。

（二）非法获取公民个人信息

2014 年 4 月 3 日至 2014 年 6 月 21 日，被告人柯泰龙通过 QQ 以每条 3元、4 元的价格向罗滔、罗林和"西瓜哥"（系 QQ 昵称）购买淘宝订单数据，再以每条 4 元、5 元的价格贩卖给他人，获利共计人民币 29335 元。案发后，公安机关从被告人柯泰龙笔记本电脑和台式电脑硬盘中发现淘宝订单数据 22020 组。

在审理过程中，被告人罗滔、罗林退缴非法获利人民币 207944 元。

公诉机关诉称，被告人罗滔、罗林违反国家法律规定，非法采用技术手段，获取普通计算机信息系统中存储的数据，情节特别严重，均应以非法获取计算机信息系统数据罪追究刑事责任；被告人柯泰龙非法购买公民个人信息，情节严重，应当以非法获取公民个人信息罪追究刑事责任；被告人罗林在共同犯罪中起辅助作用，系从犯，应当从轻或者减轻处罚。

被告人罗滔、罗林、柯泰龙均对起诉书指控的犯罪事实供认不讳，当庭自愿认罪。

法院裁判

浙江省杭州市西湖区人民法院经审理认为，被告人罗滔、罗林违反国家规定，由被告人罗滔利用职务之便，在所就职的公司电脑上安装软件远程控制普通计算机信息系统，非法获取该计算机信息系统中存储的淘宝公司订单数据，继而进行转卖，违法所得共计人民币207944元，符合《最高人民法院、最高人民检察院关于办理危害计算机信息系统安全刑事案件应用法律若干问题的解释》第一条第二款第（一）项规定的情形，应当认定为《中华人民共和国刑法》（以下简称《刑法》）第二百八十五条第二款规定的"情节特别严重"，其行为均已构成非法获取计算机信息系统数据罪。被告人柯泰龙通过向罗滔、罗林等人购买淘宝订单数据的方式非法获取公民个人信息，违法所得共计人民币29335元，应当认定为《刑法》第二百五十三条之一第一款所规定的"情节严重"，其行为已构成非法获取公民个人信息罪。被告人罗林在共同犯罪中起辅助作用，系从犯，予以减轻处罚。被告人罗滔、罗林、柯泰龙自愿认罪，且被告人罗滔、罗林已退出全部赃款，均酌情予以从轻处罚。根据被告人罗林的犯罪情节和悔罪表现，适用缓刑没有再犯罪的危险，且对其所居住的社区也没有重大不良影响，故依法对其适用缓刑。故判决如下：一、被告人罗滔犯非法获取计算机信息系统数据罪，判处有期徒刑三年六个月，并处罚金人民币2万元；二、被告人罗林犯非法获取计算机信息系统数据罪，判处有期徒刑二年，缓刑三年，并处罚金人民币1万元；三、被告人柯泰龙犯非法获取公民个人信息罪，判处有期徒刑一年，并处罚金人民币1万元；四、对被告人罗滔、罗林暂存于法院的违法所得人民币207944元予以没收，上缴国库，对被告人柯泰龙的违法所得予以追缴。宣判后，三被告人均未提起上诉，判决已发生法律效力。

评析

违反国家法律规定，非法采用技术手段，获取普通计算机信息系统中存储的数据，情节特别严重，均应以非法获取计算机信息系统数据罪追究刑事责任。被告人罗滔在天翌（广西）通信发展有限公司担任语音客服期间，在该公司的 11 台电脑上安装了域名解析软件、多用户系统软件（远程控制计算机）、键盘记录软件（盗取账号和密码），通过上述三种软件远程控制天翌（广西）通信发展有限公司的电脑，盗取电脑系统内的淘宝客服账号及密码，查询并提取了浙江淘宝网络有限公司的订单数据。被告人罗林帮其一起贩卖淘宝订单数据。二被告人违反国家规定，由被告人罗滔利用职务之便，在所就职的公司电脑上安装软件远程控制普通计算机信息系统，非法获取该计算机信息系统中存储的淘宝公司订单数据，继而进行转卖，违法所得共计人民币 207944 元。

公民个人信息是指以电子或者其他方式记录的能够单独或者与其他信息结合识别特定自然人身份或者反映特定自然人活动情况的各种信息，包括姓名、身份证件号码、通信通讯联系方式、住址、账号密码、财产状况、行踪轨迹等。窃取或者以其他方法非法获取公民个人信息，情节严重的，以侵犯公民个人信息罪论。淘宝订单中数据包含买家姓名、手机号码、送货地址等个人信息，属于公民个人信息。非法获取淘宝订单数据属于以其他方法非法获取公民个人信息（"非法获取公民个人信息罪"已被《刑法修正案（九）》修正为"侵犯公民个人信息罪"）。

12. 手机定位信息属于刑法所保护的 "公民个人信息"

——谢新冲出售公民个人信息案

裁判要旨

1. 公民个人信息是指以电子或者其他方式记录的能够单独或者与其他信息结合识别特定自然人身份或者反映特定自然人活动情况的各种信息，包括姓名、身份证件号码、通信通讯联系方式、住址、账号密码、财产状况、行踪轨迹等。手机定位等动态信息属于公民个人信息。

2. 电信单位工作人员违反国家规定，将在本单位提供服务过程中获得的公民个人信息出售给他人，情节严重的，构成出售公民个人信息罪。

3. 行为人以买卖方法非法获取上述公民个人信息，情节严重的，构成非法获取公民个人信息罪。

案件索引

一审：北京市第二中级人民法院（2011）二中刑初字第 528 号
二审：北京市高级人民法院（2011）高刑终字第 487 号

基本案情

北京市第二中级人民法院经公开审理查明，被告人谢新冲系北京京驰无限通信技术有限公司运维部经理。2009 年 3 月至 12 月案发期间，谢新冲利用中国移动通信集团北京有限公司授予其所在公司进行手机定位业务的权限，先后多次为被告人刘海亮、程春郊、张超英及他人提供的 90 余个手机号码进行定位，非法获利人民币 9 万元。被告人谢新冲作案后于 2009 年 12 月 11 日被公安机关查获归案。被告人刘海亮于 2009 年 3 月至 12 月案发期间，从被告人谢新冲处非法获取公民手机定位 40 余个，其中部分转卖给被告人程春郊。刘海亮还从程春郊处非法获取通话清单等公民个人信息近 10 条。被告人程春郊于 2009 年 3 月至 12 月案发期间，通过被告人刘海亮从被告人谢新冲处获手机定位 30 余个，后转卖给被告人刘红波等人或用于公司调查。程春郊还从刘红波处非法获取座机名址、移动手机名址等公民个人信息近 10 条，后转卖给被告人刘海亮。被告人张超英于 2009 年 3 月至 12 月案发期间，从被告人谢新冲处非法获取公民手机定位 10 余个。

北京市人民检察院第二分院以被告人谢新冲犯出售公民个人信息罪，被告人刘海亮、程春郊、张超英犯非法获取公民个人信息罪，向北京市第二中级人民法院提起公诉。

上述各被告人均表示认罪。谢新冲辩护人的辩护意见是：谢新冲系初犯，认罪态度好，揭发他人犯罪事实，未造成严重的社会危害后果，认罪悔罪，建议法院对其从轻处罚。刘海亮辩护人的辩护意见是：刘海亮没有转卖给程春郊信息，归案后能如实供述犯罪事实，又系初犯，社会危害性较小，建议法院对其从轻处罚。

法院裁判

北京市第二中级人民法院认为，被告人谢新冲作为电信单位工作人员，违反国家规定，将在本单位履行职责或者提供服务过程中获得的公民个人信息，出售给他人，情节严重，其行为已构成出售公民个人信息罪；被告人刘海亮、程春郊、张超英以买卖等方法非法获取公民个人信息，情节严重，其行为已构成非法获取公民个人信息罪。刘海亮与程春郊的部分行为构成共同犯罪。鉴于各被告人归案后能如实供述自己的罪行，故对各被告人从轻处罚。鉴于张超英的犯罪情节较轻，有悔罪表现，没有再犯罪的危险，可对其宣告缓刑。依照《中华人民共和国刑法》第十二条第一款，第二百五十三条之一第一款、第二款，第二十五条第一款，第七十二条第一款、第三款，第七十三条第二款、第三款，第五十二条，第五十三条，第六十一条，第六十四条之规定，判决如下：被告人谢新冲犯出售公民个人信息罪，判处有期徒刑二年二个月，并处罚金人民币 26000 元；被告人刘海亮犯非法获取公民个人信息罪，判处有期徒刑一年九个月，并处罚金人民币 21000 元；被告人程春郊犯非法获取公民个人信息罪，判处有期徒刑一年九个月，并处罚金人民币 21000 元；被告人张超英犯非法获取公民个人信息罪，判处有期徒刑一年五个月，缓刑一年五个月，并处罚金人民币 17000 元。

一审宣判后，谢新冲认为原判量刑过重，提出上诉。

北京市高级人民法院经审理认为：原判定罪及适用法律正确，量刑及追缴违法所得及对随案移送款物的处理适当，审判程序合法，应予维持。依照《中华人民共和国刑事诉讼法》第一百八十九条第（一）项的规定，裁定驳回谢新冲的上诉，维持原判。

评析

公民个人信息是指以电子或者其他方式记录的能够单独或者与其他信息结合识别特定自然人身份或者反映特定自然人活动情况的各种信息，包括姓名、身份证件号码、通信通讯联系方式、住址、账号密码、财产状况、行踪轨迹等。2017 年 6 月 1 日起施行的《最高人民法院、最高人民检察院关于办理侵犯公民个人信息刑事案件适用法律若干问题的解释》，进一步强化了对公民个人信息的保护。其扩张了"公民个人信息"概念的内涵与外延：一是在个人信息概念的定义上，在《网络安全法》所确立的"广义的可识别性"这一单一要素基础上又增加了"活动情况"要素，"公民个人信息"的概念进一步被扩张；二是在个人信息类型的列举上，除了一直以来被公认的"姓名""身份证件号码""通信通讯联系方式""住址"之外，又加入了"账号密码""财产状况""行踪轨迹"三种类型的个人信息。该解释第一条明确规定："刑法第二百五十三条之一规定的

'公民个人信息',是指以电子或者其他方式记录的能够单独或者与其他信息结合识别特定自然人身份或者反映特定自然人活动情况的各种信息,包括姓名、身份证件号码、通信通讯联系方式、住址、账号密码、财产状况、行踪轨迹等。"据此,本案中的手机定位、通话清单、座机名址、移动手机名址等信息属于公民个人信息。出售公民个人信息罪、非法获取公民个人信息罪现已全部被《刑法修正案(九)》修正为一罪,即侵犯公民个人信息罪。违反国家有关规定,将在履行职责或者提供服务过程中获得的公民个人信息,出售或者提供给他人的,依照侵犯公民个人信息罪从重处罚;窃取或者以其他方法非法获取公民个人信息的,依照侵犯公民个人信息罪处罚。电信单位工作人员违反国家规定,将在本单位提供服务过程中获得的公民个人信息出售给他人,情节严重的;行为人以买卖方法非法获取上述公民个人信息,情节严重的,现均以侵犯公民个人信息罪论处。

13. 利用恶意程序非法获取网站 保存的公民个人信息

——张某某、姚某某侵犯公民个人信息案

裁判要旨

利用恶意程序批量非法获取网站用户个人信息的，构成侵犯公民个人信息罪。

案件索引

一审：上海市黄浦区人民法院（2016）沪 0101 刑初 196 号
二审：上海市第二中级人民法院（2016）沪 02 刑初终 448 号

基本案情

2015 年 6 月，被告人张某某在登录浏览"魅力惠"购物网站时发现，通过修改该网站网购订单号可以查看到包含用户姓名、手机号、住址等内容的订单信息。为谋取利益，张某某委托他人针对上述网站漏洞编制批量扒取数据的恶意程序，在未经网站授权的情况下，进入该网站后台管理系统，从中非法获取客户订单信息 12503 条，通过 QQ 等联络方式将上述客户信息分数次卖给被告人姚某某，获利人民币 5359 元。被告人姚某某购得

上述订单信息后，又在网络上分别加价倒卖从中牟利。

一审裁判

经审理查明，2015 年 6、7 月间，被告人张某某在浏览网站时发现，有些网站有管理漏洞可以进入后台系统，采用修改网购订单号的方式可以查看到他人订单信息，被告人张某某遂先注册登录位于上海市黄浦区北京东路×××号魅力惠（上海）贸易有限公司的购物网站 www.mei.com，发现该网站也存在平行权限漏洞后，在网络上以 QQ 联络的方法找到网名为"等待时间的"眭某某，要求眭某某编制攻击 www.mei.com 网络的恶意程序，并予以购买。嗣后，被告人张某某借此恶意程序，在未经网站授权的情况下，非法进入该网络站管理后台系统，从该网站获取客户订单信息 12503 条，又通过网络以 QQ 联络的方法将上述客户信息分数次卖给网名为"飞彩政洪"的被告人姚某某，获利人民币 5359 元。被告人姚某某购买上述订单信息后，又在网络上分别加价倒卖牟利。经上海弘连网络科技有限公司计算机司法鉴定所鉴定：在从被告人张某某扣押电脑检材中提取到的所有数据中，根据"收货人""电话内容""魅力惠去重后数据 . xlsx"文件与委托方提供的魅力惠数据文件进行比对，得到"收货人""手机"两列内容相同且去重后（根据"收货人""电话"去重）的记录数据 12503 条；在从被告人姚某某扣押电脑检材中提取到的所有数据中，根据"收货人""电话"所列的内容将"合并去重后数据 . xlsx"文件与委托方提供的魅力惠数据文件比对"收货人""手机"两列内容相同且去重后（根据"收货人""电话"去重）的记录数据为 8866 条。嗣后，魅力惠（上海）贸易有限公司在接到众多网购客户关于订单信息泄露的投诉后，发现网站信息被窃，遂报案。经侦查，公安机关分别于 2015 年 8 月 27 日、9 月 14 日在广东省深圳市、江苏省宿迁市将被告人张某某、姚某某抓获。到案后，两被告人如实供述了上述事实。上述事实，被告人张某某、姚某某在庭审中均无异议，并有被害单位的报案陈述，证人眭某某、黄某某的证言，上海市公安局黄浦分局扣押决定书、扣押笔录、扣押清单和物证照片，支付宝交易明细，魅力惠（上海）贸易有限公司提供的失窃客户订单明细，上海市公安局黄浦分局现场勘查笔录及抓获经过，上海弘连网络科技有限公司计算机司法鉴定所司法鉴定检验报告书，被告人张某某、姚某某的供述等证据证实，足以认定，法院予以确认。法院认为，被告人张某某未经授权，通过网络非法获取公民个人信息并向他人出售，情节严重；被告人姚某某未经授权，通过网络从被告人张某某处非法购买公民个人信息并出售，两被告人的行为均已触犯刑律，构成侵犯公民个人信息罪，依法均应承担刑事责任。公诉机关指控的事实清楚，证据确实充分，指控的罪名成立；辩护人关于被告人张某某犯罪情节轻微的辩护意见，法院认为刑法所保护的公民个人信息应当具有私人专属性和价值重要性特征，被告人张某某在未经网站授权的情况下非法从该网站获取公民个人订单信息并转卖给他人牟利，既扩大了信息的传播范围，也严重侵害了公民信息安全，故辩护人的上述辩护意见与法不符，法院不予采纳；公诉人和辩护人关于被告人张某某、姚某某均能如实供述犯罪事实，依法可从轻处罚的量刑意见法院予以采纳。据此，依照《中华人民共和国刑法》第二百五十三条之一第一款、第三款，第六十七条第三款，第五十三条，第六十四条之规定，判决如下：一、被告人张某某犯侵犯公民个人信息罪，判处有期徒刑一年九个月，罚金人民币 5 万元（刑期从判决执行之日起计算，判决执行以前先行羁押的，羁押一日折抵刑期一日，即自 2015 年 8 月 27 日起至 2017 年 5 月 26 日止；罚金于本判决生效后的第二日起十日内一次缴纳）；二、被告人姚某某犯侵犯公民个人信息罪，判处有期徒刑一年六个月，罚金人民币 2 万元（刑期从判决执行之日起计算，判决执行以前先行羁押的，羁押一日折抵刑期一日，即自 2016 年 3 月 29 日起至 2017 年 8 月 21 日止；罚金于本判决生效后的第二日起十日内一次缴纳）；三、扣押的作案工具予以没收，对被告人张某某、姚某某违法所得予以追缴。

二审裁判

原公诉机关上海市黄浦区人民检察院。上诉人（原审被告人）张某某，男，1988 年 11 月 15 日出生，汉族，户籍地广东省深圳市，住广东省深圳市。上诉人（原审被告人）姚某某，男，1979 年 12 月 18 日出生，汉族，户籍地江苏省宿迁市。上海市黄浦区人民法院审理上海市黄浦区人民检察院指控原审被告人张某某、姚某某犯侵犯公民个人信息罪一案，于2016年3月29日作出（2016）沪0101刑初196号刑事判决。原审被告人张某某、姚某某不服，均提出上诉。法院依法组成合议庭，公开开庭审理了本案。上海市人民检察院第二分院指派代理检察员陈某某出庭履行职务，上诉人张某某、姚某某到庭参加诉讼。本案现已审理终结。上海市黄浦区人民法院根据被害单位的报案陈述，证人眭某某、黄某某的证言，支付宝交易明细，魅力惠（上海）贸易有限公司提供的失窃客户订单明细，司法鉴定检验报告书，公安机关出具的现场勘查笔录、扣押笔录、扣押决定书、扣押清单、照片、抓获经过，原审被告人张某某、姚某某的供述等证据判决认定：2015年6、7月间，张某某在浏览网站时发现，有些网站有管理漏洞可以进入后台系统，通过修改网购订单号可以查看到他人订单信息，张某某遂先注册登录位于上海市黄浦区北京东路×××号魅力惠（上海）贸易有限公司的购物网站www.mei.com，发现该网站也存在平行权限漏洞后，在网络上以QQ联络的方法找到网名为"等待时间的"眭某某，要求眭某某编制攻击www.mei.com网络的恶意程序，并予以购买。嗣后，张某某借此恶意程序，在未经网站授权的情况下，非法进入该网站管理后台系统，从该网站获取客户订单信息12503条，又通过网络以QQ联络的方法将上述客户信息分数次卖给网名为"飞彩政洪"的姚某某，获利人民币5359元。姚某某购买上述订单信息后，又在网络上分别加价倒卖牟利。经鉴定：在从张某某扣押电脑检材中提取到的所有数据中，根据"收货人""电话内容""魅力惠去重后数据.xlsx"文件与委托方提供的魅力惠数据文件进行比对，得到"收货人""手机"两列的内容相同且去重后（根据"收货人""电话"去重）的记录数为12503条；在从姚某某扣押电脑检材中提取到的所有数据中，根据"收货人""电话"所列的内容将"合并去重后数据.xlsx"文件与委托方提供的魅力惠数据文件比对，"收货人""手机"两列内容相同且去重后（根据"收货人""电话"去重）的记录数据为8866条。2015年8月27日、9月14日，张某某、姚某某分别被抓获。到案后，二人如实供述了上述事实。上海市黄浦区人民法院认为，原审被告人张某某未经授权，通过网络非法获取公民个人信息并向他人出售，情节严重；原审被告人姚某某未经授权，通过网络从张某某处非法购买公民个人信息并出售，其行为均已构成侵犯公民个人信息罪，依法应予惩处。张某某、姚某某能如实供述罪行，依法可以从轻处罚。依照《中华人民共和国刑法》第二百五十三条之一第一款、第三款，第六十七条第三款，第五十三条，第六十四条之规定，以侵犯公民个人信息罪分别判处张某某有期徒刑一年九个月，罚金人民币五万元；判处姚某某有期徒刑一年六个月，罚金人民币二万元。扣押的作案工具予以没收，张某某、姚某某违法所得予以追缴。上诉人张某某、姚某某辩称原判量刑过重，请求法院从轻处罚。上海市人民检察院第二分院认为，原判认定张某某、姚某某犯侵犯公民个人信息罪的事实清楚，证据确实、充分，定罪量刑并无不当，审判程序合法，建议驳回二人的上诉，维持原判。二审经审理查明的事实和证据与一审相同。法院认为，上诉人张某某、姚某某非法获取公民个人信息，情节严重，其行为均已构成非法获取公民个人信息罪，依法应予惩处。张某某、姚某某到案后能如实供述自己的罪行，依法均可从轻处罚。原判认定张某某、姚某某以非法手段获取公民个人信息的事实清楚，证据确实、充分，但适用法律错误，量刑畸重，法院依法予以纠正。据此，依照《中华人民共和国刑事诉讼法》第二百二十五条第一款第（二）项，《中华人民共和国刑法》第十二条第一款，第六十七条第三款，第五十三条，第六十四条，经 2009 年《刑法修正案（七）》修正的《中华人民共和国刑法》第二百五十三条之一第一款、第二款之规定，判决如下：一、维持上海市黄浦区人民法院（2016）沪 0101 刑初 196 号刑事判决第三项，即扣押的作案工具予以没收，对被告人张某某、姚某某违法所得予以追缴；二、撤销上海市黄浦区人民法院（2016）沪 0101 刑初 196 号刑事判决第一项、第二项，即被告人张某某犯侵犯公民个人信息罪，判处有期徒刑一年九个月，罚金人民币 5 万元，被告人姚某某犯侵犯公民个人信息罪，判处有期徒刑一年六个月，罚金人民币 2 万元；三、上诉人张某某犯非法获取公民个人信息罪，判处有期徒刑一年，罚金人民币 3 万元（刑期从判决执行之日起计算，判决执行以前先行羁押的，羁押一日折抵刑期一日，即自 2015 年 8 月 27 日起至 2016 年 8 月 26 日止，罚金应于本判决生效后三个月内缴纳）；四、上诉人姚某某犯非法获取公民个人信息罪，判处有期徒刑九个月，罚金人民币 1 万元（刑期从判决执行之日起计算，判决执行以前先行羁押的，羁押一日折抵刑期一日，即自 2016 年 3 月 29 日起至 2016 年 12 月 21 日止，罚金应于本判决生效后三个月内缴纳）；本判决为终审判决。

📖 评析

利用恶意程序批量非法获取网站用户个人信息的，构成侵犯公民个人信息罪。2015 年 6、7 月间，被告人张某某在浏览网站时发现，有些网站有管理漏洞可以进入后台系统，采用修改网购订单号可以查看到他人订单信息，其遂先注册登录"魅力惠"购物网站，发现该网站也存在平行权限漏洞后，在网络上以 QQ 联络的方法找到眭某某，要求眭某某编制攻击"魅力惠"网络的恶意程序，并予以购买，嗣后，被告人张某某借此恶意程序，在未经网站授权的情况下，非法进入该网络站管理后台系统，从该网站获取客户订单信息 12503 条，又通过网络以 QQ 联络的方法将上述客户信息分数次卖给被告人姚某某，获利人民币 5359 元。被告人姚某某购买上述订单信息后，又在网络上分别加价倒卖牟利。2015 年 8 月 29 日《刑法修正案（九）》将 2009 年《刑法修正案（七）》增设的"出售、非法提供公民个人信息罪"和"非法获取公民个人信息罪"整合为"侵犯公民个人信息罪"。根据刑法的从旧兼从轻原则，二审依照经 2009 年《刑法修正案（七）》修正的《中华人民共和国刑法》第二百五十三条之一第一款、第二款之规定，改判上诉人张某某、上诉人姚某某犯非法获取公民个人信息罪。

14. 单位非法获取公民个人信息
用于公司经营

——上海罗维邓白氏营销服务有限公司
非法获取公民个人信息案

裁判要旨

单位以购买的方式非法获取公民个人信息，用于为其他企业提供的营销推广等服务，成立侵犯公民个人信息罪，对单位本身及相关责任人进行处罚。

案件索引

上海市闸北区人民法院（2012）闸刑初字第997号

基本案情

自2010年起，被告单位上海罗维邓白氏营销服务有限公司通过与上海桑莱夫信息科技有限公司等十余家公司签订"信息数据采购合同"或者"商业资讯咨询顾问合同"，向上述公司购买包括手机号码、电子邮箱、家庭住址、银行账户、消费记录、婴幼儿情况等各类涉及公民个人的相关信息，用于被告单位为其他企业提供的营销推广等服务。

2010 年 11 月至 2011 年 11 月，被告单位以约 250 万元的价格，向其他公司购买各类公民个人信息，总数超过 9000 余万条。被告人崔伟利作为公司总经理，对公司总体负责。被告人李霞、王蓓作为公司数据和运营总监、高级数据经理，在任期间两人均可签署个人信息采购合同并在预算内拨付购买个人信息的款项，其中就个人信息采购，李霞需同时向美国邓白氏商业资料（香港）有限公司大中华区数据和运营总监袁某某、崔伟利汇报负责，王蓓则需同时向袁某某、崔伟利、李霞汇报负责。个人信息采购的具体工作均由数据部数据采集职员被告人孙静红执行。2011 年 9 月，被告人孙静红、王蓓向李霞、袁某某、崔伟利等人提出购买公民个人信息是否合法的问题，但是被告单位及上述被告人在律师明确告知该项业务有触犯刑法可能性的情况下，仍然以变更合同名称的方式继续从事上述业务，直至 2012 年初才停止。

公诉机关指控，被告单位上海罗维邓白氏营销服务有限公司，被告人崔伟利、李霞、王蓓、孙静红构成非法获取公民个人信息罪，提请法院依法审理。

法院裁判

一审法院经审理认为，被告单位上海罗维邓白氏营销服务有限公司以购买的方式非法获取公民个人信息，情节严重，其行为已构成非法获取公民个人信息罪，被告人崔伟利、李霞、王蓓、孙静红分别作为被告单位直接负责的主管人员及直接责任人员，其行为亦均构成非法获取公民个人信息罪，依法应予惩处。公诉机关指控被告单位及被告人崔伟利、李霞、王蓓、孙静红非法获取公民个人信息的犯罪事实清楚，证据确实、充分，指控的罪名成立，应予支持。关于被告人崔伟利、李霞、王蓓的辩护人认为上述三名被告人上任参与犯罪的时间并不完全涵盖在公诉机关指控被告单位非法获取公民个人信息 9000 余万条的期间（2010 年 11 月至 2011 年 11 月）内，故在量刑时应予以相应体现的辩护意见，与查证事实相符，法院予以采纳。关于被告人王蓓、孙静红的辩护人认为上述两名被告人曾向上级领导提出购买公民个人信息是否合法的问题，最终使得该违法行为至

2012 年初停止，且两人在单位犯罪中，职位较低、作用相对较轻，量刑时应予以考虑的辩护意见，与查证事实相符，法院予以采纳。关于被告人崔伟利的辩护人认为被告人崔伟利到案后，能配合公安机关电话联系同案犯投案，有立功表现，依法可从轻处罚的辩护意见，与查证事实相符，法院予以采纳。鉴于被告人崔伟利、李霞、王蓓、孙静红到案后均如实供述自己的罪行，故对被告单位及被告人崔伟利、李霞、王蓓、孙静红均可从轻处罚。另鉴于被告单位及被告人崔伟利、李霞、王蓓、孙静红到案后均有一定悔罪表现，亦可酌情从轻处罚，采纳被告单位及被告人崔伟利、李霞、王蓓、孙静红的辩护人根据上述情节提出的相关辩护意见。据此，一审法院依照《中华人民共和国刑法》第十二条第一款、第二百五十三条、第三十条、第三十一条、第六十七条第三款、第六十八条和第六十四条之规定，判决如下：一、被告单位上海罗维邓白氏营销服务有限公司犯非法获取公民个人信息罪，判处罚金人民币 100 万元；二、被告人崔伟利犯非法获取公民个人信息罪，判处有期徒刑二年，并处罚金人民币 2 万元；三、被告人李霞犯非法获取公民个人信息罪，判处有期徒刑一年六个月，并处罚金人民币 2 万元；四、被告人王蓓犯非法获取公民个人信息罪，判处有期徒刑一年，并处罚金人民币 5000 元；五、被告人孙静红犯非法获取公民个人信息罪，判处有期徒刑一年，并处罚金人民币 1 万元；六、违法所得予以追缴没收，作案工具予以没收。

评析

单位以购买的方式非法获取公民个人信息，用于为其他企业提供的营销推广等服务，成立侵犯公民个人信息罪，对单位判处罚金，并对其直接负责的主管人员和其他直接责任人员，依照各款的规定处罚。本案中，被告单位上海罗维邓白氏营销服务有限公司通过与上海桑莱夫信息科技有限公司等十余家公司签订"信息数据采购合同"或者"商业资讯咨询顾问合同"，向上述公司购买包括手机号码、电子邮箱、家庭住址、银行账户、消费记录、婴幼儿情况等各类涉及公民个人的相关信息，用于被告单位为其他企业提供的营销推广等服务。被告单位上海罗维邓白氏营销服务有限

公司以购买的方式非法获取公民个人信息，情节严重，其行为已构成非法
获取公民个人信息罪（非法获取公民个人信息罪已被《刑法修正案（九）》
修订为侵犯公民个人信息罪）。

15. 国家工作人员构成侵犯公民个人信息罪的，从重处罚

——韩某等侵犯公民个人信息案

▮ 裁判要旨

国家工作人员利用职务便利非法获取公民个人信息出售，构成侵犯公民个人信息罪的，应当从重处罚。

▮ 案件索引

一审：上海市浦东新区人民法院（2016）沪 0115 刑初 4166 号
二审：上海市第一中级人民法院（2017）沪 01 刑终 525 号

▮ 基本案情

2014 年初至 2016 年 7 月，上海市疾病预防控制中心工作人员韩某利用其工作便利，进入他人账户窃取上海市疾病预防控制中心每月更新的全市新生婴儿信息（每月 1 万余条），并出售给黄浦区疾病预防控制中心工作人员张某某，再由张某某转卖给被告人范某某。直至案发，韩某、张某某、范某某非法获取新生婴儿信息共计 30 万余条。

2015 年初至 2016 年 7 月，范某某通过李某向王某某、黄某出售上海

新生婴儿信息共计 25 万余条。2015 年 6、7 月，吴某某从王某某经营管理的大犀鸟公司内秘密窃取 7 万余条上海新生婴儿信息。2015 年 5 月至 2016 年 7 月，龚某某通过微信、QQ 等联系方式，向吴某某出售新生婴儿信息 8000 余条，另分别向孙某某、夏某某二人出售新生儿信息共计 7000 余条。

▉ 法院裁判

上海市浦东新区人民检察院于 2016 年 8 月 18 日以韩某等 8 人涉嫌侵犯公民个人信息罪批准逮捕，11 月 25 日提起公诉。2017 年 2 月 8 日，上海市浦东新区人民法院以侵犯公民个人信息罪分别判处韩某等 8 人有期徒刑七个月至两年三个月不等。

▉ 评析

违反国家有关规定，将在履行职责或者提供服务过程中获得的公民个人信息，出售或者提供给他人的，依照侵犯公民个人信息罪从重处罚。上海市疾病预防控制中心工作人员韩某利用其工作便利，进入他人账户窃取上海市疾病预防控制中心每月更新的全市新生婴儿信息（每月 1 万余条），并出售给黄浦区疾病预防控制中心工作人员张某某，再由张某某转卖给被告人范某某，已构成侵犯公民个人信息罪。

16. 侵犯公民个人信息罪的 "特殊主体"条款

——籍某某、李某某侵犯公民个人信息案

⚑ 裁判要旨

将在履行职责或者提供服务过程中获得的公民个人信息出售或者提供给他人，数量或者数额达到规定标准一半以上的，应当认定为刑法第二百五十三条之一规定的"情节严重"。

⚑ 案件索引

河北省赵县人民法院（2017）冀 0133 刑初 7 号

⚑ 基本案情

2015 年 9 月至 2016 年 4 月，被告人籍某某身为高邑县王同庄派出所民警，利用其在高邑县王同庄派出所工作的职务之便，使用已调离的前所长段某某的数字证书查询公安系统内公民个人信息 3670 余条，并通过微信向被告人李某某出售公民个人信息，非法获利共计 19840 元；被告人李某某将从籍某某处购买的公民个人信息出售给他人，非法获利 42185 元。

法院裁判

河北省赵县人民检察院于 2016 年 5 月 21 日以涉嫌侵犯公民个人信息罪对籍某某、李某某批准逮捕；2016 年 12 月 14 日，以侵犯公民个人信息罪向河北省赵县人民法院提起公诉。2017 年 3 月 9 日，河北省赵县人民法院分别以犯侵犯公民个人信息罪判处被告人籍某某、李某某有期徒刑一年，并处罚金 5000 元。

评析

《最高人民法院、最高人民检察院关于办理侵犯公民个人信息刑事案件适用法律若干问题的解释》第四条规定，违反国家有关规定，通过购买、收受、交换等方式获取公民个人信息，或者在履行职责、提供服务过程中收集公民个人信息的，属于刑法第二百五十三条之一第三款规定的"以其他方法非法获取公民个人信息"。第五条第一款第八项规定，非法获取、出售或者提供公民个人信息，将在履行职责或者提供服务过程中获得的公民个人信息出售或者提供给他人，数量或者数额达到第三项至第七项规定标准一半以上的，应当认定为刑法第二百五十三条之一规定的"情节严重"。本案中，籍某某利用其在高邑县王同庄派出所工作的职务之便，查询公安系统内公民个人信息 3670 余条，并通过微信向他人出售公民个人信息，以非法获利，数量和数额均达到法律规定的标准，构成侵犯公民个人信息罪。

17. 公民日常出行信息属于"公民个人信息"范畴

——胡某等非法获取公民个人信息案

🔖 裁判要旨

通过跟踪等非法手段获取公民的日常出行信息，向特定人提供公民个人信息的，成立侵犯公民个人信息罪。

🔖 基本案情

A市人民法院经审理查明：2011年10月初，马某、刘某（均另案处理）以每月支付人民币3000元报酬、包吃包住等条件，雇用被告人胡某驾驶小汽车对广东省B市某机关领导所配专用公车进行跟踪。为此马某、刘某向胡某提供了录音笔、望远镜、摄像机、密拍器等器材。同年11月中下旬，胡某向马某提出聘请王某，胡某与王某相互配合进行跟踪、记录。马某遂以同样待遇雇用王某。后胡某、王某一起驾驶小汽车对目标车辆在B市行驶的路线、停车地点进行跟踪和记录，并将记录的行驶路线、停车地点等信息交给马某、刘某。同年12月，为了便于跟踪，胡某、王某购买了2个通过互联网使用的汽车定位器，趁目标车辆停在一地下停车场时将定位器秘密安装在该车底盘处。胡某、王某通过互联网查询定位器的实时位置，获取了目标车辆每天所有行驶路线、停车位置的即时信息，直至案发。经鉴定，上述汽车定位器属于窃听专用器材。

法院裁判

A市人民法院认为，被告人胡某、王某通过非法手段获取公民个人信息，情节严重，其行为均构成非法获取公民个人信息罪，二被告人归案后如实供述犯罪事实，依法可以从轻处罚。根据胡某、王某的犯罪情节和悔罪表现，依照《中华人民共和国刑法》第二百五十三条之一第二款、第二十五条第一款、第六十七条第三款、第五十三条、第六十四条之规定，A市人民法院判决如下：

一、被告人胡某犯非法获取公民个人信息罪，判处有期徒刑二年六个月，并处罚金人民币2万元；

二、被告人王某犯非法获取公民个人信息罪，判处有期徒刑二年三个月，并处罚金人民币15000元。

一审宣判后，被告人胡某、王某均未提起上诉，检察机关亦未抗诉，该判决已发生法律效力。

评析

公民的个人日常出行信息属于公民个人信息。通过跟踪等非法手段获取公民的日常出行信息，向特定人提供公民个人信息的，成立侵犯公民个人信息罪。本案中，被告人胡某、王某对广东省B市某机关领导所配专用公车在B市行驶的路线、停车地点进行跟踪和记录，将定位器秘密安装在该车底盘处，又通过互联网查询定位器的实时位置，获取了目标车辆每天所有行驶路线、停车位置的即时信息。二被告人通过跟踪等非法手段获取公民个人信息，情节严重，其行为均构成非法获取公民个人信息罪（该罪现已被《刑法修正案（九）》修订为侵犯公民个人信息罪）。

18. 通过成立调查公司，从事调查个人隐私和为他人追讨债务业务

——林某等出售、非法提供公民个人信息、非法获取公民个人信息案

裁判要旨

行为人以牟利为目的，通过成立调查公司，从事调查个人隐私和为他人追讨债务业务的，严重扰乱了市场秩序，情节严重，构成非法经营罪。

基本案情

2006年5月，被告人张乙注册成立北京都市猎鹰商务调查有限公司。2007年3月至2008年10月，被告人张乙依托该公司，以为客户查询信息为名，从被告人卢某、李某、吴某手中购买信息后再非法出售给某调查公司的张甲、任某等人，共计约700次，从中获利人民币3.6万元。

2007年4月至2008年6月，被告人吴某利用其担任中国联通有限公司北京市三区分公司广安门外分局商务客户代表的工作之便，获取大量公民个人信息后非法出售给张甲、张乙等人，从中获利人民币4.18万元。

2008年7~10月，被告人唐某利用其担任中国联通有限公司北京分公司网络运行维护部监控中心主任的工作之便，获取大量公民个人信息，非法出售给被告人卢某，从中获利人民币2万元。被告人卢某再将非法获取

的信息出售给张乙、任某等人，从中获利人民币 2 万元。

2007 年 4 月至 2008 年 10 月，被告人张丙利用其担任中国移动通信集团北京有限公司客户服务中心亦庄区域中心中级坐席维护的工作之便，调取大量公民个人信息后非法提供给被告人林某，被告人林某将非法获取的信息向被告人李某出售，被告人李某再将信息出售给被告人张乙。被告人李某从中获利人民币 11 万元，被告人林某从中获利人民币 5 万元。

公诉机关指控被告人张乙、卢某、李某、林某犯非法获取公民个人信息罪，被告人吴某、唐某犯出售公民个人信息罪，被告人张丙犯非法提供公民个人信息罪，提请法院依法判处。

▶ 法院裁判

一审法院经审理认为，被告人张乙、卢某、李某、林某、吴某、唐某、张丙以牟利为目的，依托调查公司，非法经营为他人追讨债务、调查个人隐私等业务，严重扰乱了市场秩序，情节严重，七名被告人的行为均已构成非法经营罪。公诉机关指控各被告人犯罪事实清楚，证据确实、充分，但指控被告人张乙、卢某、李某、林某犯非法获取公民个人信息罪，指控被告人吴某、唐某犯出售公民个人信息罪，指控被告人张丙犯非法提供公民个人信息罪的罪名不当，应予纠正。被告人张乙、卢某、李某、林某、吴某、唐某、张丙起帮助作用，系从犯。鉴于七名被告人均能如实供述基本犯罪事实，均依法予以从轻处罚。故依法判决：（1）被告人张乙犯非法经营罪，判处有期徒刑二年九个月，罚金人民币 5 万元；（2）被告人李某犯非法经营罪，判处有期徒刑二年六个月，罚金人民币 15 万元；（3）被告人林某犯非法经营罪，判处有期徒刑二年四个月，罚金人民币 5 万元；（4）被告人吴某犯非法经营罪，判处有期徒刑二年四个月，罚金人民币 5 万元；（5）被告人卢某犯非法经营罪，判处有期徒刑二年二个月，罚金人民币 2 万元；（6）被告人唐某犯非法经营罪，判处有期徒刑二年二个月，罚金人民币 2 万元；（7）被告人张丙犯非法经营罪，判处有期徒刑二年二个月，罚金人民币 2000 元；（8）继续追缴被告人张乙、卢某、李某、林某、吴某、唐某、张丙的违法所得，予以没收，在案款物一并处理。

一审法院宣判后，被告人林某、唐某不服一审判决，以事实不清为由提出上诉。二审法院依法裁定驳回上诉，维持原判。

评析

非法经营罪，是指自然人或单位，违反国家规定，故意从事非法经营活动，扰乱市场秩序，情节严重的行为。被告人以牟利为目的，依托调查公司，非法经营为他人追讨债务、调查个人隐私等业务，严重扰乱了市场秩序，情节严重，行为均已构成非法经营罪。被告人主观上明知自己是在帮助调查公司从事非法经营活动，仍然购买或利用工作便利非法获取信息并非法提供或出售给调查公司华某、肖某、蒋某等人，供这些人从事非法经营活动，亦构成侵害公民个人信息的犯罪。依据《刑法修正案（七）》施行前的刑法规定，七名被告人的行为构成非法经营罪；依据《刑法修正案（七）》施行后的刑法规定，上述七人的行为同时构成非法经营罪和侵害公民个人信息的犯罪（这里特指非法获取公民个人信息罪、出售公民个人信息罪和非法提供公民个人信息罪）。由于非法经营罪与侵犯公民个人信息犯罪构成想象竞合的关系，故对该七人应择一重罪处断，即按非法经营罪定罪。基于以上分析，七名被告人的行为依据《刑法修正案（七）》施行之前和之后的刑法规定，均构成非法经营罪，按现行《刑法》第十二条规定的从旧兼从轻原则，对上述人员的行为仍应当定非法经营罪，且应当适用旧法即《刑法修正案（七）》施行前的刑法条文。

第三编　网络言论

19. 保护英雄人物人格权益典型案例

——黄钟、洪振快诉梅新育名誉权侵权纠纷案

裁判要旨

1. 对于历史英雄人物和英雄事迹的不当评论和评价，都将会伤害社会公众的民族感情，将会引发社会公众的批评，甚至较具情绪化的批评。在此意义上，对引发的激烈批评及负面评价应当有所预见，也应当承担较高程度的容忍义务。

2. 带有感情色彩的评价和评论，虽然使用不文明语言显属不当，却是社会公众普遍民族感情的直观反映，出于维护历史英雄形象的目的，主旨和主观动机符合社会主义核心价值观，应予肯定。

案件索引

一审：北京市丰台区人民法院（2014）丰民初字第 05325 号
二审：北京市第二中级人民法院（2016）京 02 民终 1989 号

基本案情

2013 年第 11 期《炎黄春秋》杂志刊发由洪振快撰写、黄钟任责任编辑的《"狼牙山五壮士"的细节分歧》（以下简称《细节》）一文。载明：

当我们深入"狼牙山五壮士"有关叙述的细节时，就发现上述人员在不同时间、不同场合下的陈述存在诸多矛盾之处。而对于同一时间，相互矛盾的描述可能都不符合事实，也可能有一个符合事实，但不可能同时都符合事实。因此，对于"狼牙山五壮士"的真相，还有待历史学家的深入研究和探讨。该文共分"在何处跳崖"、"跳崖是怎么跳的"、"敌我双方战斗伤亡"及"'五壮士'是否拔了群众的萝卜"四部分，对狼牙山五壮士英雄事迹的细节问题提出质疑。其中，"'五壮士'是否拔了群众的萝卜"部分载明，葛振林说："刚才忙着打仗倒不觉得，这会歇下来，才觉得又饿又渴……正巧山地里有些散种的萝卜，我们顾不得了，每人拔个吃着。"

上述文章发表后，2013年11月23日，梅新育在经认证的新浪微博上发表博文："《炎黄春秋》的这些编辑和作者是些什么心肠啊？打仗的时候都不能拔个萝卜吃？说这些的作者和编辑属狗娘养的是不是太客气了？"该博文被转发360次，被评论32次。

2014年3月，黄钟、洪振快以梅新育前述言论侵犯其名誉权为由诉至北京市丰台区人民法院，请求判令梅新育停止侵权、删除相关侵权言论、公开道歉，并赔偿精神损害赔偿金5000元等。

法院裁判

北京市丰台区人民法院一审认为，评价梅新育对《细节》一文的言论是否构成侵权，应当通过评价双方言论的背景及其内容、言论是否超过必要限度、因果关系以及损害后果等方面综合判断。首先，《细节》一文是对抗日战争时期出现的英雄人物"狼牙山五壮士"及其英雄事迹具体细节的分析。该文的作者和编辑应当认识到，抗日战争是中国共产党领导中国各族人民推翻帝国主义统治并取得新民主主义革命伟大胜利的重要组成部分，中国共产党在抗日战争中发挥了中流砥柱的作用，这已经成为全民族的共识。以"狼牙山五壮士"为代表的英雄人物和英雄事迹，已经成为中华民族不畏强敌、不惧牺牲精神的典型代表，他们的精神气质，已经成为中华民族精神世界和民族感情的重要内容。对这些英雄人物和英雄事迹的不当评论和评价，都将会伤害社会公众的民族感情，将会引发社会公众的批评，甚至较具情绪化的批评。《细节》一文从形式上虽然是在讨论细节问题，但全文意在质疑甚至颠覆"狼牙山五壮士"的英雄形象，甚至是对该英雄事迹所代表的中国共产党的抗日民族统一战线的历史地位和历史作用的再评价。在此意义上，黄钟、洪振快对该文引发的激烈批评及负面评价应当有所预见，也应当承担较高程度的容忍义务。其次，梅新育微博的内容并未直接指出"这样的编辑和作者"的姓名，公众需点击所转发的微博链接才能知晓该文的编辑和作者，此种方式限制了该条微博的影响，且公众作出的评论并未针对黄钟、洪振快，而是主要针对《炎黄春秋》杂志。从损害后果看，不能认定被告行为降低了原告的社会评价。最后，梅新育的微博内容是带有感情色彩的评价和评论，虽然使用不文明语言显属不当，却是社会公众普遍民族感情的直观反映，出于维护"狼牙山五壮士"英雄形象的目的，其主旨和主观动机符合社会主义核心价值观，应予肯定。综上，判决：驳回黄钟、洪振快的诉讼请求。黄钟、洪振快不服提起上诉，北京市第二中级人民法院判决驳回上诉，维持原判。

评析

名誉是社会对特定的民事主体的才干、品德、情操、信誉、资历、声望、形象等的客观综合评价。名誉权是民事主体依法享有的维护自己名誉并排除他人侵害的权利。公民、法人享有名誉权，公民的人格尊严受法律保护，禁止用侮辱、诽谤等方式损害公民、法人的名誉。

本案中，梅新育所发表的博文是否侵害了黄钟、洪振快的名誉权，应当结合博文内容、言论背景、损害后果及行为与损害后果之间的因果关系等综合判断。

首先，"狼牙山五壮士"的光辉形象早已为社会公众所熟知，已经成为中华民族精神世界和民族感情的重要内容。对这些英雄人物和英雄事迹的不当言论和评价，都将会伤害社会公众的民族感情，极易引发社会公众的不满甚至严词批评。基于此，黄钟、洪振快对《细节》一文所引发的社会公众的负面评价、激烈批评等，应当预见并负有较高的容忍义务。

其次，从侵害名誉权的责任构成来看，除侵权行为、侵权人的过错外，还需要有因该侵权行为造成的相应的损害后果。本案中，梅新育微博的内容并未直接指出"这样的编辑和作者"的姓名，公众需点击所转发的微博链接才能知晓该文的编辑和作者，此种方式限制了该条微博的影响，且公众作出的评论并未针对黄钟、洪振快，而是主要针对《炎黄春秋》杂志。梅新育的微博内容是带有感情色彩的评价和评论，虽然使用不文明语言显属不当，却是社会公众普遍民族感情的直观反映，出于维护"狼牙山五壮士"英雄形象的目的，其主旨和主观动机符合社会主义核心价值观，应予肯定。社会公众在获悉该博文内容后，对黄钟、洪振快及梅新育的是非对错需要结合其他事实来进行独立判断，并不会因为梅新育对黄钟、洪振快使用的语言，而取代自己对黄钟、洪振快的社会评价。从损害后果看，不能认定被告行为降低了原告的社会评价。梅新育的博文并未侵害黄钟、洪振快的名誉权。

20. 保护英雄人物人格权益典型案例

——葛长生、宋福宝分别诉洪振快名誉权侵权纠纷系列案

裁判要旨

1. 通过诉讼维护历史英雄人物包括已经不在世的英雄人物的名誉、荣誉，需要确定原告的范围，这应以现行法及司法解释为依归，英雄人物的近亲属享有程序法上的原告主体资格和实体法上的请求权。

2. 历史英雄人物在我国当代史上发挥着重要作用，其精神应当被归为民族的共同记忆、民族精神和社会主义核心价值观的一部分，因而构成了社会公共利益的一部分。因此，对这一利益进行侵犯，不仅对个人名誉和荣誉构成侵害，同时构成了对英雄人物的名誉、荣誉所融入的社会公共利益的侵害。

3. 荣誉权以及与荣誉相联系的名誉权，既包含着权利人及其亲属的人格利益，也包含着社会价值和公共秩序。学者在发布史实考证时，对所涉人物的荣誉和名誉负有尊重义务，不可滥用学术自由，以缺乏充分根据和严谨论证的质疑对其进行贬损与丑化，更不得任意侮辱和诋毁。

基本案情

葛长生、宋福宝分别诉洪振快名誉权纠纷案，亦由洪振快撰写的《"狼牙山五壮士"的细节分歧》（以下简称《细节》）一文以及其于2013

年 9 月 9 日在财经网发表的《小学课本"狼牙山五壮士"有多处不实》（以下简称"案涉文章"、《不实》）一文所引起。《不实》一文写道：据《南方都市报》2013 年 8 月 31 日报道，广州越秀警方于 8 月 29 日晚间将一位在新浪微博上"污蔑狼牙山五壮士"的网民抓获，以虚构信息、散布谣言的罪名予以行政拘留七日。所谓"污蔑狼牙山五壮士"的"谣言"其来有自。据媒体报道，该网友实际上是传播了 2011 年 12 月 14 日百度贴吧里一篇名为《狼牙山五壮士真相原来是这样!》的帖子的内容，该帖子说"五壮士""5 个人中有 3 个是当场被打死的，后来清理战场把尸体丢下悬崖。另两个当场被活捉，只是后来不知道什么原因又从日本人手上逃了出来"。而后，案涉文章对诸多细节进行了考据性论述。

案涉文章发表后，"狼牙山五壮士"中的葛振林之子葛长生、宋学义之子宋福宝认为，《细节》一文，以历史细节考据，学术研究为幌子，以细节否定英雄，企图达到抹黑"狼牙山五壮士"英雄形象和名誉的目的。据此，葛长生、宋福宝分别起诉至北京市西城区人民法院，请求判令洪振快停止侵权、公开道歉、消除影响。

一审裁判

北京市西城区人民法院一审认为，1941 年 9 月 25 日，在易县狼牙山发生的狼牙山战斗，是被大量事实证明的著名战斗。在这场战斗中，"狼牙山五壮士"英勇抗敌的基本事实和舍生取义的伟大精神，赢得了全国人民高度认同和广泛赞扬，是"五壮士"获得"狼牙山五壮士"崇高名誉和荣誉的基础。根据《中华人民共和国侵权责任法》第二条及《最高人民法院关于确定民事侵权精神损害赔偿责任若干问题的解释》第三条之规定，自然人死亡后，其生前人格利益仍然受法律保护。被告撰写的《细节》一文涉及两原告的父亲葛振林和宋学义，葛长生、宋福宝均有权作为本案原告就侵害葛振林、宋学义名誉、荣誉的行为提起诉讼。

北京市西城区人民法院认为，葛振林、宋学义均是"狼牙山五壮士"这一系列英雄人物的代表人物，"狼牙山五壮士"这一称号在全军、全国人民中已经赢得了普遍的公众认同，这一称号，既是国家及公众对他们作为中华民族的优秀儿女在反抗侵略、保家卫国中作出巨大牺牲的褒奖，也是他们应当获得的个人名誉和个人荣誉。尤其是，"狼牙山五壮士"是中国共产党领导的八路军在抵抗日本帝国主义侵略伟大斗争中涌现出来的英雄群体，是中国共产党领导的全民抗战并取得最终胜利的重要事件载体。这一系列英雄人物及其事迹，经由广泛传播，在抗日战争时期，成为激励无数中华儿女反抗侵略、英勇抗敌的精神动力之一，成为人民军队誓死捍卫国家利益、保障国家安全的军魂来源之一；在和平年代，"狼牙山五壮士"的精神，仍然是我国公众树立不畏艰辛、不怕困难、为国为民奋斗终生目标的精神指引。这些英雄人物及其精神，已经获得全民族的广泛认同，是中华民族共同记忆的一部分，是中华民族精神的内核之一，也是社会主义核心价值观的重要内容。而民族的共同记忆、民族精神乃至社会主义核心价值观，无论是从我国的历史看，还是从现行法上看，都已经是社会公共利益的一部分。所以，洪振快撰写的文章侵害的不仅仅是葛振林、宋学义的个人名誉和荣誉，还侵害的是社会公共利益。

关于案涉文章是否构成侵权的问题。一审法院认为，案涉文章对于"狼牙山五壮士"在战斗中所表现出的英勇抗敌的事迹和舍生取义的精神这一基本事实，自始至终未作出正面评价。而是以考证"在何处跳崖"、"跳崖是怎么跳的"、"敌我双方战斗伤亡"以及"'五壮士'是否拔了群众的萝卜"等细节为主要线索，通过援引不同时期的材料、相关当事者不同时期的言论，甚至"文革"时期红卫兵迫害宋学义的言论为主要证据，全然不考虑历史的变迁、各个材料所形成的时代背景以及各个材料的语境。在无充分证据的情况下，案涉文章多处作出似是而非的推测、质疑乃至评价。因此，尽管案涉文章无明显侮辱性的语言，但通过强调与基本事实无关或者关联不大的细节，引导读者对"狼牙山五壮士"这一英雄人物群体英勇抗敌事迹和舍生取义精神产生怀疑，从而否定基本事实的真实性，进而降低他们的英勇形象和精神价值。被告的行为方式符合以贬损、丑化的方式损害他人名誉和荣誉权益的特征。案涉文章经由互联网传播，在全国范围内产生了重大影响，不仅损害了葛振林和宋学义的个人名誉和荣誉、原告的个人感情，在一定范围和程度上伤害了社会公众的民族和历史情感，同时，在我国，由于"狼牙山五壮士"的精神价值已经内化为民族精神和社会公共利益的一部分，因此，也损害了社会公共利益。被告作为具有一定研究能力和熟练使用互联网工具的人，应该认识且有能力控制前述后果的发生，但仍然发表案涉文章，显然具有过错。

对于洪振快在诉讼中以言论自由作为抗辩的问题。一审法院认为，学术自由、言论自由以不侵害他人合法权益、社会公共利益和国家利益为前提。这是我国宪法所确立的关于自由的一般原则，是为言论自由和学术自由所划定的边界。任何公民在行使言论自由、学术自由及其他自由时，都负有不得超过自由界限的法定义务。这是法治国家和法治社会对公民的基本要求，也是任何一个公民应当承担的社会责任。本案中，"狼牙山五壮士"及其事迹所凝聚的民族感情和历史记忆以及所展现的民族精神，是当代中国社会主义核心价值观的重要来源和组成部分，具有巨大的精神价值，也是我国作为一个民族国家所不可或缺的精神内核。对"狼牙山五壮士"名誉的损害，既是对原告葛长生之父葛振林、原告宋福宝之父宋学义的名誉、荣誉的损害，也是对中华民族的精神价值的损害。被告完全可以在不损害"狼牙山五壮士"名誉、荣誉和社会公共利益的前提下，自由地进行学术研究和自由发表言论，包括对狼牙山战斗的某些细节进行研究，但被告未采用这种方式，通过所谓的细节研究，甚至与网民张广红对"狼牙山五壮士"的污蔑性谣言相呼应，质疑"五壮士"英勇抗敌、舍生取义的基本事实，颠覆"五壮士"的英勇形象，贬损、降低"五壮士"的人格及评价。因此，被告以侵害他人合法权益和社会公共利益的言论自由，作为其侵权责任的抗辩理由，不予支持。

综上，一审法院判决：洪振快立即停止侵害葛振林、宋学义名誉、荣誉的行为；于判决后三日内公开发布赔礼道歉公告，向原告赔礼道歉、消除影响。

当事人上诉

洪振快对本案一审判决不服，提起上诉，主张一审判决认定的狼牙山战斗事实存在错误；认为一审判决认定"公共利益"实际是"狼牙山五壮士"后人和相关既得利益者的利益，是中国共产党的利益，不是国家、民族和人民大众的利益等，请求撤销一审判决，驳回原告诉讼请求。

二审裁判

北京市第二中级人民法院经审理认为，在二审阶段，洪振快一改过去引而不发的手法，在上诉状和庭审中公开否认"狼牙山五壮士"英勇抗敌、舍生取义的基本事实。洪振快的自认足以说明，一审判决认定洪振快撰写文章的行为方式是通过所谓的"细节"探究，引导读者对"狼牙山五壮士"英勇抗敌事迹和舍生取义精神产生怀疑，从而否定基本事实的真实性，进而降低他们的英勇形象和精神价值，是正确的。二审法院认为，"狼牙山五壮士"英勇抗敌和舍生取义的基本事实，已被大量历史事实和本案审理过程中的证据所证明，洪振快的质疑缺乏事实依据。这些英雄人物及其精神，已经获得全民族的广泛认同，成为民族精神的重要组成部分，是社会公共利益的一部分，中国共产党是中国人民和中华民族的先锋队，代表全国人民的共同利益，没有脱离国家、民族利益之外的任何私利。中国共产党弘扬"狼牙山五壮士"的事迹和精神，体现的也是国家利益和民族利益。因此，洪振快上诉关于"狼牙山五壮士"精神仅仅是"狼牙山五壮士"后人和相关既得利益者的利益，是中国共产党的利益，不是公共利益的主张不能成立。案涉文章否认"狼牙山五壮士"英勇抗敌的事实和舍生取义的精神，不仅对"狼牙山五壮士"的名誉和荣誉构成侵害，同时构成了对英雄人物的名誉、荣誉所融入的社会公共利益的侵害。综上，洪振快的上诉请求不能成立，判决：驳回上诉，维持原判。

评析

通过诉讼维护历史英雄人物包括已经不在世的英雄人物的名誉、荣誉，需要确定原告的范围。自然人死亡后，其生前人格利益仍然受法律保护。英雄人物的近亲属享有程序法上的原告主体资格和实体法上的请求权。被告撰写的《细节》一文涉及"狼牙山五壮士"中的两原告的父亲葛振林和宋学义，葛长生、宋福宝作为近亲属均有权作为本案原告就洪振快侵害葛振林、宋学义名誉、荣誉的行为提起诉讼。

历史英雄人物在我国当代史上发挥着重要作用，其精神应当被归为民族的共同记忆、民族精神和社会主义核心价值观的一部分，因而构成了社会公共利益的一部分。因此，对这一利益进行侵犯，不仅对个人名誉和荣誉构成侵害，同时构成了对英雄人物的名誉、荣誉所融入的社会公共利益的侵害。葛振林、宋学义均是"狼牙山五壮士"这一系列英雄人物的代表人物，"狼牙山五壮士"这一称号在全军、全国人民中已经赢得了普遍的公众认同。"狼牙山五壮士"及其精神，成为民族精神的重要组成部分，是社会公共利益的一部分。所以，洪振快撰写的文章侵害的不仅仅是葛振林、宋学义的个人名誉和荣誉，还侵害的是社会公共利益。

涉案文章是否构成侵权。尽管案涉文章无明显侮辱性的语言，但通过强调与基本事实无关或者关联不大的细节，引导读者对"狼牙山五壮士"这一英雄人物群体英勇抗敌事迹和舍生取义精神产生怀疑，从而否定基本事实的真实性，进而降低他们的英勇形象和精神价值。被告的行为方式符合以贬损、丑化的方式损害他人名誉和荣誉权益的特征。案涉文章经由互联网传播，在全国范围内产生了重大影响，不仅损害了葛振林和宋学义的个人名誉和荣誉、原告的个人感情，在一定范围和程度上伤害了社会公众的民族和历史情感，同时，在我国，由于"狼牙山五壮士"的精神价值已经内化为民族精神和社会公共利益的一部分，因此，也损害了社会公共利益。被告作为具有一定研究能力和熟练使用互联网工具的人，应该认识且有能力控制前述后果的发生，但仍然发表案涉文章，显然具有过错。因此，被告的行为侵害了葛振林、宋学义的名誉权和荣誉权。

学术自由、言论自由以不侵害他人合法权益、社会公共利益和国家利益为前提。这是我国宪法所确立的关于自由的一般原则，是为言论自由和学术自由所划定的边界。学者在发布史实考证时，对所涉人物的荣誉和名誉负有尊重义务，不可滥用学术自由，以缺乏充分根据和严谨论证的质疑对其进行贬损与丑化，更不得任意侮辱和诋毁。

我国新出台的《中华人民共和国民法总则》与《中华人民共和国英雄烈士保护法》从法律层面守护和捍卫英烈。其中，《中华人民共和国民法总则》第一百八十五条规定，侵害英雄烈士等的姓名、肖像、名誉、荣誉，损害社会公共利益的，应当承担民事责任。《中华人民共和国英雄烈士保护法》第二十五条规定，对侵害英雄烈士的姓名、肖像、名誉、荣誉的行为，英雄烈士的近亲属可以依法向人民法院提起诉讼。第二十六条规定，以侮辱、诽谤或者其他方式侵害英雄烈士的姓名、肖像、名誉、荣誉，损害社会公共利益的，依法承担民事责任；构成违反治安管理行为的，由公安机关依法给予治安管理处罚；构成犯罪的，依法追究刑事责任。

21. 保护英雄人物人格权益典型案例

——邱少华诉孙杰、加多宝（中国）饮料有限公司一般人格权纠纷案

▓ 裁判要旨

以侮辱、诋毁民族英雄和革命先烈的人格为手段，恶意商业炒作获得不法利益的侵权行为，应当承担法律责任。

▓ 案件索引

北京市大兴区人民法院（2015）大民初字第 10012 号

▓ 基本案情

2013 年 5 月 22 日，被告孙杰在新浪微博通过用户名为"作业本"的账号发文称："由于邱少云趴在火堆里一动不动最终食客们拒绝为半面熟买单，他们纷纷表示还是赖宁的烤肉较好。"作为新浪微博知名博主，孙杰当时已有 603 万余个"粉丝"。该文发布后不久就被转发达 662 次，点赞 78 次，评论 884 次。2013 年 5 月 23 日凌晨，该篇微博博文被删除。

2015 年 4 月，加多宝（中国）饮料有限公司（以下简称"加多宝公司"）在其举办的"加多宝凉茶 2014 年再次销量夺金"的"多谢"活动中，

通过"加多宝活动"微博发布了近 300 条"多谢"海报，感谢对象包括新闻媒体、合作伙伴、消费者及部分知名人士。被告孙杰作为新浪微博知名博主也是加多宝公司感谢对象之一。加多宝公司于 2015 年 4 月 16 日以该公司新浪微博账号"加多宝活动"发博文称："多谢@作业本，恭喜你与烧烤齐名。作为凉茶，我们力挺你成为烧烤摊 CEO，开店十万罐，说到做到^_^#多谢行动#"，并配了一张与文字内容一致的图片。孙杰用"作业本"账号于 2015 年 4 月 16 日转发并公开回应："多谢你这十万罐，我一定会开烧烤店，只是没定哪天，反正在此留言者，进店就是免费喝!!!"该互动微博在短时间内被大量转发并受到广大网友的批评，在网络上引起了较大反响。

烈士邱少云之弟邱少华以孙杰的前述博文对邱少云烈士进行侮辱、丑化，加多宝公司以违背社会公德的方式贬损烈士形象，用于市场营销的低俗行为，在社会上造成了极其恶劣的影响为由，起诉至北京市大兴区人民法院，请求判令二被告立即停止侵害、消除影响、赔礼道歉，赔偿精神损失费 1 元。

法院裁判

北京市大兴区人民法院一审认为，根据《中华人民共和国侵权责任法》第三条、《最高人民法院关于适用〈中华人民共和国民事诉讼法〉的解释》第六十九条以及《最高人民法院关于确定民事侵权精神损害赔偿责任若干问题的解释》第三条之规定，邱少云烈士生前的人格利益仍受法律保护，邱少华作为邱少云的近亲属，有权提起本案诉讼。孙杰发表的言论将"邱少云烈士在烈火中英勇献身"比作"半边熟的烤肉"，是对邱少云烈士的人格贬损和侮辱，属于故意的侵权行为，且该言论通过公众网络平台快速传播，已经造成了严重的社会影响，伤害了社会公众的民族和历史感情，同时损害了公共利益，也给邱少云烈士的亲属带来了精神伤害。虽然孙杰发表的侵权言论的原始微博文章已经删除且孙杰通过微博予以致歉，但侵权言论通过微博已经被大量转载，在网络上广泛流传，已经造成严重的社会影响，因此，其应在全国性媒体刊物上予以正式公开道歉，消除侵权言论造成的不良社会影响。加多宝公司发表的案涉言论在客观方面与孙杰的侵权言论相互呼应且传播迅速，产生较大负面影响；主观上，加多宝公司在其策划的商业活动中应尽到审慎的注意义务，加多宝公司应当对孙杰发表的影响较大的不当言论进行审查而未审查，存有过错，因此，亦应承担侵权责任。但是，由于孙杰和加多宝公司已经主动删除原始侵权言论，因此只能通过赔礼道歉、消除影响的方式消除侵权所造成的后果。判决：孙杰、加多宝公司于判决生效后三日内公开发布赔礼道歉公告，公告须连续刊登五日；孙杰、加多宝公司连带赔偿邱少华精神损害抚慰金 1元。一审判决后，双方当事人均未上诉。

评析

以侮辱、诋毁民族英雄和革命先烈的人格为手段，恶意商业炒作获得不法利益的侵权行为，应当承担法律责任。邱少云烈士生前的人格利益仍受法律保护，邱少华作为邱少云的近亲属，有权提起本案一般人格权纠纷诉讼。孙杰发表的言论将"邱少云烈士在烈火中英勇献身"比作"半边熟的烤肉"，是对邱少云烈士的人格贬损和侮辱，属于故意的侵权行为，且该言论通过公众网络平台快速传播，已经造成严重的社会影响，伤害了社会公众的民族和历史感情，同时损害了公共利益，也给邱少云烈士的亲属带来了精神伤害。加多宝公司发表的案涉言论在客观方面与孙杰的侵权言论相互呼应且传播迅速，产生较大负面影响；主观上，加多宝公司在其策划的商业活动中应尽到审慎的注意义务，加多宝公司应当对孙杰发表的影响较大的不当言论进行审查而未审查，存有过错，因此，亦应承担侵权责任。

英雄烈士的事迹和精神是中华民族共同的历史记忆和宝贵的精神财富，英雄不容亵渎、先烈不容诋毁。我国新出台的《中华人民共和国民法总则》与《中华人民共和国英雄烈士保护法》从法律层面守护和捍卫英烈。其中，《中华人民共和国民法总则》第一百八十五条规定，侵害英雄烈士等的姓名、肖像、名誉、荣誉，损害社会公共利益的，应当承担民事责任。《中华人民共和国英雄烈士保护法》第二十五条规定，对侵害英雄烈士的姓名、肖像、名誉、荣誉的行为，英雄烈士的近亲属可以依法向人民法院提起诉讼。第二十六条规定，以侮辱、诽谤或者其他方式侵害英雄烈士的姓名、肖像、名誉、荣誉，损害社会公共利益的，依法承担民事责任；构成违反治安管理行为的，由公安机关依法给予治安管理处罚；构成犯罪的，依法追究刑事责任。

22. 公众人物发表网络言论时应承担更大的注意义务

——北京金山安全软件有限公司与周鸿祎侵犯名誉权纠纷案

裁判要旨

微博作为一个公共社交平台，可以将信息广泛地进行传播，充分地保障了公民的言论自由。但是公民的言论自由不应当是无限制的，其应以不损害他人和社会公众利益为前提。公民、法人享有名誉权，公民的人格尊严受法律保护，禁止用侮辱、诽谤等方式损害公民、法人的名誉。当公民的言论自由与他人的名誉权产生冲突时，应当对言论自由作一定限制，而公众人物相较于普通公民具有更大的影响力，更应当谨慎地发表言论。另外，《中华人民共和国侵权责任法》第三十六条第一款规定，"网络用户、网络服务提供者利用网络侵害他人民事权益的，应当承担侵权责任"。因此，公众人物在微博中的言论具有侮辱他人人格的内容，使他人的名誉受到了侵害的，应当构成侵犯名誉权，需承担相应的侵权责任。

案件索引

一审：北京市海淀区人民法院（2010）海民初字第 19075 号
二审：北京市第一中级人民法院（2011）一中民终字第 09328 号

基本案情

2010 年 5 月 25 日 14 时 22 分，经过新浪认证加 "V" 的公众人物，北京奇虎 360 科技有限公司（以下简称 "360 公司"）董事长周鸿祎 4 个小时内在其新浪微博（http：//t. sina. com. cn/zhouhongyi）上发布针对北京金山安全软件有限公司（以下简称 "金山公司"）的 42 条微博，频率达每小时 10 条，内容包括金山公司的安全软件金山网盾存在安全漏洞、360 安全卫士与金山网盾的兼容问题，以及 2005 年的 "微点案"，从而引发行业的热烈讨论，周鸿祎对于新浪微博的传播效果称赞有加，其写道 "新浪微博影响真大"。在周鸿祎发出第一条相关微博 3 个多小时后，2010 年 5 月 25 日 17 时 49 分，金山毒霸在新浪微博（http：//t. sina. com. cn/duba）上对此进行回应，其对周鸿祎对金山网盾的重视表示感谢，更称会对近期发生的事件作出说明。

后金山公司 CEO 王欣也在其个人新浪微博（http：//t. sina. com. cn/kswangxin）予以回应，表示针对 360 公司挑起的纠纷，金山公司不会投入太多资源对抗，只会把精力放在产品自身的不断完善上。王欣又在微博上表示，2010 年 5 月 25 日上午，金山公司接到国家计算机网络应急技术处理协调中心的来函，指出金山网盾可能存在技术漏洞，且金山公司已经处理并完成升级。2010 年 7 月，原告北京金山安全软件有限公司以侵犯名誉权为由将被告周鸿祎诉至一审法院，要求周鸿祎撤回相关微博文章，并在其新浪、搜狐、网易、腾讯微博首页发表一份致歉声明，时间为连续 7 天，同时在《证券日报》《法制日报》发表该致歉声明。对于经济损失，金山公司主张周鸿祎要承担股价损失 6 亿元中 2% 的赔偿责任，合计 1200 万元。

原告诉称，2010 年 5 月 25 日下午 3 点左右开始，被告相继在新浪、搜狐、网易、腾讯等网站通过微博发表所谓 "揭开金山公司面皮" 的系列文章，该系列文章未经调查核实，散布大量诋毁金山公司商业信誉及产品声誉的不实言论。同时，被告在微博中使用了明显带有侮辱、贬损性的语言，使社会公众通过网络及随后的平面媒体报道，对原告及 "金山软件"

品牌产生了重大误解，造成原告社会评价降低。被告作为同业竞争企业中有一定影响力的负责人，应当对其言行负有谨慎注意义务，并对不良后果有所预见，但被告故意散布虚假事实，恶意炒作，存在主观上的严重过错。对于原告声称的在股市损失了6亿元，被告表示其没有能力操纵股价，并称这只是在开玩笑。

被告辩称，原告于2009年11月30日注册成立，被告微博中提及的"微点案"发生在2005年，故涉及"微点案"的言论与原告无关。原告与北京金山软件有限公司和香港的金山软件公司分别是独立的法人，其无权代表其他两个独立的法人在本案中行使诉权。被告否认其微博言论存在侮辱、诽谤内容。

⚖ 法院裁判

北京市海淀区人民法院一审认为，微博的特点在于寥言片语、即时表达对人对事所感所想，是分享自我的感性平台，与正式媒体相比，微博上的言论随意性更强、主观色彩更加浓厚，对其言论自由的把握尺度也更宽。考虑微博影响受众不特定性、广泛性的"自媒体"特性，对微博言论是否构成侵权，应当综合发言人的具体身份、言论的具体内容、相关语境、受众的具体情况、言论所引发或可能引发的具体后果等加以判断。周鸿祎作为金山公司的竞争对手360公司的董事长，且是新浪微博认证的加"V"公众人物，拥有更多的受众及更大的话语权，应当承担比普通民众更大的注意义务，对竞争对手发表评论性言论时，应更加克制，避免损害对方商誉。一审法院认为，周鸿祎利用微博作为"微博营销"的平台，密集发表针对金山软件的不正当、不合理评价，目的在于通过诋毁金山软件的商业信誉和商品声誉，削弱对方的竞争能力，从而使自己任职的公司在竞争中取得优势地位，具有侵权的主观故意，其行为势必造成金山公司社会评价的降低，侵犯金山公司的名誉权，应承担停止侵权、赔礼道歉、消除影响并赔偿损失的责任。但金山公司并无证据证明其股价下跌与周鸿祎微博言论的关联性，判决周鸿祎停止侵权、删除相关微博文章，在新浪、搜狐、网易微博首页发表致歉声明，并赔偿经济损失8万元。二审法院改判赔偿经济损失 5 万元。

评析

本案是利用微博侵害企业名誉权的案件。本案争议的焦点是公众人物在微博中的言论使他人名誉受到侵害，是否应承担侵权责任。一、二审法院根据微博"自媒体"的特性，认为对其言论自由的把握尺度也应更宽。对微博言论是否构成侵权，应当综合发言人的具体身份、言论的具体内容、相关语境、受众的具体情况、言论所引发或可能引发的具体后果等加以判断。公众人物应当承担更多的注意义务，这一判断与侵权法的基本理念相契合。周鸿祎利用微博作为"微博营销"的平台，密集发表针对金山软件的不正当、不合理评价，目的在于通过诋毁金山软件的商业信誉和商品声誉，削弱对方的竞争能力，从而使自己任职的公司在竞争中取得优势地位，具有侵权的主观故意，其行为势必造成金山公司社会评价的降低，侵犯金山公司的名誉权，应承担停止侵权、赔礼道歉、消除影响并赔偿损失的责任。

23. "人肉搜索"致人死亡

——蔡晓青侮辱案

裁判要旨

1. 通过"人肉搜索"捏造、虚构事实，侵犯他人名誉权，造成他人自杀的，应当认定为情节严重的侮辱行为，构成侮辱罪。

2. "人肉搜索"引发社会广泛关注和讨论，严重危害了互联网的安全与管理秩序，属于严重危害社会秩序的情形，应当由检察机关提起公诉。

案件索引

一审：广东省陆丰市人民法院（2014）汕陆法刑初字第 151 号
二审：广东省汕尾市中级人民法院（2014）汕尾中法刑一终字第 77 号

基本案情

广东省陆丰市人民检察院以被告人蔡晓青犯侮辱罪，向陆丰市人民法院提起公诉。

被告人蔡晓青对公诉机关指控的犯罪事实无异议。其辩护人提出，侮辱罪是自诉案件，对蔡晓青提起公诉属于程序不当；被害人徐某自杀与蔡晓青发布微博不存在刑法上的因果关系，蔡晓青不具有法定的严重情节，不构成侮辱罪。

陆丰市人民法院经公开审理查明：被告人蔡晓青因怀疑徐某在陆丰市东海镇金碣路 32 号其"格仔店"服装店试衣服时偷了一件衣服，于 2013 年 12 月 2 日 18 时许将徐某在该店的视频截图配上"穿花衣服的是小偷"等字幕后上传到其新浪微博上，并以求"人肉搜索"等方式对徐某进行侮辱。同月 4 日，徐某因不堪受辱，在陆丰市东海镇茫洋河跳河自杀。案发后，蔡晓青的父母与徐某父母达成和解协议，蔡晓青父母一次性赔偿徐某父母人民币 12 万元，徐某父母出具谅解书，请求司法机关对蔡晓青从轻处罚。

一审裁判

（一）如何认定"人肉搜索"致人自杀死亡的行为性质

本案在审理过程中，被害人徐某的家属提出，被告人蔡晓青的行为构成诽谤罪。我们认为，蔡晓青的行为构成侮辱罪。理由如下。

1. 因被害人死亡无法查清被告人是否实施捏造、虚构事实行为的，不能构成诽谤罪

根据《中华人民共和国刑法》第二百四十六条的规定，侮辱罪是指使用暴力或者其他方法，公然贬损他人人格，破坏他人名誉，情节严重的行为；诽谤罪是指故意捏造并散布虚构的事实，足以贬损他人人格，破坏他人名誉，情节严重的行为。侮辱罪和诽谤罪最重要的区别在于诽谤是捏造并散布有损于他人名誉权的虚假事实来对他人的人格进行侵犯；而侮辱是利用当事人的某种情况，公然地对他人人格进行损害，并未限定必须是真实的情况。本案中，虽然徐某的父亲认为蔡晓青发微博进行"人肉搜索"指责其女儿是偷衣服的小偷属于无中生有，但由于徐某已逝，无法查清其是否有盗窃行为，不能认定蔡晓青有捏造、虚构事实的行为，故不构成诽谤罪。

2. 发微博要求"人肉搜索"的行为侵犯他人名誉权，属于侮辱行为

侮辱罪侵犯的客体为公民的名誉权，名誉权是指公民或者法人对自己在社会生活中所获得的社会评价即自己的名誉，依法所享有的不可侵犯的

权利。侮辱的方法有使用暴力、使用言词、使用图像文字等。就本案来看，被告人蔡晓青把被害人徐某购物的视频监控截图发到微博上，且明确指明徐某是小偷并要求"人肉搜索"，这种方式利用了互联网这一新兴媒体，虽然与传统方式不同，但本质上仍属于公然侮辱他人人格的行为。众所周知，在网络发达的当今社会，"人肉搜索"具有非常强大的放大功能，可以把模糊、分散的线索迅速清晰、集中起来，在趋向集中的过程中可能失控。当被搜索的人是和某个具有消极影响的事件联系在一起时，社会舆论的内容往往是以消极为主的，负面影响远大于正面影响，被搜索人的品德、才干、信誉等在社会中所获得的评价明显降低，致使当事人无法在现实社会中正常地工作、学习和生活，名誉权受到严重损害。因此，蔡晓青发微博要求"人肉搜索"的行为属于侮辱行为。

3. 本案被告人的侮辱行为与被害人的死亡结果具有刑法上的因果关系

刑法上的因果关系，是指危害行为与危害结果之间的因果关系，是一种引起与被引起的关系。一般表现为原因在先，结果在后，当没有前行为就没有后结果时，前者就是后者的原因，但如果有介入因素，则要考虑介入因素异常性的大小和介入情况对结果发生作用的大小，来判断其是否阻断行为与结果的因果关系。本案中，被告人蔡晓青认为其发微博的行为是正常的网络寻人行为，现有证据只能说明其行为和被害人徐某的自杀结果在时间上有先后关系，无法直接证明二者存在刑法上的因果关系。但从蔡晓青的行为来看，其不仅发布微博称"穿花衣服的是小偷。求人肉，经常带只博美小狗逛街。麻烦帮忙转发"，还附上徐某购物时的多张监控视频截图。该微博发出仅一个多小时，网友迅即展开的"人肉搜索"就将徐某的个人信息，包括姓名、所在学校、家庭住址和个人照片全部曝光，蔡晓青又把这些信息在微博上曝光。一时间，在网络上对徐某的各种批评甚至辱骂开始蔓延。从蔡晓青要求"人肉搜索"的第一条微博发布，到第二天晚上徐某在河边发出最后一条微博后自杀，仅持续了20多个小时。多名证人证言证实，这次微博事件对被害人伤害很大，明显感觉徐某情绪低落。徐某作为一个尚未步入社会、生活在经济不发达小镇的在校未成年少女，面对"人肉搜索"的网络放大效应及众多网民先入为主的道德审判，对未来生活产生极端恐惧，最终发生了自杀身亡的严重后果，故蔡晓青发微博的行为与徐某的自杀具有刑法上的因果关系。

4. 被告人侮辱他人的行为达到 "情节严重" 的程度

根据刑法规定，只有情节严重的侮辱行为才构成侮辱罪。所谓情节严重，通说一般认为主要是指手段恶劣，后果严重等情形，如强令被害人当众爬过自己的胯下；当众撕光被害人衣服；给被害人抹黑脸、挂破鞋、戴绿帽强拉游街示众；当众胁迫被害人吞食或者向其身上泼洒粪便等污秽之物；当众胁迫被害人与尸体进行接吻、手淫等猥亵行为；当众胁迫被害人向致死的宠物下跪磕头；因公然侮辱他人致其精神失常或者自杀身亡；多次侮辱他人，使其人格、名誉受到极大损害；对执行公务的人员、妇女甚至外宾进行侮辱，造成恶劣的影响；等等。本案中，被害人徐某不堪 "人肉搜索" 受辱而跳河自杀身亡，明显属于 "情节严重" 的情形。

(二) 如何认定侮辱罪中 "严重危害社会秩序和国家利益" 可以提起公诉的情形

1. 如何理解侮辱罪中 "严重危害社会秩序和国家利益" 所指的严重程度

依照《中华人民共和国刑法》第二百四十六条的规定，犯侮辱罪 "告诉的才处理，但是严重危害社会秩序和国家利益的除外"。之所以规定侮辱罪要告诉才处理，主要是考虑到侮辱行为大都发生在家庭成员、邻居、同事之间或者日常生活之中，属于人民内部矛盾，且社会危害性不是很大，多数场合下可以通过调解等缓和方式来解决。此外，被害人可能不愿意让更多的人知道自己受到侮辱的事实，如果采用刑事制裁的方法解决反而会产生不好的效果。但如果属于严重危害社会秩序和国家利益的情形，则应当由检察机关提起公诉。

刑法所规定的 "严重危害社会秩序和国家利益" 主要是指侮辱、诽谤行为造成被害人精神失常或者自杀的；侮辱、诽谤党和国家领导人、外国元首、外交代表，严重损害国家形象或者造成恶劣国际影响的等情形。"严重危害社会秩序和国家利益" 中的社会秩序和国家利益，不是特指危害结果或者特定对象，而应当将其视为一个综合性的标准，从侮辱的手段、方法、内容和主观目的等角度来进行全面考量。结合全案的案情、危害后果和情节等，进行整体分析，综合判断是否达到了 "严重危害社会秩序和国家利益"的程度。

2. "严重危害社会秩序"和"国家利益"两者是否必须同时具备

一般来说，刑法典分则条文在两个要素之间使用"和"字时，并不一定表明两者是同时具备的关系，而是需要从实质上进行考察，综合作出判断。如《中华人民共和国刑法》第二百五十一条规定："国家机关工作人员非法剥夺公民的宗教信仰自由和侵犯少数民族风俗习惯，情节严重的，处二年以下有期徒刑或者拘役。"该条中的"和"字表示的就是一种选择关系而非并列关系。不论国家机关工作人员非法剥夺公民的宗教信仰自由抑或是侵犯少数民族风俗习惯，只要具备其中之一，情节严重，就构成犯罪。同理，《中华人民共和国刑法》第二百四十六条第二款中的"严重危害社会秩序和国家利益"，两者不必要同时具备，只要具备其一即可。众所周知，互联网作为信息时代的新兴媒体，其传播之快、影响之大、受众主动性和参与程度之高，远非传统媒体所能够比拟。不少"人肉搜索"等网络暴力不仅给当事人造成了恶劣的负面影响，还严重危害互联网的安全与管理秩序。本案中，被告人蔡晓青在新浪微博这一主流网络媒体上发布微博对被害人徐某进行侮辱，引发网友对徐某的谩骂，使得徐某的社会评价明显降低，最终导致徐某不堪受辱自杀身亡的严重后果，而该后果又引发社会广泛关注和讨论，严重危害了互联网的安全与管理秩序，属于严重危害社会秩序的情形，应当由检察机关提起公诉。

综上，在信息时代，网络搜索是一把"双刃剑"。如果使用得当，可以为生活提供便利，也为人民群众的言论自由提供广阔的平台，为监督政府行为提供更多途径。但如果使用不当，网络搜索则容易变成网络暴力，网络监督则容易成为"私刑"的化身。因此，为最大限度地发扬"人肉搜索"的优点，应当为其画好警戒线，如此才能够更好地保障公民的权益。"人肉搜索"致人自杀获刑具有标本意义，有了本案作为前鉴，相信大多数网络使用者在准备作出类似行为时，会顾忌由此造成的后果，从而更加理性地使用"人肉搜索"。

陆丰市人民法院认为，被告人蔡晓青因怀疑徐某在其经营的服装店试衣服时偷衣服，遂在该店的视频截图配上"穿花衣服的是小偷"等字幕后，上传到其新浪微博上，公然对他人进行侮辱，致徐某因不堪受辱跳河自杀身亡，情节严重，其行为构成侮辱罪。案发后被告人亲属与被害人亲属达成调解协议，被告人亲属对被害人亲属的经济损失进行赔偿，取得被害人家属的谅解。被告人当庭认罪，确有悔罪表现，依法可以从轻处罚。据此，依照《中华人民共和国刑法》第二百四十六条之规定，陆丰市人民法院以侮辱罪判处被告人蔡晓青有期徒刑一年。

二审裁判

汕尾市中级人民法院经审理认为，上诉人无视国家法律，因怀疑被害人徐某在其经营的服装店试衣服时偷衣服，遂在该店的视频截图配上"穿花衣服的是小偷"等字幕后，上传到其新浪微博上，公然对他人进行侮辱，致徐某因不堪受辱跳河自杀身亡，情节严重，其行为构成侮辱罪，依法应当惩处。上诉人利用网络侮辱他人，造成的影响大，范围广，并造成了被害人死亡的严重后果，属于严重危害社会秩序之情形，陆丰市检察院提起公诉并无不当。一审法院鉴于案发后上诉人亲属与被害人亲属达成调解协议，上诉人亲属对被害人亲属进行经济赔偿并取得被害人亲属的谅解，已依法予以从轻处罚。上诉人及其辩护人所提上诉意见，经查不能成立，不予采纳。一审判决认定的事实清楚，证据确实、充分，适用法律正确，审判程序合法，量刑适当，应予维持。据此，依照《中华人民共和国刑事诉讼法》第二百二十五条第一款第一项之规定，汕尾市中级人民法院裁定驳回上诉，维持原判。

评析

本案的焦点问题是"人肉搜索"致人死亡的行为性质认定以及侮辱罪中"严重危害社会秩序和国家利益"的认定。第一，因被害人死亡无法查清被告人是否实施捏造、虚构事实行为的，不能构成诽谤罪。第二，发微博要求"人肉搜索"的行为侵犯他人名誉权，属于侮辱行为。侮辱罪侵犯的客体为公民的名誉权，名誉权是指公民或者法人对自己在社会生活中所获得的社会评价即自己的名誉依法所享有的不可侵犯的权利。本案被告人蔡晓青把被害人徐某购物的视频监控截图发到微博上，且指明徐某是小偷并要求"人肉搜索"，是利用互联网公然侮辱他人人格的行为，致使当事人无法在现实社会中正常地工作、学习和生活，名誉权受到严重损害。因此，蔡晓青发微博要求"人肉搜索"的行为属于侮辱行为。第三，侮辱行为与被害人的死亡结果具有刑法上的因果关系。本案中，被告人的"人肉搜索"行为对被害人造成了巨大的心理压力，使其产生极度恐惧，并最终自杀身亡。另外，被告人侮辱他人的行为达到"情节严重"的程度。被害人因不堪侮辱而跳河自杀，明显属于"情节严重"。第四，"人肉搜索"严重危害了互联网的安全与管理秩序，属于严重危害社会秩序的情形，应当由检察机关提起公诉。刑法所规定的"严重危害社会秩序和国家利益"主要是指侮辱、诽谤行为造成被害人精神失常或者自杀的；侮辱、诽谤党和国家领导人、外国元首、外交代表，严重损害国家形象或者造成恶劣国际影响的等情形。"严重危害社会秩序和国家利益"中的社会秩序和国家利益，不是特指危害结果或者特定对象，而应当将其视为一个综合性的标准，从侮辱的手段、方法、内容和主观目的等角度，结合全案的案情、危害后果和情节等来进行全面考量。

24. 从信息接收者的视角判断
"影射者"的责任

——范冰冰与毕成功、易赛德公司侵犯名誉权纠纷案

▶ 裁判要旨

在一定情况下，毁损性陈述有可能隐含在表面陈述中（即影射）。这时并不要求毁损性陈述指名道姓，只要原告证明在特定情况下，具有特定知识背景的人有理由相信该陈述针对的对象是原告即可。

▶ 基本案情

2012 年 5 月 19 日，香港《苹果日报》刊登一篇未经证实的关于内地影星章子怡的负面报道。2012 年 5 月 30 日毕成功转发并评论其于 2012 年 3 月 31 日发布的微博。主要内容是，前述负面报道是"Miss F"组织实施的。2012 年 5 月 30 日 19:10，易赛德公司主办的黔讯网新闻板块之"娱乐资讯"刊登了《编剧曝章子怡被黑内幕，主谋范冰冰已无戏可拍》（以下简称《内幕》）一文，以前述微博内容为基础称："……知名编剧毕成功在其新浪微博上揭秘章子怡被黑内幕，称范冰冰是幕后主谋。……"之后，易赛德公司刊载的文章以及毕成功发表的微博被广泛转发、转载，新浪、搜狐、腾讯、网易等各大门户网站以及国内各知名报刊均进行了相关转载及衍生性报道，致使网络上出现了大量对范冰冰的侮辱、攻击性言论及评

价。范冰冰起诉，请求易赛德公司和毕成功停止侵权、删除微博信息、公开赔礼道歉并赔偿精神抚慰金 50 万元。毕成功则辩称，"Miss F"指的是在美国电影《致命契约》中饰演"Clary Fray"的美国女演员莉莉·科林斯（Lily Collins）。

法院裁判

北京市朝阳区人民法院和北京市第二中级人民法院认为，在一定情况下，毁损性陈述有可能隐含在表面陈述中（即影射）。这时并不要求毁损性陈述指名道姓，只要原告证明在特定情况下，具有特定知识背景的人有理由相信该陈述针对的对象是原告即可。从毕成功发布的微博的时间、背景来看，其易让读者得出"Miss F"涉及章子怡报道一事。从毕成功该微博下的评论、《内幕》一文以及后续大量网友的评论和相关报道来看，多数人认为"Miss F"所指即范冰冰。毕成功虽于 2012 年 6 月 4 日发表微博，称其未指名道姓说谁黑章子怡，但该微博下的大量评论仍显示多数网友认为仍是范冰冰实施了所谓的"诬陷计划"，而毕成功并未就此作出进一步明确的反驳，否认"Miss F"是范冰冰。毕成功提交的证据未能证明"诬陷计划"以及莉莉·科林斯与"诬陷计划"的关系，且毕成功在诉讼前面对大量网友认为"Miss F"就是指范冰冰时，也从未提及"Miss F"是指莉莉·科林斯，故毕成功有关"Miss F"的身份解释明显缺乏证据支持。易赛德公司作为网络服务提供者应对其主办的"黔讯网"发布的新闻负审查、核实义务，《内幕》一文系由易赛德公司主动编辑、发布，但事前未经审查、核实，故由此所产生的责任理应由易赛德公司自行承担。综上，毕成功和易赛德公司应分别承担赔礼道歉、赔偿精神抚慰金 3 万元和 2 万元的责任。

评析

名誉权纠纷案件中，在一定情况下，毁损性陈述有可能隐含在表面陈述中（即影射），"影射者"的责任可从信息接收者的视角判断。不要求毁损性陈述指名道姓，只要原告证明在特定情况下，具有特定知识背景的人有理由相信该陈述针对的对象是原告即可。本案中，2012 年 5 月 19 日，香港《苹果日报》刊登一篇未经证实的关于内地影星章子怡的负面报道。2012 年 5 月 30 日毕成功转发并评论其于 2012 年 3 月 31 日发布的微博。主要内容是，前述负面报道是"Miss F"组织实施的。从毕成功发布的微博的时间、背景来看，其易让读者得出"Miss F"涉及章子怡负面报道一事。从毕成功该微博下的评论、《内幕》一文以及后续大量网友的评论和相关报道来看，多数人认为"Miss F"所指即范冰冰。毕成功虽于 2012 年 6 月 4 日发表微博，称其未指名道姓说谁黑章子怡，但该微博下的大量评论仍显示多数网友认为仍是范冰冰实施了所谓的"诬陷计划"，而毕成功并未就此作出进一步明确的反驳，否认"Miss F"是范冰冰，且毕成功在诉讼前面对大量网友认为"Miss F"就是指范冰冰时，也从未提及"Miss F"是指莉莉·科林斯，故毕成功有关"Miss F"的身份解释明显缺乏证据支持。从信息接收者的视角看，毕成功在其毁损性陈述中影射的即为范冰冰。

25. 精神损害赔偿应与侵权人的
过错程度相适应

—— 徐大雯与宋祖德、刘信达侵害名誉权民事纠纷案

裁判要旨

在公开博客这样的自媒体中表达，与通过广播、电视、报刊等方式表达一样，都应当遵守国家的法律法规，不得侵犯他人的合法权益。博客开设者应当对博客内容承担法律责任。

案件索引

上海市静安区人民法院（2009）静民一（民）初字第779号

基本案情

2008年10月18日凌晨1时许，著名导演谢晋因心源性猝死逝世于酒店客房内。2008年10月19日至同年12月，宋祖德向其开设的新浪网博客、搜狐网博客、腾讯网博客上分别上传了《千万别学谢晋这样死！》《谢晋和刘××在海外有个重度脑瘫的私生子谢××！》等多篇文章，称谢晋因性猝死而亡、谢晋与刘××在海外育有一个重度脑瘫的私生子等内容。2008年10月28日至2009年5月5日，刘信达向其开设的搜狐网博客、网

易网博客上分别上传了《刘信达愿出庭作证谢晋嫖妓死，不良网站何故黑箱操作撤博文?》《刘信达：美×确是李××女儿，照片确是我所拍》《宋祖德十五大预言件件应验!》《宋祖德的 22 大精准预言!》等文章，称谢晋事件是其亲眼所见、其亲自到海外见到了"谢晋的私生子"等。2008 年10 月至 11 月，齐鲁电视台、成都商报社、新京报社、华西都市报社、黑龙江日报报业集团生活报社、天府早报社的记者纷纷通过电话采访了宋祖德。宋祖德称前述文章其有确凿证据，齐鲁电视台及各报社纷纷予以了报道。成都商报社记者在追问宋祖德得知消息来源于刘信达后，还通过电话采访了刘信达。刘信达对记者称系自己告诉了宋祖德，并作出了同其博客文章内容一致的描述。徐大雯以宋祖德、刘信达侵害谢晋名誉为由起诉，请求停止侵害、撤销博客文章、在相关媒体上公开赔礼道歉并赔偿经济损失 10 万元和精神损害抚慰金 40 万元。

🏛 法院裁判

法院认为，名誉是社会公众对公民或法人的品德、声誉、形象等方面的综合评价。公民、法人享有名誉权，公民的人格尊严受法律保护，法律禁止他人用侮辱、诽谤等方式损害公民、法人的名誉。本案是一起侵害死者名誉的案件，但涉案博客文章所说的谢晋因嫖妓致死及与他人有私生子均非事实，两被告对于文章内容的非真实性并未提出异议，故涉案文章内容均系捏造，属诽谤性文章。文章发表后，引起社会广泛的关注，一些不明真相的人见到博客文章不仅有较为详尽的细节描述，还有保证文章真实性并愿承担法律责任的所谓"特别声明"，纷纷对涉案文章表示认同，故涉案博客文章刊登后，大大降低了谢晋的社会评价，侵害了谢晋的名誉。

本案争议在于两被告是否实施了侵害谢晋名誉的违法行为。首先，在谢晋逝世后不久，两被告开设的博客中即开始出现涉案文章，两被告应当对涉案文章内容的来源及真实性负责。庭审中两被告均以文章非其本人上传为由进行抗辩，构成民事诉讼证据规定中提出新的反驳事实的抗辩，故两被告负有向法庭举证证明的责任，但两被告均未在庭审中举证证明抗辩事实成立，因此两被告的抗辩理由不能成立。其次，庭审后，法庭收到了两被告代理人提供的关于 2008 年 10 月 31 日被告宋祖德博客"被黑"的网络报道及经南京市鼓楼公证处公证的文书，即庭审中两被告抗辩的"博客被黑"、正在进行公证的证据材料，但本案涉案两篇最主要的侵权文章即《千万别学谢晋这样死！》和《谢晋和刘××在海外有个重度脑瘫的私生子谢××！》上传于 2008 年 10 月 31 日被告宋祖德声称博客"被黑"之前，且即使两被告声称其博客曾有过被"黑客"入侵的事实属实，也不能推论得出涉案九篇文章系他人上传的结论，故两被告的抗辩仍不能成立。最后，两被告在涉案文章上传后，亦未有任何不同于博客内容的意思表示。2008 年 10 月 28 日，在广电总局有关官员就涉案博客诽谤谢晋名誉一事公开批评被告宋祖德后，次日在被告宋祖德新浪博客中立即出现了《宋祖德起诉广电总局官员的律师函！》的回应文章（该文章标题出现在经公证的宋祖德博客文章目录中，庭审中被告宋祖德并未对此提出异议，而该文章与扬子晚报社发表的《广电总局：清除害群之马》一文中描述被告宋祖德的答复一致），故被告的抗辩亦不能成立。之后，在有关媒体求证时，两被告仍作出了同涉案文章内容一样的叙述。庭审中两被告仅以原告未证明对记者求证作出回答的声音系两被告的声音进行抗辩，但根据证人周昕的证言可以确认被告宋祖德对记者作出了同博客内容一致的叙述，证人陈述的被告宋祖德的电话号码与诉状中所列被告宋祖德电话号码一致；法庭为解决本案送达问题曾以此电话号码与被告宋祖德取得联系，故法院认定周昕采访了被告宋祖德。关于成都商报等其他媒体求证争议的认定问题，原告举证了成都商报社提供的采访两被告的录音材料等证据。证据显示，在两被告公开博客中出现了涉案文章后，引起了社会舆论广泛关注是事实，而媒体记者就此事件采访两被告既合乎逻辑，也是媒体的一种工作方法；记者采访两被告的录音内容与两被告博客文章的内容几乎完全一致，法院认为原告所举证据已经具有高度盖然性，故认定两被告分别对媒体的求证作出了回应。据此，法院认定涉案侵权博客文章系由两被告分别发表上传于互联网。

博客的性质是网络日志，其是一种十分方便的个人信息发布和网络互动交流方式，博客注册人可以自由选择其博客的属性为"不公开"或"公开"。选择"不公开"属性的博客类似于传统意义上的个人日记，仅是将个人内心思想活动的记录存放到网络空间，除非博客密码为他人所知而被公开，一般不会对他人造成影响。而选择以"公开"为属性的博客则具有类似于发表文章的实际效果，能使公开的博客日记成为一种宣传工具。涉案博客均为公开博客，且指向现实中的人和事，任何人都能点击进入相关博客查看文章内容，故博客注册使用人对博客文章的真实性负有法律责任，有避免使他人遭受不法侵害的义务。若在自己所注册的博客中出现被他人冒名发表或修改而非其本意的文章，博客注册使用人也应当以修改密码、发表声明、删除有关文章，并与网络管理员联系删除链接等方式及时处置并公之于众，而不能放任事态发展。但本案两被告各自上传涉案诽谤文章在先，继而又向求证媒体继续散布诽谤言论，导致谢晋的名誉严重受损，且被告宋祖德称消息来源于住在谢晋下榻宾馆相邻房间的被告刘信达，其"亲耳所闻、亲眼所见"，而被告刘信达则通过向博客上传文章和向求证媒体叙述的方式公然宣称其亲耳听见了事件过程并告诉了被告宋祖德，现经法庭查证博客文章及相关叙述的内容均属捏造，故两被告不仅各自实施了侵权行为，而且对于侵犯谢晋的名誉有意思联络，构成共同侵权，法院对原告要求两被告停止侵害、在与侵权行为所造成的影响相适应的范围内为谢晋恢复名誉的请求予以支持，两被告应当将涉案侵权文章删除。

　　原告提出的赔偿请求由两部分组成，一是原告的直接经济损失，二是精神遭受侵害的赔偿。首先，本案是一起网络侵权案件，在原告起诉后，被告迟迟不提出答辩意见，原告为此继续向各方媒体取证及收集证据印证是合法合理的，故对原告提出的为取证导致的直接经济损失赔偿请求予以支持，但具体金额应扣除原告代理人在诉讼中为回应被告质疑与本案争议无直接关联的原告代理人住高价宾馆问题而再次去北京的调查费用2081.40元、原告取证无果部分的费用3753.98元；关于原告主张赔偿的2009年5月赴成都出差的餐费和证人餐费1063元，该请求标准没有法律依据，法院认为酌情按每人每天50元标准赔偿为宜；另外原告将公证费赔偿金额进行调整，与法无悖，法院予以采纳。两被告应当共同赔偿原告89951.62元。其次，关于原告提出的精神损害抚慰金赔偿主张，赔偿数额应根据侵权人的过错程度、侵害的手段和场合及行为方式等具体情节、侵权行为造成的后果和受诉法院所在地平均生活水平等因素来确定。谢晋是我国著名的电影导演，德艺双馨，受到社会公众的普遍尊敬和仰慕，而涉案文章均属用捏造事实的方式向他人散布不实之事，其中特别声明部分甚至还宣称欢迎性猝死的谢晋的亲朋好友以及所谓谢××的母亲刘××提起诉讼、转载者无须负法律责任，言之凿凿妄图达到以假乱真的目的。诽谤文章在谢晋逝世的次日即公开发表，在此之后，两被告在媒体记者面前继续诋毁谢晋的名誉，不仅表示博客文章内容是真实的，还宣称其有录音、照片等证据，继续对谢晋名誉实施侵害，侵权行为人的主观过错十分明显。两被告于谢晋刚过世正处于新闻报道追踪的中心之际，利用互联网实施了侵权行为，而互联网具有传播速度快、范围广的特点，其信息传播范围远远大于传统媒体，在互联网上公开发表的不实言论，使谢晋的名誉在更大范围内遭到不法侵害，两被告的主观过错十分严重，所采用的侵权手段十分恶劣。对原告而言，其在刚刚失去丈夫的时刻，又立即陷入被两被告持续诽谤的痛苦中，这对原告的身心来说无疑是重大的打击，故对原告提出的精神损害抚慰金赔偿请求，法院予以支持，综合上述情节以及本市平均生活水平等因素，赔偿金额酌情以 20 万元为宜。据此，依照《中华人民共和国民法通则》第一百零一条，第一百三十四条第一款第（一）项、第（七）项、第（九）项、第（十）项和第二款；《最高人民法院关于审理名誉权案件若干问题的解答》第五条、第七条；《最高人民法院关于确定民事侵权精神损害赔偿责任若干问题的解释》第十条第一款；《最高人民法院关于民事诉讼证据的若干规定》第二条第一款、第五十四条第三款之规定，判决如下：

一、被告宋祖德、刘信达立即停止对谢晋名誉的侵害；

二、被告宋祖德、刘信达于本判决生效之日起十日内连续十天在新浪、搜狐、腾讯、网易网站首页，在《华西都市报》《新京报》《成都商报》《生活报》《天府早报》《扬子晚报》醒目位置刊登向原告徐大雯公开赔礼道歉的声明（致歉声明内容须经法院审核同意），消除影响，为谢晋恢复名誉；

三、被告宋祖德、刘信达于本判决生效之日起十日内赔偿原告徐大雯经济损失人民币 89951.62 元；

四、被告宋祖德、刘信达于本判决生效之日起十日内赔偿原告徐大雯精神损害抚慰金人民币 20 万元。

宋祖德、刘信达不服上诉，上海市第二中级人民法院维持原判，驳回上诉。

评析

本案是一起利用博客侵害他人名誉权的典型案件。在公开博客这样的自媒体中表达，与通过广播、电视、报刊等方式表达一样，都应当遵守国家的法律法规，不得侵犯他人的合法权益。博客注册使用人对博客文章的真实性负有法律责任，有避免使他人遭受不法侵害的义务。博客开设者应当对博客内容承担法律责任。宋祖德、刘信达各自上传诽谤文章在先，且宋祖德称消息来源于刘信达，其"亲耳所闻、亲眼所见"，而刘信达则通过向博客上传文章和向求证媒体叙述的方式，公然宣称其亲耳听见了事件过程并告诉了宋祖德。两人不仅各自实施了侵权行为，而且对于侵犯谢晋的名誉有意思联络，构成共同侵权。诽谤文章在谢晋逝世的次日即公开发表，被告人在此后报刊等媒体的求证过程中继续诋毁谢晋名誉，主观过错十分明显。宋祖德、刘信达利用互联网公开发表不实言论，使谢晋的名誉在更大范围内遭到不法侵害，两被告的主观过错十分严重，侵权手段十分恶劣，使谢晋遗孀徐大雯身心遭受重大打击。二被告利用互联网和其他媒体侵犯谢晋名誉，法院根据其行为的主观过错、侵权手段的恶劣程度、侵权结果等因素，判处较高数额的精神损害抚慰金，体现了侵权责任法的理念和精神。

26. "网络服务提供者明知侵权事实"的认定

——蔡某与百度公司侵害名誉权、肖像权、姓名权、隐私权纠纷案

⫶ 裁判要旨

1. 网络服务商仅需对其电子公告平台上发布的涉嫌侵害私人权益的侵权信息承担"事前提示"及"事后监管"的义务,提供权利人方便投诉的渠道并保证该投诉渠道的有效性。

2. 对于公众人物,出于舆论监督及言论自由的考虑,应当允许公众通过各种渠道发表不同的声音,只要不针对其本人进行恶意的人身攻击及侮辱即可。

3. 网络服务提供者怠于履行事后管理的义务,致使侵害后果扩大的,应当承担相应侵权责任。

⫶ 基本案情

原告蔡某作为政协委员公开发表假日改革提案后,引起社会舆论关注。网络用户于百度贴吧中开设的"蔡某吧"内,发表了具有侮辱、诽谤性质的文字和图片信息,且蔡某的个人手机号码、家庭电话等个人信息也被公布。百度公司在"百度贴吧"首页分别规定了使用"百度贴吧"的基

本规则和投诉方式及规则。其中规定，任何用户发现贴吧帖子内容涉嫌侮辱或诽谤他人，侵害他人合法权益的或违反贴吧协议的，有权按贴吧投诉规则进行投诉。蔡某委托梁某以电话方式与百度公司就涉案贴吧进行交涉，但百度公司未予处理，梁某又申请做"蔡某吧"管理员，未获通过，后梁某发信息给贴吧管理组申请删除该贴吧侵权帖子，但该管理组未予答复。2009年10月13日，蔡某委托律师向百度公司发送律师函要求该公司履行法定义务、删除侵权言论并关闭"蔡某吧"。百度公司在收到该律师函后，删除了"蔡某吧"中涉嫌侵权的网帖。蔡某起诉百度公司请求删除侵权信息，关闭"蔡某吧"，披露发布侵权信息的网络用户的个人信息以及赔偿损失。

一审法院裁判

北京市海淀区人民法院一审认为，百度贴吧服务是以特定的电子交互形式为上网用户提供信息发布条件的网络服务，法律并未科以网络服务商对贴吧内的帖子逐一审查的法律义务，因此，不能因在网络服务商提供的电子公告服务中出现了涉嫌侵犯个人民事权益的事实就当然推定其应当"知道"该侵权事实。根据《互联网电子公告服务管理规定》，网络服务商仅需对其电子公告平台上发布的涉嫌侵害私人权益的侵权信息承担"事前提示"及"事后监管"的义务，提供权利人方便投诉的渠道并保证该投诉渠道的有效性。百度公司已尽到了法定的事前提示和提供有效投诉渠道的事后监督义务，未违反法定注意义务。百度公司在2009年10月15日收到蔡某律师函后，立即对侵权信息进行了删除处理，不承担侵权责任。

由于百度公司已经删除了侵权信息并采取了屏蔽措施防止新的侵权信息发布，蔡某继续要求百度公司关闭涉诉贴吧于法无据，且蔡某因公众关注的"国家假日改革"事件而被动成为公众人物，成为公众关注的焦点，出于舆论监督及言论自由的考虑，应当允许公众通过各种渠道发表不同的声音，只要不对蔡某本人进行恶意的人身攻击及侮辱即可。而"蔡某吧"只是公众舆论对公众人物和公众事件发表言论的渠道，以"蔡某"命名吧名只是指代舆论关注的焦点，其本身并无侵害其姓名权的故意，对关闭

"蔡某吧"的请求不予支持。

关于蔡某诉前要求百度公司提供相关网络用户的个人信息，百度公司依照《互联网电子公告服务管理规定》第十五条未直接向蔡某提供侵权网络用户信息，并无过错。蔡某诉讼请求百度公司提供上述信息，百度公司亦当庭表示在技术上可以提供，故蔡某要求百度公司通过法院向蔡某提供涉嫌侵权的网络用户信息的诉讼请求理由正当，一审法院对此予以支持。

二审法院裁判

北京市第一中级人民法院二审认为，百度公司在收到梁某投诉后未及时采取相应措施，直至蔡某委托发出正式的律师函，才采取删除信息等措施，在梁某投诉后和蔡某发出正式律师函这一时间段怠于履行事后管理的义务，致使网络用户侵犯蔡某的损害后果扩大，应当承担相应侵权责任。根据本案具体情况，百度公司应当赔偿蔡某精神抚慰金 10 万元。

评析

本案是涉及网络服务提供者责任边界的典型案例。网络服务商仅需对其电子公告平台上发布的涉嫌侵害私人权益的侵权信息承担"事前提示"及"事后监管"的义务，提供权利人方便投诉的渠道并保证该投诉渠道的有效性。网络服务提供者怠于履行事后管理的义务，致使侵害后果扩大的，应当承担相应侵权责任。对于公众人物，出于舆论监督及言论自由的考虑，应当允许公众通过各种渠道发表不同的声音，只要不针对其本人进行恶意的人身攻击及侮辱即可。

百度贴吧服务是以特定的电子交互形式为上网用户提供信息发布条件的网络服务，法律并未科以网络服务商对贴吧内的帖子逐一审查的法律义务，因此，不能因在网络服务商提供的电子公告服务中出现了涉嫌侵犯个人民事权益的事实就当然推定其应当"知道"该侵权事实。百度公司仅需承担"事前提示"及"事后监管"的义务。

本案中，梁某就"蔡某吧"中的针对蔡某的侵权言论已经进行了相应的投诉，虽然投诉并未严格按照百度公司的投诉规则进行，但是百度公司的投诉规则是百度公司自己制定的规则，百度公司内部部门的职权划分不能否定梁某投诉的基本事实，而且百度协议中写明任何人皆可投诉。在梁某已经投诉后，百度公司并未及时采取相应措施，直至蔡某委托发出正式的律师函才删除侵权帖子。通知人通知的方式及效果与网络服务提供者公示的方式存在关系，只要通知人满足了网络服务提供者公示的通知方式，网络服务提供者就应当采取必要措施。百度公司怠于履行管理职责，对梁某投诉后和蔡某发出正式律师函这一时间段的侵权行为，应当承担怠于管理的责任，致使网络用户侵犯蔡某的损害后果扩大，应当承担相应的责任。

此外，要注意把握对公众人物的监督、表达自由与侵权之间的界限。对于公众人物，出于舆论监督及言论自由的考虑，应当允许公众通过各种渠道发表不同的声音，只要不针对其本人进行恶意的人身攻击及侮辱即可。由于百度公司已经删除了侵权信息并采取了屏蔽措施防止新的侵权信息发布，蔡某继续要求百度公司关闭涉诉贴吧于法无据。

27. 转载者的责任：专业媒体应承担更大的注意义务

——徐某与北京新浪互联信息服务有限公司侵犯名誉权纠纷案

裁判要旨

在认定互联网时代最普遍的转载行为的法律责任时，应当区分专业媒体和非专业媒体，专业媒体的注意义务应当高于一般自媒体。所以，转载他人信息未更正仍需承担侵权责任。

基本案情

2003 年 11 月 14 日《华商晨报》发表《持伪证、民告官、骗局被揭穿》一文；同日，北京新浪互联信息服务有限公司（以下简称"新浪公司"）在其经营的网站中转载了上述文章，并长达 8 年之久。另案生效判决认定华商晨报社侵犯了徐某的名誉权并赔偿精神抚慰金 2 万元。2006 年 6 月 9 日华商晨报社在当日报刊尾版夹缝中刊登了对徐某的致歉声明，但是字数、篇幅确实过小，不是很显著。徐某以新浪公司未及时更正为由请求其承担侵权责任。

法院裁判

北京市海淀区人民法院认为，新浪公司在其网站上转载《华商晨报》的侵权文章并无不妥，但在法院于 2004 年底认定华商晨报社的行为构成侵害原告名誉权且 2006 年 6 月 9 日华商晨报社在报纸刊载致歉声明后，新浪公司仍未更正或删除该信息，但因华商晨报社的致歉声明篇幅过小且位置不显著，因此新浪公司虽不具有主观恶意却具有过失，应当承担相应的民事责任。原告主张数额明显过高，应当根据具体案情以及新浪公司的侵权过错程度、持续时间等情节酌情判定新浪公司赔偿原告经济损失人民币 8 万元及精神损害抚慰金人民币 2 万元。

评析

在认定互联网时代最普遍的转载行为的法律责任时，应当区分专业媒体和非专业媒体，专业媒体的注意义务应当高于一般自媒体。所以，转载他人信息未更正或未删除仍需承担侵权责任。新浪公司在其网站上转载《华商晨报》针对原告徐某的侵权文章并无不妥，但在法院于 2004 年底认定华商晨报社的行为构成侵害原告名誉权且 2006 年 6 月 9 日华商晨报社在报纸刊载致歉声明后，新浪公司仍未更正或删除该信息，但因华商晨报社的致歉声明篇幅过小且位置不显著，因此新浪公司虽不具有主观恶意却具有过失，应当承担相应的民事责任。

28. 原告有权通过诉讼方式要求网络服务提供者提供侵权人的相关个人信息

—— 闫某与北京新浪互联信息服务有限公司、北京百度网讯科技有限公司侵犯名誉权、隐私权纠纷案

裁判要旨

原告有权通过诉讼方式要求网络服务提供者提供侵权人的相关个人信息。

基本案情

某新浪博客博主发表涉及原告个人隐私的文章，原告先后向北京新浪互联信息服务有限公司（简称"新浪公司"）和北京百度网讯科技有限公司（简称"百度公司"）发出律师函要求采取必要措施，新浪公司在诉讼中未提交证据证明其采取了删除等必要措施，百度公司则提供证据证明其采取了断开链接、删除等措施。原告起诉要求两公司提供博主的个人信息。

法院裁判

北京市海淀区人民法院认为，新浪公司不能证明其已尽到《互联网电子公告服务管理规定》所规定的事前提示和事后监督义务，应承担相应不

利法律后果。百度公司在百度网站首页、"百度知道"首页、"百度百科"首页公示了权利人的投诉渠道和投诉步骤，设置了投诉链接及权利声明，并明确提示网络用户的注意义务，已尽到了法定的事前提示和提供有效投诉渠道的事后监督义务，不承担侵权责任。新浪公司未能举证证明接到原告通知后采取了必要措施，应承担侵权责任；百度公司则在接到原告通知后及时采取了断开链接、删除等措施，不承担侵权责任。原告要求新浪公司提供博主的 IP 地址和全部注册信息，包括但不限于姓名、地址、联系方式等资料，由于两个博客的内容涉及了原告的人格权益，原告有权知晓该网络用户的个人信息以便主张权利，新浪公司应当在网络技术力所能及的范围内，向原告披露上述两位博主的网络用户信息，以维护其保护自身合法权益的信息知情权，应予支持。

评析

原告有权通过诉讼方式要求网络服务提供者提供侵权人的相关个人信息。本案中，某新浪博客博主发表涉及原告闫某个人隐私的文章。新浪公司不能证明其已尽到《互联网电子公告服务管理规定》所规定的事前提示和事后监督义务，应承担相应不利法律后果。由于两个博客的内容涉及了原告的人格权益，原告有权知晓该网络用户的个人信息以便主张权利，新浪公司应当在网络技术力所能及的范围内，向原告披露上述博主的网络用户信息，以维护其保护自身合法权益的信息知情权。

第四编　电子合同

29. 网络经销商集团化运营模式下 合同相对方的确定

——上海朗智机械设备有限公司诉北京京东叁佰陆拾度 电子商务有限公司等买卖合同案

▮ 裁判要旨

为了更好地扩大网络经销的规模，降低网络销售的成本，网络经销商会采取集团化运营的模式，将同一合同项下的不同内容交由集团中负责不同业务的独立单位分别完成。在合同双方无明确约定交易主体的情况下，简单地将被告之一作为唯一的交易主体，承担全部的交易风险，显然与网络经销商的经营模式不符。而且，在网络交易的环境下，对交易主体的审查较传统交易更难，网络经销商有条件在合同缔结时向消费者披露交易相对方，其在提供给消费者的格式条款中未披露交易主体，造成双方对合同主体理解发生争议的，应由其承担相应的法律后果。

▮ 案件索引

一审判决书：上海市浦东新区人民法院（2011）浦民二（商）初字第717 号

二审判决书：上海市第一中级人民法院（2012）沪一中民四（商）终字第 865 号

◤ 原告起诉

2010 年 3 月 6 日，原告上海朗智机械设备有限公司（以下简称"朗智公司"）在被告北京京东叁佰陆拾度电子商务有限公司（以下简称"京东公司"）经营的京东商城网上提交订单，购买笔记本硬盘一个。2010 年 3 月 9 日，被告京东公司送货至原告处并向原告交付加盖被告上海圆迈贸易有限公司（以下简称"圆迈公司"）印章的普通发票，原告付款收货。因京东公司交付的硬盘速度慢且至 2010 年 10 月 6 日已无法开机，原告遂于 2010 年 10 月 8 日向京东公司申请质保"返修"，但京东公司以"发票不开明细，自动放弃质保"为由，拒绝履行质保义务，导致原告无法正常利用硬盘数据经营，造成经济损失。二被告向原告销售的硬盘存在质量问题。故原告诉请法院判令：（1）"发票不开明细，自动放弃质保"的条款无效；（2）对系争硬盘作退货处理，被告京东公司退还货款 899 元；（3）被告京东公司清除系争硬盘的数据或承担第三方清除而产生的费用 60 元；（4）被告京东公司赔偿因其拒绝履行质保义务给原告造成的经济损失——律师费 3000 元及调查、诉讼中发生的交通费用 129 元；（5）本案的诉讼费由被告京东公司承担；（6）被告圆迈公司对退还 899 元货款承担连带责任。

◤ 被告辩解

被告京东公司仅是网站的经营者而非京东商城的所有者，仅负责交易平台，实际发货、开票、收款均由被告圆迈公司履行，故本案买卖合同双方是原告和被告圆迈公司，与被告京东公司无涉。原告所述的"发票不开明细，自动放弃质保"并非合同条款。原告购买的硬盘不符合退货条件，根据合同签订时被告京东公司的规则和退货协议，商品在购买后 7 日内或经过两次修理仍不能使用才能退货。系争硬盘中的数据系原告在使用中产生，而质保义务仅限于硬盘本身，硬盘数据并不在质保范围之内。根据法律规定，买卖合同涉及的赔偿仅限于因货物存在质量问题的直接或可预期的损失，原告提出的费用并非法律规定应当赔偿的损失。原告诉请主张缺乏事实和法律依据，应予以驳回。

一审查明事实

上海市浦东新区人民法院经审理查明，2010 年 3 月 6 日，原告法定代表人登录域名为 www.360buy.com 的"京东商城"网站，提交购物订单，购买西部数据笔记本硬盘一个，质保期为 3 年，并注明发票抬头为原告，发票内容为办公用品。2010 年 3 月 9 日，被告圆迈公司将订单载明的笔记本硬盘送交原告，收取了货款，并向原告送交有圆迈公司印章的发票，该发票左上角印刷有"京东商城 360buy.com"。2010 年 10 月 8 日，原告法定代表人在前述网站提交维修申请，其中问题描述栏填写"磁道损坏，不能读盘"。同日网站回复审核意见，表示开发票时有特殊提示"发票不开明细，自动放弃质保"，因发票开的是办公用品，无法提供返修服务。

另查明，被告京东公司系 www.360buy.com 网站的经营者，该网站上并未披露被告圆迈公司的名称以及被告京东公司与被告圆迈公司的关系。审理中，二被告表示京东商城是一个集团，被告京东公司仅为 www.360buy.com 网站的经营者，负责网站技术运行，其并非京东商城的所有者，具体的贸易由案外人北京京东世纪贸易有限公司及其子公司负责，被告圆迈公司系北京京东世纪贸易有限公司在上海的子公司，本案系争货物的买卖由被告圆迈公司负责。审理中，原告、二被告一致确认系争笔记本硬盘目前已无法使用。

一审裁判理由

上海市浦东新区人民法院根据上述事实和证据认为，案件存在以下五方面争议。

关于买卖合同的相对方如何确定。本案系原告在京东商城购买商品引发的买卖合同纠纷，现原告主张二被告承担合同责任，故二被告是否为涉案买卖合同的相对方系本案主要争议。根据《中华人民共和国合同法》（以下简称《合同法》）的规定，合同的内容由当事人约定，合同内容中应包括当事人的名称。从查明事实来看，京东商城在确认原告法定代表人提交的订单时，并未向原告披露合同的交易主体，故涉案合同交易主体无法根据双方书面约定予以确定。《合同法》又规定，法律、行政法规规定或者当事人约定采用书面形式订立合同，当事人未采用书面形式但一方已经履行主要义务，对方接受的，该合同成立。本案中，双方未在订单中约定交易主体，故对交易主体这一合同主要内容未以书面形式明确，但从合同履行可见，京东公司负责京东商城的网站经营，发布商品信息，接收原告订单，处理原告关于质量问题的维修要求；圆迈公司负责京东商城上海地区的销售，由其送货、收款并开具发票，买卖合同中卖方的主要义务系由京东公司和圆迈公司共同履行完成，原告亦予以接受，符合上述法律规定要件，故可以认定原告与二被告的买卖合同成立。从消费者角度看，原告称其购买商品时系认为向京东商城购物，鉴于被告在确认订单时未披露交易主体，且京东商城无论在其网站上还是发票上均显著标识了"京东商城"的文字及图案，故法院认为原告该认识符合消费者的一般习惯。原告在京东商城浏览、提交订单时，仅凭网站显示信息并无法明确买卖合同的相对方。网络经销商认为开具发票的单位即合同的相对方，限制了消费者的知情权和交易主体选择权，不符合《合同法》的平等原则和自由原则。从网络经销商的角度看，为了更好地扩大网络经销的规模，降低网络销售的成本，网络经销商会采取集团化运营的模式，将同一合同项下的不同内容交由集团中负责不同业务的独立单位分别完成。本案中，京东商城并非企业法人主体，而二被告为集团内不同的企业法人，负责履行合同的不同内容。在合同双方无明确约定的情况下，简单地将被告之一作为唯一的交易主体，承担全部的交易风险，显然与网络经销商的经营模式不符。而且，在网络交易的环境下，对交易主体的审查较传统交易更难，网络经销商有条件在合同缔结时向消费者披露交易相对方，其在提供给消费者的格式条款中未予披露交易主体，造成双方对合同主体理解发生争议的，应由其承担相应的法律后果。综上，法院认为，除非网络经销商在与消费者缔结合同时已明确告知了交易主体，否则，在消费者与网络经销商就交易主体发生争议时，消费者可以将向其履行合同义务的不同主体作为合同相对方，并可选择或同时要求这些主体承担合同责任。本案中，买卖合同的相对方系二被告，其为共同的债务人，二被告辩称仅由被告圆迈公司承担合同责任的意见，缺乏事实和法律依据，法院不予采信。

关于"发票不开明细，自动放弃质保"条款是否无效。合同的权利义务除法律另有规定外，应来源于当事人约定。原告主张上述条款无效，应首先证明条款系合同内容。现被告明确表示双方合同中无此约定，原告在审理中亦自认在提交订单和收货时并不知晓存在该条款，故不能认定双方订立合同时作出了上述约定，故原告要求确认所谓条款无效的诉讼请求，缺乏条款存在的前提，法院不予支持。相反，因合同无此约定，该条款亦不能成为二被告拒绝质保的合理事由，被告京东公司以该理由拒绝提供返修服务，其行为构成违约。

关于硬盘能否退货。二被告辩称系争笔记本硬盘尚未达到退货条件，因根据京东商城的退货规定需商品在购买后 7 日内或经过两次修理仍不能使用才能退货。法院认为，经过两次修理仍不能使用系退货的前提条件，但原告在 2010 年 10 月 8 日申请修理后为被告所拒绝，被告拒绝修理的行为阻却了修理的可能，已构成违约。审理中，双方当事人一致确认，系争的笔记本硬盘目前确实无法使用，故被告的违约行为，导致原告合同目的无法实现，原告要求退货符合合同法定解除的条件。原告要求被告京东公司对涉案笔记本硬盘作退货处理、二被告连带退还 899 元货款的诉讼请求，于法不悖，法院予以支持。

关于被告京东公司是否应清除问题硬盘中的数据或承担清除数据的费用。首先，原告该主张内容不属于被告京东公司的合同约定义务。原告要求被告京东公司清除问题硬盘中的数据或承担清除数据的费用，但未举证证明被告京东公司在合同中约定了该项义务，也未能举证证明该项义务系交易习惯，故原告的主张缺乏合同依据。其次，原告该主张不属于二被告的合同附随义务。二被告作为经销商，应承担不获取硬盘数据并传播的附随义务，该义务仅为一种不作为的义务。二被告有权选择将问题硬盘交生产商处理并消除数据，并不能推定二被告负有主动消除数据的义务。最后，原告自述在使用系争笔记本硬盘时，硬盘的问题是逐步出现的，且该硬盘用于记录经营数据，故原告应当对硬盘中的重要数据作出及时、必要的备份和清除。综上，原告该项诉讼主张，缺乏合同和法律依据，法院不予支持。

关于赔偿经济损失。原告要求被告京东公司赔偿律师费和交通费，对此原告应予以举证支持其诉请。关于律师费，双方合同并未对此有所约定，而鉴于聘请律师并非参加诉讼的必需条件，故原告关于律师费的主张，缺乏必要依据，法院难以支持。关于交通费，原告提供的交通费用凭证缺乏具体的时间、目的地等信息，与本案缺乏必要的关联性，且原告称该费用为调查、诉讼支出的交通费，故不属于被告违约造成的必然损失，且双方合同也未约定该费用的承担。因此，原告要求被告京东公司赔偿3000元律师费和129元的交通费用的诉讼请求，缺乏合同和法律依据，法院不予支持。

上海市浦东新区人民法院依照《中华人民共和国民法通则》第八十七条，《中华人民共和国合同法》第十二条第一款第（一）项、第三十六条、第九十四条第（四）项、第九十七条，《最高人民法院关于民事诉讼证据的若干规定》第二条之规定，作出判决。

⚑ 一审裁判结果

被告京东公司应于判决生效之日起10日内退还原告货款899元，并从原告处取回640gbwd6400bevt5400转8msata笔记本硬盘（序列号为wx50ab9k4088）一个，原告予以配合。

被告圆迈公司对上述第一项中退还货款899元的义务承担连带责任。

驳回原告的其他诉讼请求。

案件受理费50元，由二被告共同负担。

⚑ 当事人上诉

朗智公司上诉请求维持原审判决第一、二项，撤销原审判决第三项，改判支持其全部诉讼请求；同时，不同意京东公司、圆迈公司的上诉请求，请求驳回京东公司、圆迈公司的上诉请求。

▓ 被上诉人辩解

京东公司、圆迈公司表示不同意朗智公司的上诉请求，亦不同意一审判决；上诉请求撤销一审判决，改判驳回朗智公司的全部诉讼请求。

▓ 二审裁判理由

上海市第一中级人民法院认为，民事行为须遵循诚实信用原则，民事行为亦须规范地予以实施，民事权利更须依法行使。本案中，京东商城网站系由京东公司经营，在京东公司未披露其他网络商品经营者的情况下，朗智公司作为消费者在该网站上购物，系与京东公司以数据电文形式订立合同，该合同中当事人、标的、数量等主要内容明确，成立并生效。虽然订立合同时朗智公司并不知晓圆迈公司为合同的实际履行人，但其后朗智公司接受圆迈公司送货、开具发票等合同实际履行行为，且并未提出异议并付清货款，因此，京东公司、圆迈公司系以不同分工共同完成与朗智公司之间的交易行为，故二者均为合同相对方，应承担连带责任。涉案硬盘在保修期内出现故障，京东公司无正当理由拒绝维修，显属违约。且在诉讼中，合同当事人双方一致确认该硬盘无法使用。京东公司、圆迈公司未能证明硬盘故障系因朗智公司使用不当造成，故硬盘故障之发生应归因于硬盘自身质量问题。由于双方各负货款、硬盘返还之义务，双方应遵循诚实信用原则，根据交易习惯履行保密义务。涉案硬盘存有朗智公司经营数据，京东公司虽不承担清除硬盘数据或支付第三方清除费用之责，但在取回硬盘后不得泄露朗智公司经营数据等商业秘密、信息。关于朗智公司主张的交通费、律师费等与硬盘故障不具有必然因果关系，不予支持。另关于朗智公司主张"发票不开明细，自动放弃质保"条款无效，因双方在合同中并无相关约定，其该上诉主张无事实和法律依据，不予支持。原审法院就本案的判决理由已作了充分详尽的阐述，予以认同，不再赘述。三方当事人的上诉理由因缺乏事实和法律依据均不能成立，其上诉请求，不予支持。

上海市第一中级人民法院根据《中华人民共和国民事诉讼法》第一百五十三条第一款第（一）项之规定，作出判决。

二审裁判结果

驳回上诉，维持原判。

上诉案件受理费，由各上诉人负担。

评析

本案是网上购物中网络经销商集团化运营模式下合同相对方确定的典型案件。网络经销集团化运营的模式，是网络经销商将同一合同项下的不同内容交由集团中负责不同业务的独立单位分别完成。负责网上接受订单的网站经营主体和负责网下实际送货收款开票履行主体分离且均为独立的企业法人主体，本案涉及如何确定买卖合同相对方等问题。

京东商城网站系由京东公司经营，在京东公司未披露其他网络商品经营者的情况下，朗智公司作为消费者在该网站上购物，系与京东公司以数据电文形式订立合同，该合同中当事人、标的、数量等主要内容明确，成立并生效。虽然订立合同时朗智公司并不知晓圆迈公司为合同的实际履行人，但其后朗智公司接受圆迈公司送货、开具发票等合同实际履行行为，且并未提出异议并付清货款，因此，京东公司、圆迈公司系以不同分工共同完成与朗智公司之间的交易行为，故二者均为合同相对方，应承担连带责任。消费者可以将向其履行合同义务的不同主体作为合同相对方，并可选择或同时要求这些主体承担合同责任。

30. 电商平台有权以商家销售假货侵犯平台商誉为由提起诉讼

——浙江淘宝网络有限公司诉姚某服务合同纠纷一案

⸙ 裁判要旨

电商平台有权以商家违反服务合同约定销售假货侵犯平台商誉为由提起诉讼。

⸙ 案件索引

上海市奉贤区人民法院（2017）沪 0102 民初 6274 号

⸙ 基本案情

2016 年 5 月，浙江淘宝网络有限公司（以下简称"淘宝"）与玛氏联合发现被告姚某在其淘宝店铺销售的"Royalcanin"猫粮存在假货嫌疑，遂以神秘购买的方式，在该店铺购买了一袋价格 99 元的宠物猫主粮。经鉴定该猫粮为假货，随后淘宝将线索移送警方。2016 年 10 月 12 日，姚某被警方抓获。随后，原告淘宝以被告"违背不得售假约定、侵犯平台商誉"为由将姚某起诉并索赔 265 万元。

双方签订的《淘宝平台服务协议》约定："用户不得在淘宝平台上销

售侵犯他人知识产权或其他合法权益的商品"及"用户的行为使淘宝或其关联公司、支付宝公司遭受损失（包括自身的直接经济损失、商誉损失及对外支付的赔偿金、和解款、律师费、诉讼费等间接经济损失），用户应赔偿淘宝或其关联公司上述全部损失"。

2017年7月20日，此案公开宣判。

原告淘宝提出四种侵权损失的计算方式：

1. 淘宝以被告会员人数乘以网络平台每位活跃用户的年度贡献184元（阿里巴巴集团2017财年第三季度财报数据），故损失约265万元；

2. 淘宝的品牌价值为2300亿元（胡润"最有价值中国品牌"榜单数据），乘以被告会员数占平台总活跃用户数的比例得到672万元；

3. 根据被告在淘宝的销售记录，以被告姓名和"皇家"为关键字搜索，系统自动得出货值为717万元；

4. 淘宝引用一教授的研究报告，认为每次假货或者品质纠纷，会让消费者在平台整体的消费活跃度显著下降，计算出平台受损为141万元。

事实认定

经审理认定事实如下。原告于2003年9月注册成立，系淘宝的经营者，提供第三方电子商务交易平台服务。2007年9月，被告在淘宝上注册会员，并与原告签订《淘宝平台服务协议》，经营名为"乐巢宠物"的店铺，销售各类猫粮等宠物用品。《淘宝平台服务协议》第1条约定：淘宝系淘宝平台经营者的单称或合称，包括淘宝经营者浙江淘宝网络有限公司、天猫经营者浙江天猫网络有限公司等。淘宝基于互联网，以包含淘宝平台网站、客户端等在内的各种形式向被告提供各项服务。第4条约定：被告有权在淘宝平台上享受店铺管理、商品或服务的销售与推广、商品或服务的购买与评价等服务。第4.2条约定：被告不得在淘宝平台上销售国家禁止或限制的商品，以及侵犯他人知识产权或其他合法权益的商品。第6.3条约定：如被告的行为使淘宝及其关联公司遭受损失，包括自身的直接经济损失、商誉损失及对外支付的赔偿金、和解款、律师费、诉讼费等间接经济损失，被告应当赔偿淘宝及其关联公司的上述全部损失。2016年

4 月 22 日，原告通过"神秘买家"在淘宝上向被告购买"Royalcanin"品牌的 K364 – 12 月龄 2kg 包装幼猫粮一袋，实付 99 元。上述商品被皇誉上海公司鉴定为假货。2016 年 8 月 15 日，上海市公安局宝山分局出具沪公（宝）立字（2016）8214 号立案决定书，对被告涉嫌构成销售假冒注册商标商品罪进行立案侦查。2016 年 10 月 12 日，上海市公安局宝山分局对被告的经营场所进行查处，被告即停止销售涉案掺假猫粮。2017 年 3 月 8 日，原告以被告违反淘宝平台服务协议为由向法院提起诉讼。

另查明，截至 2016 年 10 月，被告店铺会员人数为 14421 人。2015 年 1 月至 2016 年 10 月，被告淘宝销售记录记载，其销售各类皇家猫粮、宠物用品等合计 717 万元。

🖋 法院裁判

法院认为，依法成立的合同对各方当事人均具有法律约束力，当事人应当按照约定履行自己的义务。当事人一方不履行合同义务或者履行合同义务不符合约定的，应当承担继续履行、采取补救措施或者赔偿损失等违约责任。2007 年 9 月，被告在淘宝上注册开设店铺，与原告签订了《淘宝平台服务协议》，该协议系双方真实意思表示，应认定为合法有效，双方当事人均应当按照合同约定履行义务。本案中，双方当事人签订的《淘宝平台服务协议》第 4.2 条约定：被告不得在淘宝平台上销售国家禁止或限制的商品，以及侵犯他人知识产权或其他合法权益的商品。而在合同履行期间，被告销售了掺假的"Royalcanin"品牌猫粮，显已构成违约，应当按照合同约定向原告承担相应的违约责任。根据原、被告的诉辩，本案主要争议焦点在于：1. 被告的售假行为是否给原告造成商誉等损害，原告主张赔偿是否有事实依据；2. 原告主张被告在媒体刊登声明、消除影响是否有相应的依据。

首先，被告的售假行为是否给原告造成商誉等损害，原告主张赔偿是否有事实依据。法院认为，原、被告签订的《淘宝平台服务协议》第 6.3 条约定：如被告的行为使淘宝及其关联公司遭受损失，包括自身的直接经济损失、商誉损失及对外支付的赔偿金、和解款、律师费、诉讼费等间接经济损失，被告应当赔偿淘宝及其关联公司的上述全部损失。被告以掺假的方式持续在淘宝上出售假货，其行为不仅损害了与商品相关权利人的合法权益，而且降低了消费者对淘宝的信赖和社会公众对淘宝的良好评价，对淘宝网的商誉造成了损害，故被告应当就此予以赔偿。被告辩称，其是由于原告不合理的营销方式造成成本上涨而售假。对此，法院认为，被告对原告的管理存在不满可以采取正当方式进行解决，不能以此为借口进行售假，侵害消费者的合法权益，这种行为有违诚实信用原则，被告应当对自己的行为承担相应的民事责任。

原告针对其损失向法庭提供的四种计算方式，法院认为，上述四种计算损失的方式与本案无直接的关联，且被告无法预见到上述损失，故法院对原告的四种损失计算方式均不予采信。鉴于被告售假的行为对原告商誉造成了损害，故法院综合考虑被告经营时间、商品价格和利润等因素，酌情确定被告赔偿数额。

对于合理费用 2 万元的损失，鉴于原、被告签订的合同已约定律师费等间接损失由违约方承担，法院综合考虑案件的难易程度、原告代理律师的工作量以及案件的标的等因素，参照律师收费标准予以支持。

其次，原告主张被告在媒体刊登声明、消除影响是否有相应的依据。法院认为，原告以服务合同为基础法律关系提起诉讼，双方合同并未约定被告对原告造成商誉损害需要承担消除影响的责任。现原告要求被告在媒体上发表声明、消除影响，无合同和法律依据，故法院对原告该项诉讼请求不予支持。

综上所述，法院对于原告的诉讼请求依法部分予以支持。依照《中华人民共和国合同法》第八条、第六十条、第一百零七条，《中华人民共和国民事诉讼法》第六十四条第一款规定，判决如下：

一、被告姚某于本判决生效之日起十日内赔偿原告浙江淘宝网络有限公司损失人民币 10 万元；

二、被告姚某于本判决生效之日起十日内赔偿原告浙江淘宝网络有限公司合理支出人民币 2 万元；

三、驳回原告浙江淘宝网络有限公司的其余诉讼请求。

评析

电商平台有权以商家违反服务合同约定，销售假货侵犯平台商誉为由提起诉讼。本案中，原、被告签订的《淘宝平台服务协议》第6.3条约定：如被告的行为使淘宝及其关联公司遭受损失，包括自身的直接经济损失、商誉损失及对外支付的赔偿金、和解款、律师费、诉讼费等间接经济损失，被告应当赔偿淘宝及其关联公司的上述全部损失。被告以掺假的方式持续在淘宝上出售假货，其行为不仅损害了与商品相关权利人的合法权益，而且降低了消费者对淘宝的信赖和社会公众对淘宝的良好评价，对淘宝的商誉造成了损害，故被告应当就此予以赔偿。

31. 被侵权人怠于履行告知义务致使损失扩大时的责任承担

——美国威斯康辛州花旗参农业总会诉浙江淘宝网络有限公司、吉林市参乡瑰宝土特产品有限公司侵害商标权纠纷案

裁判要旨

网络侵权纠纷中，因被侵权人怠于履行告知义务而致使损失扩大的，侵权人由于无法及时采取必要措施，被侵权人所主张的损失扩大部分系因其自身过错所致，侵权人不应对此承担连带责任。

案件索引

一审：吉林省吉林市中级人民法院（2011）吉中民二初字第 103 号
二审：吉林省高级人民法院（2012）吉民三涉终字第 3 号

原告起诉

美国威斯康辛州花旗参农业总会（简称"美国威州花旗参总会"）于 2011 年 10 月 18 日诉称，美国威州花旗参总会在中华人民共和国国家工商行政管理总局商标局注册其鹰形商标，商标注册号分别为 4112254、4112255、6248277 和 6248278，其是上述注册商标专用权人。2011 年 7 月

16 日，其授权律师在浙江淘宝网络有限公司（简称"淘宝公司"）运营管理的"淘宝商城"，网络域名为 tmall. com 的网络交易平台上发现由吉林市参乡瑰宝土特产品有限公司（简称"瑰宝公司"）所经营的"瑰宝食品专营店"中，存在"瑰宝纯正美国进口花旗参片 50 克"产品侵权销售的情况。在该产品的外包装上印有"Ginseng Board of Wisconsin, Inc. 美国威斯康辛州花旗参农业总会"的鹰形图案商标，并印有"美国威斯康辛州花旗参"字样以及美国国旗图案。美国威州花旗参总会的授权律师曾于 2011 年 8 月 18 日向淘宝公司发出律师函，严正要求其采取断链措施，从技术手段上制止其网络用户继续利用其提供的网络服务销售涉嫌侵权的产品和商品，完全履行作为网络服务运营商的义务及职责。但至今淘宝公司亦未采取任何措施或以技术手段制止瑰宝公司的侵权行为。本案二名被告的行为已严重侵害了美国威州花旗参总会对前述注册商标所拥有的合法权益，请求法院依法判令：1. 二名被告立即停止侵权行为，并向原告就其侵权行为作出书面道歉；2. 第一被告就其侵权行为对原告承担赔偿责任，赔偿金额由法院根据被告侵权行为的时间、范围、恶劣影响及对原告权利人所造成的损害依职权裁定，暂计人民币 50 万元；3. 第一被告承担原告为制止其侵权行为所支出的合理费用，包括律师费、授权文书公证认证费、证据保全公证费、购买侵权产品费用、通信费、差旅费等共计人民币 113246 元；4. 第二被告对第一被告所承担的赔偿责任以及合理费用承担连带责任；5. 二名被告共同承担本案的一切诉讼费用。

被告辩解

吉林市参乡瑰宝土特产品有限公司答辩称：瑰宝公司在接到传票之日起已经在淘宝网上下架了侵权产品；原告提出赔偿 50 万元没有依据，主张的合理费用证据不足。

浙江淘宝网络有限公司答辩称，1. 淘宝公司对瑰宝公司所销售的产品没有法定的审查义务。淘宝公司仅是提供网络交易平台服务的网站经营者，不是实际商品的销售者，其作为提供交易平台的网络经营者不参与买家及卖家之间的交易，原告以商品实际销售者的标准要求淘宝公司承担严格审查义务没有法律依据及事实依据。2. 淘宝公司对瑰宝公司销售侵权产品不存在共同侵权之故意，不应承担连带责任。淘宝公司作为网络交易平台的运营商，在瑰宝公司成为淘宝网卖家之时就已经做到了合理的审查义务，其不存在故意为卖家提供侵权平台的行为，与瑰宝公司侵权行为没有意思联络，不构成共同侵权，不应承担连带责任。3. 淘宝公司建立了全面的信息检查控制制度，在制度及管理上不存在过失。4. 淘宝公司为保护注册商标权采取了必要手段，尽到了合理注意义务。淘宝公司要求瑰宝公司就"不得销售侵犯他人权利的商品"作出书面承诺，并建立正品保障及赔付制度、全面的投诉处理流程和假货退出机制。5. 原告向淘宝公司送达的侵权通知缺少必要条件。由于原告在律师函中并未提及具体的链接和网络地址，也没有向淘宝公司提供构成侵权行为的初步证据，因此，淘宝公司仅凭律师函无法作出判断，更不能恣意采取删除、屏蔽或者断开链接等措施。6. 原告对损失扩大部分应当自行承担。获悉原告权利可能遭致侵害后，淘宝公司积极配合原告的维权请求，告知原告提供侵权成立的初步证据资料以及具体网络链接地址，但原告并未向淘宝公司提供判断侵权成立的初步证据，也未告知明确的网络链接地址，导致淘宝公司不能及时采取技术措施，显然原告对损失扩大部分存有故意。7. 淘宝公司已经采取必要措施，防止损失进一步扩大。2011 年 10 月 20 日，淘宝公司收到人民法院送达的起诉状后，已经从技术上采取措施，做到了网络交易平台防止损失扩大的基本义务。综上，请求人民法院依法驳回原告对淘宝公司的起诉。

▓ 一审查明事实

原告经中国国家商标局核准注册"鹰"图形商标，商标注册证号为第4112255 号、第 6248278 号，核定使用商品为第 5 类商品，包括人参、人参根、人参片、人参须等。

2011 年 7 月 27 日，上海市徐汇公证处出具（2011）沪徐证经字第3546 号公证书，其截图中显示在淘宝商城的网络交易平台上瑰宝食品专营店销售"瑰宝纯正美国进口花旗参片西洋参片 50 克 18 元威斯康辛州"，已售出 506 件，品名为美国花旗参片（美国西洋参片），产地为美国威斯康辛州，商家信息部分显示公司名为吉林市参乡瑰宝土特产品有限公司，淘宝网店经营者营业执照信息为本案一被告信息。原告于 2011 年 7 月 27 日通过网络购物形式购买了瑰宝公司网上销售的瑰宝纯正美国进口花旗参片 2 包，瑰宝公司开具了收据。庭审中，通过比对，瑰宝公司所售的瑰宝纯正美国进口花旗参片包装袋上的"鹰"图形商标与原告在第 5 类商品上注册的"鹰"图形商标相同，瑰宝公司对此予以确认。

2011 年 8 月 18 日，原告授权的代理律师向淘宝公司董事长马云发出律师函，内容大致为，原告系"鹰"图形商标的权利人，近期原告发现淘宝公司所运营的 taobao. com 和 tmall. com 网络交易平台上有为数众多的注册在线从事网络交易经营的网络用户销售原告专属拥有的注册商标的西洋参产品，要求淘宝公司在收到函后立即采取应有措施，严肃核查网络交易经营者使用原告商标的合法授权文件，从技术上采取措施制止侵权的不法行为。2011 年 8 月 29 日，上海市徐汇公证处出具（2011）沪徐证经字第 4292 号公证书，显示瑰宝公司仍然在淘宝商城中销售涉案产品。已售出数量显示为 518 件。2011 年 9 月 6 日和 9 月 26 日，淘宝公司两次回函原告称，根据原告律师函，无法确定原告所要指证产品信息的具体链接以及侵权是否确实成立。请原告提供判断侵权成立的初步证明资料以及侵权商品信息的具体网络链接地址，待核实后处理。

进入淘宝商城首页，即可见"淘宝商城－品牌正品商城保障"，"商城保障：7 天无理由退换货；100% 正品保障；提供发票"。本案被告瑰宝公司于 2009 年入驻淘宝商城时，淘宝公司对其拟售商品清单及相关商标授权进行了审核，在审核资料中没有涉案产品及相关商标使用授权。

一审裁判理由

一审法院认为，原告依法注册的商标受国家法律保护。原告为第 5 类商品"鹰"图形商标的注册人，对该商标享有专用权。被告瑰宝公司在其网上专营店中销售的西洋参产品包装袋上使用与原告的注册商标相同的标识，根据《中华人民共和国商标法》第五十二条第（一）、（二）项之规定，瑰宝公司的行为已侵害了原告的商标专用权，应向原告承担赔偿责任。

关于原告要求被告赔偿经济损失的数额问题，鉴于被告瑰宝公司因侵权所获利益及原告因被侵权所受损失难以确定，根据《中华人民共和国商标法》第五十六条第二款之规定，以及被告瑰宝公司侵权行为的性质、情节、主观故意程度、商标的声誉以及侵权行为给原告造成的损害的大小和原告为制止侵权行为的合理开支等综合因素，法院酌情确定瑰宝公司应承担的赔偿数额。

关于原告要求淘宝公司承担连带责任的诉讼请求，因原告在确认淘宝商城仅是网络销售平台的情况下，未能提供证据证明淘宝公司知道瑰宝公司利用淘宝商城这个网络平台侵害他人民事权益而未采取必要措施，即原告的证据不能证明两名被告存在共同侵权行为，故其主张淘宝公司承担连带责任的诉讼请求法院不能全部支持，但被告淘宝公司就损害扩大部分应与被告瑰宝公司承担连带责任。理由如下。淘宝商城系网络购物平台，其有"品牌正品商城保障"的承诺与宣传，其对商城中的商品负有相应的品牌资质审核义务。权利人通知有侵权情况存在，淘宝商城即应主动履行其监管义务，采取必要措施，而不能以商户的数量众多为由不去进行核查，消积等待原告提交具体链接地址，淘宝公司关于原告的通知属无效通知的抗辩对淘宝商城这个正品保障的网络平台并不适用。在原告向淘宝公司发出律师函并提交权利证书，提醒淘宝公司核查侵权商户并要求采取必要措施时，淘宝公司未能及时对淘宝商城中的涉嫌侵权商品进行必要的核查，未及时采取必要措施，致使瑰宝公司的侵权行为未能得到及时制止。基于上述理由，依《中华人民共和国侵权责任法》第三十六条第二款之规定，淘宝公司应就损害扩大部分与瑰宝公司承担连带责任。

综上，依照《中华人民共和国商标法》第五十二条第（一）项、第（二）项，第五十六条；《中华人民共和国侵权责任法》第三十六条第二款之规定，一审法院作出判决。

一审裁判结果

一、被告吉林市参乡瑰宝土特产品有限公司于本判决生效之日起十日内赔偿原告美国威斯康辛州花旗参农业总会经济损失 2 万元。

二、被告吉林市参乡瑰宝土特产品有限公司于本判决生效之日起十日内赔偿原告美国威斯康辛州花旗参农业总会为制止侵权行为所支出的合理费用 8061.60 元。

三、被告浙江淘宝网络有限公司对上述一、二款中的 1 万元承担连带责任。

四、驳回原告美国威斯康辛州花旗参农业总会的其他诉讼请求。

✍ 当事人上诉

淘宝公司不服一审判决，提起上诉。

✍ 二审裁判理由

二审法院认为，淘宝公司不应就损失扩大部分与瑰宝公司承担连带责任。淘宝公司是否基于其正品保证的表述而应负有对商品来源的审查义务属于其对网店在淘宝商城的经营行为所承担的保证责任，而美国威州花旗参总会原审中对淘宝公司的诉请系基于"原告……要求其采取断链措施……制止……销售涉嫌侵权的产品和商品……但至今第二被告亦未采取任何措施或以技术手段制止第一被告的侵权行为，致使第一被告仍在其网络交易平台上肆虐地销售涉嫌侵权的产品和商品"，即美国威州花旗参总会对淘宝公司的诉请系要求其作为网络服务提供者承担侵权责任，而并非保证责任。

根据《中华人民共和国侵权责任法》第三十六条第二款规定，"网络用户利用网络服务实施侵权行为的，被侵权人有权通知网络服务提供者采取删除、屏蔽、断开链接等必要措施。网络服务提供者接到通知后未及时采取必要措施的，对损失扩大部分与该网络用户承担连带责任"。本案中，该商品虽在淘宝商城平台上销售，但淘宝公司并不是商品的销售者，而只是网络服务的提供者。美国威州花旗参总会在收到（2011）沪徐证经字第3546 号公证书时，已经能够确定具体的侵权链接，但其在通过其授权的代理律师向淘宝公司董事长马云发出律师函时并未将具体侵权链接告知淘宝公司，并且，在淘宝公司两次发函要求提供"侵权商品信息的具体网络链接地址"的情况下，仍未提供其所掌握的侵权链接。在二审法院庭审中，双方当事人确认在美国威州花旗参总会进行维权当时，在淘宝商城中搜索花旗参产品相关链接大致有 27000 个，因此，在美国威州花旗参总会怠于履行告知义务的情况下，淘宝公司无法及时采取必要措施，美国威州花旗参总会所主张的损失扩大部分系因其自身过错所致，淘宝公司不应对此承担连带责任。

综上，二审法院认为，原审判决认定事实清楚，适用法律不当，依照《中华人民共和国侵权责任法》第三十六条第二款、《中华人民共和国民事诉讼法》第一百五十三条第一款第（二）项之规定，依法作出判决。

二审裁判结果

一、维持吉林省吉林市中级人民法院（2011）吉中民二初字第 103 号民事判决第一、二、四项。

二、撤销吉林省吉林市中级人民法院（2011）吉中民二初字第 103 号民事判决第三项。

评析

网络用户利用网络服务实施侵权行为的，被侵权人有权通知网络服务提供者采取删除、屏蔽、断开链接等必要措施。网络服务提供者接到通知后未及时采取必要措施的，对损失扩大部分与该网络用户承担连带责任。但因被侵权人怠于履行告知义务而致使损失扩大的，侵权人由于无法及时采取必要措施，被侵权人所主张的损失扩大部分系因其自身过错所致，侵权人不应对此承担连带责任。本案中，被告瑰宝公司在淘宝商城网络平台销售的西洋参产品包装袋上使用与原告的注册商标相同的标识，该行为已侵害原告的商标专用权。淘宝公司系网络服务的提供者。美国威州花旗参总会已经能够确定具体的侵权链接，但其向淘宝公司董事长马云发出律师函时并未将具体侵权链接告知淘宝公司，并且，在淘宝公司两次发函要求提供"侵权商品信息的具体网络链接地址"的情况下，仍未提供其所掌握的侵权链接。在美国威州花旗参总会怠于履行告知义务的情况下，淘宝公司无法及时采取必要措施，美国威州花旗参总会所主张的损失扩大部分系因其自身过错所致，淘宝公司不应对此承担连带责任。

32. 网购中的格式条款不得不合理限制消费者权利

——北京稻香村食品有限责任公司与侯某网络购物合同纠纷上诉案

🏛 裁判要旨

网站用户注册界面的用户协议属格式合同，不得不合理限制消费者权利。

🏛 案件索引

吉林省中级人民法院（2017）吉 02 民辖终 16 号

🏛 当事人上诉

上诉人北京稻香村食品有限责任公司因与侯某网络购物合同纠纷一案，不服吉林省吉林市昌邑区人民法院（2016）吉 0202 民初 2066 号民事裁定，向二审法院提起上诉。

北京稻香村食品有限责任公司上诉称，请求撤销吉林省吉林市昌邑区人民法院作出的（2016）吉 0202 民初 2066 号民事裁定，将案件移送至有管辖权的人民法院审理。理由为，根据《中华人民共和国民事诉讼法》第三十四条之规定，合同纠纷中双方当事人可以协议选择被告住所地、合同履行地、合同签订地、原告住所地、标的物所在地等与争议有实际联系的地点的人民法院管辖。侯某在注册天猫商城账号过程中确认了三份注册协议：《淘宝服务协议》《法律声明及隐私权政策》《支付宝服务协议》。其中《淘宝服务协议》第十条明确了协议管辖：您因使用淘宝平台服务所产生的争议，由淘宝与您协商解决，协商不成时，任何一方均可向被告住所地人民法院提起诉讼。在消费者注册的界面，淘宝平台在显著位置标明并加粗着重提醒消费者"请您务必审慎阅读、充分理解协议中相关条款内容，其中包括：……2. 与您约定法律适用和管辖的条款……"，并告知消费者如有疑问，可向平台客服咨询。此外，在《淘宝服务协议》中，也使用加粗、下划线等方式着重提醒消费者该条款的重要性，北京稻香村食品有限责任公司认为，以上足以符合法律规定的协议管辖构成要素，并且"采取合理的方式提醒消费者注意"，原审法院在未考虑协议管辖的基础上作出裁定，属于认定事实、适用法律错误。北京稻香村食品有限责任公司住所地在北京市东城区，吉林市昌邑区人民法院无管辖权。北京稻香村食品有限责任公司作为中华老字号企业，选择天猫平台作为主流电子商务平台，对消费者利益提供了最大限度保护，侯某属于职业打假人，如果对这种行为予以纵容，对诚信经营的老字号企业是一种打击，应将本案移送有管辖权的人民法院审理。

⚒ 裁判理由

二审法院经审查认为，本案是网络购物合同纠纷，根据《中华人民共和国民事诉讼法》第二十三条之规定。《最高人民法院关于适用〈中华人民共和国民事诉讼法〉的解释》第二十条规定："以信息网络方式订立的买卖合同，通过信息网络交付标的的，以买受人住所地为合同履行地；通过其他方式交付标的的，收货地为合同履行地。合同对履行地有约定的，从其约定。"本案购货订单信息显示，本次网络购物收货地在吉林省吉林市昌邑区，即吉林市昌邑区人民法院辖区内，吉林市昌邑区人民法院对本案有管辖权。关于上诉人北京稻香村食品有限责任公司提出的应按照《淘宝服务协议》约定的管辖条款确定管辖法院的主张，其提供的《淘宝服务协议》第十条虽约定了"您因使用淘宝平台服务所产生的争议，由淘宝与您协商解决，协商不成时，任何一方均可向被告住所地人民法院提起诉讼"，但该管辖协议条款排除了消费者依据法律规定选择管辖的权利，不合理加重了消费者在管辖方面的负担，如依该管辖协议，消费者将不能在合同履行地（即消费者住所地或收货地）人民法院起诉，而只能到被告住所地起诉，使消费者负担大量额外的、相比购物价格明显不合理的花费，导致消费者的诉讼权利难以正常实现。北京稻香村食品有限责任公司认为，在《淘宝服务协议》中，已使用加粗、下划线等方式着重提醒消费者该条款的重要性，属于"采取合理的方式提醒消费者注意"。虽然该协议管辖条款并不能免除经营者的责任，但排除了合同履行地等可供相对方选择的其他法院管辖的权利，在方便经营者诉讼的同时对消费者的诉讼行为造成不便利。实际生活中，消费者对于用户协议大多不会认真阅读而是直接点击同意，《淘宝服务协议》页数众多，协议管辖条款夹杂其中，处于末页，未置于突出位置，未采取合理方式予以提醒。根据《最高人民法院关于适用〈中华人民共和国民事诉讼法〉的解释》第三十一条"经营者使用格式条款与消费者订立管辖协议，未采取合理方式提请消费者注意，消费者主张管辖协议无效的，人民法院应予支持"之规定，本案中《淘宝服务协议》中的管辖协议条款应属无效。综上，原裁定认定事实清楚，适用法律正确，应予维持。上诉人北京稻香村食品有限责任公司的上诉请求及理由不成立，应予驳回。

依照《中华人民共和国民事诉讼法》第一百七十条第一款第一项、第一百七十一条、第一百七十五条之规定，作出裁定。

▓ 裁判结果

驳回上诉，维持原裁定。
本裁定为终审裁定。

评析

　　网站用户注册界面的用户协议属格式合同，不得不合理限制消费者权利。经营者使用格式条款与消费者订立管辖协议，未采取合理方式提请消费者注意，消费者主张管辖协议无效的，人民法院应予支持。本案系网络购物合同纠纷案件。原告侯某在被告北京稻香村食品有限责任公司的天猫平台上购物而引发纠纷。原告侯某向此次网络购物收货地吉林省吉林市昌邑区人民法院起诉。被告北京稻香村食品有限责任公司提出管辖权异议，认为应由被告住所地（北京市东城区）人民法院管辖，原因是侯某在注册天猫商城账号过程中确认《淘宝服务协议》，该协议第十条明确了协议管辖：您因使用淘宝平台服务所产生的争议，由淘宝与您协商解决，协商不成时，任何一方均可向被告住所地人民法院提起诉讼。实际生活中，消费者对于用户协议大多不会认真阅读而是直接点击同意，《淘宝服务协议》页数众多，协议管辖条款夹杂其中，处于末页，未置于突出位置，未采取合理方式予以提醒。因此，案中《淘宝服务协议》中的管辖协议条款应属无效。

33. 涉及垃圾短信的商业广告合同无效

——无锡市掌柜无线网络技术有限公司诉无锡嘉宝置业有限公司网络服务合同纠纷案

⚑ 裁判要旨

双方当事人明知所发送的电子信息为商业广告性质，却无视手机用户群体是否同意接收商业广告信息的主观意愿，强行向不特定公众发送商业广告短信息，侵害不特定公众的利益，所发送的短信息应认定为垃圾短信，其签订的相关合同无效，所涉价款属于非法所得，人民法院应予收缴。

⚑ 案件索引

江苏省无锡市南长区人民法院（2014）南扬商初字第 0402 号

⚑ 原告起诉

无锡市掌柜无线网络技术有限公司（以下简称"掌柜网络公司"）与被告无锡嘉宝置业有限公司（以下简称"嘉宝公司"）发生网络服务合同纠纷，向江苏省无锡市南长区人民法院提起诉讼。

原告掌柜网络公司诉称，2013 年 4 月 23 日，掌柜网络公司与被告嘉宝公司签订《企业短消息发布业务合作协议书》（以下简称《短消息合作协议书》）1 份，约定掌柜网络公司向嘉宝公司提供定向移动信息发布服务，价格为普通短信 0.04 元/条，小区定投 0.1 元/条，嘉宝公司根据双方确认的《信息服务执行确认单》所定的合同总金额向掌柜网络公司付款，嘉宝公司应于第二个月向掌柜网络公司支付已执行的信息费用。至诉讼时，掌柜网络公司已执行信息服务总金额计 8.4 万元，但嘉宝公司未按约定支付该费用，掌柜网络公司多次催讨未果，遂起诉至法院，要求判令：1. 嘉宝公司立即支付拖欠掌柜网络公司信息服务费共计 8.4 万元；2. 本案诉讼费由嘉宝公司承担。

被告辩解

被告嘉宝公司管理人辩称：对原告掌柜网络公司诉称的事实及信息服务金额均无异议，由法院依法处理。

法院查明事实

无锡市南长区人民法院经审理查明，2013 年 4 月 23 日，原告掌柜网络公司与被告嘉宝公司签订《短消息合作协议书》1 份，约定掌柜网络公司在嘉宝公司指定的时间、内容、区域、手机用户群体中为嘉宝公司发布其所提供的有关移动信息服务；价格为普通短信 0.04 元/条，小区定投 0.1 元/条；在移动信息服务执行中因考虑到时间、内容、区域、手机用户群体等随时调整的不确定性，发送时间、内容、区域、手机用户群体不作为合同附件；嘉宝公司应按照《信息服务执行确认单》所确定的时间和相应付款方式向掌柜网络公司全额支付移动信息发送业务服务费；基于保密义务，掌柜网络公司有权不对嘉宝公司开放其所掌握的手机用户数据；嘉宝公司根据双方确认的《信息服务执行确认单》所定的合同总金额进行付款，嘉宝公司应于第二个月支付掌柜网络公司已经执行的信息费用；嘉宝公司付款时应严格对照掌柜网络公司所提供的相关发票和掌柜网络公司加盖公章的《收款人委托书》，否则因此造成的资金损失由嘉宝公司承担。

同年 5 月 10 日、5 月 25 日，被告嘉宝公司销售主管黄伟在 2 份原告掌柜网络公司出具给嘉宝公司的《信息服务执行确认单》上签字，确认单主要载明的内容分别为"……2013年5月委托掌柜网络公司提供的信息服务已经执行完毕，具体执行情况如下：信息服务时间：2013年5月10日；信息服务数量：10万条；单价0.04，合计金额4000元；信息服务内容：品质豪宅，压轴登场！太湖广场核心醇熟配套，360度运河景观，93～388平全系极致繁华！中央官邸5月盛大公开！83333888［金匮大观］"；"……2013年5月委托掌柜网络公司提供的信息服务已经执行完毕，具体执行情况如下：信息服务时间：2013年5月25日；信息服务数量：10万条；单价0.04，合计金额4000元；信息服务内容：臻品共鉴［金匮大观］中央御景官邸即将发售。全石材干挂，智能化家居。傲居太湖广场CBD，尊享上层生活。83333888［金匮大观］"。

2013年6月12日、6月17日、6月21日、6月25日、6月26日、6月29日、6月30日、7月27日，被告嘉宝公司销售总监朱月峰分别在8份《信息服务执行确认单》上签字，确认结欠原告掌柜网络公司服务费金额分别为1万元、1万元、0.8万元、0.8万元、1万元、1万元、1万元、1万元。该8份确认单均载明了信息服务时间、数量、单价、小计金额、合计金额等内容，信息服务内容均为与前述两份《信息服务执行确认单》内容相似的房产销售广告。

上述10份《信息服务执行确认单》累计金额为8.4万元。

2013年5月31日、7月1日、9月3日，原告掌柜网络公司开具3张发票给被告嘉宝公司，金额分别为0.8万元、6.6万元、1万元，合计8.4万元。同时，在掌柜网络公司发票签收单上，嘉宝公司财务人员蒋忠芬作为签收人在该单据上签字，确认收到上述3张发票。

审理中，原告掌柜网络公司述称：1.《短消息合作协议书》中约定的"小区定投"的概念为掌柜网络公司按照被告嘉宝公司提供的客户手机号码来定向投放短消息，"普通短信"的概念为掌柜网络公司在网上搜索无锡号段的手机号之后进行随机投放，至于发送的号码是谁，掌柜网络公司并不清楚；2.掌柜网络公司并未对嘉宝公司提供的手机用户是否同意接收信息进行审查；3.发送短信的成本无法计算也无法提供成本依据。

被告嘉宝公司的管理人述称：嘉宝公司提供给掌柜网络公司发送短信

的手机用户，其并未征得手机用户的同意。

另查明，被告嘉宝公司经营范围包括房地产开发及经营。2014年10月15日，法院裁定受理江苏银行股份有限公司无锡分行等人对嘉宝公司的重整申请，并指定无锡嘉宝置业公司清算组担任嘉宝公司管理人。

裁判理由

无锡市南长区人民法院认为，当事人订立、履行合同，应当遵守法律、行政法规，尊重社会公德，不得扰乱社会经济秩序，损害社会公共利益。本案中，根据原告掌柜网络公司与被告嘉宝公司签订的《短消息合作协议书》及双方陈述，双方在对所发送的电子信息的性质充分知情的情况下，无视手机用户群体是否同意接收商业广告信息的主观意愿，强行向不特定公众发送商业广告，违反网络信息保护规定，侵害不特定公众的利益，该合同应属无效，所发送的短信应认定为垃圾短信。因掌柜网络公司对该协议已履行完毕，嘉宝公司客观上已实际受益；而掌柜网络公司作为网络服务提供者，在订立、履行合同过程中，违反电子信息发布规定，故意向不特定公众发送垃圾短信，行为恶劣，应予惩戒。故法院对该服务费另行制作决定予以收缴。

综上，无锡市南长区人民法院依据《中华人民共和国合同法》第七条、第五十二条，《全国人民代表大会常务委员会关于加强网络信息保护的决定》第七条、第十一条之规定，于2014年12月11日作出判决。

裁判结果

驳回原告掌柜网络公司的诉讼请求。

宣判后，双方当事人均未在法定期限内提起上诉，判决已发生法律效力。

2014年12月31日，无锡市南长区人民法院依据《中华人民共和国民法通则》第一百三十四条第三款，《最高人民法院关于贯彻执行〈中华人民共和国民法通则〉若干问题的意见（试行）》第一百六十三条，《全国人民代表大会常务委员会关于加强网络信息保护的决定》第七条、第十一条之规定，作出民事制裁决定：

对嘉宝公司所欠掌柜网络公司的服务费 84000 元予以收缴。

决定送达后，嘉宝公司未在法定期限内申请复议，决定已发生法律效力。

评析

本案是涉及垃圾短信的商业广告合同被认定为无效的典型案例。当事人订立、履行合同，应当遵守法律、行政法规，尊重社会公德，不得扰乱社会经济秩序，损害社会公共利益。双方当事人明知所发送的电子信息为商业广告性质，却无视手机用户群体是否同意接收商业广告信息的主观意愿，强行向不特定公众发送商业广告短信，侵害不特定公众的利益，所发送的短信息应认定为垃圾短信，其签订的相关合同无效，所涉价款属于非法所得，人民法院应予收缴。

本案中，根据原告掌柜网络公司与被告嘉宝公司签订的《短消息合作协议书》及双方陈述，双方在对所发送的电子信息的性质充分知情的情况下，无视手机用户群体是否同意接收商业广告信息的主观意愿，强行向不特定公众发送商业广告，违反网络信息保护规定、侵害不特定公众的利益，该合同应属无效，所发送的短信应认定为垃圾短信。掌柜网络公司作为网络服务提供者，在订立、履行合同过程中，违反电子信息发布规定，故意向不特定公众发送垃圾短信，行为恶劣，应予惩戒。

34. "差评"是否属于侮辱诽谤行为的判定

——申翠华诉王铮韵网络侵权责任纠纷案

🅁 裁判要旨

1. 网络交易中买家基于货品本身与网店描述是否相符、卖家服务态度等综合因素对商家进行的评级、评论，虽具有一定的主观性，但只要不是出于恶意诋毁商业信誉的目的，买家给"差评"不属于侮辱诽谤行为。

2. 如果买家出于某种不法或非法目的进行恶意差评，或者具有真实购买意图的买家实施差评行为是为了换取不平等的交易条件或希望满足自身一些不合理的要求，则属于诋毁卖家商业信誉的行为，应当承担相应的侵权责任。

🅁 案件索引

一审：上海市黄浦区人民法院（2015）黄浦民一（民）初字第 2228 号
二审：上海市第二中级人民法院（2015）沪二中民一（民）终字第 1854 号

🅁 原告起诉

原告申翠华诉称，原告于淘宝网开设思思美国正品代购店，被告王铮韵于 2014 年 11 月 1 日在原告开设的网店购买了一条 Club Monaco 品牌的摩登弹性超显瘦拼皮裤，被告在收到货品后质疑货品非正品并在淘宝网上对该货品给出差评。因该评论内容与事实严重不符，原告在对被告作出耐心解释后多次与被告联系要求其撤销差评，均被置之不理。且被告追加评论，赤裸裸地诋毁原告商誉。该差评的存在，导致原告多笔交易被申请退货。故原告诉至法院要求：1. 判令被告撤销在原告淘宝网名为思思美国正品代购店网页上的两条差评，公开书面道歉；2. 判令被告赔偿原告损失人民币 7178.80 元。

被告辩解

被告王铮韵辩称：不同意原告申翠华的诉讼请求；被告评价属实，原告也未证明其商业信誉受到影响。

法院查明事实

上海市黄浦区人民法院一审查明，原告申翠华于 2009 年 2 月 24 日在淘宝网注册成立名为"思思美国正品代购店"并设有支付宝账户，通过实名认证。2014 年 11 月 1 日被告王铮韵以昵称"mikiimai_2009"在思思美国正品代购店订购了一条 Club Monaco 品牌的摩登弹性超显瘦拼皮裤，在收到货品后，被告发表了买家评论并给出了差评。之后，双方为差评事宜产生了争议，被告又追加评论了自身感受。

另查明：在被告王铮韵给予差评之前，思思美国正品代购店亦存在差评。

审理中，原告申翠华表示被告王铮韵的行为类似于对商誉的侵害，还表示实际订单损失是否与被告差评之间有关联，原告难以把握，亦没有相关证据提供。

一审裁判

上海市黄浦区人民法院一审认为：首先，被告王铮韵根据自身感受及事情经过在淘宝网上给予差评及追加评论，并未使用侮辱诽谤的方式；其次，原告申翠华也未提供证据来证明因被告的差评而导致原告的商誉受损的事实。综上，原告的诉讼请求，法院不予支持。

据此，上海市黄浦区人民法院依照《中华人民共和国民法通则》第一百零一条之规定，于 2015 年 6 月 5 日作出判决：

原告申翠华的诉讼请求，不予支持。

◤ 当事人上诉

一审宣判后，申翠华不服，向上海市第二中级人民法院提起上诉称：被上诉人王铮韵侮辱诽谤行为明显存在。上诉人商业信誉受损或者说公众对上诉人的信赖下降显而易见。被上诉人的侵权行为本身就已经足以说明损害的存在，不需要提供任何其他证据。上诉人并未提出直接经济损失的索赔要求，因此未提交相应的证据，这与认定被上诉人是否侵权没有关系。综上，请求二审法院依法撤销一审判决并予以改判。

◤ 被上诉人辩解

被上诉人王铮韵答辩称：不同意上诉人申翠华的上诉请求；请求二审驳回上诉，维持原判。

◤ 二审裁判

上海市第二中级人民法院经二审，确认了一审查明的事实。

上海市第二中级人民法院二审认为：本案的争议焦点是被上诉人王铮韵给予差评的行为及相关评论内容是否对上诉人申翠华经营的淘宝网店构成了网络侵权。

淘宝网设置买家评论功能的目的就是出于网络购物具有虚拟性的特征，希望通过买家网购后的真实体验评论在买卖双方之间构建一个信息对称的平台。本案中，被上诉人王铮韵作为买家有权在收到货品后凭借自己购物后的体验感受在上诉人申翠华的淘宝网店评论栏中选择是否给予差评，而买家在淘宝网上给出何种评级和评论往往系基于货品本身是否与网店描述相符、卖家服务态度等因素综合进行考量，且买家作出的相应评级和评论具有一定的主观性，但只要这种评级和评论不是基于主观恶意的目的，卖家就不能过分苛求每一个买家必须给予好评。

从上诉人申翠华提供的相关证据来看，被上诉人王铮韵给予差评的行为及相关评论内容并非出于恶意诋毁商业信誉的目的。因此，从主观上来看，被上诉人的行为并非属于侮辱诽谤行为。故被上诉人给予差评的行为及相关评论内容并不构成网络侵权行为。

综上所述，一审法院认定事实清楚，判决并无不当。据此，上海市第二中级人民法院依照《中华人民共和国民事诉讼法》第一百七十条第一款第（一）项之规定，于2015年9月2日作出判决：

驳回上诉，维持原判。

本判决为终审判决。

评析

本案原告申翠华系淘宝网某美国正品代购店卖家，被告王铮韵在原告店铺购得一品牌皮裤后，以质疑货品是否正品的理由在淘宝网上对该货品给出差评。原告故诉至法院请求判令被告侵权行为成立并予赔偿。网络交易中，买家有权在收到货品后凭借自己购物后的体验感受在卖家的淘宝网店评论栏中选择是否给予差评，而买家在淘宝网上给出何种评级和评论往往基于货品本身是否与网店描述相符、卖家服务态度等因素综合进行考量，且买家作出的相应评级和评论具有一定的主观性，但只要这种评级和评论不是基于主观恶意的目的，卖家则不能过分苛求每一个买家必须给予好评。故本案买家给"差评"不属于侮辱诽谤行为，给予差评的行为及相关评论内容不构成网络侵权行为。

35. 网购中的举证责任倒置

——北京顺丰电子商务有限公司与邱某买卖合同纠纷上诉案

裁判要旨

关于诉争商品是否系所涉买卖合同关系的标的物，倘若消费者提交的发票、购物清单以及商品实物能够互相对应，考虑到发票、购物清单等购物凭证的内容系商家单方设计并制作，消费者的举证能力有限性等情况，在商家未能提交相反证据证明其主张的情况下，应当认为消费者提交的证据构成完整的证据链证明涉诉商品系从商家处购买。

案件索引

北京市第三中级人民法院（2015）三中民（商）终字第06003号

审理经过

上诉人北京顺丰电子商务有限公司（简称"顺丰公司"）因与被上诉人邱某买卖合同纠纷一案，不服北京市顺义区人民法院（2015）顺民（商）初字第691号民事判决，向法院提起上诉。法院于2015年4月21日立案受理后，依法组成由法官邢军担任审判长，法官郑慧媛、法官江惠参加的合议庭进行了审理。本案现已审理终结。

▌原告起诉

邱某在一审中起诉称，其于 2013 年 12 月 15 日在顺丰优选网站上购买了 1 瓶十一坊新西兰羊胎盘软胶囊，费用为 438 元。该产品主要配料为大豆油、羊胎盘提取物、蜂蜡、卵磷脂、维生素 E。邱某母亲食用该产品时发现有霉变的味道，食用一天后出现恶心、腹泻，便停止食用该食品。后，上述症状消失，于是邱某怀疑产品质量有问题。顺丰公司说产品有正规手续和相关证明文件，产品没有问题。但邱某发现该产品包装容器极为粗糙，且没有发现生产日期。故起诉要求：1. 判令顺丰公司退回货款 438元并依据《中华人民共和国食品安全法》第九十六条十倍赔偿 4380 元，共计 4818 元；2. 判令诉讼费由顺丰公司承担。

▌被告辩解

顺丰公司在一审中答辩称，不同意邱某的诉讼请求。1. 关于生产日期的问题，顺丰公司提交的卫生证书第 2 页显示涉案产品是有生产日期的，且根据卫生证书第 1 页可以看出顺丰公司销售的商品是符合食品卫生标准的。2. 关于涉案产品中含有羊胎盘成分的问题，由于邱某未在起诉状中提出该问题，故顺丰公司对该问题无法答辩。3. 无法确认邱某所称的涉案商品就是顺丰公司所销售的产品。

▌一审查明事实

一审法院审理查明：2013 年 12 月 15 日，邱某在顺丰公司所有的顺丰优选网站上购买了 1 瓶十一坊新西兰羊胎盘软胶囊，费用为 438 元，该产品标签标明配料为大豆油、羊胎盘提取物、蜂蜡、卵磷脂、维生素 E。生产日期见瓶底（年月日），保质期见瓶底（年月日）。但涉案产品瓶底并未标注生产日期和保质期。

一审庭审中，顺丰公司提交授权书复印件及中华人民共和国出入境检验检疫卫生证书（以下简称"卫生证书"）复印件，用以证明其销售的十一坊新西兰羊胎盘软胶囊是有生产日期及保质期的，日期分别为 2013 年 1 月 26 日和 2016 年 1 月 26 日，且其销售的产品系广州奈梵斯健康产品有限公司于 2013 年 2 月从新西兰进口，并由广州奈梵斯健康产品有限公司授权上海裳酪实业有限公司在顺丰优选网站上销售的，故顺丰公司销售的十一坊新西兰羊胎盘软胶囊来源渠道合法，符合我国食品安全要求。

一审裁判理由

一审法院判决认定：邱某与顺丰公司之间虽未签订书面买卖合同，但邱某从顺丰公司购买商品，顺丰公司向邱某出具购物清单、开具发票等行为，可以证明双方存在事实上的买卖合同关系，该买卖合同关系系双方真实意思表示，其形式及内容均未违反国家法律、行政法规的禁止性规定，应属合法有效。

一审诉讼中，邱某提供了卫生部出具的卫政申复〔2010〕第 15 号政府信息公开告知书。该告知书中载明：羊胎盘含有多种生物活性成分，在我国缺乏广泛食用历史和食用安全证明，不能作为普通食品原料使用。

此外，顺丰公司虽称卫生证书上载明了其销售的十一坊新西兰羊胎盘软胶囊的生产日期和保质期，但《中华人民共和国食品安全法》第四十二条明确规定，预包装食品的包装上应当有标签，标签应当标明生产日期和保质期。故顺丰公司的辩解理由不能成立。

综上，顺丰公司向消费者销售商品时理应对其销售商品的品质尽到法律规定的注意义务。本案中，涉案产品含有羊胎盘成分，且产品外包装未注明生产日期和保质期，应认定为顺丰公司提供的产品不符合食品安全标准。根据《中华人民共和国食品安全法》第九十六条："违反本法规定，造成人身、财产或者其他损害的，依法承担赔偿责任。生产不符合食品安全标准的食品或者销售明知是不符合食品安全标准的食品，消费者除要求赔偿损失外，还可以向生产者或者销售者要求支付价款十倍的赔偿金。"故，邱某的诉讼请求于法有据，该院予以支持。

据此，依照《中华人民共和国食品安全法》第二十八条、第四十二条、第九十六条之规定，作出判决。

⫘ 一审裁判结果

一、顺丰公司退还邱某货款 438 元，于判决生效之日起 7 日内执行。

二、顺丰公司给付邱某赔偿金 4380 元，于判决生效之日起 7 日内执行。如果顺丰公司未按判决所指定的期间履行给付金钱义务，应当依照《中华人民共和国民事诉讼法》第二百五十三条之规定，加倍支付迟延履行期间的债务利息。

⫘ 当事人上诉

顺丰公司不服一审法院上述民事判决，提起上诉。其主要上诉理由如下。一、一审法院认定事实不清，邱某提交的证据不能形成完整的证据链，无法证明邱某所提交的十一坊羊胎盘软胶囊来自顺丰公司。在一审庭审期间，邱某出示了十一坊羊胎盘软胶囊实物证据，但并未提供顺丰公司发货所使用的商品包装盒，也未能以其他方式证明上述商品购自顺丰优选网站。作为电子商务购物，物流环节是必不可少的，邱某不能提供顺丰优选商品包装盒等任何快递包裹，无法证明涉诉商品购自顺丰公司。邱某完全有可能从其他网站或商家购买，并以此冒充从顺丰网站购买，从而试图达到获取利益的目的。二、根据《中华人民共和国食品安全法》第九十六条的规定，销售者按照商品价款十倍赔偿的前提是销售者明知自己销售的是不符合食品安全标准的食品。1. 食品安全标准应当是取得标准标号的文件，并且具有强制性，卫政申复〔2010〕第 15 号的政府信息公开告知书不是食品安全标准，也不属于食品安全标准类型。因此，即使本案中的商品成分违反政府信息公开告知书的规定，也不符合《中华人民共和国食品安全法》第九十六条十倍赔偿所必备的构成要件。2. 顺丰公司对销售食品尽到了法律规定的注意义务，不符合十倍赔偿的"明知"要件。首先，顺丰公司依据相关法律法规，对商品的渠道来源尽到了必要的注意义务。顺丰公司要求供应商提供了出入境检验检疫部门出具的卫生证书，并对卫生证书的内容进行了严格核查。顺丰公司对进货有完整的商品销售授权链证明，以直接证明商品的流通过程。因此，即使顺丰公司认为涉案商品含有非法添加成分，作为已经通过海关审核且获取卫生证书的商品来说，顺丰公司对商品内含非法添加成分是无法预见的，因为销售商完全有理由信赖海关的检验检疫。其次，对于商品未标注生产日期的问题，顺丰公司已经尽到了注意义务，且卫生证书也明确显示涉诉商品是有保质期的商品，顺丰公司有理由相信所进商品是符合关于保质期规定的食品。至于在一审庭审中，邱某提供了没有生产日期的商品，顺丰公司完全有理由怀疑邱某所提供的商品并不是从顺丰优选网站购买的商品。综上，顺丰公司上诉请求：1. 撤销一审判决并依法改判；2. 本案全部案件受理费由邱某承担。

顺丰公司二审期间未向法院提交新的证据。

被上诉人辩解

邱某答辩称：同意一审判决，不同意顺丰公司的上诉请求。邱某提交的发票和购物清单可以证明涉诉商品是从顺丰优选网站购买的。羊胎盘属于卫生部明文规定的不属于食品原料的食材，故涉诉食品不符合食品安全标准。涉诉商品没有生产日期，违反相关规定。

邱某二审期间未向法院提交新的证据。

二审查明事实

法院二审期间依法补充查明以下事实：邱某提交的发票上显示的货物名称为"食品"，发票的备注中注明的编号与购物清单上的订单号基本一致。经询问，顺丰公司称不清楚其所开具的发票是否能指向特定商品，亦未在法院规定的时间内对上述问题进行核实。

庭审中，顺丰公司称在十一坊新西兰羊胎盘软胶囊的卫生证书上标明了食品的保质期和生产日期，但顺丰公司认可其在出售商品时不会将卫生证书交付消费者。

二审法院经审理查明的其他事实与一审法院查明的事实一致。

上述事实，有购物清单及发票、网页打印件、新西兰羊胎盘软胶囊、顺丰公司提供的授权书复印件、卫生证书复印件、用户注册服务协议打印件、签收单复印件，双方当事人陈述等在案佐证。

二审裁判理由

二审法院认为，本案二审争议焦点为：一、诉争食品是否系本案所涉买卖合同关系的标的物；二、顺丰公司的行为是否属于销售明知不符合食品安全标准的食品。

一、诉争食品是否系本案所涉买卖合同关系的标的物

邱某出示十一坊新西兰羊胎盘软胶囊 1 瓶并提交购物清单和顺丰公司出具的发票，用以证明其从顺丰公司购买了涉诉食品。顺丰公司主张上述食品可能并非从其处购买。本案中，邱某提交的发票、购物清单以及食品实物能够互相对应，考虑到发票、购物清单等购物凭证的内容系顺丰公司作为商家单方设计并制作，邱某作为一名消费者的举证能力存在有限性等情况，在顺丰公司未能提交相反证据证明其主张的情况下，二审法院认为邱某提交的证据构成完整的证据链证明涉诉新西兰羊胎盘软胶囊系邱某从顺丰公司处购买。故一审法院认可邱某的主张，认定邱某系在顺丰公司购买涉诉商品，双方存在买卖合同关系，并无不当。顺丰公司虽主张邱某可能存在将从他处购买的商品冒充从顺丰公司购买的商品，但未能提交相应的证据予以证明，故二审法院对其该项抗辩意见不予采纳。

二、顺丰公司的行为是否属于销售明知不符合食品安全标准的食品

食品安全，指食品无毒、无害，符合应当有的营养要求，对人体健康不造成任何急性、亚急性或者慢性危害。《中华人民共和国食品安全法》第四十二条规定："预包装食品的包装上应当有标签。标签应当标明下列事项：（一）名称、规格、净含量、生产日期；（二）成分或者配料表；（三）生产者的名称、地址、联系方式；（四）保质期；（五）产品标准代号；（六）贮存条件；（七）所使用的食品添加剂在国家标准中的通用名称；（八）生产许可证编号；（九）法律、法规或者食品安全标准规定必须标明的其他事项。专供婴幼儿和其他特定人群的主辅食品，其标签还应当标明主要营养成分及其含量。"本案中，涉诉食品作为预包装食品，食品经营者未能在预包装上标注生产日期和保质期，违反了上述法律规定。此外，《中华人民共和国食品安全法》第二十八条规定："禁止生产经营下列食品：（一）用非食品原料生产的食品或者添加食品添加剂以外的化学物质的食品，或者用回收食品作为原料生产的食品；……（八）超过保质期的食品；（九）无标签的预包装食品；（十）国家为防病等特殊需要明令禁止生产经营的食品；（十一）其他不符合食品安全标准或者要求的食品。"根据卫政申复〔2010〕第 15 号的政府信息公开告知书以及《卫生部关于羊胎盘不得作为普通食品原料使用的批复》（卫监督函〔2008〕322 号），羊胎盘不能作为普通食品原料使用，涉诉食品添加了禁止添加的食品原料，违反了食品安全法的规定。在顺丰公司未能证明涉诉食品系无毒、无害，符合应当有的营养要求，对人体健康不造成任何急性、亚急性或者慢性危害的安全食品的情况下，二审法院认定涉诉商品属于不符合食品安全标准的食品。

关于顺丰公司销售涉诉食品是否存在"明知"的主观状态，二审法院认为，食品的销售者应对其所销售的食品是否符合食品安全标准进行严格审查。本案中，涉诉食品是否在预包装上标注生产日期、保质期，是否添加了国家禁止添加的食品原料，皆为可通过商品外观知晓的事项，亦是与食品的质量和安全系数息息相关的重要事项。顺丰公司作为涉诉食品的销售方，其在进货和在网站发布信息时，应当会对商品的相关信息进行查看和发布，故二审法院推定顺丰公司对涉诉食品存在上述不符合食品安全的情形存在"明知"的主观状态。顺丰公司以其尽到注意义务为由，主张其对食品的上述情况并不明知，依据不足，二审法院不予采信。

综上，顺丰公司的行为系销售明知是不符合食品安全标准的食品行为。《中华人民共和国食品安全法》第九十六条规定："违反本法规定，造成人身、财产或者其他损害的，依法承担赔偿责任。生产不符合食品安全标准的食品或者销售明知是不符合食品安全标准的食品，消费者除要求赔偿损失外，还可以向生产者或者销售者要求支付价款十倍的赔偿金。"邱某要求退还货款并进行十倍赔偿的诉讼请求，于法有据，一审法院予以支持，并无不当。顺丰公司关于不承担上述责任的上诉理由缺乏事实及法律依据，二审法院不予支持。一审法院判决认定事实清楚，适用法律正确，处理并无不当，应予维持。依照《中华人民共和国民事诉讼法》第一百七十条第一款第（一）项之规定，作出判决。

二审裁判结果

驳回上诉，维持原判。

一审案件受理费 25 元，由北京顺丰电子商务有限公司负担（于本判决生效后 7 日内交纳）。

二审案件受理费 50 元，由北京顺丰电子商务有限公司负担（已交纳）。

本判决为终审判决。

评析

本案是网购中的举证责任倒置问题的典型案例。争议最大的是诉争商品是否系所涉买卖合同关系的标的物。倘若消费者提交的发票、购物清单以及商品实物能够互相对应，考虑到发票、购物清单等购物凭证的内容系商家单方设计并制作，消费者的举证能力有限性等情况，在商家未能提交相反证据证明其主张的情况下，应当认为消费者提交的证据构成完整的证据链证明涉诉商品系从商家处购买。

本案中，原告邱某在顺丰优选网站上购得一瓶羊胎盘软胶囊，邱某母亲食用该产品时发现有霉变的味道，食用一天后出现恶心、腹泻便停止食用该食品。后，上述症状消失，又因产品包装容器粗糙且无生产日期，邱某怀疑产品质量有问题。顺丰公司称产品有正规手续和相关证明文件，产品没有问题，无法确认邱某所称的涉案商品就是顺丰公司所销售的产品。

原告邱某出示软胶囊并提交购物清单和顺丰公司出具的发票，用以证明其从顺丰公司购买了涉诉食品。顺丰公司主张上述食品可能并非从其处购买。原告提交的发票、购物清单以及食品实物能够互相对应，考虑到发票、购物清单等购物凭证的内容系顺丰公司作为商家单方设计并制作，邱某作为一名消费者的举证能力有限等情况，在顺丰公司未能提交相反证据证明其主张的情况下，邱某提交的证据构成完整的证据链证明涉诉新西兰羊胎盘软胶囊系邱某从顺丰公司处购买。故认定邱某系在顺丰公司购买涉诉商品，双方存在买卖合同关系。

36. 网络购物超过七天退货应承担举证责任

——搜藏公司与袁震东网络购物合同纠纷上诉案

🦅 裁判要旨

现行法律对网络购物规定了消费者享有七天无理由退货的法定合同解除权，但消费者收货超过七天后要求解除买卖合同应承担举证责任。消费者在不能举证证明其持有的商品系经营者销售的情况下，应承担败诉的不利后果。

🦅 案件索引

一审：北京市朝阳区人民法院（2014）朝民初字第 42531 号
二审：北京市第三中级人民法院（2015）三中民初字第 10770 号

🦅 基本案情

2013 年 6 月 15 日，京东网上商城会员袁震东以 15600 元的价格在京东网上商城（网址：www.jd.com）购买搜藏公司销售的一套邮票（与涉案邮票同款），收货后于 2013 年 6 月 23 日申请退货成功。2013 年 6 月 22 日，袁震东再次于京东网上商城购买了新一轮生肖邮票收藏大全套全新原版含 80 版猴票，商品编号为 1006486357，订单编号为 615831969，价款为

14800 元。"www. jd. com"为叁伯陆拾度公司运营的京东网上商城的网址，该网站对于上述邮票的品相，表述为全新原票。上述邮票所在商品网页载明商品卖家为搜藏天下旗舰店，公司名称为搜藏公司，商品由搜藏天下旗舰店从北京发货并提供售后服务。搜藏公司向袁震东出具了统一专用收藏票。袁震东于 2014 年 5 月提出退货，被叁佰陆拾度公司、搜藏公司拒绝。6 月 25 日，袁震东自行委托北京京安拓普文书司法鉴定中心对涉案邮票中猴票是否为全新原版票进行鉴定。2014 年 7 月 1 日，该鉴定中心出具京安拓普〔2014〕鉴（邮）字第 02 号鉴定意见书，载明检材邮票为真票，但该邮票曾经使用并被修补过，可以判定该邮票应当属于用信销邮票修补变造冒充的新票，而不是全新原版票。2014 年 9 月，袁震东诉至北京市朝阳区人民法院，主张涉案邮票不是全新原版票，要求搜藏公司及叁佰陆拾度公司停止销售假冒伪劣邮票，返还购票款 14800 元，按三倍赔偿损失59200 元，赔偿鉴定费 1500 元。袁震东于诉讼中再次申请就涉案邮票中猴票是否为全新原版进行鉴定，搜藏公司与叁佰陆拾度公司对于检材不予认可，称无法获知该检材是否为搜藏公司所售邮票，不同意鉴定。中国检验认证集团北京有限公司出具鉴定意见书，载明鉴定标的物应经过人为处理。搜藏公司对两份鉴定书均不予认可，认为该公司的商品没有瑕疵，不同意袁震东的全部诉讼请求。叁佰陆拾度公司认为该公司只是京东网上商城的网络运营商，对搜藏公司的主体进行了审查，现已经将涉案商品在京东网上商城的网页中删除，故不同意承担责任。

一审裁判

北京市朝阳区人民法院经审理认为：袁震东与搜藏公司形成事实上的买卖合同关系，该合同关系合法有效。庭审中，搜藏公司称其出售的邮票均加有塑封，但袁震东购买时的网页截图显示，涉案邮票并没有加塑封，故对于搜藏天下的陈述不予采信。袁震东已提交证据证明其自搜藏公司处购买了涉案邮票，搜藏公司未能举证证明袁震东自行调换了所提交之涉案邮票，故认定袁震东提交之涉案邮票购买自搜藏天下。关于搜藏公司是否存在虚假宣传问题。本案中，搜藏公司在京东网上商城中宣传涉案邮票为全新原版邮票。而两次鉴定意见书载明，涉案邮票中的猴票为人为处理的翻新票，该种翻新并不能形成品相中的全新原版。该宣传与实际情况不符，故应当认定搜藏公司存在虚假宣传的情形。故袁震东要求退还商品价款并支付赔偿金的诉讼请求，有事实依据，亦符合法律规定，应当予以支持。搜藏公司在产品宣传页面上对邮票的品相作出虚假宣传，导致袁震东作出了错误的意思表示并与之订立了买卖合同，其应当按照规定向袁震东作出赔偿。袁震东要求搜藏公司三倍赔偿59200元的诉讼请求，有法律依据，予以支持。关于袁震东诉前自行委托鉴定的费用，该费用发生于诉前，且其主张的三倍赔偿已足以弥补其鉴定费损失，故法院对该项诉讼请求不予支持。诉讼中袁震东委托鉴定的费用属于诉讼费范畴，法院对于该费用的承担将作出决定。现涉案邮票已下架，故对于袁震东主张停止销售假冒伪劣邮票的诉讼请求，不予支持。叁佰陆拾度公司作为网站平台的维护者，并非买卖合同的双方当事人，不应为此承担赔偿责任。法院于2015年6月判决：一、搜藏公司于判决生效之日起十日内退还袁震东商品价款14800元，袁震东同时向搜藏公司退还新一轮生肖邮票收藏大全套全新原版含80版猴票邮票一套；二、搜藏公司于本判决生效之日起十日内赔偿袁震东59200元；三、驳回袁震东的其他诉讼请求。

二审裁判

宣判后，搜藏公司持原审抗辩意见提起上诉。北京市第三中级人民法院经审理认为，首先，本案涉案邮票不适用无期限退货的规定。《中华人民共和国消费者权益保护法》第二十五条规定："经营者采用网络、电视、电话、邮购等方式销售商品，消费者有权自收到商品之日起七日内退货，且无需说明理由。"第五十四条规定："依法经有关行政部门认定为不合格的商品，消费者要求退货的，经营者应当负责退货。"袁震东未于收到涉案邮票之日起七日内退货，而涉案邮票并非经有关行政部门认定为不合格的商品，不适用无期限退货的规定。其次，本案的举证责任分配错误。袁震东是京东网上商城的会员，熟悉该网站退货流程。尤其是袁震东曾经购买搜藏公司经营的与涉案邮票同款的邮票，后于收货后七日内申请退货成功，其再次购买搜藏公司经营的涉案邮票，理应有高度的注意义务。袁震东于 2013 年 6 月 22 日购买涉案邮票，未在七天之内查验涉案邮票的真伪并作出相应处理，不符合常理。袁震东于 2014 年 5 月提出退货，其保管、控制涉案邮票 11 个月，此期间搜藏公司丧失占有，故本案的举证责任在于袁震东，即由其举证证明其提交的邮票是搜藏公司出售。现其不能举证证明其提交的邮票是搜藏公司出售，应承担不利后果。原审审理中，袁震东申请就涉案邮票中猴票是否为全新原版进行鉴定，搜藏公司与叁佰陆拾度公司对于检材不予认可。在此情况下，本案的鉴定意见无法采用。二审法院判决：撤销原判，改判驳回袁震东的全部诉讼请求。

评析

本案涉及网络购物超过七天退货消费者应承担其持有的商品系经营者销售的举证责任问题。经营者采用网络、电视、电话、邮购等方式销售商品，消费者有权自收到商品之日起七日内退货，且无须说明理由；依法经有关行政部门认定为不合格的商品，消费者要求退货的，经营者应当负责退货。也即现行法律对于网络购物规定了消费者享有七天无理由退货的法定合同解除权，但消费者收货超过七天后要求解除买卖合同应承担举证责任。消费者不能举证证明其持有的商品系经营者销售的情况下，应承担败诉的不利后果。

本案原告袁震东于 2013 年 6 月 22 日购买涉案邮票，未在七天之内查验涉案邮票的真伪并作出相应处理，不符合常理。于 2014 年 5 月提出退货，其保管、控制涉案邮票 11 个月，此期间搜藏公司丧失占有。袁震东未于收到涉案邮票之日起七日内退货，而涉案邮票并非经有关行政部门认定为不合格的商品，不适用无期限退货的规定。本案举证责任在袁震东，由其证明其提交的邮票是搜藏公司出售。现其不能举证证明其提交的邮票是搜藏公司出售，应承担不利后果。

37. "秒杀"网购违约责任的赔偿标准认定

——刘某与纳纳购公司买卖合同纠纷案

📕 裁判要旨

1. "秒杀"广告是商家的一种广告促销手段，通过明显低于成本的价格吸引消费者浏览其网页，达到广告宣传效应。因此，基于诚实信用原则和现代契约精神，若双方当事人均已依约履行合同，经营者事后不得以显失公平为由请求撤销合同。

2. 根据公平原则，不宜对经营者苛以过重的责任。倘若"秒杀"的数量不是一个而是多个，则明显不符合一般人对"秒杀"的理解，也过分超出了当事人对合同履行的预期。此时要求经营者赔偿一定损失，基本符合双方当事人对合同实际履行可得利益的预期，是双方都可以接受的结果。

📕 基本案情

2011 年 8 月 3 日，纳纳购公司在互联网上发布广告，进行音箱促销活动，商品名称为海尔音箱 H97，价格为 0.01 元，并宣称市场价为 500 元，同时网页界面上显示有限购数量。刘某发现上述信息后，立即下单购买了 100 台，查询得知下单成功后，刘某即通过支付宝将货款 1 元转给纳纳购公司。后因纳纳购公司未向刘某交付货物而发生纠纷，刘某起诉至法院要求纳纳购公司赔偿其损失 9900 元（按每台 100 元计算 99 台的损失）。

法院裁判

法院经审理认为，纳纳购公司在网上发布促销活动信息，信息内容明确具体，并提供下单服务，刘某下单成功并付款，故双方之间的买卖合同关系成立。纳纳购公司在收到刘某的货款后，本应依约交付货物，纳纳购公司至今未交货已构成违约。在违约责任的认定问题上，按常理，合同双方对"秒杀"的预期应为购买一台音箱，以极低价格购买100台的情形已超出合同当事人的合理预期，现刘某起诉要求纳纳购公司按每台100元的价格进行赔偿，对刘某的损失应按照购买一台音箱的索赔数额确定为宜，故纳纳购公司应向刘某支付赔偿款100元。

评析

本案是"秒杀"网购违约责任赔偿标准认定问题的典型案例。商品经营者发布的"秒杀"商品信息即为经营者拟订立买卖合同的要约，买受人在规定时间"秒杀"成功即为同意订立买卖合同的承诺。商品价格是否与其真实价值相当，并不影响买卖合同的成立。本案中，纳纳购公司在网上发布音箱促销活动信息，价格为0.01元，同时网页界面上显示有限购数量。刘某立即下单购买了100台，下单成功后，即通过支付宝将货款1元转给纳纳购公司。双方的买卖合同关系成立。纳纳购公司未交货构成违约。由于双方没有对违约责任作出约定，同时刘某未证实其实际损失，法院认为，对刘某的损失应按照买一台音箱的索赔数额确定为宜。本案"秒杀"到一台音箱才是双方买卖合约的真实意义，100台的结果是超出预期的。根据公平原则，不宜对经营者苛以过重的责任。

38. 消费者网购的货物在交付过程中被他人冒领时的责任承担

——杨波诉巴彦淖尔市合众圆通速递有限公司乌拉特前旗分公司、付迎春网络购物合同纠纷案

裁判要旨

消费者网购的货物在交付过程中被他人冒领，消费者主张销售者与送货人共同承担赔偿责任的，根据合同相对性原则，应由销售者承担赔偿责任。

案件索引

内蒙古自治区乌拉特前旗人民法院（2013）乌前民初字第 2301 号

基本案情

2013 年 3 月 19 日，杨波以网购形式从付迎春开办的电子经营部购买价值 15123 元的电脑一台，下单后货款及邮寄费 95 元均已向付迎春付清。同日，付迎春委托巴彦淖尔市合众圆通速递有限公司乌拉特前旗分公司（以下简称"速递公司"）送货。该货物于同月 24 日到达交货地后被他人冒领。为此，杨波多次要求付迎春交货未果，遂诉至内蒙古自治区乌拉特前旗人民法院，请求判令速递公司、付迎春赔偿其电脑款 15123 元和邮寄费 95 元。

法院裁判

受诉法院认为，杨波以网购形式从付迎春处购买商品，并向付迎春支付了货款和邮寄费，付迎春作为托运人委托速递公司将货物交付给杨波，分别形成网购合同关系和运输合同关系。从当事人各自的权利义务来看，在网购合同中，杨波通过网上银行已经支付了货款和邮寄费，履行了消费者的付款义务，付迎春作为销售者依约负有向杨波交货的义务。

虽然付迎春已将货物交给速递公司发运，但在运输过程中，速递公司的工作人员在送货时未验证对方身份信息擅自将货物交由他人签收，销售者付迎春尚未完成货物交付义务，构成违约，故杨波请求付迎春赔偿已付的电脑款15123元、邮寄费95元的诉讼请求应予支持。根据合同相对性原则，合同只约束缔约双方当事人，速递公司将货物错交给他人，属于付迎春与速递公司之间的运输关系。速递公司不应在本案中承担赔偿责任，故对杨波关于速递公司应当承担赔偿责任的请求不予支持。受诉法院判决付迎春赔偿杨波已付的电脑款15123元及邮寄费95元。当事人均未上诉。

评析

消费者网购的货物在交付过程中被他人冒领，消费者主张销售者与送货人共同承担赔偿责任的，根据合同相对性原则，应由销售者承担赔偿责任。消费者与销售者成立网购合同关系，销售者与速递公司成立运输合同关系。网购合同中，杨波通过网上银行已经支付了货款和邮寄费，履行了消费者的付款义务，付迎春作为销售者依约负有向杨波交货的义务。在运输过程中，速递公司的工作人员在送货时未验证对方身份信息擅自将货物交由他人签收，销售者付迎春尚未完成货物交付义务，构成违约。根据合同相对性原则，合同只约束缔约双方当事人，速递公司将货物错交给他人，属于付迎春与速递公司之间的运输关系。速递公司不应在本案中承担赔偿责任。

39. 销售商品存在价格欺诈行为消费者有权主张"退一赔三"和保底赔偿

——王辛诉小米科技有限责任公司网络购物合同纠纷案

裁判要旨

销售者网上销售商品有价格欺诈行为，诱使消费者购买该商品的，即使该商品质量合格，消费者有权请求销售者"退一赔三"和保底赔偿。

案件索引

一审：北京市海淀区人民法院（2014）海民（商）初字第 17310 号
二审：北京市第一中级人民法院（2014）一中民（商）终字第 8587 号

基本案情

2014 年 4 月 8 日，小米科技有限责任公司（以下简称"小米公司"）在其官方网站上发布的广告显示：10400mAh 移动电源，"米粉节"特价 49 元。当日，王辛在该网站上订购了以下两款移动电源：小米金属移动电源 10400mAh 银色 69 元，小米移动电源 5200mAh 银色 39 元。王辛提交订单后，于当日通过支付宝向小米公司付款 108 元。同月 12 日，王辛收到上述两个移动电源及配套的数据线。同月 17 日，王辛发现使用 5200mAh 移动电源的原配数据线不能给手机充满电，故与小米公司的客服联系，要求调换数据线。小米公司同意调换并已收到该数据线。此后，王辛以小米公司对其实施价格欺诈为由向北京市海淀区人民法院起诉，请求撤销网络购物合同，王辛退还小米公司两套涉案移动电源，并请求小米公司：1. 赔偿王辛 500 元；2. 退还王辛购货价款 108 元；3. 支付王辛快递费 15 元；4. 赔偿王辛交通费、打印费、复印费 100 元。

法院裁判

一审法院认为，涉案网络购物合同有效，小米公司的行为不构成欺诈，王辛的诉讼请求证据不足，故判决驳回其诉讼请求。王辛不服，向北京市第一中级人民法院提起上诉称，小米公司提前一周打出原价 69 元移动电源"米粉节"卖 49 元的广告，欺骗消费者进行排队抢购，销售当天广告还在，商品却卖 69 元，小米公司为网购设定了定时抢购，抢购时间不到20 分钟，其行为已构成价格欺诈。二审法院认为，涉案网购合同有效，消费者拥有公平交易权和商品知情权。由于小米公司网络抢购此种销售方式的特殊性，该广告与商品的抢购界面直接链接且消费者需在短时间内作出购买的意思表示。王辛由于认同小米公司广告价格 49 元，故在"米粉节"当日作出抢购的意思表示，其真实意思表示的价格应为 49 元，但从小米网站订单详情可以看出，王辛于 2014 年 4 月 8 日 14 时 30 分下单，订单中10400mAh 移动电源的价格却为 69 元而非 49 元。小米公司现认可小米商城活动界面显示错误，存在广告价格与实际结算价格不一致之情形，但其解释为电脑后台系统出现错误。由于小米公司事后就其后台出现错误问题并未在网络上向消费者作出声明，且其无证据证明"米粉节"当天其电脑后台出现故障，故二审法院认定小米公司对此存在欺诈消费者的故意，王辛关于小米公司 10400mAh 移动电源存在欺诈请求撤销合同的请求合理，对另一电源双方当事人均同意解除合同，二审法院准许。据此，法院依法判决王辛退还小米公司上述两个移动电源，小米公司保底赔偿王辛 500 元，退还王辛货款 108 元，驳回王辛其他诉讼请求。

评析

经营者提供商品或者服务有欺诈行为的，应当按照消费者的要求增加赔偿其受到的损失，增加赔偿的金额为消费者购买商品的价款或者接受服务的费用的三倍；增加赔偿的金额不足 500 元的，为 500 元。法律另有规定的，依照其规定。销售者网上销售商品有价格欺诈行为，诱使消费者购买该商品的，即使该商品质量合格，消费者有权请求销售者"退一赔三"和保底赔偿。

本案中，涉案网购合同有效，消费者拥有公平交易权和商品知情权。由于小米公司网络抢购此种销售方式的特殊性，该广告与商品的抢购界面直接链接且消费者需在短时间内作出购买的意思表示。王辛由于认同小米公司广告价格 49 元，故作出抢购的意思表示，其真实意思表示的价格应为 49 元，但从小米网站订单详情可以看出，王辛下单的订单中移动电源的价格为 69 元。小米公司事后就其答辩称后台出现错误并未在网络上向消费者作出声明，且其无证据证明，故二审法院认定小米公司对此存在欺诈消费者的故意，消费者有权获得"退一赔三"和保底赔偿 500 元。

40. 众筹融资交易合同效力的司法审查

——北京飞度网络科技有限公司与北京诺米多餐饮管理
有限责任公司融资融券交易纠纷上诉案

📖 裁判要旨

在互联网非公开股权融资平台所从事的众筹融资交易中，如投资人均为经过平台实名认证的会员，人数未超过 200 人上限，且无其他违法违规情形，则其交易行为涉及的合同因未违反我国现行法律、行政法规的效力性强制性规定，应属有效。

📖 案件索引

一审：北京市海淀区人民法院（2015）海民（商）初第 20357 号

二审：北京市第一中级人民法院（2015）一中民（商）终字第 09220 号

📖 基本案情

2015 年 1 月 21 日，本案被告（反诉原告）北京诺米多餐饮管理有限责任公司（以下简称"诺米多公司"）与原告（反诉被告）北京飞度网络科技有限公司（以下简称"飞度公司"）签订融资协议，约定诺米多公司委托飞度公司通过"人人投"互联网非公开股权融资平台融资 88 万元

（包括诺米多公司出资 70.4 万元）。诺米多公司委托飞度公司提供以下服务：展示诺米多公司申报的项目、发布融资需求等，并根据实际情况就交易的结构、定价、尽职调查及其他相关事情做出安排。平台推广融资期为 30 天，融资成功后，委托融资费用的收取标准为诺米多公司实际融资金额部分（不含诺米多公司出资额）的 5%。双方还约定：项目方出资 17.6 万元，合伙人占股 20%；品牌和管理的合伙人占股为 10%，出资金额写为"项目品牌管理估值"；其他合伙人出资 70.4 万元，合伙人占股为 70%；每份 4693.3 元，总共 150 份，每人最低认购 1 份。在与"人人投"接触、项目预热、融资阶段，如发现诺米多公司出现隐瞒财务状况、提供不真实信息等情况，飞度公司有权终止与诺米多公司的合作。飞度公司因诺米多公司的行为所受的损失，由诺米多公司赔偿。诺米多公司承诺，在委托有效期内遵守"人人投"网站的使用规则，在"人人投"网站所申报项目的所有信息真实、及时、有效，不存在虚假陈述、重大遗漏及误导性陈述，并且项目信息不存在侵犯他方知识产权或其他权利的情形。签订上述合同后，双方开始依约履行。在此之前，诺米多公司股东刘晓光已代表诺米多公司在"人人投"网站上实名注册为平台会员，并通过在线审阅画钩方式同意了《人人投网站服务协议》。刘晓光在签订合同后，将 17.6 万元出资款充值到"人人投"与易宝支付同步账户内。在融资期内，飞度公司通过自己公司运营的"人人投"平台成功为诺米多公司融资 70.4 万元，共有 86 位投资人认购了投资。在合同履行过程中，飞度公司支出合同制作印刷费 2905.2 元，向易宝支付所在公司支付资金托管手续费 2460 元。

为履行上述合同，诺米多公司开设"排骨诺米多健康快时尚餐厅"分店，选定位于北京市东城区金宝街的一处房屋作为经营用房。在诺米多公司与出租方签订房屋租赁合同后，诺米多公司将上述房屋租赁情况及合同提交于飞度公司。飞度公司工作人员以及投资人在之后的合同履行阶段，前往上述房屋所在地址实地考察，发现上述房屋实际为三层楼房而非合同约定的平房，各方就此发生争议，解决未果，各方交易破裂。2015 年 4 月 14 日，飞度公司收到诺米多公司发送的解除合同通知书，通知自即日起解除委托融资服务协议，要求其返还诺米多公司已付融资款并赔付损失 5 万元。同日，飞度公司亦向诺米多公司发送解约通知书，以诺米多公司违约为由解除了委托融资服务协议，要求诺米多公司支付违约金并赔付损失。双方发生争议后，飞度公司按照5%的融资费用标准，自诺米多公司充值账户中扣除了8800元。

原告飞度公司诉请判令：1. 诺米多公司支付飞度公司委托融资费用44000元；2. 诺米多公司支付飞度公司违约金44000元；3. 诺米多公司支付飞度公司经济损失19712.5元；4. 诺米多公司承担本案诉讼费用。

反诉原告诺米多公司诉请判令：1. 飞度公司返还17.6万元并支付相应利息（以17.6万元为基数，按照中国人民银行同期贷款基准利率，自2015年1月22日起计算至飞度公司全部返还之日止）；2. 飞度公司赔偿诺米多公司损失5万元；3. 要求飞度公司承担本案全部诉讼费用。

📎 一审裁判理由

北京市海淀区人民法院经审理认为：根据《中华人民共和国合同法》第五十二条第一款第（五）项以及《最高人民法院关于适用〈中华人民共和国合同法〉若干问题的解释（二）》第十四条的规定，确定本案融资协议法律效力的裁判依据为属于效力性强制性规定的法律和行政法规。具体到本案涉及的众筹融资此种新型金融业务模式，一方面，因本案中的投资人均为经过"人人投"众筹平台实名认证的会员，且人数未超过200人上限，不属于《中华人民共和国证券法》第十条规定的"公开发行证券"；另一方面，我国通过出台《关于促进互联网金融健康发展的指导意见》（银发〔2015〕221号）等规范性文件，为包括众筹融资交易在内的互联网金融交易实际得以开展提供了空间，其他如中国证券业协会发布的《场外证券业务备案管理办法》等属于中国证券业协会的自律性文件，也均未对本案所涉及的众筹交易行为予以禁止或给予否定性评价。飞度公司在取得营业执照、电信与信息服务业务经营许可证等手续的情况下开展业务，目前也无法律法规上的障碍。因而本案中融资协议与法不悖，应为有效。在此基础上，法院根据合同具体约定、当事人违约情形等考量因素，对违约责任的具体承担作出判定。

北京市海淀区人民法院于2015年9月8日依照《中华人民共和国合同

法》第八条、第九十七条、第一百零七条、第一百一十四条，《中华人民共和国证券法》第十条，《最高人民法院关于适用〈中华人民共和国合同法〉若干问题的解释（二）》第十四条、第二十九条之规定作出判决。

一审裁判结果

一、被告诺米多公司于本判决生效之日起 10 日内给付原告飞度公司委托融资费用 25200 元、违约金 15000 元。

二、反诉被告飞度公司于本判决生效之日起 10 日内返还反诉原告诺米多公司出资款 167200 元。

三、驳回原告飞度公司其他诉讼请求。

四、驳回反诉原告诺米多公司其他反诉请求。

二审裁判

诺米多公司不服一审判决，向北京市第一中级人民法院提起上诉。

北京市第一中级人民法院经审理认为，一审法院认定事实清楚，适用法律正确，程序合法，遂终审判决驳回上诉，维持原判。

评析

本案是涉及众筹融资交易合同效力的司法审查的典型案例。在互联网非公开股权融资平台所从事的众筹融资交易中，如投资人均为经过平台实名认证的会员，人数未超过 200 人上限，且无其他违法违规情形，则其交易行为涉及的合同因未违反我国现行法律、行政法规的效力性强制性规定，应属有效。

本案被告（反诉原告）诺米多公司与原告（反诉被告）飞度公司签订融资协议，约定诺米多公司委托飞度公司通过"人人投"互联网非公开股权融资平台融资 88 万元。确定本案融资协议法律效力的裁判依据为属于效力性强制性规定的法律和行政法规。具体到本案涉及的众筹融资此种新型金融业务模式，一方面，因本案中的投资人均为经过"人人投"众筹平台实名认证的会员，且共有 86 位投资人，人数未超过 200 人上限，不属于《中华人民共和国证券法》第十条规定的"公开发行证券"；另一方面，我国出台的相关规范性文件均未对本案所涉及的众筹交易行为予以禁止或给予否定性评价。飞度公司在取得营业执照、电信与信息服务业务经营许可证等手续的情况下开展业务，目前也无法律法规上的障碍。因而本案中融资协议与法不悖，应为有效。

41. 有偿代驾时交通事故赔偿责任主体的认定

——陶某与赵某等机动车交通事故责任纠纷上诉案

裁判要旨

1. 代驾业务，使被代驾人与代驾公司之间形成委托合同或服务合同关系。被代驾人委托代驾公司指派驾驶员驾驶车辆，其对机动车不再具有运行支配和运行利益，在发生交通事故时应排除被代驾人的损害赔偿责任。

2. 代驾驾驶员与代驾（软件）公司之间形成雇佣关系。代驾驾驶员在执行职务过程中发生交通事故造成他人损害的，应由代驾（软件）公司承担雇主侵权责任。代驾公司在承担连带责任之后可视情况向代驾员追偿。

案件索引

一审：上海市浦东新区人民法院（2014）浦民一民（初）字第 37776 号

二审：上海市第一中级人民法院（2015）沪一中民一（民）终字第 1373 号

基本案情

2013 年 3 月 9 日晚，在上海市浦东新区某饭店聚餐的被告 A 公司的员工潘某通过被告 B 公司的官网电话联系代驾服务，B 公司在受理后将代驾服务信息发送给被告赵某。被告赵某在收到信息后随即赶至该饭店，在与潘某签署代驾服务确认单后驾驶车主为被告 A 公司的小型客车离开饭店。当晚，被告赵某驾驶该车行驶至葡萄路十字路口处，因未让右侧车辆先行，不慎将驾驶电瓶车行驶至此的原告陶某撞倒，致使原告车损人伤。经交警部门认定，被告赵某负事故全部责任，原告无责任。事发后，原告被送至医院住院治疗，为疗伤共支出医疗费 36369.65 元（其中原告自付644.30 元，被告 B 公司垫付 35725.35 元），并住院治疗了 16.5 日。后经华东政法大学司法鉴定中心鉴定，原告构成十级伤残。

另查明，被告 B 公司系专门从事科技开发和代驾服务的公司，代驾服务手机软件"e 代驾"系由其开发。"e 代驾"包含代驾客户软件系统及代驾驾驶员接单软件系统，当客户在手机端安装"e 代驾"代驾客户软件后，即可以通过该软件的定位查找功能查找代驾驾驶员完成代驾服务，亦可以通过拨打该软件主页的电话联系代驾服务。代驾驾驶员接单软件系统由被告 B 公司安装于由其分配给代驾驾驶员使用的专用手机中，代驾驾驶员开启软件系统后即被认为处于可接单状态，退出软件系统即表示不接单。代驾驾驶员亦接受被告 B 公司的短信派单任务，本案被告赵某即接受了短信派单任务。

还查明，被告赵某经朋友介绍在被告 B 公司上海办事处报名并经考核后成为代驾驾驶员，按约定交纳了 500 元信息费后领取了工作服、胸卡及专用手机，但未签署书面协议，双方仅口头约定了彼此的权利与义务。

原告起诉

原告陶某诉称，该事故造成其医疗费等各项损失 11 万余元；要求先由被告平安财险上海分公司依次在交强险及商业三者险的责任限额内承担赔偿责任（要求精神损害抚慰金在交强险内优先赔偿）；不足部分由被告赵某及被告 A 公司承担连带赔偿责任。

被告辩解

被告赵某辩称，对原告所述交通事故的基本事实及责任认定均无异议。事发时，其系接受被告 B 公司指派完成代驾服务，属于职务行为，故赔偿责任应由 B 公司承担，其不应承担责任；事发后，其支付了 1000 元给 B 公司，公司答应处理后续赔偿问题。

被告 A 公司未具答辩。

被告 B 公司辩称，对原告所述交通事故的基本事实及责任认定均无异议。公司与被告赵某签署有合作协议，明确了双方系合作关系，公司仅通过手机软件"e 代驾"提供服务信息，由被代驾人自由选择代驾司机完成代驾服务，代驾服务完成后费用亦由被代驾人与代驾司机直接结算，公司仅收取每单 5~20 元的信息费用，故被告赵某不是公司员工，事发时并非职务行为，事故责任应由被告赵某自行承担。事故后，考虑被告赵某无力垫付医疗费，故公司从人道主义出发为原告垫付了医疗费 35926.95 元，要求在本案中一并处理。

被告平安财险上海分公司辩称，对原告所述交通事故的基本事实及责任认定均无异议，认可事故车辆于事发时在其处同时投保有交强险及商业三者险，同意保险责任限额内依法承担赔偿责任。

裁判理由

上海市浦东新区人民法院审理后认为，机动车发生交通事故造成人身伤亡、财产损失的，应先由承保交强险的保险公司在责任限额范围内予以赔偿；不足部分，在明确侵权责任的成立以及范围的基础上，由承保商业三者险的保险公司根据保险合同予以赔偿；仍有不足的，依照道路交通安全法和侵权责任法的相关规定由侵权人予以赔偿。本起交通事故发生于机动车与非机动车之间，并经相关职能部门认定，被告赵某负事故的全部责任，原告无责任。故对原告的合理经济损失，确认由被告平安财险上海分公司依次在交强险责任限额及商业三者险范围内进行赔偿；超出保险范围的部分，在确定赔偿责任主体后，由赔偿责任人予以赔偿。

本案主要的争议焦点如下：第一，原告损失中超出保险理赔范围的部分由谁承担；第二，原告的合理损失如何确定。

对于争议焦点一，法院认为，第一，因租赁、借用等情形机动车所有人与使用人不是同一人时，发生交通事故后属于该机动车一方责任的，由保险公司在机动车强制保险责任限额范围内予以赔偿。不足部分，由机动车使用人承担赔偿责任；机动车所有人对损害的发生有过错的，承担相应的赔偿责任。本案中机动车所有人为被告A公司，其员工通过委托代驾服务协议将机动车实际使用权转移给被告赵某，其作为机动车所有人仅在对损害的发生存在过错的情况下才承担赔偿责任。现原告并无证据证明被告A公司对损害的发生存在过错，故其要求被告A公司承担连带责任的请求，法院不予支持。

第二，被告赵某是否属于执行职务行为，其与被告B公司是何关系。首先，从事发当时的情形来看，被告赵某系收到被告B公司的短信通知，要求其完成代驾服务，且通过代驾服务确认单可以认定，委托代驾服务协议系由被告A公司与被告B公司签订，被告赵某并非协议当事人，故被告赵某的代驾行为系接受被告B公司的指令为履行协议作出的特定行为。其次，从被告赵某与被告B公司的约定来看，被告赵某系经被告B公司考核并认可的代驾驾驶员，在其代驾服务过程中，必须接受被告B公司制定的规章制度及行为规范，并须穿着公司统一的制服及胸卡，故被告赵某在工作时间内接受被告B公司的管理。另外，被告赵某根据被告B公司制定的标准收取费用，对于代驾费用被告赵某并无议价权，其仅以付出的劳动获取相应报酬。最后，从雇佣关系的特征来看，雇佣关系是指当事人一方在一定或不定期内为另一方当事人提供特定或不特定劳动且接受另一方当事人的安排指挥，并以此获取劳动报酬的法律关系，其本质特征在于一方当事人接受另一方的一定管理，并向其提供劳务以获取报酬。本案被告赵某与被告B公司之间符合雇佣关系的一般特征，应认为双方之间属于雇佣关系。综上，法院认为被告赵某事发时在执行职务过程中，属于职务行为。根据法律规定，雇员从事雇佣活动致人损害的，雇主应当承担赔偿责任，故对于原告损失超出保险理赔范围的部分，应由被告B公司基于职务关系承担。被告 B 公司抗辩其与被告赵某之间系合作关系，但从协议的内容来看，被告赵某仅以劳动换取报酬，既不对被告 B 公司的经营承担风险，也不享受除劳动报酬以外的其他利益，其实质仍为雇佣，故对被告 B 公司的抗辩法院不予采纳。

综上原告的各项合理损失，依照《中华人民共和国道路交通安全法》第七十六条第一款第（二）项，《中华人民共和国侵权责任法》第十六条、第十九条、第二十二条、第四十九条，《最高人民法院关于审理人身损害赔偿案件适用法律若干问题的解释》第九条，《中华人民共和国保险法》第二条、第六十五条第一款及第二款，《机动车交通事故责任强制保险条例》第二十一条第一款、第二十三条第一款，《最高人民法院关于审理道路交通事故损害赔偿案件适用法律若干问题的解释》第十六条，《中华人民共和国民事诉讼法》第一百四十四条的规定，作出判决。

裁判结果

一、被告平安财险上海分公司于本判决生效之日起 10 日内赔偿原告陶某交强险及商业三者险保险金共计 126633.03 元（其中精神损害抚慰金5000 元在交强险内优先赔偿）。

二、被告 B 公司于本判决生效之日起十日内赔偿原告陶某 3716 元（已实际给付 35926.95 元，原告陶某于本判决生效之日起十日内返还被告B 公司 32210.95 元）。

三、驳回原告其余诉讼请求。

一审后，被告不服，上诉于上海市第一中级人民法院。该案在二审中经调解结案，被告撤诉。

评析

本案系全国首例涉代驾软件交通事故纠纷案，主要争议在于有偿代驾与交通事故赔偿责任主体认定问题，即原告损失中超出保险理赔范围的部分由谁承担。因租赁、借用等情形机动车所有人与使用人不是同一人时，发生交通事故后属于该机动车一方责任的，由保险公司在机动车强制保险责任限额范围内予以赔偿。不足部分，由机动车使用人承担赔偿责任；机动车所有人对损害的发生有过错的，承担相应的赔偿责任。雇员在从事雇佣活动中致人损害的，雇主应当承担赔偿责任。

被告 A 公司的员工潘某通过被告 B 公司的官网电话联系代驾服务，B 公司在受理后将代驾服务信息发送给被告赵某。被告赵某在收到信息后随即赶至该饭店，在与潘某签署代驾服务确认单后驾驶车主为被告 A 公司的小型客车离开饭店。当晚，被告赵某驾驶该车将驾驶电瓶车的原告撞倒，致使原告车损人伤。经交警部门认定，被告赵某负事故全部责任，原告无责任。本案中机动车所有人为被告 A 公司，其员工通过委托代驾服务协议将机动车实际使用权转移给被告赵某，其作为机动车所有人仅在对损害的发生存在过错的情况下才承担赔偿责任。现原告并无证据证明被告 A 公司对损害的发生存在过错，被告 A 公司不承担连带责任。

被告赵某与被告 B 公司之间的关系本质特征在于一方当事人接受另一方的一定管理，并向其提供劳务以获取报酬，应认为双方之间属于雇佣关系。被告赵某事发时在执行职务过程中，属于职务行为。对于原告损失超出保险理赔范围的部分，应由被告 B 公司基于职务关系承担雇主侵权责任。代驾公司在承担连带责任之后可视情况向代驾员追偿。

42. 手机软件强行搭售

——上海市消费者权益保护委员会诉天津三星通信技术有限公司侵权责任纠纷案

▮ 裁判要旨

1. 手机制造商未明确告知消费者手机预装应用软件的基本信息、未向消费者提供自主卸载预装应用软件的不当行为，侵犯了消费者在购买、使用手机过程中的知情权、选择权，构成对消费者自主选择权的侵害。

2. 若消费者得以简便、迅速地获取产品信息，并可根据个人需求直接对预装的推荐应用软件的存留进行选择，则因保障了消费者对于手机预装应用软件所享有的知情权、选择权，而并无不当。

▮ 案件索引

上海市第一中级人民法院（2015）沪一中民一（民）初字第 10 号

▮ 审理经过

原告上海市消费者权益保护委员会（简称"上海市消保委"）诉被告天津三星通信技术有限公司（简称"三星公司"）侵权责任纠纷一案，法院于 2015 年 7 月 1 日立案受理后，上海市消保委于 2015 年 8 月 24 日向法院申请撤回起诉，法院依法组成合议庭于 2015 年 9 月 17 日公开开庭就上海市消保委的撤诉申请进行了审理。原告上海市消保委的委托代理人汪鹄、江宪，被告三星公司的委托代理人王韬、黄腾到庭参加诉讼。本案现已审理终结。

原告起诉

原告上海市消保委诉称，上海市消保委是依照《中华人民共和国消费者权益保护法》和《上海市消费者权益保护条例》成立的公益性社会组织，依法对商品和服务进行社会监督，保护消费者合法权益。就经营者损害消费者合法权益的行为，支持受损害的消费者提起诉讼或者由上海市消保委依照法律法规提起诉讼，此为上海市消保委法定的公益性职责之一。

针对近两年消费者反映的手机说明书未完全告知消费者真实情况，存在内存缩水、软件功能不清等问题，上海市消保委委托专业机构对市场上在售手机的多项性能开展了模拟测试。在模拟测试中发现，三星公司所售的 sm-n9008s 手机预装各类应用软件 44 个，而三星公司对这些应用软件的名称、类型、功能、所占内存等在外包装和说明书中均未明确告知消费者，且这些预装应用软件均不可卸载。

上海市消保委认为，消费者享有知悉其购买、使用的商品或者接受的服务真实情况的权利和自主选择商品或者服务的权利。三星公司所售手机的外包装以及说明书均未对其预装应用软件的名称、类型、功能、所占内存等以明示的方式告知消费者，已构成对消费者知情权的侵害。三星公司在手机中预装的应用软件均不可卸载，减弱了消费者依个人需求选择应用软件的权利，已构成对消费者自主选择权的侵害。据此，上海市消保委根据《中华人民共和国民事诉讼法》第五十五条、《中华人民共和国消费者权益保护法》第四十七条之规定提起诉讼，请求法院判令：1. 三星公司在其所销售的 sm-n9008s 手机的外包装或说明书中明示手机内预装应用软件的名称、类型、功能、所占内存；2. 三星公司为其所销售的 sm-n9008s 手机内的预装应用软件提供可直接卸载的途径；3. 诉讼费由三星公司承担。

2015 年 8 月 24 日，上海市消保委向法院提交撤诉申请书称，在上海市消保委就三星公司的侵权行为向法院提起消费者权益保护公益诉讼后，三星公司向上海市消保委表达了应当遵守中国法律、保障消费者在消费过程中的知情权和选择权的态度，并表示将积极纠正其不当做法。为此三星公司向上海市消保委提交了《革新方案》以及《预装软件、包装指示、网站途径、宣传资料、客服培训等革新方法之具体说明》，该两个文件明确载明，三星公司将告知消费者 sm-n9008s 手机预装应用软件的信息以及提供预装基本应用软件之外的其他应用软件的卸载途径。同时，三星公司还在《革新方案》中承诺，"进一步加大对消费者权益的保护力度，在未来新产品中继续加强技术研发，除基本应用外的应用将均可卸载。同时也会通过积极改装产品包装、官网等充分告知消费者预装软件的情况"。诉讼中，三星公司已经实际履行了上述承诺。据此，上海市消保委认为，其提起本案公益诉讼的目的为督促生产经营者充分保护消费者的知情权和选择权，鉴于三星公司已经纠正了侵害消费者权益的不当行为，上海市消保委的上述诉讼目的已经实现，故向法院申请撤诉。上海市消保委同时表示，如果三星公司在今后的经营过程中再出现侵害消费者权益的行为，上海市消保委仍将继续依法提起公益诉讼。

被告辩解

三星公司对上海市消保委所述事实予以认可，称，该公司已发布 sm-n9008s 手机可卸载部分预装应用软件的新版系统，从 2015 年 8 月 1 日起消费者即可通过至各地的三星公司售后服务中心方式进行系统版本的升级。对于安装新版系统后的手机，消费者可以自行卸载除基本应用软件以外的所有预装应用软件。目前最新版本的情况为，可卸载的推荐应用软件 24 个，不可卸载的基本应用软件 21 个。同时，三星公司已在其公司官方网站的 sm-n9008s 手机产品页面中，增加了预装应用软件说明，包括软件名称、数量、类型、所占内存等。由于 sm-n9008s 手机已于 2015 年 4 月停产，故现主要通过其官方网站、三星客服（电话方式）等途径告知消费者该型号手机可用内存及预装应用软件的信息。

三星公司同时表示，对于 2015 年 9 月以后上市的新产品，该公司将采取官方网站告知、包装盒告知、快速入门指南告知、产品宣传折页告知、门店促销员培训告知、三星客服告知六种方式向消费者告知手机的可用内存以及预装应用软件信息（具体包括软件的数量、名称、类型、所占内存）。自 2014 年 4 月上市的 s5 产品开始，所有的三星智能手机均增加了可卸载功能，消费者可以自行卸载除基本应用软件之外的其余应用软件。对于之前已出售的三星手机，凡在维保期间的，消费者均可以通过电脑升级或者至三星公司售后服务中心升级的方式更新系统版本，从而达到卸载推荐应用软件的目的。

在庭审过程中，三星公司当庭演示了如何通过其官方网站查询 sm-n9008s 手机及其他型号手机的可用内存及预装应用软件信息、如何通过产品外包装及快速入门指南中的"预装应用查询网址（二维码和网址）"查询手机可用内存及预装应用软件信息，以及在安装了可卸载应用软件版本的手机上如何卸载应用软件。

上海市消保委对三星公司陈述的事实及演示过程予以认可。

法院查明事实

法院经审理查明，2015 年 3 月 25 日，上海市消保委委托上海市质量监督检验技术研究所电子电器家用电器质量检验所对目前上海市场在售的智能手机预装应用软件数量及流量消耗情况进行模拟测试，经测试发现，三星公司生产的 sm-n9008s 手机预装各类应用软件 44 个，而三星公司对于这些应用软件的名称、类型、功能及所占内存情况均未在外包装及说明书中明确告知消费者，且上述预装应用软件均不可卸载。上海市消保委认为，三星公司的上述行为侵害了消费者依法享有的知情权及选择权，故根据其法定职责，诉至法院，请求判如所请。

后三星公司于 2015 年 7 月 24 日向上海市消保委提交了《革新方案》以及《预装软件、包装指示、网站途径、宣传资料、客服培训等革新方法之具体说明》，表示将通过升级系统版本的方式实现 sm-n9008s 手机中除基本应用软件之外的软件卸载功能，并在官方网站上的 sm-n9008s 手机产品页面中，增加新版本的预装应用软件具体说明。三星公司同时承诺，其在未来新产品中将继续加强技术研发，除基本应用软件外的其他应用软件将均可卸载，并将通过积极改进产品包装、官方网站等充分告知消费者预装应用软件的情况。

三星公司称，手机中的基本应用软件，即指为实现硬件固有功能、为实现操作系统设置和稳定运行以及为其他应用提供调用支持的平台应用软件。

目前，三星公司已通过下列方式向公众告知 sm-n9008s 手机预装应用软件的情况：1. 登录三星公司官方网站中 sm-n9008s 手机的具体产品页面，可在"规格参数"中查询该型号手机的可用内存空间，可在"预装应用"中查询该型号手机预装应用软件的信息，具体包括应用软件的数量、名称、是否可卸载以及可卸载应用软件的所占内存；2. 通过三星公司售后服务中心的客服热线（电话方式）告知。

除上述方式外，对于 2015 年 9 月后上市的三星手机，三星公司另在包装盒、盒内的快速入门指南、产品宣传折页上增加了"预装应用软件查询网址（二维码和网址）"，消费者可通过扫描二维码或输入网址的方式在线对预装应用软件的信息进行查询。同时，通过加强对门店促销员的培训，由其向消费者告知获取预装应用软件信息的查询渠道或直接现场操作演示。

对于 sm-n9008s 手机预装应用软件的卸载问题，三星公司已就该型号手机发布了新版系统，消费者可通过至三星公司售后服务中心升级系统版本的方式实现除基本应用软件之外的预装应用软件的卸载。除此之外的其余型号手机，只要在维保期间内，消费者均可通过升级手机系统版本的方式实现卸载功能；2014 年 4 月后新上市的三星手机均增加了可卸载功能，用户可自行卸载除基本应用软件之外的其余应用软件。

三星手机中可卸载的预装应用软件共有如下三种卸载途径：1. 点击菜单栏中的"卸载/禁用应用程序"，点击带"－"的软件图标；2. 进入"设定"中的"应用程序管理器"，选择需要卸载的软件名称，点击"卸载"；3. 长按需卸载的软件图标拖至"卸载"图标。

🖋 裁判理由

法院认为，本案系上海市消保委依法定职责提起的消费者权益保护公益诉讼，旨在制止并纠正手机制造商未明确告知消费者手机预装应用软件的基本信息、未向消费者提供自主卸载预装应用软件的不当行为，保护消费者在购买、使用手机过程中的知情权、选择权不受侵害。根据查明的事实，三星公司针对系争的 sm-n9008s 手机，已在其官方网站的产品页面中列明了该型号手机的用户可用内存、预装应用软件信息，具体包括应用软件的数量、名称、类型（即属于不可卸载的基本应用软件还是可卸载的推荐应用软件）、推荐应用软件的所占内存等，并通过升级手机系统版本的方式解决了该型号手机预装应用软件的卸载问题。同时，三星公司还将其纠正行为扩展至该公司的其余型号手机，即对于目前在维保期间内的手机均提供免费升级系统版本的方式实现卸载功能，对于 2014 年 4 月以后新上市的手机直接增加预装推荐应用软件可卸载功能，对于 2015 年 9 月以后新上市的手机还从产品外包装、快速入门指南、产品宣传折页等方面提供了多种告知途径，并辅以门店促销员、客服人员的介绍等方式。三星公司的上述行为，使三星手机的消费者得以简便、迅速地获取产品信息，并可根据个人需求直接对预装的推荐应用软件的存留进行选择，从而保障了消费者对于手机预装应用软件所享有的知情权、选择权。现上海市消保委申请撤回起诉，法院经审查认为，其申请符合法律规定，亦不违背社会公共利益，故予以准许。

据此，依据《中华人民共和国民事诉讼法》第五十五条、第一百四十五条第一款之规定，作出裁定。

🖋 裁判结果

准予上海市消费者权益保护委员会撤回起诉。

案件受理费人民币 80 元，减半收取人民币 40 元，由天津三星通信技术有限公司负担。

▋ 评析

本案是涉及时下普遍存在的手机软件强行搭售问题的典型案例。手机制造商未明确告知消费者手机预装应用软件的基本信息、未向消费者提供自主卸载预装应用软件的不当行为，侵犯了消费者在购买、使用手机过程中的知情权、选择权，构成对消费者自主选择权的侵害。本案中，三星公司生产的 sm-n9008s 手机预装各类应用软件 44 个，而三星公司对于这些应用软件的名称、类型、功能及所占内存情况均未在外包装及说明书中明确告知消费者，且上述预装应用软件均不可卸载。上海市消保委有权依法定职责提起消费者权益保护公益诉讼，旨在制止并纠正手机制造商的该不当行为，保护消费者在购买、使用手机过程中的知情权、选择权不受侵害。

第五编　网络不正当竞争

43. "3Q 大战" 之诋毁商誉纠纷

——腾讯公司诉奇虎 360 公司商业诋毁案

▍裁判要旨

1. 网络商业模式的特殊性对竞争关系的认定存在影响，即便竞争双方免费网络服务的主营市场具有一定的区别，但是，基于网络服务运营模式的特殊性，各自的竞争优势主要取决于免费网络服务市场中对用户的锁定深度和广度，竞争双方在包括网络用户市场和网络广告市场等网络整体服务市场中具有竞争利益，二者具有竞争关系。

2. 安全类软件行业商业性言论自由的边界是"客观真实的评测结果和表述"，即言论所表述的内容是否客观真实地反映客观事实。对于合理范围内的错报、误报，以及并非明显的表述失当，应当给予适当的宽容。

▍案件索引

一审：北京市朝阳区人民法院（2010）朝民初字第 37626 号
二审：北京市第二中级人民法院（2011）二中民初字第 12237 号

▍当事人起诉

原告腾讯科技（深圳）有限公司、深圳市腾讯计算机系统有限公司

（以下合称"腾讯公司"）是 QQ 即时通信软件（以下简称"QQ 软件"）的权利人和运营商，在即时通信软件市场和桌面网络游戏、门户网站等网络服务领域拥有很高的市场占有率。被告北京奇虎科技有限公司、奇智软件（北京）有限公司、北京三际无限网络科技有限公司（以下合称"奇虎360公司"）是 360 安全卫士软件和 360 安全中心网（以下简称"360 网"）的权利人和经营者，在安全类软件中拥有很高的市场占有率。

2010 年 9 月 27 日，腾讯公司发现"360 网"向用户提供"360 隐私保护器"Vl. OBeta 软件（以下简称"360 隐私保护器"）的下载，该软件存在针对 QQ 软件的不当行为，且"360 网"上发布的部分文章和言论对腾讯公司及其 QQ 软件产品进行了商业诋毁，遂以不正当竞争为由诉至法院。

腾讯公司主张奇虎 360 公司构成不正当竞争的行为包括以下几点。（1）在没有事实依据的情况下，通过"360 隐私保护器"误导用户认为腾讯 QQ 软件窥视用户隐私。具体表现为：①最初两款"360 隐私保护器"（版本号为 1.0.0.1001 和 1.0.0.1003）专门针对腾讯 QQ 软件进行监测，且将任何软件更名为 QQ.exe，"360 隐私保护器"的监测结果都会显示"腾讯 QQ"侵犯用户隐私；②"360 隐私保护器"软件在初始界面、监测结果等处，都存在误导、暗示腾讯 QQ 侵犯用户隐私的表述。（2）在"360 网"上捏造和散布腾讯 QQ 侵犯用户隐私的虚假事实。

被告辩解

奇虎 360 公司对腾讯公司举证证明的"360 隐私保护器"软件的界面描述、检测结果及"360 网"中发布的文章内容的客观存在并无异议。但其主张，腾讯公司与奇虎 360 公司分别是即时通信类软件和安全类软件的网络运营商，双方的产品不具备可替代性，不具有竞争关系。另外，腾讯软件确实存在扫描用户本地磁盘及磁盘中文件的情况，基于其对腾讯软件作为即时通信类软件工作原理的理解，其认为腾讯软件在未经用户同意的情况下，对任何除腾讯软件或操作系统软件（Window 软件）之外的文件进行调用，都是不合理的。腾讯 QQ 确实存在扫描用户电脑磁盘的情况，是未经用户许可采集数据的行为，涉嫌侵犯用户的隐私。"360 隐私保护器"对这种扫描行为向用户进行提示，是正当的。

一审裁判

一审法院经审理，认可了原告腾讯公司提交的公证书的内容，即"360 隐私保护器"确实提示并引导用户认为 QQ 软件存在侵犯用户隐私的情况；对于奇虎 360 公司提交的用以证明 QQ 软件扫描用户文件的公证书，由于公证过程存在瑕疵，未予认可。结合查明事实一审法院认为："360 隐私保护器"监测提示用语和界面用语以及"360 网"上存在的评价和表述，采取不属实地表述事实、捏造事实的方式，具有明显的不正当竞争的意图，损害了腾讯公司的商业信誉和商品声誉，构成了商业诋毁。

当事人上诉

奇虎 360 公司认为原审法院以公证过程存在瑕疵而否定了认定案件事实的重要证据，导致案件事实无法查明，故不服原审判决，向北京市第二中级人民法院提起上诉。

二审裁判

北京市第二中级人民法院二审认为：本案争议焦点为腾讯公司与奇虎 360 公司是否具有竞争关系；奇虎 360 公司被控不正当竞争行为是否成立以及其是否应当承担相应的法律责任。

尽管腾讯公司的主营免费网络服务市场是以 QQ 软件为代表的即时通信软件和服务市场，而奇虎 360 公司的主营免费网络服务市场是以 360 安全卫士软件为代表的安全类软件和服务市场，双方免费网络服务的主营市场具有一定的区别，但是，基于网络服务运营模式的特殊性，各自的竞争优势主要取决于免费网络服务市场中对用户的锁定程度和广度，腾讯公司与奇虎 360 公司在包括网络用户市场和网络广告市场等网络整体服务市场中具有竞争利益，二者具有竞争关系。

"360 隐私保护器"仅针对 QQ 软件进行监测，并不是其行为具有不正当性的理由，只要该款软件设计合理、表达恰当，且不存在违反诚实信用等公认商业道德的情况，应为法律所允许。"360 隐私保护器"在对软件进行监测时，在初始界面、监测结果等处的表述和显示内容，是否如实反映了客观情况，是否会造成用户误解并产生不适当的联想，是判断其行为正当性的关键。根据本案查明的事实，"360 隐私保护器"软件在对 QQ 软件监测时，使用了"个人电话、证件号码、上网和聊天记录等隐私泄露事件大多与某些软件偷窥电脑信息有关，无数网民因此深受广告骚扰、欺诈威胁"，"某些软件为了谋取利益'窥视'您的隐私文件，可能导致您的隐私泄露"等描述。尽管奇虎 360 公司意图通过第三方监测软件证明 QQ 软件存在扫描用户磁盘及文件的情况，但是该内容不足以证明 QQ 软件扫描了包含奇虎 360 公司在"360 隐私保护器"软件中通过语言描述引导用户理解的"隐私"内容。在无事实依据的基础上，"360 隐私保护器"通过使用"个人电话、证件号码、上网和聊天记录等隐私泄露事件"等语言进行描述，并将相关信息的泄露与"广告骚扰、欺诈威胁"等后果相联系，引导用户联想到相关后果可能与"360 隐私保护器"关于 QQ 软件可能泄露用户隐私的相关提示具有关联关系，从而导致 QQ 软件用户对该软件产生不合理怀疑，甚至负面评价。涉案"360 隐私保护器"对相关监测结果的描述缺乏客观公正性，足以误导用户产生不合理的联想，从而对 QQ 软件的商品声誉和腾讯公司的商业信誉带来一定程度的贬损，构成不正当竞争。由于"360 网"上的文章内容以"360 隐私保护器"监测到的"QQ 软件'窥视'用户隐私文件"的描述为基础，而奇虎 360 公司并未证明这一描述的客观性，违背了诚实信用的公认商业道德，损害了腾讯公司及其"腾讯 QQ"软件产品的商业信誉，亦构成商业诋毁。

除上述"360 隐私保护器"的监测提示外，奇虎 360 公司在"360 隐私保护器"界面用语和"360 网"的 360 安全中心、360 论坛、360 隐私保护器软件开发小组博客日志、《用户隐私大过天》专题网页中还对 QQ 软件进行了一定数量的评价和表述。这些评价和表述，使用了"窥视""为谋取利益窥视""窥视你的私人文件""如芒在背的寒意""流氓行为""逆天行道""投诉最多""QQ 窥探用户隐私由来已久""请慎重选择 QQ"等词语和表述来评价软件。在上诉人奇虎 360 公司未证明被上诉人腾讯公司扫描的文件含有用户隐私的情况下，上述评价和表述缺乏事实基础，并且带有较强的感情色彩，具有负面评价效果和误导性后果，违背诚实信用的公认商业道德，损害了腾讯公司及其腾讯 QQ 软件产品的商业信誉，亦构成商业诋毁。上诉人奇虎 360 公司关于其不存在捏造、散布虚伪事实的情况，原审法院依据《中华人民共和国反不正当竞争法》第二条、第十四条、第二十条判决上诉人承担责任属于适用法律错误的相关上诉主张，不能成立，法院不予支持。

综上，上诉人奇虎 360 公司的上诉理由不能成立，其上诉请求，均不予支持。原审判决认定事实基本清楚，适用法律正确，应予维持。依照《中华人民共和国反不正当竞争法》第二条、第十四条、第二十条，《中华人民共和国民事诉讼法》第一百五十三条第一款第（一）项之规定，判决：驳回上诉，维持原判。

评析

本案是商业诋毁典型案例。认定是否构成商业诋毁，其根本要件是相关经营者之行为是否以误导方式对竞争对手的商业信誉或者商品声誉造成了损害。

本案中，腾讯公司发现"360 网"向用户提供"360 隐私保护器"的下载服务，该软件存在针对 QQ 软件的不当行为，且"360 网"上发布的部分文章和言论对腾讯公司及其 QQ 软件产品进行了商业诋毁。本案的争议焦点是在互联网行业领域的不正当竞争纠纷中，如何认定争议双方是否存在竞争关系以及如何对诋毁商誉行为进行认定的问题。

腾讯公司的主营免费网络服务市场是以 QQ 软件为代表的即时通信软件和服务市场，而奇虎 360 公司的主营免费网络服务市场是以 360 安全卫士软件为代表的安全类软件和服务市场，双方免费网络服务的主营市场具有一定的区别，但是，基于网络服务运营模式的特殊性，各自的竞争优势主要取决于免费网络服务市场中对用户的锁定程度和广度，腾讯公司与奇虎 360 公司在包括网络用户市场和网络广告市场等网络整体服务市场中具有竞争利益，二者具有竞争关系。

"360 隐私保护器"监测提示用语和界面用语以及"360 网"上存在的评价和表述，采取不属实地表述事实、捏造事实的方式，具有明显的不正当竞争的意图，损害了腾讯公司的商业信誉和商品声誉，构成了商业诋毁。

44. "3Q大战"之不正当竞争纠纷

——北京奇虎科技有限公司、奇智软件（北京）有限公司与
腾讯科技（深圳）有限公司、深圳市腾讯计算机
系统有限公司不正当竞争纠纷案

裁判要旨

1. 认定是否构成商业诋毁，其根本要件是相关经营者之行为是否以误导方式对竞争对手的商业信誉或者商品声誉造成了损害。即使某一事实是真实的，但由于对其进行了片面的引人误解的宣传，仍会对竞争者的商业信誉或者商品声誉造成损害，因此亦属于《中华人民共和国反不正当竞争法》（简称《反不正当竞争法》）第十四条予以规范的应有之义。

2. 经营者对于他人的产品、服务或者其他经营活动并非不能评论或者批评，但评论或者批评必须有正当目的，必须客观、真实、公允和中立，不能误导公众和损人商誉。经营者为竞争目的对他人进行商业评论或者批评，尤其要善尽谨慎注意义务。

3. 不付出劳动或者不正当地利用他人已经取得的市场成果，为自己谋取商业机会，从而获取竞争优势的行为，属于食人而肥的不正当竞争行为。

4. 是否属于互联网精神鼓励的自由竞争和创新，需要以是否有利于建立平等公平的竞争秩序、是否符合消费者的一般利益和社会公共利益为标准来进行判断，而不是仅有某些技术上的进步即认为属于自由竞争和创

新。否则，任何人均可以技术进步为借口，对他人的技术产品或者服务进行任意干涉，这将导致借技术进步、创新之名，而行"丛林法则"之实。

案件索引

一审：广东省高级人民法院（2011）粤高法民三初字第 1 号
二审：最高人民法院（2013）民三终字第 5 号

审理经过

上诉人北京奇虎科技有限公司（简称"奇虎公司"）、奇智软件（北京）有限公司（简称"奇智公司"）因与被上诉人腾讯科技（深圳）有限公司（简称"腾讯公司"）、深圳市腾讯计算机系统有限公司（简称"腾讯计算机公司"）不正当竞争纠纷一案，不服广东省高级人民法院（2011）粤高法民三初字第 1 号民事判决，提出上诉。法院依法组成合议庭公开开庭审理了本案。书记员刘海珠、曹佳音担任法庭记录。上诉人奇虎公司的委托代理人谢冠斌、蔡鹏，上诉人奇智公司的委托代理人孙喜、朱翼鹏，被上诉人腾讯公司的委托代理人张亚洲、邹良城，被上诉人腾讯计算机公司的委托代理人周丹丹、胡迎春到庭参加了诉讼。本案现已审理终结。

当事人起诉

2011 年 6 月 10 日，腾讯公司、腾讯计算机公司一审起诉称：原告是提供互联网综合服务的互联网公司，腾讯 QQ 即时通信软件和腾讯 QQ 即时通信系统是原告的核心产品和服务。2010 年 10 月 29 日，原告发现两被告通过其运营的 www.360.cn 网站向用户提供"360 扣扣保镖"（简称"扣扣保镖"）软件下载，并通过各种途径进行推广宣传。该软件直接针对腾讯 QQ 软件，自称具有"给 QQ 体检"、"帮 QQ 加速"、"清 QQ 垃圾"、"去 QQ 广告"、"杀 QQ 木马"、"保 QQ 安全"和"隐私保护"等功能，实质上其是打着保护用户利益的旗号，污蔑、破坏和篡改腾讯 QQ 软件的功能；同时通过虚假宣传，鼓励和诱导用户删除腾讯QQ软件中的增值业务插件、屏蔽原告的客户广告，并将其产品和服务嵌入原告的QQ软件界面，借机宣传和推广自己的产品。被告的上述行为不仅破坏了原告合法的经营模式，导致原告产品和服务的完整性和安全性遭到严重破坏，原告的商业信誉和商品声誉亦遭到严重损害。被告的上述行为违反了公认的商业道德，构成不正当竞争，减少了原告的增值业务交易机会和广告收入，给原告造成了无法估量的损失，亦导致用户不能再享受优质、安全、有效的即时通信服务，最终损害用户的利益。两被告系关联公司，被告奇虎公司系扣扣保镖的开发者和著作权人，同时也是 www.360.cn 域名的注册人和实际运营人，被告奇智公司系扣扣保镖的发行人。两被告共同实施了涉案不正当竞争行为，应承担连带责任。故请求法院判令两被告：1. 立即停止涉案不正当竞争行为，包括但不限于停止开发、传播和发行扣扣保镖及相关软件，停止已发行和传播的扣扣保镖软件现有功能，停止诋毁原告及原告的产品和服务的行为；2. 连续三个月在其网站（www.360.cn、www.360.com）首页显著位置，在新浪网（www.sina.com）、搜狐网（www.sohu.com）和网易网（www.163.com）等网站首页显著位置，在《法制日报》和《中国知识产权报》等报纸第一版显著位置就其不正当竞争行为向原告赔礼道歉，消除影响；3. 连带赔偿原告经济损失 1.25 亿元；4. 承担原告维权支出的合理费用及全部诉讼费用。

被告答辩

奇虎公司、奇智公司答辩称，（一）扣扣保镖不破坏QQ软件系统的完整性。《中华人民共和国著作权法》以及《计算机软件保护条例》已经对保护作品完整权有明确规定，原告以《反不正当竞争法》第二条为依据提起本案诉讼，应予驳回。根据《计算机软件保护条例》第十六条规定，软件的合法复制品所有人有权为了改进其功能、性能而进行必要的修改。因此，软件用户有权对QQ软件进行修改，而扣扣保镖协助用户实现该权利显然不构成著作权意义上的"破坏软件完整性"。（二）原告关于扣扣保镖破坏腾讯商业模式的指控不能成立。商业模式并不构成法律保护的客体，扣扣保镖采用符合公认商业道德的方式，促使腾讯对其掠夺性商业模式做出改变，有利于消费者和市场竞争，符合反不正当竞争法的规定。（三）被告不构成对原告商业声誉的诋毁。第一，扣扣保镖的打分只是对 QQ 软件运行状况的反映与评价，不涉及对 QQ 软件整体的评价。第二，扣扣保镖的打分功能只是基于技术中立的原则，对运行状况客观评分，并未有贬低 QQ 软件的意图。第三，关于"扫描文件"的问题。扣扣保镖并未断言原告扫描了用户隐私，未使用"窥探""谋取利益""恶意"等词语，更没有制造氛围，使用户进入不安全的心理状态，不存在对腾讯的任何贬损。四、被告的行为不构成"搭便车"的不正当竞争行为。第一，关于"替代安全中心"问题。所有的"升级""替换"都是在用户的同意下，在用户的客户端进行。替换后的安全中心也仅有扣扣保镖本身，并未有广告或者其他应用的入口。因此，前述的替换并未有攀附、利用他人商誉的不正当竞争动机，不构成反不正当竞争法意义上的"搭便车"。第二，关于"提示安装 360 安全中心"问题。奇虎公司为扣扣保镖著作权人，其在所开发的软件运行过程中推荐"安全卫士软件"是软件著作权人的正当权益。扣扣保镖推荐软件的行为就是其安全功能的一部分，不构成搭便车的不正当竞争行为。五、原告的高额赔偿请求缺乏法律和事实依据。被告在扣扣保镖发行三天之后就将扣扣保镖召回，并停止了对该软件的支持与更新，任何主要的软件下载渠道也无法下载涉案软件，原告也很快将 QQ 软件系统强制升级，使得扣扣保镖难以正常运行，因此扣扣保镖的实际影响有限。进一步，由于原告"二选一"的反制行为遭致广泛谴责，其商誉有一定程度下降的直接原因显然应归于原告自己。原告要求被告赔偿其经济损失1.25 亿元，其所依据的网易科技关于 360 与腾讯"3Q 大战"的专题分析报告、北京名牌资产评估有限公司出具的报告、深圳市银通联资产评估有限公司出具的评估报告，均缺乏事实依据，不能成立。相反，被告提供的腾讯公司年报证明，腾讯控股有限公司在 2010 年认为没有任何商誉减值的必要。扣扣保镖没有给原告造成实质性的损失。综上所述，原告起诉缺乏事实与法律依据，恳请法院驳回其全部诉讼请求。

法院查明事实

一审法院审理查明的事实主要为以下内容。

（一）原、被告诉讼主体资格及具有竞争关系的事实

腾讯公司成立于 2000 年 2 月 24 日，经营范围为：从事计算机软硬件的技术开发、销售自行开发的软件、计算机技术服务及信息服务。腾讯计算机公司成立于 1998 年 11 月 11 日，经营范围为：计算机软、硬件的设计、技术开发、销售；数据库及计算机网络服务；国内商业、物资供销业；第二类增值电信业务中的信息服务业务；信息服务业务；从事广告业务；网络游戏出版运行；货物及技术进出口。

奇虎公司成立于 2007 年 8 月 13 日，经营范围为：因特网信息服务业务；技术开发、技术咨询、技术推广、网络技术服务；计算机系统服务；设计、制作、发布广告；销售通信设备、电子产品、计算机、软件及辅助设备。奇智公司成立于 2005 年 12 月 28 日，经营范围为：基础软件服务、应用软件服务；网络技术服务；计算机系统服务；计算机、软件及辅助设备、电子产品、通讯产品的批发。

腾讯公司是"腾讯 QQ 2010 正式版 SP2.2 软件"的著作权人，腾讯计算机公司是 QQ 即时通信系统及与之相关的 QQ 软件增值业务的运营人。2010 年 9 月 9 日，腾讯公司出具《授权书》，将 QQ 软件的著作权及运营权授权给腾讯计算机公司。

奇智公司于 2009 年 10 月 16 日申请注册资本变更登记（备案），表明其投资者为奇虎公司。扣扣保镖数字签名证书载明的软件发行商为"QizhiSoftware（beijing）Co. Ltd"。www. 360. cn 网站的工信部备案信息记载，奇虎公司是该网站的开办人和实际运营人。北京市通信管理局于 2010 年 7 月 15 日出具的编号为京 ICP 证 080047 号的《电信与信息服务业务经营许可证》载明，奇虎公司是 www. 360. cn 网站的运营人。

北京市朝阳区人民法院（2010）朝民初字第 37626 号民事判决书、北京市第二中级人民法院（2011）二中民终字第 12237 号民事判决书均认定原、被告之间"在网络服务范围、用户市场、广告市场等网络整体服务市

场中具有竞争利益，二者具有竞争关系"。

（二）原告指控被告实施不正当竞争行为的事实

北京市方圆公证处出具的（2012）京方圆内经证字第 07640 号公证书，证明原告在 QQ 软件平台上设置相应的广告、新闻资讯和业务产品的进入渠道，其他网络服务提供商如 MSN、阿里旺旺、百度 Hi 等均采用相同的产品模式和盈利模式。例如，MSN 客户端软件的界面上设置有广告、弹窗、其他产品和服务的入口。

广东省深圳市深圳公证处（2012）深证字第 96021 号公证书，证明被告产品 360 安全浏览器在提供免费服务的平台上设置了相应的广告、新闻资讯、业务产品的进入渠道，实现商业获利。其中有网页显示，360 安全浏览器页面的上栏、下栏、左上角位置均设置了大量的业务产品入口，页面的中间存在大量的流量广告，其中有网页的右下角设置了新闻弹窗。

📎 一审裁判

一审法院认为，本案主要有以下焦点问题。

（一）关于被告扣扣保镖是否能够破坏原告 QQ 软件及其服务的安全性、完整性，使原告丧失增值业务的交易机会及广告收入，从而构成不正当竞争的问题

一审法院认为根据《反不正当竞争法》第二条之规定，在本案中要判断被告的行为是否构成不正当竞争，关键在于厘清被告的行为是否违反了诚实信用原则和互联网业界公认的商业道德，并损害了原告的合法权益。本案中，被告针对原告的 QQ 软件专门开发了扣扣保镖。在安装了 QQ 软件的电脑上安装运行扣扣保镖后，该软件就会自动对 QQ 进行体检，进而宣布 QQ 存在严重的健康问题。同时，扣扣保镖使用 Hook 技术挂钩 LoadlibraryW 函数、Coloadlibrary 函数或 SetWindowsPos 等函数，阻止 QQ.exe 进程加载特定插件、扫描模块以及弹出窗口，从而屏蔽 QQ 软件使用的插件，清理 QQ 软件产生的临时、缓存文件及其他相关文件，过滤 QQ 软件的信息窗口，等等。另外，被告还向网络用户宣称，QQ 软件存在扫描用户隐私的行为，如果网络用户点击"查看 QQ 扫描了哪些文件"的链接即可调

用 "360 隐私保护器"。扣扣保镖针对 QQ 软件进行所谓 "体检" 后给出的结论，配合奇虎公司在互联网上发布的关于 QQ 软件正在扫描用户隐私等等不实宣称，必然会使不具备网络专业知识的网络用户陷入惶惑和恐慌，产生对 QQ 软件的不信任感；再加上用户希望既要免费使用 QQ 软件提供的即时通信服务，又无须受广告和推销产品插件打扰的心态，用户必然会使用扣扣保镖提供的上述功能，删除 QQ 的功能插件，屏蔽 QQ 发布的广告、游戏，停止使用 QQ 提供的各种功能和服务，修改 QQ 提供给用户的安全中心功能和安全扫描功能。上述行为将使原告损失广告收入、游戏收入和增值服务交易机会，给原告造成严重的经济损失；同时还将使原告的软件运行产生障碍，用户体验发生改变，给原告的企业和品牌声誉造成损害。被告针对原告 QQ 软件专门开发的扣扣保镖破坏了原告合法运行的 QQ 软件及其服务的安全性、完整性，使原告丧失合法增值业务的交易机会及广告、游戏等收入，偏离了安全软件的技术目的和经营目的，主观上具有恶意，构成不正当竞争。

（二）关于被告在经营扣扣保镖软件及其服务时，是否存在捏造、散布虚伪事实，从而构成商业诋毁的问题

一审法院认为，根据《反不正当竞争法》第十四条关于 "经营者不得捏造、散布虚伪事实，损害竞争对手的商业信誉、商品声誉" 的规定，经营者针对特定或者特定类型的竞争对手，故意或者过失地捏造、散布虚伪事实，损害其竞争对手的商业信誉和商品声誉的，构成商业诋毁。这里 "虚伪事实" 包括片面陈述真实的事实而容易引人误解的事实。本案中，在安装了 QQ 软件的电脑上运行扣扣保镖后，该软件自动对 QQ 进行 "体检"，然后显示 "体检得分 4 分，QQ 存在严重的健康问题" "共检查了 40 项，其中 31 项有问题，建议立即修复！重新体检" "在 QQ 的运行过程中，会扫描您电脑里的文件（腾讯称之为安全扫描），为避免您的隐私泄露，您可禁止 QQ 扫描您的文件" 等用语，另外还有 "阻止 QQ 扫描我的文件" "一键修复" 等按键设置。原告据此主张被告的行为构成商业诋毁。

被告抗辩主张该类行为不构成商业诋毁，主要理由是：给 QQ 打分不是对 QQ 的整体评价，只是对 QQ 软件运行状态的反映与评价；扣扣保镖对 QQ 也曾经给予了 100 分的满分评价；原告对自己的产品的安全状况也

有评分，也显示用户得分低，由此不能得出打低分就是贬损他人产品的结论。一审法院认为，首先，无论是整体评价还是就特定问题做评价（如被告所说只是对软件运行状态做评价），只要在对产品进行评价时陈述虚假或者引人误解的事实，就有可能构成商业诋毁。在"给 QQ 体检"中，被告结合给 QQ 打低分的行为，还宣称 QQ 会扫描用户电脑里的文件，为避免隐私泄露，用户可禁止 QQ 扫描自己的文件；将"QQ 扫描我的文件"列为危险项目，提示用户"阻止"。被告称自己的真实意思仅仅是"不排除腾讯扫描用户隐私"的可能性。被告将 QQ 扫描和用户隐私泄露联系在一起，足以使 QQ 用户产生联想，误解 QQ 在利用安全扫描功能窥看并收集、泄露用户隐私。另外，扣扣保镖还以特别醒目的方式提示用户 QQ 存在严重的健康问题；将"QQ 安全中心"列为危险项目，提示用户"升级"，这些宣称及警示语会给 QQ 用户造成一种强烈的直观感受，如"我的 QQ 很不健康"、QQ 提供的安全中心功能"危险"等。被告上述暗示和明示的说法缺乏事实依据，属于捏造和虚构。其后果会直接导致用户对 QQ 产品的信任度下降，对 QQ 安全性产生担忧和恐慌，对 QQ 产品和服务产生怀疑和负面评价。其次，本案证据显示，只有在用户使用了被告给用户设置的"一键修复"功能后，用户的 QQ 软件才能取得 100 分。如一旦用户成功使用"一键修复"功能，原告借助 QQ 平台搭建的增值服务和广告业务功能就将被禁用、阻止或者清除。也就是说，只有当 QQ 特定的功能插件、自带的安全防护功能、广告、资讯弹窗被一律禁用、阻止和清除后，QQ 才能得满分。QQ 所得 100 分是用户使用了扣扣保镖进行"一键修复"的结果。给 QQ 打 100 分，其实质不是为了肯定 QQ 的产品和服务，而是为了鼓励和诱导用户使用扣扣保镖的"一键修复"功能去破坏 QQ 的产品和服务。被告针对原告的经营，故意捏造、散布虚伪事实，损害原告的商业信誉和商品声誉，构成商业诋毁。

（三）关于被告的扣扣保镖是否通过篡改 QQ 的功能界面从而取代原告 QQ 软件的部分功能以推销自己的产品，构成不正当竞争的问题

本案证据证明，在扣扣保镖对 QQ 进行体检后，用户只要点击"保 QQ 安全"功能键，"升级 QQ 安全中心"功能就显示"已开启"，并显示"点击 QQ 主面板中的安全中心时打开扣扣保镖"；用户点击"杀 QQ 木马"功

能键后，页面显示"点击安装 360 安全卫士"以及"如果您不安装 360 安全卫士，将无法使用木马查杀功能"。可见，被告以"升级 QQ 安全中心"为名，通过"一键修复"和"保 QQ 安全"功能限制 QQ 安全中心功能，篡改 QQ 功能界面，用被告自己的扣扣保镖运行界面取而代之。同时，被告一方面通过安全恐吓和"一键修复""隐私保护"功能阻止 QQ 用于查杀木马的安全扫描功能，另一方面又在"给 QQ 体检""隐私保护"中强烈推荐用户安装使用 360 安全卫士的木马查杀功能。由此可见，被告以保护用户利益为名，推出扣扣保镖软件，诋毁原告 QQ 软件的性能，鼓励和诱导用户删除 QQ 软件中的增值业务插件、屏蔽原告的客户广告，其主要目的是将自己的产品和服务嵌入原告的 QQ 软件界面，依附 QQ 庞大的用户资源推销自己的产品，拓展 360 软件及服务的用户。被告在给原告造成了严重经济损失的同时推销自己的产品，增加自己的交易机会，违反了诚实信用和公平竞争原则，构成不正当竞争。

（四）关于被告是否应当停止侵权、应当赔偿原告经济损失的具体数额以及是否应当赔礼道歉、消除影响的问题

1. 关于原告要求被告停止侵权的问题及被告是否应当赔礼道歉、消除影响的问题

本案事实表明，被告的侵权行为已经停止，原告要求判令被告停止侵权的诉讼请求已经满足，一审法院对此不再予以判决。关于被告是否应当赔礼道歉、消除影响的问题，鉴于被告的侵权行为给原告的声誉和商誉造成了严重的损害，原告请求判令被告在有关媒体上赔礼道歉、消除影响，有充分的事实和法律依据，一审法院予以支持。

2. 关于被告侵权行为给原告造成的经济损失的数额问题

一审法院认为，虽然原告为了证明被告的侵权行为对其造成巨大的经济损失，向法院提供了相关证据来支持其主张。但从原告提供的证据来看，（1）网易科技关于 360 与腾讯"3Q 大战"的专题分析报告，以表态将会卸载 QQ 软件的网民数量作为实际卸载 QQ 软件的网民数量，用以计算损失，缺乏精确性。另外，该报告评估了腾讯公司在 2010 年 11 月 4 日当日股价下跌的幅度和股价总额损失，由于原告自身持股数额在该报告中未予披露，而其余股东所持股份的市值损失并非原告自身的损失，故该报

告所计算的原告股份的损失与原告的经济损失之间不能等同。该报告所提供的信息和数据对认定原告损失仅仅具有参考作用，而无法据此作出具体数额的认定。（2）关于《腾讯科技（深圳）有限公司和深圳市腾讯计算机系统有限公司共有的"QQ"品牌受损害价值评估报告书》，该报告所提供的信息和数据对认定原告损失亦仅仅具有参考作用，而无法据此作出具体数额的认定。（3）关于深银专咨报字〔2012〕第0114号《资产损失咨询报告书》，该评估咨询报告的截止评估基准日为2011年8月4日，根据本案已经查明的事实，该基准日缺乏充分的事实依据。此外，该评估咨询报告所引用的2010年11月10日还有500万用户无法兼容的数据来源于原告自己的报道，缺乏其他证据予以佐证。因此，一审法院认为原告计算损失所依据的原始数据、计算方法和计算逻辑均缺乏足够的依据，难以据此直接认定原告经济损失的具体数额。

一审法院认为，根据《反不正当竞争法》第二十条第一款及《最高人民法院关于审理不正当竞争民事案件应用法律若干问题的解释》第十七条第一款之规定，由于现有证据均难以直接作为认定原告经济损失的具体数额的依据，一审法院综合考虑以下因素确定被告应当赔偿原告经济损失的数额。（1）本案中，被告实施的侵权行为给原告造成的损失包括以下项目：腾讯业务收入，包括广告收入、社区增值业务收入和游戏业务收入；QQ.com网站的流量减少；QQ新产品推广渠道受阻；原告的品牌和企业声誉因商业诋毁而受损。（2）互联网环境下侵权行为的迅速扩大及蔓延。被告于2010年10月29日发布扣扣保镖软件，2010年11月4日宣布召回扣扣保镖，360安全卫士恢复与QQ软件兼容，2010年11月20日，原、被告的冲突正式化解。虽然被告侵权行为持续时间不长，但"360安全中心"于2010年11月1日发布的《360宣布扣扣保镖72小时内用户量突破千万》称："刚刚推出72小时的扣扣保镖软件下载量突破千万，平均每秒钟就有40个独立下载安装量，创下了互联网新软件发布的下载记录。"该证据与原告主张扣扣保镖推出市场极短时间内就有2000万用户安装了侵权软件扣扣保镖的证据相互印证，可以确定使用侵权软件扣扣保镖的用户至少超过1000万。被告的侵权行为凭借互联网环境下的传播特点迅速波及腾讯QQ的广大用户，造成的负面影响迅速扩散。尤其需要指出的是，被告对原告的商业诋毁所造成的严重后果并不会随着软件的召回或者原告对 QQ 软件的升级而终止，商业诋毁一旦在互联网环境下广泛传播，其影响必须经过一个较长的沉淀期，并且在各方面努力之下，才能逐渐消除。（3）原告商标和公司声誉的市场价值。原告腾讯公司的"QQ"注册商标被国家工商行政管理总局商标局认定为驰名商标，并于 2011 年获得世界知识产权组织和国家工商行政管理总局联合颁发的第四届"商标创新奖"。据 2010 年腾讯控股有限公司年报，截至 2009 年 12 月 31 日，公司商誉账面净值为 6223.4 万元。原告是中国目前最大的即时通信经营商，凭借其跨通信、SNS 及社交媒体的多平台社交网络，持续在国内社交网络行业处于领先地位。2010 年腾讯控股有限公司收入 1964603.1 万元，毛利 1332583.1 万元，资产总额 3583011.4 万元。（4）被告具有明显的侵权主观恶意。（5）原告为维权所支付的合理费用。原告为了维护其合法权益，对本案所涉及的主要证据办理公证是必要的、合理的，对该部分合理支出应予全额支持。同时，即使原告没有就其为维权所支出的调查费、交通费以及职员人工费提交具体单据，但从常理出发，这些损失的产生是必然的。综上，仅从扣扣保镖推出市场后 72 小时内即有 1000 万以上用户下载这一事实来看，一审法院确信该 1000 万用户运行扣扣保镖屏蔽原告的广告、游戏以及插件给原告造成的损失已经超出 50 万元。一审法院从优势证据的规则出发，在虽然无法确定原告所遭遇的经济损失的具体数额，但可以确定该数额已经远远超过 50 万元法定赔偿限额的情形下，酌情确定两被告应连带赔偿两原告经济损失及合理维权费用共计 500 万元。

综上，一审法院判决：一、奇虎公司、奇智公司连带赔偿腾讯公司、腾讯计算机公司经济损失及合理维权费用共计 500 万元；二、奇虎公司、奇智公司连续 15 日在其网站（www.360.cn、www.360.com）首页显著位置，在新浪网（www.sina.com）、搜狐网（www.sohu.com）和网易网（www.163.com）网站首页显著位置，连续 7 日在《法制日报》和《中国知识产权报》第一版显著位置就其不正当竞争行为向腾讯公司、腾讯计算机公司赔礼道歉，消除影响；三、驳回腾讯公司、腾讯计算机公司的其他诉讼请求。

当事人上诉

奇虎公司、奇智公司不服一审判决，向二审法院上诉称：

一、上诉人的扣扣保镖软件没有破坏 QQ 软件及其服务的安全性、完整性，并未使被上诉人丧失交易机会和广告收入，不构成不正当竞争，一审法院认定事实不清、适用法律严重错误

1. 一审法院以工信部发布的《规范互联网信息服务市场秩序若干规定》（简称《若干规定》）和互联网协会发布的《互联网终端软件服务行业自律公约》（简称《自律公约》）认定上诉人违反了诚实信用原则和公认的商业道德，属于适用法律错误。2. 一审判决认为，根据当前互联网行业惯例，互联网用户在享受免费 QQ 即时通信服务时，必须要忍受其中的广告和插件等，此认定明显不当。3. 一审判决认为，被上诉人的商业模式有利于免费用户，应该予以保护，是完全错误的。商业模式本身不是一种法定权利，也不具有法律可保护的利益，并不构成法律所保护的对象。4. 一审法院认定扣扣保镖破坏 QQ 软件的安全性、完整性，违反了诚实信用原则和公认的商业道德，损害了被上诉人的合法权益，构成不正当竞争，是完全错误的。

二、上诉人在经营扣扣保镖软件及其服务时，不存在捏造、散布虚伪事实情形，不构成商业诋毁，一审法院认定事实不清、适用法律严重错误

1. 一审判决将《反不正当竞争法》第十四条中的"虚伪事实"认定为包括"片面陈述真实的事实而容易引人误解的事实"，明显属于对法条的错误扩大解释。2. 一审法院认定上诉人存在捏造、散布虚伪事实的行为，构成不正当竞争，缺乏事实依据。上诉人既不存在一审法院所谓的"片面陈述真实的事实而容易引人误解的事实"的情况，也不存在《反不正当竞争法》第十四条规定的"捏造、散布虚伪事实"的情况。（1）在计算机和互联网领域，采用打分的形式对软硬件系统的健康、运行状态进行评价，是常见的方式。（2）在本案中，扣扣保镖依据的是业内通用的评价规则和标准，对 QQ 软件运行状况进行整体、综合评价，所述评价规则和标准是科学的、合理的。扣扣保镖并不存在一审法院所谓的"片面陈述真

实的事实"的问题，当然也不存在《反不正当竞争法》第十四条规定的
"捏造、散布虚伪事实"的情况。（3）一审判决认为，扣扣保镖的评分和
相关警示语会使用户误认为"我的 QQ 很不健康"、QQ 的安全中心功能
"危险"，会使用户对 QQ 产品和服务产生怀疑和负面评价，这完全是毫无
依据的主观臆测。（4）扣扣保镖通过打分行为对 QQ 软件的客观状况进行
评价，是完全合法的，而用户根据评价结果并结合自己的需要和判断，对
QQ 进行相应的设置，是其固有权利。显然，不能以此认定上诉人构成商
业诋毁。

**三、上诉人的扣扣保镖没有通过篡改 QQ 的功能界面从而取代 QQ 的
部分软件功能以推销自己的产品，一审法院认定事实不清，适用法律严重
错误**

1. 上诉人的扣扣保镖并没有直接篡改 QQ 功能界面。所谓"替换"都
是在用户的客户端进行，是经过用户同意并由用户操作的结果。2. 如一审
判决所述，弹出"点击安装 360 安全卫士"窗口，是在"扣扣保镖对 QQ
进行体检后"。显然，该用户已经是上诉人产品的用户，上诉人作为扣扣
保镖的著作权人和经营者，在所运营的扣扣保镖软件中推荐"360 安全卫
士"是上诉人的正当权益。而且，扣扣保镖推荐安全软件的行为本身就是
其安全功能的一部分。进一步而言，即便不通过 QQ 软件，扣扣保镖也完
全可以直接引导用户安装"360 安全卫士"。可见，一审判决所谓的为上诉
人"增加交易机会"的观点显然不能成立。3. 所谓功能界面的更改也不等
同于软件产品的替换，扣扣保镖"替换"的仅是"安全沟通"的信息页
面，被上诉人的安全软件并未替换。就上诉人和用户两者的关系而言，所
有"替换"的用户在替换前已经是扣扣保镖的用户，"替换"前后两者关
系没有发生变化。4. 所谓的"替换"发生后，用户的安全中心也仅有扣扣
保镖本身，并没有广告或者其他应用入口。这种"替换"行为并没有为上
诉人增加交易机会、谋取其他不正当利益。5. "安全类"软件彼此存在潜
在冲突，同一时刻同时运行必然导致系统的不稳定。因此，扣扣保镖对安
全沟通页面的升级，避免用户同时使用两个软件，具有技术上的合理性。
6. 一审判决所谓的上诉人的行为给被上诉人"造成了严重经济损失"的说
法没有任何事实依据。

四、一审判决确定的 500 万元赔偿数额没有任何事实和法律依据

一审法院在没有任何有效证据证明被上诉人遭受的损失明显超出 50 万元的情况下，想当然地确定 500 万元的赔偿额，明显缺乏依据，违背了现行司法解释和司法实践确立的标准。

综上，上诉人奇虎公司、奇智公司请求法院：1. 撤销一审判决，驳回二被上诉人的全部诉讼请求；2. 判令本案一、二审诉讼费用均由二被上诉人承担。

▓ 被上诉人答辩

腾讯公司、腾讯计算机公司答辩称：

一、扣扣保镖破坏了 QQ 软件及其服务的安全性、完整性，使被上诉人丧失了增值业务的交易机会及广告收入，构成不正当竞争

1. 一审法院基于行业惯例，公正衡平互联网服务提供者与互联网用户之间权利义务关系，认定 QQ 软件商业模式具有合法性，是完全正确的。（1） QQ 软件的商业模式是"在免费服务平台上开展盈利业务（广告服务＋增值服务）"。QQ 面板上设置的各种按钮和图标是答辩人其他产品的应用入口而已。如果用户不需要使用这些产品，不点击这些按钮和图标即可。（2）该商业模式是互联网行业普遍采用的商业模式，不仅符合互联网用户的利益，也有利于互联网行业的健康发展。上诉人同样利用 360 浏览器等产品搭建的免费平台提供广告、新闻弹窗服务，设置其他产品的应用入口，开展增值服务等。2. 上诉人通过"针对性开发"＋"诱导性提示"＋"预置功能逻辑"组合方式诱导 QQ 用户使用扣扣保镖来破坏 QQ 软件及其服务的安全性和完整性，明显违反诚实信用原则和公认的商业道德，不正当竞争行为明显。3. 上诉人列举的浏览器屏蔽广告功能的例证不能成为扣扣保镖具有合法性的依据，浏览器屏蔽广告功能与扣扣保镖针对 QQ 的不正当竞争行为存在本质区别。

二、上诉人在经营扣扣保镖软件及其服务时，存在捏造、散布虚伪事实，构成商业诋毁，一审法院认定事实清楚，适用法律正确

1. 扣扣保镖软件不具有任何安全防护的功能，从中国信息安全测评中心出具的《360 扣扣保镖测试报告》可以看出，扣扣保镖软件并不像安全软件调用病毒库或者木马库进行检查一样，其评分结果和 QQ 软件的运行状态和安全状况没有任何关联。当用户不禁止 QQ 的功能插件、自带的安全防护功能、聊天窗口广告和四种资讯弹窗等功能和服务时，扣扣保镖就会对 QQ 打低分，而在用户使用了扣扣保镖 "一键修复" 功能后，扣扣保镖才能给 QQ 软件打出 100 分。2. 扣扣保镖软件在 "给 QQ 体检" 功能界面、"隐私保护" 功能界面中多处使用中伤 QQ 功能和服务的语言和描述，严重损害了答辩人的商业信誉、商品声誉，构成了商业诋毁。3. 一审法院基于反不正当竞争法关于 "故意捏造、散布虚伪事实，损害竞争对手的商业信誉、商品声誉" 的规定来认定上诉人的行为构成商业诋毁行为，适用法律正确。

三、原审判决关于 "上诉人扣扣保镖通过篡改 QQ 功能界面从而取代 QQ 软件部分功能以推销自己的产品" 构成不正当竞争的认定完全正确

1. 上诉人通过 "一键修复" 和 "保 QQ 安全" 功能劫持 QQ 安全中心，以 "升级 QQ 安全中心" 为名篡改 QQ 功能界面，用扣扣保镖运行界面取而代之。2. 上诉人一方面通过安全恐吓和 "一键修复" "隐私保护" 等功能阻止 QQ 用于查杀木马的安全扫描功能，另一方面又在 "给 QQ 体检" "杀 QQ 木马" 等功能中强烈推荐用户安装使用 360 安全卫士的木马查杀功能。该事实充分地说明了原审判决认定的 "（上诉人）主要目的是将自己的产品和服务嵌入 QQ 软件界面，依附 QQ 庞大的用户资源推销自己的产品，拓展 360 软件及服务的用户" 结论完全正确。3. 上诉人对相关事实的辩解无事实根据且缺乏合理逻辑。（1）其关于 "没有 QQ 软件，扣扣保镖也完全可以直接引导用户安装 360 安全卫士" 的辩称毫无道理。首先，扣扣保镖专门针对 QQ 软件开发，没有 QQ 软件，也就不会存在扣扣保镖，遑论利用扣扣保镖引导用户直接安装 360 安全卫士。其次，扣扣保镖直接篡改了 QQ 软件安全中心界面，扣扣保镖直接依附在 QQ 软件之上。最后，扣扣保镖明显是通过诋毁 QQ 软件，制造用户对 QQ 软件安全性的恐慌，欺骗用户禁止 QQ 软件自身的安全模块并诱导用户安装 360 安全卫士的方式，实现推广自己产品的目的。（2）上诉人辩称扣扣保镖没有应用入口，与事实不符。实际上，扣扣保镖存在多个推荐 360 安全卫士的入口，以达到增加交易机会的目的。

四、原审判决酌情确定的 500 万元损害赔偿不足以补偿被上诉人的损失

1. 本案原审中，被上诉人提交了权威机构出具的两份损失评估报告，原审判决参考了以上证据给出的数值，并在此基础上综合全案情况，运用优势证据规则，确定本案损害赔偿为 500 万元。2. 扣扣保镖的不良影响至今仍未消除，该因素应作为确定损害赔偿的重要因素。3. 综合考虑上诉人已经实施的种种不良行为，考虑本案中上诉人主观恶性十分明显等事实以及互联网行业的特点，一审法院在确定被上诉人遭受的经济损失远远超过50 万元的情况下，提高赔偿标准是顺应最高人民法院司法政策和正确引导互联网行业发展所做的一种有益的审判实践，应给予认可。故请求法院依法驳回上诉人全部诉请，维持一审判决。

二审裁判

经审理查明，一审法院查明的事实基本属实，予以确认。

法院认为，综合上诉人的上诉请求和被上诉人的答辩意见，并结合相关证据和事实，本案主要有五个争议焦点问题。

一、关于上诉人专门针对 QQ 软件开发、经营的扣扣保镖是否破坏了 QQ 软件及其服务的安全性、完整性，该行为是否符合互联网行业商业惯例，是否违背了诚实信用原则和公认的商业道德而构成不正当竞争的问题

1. 关于上诉人专门针对 QQ 软件开发、经营的扣扣保镖是否破坏了 QQ 软件及其服务的安全性、完整性的问题

根据一审法院及二审法院查明的事实，QQ 软件采用的是"免费服务平台上开展盈利业务以及推广其他产品和服务"的商业模式，在其 QQ 平台上设置了各种按钮和图标以便用户根据需要选用。上诉人针对该 QQ 软件专门开发了扣扣保镖，在相关网站上宣传扣扣保镖全面保护 QQ 用户安全，并提供相关下载。在安装了扣扣保镖软件后，该软件会自动对 QQ 软件进行体检，并以红色字体警示用户 QQ 存在严重的健康问题，以绿色字体提供一键修复帮助。同时将"没有安装 360 安全卫士，电脑处于危险之

中；升级 QQ 安全中心；阻止 QQ 扫描我的文件"列为危险项目。点击一键修复后，相应计算机页面提示"共有 31 个 QQ 插件，已禁用其中 11 个插件"，禁用了"腾讯搜搜""QQ 书签""企业 QQ""SOSO 搜吧""游戏人生""QQ 网站""QQ 宠物""腾讯对战游戏"等 11 个插件，对话框上部显示"禁用掉您平时不需要使用的插件，让您的 QQ 运行如飞"，下部设有"一键优化"键。点击该"一键优化"功能键或手动模式禁用相关插件后，腾讯 QQ 软件界面上相应的功能按钮则无法使用。二审法院认为，由于扣扣保镖在宣传中声称，其具有全面保护 QQ 用户的安全，自动阻止 QQ 聊天程序对电脑硬盘隐私文件的强制扫描查看等功能，在上诉人免费提供扣扣保镖的情况下，很多用户会下载该软件并运行该程序。被上诉人的一审证据 20 即（2010）京方圆内经证字第 26705 号公证书，关于 360 官网宣布"刚刚推出 72 小时的扣扣保镖软件下载量突破千万，平均每秒就有 40 个独立下载安装量，创下了互联网新软件发布的下载记录"的记载，也证明了 QQ 软件用户下载该扣扣保镖的数量规模。一般而言，用户对其计算机安全、QQ 软件的安全性、自己隐私是否被泄露等涉及切身利益的事项是非常关心的，由于扣扣保镖宣称其是安全工具，扣扣保镖运行后，以醒目字体提示用户 QQ 存在严重的健康问题，用户基于对计算机病毒、盗号木马、隐私泄露等的关注、恐惧或者预防心理，在扣扣保镖提供了便利的修复工具的情形下，通常会按照扣扣保镖的相应提示进行相关的操作，并最终导致 QQ 软件的相应功能键全部或者部分无法使用。此外，根据本案查明的事实，用户点击查杀木马时，如果该用户电脑没有安装 360 安全卫士，在相应页面会提示"如果您不安装 360 安全卫士，将无法使用木马查杀功能"，并提供安装 360 安全卫士的相应功能键。一键修复后的保 QQ 安全界面则导致 QQ 软件自有的安全沟通界面被替换成扣扣保镖界面。二审法院认为，上诉人针对 QQ 软件专门开发了扣扣保镖，该扣扣保镖运行后对 QQ 软件进行深度干预，相关用户按照扣扣保镖提示进行相应操作后，使 QQ 软件相关功能键的全部或者部分功能无法使用，改变了 QQ 软件原有的运行方式，破坏了该软件运行的完整性。

关于扣扣保镖是否破坏了 QQ 软件服务的安全性的问题。根据一审法院及二审法院查明的事实，一键修复后，QQ 软件安全沟通界面被替换成扣扣保镖界面。此外，根据被上诉人一审证据 22 即中国信息安全测评中心对扣扣保镖 1.0beta（1005）的测试报告，"扣扣保镖具有阻止 QQ.exe 进程加载特定插件、加载扫描模块、弹出窗口等"对 QQ 的软件功能进行破坏、删除、篡改的行为，还具备"屏蔽 QQ 加载模块、替换 360 浏览器、备份和恢复 QQ、拦截 QQ 升级"四项隐藏功能。据此，二审法院认为，上诉人为达到其商业目的，诱导并提供工具积极帮助用户改变被上诉人 QQ 软件的运行方式，并同时引导用户安装其 360 安全卫士，替换 QQ 软件安全中心，破坏了 QQ 软件相关服务的安全性并对 QQ 软件整体具有很强的威胁性。一审法院关于上诉人并非给 QQ 用户提供技术中立的修改工具的认定，并无不当。

2. 关于上诉人前述行为是否符合互联网行业商业惯例、是否违背诚实信用原则和公认的商业道德、是否使被上诉人丧失增值业务的交易机会和广告收入并构成不正当竞争的问题

《反不正当竞争法》第二条规定，经营者在市场交易中，应当遵循自愿、平等、公平、诚实信用的原则，遵守公认的商业道德。违反本法规定，损害其他经营者的合法权益，扰乱社会经济秩序的行为属于不正当竞争。二审法院认为，这些规定同样适用于互联网市场领域。本案中，认定上诉人的前述行为是否构成不正当竞争，关键在于该行为是否违反了诚实信用原则和互联网行业公认的商业道德，并损害了被上诉人的合法权益。

市场经济由市场在资源配置中起决定性作用，自由竞争能够确保市场资源优化配置，但市场经济同时要求竞争公平、正当和有序。在市场竞争中，经营者通常可以根据市场需要和消费者需求自由选择商业模式，这是市场经济的必然要求。本案中，被上诉人为谋取市场利益，通过开发 QQ 软件，以该软件为核心搭建了一个综合性互联网业务平台，并提供免费的即时通信服务，吸引相关消费者体验、使用其增值业务，同时亦以该平台为媒介吸引相关广告商投放广告，以此创造商业机会并取得相关广告收入。这种免费平台与广告或增值服务相结合的商业模式是本案争议发生时，互联网行业惯常的经营方式，也符合我国互联网市场发展的阶段性特征。事实上，本案上诉人也采用这种商业模式。这种商业模式并不违反反不正当竞争法的原则、精神和禁止性规定，被上诉人以此谋求商业利益的

行为应受保护，他人不得以不正当干扰方式损害其正当权益。上诉人专门针对QQ软件开发、经营扣扣保镖，以帮助、诱导等方式破坏QQ软件及其服务的安全性、完整性，减少了被上诉人的经济收益和增值服务交易机会，干扰了被上诉人的正当经营活动，损害了被上诉人的合法权益，违反了诚实信用原则和公认的商业道德，一审判决认定其构成不正当竞争行为并无不当。

关于上诉人认为被上诉人的商业模式具有侵害性、不应该被保护等抗辩理由，其既涉及被上诉人前述商业模式是否损害消费者权益，又涉及上诉人上述行为是否具有正当理由。二审法院认为，根据日常经验，消费者的需求多种多样，有的希望在聊天时同时浏览相关信息或体验其他服务；有的对该相关信息或增值服务视而不见；有的可能会认为相关信息及增值服务对其造成干扰；有的希望互联网产品的服务提供者能提供更为集中的互联网服务平台，使其消费更加便捷。因此不能简单地以某一或者部分消费者的感受和选择，特别是不能以上诉人自己的标准来认定QQ软件商业模式是否具有侵害性。消费者是其相关消费体验的最佳判断者，在给予全面正确的信息后，相关消费者会自行对是否选用某种互联网产品作出判断；消费者能否接受经营者提供的某种产品或服务方式，也主要由市场需求和竞争状况进行调节；如果其不喜欢某种互联网产品的用户体验，也可以通过改用其他产品而"用脚投票"。当然，经营者非以损害他人合法权益和谋求不正当商业利益为目的，提供尽可能便利消费者选择或者更好满足消费需求的中立性技术工具或者手段，非但不会受到法律禁止，而且还会得到市场激励。而且，经营者采取哪一种商业模式，取决于市场竞争状况和消费者选择。随着市场竞争的发展和消费者需求的提高，经营者必然会不断改进商业模式和提高服务质量，但商业模式的改进和服务质量的提高应当是正当竞争和市场发展的结果，而不能通过不正当竞争的方式推进。即便后来商业模式得以改进和服务质量得到提高，也不能当然地将其作为判断先前商业模式损害消费者权益和具有不正当性的依据。尽管天下通常并无免费的午餐，但消费者享受特定免费服务与付出多余的时间成本或者容忍其他服务方式并无当然的"对价"关系。因此，原审判决关于"由于用户在享受即时通信服务的时候没有支付相关费用，因此花费一定的时间浏览广告和其他推销增值服务的插件和弹窗，是其必须付出的时间成本。用户若想享有免费的即时通信服务，就必须容忍广告和其他推销增值服务的插件和弹窗的存在"的判断失之准确和有所不妥，但其关于"通过使用破坏网络服务提供者合法商业模式、损害网络服务提供者合法权益的软件来达到既不浏览广告和相关插件，又可以免费享受即时通信服务的行为，已超出了合法用户利益的范畴"的认定并无不当。上诉人以 QQ 软件具有侵害性为由主张其行为正当的上诉主张不能成立，二审法院不予支持。

3. 关于一审法院援用工信部《规范互联网信息服务市场秩序若干规定》和互联网协会《互联网终端安全服务自律公约》是否适当的问题

上诉人称本案诉争不正当竞争行为发生于 2010 年 10 月底至 11 月初，该《若干规定》及《自律公约》分别颁布施行于 2011 年及 2012 年，因此一审法院适用《若干规定》和《自律公约》属于适用法律不当。二审法院认为，在市场经营活动中，相关行业协会或者自律组织为规范特定领域的竞争行为和维护竞争秩序，有时会结合其行业特点和竞争需求，在总结归纳其行业内竞争现象的基础上，以自律公约等形式制定行业内的从业规范，以约束行业内的企业行为或者为其提供行为指引。这些行业性规范常常反映和体现行业内的公认商业道德和行为标准，可以成为人民法院发现和认定行业惯常行为标准和公认商业道德的重要渊源之一。当然，这些行业规范性文件同样不能违反法律原则和规则，必须公正、客观。互联网协会《自律公约》第十八条规定终端软件在安装、运行、升级、卸载等过程中，不应恶意干扰或者破坏其他合法终端软件的正常使用；第十九条规定除恶意广告外，不得针对特定信息服务提供商拦截、屏蔽合法信息内容及页面。该自律公约由互联网协会部分会员提出草案，并得到包括本案当事人在内的互联网企业广泛签署，该事实在某种程度上说明了该自律公约确实具有正当性并为业内所公认，其相关内容也反映了互联网行业市场竞争的实际和正当竞争需求。人民法院在判断其相关内容合法、公正和客观的基础上，将其作为认定互联网行业惯常行为标准和公认商业道德的参考依据，并无不当。上诉人以市场竞争为目的，未经被上诉人许可，针对被上诉人 QQ 软件，专门开发扣扣保镖，对 QQ 软件进行深度干预，干扰 QQ 软件的正常使用并引导用户安装其自己的相关产品，一审法院认定该行为违反了互联网相关行业的行业惯例和公认的商业道德并无不当。需要特别指出的是,一审法院在裁判本案时援引的是民法通则、反不正当竞争法及相关司法解释,对于《自律公约》的援用并不是将其作为法律规范性文件意义上的依据,实质上只是作为认定行业惯常行为标准和公认商业道德的事实依据。对于对《若干规定》的援用,也仅是用于证明互联网经营行为标准和公认的商业道德。因此,一审法院对于《若干规定》及《自律公约》的援用并无不当,上诉人此上诉理由不能成立。

二、关于上诉人在经营扣扣保镖软件及其服务时,是否存在贬损 QQ 软件及其服务的行为,从而构成商业诋毁的问题

《反不正当竞争法》第十四条规定:"经营者不得捏造、散布虚伪事实,损害竞争对手的商业信誉、商品声誉。"商业诋毁行为是指经营者针对竞争对手的营业活动、商品或者服务进行虚假陈述而损害其商品声誉或者商业信誉的行为。判定某一行为是否构成商业诋毁,其判定标准是该行为是否属于捏造、散布虚伪事实,对竞争对手的商业信誉或者商品声誉造成了损害。

1. 关于《反不正当竞争法》第十四条规定的"虚伪事实"是否包括片面陈述真实的事实而容易引人误解的情形

上诉人认为,一审法院将"虚伪事实"认定为包括"片面陈述真实的事实而容易引人误解的事实"属于对法律的错误理解。二审法院认为,认定是否构成商业诋毁,其根本要件是相关经营者之行为是否以误导方式对竞争对手的商业信誉或者商品声誉造成了损害。就片面陈述真实的事实而贬损他人商誉的情形而言,如本案中上诉人宣称"在 QQ 的运行过程中,会扫描您电脑里的文件(腾讯称之为安全扫描),为避免您的隐私泄露,您可以禁止 QQ 扫描您的文件",该宣称由于其片面性和不准确性,同虚假宣传一样容易引人误解,足以导致相关消费者对相关商品产生错误认识,进而影响消费者的决定,并对竞争对手的商品声誉或者商业信誉产生负面影响,损害竞争者的利益。换言之,即使某一事实是真实的,但由于对其进行了片面的引人误解的宣传,仍会对竞争者的商业信誉或者商品声誉造成损害,因此亦属于《反不正当竞争法》第十四条规范的应有之义,一审法院对此进行认定并无不当。

2. 关于上诉人是否存在捏造、散布虚伪事实之行为的问题

本案中，根据一审法院及二审法院查明的事实，上诉人在其扣扣保镖简介中称该工具"能自动阻止 QQ 聊天程序对电脑硬盘隐私文件的强制性查看"。安装运行扣扣保镖后，显示"体检得分 4 分，QQ 存在严重的健康问题"。上诉人认为扣扣保镖宣称的"QQ 扫描我的文件""QQ 存在健康问题""QQ 可能泄露用户隐私"等陈述内容是基本事实，其并没有片面陈述真实事实和捏造虚伪事实，其是依据业内通用的评价规则和标准对 QQ 软件的运行状况进行的整体和综合评价，因此其行为不构成商业诋毁。二审法院认为，判断上诉人是否存在捏造、散布虚伪事实之行为，基本前提是看上诉人宣传的内容是否符合客观实际，是否属于片面陈述真实的事实而容易引人误解的情况。

首先，关于扣扣保镖宣称其具有"自动阻止 QQ 聊天程序对电脑硬盘隐私文件的强制性查看功能"是否符合客观实际的问题。由于上诉人宣称扣扣保镖具有自动阻止 QQ 软件对电脑硬盘隐私文件的强制性查看功能，该表述实质上已经隐含了 QQ 软件会对用户硬盘隐私文件进行强制性查看的内容。但根据一审法院及二审法院查明的事实，上诉人并无证据证明 QQ 软件对用户硬盘隐私文件进行强制性查看。在没有相关证据支持的情况下，断言 QQ 软件对用户硬盘隐私文件进行强制性查看不符合客观实际，属于捏造、散布虚伪事实。

其次，关于 QQ 软件存在严重的健康问题是否属于客观评价的问题。上诉人称其对 QQ 软件的评价结果是客观的。二审法院认为，根据本案查明的事实，上诉人并未举证证明其对 QQ 软件进行评价时所采用的评价规则，亦未证明其系采用业内通用的评价规则和标准；此外，根据扣扣保镖的运行情况，其将"没有安装 360 安全卫士，电脑处于危险之中""升级QQ 安全中心""阻止 QQ 扫描我的文件"列为危险项目，并提示"这些项目可能被病毒木马利用，请尽快修复"。虽然，上诉人在一审诉讼中称其真实意思是"不排除腾讯扫描用户隐私的可能性"，并在提示中亦使用了"这些项目可能被病毒木马利用，请尽快修复"等不确定性语言，但该提示和用语对于普通的 QQ 软件用户而言，具有较强的误导性，容易造成用户恐慌，担心 QQ 软件不安全，并认为有可能导致隐私泄露或者病毒木马

入侵，从而对 QQ 软件及其服务产生负面影响和评价。

最后，本案事实亦显示，当用户安装扣扣保镖后，扣扣保镖即对 QQ 软件进行自动体检并显示"体检得分 4 分，QQ 存在严重的健康问题！"但当用户按照扣扣保镖的提示进行相应操作后，则显示"上次体检得分为 100 分，QQ 很健康！"二审法院认为，在上诉人不能证明其评价标准和规则的情况下，这种体检前后的评分变化，是因为上诉人以自己的标准对 QQ 软件进行评价而产生的，难以认定其评价结果具有客观性。

综上，经营者对于他人的产品、服务或者其他经营活动并非不能评论或者批评，但评论或者批评必须有正当目的，必须客观、真实、公允和中立，不能误导公众和损人商誉。经营者为竞争目的对他人进行商业评论或者批评，尤其要善尽谨慎注意义务。上诉人无事实依据地宣称 QQ 软件会对用户电脑硬盘隐私文件强制性查看，并且以自己的标准对 QQ 软件进行评判并宣传 QQ 存在严重的健康问题，造成了用户对 QQ 软件及其服务的恐慌及负面评价，使相关消费者对 QQ 软件的安全性产生怀疑，影响了消费者的判断，并容易导致相关用户弃用 QQ 软件及其服务或者选用扣扣保镖保护其 QQ 软件。这种评论已超出正当商业评价、评论的范畴，突破了法律界限。据此，一审法院认定其行为构成商业诋毁并无不当。

三、关于上诉人是否在经营扣扣保镖时将其产品和服务嵌入 QQ 软件界面，是否取代了被上诉人 QQ 软件的部分功能以推广自己的产品，从而构成不正当竞争的问题

二审法院认为，正当的市场竞争是竞争者通过必要的付出而进行的诚实竞争。不付出劳动或者不正当地利用他人已经取得的市场成果，为自己谋取商业机会，从而获取竞争优势的行为，属于食人而肥的不正当竞争行为。本案中，根据现已查明的事实，上诉人相关行为的顺序为：首先在相关网站上宣传扣扣保镖保护隐私让 QQ 安全、快速好用，引导用户安装扣扣保镖；在用户安装运行扣扣保镖后，以红色警示用户 QQ 存在严重的健康问题，并将没有安装 360 安全卫士，电脑处于危险之中列为危险项目；查杀 QQ 木马时，显示"如果您不安装 360 安全卫士，将无法使用木马查杀功能"，并以绿色功能键提供 360 安全卫士的安装及下载服务；经过一键修复，扣扣保镖将 QQ 软件的安全沟通界面替换成扣扣保镖界面。二审法院认为，根据前述行为之具体表现，上诉人前述行为是一个有计划、有步骤的方案，即首先通过贬损 QQ 软件来引导用户安装扣扣保镖；在用户安装和运行扣扣保镖过程中，通过有计划的行为引导、帮助用户安装上诉人的产品 360 安全卫士；并通过扣扣保镖的一键修复功能，将 QQ 软件的安全沟通界面替换成扣扣保镖界面。由此，二审法院认定上诉人在经营扣扣保镖时，将自己的产品和服务嵌入 QQ 软件界面，取代了被上诉人 QQ 软件的部分功能，其根本目的在于依附 QQ 软件强大的用户群，通过对 QQ 软件及其服务进行贬损的手段来推销、推广 360 安全卫士，从而增加上诉人的市场交易机会并获取市场竞争优势，此行为本质上属于不正当地利用他人市场成果，为自己谋取商业机会从而获取竞争优势的行为。因此，一审法院认定上诉人在给被上诉人造成经济损失的同时推销自己的产品，增加自己的交易机会，违反了诚实信用和公平竞争原则，构成不正当竞争并无不当。

四、关于技术创新、自由竞争和不正当竞争的界限问题

上诉人认为其行为是互联网自由和创新精神的体现，认为一审法院违反行业发展规律，苛刻适用反不正当竞争法的一般原则，会限制竞争和打击创新。二审法院认为，互联网的发展有赖于自由竞争和科技创新，互联网行业鼓励自由竞争和创新，但这并不等于互联网领域是一个可以为所欲为的法外空间。竞争自由和创新自由必须以不侵犯他人合法权益为边界，互联网的健康发展需要有序的市场环境和明确的市场竞争规则作为保障。是否属于互联网精神鼓励的自由竞争和创新，仍然需要以是否有利于建立平等公平的竞争秩序、是否符合消费者的一般利益和社会公共利益为标准来进行判断，而不是仅有某些技术上的进步即应认为属于自由竞争和创新。否则，任何人均可以技术进步为借口，对他人的技术产品或者服务进行任意干涉，这将导致借技术进步、创新之名，而行"丛林法则"之实。技术创新可以刺激竞争，竞争又可以促进技术创新。技术本身虽然是中立的，但技术也可以成为进行不正当竞争的工具。技术革新应当成为公平自由竞争的工具，而非干涉他人正当商业模式的借口。本案中，上诉人以技术创新为名，专门开发扣扣保镖对被上诉人 QQ 软件进行深度干预，二审法院难以认定其行为符合互联网自由和创新之精神，故对此上诉理由不予支持。

关于上诉人认为被上诉人行为涉及比较严重的捆绑和搭售, 如果消费者没有选择权和反制手段, 消费者利益和整个互联网市场必将受到严重损害的问题。二审法院认为, 被上诉人行为是否构成捆绑和搭售, 属于有关行政机关和司法机关依法认定的范畴, 上诉人作为与被上诉人平等的民事主体, 无权以自己的标准对被上诉人的行为作出评判并采取措施。上诉人作为市场经营主体, 难以代表广大消费者的利益, 无权以为广大消费者利益为名对被上诉人合法的经营模式等进行干预, 因此这一上诉理由亦不能成立。

五、关于一审法院确定的赔偿数额是否合理的问题

上诉人认为一审法院确定的 500 万元赔偿数额明显过高, 缺乏事实依据。二审法院认为, 根据被上诉人一审证据 32 即深银专咨报字 [2012] 第 0114 号资产损失咨询报告书所载, 扣扣保镖在 2010 年 10 月 29 日至 2011 年 8 月 4 日对腾讯公司造成的损失在评估基准日的评估值为 142725240 元。扣扣保镖每日造成 QQ 客户端增值服务流量损失为 209350 元, 每日造成 QQ 广告损失 300383 元, 从 2010 年 10 月 29 日扣扣保镖发布至 2010 年 11 月 21 日回收扣扣保镖共计 24 天, 这 24 天扣扣保镖给腾讯公司造成的损失为 12233592 元。此外, 被上诉人一审证据 20 记载 360 官网宣布扣扣保镖推出 72 小时下载量超过千万, 平均每秒钟就有 40 个独立下载安装量。这些证据至少足以表明, 上诉人发布扣扣保镖的行为给被上诉人造成的损失已经明显超过了法定赔偿的最高限额, 本案依法不适用法定赔偿额的计算方法, 而应当综合案件的具体证据情况, 在法定赔偿最高限额以上合理确定赔偿额。本案中, 一审法院在确定赔偿数额时, 全面考虑了以下因素:（1）上诉人实施的侵权行为给被上诉人造成的损失包括业务收入、广告收入、社区增值业务收入和游戏收入, QQ.com 网站的流量减少, QQ 新产品推广渠道受阻, 被上诉人品牌和企业声誉因商业诋毁而受损;（2）互联网环境下侵权行为迅速扩大及蔓延;（3）被上诉人商标和公司声誉的市场价值;（4）上诉人具有明显的侵权主观恶意;（5）被上诉人为维权支出的合理费用等。二审法院认为, 一审法院在综合考虑上述因素并根据本案证据确定被上诉人遭受的经济损失数额已经远远超过法定赔偿限额的情形下,将本案赔偿数额确定为 500 万元并无不当。

综上，二审法院认为，一审判决认定事实清楚，适用法律正确。依照《中华人民共和国反不正当竞争法》第二条、第十四条、第二十条，《中华人民共和国民事诉讼法》第一百七十条第一款第（一）项之规定，判决如下。

驳回上诉，维持原判。

一审案件受理费 666800 元，由被上诉人腾讯科技（深圳）有限公司、深圳市腾讯计算机系统有限公司共同负担 166800 元，由上诉人北京奇虎科技有限公司、奇智软件（北京）有限公司共同负担 500000 元。二审案件受理费 666800 元，由上诉人北京奇虎科技有限公司、奇智软件（北京）有限公司共同负担。

本判决为终审判决。

评析

本案中，被告奇虎公司、奇智公司针对原告腾讯公司的 QQ 软件专门开发了扣扣保镖，安装后，该软件就会自动对 QQ 进行体检，进而宣布 QQ 存在严重的健康问题，同时奇虎公司在互联网上发布关于 QQ 软件正在扫描用户隐私等等不实宣传。被告提供的扣扣保镖破坏原告 QQ 软件及其服务的安全性、完整性，使原告丧失增值业务的交易机会及广告收入，给原告造成严重的经济损失，同时还将使原告的软件运行产生障碍，用户体验产生改变，给原告的企业和品牌声誉造成损害，被告行为违反了诚实信用原则和互联网业界公认的商业道德，并损害了原告的合法权益，从而构成不正当竞争。

被告以"升级 QQ 安全中心"为名，通过"一键修复"和"保 QQ 安全"功能限制 QQ 安全中心功能，篡改 QQ 功能界面，用被告自己的扣扣保镖运行界面取而代之。同时，被告在"给 QQ 体检""隐私保护"中强烈推荐用户安装使用 360 安全卫士的木马查杀功能。被告在给原告造成了严重经济损失的同时推销自己的产品，增加自己的交易机会，违反了诚实信用和公平竞争原则，亦构成不正当竞争。

　　经营者不得捏造、散布虚伪事实，损害竞争对手的商业信誉、商品声誉，经营者针对特定或者特定类型的竞争对手，故意或者过失捏造、散布虚伪事实，损害其竞争对手的商业信誉和商品声誉的，构成商业诋毁。这里"虚伪事实"包括片面陈述真实的事实而容易引人误解的事实。认定是否构成商业诋毁，其根本要件是相关经营者之行为是否以误导方式对竞争对手的商业信誉或者商品声誉造成了损害。就片面陈述真实的事实而贬损他人商誉的情形而言，如本案中被告宣称"在 QQ 的运行过程中，会扫描您电脑里的文件（腾讯称之为安全扫描），为避免您的隐私泄露，您可以禁止 QQ 扫描您的文件"，该宣称由于其片面性和不准确性，同虚假宣传一样容易引人误解，足以导致相关消费者对相关商品产生错误认识，进而影响消费者的决定，并对竞争对手的商品声誉或者商业信誉产生负面影响，损害竞争者的利益，因此，构成商业诋毁。

45. "3Q 大战"之反垄断纠纷

——奇虎公司与腾讯公司垄断纠纷上诉案

⚑ 裁判要旨

1. 在滥用市场支配地位案件的审理中，界定相关市场是评估经营者的市场力量及被诉垄断行为对竞争的影响的工具，其本身并非目的。即使不明确界定相关市场，也可以通过排除或者妨碍竞争的直接证据对被诉经营者的市场地位及被诉垄断行为可能的市场影响进行评估。因此，并非在每一个滥用市场支配地位的案件中均必须明确而清楚地界定相关市场。

2. 原则上，如果被诉经营者不具有市场支配地位，则无须对其是否滥用市场支配地位进行分析，可以直接认定其不构成反垄断法所禁止的滥用市场支配地位行为。不过，在相关市场边界较为模糊、被诉经营者是否具有市场支配地位不甚明确时，可以进一步分析被诉垄断行为对竞争的影响效果，以检验其是否具有市场支配地位的结论正确与否。此外，即使被诉经营者具有市场支配地位，判断其是否构成滥用市场支配地位，也需要综合评估该行为对消费者和竞争造成的消极效果和可能具有的积极效果，进而对该行为合法与否作出判断。

⚑ 案件索引

一审：广东省高级人民法院（2011）粤高法民三初字第 2 号
二审：最高人民法院（2013）民三终字第 4 号

审判经过

上诉人北京奇虎科技有限公司（简称"奇虎公司"）因与被上诉人腾讯科技（深圳）有限公司（简称"腾讯公司"）、被上诉人深圳市腾讯计算机系统有限公司（简称"腾讯计算机公司"）滥用市场支配地位纠纷一案，不服广东省高级人民法院（2011）粤高法民三初字第 2 号民事判决，向法院提出上诉。法院依法组成由最高人民法院审判员王闯担任审判长、审判员王艳芳、代理审判员朱理参加的合议庭，于 2013 年 11 月 19 日、11 月 26 日、11 月 27 日公开开庭审理了本案。书记员刘海珠、曹佳音担任法庭记录。周丽霞担任法庭翻译。上诉人奇虎公司的委托代理人谢冠斌、金毅，被上诉人腾讯公司的委托代理人邹良城、黄伟，被上诉人腾讯计算机公司的委托代理人杨奇虎、徐炎到庭参加了诉讼。奇虎公司聘请余妍、大卫·斯塔利布拉斯（David Stallibrass）作为专家辅助人出庭就本案相关问题发表了意见，腾讯公司和腾讯计算机公司聘请姜奇平、吴韬作为专家辅助人出庭就本案相关问题发表了意见。本案现已审理终结。

当事人起诉

2011 年 11 月 15 日，一审原告奇虎公司向广东省高级人民法院提起本案诉讼称，一、腾讯公司和腾讯计算机公司在即时通信软件及服务相关市场具有市场支配地位。本案相关地域市场为中国大陆地区的即时通信软件及服务市场。腾讯公司和腾讯计算机公司的市场份额达 76.2%，QQ 软件的渗透率高达 97%。由此可以推定腾讯公司和腾讯计算机公司具有市场支配地位。腾讯公司和腾讯计算机公司具有强大的财力和技术条件，可以有效提高价格，阻碍竞争对手的进入、发展与壮大，排除相关市场内的竞争。由于腾讯公司和腾讯计算机公司用户群庞大，其他潜在竞争者难以进入相关市场，即便进入也难以形成有效竞争。二、腾讯公司和腾讯计算机公司滥用市场支配地位，排除、妨碍竞争，违反了《中华人民共和国反垄断法》（简称《反垄断法》）的规定。2010 年 11 月 3 日，腾讯公司和腾计算机公司发布《致广大 QQ 用户的一封信》，明示禁止其用户使用奇虎公司的 360 软件，否则停止 QQ 软件服务；拒绝向安装有 360 软件的用户提供相关的软件服务，强制用户删除 360 软件；采取技术手段，阻止安装了 360 浏览器的用户访问 QQ 空间，在此期间大量用户删除了奇虎公司相关软件。腾讯公司和腾讯计算机公司的上述行为构成限制交易。腾讯公司和腾讯计算机公司将 QQ 软件管家与即时通信软件相捆绑，以升级 QQ 软件管家的名义安装 QQ 医生，构成捆绑销售。三、腾讯公司和腾讯计算机公司应对其垄断民事侵权行为承担相应法律责任。腾讯公司和腾讯计算机公司共同实施滥用市场支配地位的行为，导致奇虎公司受到损害，应当承担连带责任。综上，请求判令：1. 腾讯公司和腾讯计算机公司立即停止滥用市场支配地位的垄断行为，包括但不限于限定 QQ 软件用户不得与奇虎公司交易、在 QQ 软件中捆绑搭售安全软件产品等行为；2. 腾讯公司和腾讯计算机公司连带赔偿奇虎公司经济损失 1.5 亿元；3. 腾讯公司和腾讯计算机公司向奇虎公司赔礼道歉，具体形式包括腾讯公司和腾讯计算机公司在其网站 QQ.com 连续十日刊登经奇虎公司认可的道歉声明，以及在《人民日报》《电脑报》等平面媒体连续三日刊登经奇虎公司认可的道歉声明；4. 腾讯公司和腾讯计算机公司承担奇虎公司为维权而支付的合理开支，包括调查费、公证费、律师费等共计 100 万元；5. 腾讯公司和腾讯计算机公司承担本案所有诉讼费用。

被告答辩

一审被告腾讯公司和腾讯计算机公司共同答辩称：奇虎公司对本案相关市场界定错误；腾讯公司和腾讯计算机公司在即时通信服务市场内不具有市场支配地位；被诉垄断行为不构成滥用市场支配地位的行为，也未产生排除、限制竞争的效果。请求驳回奇虎公司的全部诉讼请求。

法院查明事实

广东省高级人民法院一审查明：

一、关于奇虎公司、腾讯公司和腾讯计算机公司的主体资格

奇虎公司系360安全卫士软件V1.4版本、7.1.0.1010版本、6.1.5.1009版本的著作权人及运营人。腾讯公司为QQ软件著作权人，腾讯计算机公司为QQ软件实际控制人，两公司共同运营QQ即时通信软件。

二、关于本案相关市场的界定

奇虎公司认为：本案相关商品市场为集成了文字、音频及视频等综合功能的即时通信软件及其服务市场，相关地域市场为中国大陆地区综合功能即时通信软件及服务市场。

腾讯公司和腾讯计算机公司认为：相关市场上提供即时通信服务的产品非常多，其他互联网产品和服务亦可实现即时通信服务功能，奇虎公司故意采用过窄的标准来划分和界定本案相关商品市场范围，使QQ软件产品的市场地位被明显高估。

三、关于腾讯公司和腾讯计算机公司在相关市场是否具有支配地位

奇虎公司认为：腾讯公司和腾讯计算机公司在相关市场具有支配地位。第一，腾讯公司和腾讯计算机公司具有控制交易的条件，依据是RBB经济咨询所作的《关于奇虎360与腾讯反垄断纠纷的经济分析报告》。其中记载，在奇虎360与腾讯纠纷发生的当月即2010年11月，腾讯的市场份额和前一月比较下降了1.1%，这和典型的季节性变化没有太大区别。此次纠纷对腾讯没有持续性的影响。相关图表显示，在事发两周内，腾讯的市场份额比2009年同期增长更快。这一现象表明，腾讯的竞争对手很难抢走腾讯的市场份额，这个市场中的拓展壁垒偏高。此外，腾讯能够降低产品/服务质量但是其使用量不受影响，说明腾讯可以自由运作，不顾及损失客户的担忧，这构成腾讯在即时通信服务市场具有支配地位的直接证据。第二，腾讯公司和腾讯计算机公司能够阻碍、影响他人进入相关市场。第三，腾讯公司和腾讯计算机公司具有市场支配地位。

腾讯公司和腾讯计算机公司则认为，即时通信服务市场竞争激烈，可替代性高，进入门槛低。

四、关于腾讯公司和腾讯计算机公司是否滥用市场支配地位

奇虎公司认为，腾讯公司和腾讯计算机公司滥用市场支配地位。第一，腾讯公司和腾讯计算机公司存在限制交易行为。第二，腾讯公司和腾

讯计算机公司存在搭售行为。

腾讯公司和腾讯计算机公司认为，奇虎公司在本案中指控腾讯公司和腾讯计算机公司实施的有关行为合理合法，不构成垄断，也没有给奇虎公司造成任何经济损失。

一审裁判理由

广东省高级人民法院一审认为，本案争议焦点主要是：相关市场如何界定；腾讯公司和腾讯计算机公司在相关市场上是否具有支配地位；腾讯公司和腾讯计算机公司是否滥用市场支配地位排除、限制竞争以及其应承担何种民事责任。

一、关于相关市场如何界定的问题

（一）关于相关商品市场

1. 本案界定相关商品市场应采用的方法

根据《国务院反垄断委员会关于相关市场界定的指南》的规定，一审法院认为本案相关商品市场的界定可以采取下列方法：根据需求者对 QQ 软件及其服务的功能用途需求、质量的认可、价格的接受以及获取的难易程度等因素，从需求者的角度定性分析不同商品之间的替代程度；同时亦考虑供给替代的影响。

关于是否可以采用假定垄断者测试分析方法的问题。一审法院认为，"免费"成为互联网产业通行的、基本的因而也才是可行的服务模式。本案证据显示，用户对即时通信产品及服务具有很高的价格敏感度。消费者在确定某类即时通信产品的使用量时，虽然会将获取该产品所消耗的机会成本作为考虑的因素之一，但是一旦该产品开始收费，他们的第一选择是改用其他免费产品，即使免费产品所消耗的机会成本比收费产品要高。即便在缺乏完美数据的实际情况下，本案依然可以考虑如果腾讯公司和腾讯计算机公司持久地（假定为一年）从零价格到小幅度收费后，是否有证据支撑需求者会转向那些具有紧密替代关系的其他商品，从而将这些商品纳入同一相关商品市场的商品集合。

2. 关于双方无异议认为属于同一相关市场商品集合的三类即时通信

软件

奇虎公司在起诉状中确认，根据 CNNIC 提供的《中国即时通信用户调研报告》（2009 年度），即时通信软件及服务可细分为综合性即时通信服务如腾讯 QQ 和微软的 MSN、跨平台即时通信服务如中国移动推出的飞信产品、跨网络即时通信服务如 Tom 集团公司提供的 Skype 软件服务三类。该三类产品彼此之间联系紧密，技术上、服务上可彼此替代。腾讯公司和腾讯计算机公司对该主张无异议，一审法院确认该三种类型的即时通信产品及服务属于同一相关商品市场的商品集合。

3. 关于综合性的即时通信与文字、音频以及视频即时通信之间的可替代性

一审法院认为，考虑到需求替代，消费者能够轻易、立刻、免费地在文字、音频和视频即时通信三种服务间转换；从供给替代出发，大部分服务商都能够同时提供该三种功能的服务。故不应当依据功能来区分文字即时通信、语音和视频通话，从而将该三种产品和服务分别视为独立的通信服务，而应当把它们作为更广阔市场的一部分。同时，本案证据显示，消费者对即时通信产品及服务具有很高的价格敏感度，不愿意为使用即时通信的基础服务支出任何费用，如果腾讯公司和腾讯计算机公司持久地（假定为一年）从零价格改为小幅度收费的话，有理由相信需求者完全有可能转而选择免费的文字即时通信、音频或者视频通话中的任何一种服务，从而使腾讯公司和腾讯计算机公司的收费行为无利可图。综合性的即时通信与文字、音频以及视频等单一的即时通信之间具有紧密的可替代性，属于同一相关市场的商品集合。

4. 关于 QQ 与社交网站、微博服务之间的可替代性

（1）从功能用途上来看，微博、SNS 社交网站等产品均提供网页形式的即时通信服务和单独的即时通信软件服务。奇虎公司的专家辅助人认为，微博和 SNS 社交网站提供的网页形式的即时通信服务和单独的即时通信软件服务与 QQ 之间构成很强的竞争关系和产品需求替代关系，属于同一相关市场的商品集合，腾讯公司和腾讯计算机公司对此无异议，一审法院予以确认。

（2）当微博和 SNS 社交网站提供网页形式的即时通信产品服务，即将

即时通信产品作为其核心产品的一部分时，QQ 与微博、SNS 社交网站服务之间是否具有可替代性的问题，在本案中争议较大。奇虎公司的专家辅助人认为，即时通信产品与社交网站的关键区别是后者主要针对大量用户之间的群体交流，对即时的功能要求偏低，前者则专注于为相对少的用户群提供即时交流；两种产品有效使用时间的相关系数接近于零，故社交网站软件在中国被使用的方式不同于即时通信软件，可能不是一个有效的替代品。对此，一审法院认为，首先，RBB 经济咨询得出上述结论所依据的数据中缺乏微博产品的数据，而本案证据显示正是在这个时间段内新浪、腾讯和搜狐等微博产品兴起并迅速发展，有合理的理由相信微博产品市场份额的迅速扩大对社交网站的每周或每月的有效使用时间会产生较大影响，从而最终影响社交网站与即时通信产品的相关性分析。其次，从功能和用途来看，当微博将即时通信产品作为其核心产品的一部分时，微博和QQ 都具有传递信息的即时性和信息载体的多样性，均可实现少部分群体之间的点对点私密的即时通信，微博的微群和 QQ 群均可进行 2 人以上即时互动。而 SNS 社交网站所具有的即时通信工具服务于其社交功能，SNS 和 QQ 都具有社交属性，两者所具有的关系链均系锁定用户的重要手段，两者之间也具有紧密的替代性。再次，从价格因素出发考虑，有理由相信如果腾讯公司和腾讯计算机公司持久地（假定为 1 年）从零价格改为小幅度收费的话，需求者完全有可能转而选择微博和 SNS 社交网络服务，从而使腾讯公司和腾讯计算机公司的收费行为无利可图。最后，奇虎公司的专家辅助人认为本案仅需界定在"3Q 大战"发生的 2010 年末包括即时通信产品在内的合适的相关市场，而当时的中国即时通信产品和社交网络、微博之间有很大区别，不属于一个相同的反垄断意义上的相关市场。一审法院认为，竞争是一个动态的过程，在一个滥用市场支配地位的反垄断诉讼中对相关市场进行界定时，必须考虑本案商品或者服务所在产业的发展现状及未来一段时间的趋势，总体上应当对那些有可能延续一段时间的滥用市场支配地位的行为予以制止，以有效维护市场竞争机制。在认定本案相关市场时，仅仅考虑 2010 年双方纠纷发生时一个较小周期内的情况来分析相关市场状况，并不能起到科学合理的、有效制止滥用市场支配地位的效果。对于奇虎公司专家辅助人的证言，不予采纳。综上，QQ 与社交网站、微博服务属于同一相关市场的商品集合。

5. 关于传统电话、传真与即时通信服务之间的可替代性

一审法院认为，QQ 产品服务本质上依然是一种通信服务，与传统的电话、手机、短信等通信服务之间存在一定的竞争关系。但其与传统的电话、手机、短信等通信服务相比，不仅在技术上存在较大差异，更为重要的是固定电话、手机及短信均进行收费服务，而即时通信则进行免费服务，因此 QQ 与传统的短信、手机通话、固定电话通话之间不存在较为紧密的产品替代关系，相互之间不构成可替代关系。

6. 关于 QQ 软件与电子邮箱是否属于同一相关商品市场的商品集合

一审法院认为电子邮箱产品虽然也以网络通信为核心功能，具备文本、图像、音频、视频文件的传输功能，但不具有即时性。虽然目前各电子邮箱服务商大多开发了好友聊天等即时通信功能并将其内嵌在电子邮箱界面上，但该功能在语音通信、视频通信、外挂游戏、截图等功能方面和工具操作的便捷性方面与即时通信软件还存在巨大差异。由于功能和用途的差异较大，即使后者开始长期小幅收费，消费者也很难转而选择使用前者，因此电子邮箱与 QQ 不属于同一相关商品市场的商品集合。

7. 关于应否将本案相关市场确定为互联网应用平台

一审法院认为，（1）互联网应用平台经营模式逐渐普及，导致客户资源、点击量和用户停留时间成为互联网竞争的主要焦点。以免费的服务吸引大量用户，再利用巨大的用户资源经营增值业务和广告以实现盈利，然后以增值业务和广告的盈利支撑免费服务的生存和发展，已经成为互联网行业目前典型的经营模式。在这种经营模式下，各服务商之间真正竞争的是客户数量、点击量和客户有效使用时间，以维持经营的生存和发展。（2）本案证据显示平台之间的竞争已不是未来的发展趋势，而是目前互联网企业之间客观存在的竞争状况。互联网行业发展至今，选择何种免费产品或服务吸引用户只是搭建平台的手段不同，但竞争的实质就是互联网企业相互之间在各自的应用平台上开展增值服务和广告业务的竞争。这也正是本案双方当事人虽然各自经营即时通信和安全杀毒产品，却会爆发"3Q 大战"的真正原因所在。虽然在本案中尚不能确定安全软件平台与即时通信平台之间存在紧密的替代关系，但在界定本案的相关商品市场时，应充

分考虑目前互联网行业的产品竞争状况和市场格局。（3）互联网行业是一个动态市场，行业内成功的产品、服务及商业模式很容易被其他企业模仿，市场进入门槛极低，因此除以需求替代来界定相关市场外，亦应从供给替代的因素出发，将其他企业的潜在产能考虑在相关市场范围内。

综上，一审法院认为奇虎公司关于综合性的即时通信产品及服务构成一个独立的相关商品市场的主张不能成立，不予支持。

（二）相关地域市场的界定

首先，即时通信服务的经营者及用户并不局限于中国大陆地区。由于互联网的开放性和互通性，经营者和用户均无国界，本案证据显示境外经营者可向中国大陆地区用户提供即时通信服务，腾讯公司和腾讯计算机公司也同时向世界各地的用户提供服务。有一定数量的境外中文用户和外文用户在使用腾讯公司和腾讯计算机公司提供的中文或者外文版本即时通信服务。其次，用户的语言偏好和产品使用习惯不能作为划分地域市场的唯一依据。经营者通常都会提供多个语言版本的即时通信软件来满足不同语言使用者的需求。中国大陆地区用户经常会选择境外经营者提供的即时通信服务（例如 MSN、ICQ、雅虎通、Skype 等），用户语言偏好不会导致国外即时通信服务的经营者无法与中国大陆地区经营者进行竞争。在产品使用习惯上，由于全球范围内的用户在接受即时通信服务方面的习惯是相同的，故不会导致用户因使用习惯差异带来经营者产品和服务的地域局限。最后，即时通信产品和服务的市场参与者在全球范围内提供和获得即时通信服务时，并无额外运输成本、价格成本或者其他成本。目前也尚未出现法律或技术上的标准来限制这些服务在全球范围内的提供和使用。综上，一审法院认为本案相关地域市场应为全球市场。

二、关于腾讯公司和腾讯计算机公司在相关市场上是否具有支配地位的问题

（一）奇虎公司界定本案相关商品市场和地域市场过窄

一审法院认为，奇虎公司对本案相关商品市场和相关地域市场的界定过于狭窄，据此来计算腾讯公司和腾讯计算机公司的市场份额，不能客观、真实地反映该两公司在相关市场的份额和地位。尤其是，艾瑞咨询报告统计的产品范围与一审法院认定的相关商品的范围有差异：1. 艾瑞咨询对于即时通信软件的监测只针对个人电脑端产品，并未包含手机和平板电脑产品即移动端即时通信软件；2. 将即时通信产品作为核心产品一部分的微博和 SNS 社交网站产品未计入相关市场商品集合，同时奇虎公司本身认为应当属于即时通信相关市场范围的微博和 SNS 社交网站以网页形式提供的即时通信产品也未列入；3. 艾瑞咨询和 CNNIC 研究的范围仅限于中国大陆地区，不包含港澳台地区和世界范围内其他使用 QQ 产品的国家；等等。因此，艾瑞咨询监测的腾讯在 2010 年中国即时通信整体市场的份额中占到 76.2%，并不能真实反映腾讯 QQ 在本案相关商品市场中的份额。综上，一审法院对奇虎公司以市场份额来推定腾讯公司和腾讯计算机公司在相关市场上具有垄断地位的主张，不予认可。

（二）市场份额不是认定是否具有市场支配地位的唯一依据

一审法院认为，即使在奇虎公司所主张的最窄的相关市场即中国大陆地区的综合性即时通信产品和服务市场上，亦不能仅凭腾讯公司和腾讯计算机公司在该相关市场上的市场份额超过 50% 而认定其具有市场支配地位。理由如下。

第一，腾讯公司和腾讯计算机公司不具有控制商品价格、数量或其他交易条件的能力。

1. 腾讯公司和腾讯计算机公司不具备控制商品价格的能力。几乎所有的即时通信软件及服务都是免费向用户提供的，用户不愿意为即时通信软件的基础服务支付任何费用，腾讯公司和腾讯计算机公司的市场领先地位不能使其拥有超越其他竞争者的产品定价权。

2. 腾讯公司和腾讯计算机公司不具备控制商品数量和其他交易条件的能力。互联网上的即时通信软件种类众多，用户选择余地较大。一旦一款即时通信软件出现问题，用户马上就可以用另一款即时通信软件替代，没有证据显示腾讯公司和腾讯计算机公司敢于轻易拒绝向用户提供产品和服务或改变交易条件。

3. 从其他经营者对腾讯公司和腾讯计算机公司的依赖程度来看，交易相对方可以轻易地选择与其他企业进行交易，对腾讯公司和腾讯计算机公司的依赖性较弱。

第二，腾讯公司和腾讯计算机公司不具备阻碍、影响其他经营者进入相关市场的能力。

1. 该市场的进入门槛低，扩张阻碍小。（1）经营者进入即时通信服务市场的门槛低。即时通信服务对资金和技术要求不高，无论是互联网厂商、终端厂商还是软件商，三大运营商都普遍看好该市场，每年都有大量经营者进入该领域。随着互联网其他服务用户规模的不断增长，一批依托于其他互联网服务的新兴即时通信工具得到迅速发展。（2）新进入者的市场扩张能力强，大量成功案例证明该市场扩张阻力小。如2006年中国移动推出的飞信、2007年阿里巴巴公司推出的阿里旺旺、2008年百度公司推出的百度Hi和2008年多玩游戏网推出的YY语音等即时通信软件，虽然它们进入市场运营时间不长，但均依靠各自的用户细分在短期内迅速地占领了一定的市场。

2. 关于"客户黏性"与网络效应。奇虎公司在本案中强调即时通信领域具有明显的网络效应和用户锁定效应，由于上述效应的存在，其他经营者一般难以进入这个市场，即使进入也难以生存下去。一审法院认为，（1）由于大多数用户都通过即时通信服务与亲朋好友即"核心圈"进行联系，网络效应的作用被大大减弱。根据脸书（Facebook）的数据，用户通常只与四到六人保持双向互动。（2）在Skype/Microsoft案中，欧盟委员会发现很多用户均在多家消费者通信服务供应商间自由地进行访问转换，本案中QQ软件的情形也与此相同。对用户而言QQ软件并非"必须具备"的产品，满足用户即时通信需求的替代产品多种多样，腾讯公司和腾讯计算机公司无法控制用户对即时通信软件的选择。同时，由于用户可以在数款即时通信软件中同时构建具有高度重合性的社交网络，如此他们就可以在更换即时通信软件时将用户锁定效应即"客户黏性"的影响降至最低。（3）在腾讯公司和腾讯计算机公司开发经营QQ产品之初，MSN是国内市场份额最大的即时通信服务提供商。但腾讯公司和腾讯计算机公司依靠具有特色的产品和优质的服务迅速扩大经营规模，吸引用户，最终在较短时间内在市场份额上超过MSN。由此可见，网络效应和用户锁定效应对于即时通信产品和服务来说并非不可逾越的壁垒。

3. 相关市场竞争充分。即时通信服务市场处于高度竞争和高度不稳定状态，新技术、新商业模式层出不穷，没有证据显示有任何一家企业可能长期操纵市场。即使没有外力介入，这个市场也能够很好地实现充分竞争和自我更新。（1）从本案证据来看，传统即时通信软件产品之间竞争激烈，飞信、阿里旺旺、YY 语音等产品的用户量近几年来发展迅猛，用户规模均已过亿。（2）新兴的社交网站（SNS）、微博、电子邮箱等产品在整合了即时通信服务功能后，相关市场竞争进一步加剧，新兴的即时通信服务产品对传统的即时通信产品带来了巨大的竞争压力和市场冲击。（3）开心网、人人网等 SNS 网站的发展以及用户黏合度的增加，用户对于社交网站的信息传递使用频率增多，也对即时通信工具的使用造成一定的影响。因此，即时通信服务市场是一个高度创新、高度竞争的动态市场。经营者在该市场内要保持竞争优势，必须具有持续创新的能力。在这样的竞争状态下，经营者不敢降低产品质量，或者不顾消费者感受而肆无忌惮地投放影响用户体验的大量广告。因此，一审法院认为腾讯公司和腾讯计算机公司并不存在大量的、长期的如奇虎公司专家辅助人所称的通过降低产品质量或非暂时性的小幅度提高产品的隐含价格而获取利润的情况。

4. 腾讯公司和腾讯计算机公司的财力和技术条件并不具有实质性的排除新的竞争者进入市场或者扩大产能的能力。（1）本案证据显示，中国移动、中国联通、中国电信、阿里巴巴、百度等后于腾讯进入即时通信领域的竞争者财力和技术能力都很雄厚，这些大型企业都有足够实力对腾讯公司和腾讯计算机公司在该领域的领先地位造成巨大冲击。（2）互联网领域存在大量的风险投资基金，只要有好的产品和用户，风险投资机构会积极进入市场为经营者提供强有力的资金支持，大多数互联网公司均依靠风险投资基金迅速扩大经营规模。

综上，腾讯公司和腾讯计算机公司在该市场不具有支配地位。

三、关于腾讯公司和腾讯计算机公司是否滥用市场支配地位，排除、限制竞争的问题

（一）关于腾讯公司和腾讯计算机公司实施的"产品不兼容"行为（用户"二选一"）的实质

本案中，腾讯公司和腾讯计算机公司强迫用户"二选一"，表面上赋予用户选择权，但假如腾讯公司和腾讯计算机公司是一个具有市场支配地位的经营者的话，用户极有可能放弃 360 而选择 QQ。腾讯公司和腾讯计算机公司采取"二选一"的目的不是拒绝与用户交易，而在于逼迫用户只能与其进行交易而不与360进行交易。上述该行为实质上仍然属于限制交易的行为。

腾讯公司和腾讯计算机公司抗辩认为，QQ软件对360安全卫士采取不兼容措施是源于奇虎公司实施侵权行为所致。为了保证QQ的正常运作，腾讯公司和腾讯计算机公司不得已采取不兼容技术措施来阻止和排除奇虎公司产品对自身产品的破坏，是一种正当的自力救济行为。一审法院认为，我国民法上的自力救济不能超过必要限度。奇虎公司通过"360隐私保护器"及网络言论对腾讯公司、腾讯计算机公司实施了不正当竞争行为。由于互联网行业的特殊性，通过网络实施的侵权行为具有蔓延速度快、范围广、后果难以挽回等特点，因此腾讯公司和腾讯计算机公司的合法权益在当时的确处于危险状态之中。但即便如此，腾讯公司和腾讯计算机公司采取自力救济的直接反击对象也必须是不法侵害人即本案的奇虎公司本身，而不得涉及网络用户。同时，我国知识产权侵权诉讼的诉前禁令制度赋予当事人权利，当事人在其合法权益可能遭受紧急或无法逆转的侵害时，有权向人民法院申请采取临时措施，及时、快捷、有效地制止不法侵害行为发生或继续。在法有明文规定的情况下，腾讯公司和腾讯计算机公司没有依法行使诉讼权利寻求制止不法侵害行为的途径，转而单方面采取"二选一"的行为，致使"3Q大战"范围扩大，波及用户，其行为缺乏正当性。另外，腾讯公司和腾讯计算机公司强迫用户采取"二选一"的行为也超出了必要的限度。本案中，无论奇虎公司是否存在胁迫用户使用扣扣保镖的行为，是否劫持了QQ的安全模块并导致QQ失去相关功能，腾讯公司和腾讯计算机公司都无权逼迫用户对QQ账户安全采取行动，腾讯公司和腾讯计算机公司的权利范围在于对此作出相应的风险提示，是否卸除360软件是用户自身固有的权利，腾讯公司和腾讯计算机公司不能代替用户做出选择，强迫用户"二选一"的行为超出了必要的限度。

（二）关于腾讯公司和腾讯计算机公司是否存在反垄断法所禁止的无正当理由搭售的问题

一审法院认为，腾讯公司和腾讯计算机公司的行为不构成反垄断法所禁止的搭售行为。第一，腾讯公司和腾讯计算机公司在即时通信服务市场中不具有市场支配地位。第二，腾讯公司和腾讯计算机公司没有限制用户的选择权。腾讯公司和腾讯计算机公司在 QQ 软件打包安装 QQ 软件管理时，为用户提供了 QQ 软件管理的卸载功能。腾讯公司和腾讯计算机公司向用户提供 QQ 软件服务并非以用户必须使用 QQ 软件管理为先决条件，对用户没有强制性。另外，腾讯公司和腾讯计算机公司在将 QQ 软件管理与 QQ 医生升级为 QQ 电脑管家时，向用户发出了升级公告，已尽了明示用户并给予用户使用选择权的义务。第三，腾讯公司和腾讯计算机公司的相关行为具有经济合理性。QQ 软件管理与 QQ 软件的打包安装作为产品的功能整合，有利于用户通过使用辅助性工具软件更好地管理 QQ，保障用户 QQ 软件的账号安全。相反，若腾讯公司和腾讯计算机公司在提供 QQ即时通信软件时不提供安全产品，则可能会有损于 QQ 软件产品的性能或使用价值。第四，腾讯公司和腾讯计算机公司的相关行为未产生限制或排除竞争的效果。奇虎公司没有任何证据证明腾讯公司和腾讯计算机公司相关的打包安装行为导致了奇虎公司同类商品的市场占有率显著下降；也无证据证明该行为对同一市场内其他竞争者产生了限制或排除竞争的后果。第五，奇虎公司没有提供证据证明腾讯公司和腾讯计算机公司 QQ 软件打包安装 QQ 软件管理以及 QQ 软件管理、QQ 医生升级为 QQ 电脑管家的行为已经造成或者将会造成消费者的损害。因此，奇虎公司所诉腾讯公司和腾讯计算机公司实施了滥用市场支配地位的搭售行为不能成立。

一审裁判结果

综上所述，由于奇虎公司对本案相关商品市场界定错误，其所提供的证据不足以证明腾讯公司和腾讯计算机公司在相关商品市场上具有垄断地位，故依照《中华人民共和国民事诉讼法》第六十四条第一款的规定，一审法院判决：驳回奇虎公司的全部诉讼请求。一审案件受理费 796800 元，由奇虎公司负担。

▓ 当事人上诉

奇虎公司不服一审判决，向二审法院提起上诉称：一审法院认定事实不清，适用法律错误，程序违法，请求二审法院撤销一审判决，将本案发回重审或者改判支持其诉讼请求；判令本案一、二审诉讼费均由腾讯公司和腾讯计算机公司承担。其主要上诉理由为以下几点。

一、一审判决对本案相关商品市场未作认定，属于案件基本事实认定不清

对相关市场的界定通常是对竞争行为进行分析的起点。一审法院以"上诉人对相关商品市场界定错误"作为否认被上诉人具有市场支配地位的理由，却未对本案相关商品市场作出明确认定，属于对案件基本事实认定不清。

二、一审判决在分析相关商品市场时基本方法错误，本案相关商品市场应界定为综合了文字、语音、视频的个人电脑端即时通信软件和服务

（一）一审判决在本案中直接适用假定垄断者测试（即"SSNIP测试"）界定相关市场是错误的

假定垄断者测试是针对一般定价产品适用的测试方法。在本案中，由于产品是免费的，无法进行有效的"相对"价格比较。即使以SSNIP方法分析本案相关市场，也应该采用质量相对下降作为分析指标。

（二）一审判决在运用SSNIP方法进行分析时也是错误的

1. 一审法院在运用SSNIP方法进行分析时，使用了从"零价格"到"小幅收费"的价格增长测试，这种方式在本案中是错误的。2. 一审判决在适用SSNIP方法时仅仅考察了QQ即时通信产品的价格变动，这种方法也是错误的。SSNIP方法必须假定有一个假定垄断者垄断了全部目标产品，才能进一步分析是否有其他产品与其具有紧密替代关系。3. SSNIP测试必须用假定垄断者的数据，而不能使用现有经营者在不充分竞争状况下形成的垄断价格数据，在此基础上实施小幅度的额外价格增长，会导致相关市场比实际界定得更加宽泛。一审判决将腾讯QQ的当前价格作为基准价格，必然导致相关市场界定的结果不合理。

（三）本案相关商品市场应界定为综合了文字、语音、视频的个人电脑端即时通信软件和服务

1. 综合性即时通信产品与单一功能即时通信产品不构成同一产品市场。（1）一审判决出发点错误。分析本案相关市场应以综合性即时通信产品作为出发点，并在此基础上分析其他产品与综合性即时通信产品之间的可替代性。对于用户而言，当其因某种原因无法使用某一综合性即时通信产品时，首先考虑的必然是转而使用其他综合性即时通信产品，而非单一功能的即时通信产品。（2）一审判决认为，考虑到需求替代，消费者能够轻易、立刻、免费地在文字、音频和视频即时通信三种服务间转换，这一认定缺乏事实依据。（3）一审法院关于综合性/单一功能即时通信产品的替代性分析，前后自相矛盾。2. 即时通信产品与社交网站、微博不构成同一产品市场。（1）界定相关市场要以目标产品市场作为出发点，对可能存在替代关系的其他产品逐个进行分析。一审法院在分析过程中跳过上述步骤，直接把即时通信产品与社交网站、微博三种产品划入同一产品市场，没有考虑微博与社交网站之间是否具有紧密替代关系的问题。（2）微博、社交网站提供了即时通信的功能，并不能理解为微博、社交网站整体与即时通信产品形成替代关系。从消费者角度来看，并不因为经营者一并提供了一系列产品，其中部分产品存在相互替代性，就认为经营者提供的全部产品之间均存在替代性。（3）考察时间市场应着重分析当时的情况，即发生诉争行为当时及此前的市场竞争态势，而非未来的市场变化。本案证据表明，诉争行为发生时，微博、社交网站并非即时通信产品最紧密的替代品，因而不应将上述几种产品划入同一相关市场。3. "互联网应用平台"与本案的相关商品市场无关。所谓"互联网应用平台"只是一个笼统的商业概念，无法构成反垄断法意义上的相关市场。

三、一审判决对相关地域市场的认定明显错误，本案中相关地域市场应为中国大陆地区

（1）一审判决在相关商品市场界定不清的情况下对相关地域市场进行了认定，颠倒了相关市场界定的顺序，导致一审判决对地域市场的界定明显错误。（2）一审判决对相关地域市场的认定不符合客观事实。如果本案相关地域市场为全球市场，那么现实中一定存在大量的中国大陆地区用户

选择使用中国大陆地区之外的即时通信产品，客观事实恰恰相反。（3）一审判决分析相关地域市场的出发点错误，应从受到本案纠纷影响的消费者角度来分析地域市场。一审法院的分析以海外消费者作为考察对象进行需求替代分析，明显脱离了本案应当考察的目标地域，存在方法错误。（4）一审判决没有考虑境外即时通信经营者进入中国市场的实际障碍。中国互联网产业的政治和社会环境与其他国家不尽相同，使用的法律架构也十分复杂，这对于境外即时通信供应商进入中国市场并进行业务扩张而言是一种显著的障碍。（5）本案相关地域市场应界定为中国大陆地区。主要根据是：2009～2011年，被上诉人市场份额逐年上升，境外即时通信产品市场份额逐年下降；为保证通信质量，尤其是视频质量，要求即时通信经营者在中国大陆地区安装服务器；2010年中国大陆地区消费者使用国际即时通信产品的时间低于3%，2006～2013年中国用户对中国公司提供的即时通信服务的需求逐年增长，对境外企业的需求逐年下降；受中国大陆地区的法律、政策限制，境外供应商在中国开展业务受到阻碍；中国大陆地区消费者使用即时通信产品的语言为中文，大多数中国大陆地区即时通信产品消费者的联系人身在中国。

四、一审判决认定被上诉人在相关市场不具有支配地位是错误的

（一）无论采用何种市场定义，被上诉人在相关市场的市场份额均超过二分之一，应当推定其具有市场支配地位

1. 一审证据显示，2009～2011年，被上诉人在中国大陆地区综合性即时通信产品市场上的市场份额一直为88%～90%，应当推定其具有市场支配地位。2. 即使按照一审法院的观点，认为相关商品市场包括即时通信、微博和社交网站，被上诉人的市场份额仍接近80%，应当推定其具有市场支配地位。

（二）被上诉人没有提供相反证据证明其不具有市场支配地位

1. 一审判决关于被上诉人不具有控制商品价格或其他交易条件的能力的认定缺乏证据支持。被上诉人的"零价格"策略，有效地阻碍了新晋企业进入即时通信服务市场，"零价格"实际上是一种极强的价格控制。2. 一审判决关于被上诉人没有阻碍竞争对手进入相关市场的能力的认定缺乏证据支持。即时通信服务市场是一个高度集中的市场，缺乏有效竞争约

束和市场进入机制。同时，即时通信产品具有很高的客户黏性，消费者转换成本极高。

（三）被上诉人有能力控制交易条件

被上诉人敢于并成功强迫其用户进行"二选一"，原因就在于其明知自身的市场支配力很强，其相信绝大多数用户会选择腾讯 QQ 而放弃奇虎公司的安全软件。统计数据显示，在被上诉人实施"二选一"的时间段内，其用户数量并无显著下降，而其竞争对手的用户数量也没有显著上升。这表明被上诉人可以无视其他竞争对手的存在而控制交易条件，显然具有市场支配地位。

五、被上诉人实施了滥用市场支配地位的行为，依法应当承担法律责任

（一）被上诉人的"二选一"限制交易行为构成滥用市场支配地位

被上诉人没有正当理由，强制其用户停止使用并卸载上诉人的软件，否则便停止向用户提供 QQ 及相关软件服务。一审判决已经认定上述行为缺乏正当性，且被上诉人具有明显的市场支配地位，上述行为自然构成滥用市场支配地位的违法行为。

（二）被上诉人的行为构成搭售且没有正当理由

1. 被上诉人在即时通信产品市场上具有支配地位，其将 QQ 软件管家与即时通信软件捆绑搭售，并且以升级 QQ 软件管家的名义安装 QQ 医生，没有提供任何证据证明这种搭售行为符合交易惯例、消费习惯或者商品的功能。2. 消费者选择权受到了限制。用户的选择权体现在安装软件时，而不是安装以后的卸载行为。用户的卸载行为属于购买产品后的抛弃行为，其不能否认用户已被强制安装了被搭售的软件产品的事实。3. 被上诉人的行为没有合理性。这种搭售只对被上诉人有利，使被上诉人以极低的成本将其在即时通信产品市场上的支配地位传导到安全软件市场，损害了安全软件市场上的竞争，且对消费者而言没有任何好处。4. 一审判决关于被诉搭售行为产生排除、限制竞争效果的举证责任分配错误。上诉人无须证明该行为是否具有排除、限制竞争效果，被上诉人提出行为正当性抗辩的，应当对此承担举证责任。5. 被上诉人如主张其搭售行为具有正当理由，其不仅应证明消费者没有受到损害，还应进一步证明其搭售行为使消费者获益。一审中被上诉人未提供证据证明上述主张，应承担不利后果。

六、被上诉人应该承担赔偿责任

被上诉人滥用市场支配地位的行为，尤其是"二选一"限制交易的行为，造成上诉人的软件产品被用户大量卸载、删除，给上诉人造成了巨大的经济损失，理应承担赔偿责任。

七、一审法院程序违法，损害了上诉人的合法权益

（1）一审法院未按照其重新界定的相关市场组织双方当事人重新计算市场份额，违反法定程序。（2）一审法院在认定被上诉人是否具有支配地位时，引入未经质证的证据，程序违法。（3）一审法院违背听证原则，大量认定未经质证的证据与事实，显属不公。（4）一审法院怠于履行《最高人民法院关于民事诉讼证据的若干规定》（简称《民事诉讼证据规定》）第三十五条规定的告知义务，存在程序错误。

❮ 被上诉人答辩

被上诉人腾讯公司和腾讯计算机公司共同答辩称：一审法院认定事实清楚，程序合法，适用法律正确，判决结果公平公正，请求法院驳回上诉人的全部诉请，维持一审判决。其主要理由如下。

一、上诉人奇虎公司应当对相关市场的界定承担举证责任

（1）一审判决已对本案相关商品市场进行了认定，认为上诉人关于综合性的即时通信产品及服务构成一个独立的相关商品市场的主张不能成立。（2）上诉人实际上混淆了"原告应界定本案相关市场"与"法院对原告所界定的相关市场是否成立进行认定"之间的区别。上诉人应当依法对本案相关市场的界定承担全部举证责任，法院的职责是对上诉人所界定的相关市场根据反垄断法进行认定。

二、一审判决严格依法分析界定本案相关商品市场

（一）上诉人关于"一审判决在本案中直接适用假定垄断者测试界定相关市场是严重错误的"主张没有法律依据，也与其自身陈述不符

1. 一审法院采用需求替代为主并适当结合供给替代的基本分析方法，通过定性适用假定垄断者测试方法，对需求替代和供给替代的分析结果进行了补充验证。上诉人对一审判决的这一审理思路视而不见，将假定垄断

者测试曲解为本案认定相关市场的基本方法。2. 上诉人认为在免费产品上直接通过提高价格的方法来适用假定垄断者测试是错误的，这一主张没有法律根据。

（二）一审判决运用 SSNIP 方法时的基本思路、方法和结论是正确的

1. 一审法院从 QQ 软件产品开始进行 SSNIP 测试是正确的。2. 上诉人认为，消费者所获取 QQ 软件产品及服务的"零价格"是偏离了竞争价格基础之上的垄断价格，这一主张是荒谬的。

（三）上诉人所界定的相关商品市场缺之事实和法律依据

1. 综合性即时通信产品和单一功能即时通信产品属于同一相关市场的商品集合。（1）只要能实现文字、语音或视频中的任何一种信息传输格式的实时在线沟通服务，就属于即时通信服务。（2）上诉人的主张自相矛盾。上诉人在一审证据中将 YY 语音、人人桌面列入即时通信产品范畴，然而证据显示当时 YY 语音不能进行视频聊天，人人桌面不能进行语音和视频聊天。上诉人一审中确认飞信产品属于本案同一产品市场，然而飞信从 2006 年产品上市到 2009 年还是一个文字聊天工具，没有视频及语音功能。2. 社交网站、微博属于本案同一相关市场的商品集合。（1）即时通信是一种以互联网或移动互联网为传输基础供多人实时沟通的通信服务，既包括软件形式的即时通信服务，又包括网页形式的即时通信服务如微博及社交网站。微博和 SNS 社交网站提供的网页形式的即时通信服务与 QQ 之间存在很强的竞争关系和产品需求替代关系。（2）从需求替代的角度出发，大量证据表明，使用社交网站、微博中的聊天服务的用户比例非常高。从供给替代的角度出发，人人网等社交网站和新浪等微博都从 2009 年、2010 年开始就推出了即时通信功能。（3）互联网的竞争是高度的、动态的竞争，区别于传统市场，对于本案的相关市场需要对动态竞争约束进行分析。3. 移动端即时通信服务、电子邮箱、手机及短信属于本案同一相关市场的商品集合。（1）移动端即时通信服务与个人电脑端使用习惯基本一致，价格均为零，获得渠道基本一致。移动即时通信随时可以方便使用，完全可以轻易替代个人电脑端即时通信。（2）QQ 软件具有收发离线消息和离线文件的异步通信功能，该功能与电子邮箱收发邮件的功能及用途并无差别，存在较为紧密的需求替代关系。（3）手机及短信属于本案同一相

关市场的商品集合。QQ 软件的即时通信服务与手机通话及短信均属于通信服务。QQ 软件可以向手机发送短信及 QQ 语音的功能，与短信、电话的功能并无差异。根据 CNNIC 报告，即时通信用户中使用与手机进行通信功能的占 32.1%。4. QQ 软件是一款集成了各种互联网应用的综合服务平台，本案相关商品市场远远大于上诉人所界定的相关商品市场。

三、本案相关地域市场应为全球市场

（1）一审判决在对上诉人所界定的相关商品市场进行正确认定后，进一步认定本案的相关地域市场应为全球市场，完全正确。（2）上诉人关于一审判决对相关地域市场的认定不符合客观事实的主张缺乏依据。以境内外产品"使用时间"作为标准来确定相关地域市场没有法律依据。对于相关地域市场的界定应当充分考虑互联网产业动态竞争的特点，不能以某一孤立的时点进行判断。（3）一审判决从需求者获取较为紧密替代关系产品的角度出发，适用需求替代和供给替代的方法来界定相关地域市场，这与上诉人关于应从受到本案纠纷影响的消费者角度来分析地域市场的主张并无矛盾。（4）大量境外即时通信经营者早已进入中国开展竞争。上诉人关于中国的政治社会环境及法律架构的复杂是境外即时通信经营者进入中国互联网市场的障碍的主张没有任何证据支持。

四、被上诉人在相关市场不具有市场支配地位

（一）上诉人关于市场份额的理解与我国反垄断法的相关规定不符

1. 上诉人对相关市场界定错误，据此计算出的市场份额毫无意义。2. 上诉人无视互联网平台的双边性，直接将第三方机构针对免费端平台的"有效使用时间"替换为反垄断法上的市场份额，且对评估市场能力有重大意义的收费端平台没有进行任何举证和数据分析，这种方法是错误的。

（二）本案大量证据证明被上诉人完全不具有市场支配地位

1. 被上诉人不具有控制商品价格、数量或其他交易条件的能力。上诉人所称即时通信产品市场上现有的"零价格"是被上诉人的一种极强的价格控制没有事实依据。即时通信用户对即时通信产品及服务具有高度价格敏感度，几乎所有的即时通信软件及服务都是免费向用户提供的。2. 被上诉人并不具有阻碍、影响其他经营者进入相关市场的能力。（1）即时通信软件及服务市场是一个完全开放且充满竞争活力的新兴行业，市场进入壁垄和扩张阻碍较小，市场参与者众多，市场竞争十分激烈。（2）上诉人所称"网络效应"也没有任何事实依据。新进入经营者完全可以通过在原有产品上增加即时通信功能等方式迅速转化、积累海量用户。用户也从来不会因为所谓"网络效应"被绑定在一款即时通信软件上。

五、被上诉人的行为不构成滥用市场支配地位

（一）被上诉人"二选一"行为并非限制交易的行为

1. 被上诉人实施的"二选一"行为具有合理性。（1）被上诉人合法权益当时的确处于危险状态之中，通过公力救济手段无法及时防止损害的进一步扩大，有必要采取正当防卫手段。（2）被上诉人实施的"二选一"行为在合理的限度之内。"二选一"行为实际只有一天，被上诉人在上诉人召回其侵权产品的同时即恢复了产品的兼容。（3）被上诉人实施的"二选一"行为也是为了维护广大用户的权益。上诉人所推出的扣扣保镖是一个侵权软件，影响 QQ 用户正常使用 QQ 相关服务，且危及 QQ 软件安全。为了维护用户的权益，被上诉人不得不实施了"二选一"行为。2. 被上诉人实施的"二选一"行为不会产生反垄断法下反竞争效果。如果一种行为在反垄断法下是反竞争的，那么它必须使得实施该行为的企业能够在市场中可以排斥其大部分竞争对手。被上诉人的"二选一"行为没有损害安全软件提供商之间的竞争，却客观上促进了即时通信服务提供商之间的竞争。3. "二选一"行为目的和实质是促进 QQ 用户的最终福祉、维护互联网产业的公共利益。（1）扣扣保镖具有多种破坏功能并影响软件安全，可通过底层功能和云计算功能快速扩散，如果不在短时间内实施"二选一"行为，扣扣保镖将会给广大用户造成无可挽回且难以估量的损失。（2）扣扣保镖系针对互联网平台竞争者所实施的不正当竞争行为，如果放任其存在，将会迅速毁掉 QQ 平台，并将严重破坏互联网平台的竞争秩序，最终导致互联网用户无从获取优质互联网服务。

（二）被上诉人不存在反垄断法所禁止的无正当理由搭售行为

1. 被上诉人没有限制用户的选择权。被上诉人在 QQ 软件打包安装 QQ 软件管理时，为用户提供了 QQ 软件管理的卸载功能，对用户没有强制性。QQ 软件管理与 QQ 医生升级为 QQ 电脑管家的行为也不构成搭售，对用户电脑中已安装的软件进行功能升级，符合行业惯例，且被上诉人已经告知用户并给予了用户选择权。2. QQ 软件管理与 QQ 软件的打包安装作为产品的功能整合具有经济合理性，符合互联网平台竞争的特点，是业内通常做法。3. 上诉人没有任何证据可证明被上诉人相关的打包安装行为导致了上诉人同类商品的市场占有率显著下降，也无证据证明该行为对同一市场内其他竞争者产生了限制或排除竞争的后果。

六、上诉人没有任何证据证明其遭受了所谓的巨大损失

上诉人声称有 8.25 亿元的经济损失并主张 1.5 亿元的损失赔偿，却没有提交任何证据。

七、一审法院对本案的审理程序合法

上诉人对被诉"二选一"的行为属于《中华人民共和国反不正当竞争法》（简称《反不正当竞争法》）下的争议还是反垄断法下的争议理解混乱，错误指责一审法院没有履行告知义务。至于上诉人所主张的一审法院程序违法和违反听证原则，均没有任何事实和法律依据。

二审裁判理由

二审法院认为，综合上诉人的上诉请求、理由和被上诉人的答辩意见，并结合本案相关证据和事实，本案二审过程中的争议焦点集中在五个方面：第一，如何界定本案中的相关市场；第二，被上诉人是否具有市场支配地位；第三，被上诉人是否构成反垄断法所禁止的滥用市场支配地位行为；第四，一审法院审理程序是否违法；第五，本案相关民事责任的承担。

一、如何界定本案中的相关市场

该争议焦点可以进一步细化为九个具体问题，二审法院逐一分析如下。

（一）一审法院未对本案相关商品市场作出明确界定是否属于基本事实认定不清

第一，并非在任何滥用市场支配地位的案件中均必须明确而清楚地界定相关市场。竞争行为都是在一定的市场范围内发生和展开的，界定相关市场可以明确经营者之间竞争的市场范围及其面对的竞争约束。在滥用市场支配的案件中，合理地界定相关市场，对于正确认定经营者的市场地位、分析经营者的行为对市场竞争的影响、判断经营者行为是否违法以及在违法情况下需承担的法律责任等关键问题，具有重要意义。因此，在反垄断案件的审理中，界定相关市场通常是重要的分析步骤。尽管如此，是否能够明确界定相关市场取决于案件具体情况，尤其是案件证据、相关数据的可获得性、相关领域竞争的复杂性等。同时，二审法院认为，在滥用市场支配地位案件的审理中，界定相关市场是评估经营者的市场力量及被诉垄断行为对竞争的影响的工具，其本身并非目的。即使不明确界定相关市场，也可以通过排除或者妨碍竞争的直接证据对被诉经营者的市场地位及被诉垄断行为可能的市场影响进行评估。因此，并非在每一个滥用市场支配地位的案件中均必须明确而清楚地界定相关市场。第二，在滥用市场支配地位案件中，主张他人滥用市场支配地位的当事人对相关市场的界定承担举证责任。法院根据案件证据、当事人主张及专家意见等对当事人所主张的相关市场是否合理作出判断。如果认定当事人所主张的相关市场界定并不合理，则应尽可能根据案件具体情况对相关市场进行重新界定。但是，受证据、数据以及竞争复杂性的局限，在某些具体案件中对相关市场作出清晰界定是极为困难的。第三，关于一审法院对本案相关市场的界定。本案中，一审法院对本案相关市场进行了如下分析和界定：首先，认定综合性即时通信服务、跨平台即时通信服务、跨网络即时通信服务属于本案相关商品市场范围，单一的即时通信、社交网站、微博服务属于本案相关商品市场范围；然后，将传统电话、传真以及电子邮箱排除在本案相关商品市场之外；最后，考虑了互联网领域平台竞争的特点对本案相关商品市场界定的影响。在此基础上，一审法院认定上诉人奇虎公司关于综合性即时通信产品及服务构成一个独立的相关商品市场的主张不能成立。可见，一审法院实际上已经对本案相关商品市场进行了界定，只是由于本案相关市场的边界具有模糊性，一审法院仅对其边界的可能性进行了分析而没有对相关市场的边界给出明确结论。

有鉴于此，上诉人关于一审法院未对本案相关商品市场作出明确界定，属于本案基本事实认定不清的上诉理由不能成立，二审法院不予支持。

（二）关于本案是否适合运用"假定垄断者测试"方法界定相关市场以及一审法院对该方法的运用是否正确

第一，作为界定相关市场的一种分析思路，假定垄断者测试（HMT）具有普遍的适用性。假定垄断者测试的基本思路是，在假设其他条件不变的前提下，通过目标商品或者服务某个变量的变化来测试目标商品与其他商品之间的可替代程度。实践中，假定垄断者测试的分析方法有多种，既可以通过数量不大但有意义且并非短暂的价格上涨（SSNIP）的方法进行，又可以通过数量不大但有意义且并非短暂的质量下降（SSNDQ）的方法进行。同时，作为一种分析思路或者思考方法，假定垄断者测试在实际运用时既可以通过定性分析的方法进行，又可以在条件允许的情况下通过定量分析的方法进行。第二，在实践中，选择何种方法进行假定垄断者测试取决于案件所涉市场竞争领域以及可获得的相关数据的具体情况。如果特定市场领域的商品同质化特征比较明显，价格竞争是较为重要的竞争形式，则采用数量不大但有意义且并非短暂的价格上涨（SSNIP）的方法较为可行。但是如果在产品差异化非常明显且质量、服务、创新、消费者体验等非价格竞争成为重要竞争形式的领域，采用数量不大但有意义且并非短暂的价格上涨（SSNIP）的方法则存在较大困难。特别是，当特定领域商品的市场均衡价格为零时，运用 SSNIP 方法尤为困难。在运用 SSNIP 方法时，通常需要确定适当的基准价格，进行 5%～10% 幅度的价格上涨，然后确定需求者的反应。在基准价格为零的情况下，如果进行 5%～10% 幅度的价格增长，增长后其价格仍为零；如果将价格从零提升到一个较小的正价格，则相当于价格增长幅度的无限增大，意味着商品特性或者经营模式发生较大变化，因而难以进行 SSNIP 测试。第三，关于假定垄断者测试在本案中的可适用性问题。本案中，被诉垄断行为是腾讯公司与腾讯计算机公司滥用在网络即时通信服务市场上的支配地位，损害奇虎公司的利益；涉及的商品是 QQ 即时通信软件，被上诉人通过该软件基于互联网提供免费网络即时通信服务。在被诉垄断行为发生之时，利用免费的基础服务吸引和凝聚大量用户，利用巨大的用户资源经营增值业务和广告以实现盈利，然后以增值业务和广告的盈利支撑免费服务的生存和发展，已经成为互联网服务提供商通行的商业模式。因此，互联网服务提供商在互联网领域的竞争中更加注重质量、服务、创新等方面的竞争而不是价格竞争。在这一商业模式下，如果互联网服务提供者针对广大用户提高基础服务价格即价格从免费提高到较小幅度收费，则可能引起大量用户的流失，进而影响其增值服务和广告服务的收入。在本案被诉垄断行为发生之时，腾讯 QQ、飞信、阿里旺旺、百度 Hi、MSN 等即时通信服务都是免费的。根据 CNNIC《中国即时通信用户调研报告》（2009 年度）的调查结果，不愿意为使用即时通信服务付费的用户比例高达 60.6%。根据艾瑞咨询《中国即时通信用户行为研究报告》（2010~2011 年）的调查结果，2009 年中国即时通信用户不愿意支付任何费用的比例为 64.9%，2010 年 51.2% 的中国即时通信用户从未支付任何费用。eNet 的新闻调查也显示，如果腾讯 QQ 即时通信服务收费，只有 6.69% 的用户表示将付费并继续使用，81.71% 的用户将转而使用其他即时通信软件。可见，在免费的互联网基础即时通信服务已经长期存在并成为通行商业模式的情况下，用户具有极高的价格敏感度，改变免费策略转而收取哪怕是较小数额的费用都可能导致用户的大量流失。同时，将价格由免费转变为收费也意味着商品特性和经营模式的重大变化，即由免费商品转变为收费商品，由间接盈利模式转变为直接盈利模式。在这种情况下，如果采取基于相对价格上涨的假定垄断者测试，很可能将不具有替代关系的商品纳入相关市场中，导致相关市场界定过宽。因此，基于相对价格上涨的假定垄断者测试并不完全适宜在本案中适用。一审法院在本案中未作变通而直接运用基于价格上涨的假定垄断者测试方法，有所不当，二审法院予以纠正。上诉人有关一审法院错误地运用假定垄断者测试的上诉理由部分成立，二审法院予以支持。应该说明的是，尽管基于相对价格上涨的假定垄断者测试难以在本案中完全适用，但仍可以采取该方法的变通形式，例如基于质量下降的假定垄断者测试。由于质量下降程度较难评估以及相关数据难以获得，因此可以采用质量下降的假定垄断者测试进行定性分析而不是定量分析。

（三）关于文字、音频以及视频等非综合性即时通信服务是否应纳入本案相关商品市场范围

第一，关于相关市场界定的一般方法。相关市场的界定，主要从需求者角度进行替代分析，辅之以经营者角度的供给替代分析。在实践中，界

定相关市场既可以采取定性分析的方法，又可以采取定量分析的方法。定性分析通常是相关市场界定的起点。在定性分析足以得出明确的结论时，不必要进行复杂的定量分析。下面，法院在对相关商品市场的界定中，首先从需求替代的角度出发，基于商品的特性、用途、质量、获取的难易程度等因素进行替代分析；在必要的时候，从供给替代的角度进行分析。第二，关于非综合性即时通信服务是否应纳入本案相关商品市场范围。本案中，被诉垄断行为涉及的腾讯QQ即时通信服务是一种可以提供文字、音频以及视频三种通信功能的综合性即时通信服务。非综合性即时通信服务包括文字、音频、视频单一功能即时通信以及包括了文字、音频两种功能的即时通信。在即时通信服务领域，既存在只具有一种功能或者两种功能的即时通信服务，又存在集成了以上三种功能的综合性即时通信服务。例如，新浪微博桌面、人人桌面有文字聊天功能，但是没有视频和语音聊天功能；YY语音、翼聊、雅虎通有文字和语音通信功能，但没有视频聊天功能；腾讯QQ、百度Hi、网易泡泡、阿里旺旺等则同时具有文字、音频和视频三种通信功能。首先，从商品特性的角度来看，只具有一种功能或者两种功能的即时通信服务与综合性即时通信服务具有几乎完全相同的特性：基于互联网、可以检测用户在线状态、即时交流、隐秘交流、免费等。其次，从商品的可获得性角度来看，三种服务均可以非常容易地从互联网上免费取得。再次，从商品功能用途的角度看，它们均具有至少一种完全相同的功能，但在能否实现音频或视频通信上存在区别。不过，用户对不同功能的使用频度或者偏好实际上可能弱化了综合性即时通信服务与非综合性即时通信服务的功能用途差异。CNNIC《中国即时通信用户调研报告》（2009年度）的调查显示，文字聊天是即时通信用户使用最多的功能，使用的用户数占到93.2%，语音聊天和视频聊天使用的用户数则分别为57.2%和54.1%。文字聊天的极高使用度说明用户对文字聊天功能的需求度更高，对音频或者视频聊天的需求度则相对低得多。最后，从供给替代的角度看，提供综合性即时通信服务并不存在较大的技术困难，提供非综合性即时通信服务的经营者可以非常容易地转而提供全方位、综合性的即时通信服务。基于上述理由，二审法院认为，单一文字、音频以及视频等非综合性即时通信服务应纳入本案相关商品市场范围。

上诉人委托的专家主张，仅提供文字聊天的即时通信服务比同时提供语音聊天的即时通信服务品质要低，仅提供文字和语音聊天的即时通信服务也比同时提供视频、语音和文字聊天的即时通信服务品质要低，用户只会用综合功能的即时通信软件替代单一功能的即时通信软件而非相反，因此单一文字、音频以及视频等非综合性即时通信服务很可能构成一个单独的、重叠的相关市场，且该市场仅可能是综合性即时通信产品市场之外的市场。对此，二审法院认为，首先，该分析忽视了用户对文字、音频、视频聊天功能的使用频度或者偏好实际上存在的很大差异，进而夸大了因功能差异所形成的产品差异。其次，这一分析也没有从供给替代的角度考虑非综合性即时通信服务经营者对竞争因素变化的可能反应。最后，按照上述主张，则会存在单一文字、单一音频、单一视频即时通信服务市场，文字和音频即时通信服务市场，综合性即时通信市场等单独的相关市场，而这些市场却至少存在部分功能重叠。因这种过度细分的市场对本案分析并无益处，故对于上述专家意见，二审法院难以认同。

综上，一审法院对此问题的认定正确，上诉人关于文字、音频、视频单一功能即时通信服务不应纳入本案相关商品市场的主张不能成立，二审法院不予支持。

（四）关于移动端即时通信服务是否应纳入本案相关商品市场范围

即时通信服务可以在个人电脑、智能手机、平板电脑等各种平台上实现。判断智能手机、平板电脑等移动端即时通信服务是否应纳入本案相关商品市场范围，关键在于本案被诉垄断行为发生时，智能手机、平板电脑等移动端即时通信服务是否对个人电脑端即时通信服务构成紧密替代，并对个人电脑端即时通信服务的经营者形成有效的竞争约束。对此，二审法院分析如下。

第一，在本案被诉垄断行为发生时，移动端即时通信服务与个人电脑端即时通信服务在商品特性、质量、功能用途、获得渠道等方面已经趋向于基本一致。艾瑞咨询《中国即时通信年度检测报告简版》（2010～2011年）指出，随着移动互联网技术的成熟，智能手机与平板电脑不断普及，用户终端平台系统多样化而且性能也在不断攀升，个人电脑已不再是唯一的联网设备，运营商加大对各种移动设备平台上即时通信应用的开发力度。而且，移动端即时通信使得沟通更加方便便捷，对个人电脑端即时通信服务具有较强的替代性。第二，在本案被诉垄断行为发生时，移动端即时通信服务正在蓬勃发展并已经形成较大规模。艾瑞咨询《中国即时通信年度检测报告简版》（2010～2011年）的统计数据显示，2010年中国电脑端即时通信用户规模为3.5亿人，在整个互联网网民中占77.2%；中国的移动即时通信用户规模超过2亿人。CNNIC《中国即时通信用户调研报告》（2009年度）记载，CNNIC第24次《中国互联网络发展状况统计报告》调查显示，中国网民即时通信服务使用率达到72.2%。上述数据已经足以大致推算既使用移动端即时通信服务又使用个人电脑端即时通信服务的网民数量。根据上述数据可知，2010年中国互联网网民数约为4.5（3.5/0.772）亿人，电脑端和移动端即时通信用户合计为5.5亿人。假定2010年网民对即时通信服务的使用率比2009年提高20%左右，即以2010年使用率为85%计，那么既使用移动端即时通信服务又使用个人电脑端即时通信服务的网民数量为1.7（5.5－4.5×0.85）亿人，占个人电脑端即时通信服务用户总数的约48.6%。因此，已有近二分之一的用户可以用移动端即时通信服务替代个人电脑端即时通信服务。艾瑞咨询还预测，随着移动互联网技术的成熟、终端的普及，2011年至2014年移动即时通信的用户规模将加速增长，并在2013年超过个人电脑端。IDC的研究报告也指出，2010年第四季度全球智能手机的销售数量首次超过个人电脑。可以合理预见，用户用移动端即时通信服务替代电脑端即时通信服务的可能性和比例将进一步增大。因此，二审法院认为，移动端即时通信服务应纳入本案相关商品市场范围。

上诉人主张，移动端即时通信服务是否属于本案相关商品市场的问题在一审过程中没有涉及，不属于二审审理范围。二审法院认为，相关市场的界定本质上属于案件事实认定问题，也是本案据以裁判的基础事实。对于一审法院没有查明的基本事实，当事人在二审过程中发生争议，二审法院理应予以补充查明。

上诉人还主张，个人电脑用户必须持有能够接入移动互联网的移动终端设备才能使用移动端即时通信服务。对于消费者而言，智能手机、平板电脑等移动终端设备的购置成本及移动上网的费用是显著的转换成本，且移动端即时通信服务在 2010 年仍是一个相对新的交流媒介，仅向用户提供有限功能，因此在本案被诉垄断行为发生时其不可能是个人电脑端即时通信服务的紧密替代品。二审法院认为，首先，对于移动端即时通信服务是否应纳入本案相关商品市场范围这一问题，重要的是判断已经同时拥有移动终端设备和个人电脑设备的用户以移动端即时通信服务替代电脑端即时通信服务的可能性，而移动终端设备的购置成本并非需要考虑的因素。其次，移动上网费用对相关市场界定的分析亦无多大影响。众所周知，无线网络传输技术在本案纠纷发生之前早已发展和普及，可以方便地将有线网络信号转换为无线信号，供支持该技术的个人电脑、智能手机、平板电脑等终端接收，在此情况下利用移动终端设备不需要付出额外的流量费用。最后，本案证据显示，2010 年中国的移动即时通信用户规模已经超过 2 亿人，且增长速度很快。上诉人关于移动端即时通信服务在当时尚是相对新的交流媒介等主张缺乏证据支持，二审法院难以认同。

（五）关于社交网站、微博服务是否应纳入本案相关商品市场范围

本案中，当事人对于一审法院认定的社交网站、微博单独提供的即时通信服务应纳入本案相关商品市场无争议，仅对社交网站、微博本身是否应纳入本案相关商品市场存在争议。对此，二审法院分析如下。

第一，社交网站、微博与即时通信在商品特性上存在明显差异。虽然社交网站、微博与即时通信具有一些共同的商品特性，例如基于互联网、通知在线状态、用户档案管理、免费等，但是前两者与后者之间仍存在非常重要的特性差异。社交网站、微博主要针对大量用户之间的开放性的群体交流，对即时性的要求偏低，而即时通信更注重双边私密交流或者小群体的内部交流，具有一定封闭性且对即时性的要求很高。

第二，社交网站、微博与即时通信的主要使用功能不同。用户对不同商品的使用行为可以较为准确地反映不同商品之间的功能差异。根据 CNNIC《中国即时通信用户调研报告》（2009 年度）的调查结果，文字聊天（93.2%）、语音聊天（57.2%）、视频聊天（54.1%）是用户最关注和最经常使用的功能，其获取信息、交友等社交属性并不非常明显。而艾瑞咨询《中国 SNS 和微博用户行为研究报告》（2011~2012 年）显示，了解朋友动态（74.3%）、联系老朋友（73.1%）、记录心情/生活经历（67.5%）、交流感兴趣的话

题（60.0％）、用照片/日志等展示自我（52.0％）、结交新朋友（45.5％）等是用户使用社交网站的主要目的；了解新信息（58.1％）、记录心情/生活经历（57.6％）、关注感兴趣的名人（53.2％）、讨论热点话题/个人心得（52.3％）、扩展知识面（48.8％）、结交新朋友/联系老朋友（41.0％）是用户使用微博的主要目的。可见，用户使用社交网站和微博的目的更加广泛，更加注重联系朋友、分享信息、展示自我、结识朋友等社交功能，社交网站和微博的社交属性更加突出。即时通信与社交网站、微博实际上满足了用户的不同需求。从需求者的角度看，即时通信与社交网站、微博之间更多的是互补关系，而非彼此替代关系。被上诉人主张，根据CNNIC《2012年中国网民社交网站应用研究报告》，移动社交网站用户使用的功能中，聊天功能的使用率很高（77.2％），新浪微博的聊天功能也深受新浪微博用户喜欢，说明微博应纳入本案相关商品市场范围。二审法院认为，微博和社交网站单独提供的即时通信服务已经被纳入本案相关商品市场范围，用户对社交网站或者微博聊天功能的使用率并不能说明社交网站和微博本身应该被纳入本案相关商品市场范围。对于被上诉人的前述主张，二审法院不予支持。

第三，社交网站、微博与即时通信的相关性可以辅助说明社交网站、微博不太可能与即时通信形成较为紧密的替代关系。相关性分析是分析相关商品市场所可能包含的商品集合时常用的、直观的经验方法，其依赖于相互替代的商品的价格会一起变动这一经验假设。二审法院认为，尽管相关性分析由于多种原因有导致误判的可能性，但是只要对其应用环境保持足够的谨慎，其仍具有一定的参考价值。根据上诉人所委托专家的分析数据，自2009年至2013年上半年，即时通信的使用情况总体呈上升趋势，其总有效使用时间自2011年起普遍保持在每周8亿~9亿小时；而社交网站的使用时间在2010年中达到顶峰，其后呈现不断下降的趋势；微博（数据从2010年3月开始）的使用时间自2010年开始呈上升趋势，但在2012年前后趋向平稳；社交网站和微博的每周有效使用时间之和约为1亿小时。上诉人所委托的专家将社交网站和微博合计的每周有效使用时间与即时通信的每周有效使用时间的相关性进行了分析，结论为其相关系数是－0.07。二审法院认为，这一分析选择了本案被诉垄断行为发生前后各

1~2年的时间段进行考察，并无明显的不合理性。 -0.07 的相关系数表明，至少没有明显迹象显示社交网络和微博与即时通信之间存在密切的关联性。被上诉人所委托的专家认为，应该在一个更长时间段里考虑社交网站与即时通信的相关性，并根据 2006 年 7 月至 2011 年 12 月中国所有即时通信和社交网站的月有效使用时间得出两者相关系数为 0.7574，进而认为社交网站应纳入本案相关商品市场范围。二审法院认为，首先，被上诉人所委托的专家关于社交网站与即时通信相关度的分析可能存在更大的误差。根据 CNNIC 的统计数据计算，从 2006 年到 2012 年，中国的互联网用户增加了 312%。网民数量的巨大增长引发了对社交网站与即时通信的整体需求的快速增长，因而可能导致本不存在较密切关联性的社交网站与即时通信呈现正相关性。其次，在远离被诉垄断行为所处时点的过长的时间段里考察商品的相关性，发生误判的可能性更大。故对于前述主张，二审法院不予认同。

第四，一审法院关于社交网络和微博与即时通信之间存在可替代性的分析存在欠妥之处。首先，一审法院在分析社交网络和微博与即时通信的功能与用途时，忽视了前两者针对大量用户之间的开放性的群体交流与后者针对双边私密交流或者小群体的内部交流的关键差异，夸大了即时通信的社交属性。其次，一审法院将社交网络和微博单独提供的即时通信功能对即时通信服务形成的替代威胁等同于社交网络和微博本身对即时通信服务的替代威胁，在一定程度上混淆了判断对象。再次，一审法院运用基于价格上涨的假定垄断者测试考察需求者在即时通信软件从零价格到小幅度收费后用户的市场反应，高估了社交网络、微博与即时通信之间的可替代性。最后，一审法院以个别商业人士或者机构缺乏严谨分析和证据支持的商业观点作为论据，有欠严谨。在相关市场界定方面，商业人士所谈论的相关市场或许可以为确定相关市场提供线索，但其不能替代对于相关市场界定的严谨分析。

综上，一审法院关于社交网络和微博应纳入本案相关商品市场范围的认定欠妥，上诉人的相应上诉理由成立，法院予以支持。

（六）关于手机短信、电子邮箱是否应纳入本案相关商品市场范围

一审法院认定手机短信、电子邮箱不应纳入本案相关商品市场范围，

被上诉人对此提出异议。二审法院对此分析如下。

第一，手机短信与即时通信在商品特性、功能用途、价格等方面存在较大差异。即时通信的特点在于基于互联网、通知在线状态、用户档案管理，而手机短信并不基于互联网、无法通知在线状态，两者在技术上存在重大差异。更重要的是，即时通信是免费服务，而手机短信是收费服务。假定即时通信的假定垄断者一定程度地降低即时通信质量，恐怕也不会有足够的用户愿意改用付费的手机短信作为替代。因此，手机短信与即时通信之间不存在较为紧密的替代关系，不应纳入本案相关商品市场范围。被上诉人主张，即时通信用户使用与手机进行通信功能的占了32.1%，手机短信与腾讯QQ短信之间具有很强的替代性，因而即时通信与手机短信之间存在较紧密的替代关系。法院认为，首先，相关商品市场界定关注的是商品之间的紧密替代性，即时通信与手机通信在技术上的互通并不意味着两者之间存在紧密替代性。其次，手机短信与腾讯QQ短信均是收费服务，而本案相关市场界定关注的是免费的基本即时通信被替代的可能性及其程度，作为收费增值服务的腾讯QQ短信与手机短信之间的替代性与本案相关商品市场界定并无实质关联性。因此，被上诉人的上述主张不能成立。

第二，电子邮箱与即时通信在商品特性、功能用途等方面存在较大差异。虽然电子邮箱与即时通信具有某些类似的特性和功能，例如基于互联网，具备文字、图像、音频、视频等文件传输功能，且均免费，但是在核心功能和特性上存在较大差异。电子邮箱不具有通信的即时性，也不具备通知用户在线状态的功能，而通信的即时性是即时通信服务最核心和最受用户关注的功能。假定即时通信的假定垄断者一定程度地降低即时通信质量，相信也不会有足够的用户转向电子邮箱作为替代。因此，电子邮箱与即时通信之间不存在较为紧密的替代关系，不应纳入本案相关商品市场范围。被上诉人主张，电子邮箱的即时聊天功能对腾讯QQ具有很强的替代性；电子邮箱发送邮件和附件的功能和腾讯QQ发送离线消息和文件的异步通信功能具有很强的替代性，因而即时通信与电子邮箱之间存在较紧密的替代关系。二审法院认为，首先，一审法院已经指出，目前电子邮箱服务商在电子邮箱界面上内嵌的好友聊天功能在语音通信、视频通信、截图等功能方面以及工具操作的便捷性方面与即时通信存在巨大差异，且使用率较低，难以形成对即时通信的有效替代。其次，腾讯QQ所附加的异步通信功能与电子邮箱的紧密替代性不能等同于即时通信与电子邮箱之间的紧密替代性。因此，被上诉人的上述主张不能成立。

综上，一审法院关于手机短信、电子邮箱不应纳入本案相关商品市场范围的认定正确，二审法院予以确认。

（七）关于本案相关商品市场是否应确定为互联网应用平台

上诉人认为，互联网应用平台与本案的相关市场界定无关；被上诉人则认为，互联网竞争实际上是平台的竞争，本案的相关市场范围远远超出了即时通信服务市场。对此，二审法院分析如下。

第一，互联网竞争一定程度地呈现平台竞争的特征。本案被诉垄断行为发生时，互联网的平台竞争特征已经比较明显。互联网经营者通过特定的切入点进入互联网领域，在不同类型和需求的消费者之间发挥中介作用，以此创造价值。在平台的一端，互联网经营者提供的服务通常是免费的，以此吸引用户的注意力；在平台的另一端，互联网经营者利用用户资源和注意力提供收费增值服务或者向广告主提供广告服务。中国大陆地区的大型互联网企业已经日益平台化。以被上诉人所在的即时通信领域为例，即时通信除了基本通信功能外，还逐渐集成了电子邮件、博客、音乐、电视、游戏和搜索等多种功能，成为具有交流、娱乐、商务办公、客户服务等特性的综合化信息平台。在这种环境下，互联网经营者为了获取广告业务和增值业务的盈利，既在争夺用户注意力方面存在竞争，又在争夺广告主方面存在竞争。

第二，判断本案相关商品市场是否应确定为互联网应用平台，其关键问题在于，网络平台之间为争夺用户注意力和广告主的相互竞争是否完全跨越了由产品或者服务特点所决定的界限，并给经营者施加了足够强大的竞争约束。这一问题的答案最终取决于实证检验。在缺乏确切的实证数据的情况下，二审法院注意到如下四个方面。首先，互联网应用平台之间争夺用户注意力和广告主的竞争以其提供的关键核心产品或者服务为基础。例如本案中，上诉人提供的核心产品和服务是互联网安全服务，被上诉人则主要提供即时通信服务。其次，互联网应用平台的关键核心产品或者服务在属性、特征、功能、用途等方面存在较大的不同。虽然广告主可能不关心这些产品或者服务的差异，只关心广告的价格和效果，因而可能将不同的互联网应用平台视为彼此可以替代，但是对于免费端的广大用户而言，其很难将不同平台提供的功能和用途完全不同的产品或者服务视为可以有效地相互替代。一个试图查找某个历史人物生平的用户通常会选择使用搜索引擎而不是即时通信，其几乎不会认为两者可以相互替代。再次，互联网应用平台关键核心产品或者服务的特性、功能、用途等差异决定了其所争夺的主要用户群体和广告主可能存在差异，因而在获取经济利益的模式、目标用户群、所提供的后续市场产品等方面存在较大区别。最后，本案中应该关注的是被上诉人是否利用了其在即时通信领域中可能的市场支配力量排除、限制互联网安全软件领域的竞争，将其在即时通信领域中可能存在的市场支配力量延伸到安全软件领域，这一竞争过程更多地发生在免费的用户端。如果把搜索引擎、新闻门户、互联网安全等平台均纳入本案相关商品市场范围，可能会夸大其他网络平台对被上诉人的即时通信所形成的潜在竞争约束，弱化被上诉人实际的市场力量。鉴于上述理由，二审法院在本案相关市场界定阶段将不主要考虑互联网平台竞争的特性。

第三，本案中对互联网企业平台竞争特征的考虑方式。相关市场界定的目的是明确经营者所面对的竞争约束，合理认定经营者的市场地位，并正确判断其行为对市场竞争的影响。即使不在相关市场界定阶段主要考虑互联网平台竞争的特性，但为了正确认定经营者的市场地位，仍然可以在识别经营者的市场地位和市场控制力时予以适当考虑。因此，对于本案，不在相关市场界定阶段主要考虑互联网平台竞争的特性并不意味着忽视这一特性，而是为了以更恰当的方式考虑这一特性。

第四，关于一审法院对此问题的处理。一审法院并未明确认定本案相关市场应界定为互联网应用平台，但其指出本案相关商品市场界定应考虑互联网领域平台竞争的特点。二审法院认为，这种一般性的分析思路对于互联网领域竞争问题的处理是适当的，但在本案的特定情况下，由于缺乏明确的实证数据，网络平台竞争在本案中的影响并不明显，在相关市场界定阶段过多地考虑互联网应用平台，可能放大其他网络平台对被上诉人所形成的竞争约束。

（八）关于本案的相关地域市场界定

上诉人主张，本案的相关地域市场是中国大陆地区的即时通信服务市场；被上诉人主张，本案的相关地域市场应为全球市场。对此，二审法院分析如下。

第一，关于相关地域市场界定的一般方法。相关地域市场的界定，同样遵循相关市场界定的一般方法。通常认为，在假定垄断者测试的框架下，相关地域市场界定需要考虑的主要因素是：在价格、质量等竞争因素发生变化的情况下，其他地区经营者对目标区域的假定垄断者是否会构成有效的竞争约束。从需求替代的角度，主要考虑需求者因商品价格或者其他竞争因素的变化而转向或考虑转向其他地域购买商品的证据、商品的运输成本和运输特征、多数需求者选择商品的实际区域和主要经营者商品的销售分布、地域间的贸易壁垒、特定区域需求者偏好等因素。从供给替代的角度，则主要考虑其他地域的经营者对商品价格等竞争因素的变化作出反应的证据、其他地域的经营者供应或销售相关商品的即时性和可行性等因素。

第二，关于本案相关地域市场的界定。二审法院将从中国大陆地区的即时通信服务市场这一目标地域开始，对本案相关地域市场进行考察。因为基于互联网的即时通信服务可以低成本、低代价到达或者覆盖全球，并无额外的、值得关注的运输成本、价格成本或者技术障碍，所以在界定相关地域市场时，二审法院主要考虑多数需求者选择商品的实际区域、法律法规的规定、境外竞争者的现状及其进入的及时性等因素。由于每一个因素均不是决定性的，因此，二审法院将根据上述因素进行综合评估。首先，中国大陆地区境内绝大多数用户均选择使用中国大陆地区范围内的经营者提供的即时通信服务。上诉人所委托专家根据艾瑞咨询的数据计算得出，2010 年中国消费者花费在即时通信的时间中，用于国际即时通信产品的时间低于 3% 且呈逐步下降趋势，用于国内即时通信产品的时间则高于 97%。这至少表明，中国大陆地区境内用户对于国际即时通信产品并无较高的关注度。其次，我国有关互联网的行政法规规章等对经营即时通信服务规定了明确的要求和条件。即时通信服务属于增值电信业务，经营即时通信服务需要遵守一系列行政法规或者规章的规定。《中华人民共和国电信条例》第七条规定，国家对电信业务经营按照电信业务分类，实行许可制度。经营电信业务，必须依照本条例的规定取得国务院信息产业主管部门或者省、自治区、直辖市电信管理机构颁发的电信业务经营许可证。未取得电信业务经营许可证，任何组织或者个人不得从事电信业务经营活动。该条例第十三条规定，经营增值电信业务，应当具备下列条件：（一）经营者为依法设立的公司；（二）有与开展经营活动相适应的资金和专业人员；（三）有为用户提供长期服务的信誉或者能力；（四）国家规定的其他条件。工业和信息化部《电信业务经营许可管理办法》第六条进一步细化了许可条件，要求经营者具备一定的注册资本（在省、自治区、直辖市范围内经营的，注册资本最低限额为 100 万元人民币；在全国或者跨省、自治区、直辖市范围经营的，注册资本最低限额为 1000 万元人民币），有必要的场地、设施及技术方案，公司及其主要出资者和主要经营管理人员三年内无违反电信监督管理制度的违法记录等。国务院《互联网信息服务管理办法》第六条规定，从事经营性互联网信息服务，除应当符合《中华人民共和国电信条例》规定的要求外，还应当具备下列条件：（一）有业务发展计划及相关技术方案；（二）有健全的网络与信息安全保障措施，包括网站安全保障措施、信息安全保密管理制度、用户信息安全管理制度；（三）服务项目属于本办法第五条规定范围的，已取得有关主管部门同意的文件。国务院《外商投资电信企业管理规定》对境外经营者进入中国电信市场的条件作了规定。该规定第二条规定，外商投资电信企业，是指外国投资者同中国投资者在中华人民共和国境内依法以中外合资经营形式，共同投资设立的经营电信业务的企业。该规定第五条规定，外商投资电信企业的注册资本应当符合下列规定：（一）经营全国的或者跨省、自治区、直辖市范围的基础电信业务的，其注册资本最低限额为 10 亿元人民币；经营增值电信业务的，其注册资本最低限额为 1000 万元人民币；（二）经营省、自治区、直辖市范围内的基础电信业务的，其注册资本最低限额为 1亿元人民币；经营增值电信业务的，其注册资本最低限额为 100 万元人民币。由以上行政法规、规章等规定可知，我国对即时通信等增值电信业务实行行政许可制度，外国经营者通常不能直接进入我国大陆境内经营，需要以中外合资经营企业的方式进入并取得相应的行政许可。再次，位于境外的即时通信服务经营者的实际情况。在本案被诉垄断行为发生前，多数主要国际即时通信经营者例如 MSN、雅虎、Skype、谷歌等均已经通过合资的方式进入中国大陆地区市场。因此，在被诉垄断行为发生时，尚未进入我国大陆境内的主要国际即时通信服务经营者已经很少。如果我国大陆境内的即时通信服务质量小幅下降，已没有多少境外即时通信服务经营者可供境内用户选择。最后，境外即时通信服务经营者在较短的时间内（例如一年）及时进入中国大陆地区并发展到足以制约境内经营者的规模存在较大困难。境外即时通信服务经营者首先需要通过合资方式建立企业、满足一系列许可条件并取得相应的行政许可，这在相当程度上延缓了境外经营者的进入时间。综上，二审法院认为，本案相关地域市场应为中国大陆地区市场。

第三，关于一审法院对本案相关地域市场的界定。一审法院以境外经营者可向中国大陆地区用户提供即时通信服务、被上诉人也向世界各地用户提供服务、有一定数量的境外用户在使用被上诉人提供的即时通信服务等作为重要论据，认定本案相关地域市场应为全球市场。对此，二审法院认为，首先，境外经营者可向中国大陆地区用户提供即时通信服务并不等于其能够及时进入并对境内经营者形成有力的竞争约束。其次，相关地域市场界定关注的是境外经营者能否及时进入并对境内经营者形成有力的竞争约束，境内经营者是否向境外用户提供服务以及境外用户是否使用境内经营者提供的服务与此并无直接关联性。况且，本案证据表明，境外用户使用腾讯 QQ 即时通信服务的数量较小且多为与国内亲友保持联系。因此，一审法院关于本案相关地域市场的界定欠妥，二审法院予以纠正。上诉人的相应上诉理由成立，二审法院予以支持。

（九）关于本案的相关市场界定是否应考虑本案诉争行为发生之后的相关市场状况及技术发展趋势

上诉人主张，界定相关市场应着重分析被诉垄断行为发生时的市场竞争态势，而非未来的市场变化，一审法院关于考虑被诉商品或者服务所在产业的发展现状及未来趋势的市场界定方法错误。被上诉人则认为，界定本案的相关市场应当考察一段时间内的相关市场状况，而不能仅仅界定一个时间点。二审法院认为，相关市场界定的目的是明确被诉垄断行为发生之时经营者所面对的竞争约束，合理评估被诉经营者的市场力量。由于竞争尤其是互联网领域的竞争呈现动态竞争的特征，在界定相关市场时，需要考虑在可预见的未来具有现实可能性的市场反应和变化，例如需要考虑假定垄断者的行为持续适当的一段时间后（例如一年）的市场反应和变化，以正确判断其是否受到来自其他方面经营者的竞争制约。如果经营者缺乏一定时期内较为持久的市场支配力，难以对竞争产生影响，仅仅在某个时间点上考虑相关市场界定，而不在一个相对长的时间内考察市场反应和变化，则可能会过窄地界定相关市场，并夸大经营者在相关市场上的市场力量。如果这种市场反应和变化被事后发展所证实，则可以进一步证明这种考虑的正当性。本案中，一审法院在分析微博和社交网站是否属于本案相关商品市场范围时，考虑了微博和社交网站的发展现状及未来趋势，这种思路本身是合理的。上诉人的前述上诉理由不能成立，二审法院不予支持。

综上，二审法院认为，本案相关市场应界定为中国大陆地区即时通信服务市场，既包括个人电脑端即时通信服务，又包括移动端即时通信服务；既包括综合性即时通信服务，又包括文字、音频以及视频等非综合性即时通信服务。

二、被上诉人是否具有市场支配地位

上诉人主张，一审法院认定被上诉人在相关市场内不具有市场支配地位，认定事实错误。对此，二审法院分析如下。

（一）关于市场支配地位认定的一般方法

第一，市场支配地位是经营者在相关市场内具有能够控制商品价格、数量或者其他交易条件，或者能够阻碍、影响其他经营者进入相关市场能力的市场地位。根据《反垄断法》第十八条的规定，市场支配地位的认定是综合评估多个因素的结果，包括但不限于如下因素：该经营者在相关市场的市场份额以及相关市场的竞争状况、该经营者控制销售市场或者原材料采购市场的能力、该经营者的财力和技术条件、其他经营者对该经营者在交易上的依赖程度、其他经营者进入相关市场的难易程度等。上述因素需要根据个案情况具体考量，每一个均不一定具有决定性作用。此外，《反垄断法》第十九条规定了市场支配地位的推定规则，即经营者在相关市场的市场份额达到二分之一的，可以推定其具有市场支配地位，但是这一推定可以被推翻。可见，市场支配地位是多因素综合评估的结果。

第二，市场份额在认定市场支配力方面的地位和作用必须根据案件具体情况确定。一般而言，市场份额越高，持续的时间越长，就越可能预示着市场支配地位的存在。尽管如此，市场份额只是判断市场支配地位的一项比较粗糙且可能具有误导性的指标。在市场进入比较容易，或者高市场份额源于经营者更高的市场效率或者提供了更优异的产品，或者市场外产品对经营者形成较强的竞争约束等情况下，高的市场份额并不能直接推断出市场支配地位的存在。特别是，互联网环境下的竞争存在高度动态的特征，相关市场的边界远不如传统领域那样清晰，在此情况下，更不能高估市场份额的指示作用，而应更多地关注市场进入、经营者的市场行为、对竞争的影响等有助于判断市场支配地位的具体事实和证据。

（二）关于被上诉人是否具有市场支配地位

结合上述思路，二审法院从市场份额，相关市场的竞争状况，被诉经营者控制商品价格、数量或者其他交易条件的能力，该经营者的财力和技术条件，其他经营者对该经营者在交易上的依赖程度，其他经营者进入相关市场的难易程度等方面，对被上诉人是否具有市场支配地位进行考量和分析。

第一，关于被上诉人在相关市场的市场份额及其影响。由于互联网即时通信领域的竞争更多的是争夺用户注意力的竞争，经营者以免费的基础即时通信服务吸引用户，并利用用户资源和注意力通过增值服务和广告来获取收益，因此用户的有效使用时间、使用频度、活跃用户数等通常是考察市场份额较为恰当的指标。根据上诉人所委托的专家的计算结果，在2009 年至 2011 年，以中国大陆地区用户的有效使用时间计算，被上诉人在中国大陆地区个人电脑端即时通信服务市场每年的份额均超过 80%，与其最接近的竞争者同期的市场份额平均仅为 4.2%。2010 年，以中国大陆地区用户的有效使用时间、使用频率计算，被上诉人在中国大陆地区个人电脑端即时通信服务市场的份额均分别为 89.3% 和 80.2%，与其最接近的竞争对手阿里旺旺的市场份额则分别为 4.4% 和 6.8%。在移动端即时通信服务市场中，2012 年 8 月开始，以每月有效使用时间计算，被上诉人在中国大陆地区移动即时通信的每月市场份额均超过90%。同时，根据艾瑞咨询《中国即时通信年度监测报告》（2010～2011年度）的数据，使用过腾讯QQ移动即时通信的中国大陆地区用户的比率为91.9%。因此，被上诉人无论是在个人电脑端还是在移动端即时通信服务市场的市场份额均超过80%。但是，前已述及，高的市场份额并不当然意味着市场支配地位的存在，在动态竞争较为明显的即时通信领域更是如此。因此，仅仅依据市场份额证据还不能得出结论，尚需考察市场进入难易程度、被上诉人的市场行为、互联网平台竞争所形成的竞争约束等因素。

第二，关于中国大陆地区即时通信领域的竞争状况。首先，在被诉垄断行为发生时，中国大陆地区即时通信领域存在腾讯QQ、阿里旺旺、飞信、MSN、人人桌面、阿里旺旺－淘宝版、Skype、百度Hi、腾讯TM、天翼Live、彩虹、飞鸽传书、腾讯通、新浪UC、iSpeak、阿里旺旺－贸易通版、谷歌Talk、E话通、YY语音、Teamspeak、Globe7、51挂挂、校内通、网易泡泡等数十款即时通信工具。这些产品和服务的稳定性日趋成熟，用户可以利用其实现文字、音频或者视频即时通信功能。从发展速度上看，飞信、阿里旺旺、YY语音等的用户发展很快，用户规模均已过亿。其次，在被诉垄断行为发生前后，越来越多不同背景和技术的企业纷纷进入即时通信领域。传统的即时通信服务商如腾讯、MSN致力于产品更新换代，互联网商如盛大Youni、360口信也在利用互联网的背景积极开拓市场，手机厂商如苹果iMessage、三星ChatOn等也加入了竞争。特别是，移动即时通信发展迅猛，新的移动即时通信服务经营者不断进入，为即时通信产业带来了新的推动力。再次，即时通信领域的竞争呈现创新竞争、动态竞争的显著特征。经营者在市场竞争中站稳脚跟，需要在质量、服务、用户体验等方面持续创新，产品创新周期较短。以被上诉人为例，腾讯QQ软件功能不断更新，2009年累计功能更新14次，涉及项目近百项；2010年累计功能更新8次，涉及项目近40项；2011年累计功能更新5次，涉及项目40余项；2012年累计功能更新4次，涉及项目近30项；2013年1月至7月累计功能更新8次，涉及项目60余项。这些更新项目主要集中在提供新功能、提升用户体验、提高服务质量等方面。最后，即时通信领域平台化竞争日趋白热化。例如，被上诉人在腾讯QQ即时通信服务上整合了广告、资讯、交友、微博等服务；MSN 的即时通信服务则整合了必应搜索、翻译、邮箱、网购、游戏等一系列互联网应用服务的平台；阿里旺旺、飞信等同样也整合了包括即时通信在内的各种互联网应用。同时，一些社交网站和微博也在积聚大量用户的基础上提供即时通信、广告、游戏、微音乐、微数据等多种应用入口。可见，即时通信领域的竞争格局正在日渐多元化，创新较为活跃，正处于蓬勃发展时期，市场竞争比较充分。

第三，关于被上诉人控制商品价格、数量或者其他交易条件的能力。前已述及，由于即时通信服务经营者向广大用户提供的基础即时通信服务均为免费，用户也缺乏付费意愿，任何即时通信服务经营者均不可能具有控制用户端价格的能力。因此，需要重点考虑的是被上诉人是否具有控制质量、数量或者其他交易条件的能力。首先，关于被上诉人是否具有控制质量的能力。由于即时通信领域的竞争具有高度创新、动态竞争的显著特征且用户对于服务质量、用户体验等极为敏感，因此，如果被上诉人降低服务质量，则会有大量用户转而使用其他即时通信服务。MSN 市场份额在短时间内的大幅下滑就说明了这一点。此外，互联网平台竞争的特点也制约了被上诉人控制质量的能力。为了获取广告业务和增值业务的盈利，即时通信服务经营者必须在用户端持续吸引大量的用户。为了吸引更多的用户，经营者必须不断提高服务质量，不断开发新的服务。其次，被上诉人也不具有控制商品数量以及其他交易条件的能力。互联网即时通信软件有数十种之多，均可免费便捷获得且占用空间较小，获取和转换即时通信服务不存在显著的经济和技术障碍，用户拥有较大的选择余地。由于随着新兴即时通信工具的发展，同时使用 2~3 款即时通信软件的用户比例逐步增大并在 2009 年即已超过 50%，有 8.7% 的用户在半年内更换过聊天工具。由于功能用途差异不明显，即时通信产品的替代性较高，即时通信服务经营者通常不敢轻易拒绝提供服务或者变更交易条件。因此，被上诉人控制商品价格、质量、数量或者其他交易条件的能力较弱。

第四，关于被上诉人的财力和技术条件。首先，虽然被上诉人具有较为强大的财力和技术条件，但是在中国大陆地区即时通信领域的多个竞争者均有雄厚的财力和技术条件，例如阿里巴巴、百度、微软、中国移动等。这些大型企业拥有足够的实力对被上诉人的市场领先地位形成冲击。

其次，即时通信领域的创新活跃，对技术和成本的要求则相对较低，技术和财力条件对市场力量的影响并不显著。因此，被上诉人的财力和技术条件对其市场力量的影响非常有限。

第五，其他经营者对被上诉人在交易上的依赖程度。首先，被上诉人的腾讯QQ软件并非用户使用即时通信服务的必需品。用户可选择的即时通信软件种类较多，且获取即时通信软件和服务的成本很低，不存在妨碍用户选择和转换即时通信服务的显著经济和技术障碍。在此情况下，即使被上诉人拥有较高的市场份额，也难以形成用户对被上诉人的较大依赖。其次，即时通信领域的客户黏性并未显著增强用户对被上诉人的依赖程度。上诉人认为，即时通信服务具有明显的网络效应和客户黏性，用户越多，越能吸引其他用户使用该技术通信服务，且用户经过长期使用并建立社交圈后，形成很高的客户黏性，转换即时通信服务的成本极高。对此，二审法院认为，1. 前述主张预设的前提是错误的。前述主张预设的前提之一是用户转换即时通信服务时会一次性地涉及所有联系人。这一预设前提显然难以成立，因为用户在转换新的即时通信服务时完全可能仅涉及个别或者少数的联系人。前述主张预设的前提之二是用户的所有联系人都是重要的且经常联系。这一预设前提也是高度可疑的。2. 用户同时使用多款即时通信服务的现象非常明显。根据CNNIC的调查，半年内用户使用超过2款以上的即时通信软件的比例达到63.4%；根据艾瑞咨询的调查，超过90%的用户使用2款以上即时通信服务软件。用户可以在不同的即时通信服务上逐步建立具有高度重合性的社交网络，网络效应和客户黏性的影响被大大减弱了。3. 即时通信服务商可以通过手机通讯录导入、不同产品间用户互通导入等方式导入好友关系链，用户可以轻易地将更大范围的好友转移到其他即时通信软件上。可见，新技术的发展进一步减弱了客户黏性的影响力。4. MSN在短时间内经历的用户大量流失，进一步说明客户黏性并不足以形成对特定经营者的较强依赖。MSN在2011年的时候在全球占有40%的市场份额，但至2012年用户下滑至1亿人，多达数亿用户流失。5. 常用联系人的多少并非用户选择使用特定即时通信服务的主要考虑因素，网络效应和客户黏性所形成的对用户的吸引力极为有限。CNNIC报告显示，即时通信用户在使用过程中关注的要素排在前三位的是软件账号安全、软件的性能、软件的功能多少等产品质量因素，对常用联系人多少的关注度仅有37.7%。因此，网络效应和客户黏性等因素并没有显著提高用户对被上诉人提供的即时通信服务的依赖性。

第六，其他经营者进入相关市场的难易程度。一审法院已经指出，即时通信服务市场经营者进入的门槛较低，且进入该市场的途径多样化。上诉人对此未提出异议，但认为即时通信服务市场是一个高度集中的市场，新进入的即时通信服务商的市场份额较低，不足以对被上诉人形成有效竞争约束。二审法院认为，首先，对于认定是否具有市场支配地位而言，重要的是市场进入以及扩大市场占有率的容易性。低市场份额并不当然意味着较弱的市场竞争约束力，只要能够迅速进入并有效扩大市场，就足以对在位竞争者形成有效的竞争约束。其次，本案证据表明，在被上诉人占有较高市场份额的时间里，每年都有大量的符合行政许可条件的境内经营者进入即时通信领域，且不少经营者在短时间内就迅速建立起足以支撑其发展的市场份额。例如 2011 年中国大陆地区共有盛大 Youni、苹果 iMessage、中国联通"沃友"、上诉人的"口信"、中国移动"飞聊"、中国电信"翼聊"、尚易 imo、图度 Talk2.0Beta 和"网易即时通"等即时通信产品进入市场。2007 年 6 月 5 日，中国移动推出飞信，不到一年时间其每日用户数量就突破 1 亿。2012 年飞信的活跃用户数同比增长 42%。2012 年 1 月，YY 语音的用户超过 1 亿，其用户数量从 0 到 1 亿只花费了 34 个月，腾讯QQ 则花费了 37 个月。2012 年，YY 移动应用总下载量超过 2780 万次。人人公司的激活用户由 2011 年 12 月 31 日的 1.47 亿增至 2012 年 12 月 31 日的 1.78 亿；月独立登录用户由 2011 年 12 月的 3800 万增至 2012 年 12 月的 5600 万。飞信、YY 语音、人人桌面的用户增长率均远超同期中国互联网网民的增长率。这些实际发生的成功进入实例有力地证明，被上诉人所在的即时通信服务市场进入较为容易。

第七，关于被上诉人实施不兼容行为、迫使用户进行"二选一"行为本身是否意味着其具有市场支配地位。上诉人主张，被上诉人强迫其用户进行"二选一"，是因为其相信绝大多数用户会选择腾讯 QQ 而放弃 360；同时统计数据显示，在被上诉人实施"二选一"的时间段内，其用户数量并无显著下降，而其竞争对手的用户数量也没有显著上升。这表明被上诉人显然具有市场支配地位。对此，二审法院认为，首先，认定经营者是否具有市场支配地位需要结合具体事实和证据，经营者的主观认知如何对认定其是否具有市场支配地位并无直接关联性。其次，被上诉人实施"二选一"行为所造成的实际影响。被上诉人实施"二选一"行为仅仅持续了一天。腾讯公司于2010年11月3日发布《致广大QQ用户的一封信》，宣布实施"二选一"不兼容行为。根据360安全中心的消息，11月4日腾讯QQ和360软件在有关部门的干预下已经实现了完全兼容。虽然无法获知当日其竞争对手用户数量的变化，但是可以通过其竞争对手在当月用户数量的变化进行大致的推测。在被上诉人实施"二选一"行为当月，其主要竞争对手MSN、飞信和阿里巴巴等的用户数量均有较高增幅。以月覆盖人数计算，其中MSN较上月增长61.93%，飞信较上月增长9.95%，阿里巴巴较上月增长5.15%，均显著超出前三个月平均变化幅度。尤其是MSN，在月覆盖人数长期呈负增长的情况下，该月覆盖人数出现异乎寻常的增长，增长率高达61.93%，实际比上月增长2300多万人。移动飞信、新浪UC也开始争抢市场。新浪启用废弃多年的新浪UC，并在首页做大规模推广。中国移动推出新版飞信个人电脑客户端，3天内下载量猛增。上诉人关于在"二选一"的时间段内，被上诉人竞争对手的用户数量没有显著上升的主张与事实不符。最后，被上诉人实施"二选一"行为仅仅持续一天即导致其竞争对手MSN当月覆盖人数增长2300多万，多个竞争对手争抢即时通信服务市场。这一事实比较有力地说明被上诉人在即时通信服务市场上并不具备显著的市场支配地位。

综上，本案现有证据并不足以支持被上诉人具有市场支配地位的结论。一审法院认定被上诉人不具有市场支配地位，并无不当，上诉人的相应上诉理由不能成立，二审法院不予支持。

三、被上诉人是否构成反垄断法所禁止的滥用市场支配地位行为

原则上，如果被诉经营者不具有市场支配地位，则无须对其是否滥用市场支配地位进行分析，可以直接认定其不构成反垄断法所禁止的滥用市场支配地位行为。不过，在相关市场边界较为模糊、被诉经营者是否具有市场支配地位不甚明确时，可以进一步分析被诉垄断行为对竞争的影响效果，以检验关于其是否具有市场支配地位的结论正确与否。此外，即使被诉经营者具有市场支配地位，判断其是否构成滥用市场支配地位，也需要综合评估该行为对消费者和竞争造成的消极效果和可能具有的积极效果，进而对该行为的合法性与否作出判断。为此，二审法院认为有必要对被诉垄断行为对竞争的影响及其合法性与否进行分析认定。

（一）关于被上诉人实施的"产品不兼容"行为（用户"二选一"）是否构成反垄断法禁止的限制交易行为

根据《反垄断法》第十七条的规定，具有市场支配地位的经营者，没有正当理由，限定交易相对人只能与其进行交易或者只能与其指定的经营者进行交易的，构成滥用市场支配地位。上诉人主张，被上诉人没有正当理由，强制用户停止使用并卸载上诉人的软件，构成反垄断法所禁止的滥用市场支配地位限制交易行为。对此，二审法院分析如下。

第一，关于被上诉人实施的"产品不兼容"行为对消费者利益的影响。需要注意的是，被上诉人实施的"产品不兼容"行为是专门针对上诉人的产品和服务实施的。这一行为表面上是要求用户在使用腾讯QQ和360安全软件之间做出选择，实质上是被上诉人限定了自己的腾讯QQ软件的使用环境。虽然这一限制可能对消费者使用腾讯QQ或者360安全软件造成不便，但是由于即时通信市场和安全软件市场均有充分的替代选择，腾讯QQ软件并非必需品，这种不便对消费者利益并无重大影响。当然，这并不意味着被上诉人实施"产品不兼容"行为无可指责。

第二，关于被上诉人实施"产品不兼容"行为的动机。在被上诉人实施"产品不兼容"行为之前，被上诉人的即时通信软件与上诉人的安全软件长期兼容共存。本案中，没有充分证据证明被上诉人实施"产品不兼容"行为是为了排除潜在的竞争对手进入被上诉人占有领先地位的即时通信服务市场。特别应注意的是，被上诉人实施"产品不兼容"行为的背景是，上诉人及其关联公司专门针对腾讯QQ软件开发、经营扣扣保镖软件，实施不正当竞争行为，被上诉人被迫对此作出回应。可见，被上诉人为排除、限制即时通信服务市场的竞争而采取"产品不兼容"行为的动机并不明显。

第三，关于被上诉人实施"产品不兼容"行为对竞争的实际影响。首先，对被上诉人所在的即时通信服务市场的影响。尽管被上诉人实施"产品不兼容"行为仅持续一天，却给该市场带来了更活跃的竞争。在被上诉人实施"产品不兼容"行为后 2～3 周，其主要竞争对手 MSN、飞信和阿里巴巴等的用户数量均有较高增幅。MSN 更是在月覆盖人数长期负增长之后实现局势逆转，增长率高达 61.93%，实际比上月增长 2300 多万人。新的竞争者移动飞信、新浪 UC 等乘机进入市场，下载量猛增。同时，根据被上诉人所委托的专家的计算结果，被上诉人自身的市场份额降低了约 1%。结合竞争对手的市场变化，有理由相信，如果"产品不兼容"行为持续更长时间，被上诉人的市场份额将大幅下滑。而被上诉人的市场份额实际未发生较大变化更可能是"二选一"行为持续时间太短、用户迅速回流所致。其次，对上诉人所在的安全软件市场的影响。被上诉人实施的"产品不兼容"行为的确对上诉人的市场份额造成一定程度的消极影响。但是，反垄断法所关注的重心并非个别经营者的利益，而是健康的市场竞争机制是否受到扭曲或者破坏。根据上诉人所委托的专家的计算结果，在"二选一"行为期间，360 安全卫士和 360 杀毒软件的周用户数量比上周降低了 10%，360 保险箱的周用户数量降低了 12%。如果转换成市场份额，根据被上诉人专家的计算结果，上诉人在安全软件中的市场份额下降了 3.3 个百分点，即从 74.6% 下降至 71.3%。在同一时期，被上诉人的市场份额则仅仅增长了 0.57 个百分点，即从 3.89% 增长至 4.46%。可见，被上诉人实施的"产品不兼容"行为对安全软件市场的影响是极其微弱的，并未显著排除或者限制安全软件市场的竞争。

综上，虽然被上诉人实施的"产品不兼容"行为对用户造成了不便，但是并未导致排除或者限制竞争的明显效果。这一方面说明被上诉人实施的"产品不兼容"行为不构成反垄断法所禁止的滥用市场支配地位行为，也从另一方面佐证了被上诉人不具有市场支配地位的结论。

（二）被上诉人是否构成反垄断法所禁止的搭售行为

根据《反垄断法》第十七条的规定，具有市场支配地位的经营者，没有正当理由搭售商品，或者在交易时附加其他不合理的交易条件的，构成滥用市场支配地位。上诉人主张，被上诉人将 QQ 软件管家与即时通信软件捆绑搭售，并且以升级 QQ 软件管家的名义安装 QQ 医生，不符合交易惯例、消费习惯或者商品的功能，消费者选择权受到了限制，不具有正当理由；一审判决关于被诉搭售行为产生排除、限制竞争效果的举证责任分配错误。对此,二审法院分析如下。

第一,关于反垄断法所禁止的搭售行为的构成要件及其对竞争的可能影响。搭售应当符合如下条件:搭售产品和被搭售产品是各自独立的产品;搭售者在搭售产品市场上具有支配地位;搭售者对购买者实施了某种强制,使其不得不接受被搭售产品;搭售不具有正当性,不符合交易惯例、消费习惯等或者无视商品的功能;搭售对竞争具有消极效果。搭售行为本身既可能产生积极效果,也可能造成消极效果。搭售的积极效果是在特定情况下可以提高产品质量、降低成本、促进销售、确保安全,从而提高效率,其消极效果是搭售可能使得在搭售产品市场上具有支配地位的经营者将其竞争优势延伸到被搭售产品市场上。

第二,本案没有可靠的证据表明被诉搭售行为使得被上诉人将其在即时通信市场上的领先地位延伸到安全软件市场。尽管被上诉人实施了所谓的"二选一"以及被诉搭售行为,上诉人在安全软件中仍是占领先地位的经营者,其市场份额不低于70%,而被上诉人的市场份额则没有超过5%,仅增加了0.57个百分点。本案没有证据显示被上诉人的被诉搭售行为导致上诉人在安全软件市场的市场份额发生显著下降,或者对安全软件市场内的其他经营者产生了排除或者限制竞争的效果。

第三,QQ 即时通信软件与 QQ 软件管理打包安装具有一定的合理性。CNNIC 的调查显示,软件的账号安全是即时通信用户使用过程中最关注的问题。通过将 QQ 即时通信软件与 QQ 软件管理打包安装,实现 QQ 即时通信软件的功能整合,用户可以更好地管理和使用 QQ 即时通信软件,保障账号安全,从而提高 QQ 即时通信软件的性能和价值。

第四,被诉搭售行为的强制性并不明显。首先,虽然 QQ 即时通信软件与 QQ 软件管理打包安装时并未提示用户将同时安装 QQ 软件管理,但是被上诉人提供了卸载 QQ 软件管理的功能。用户可以方便地自主选择卸载。这表明,被上诉人向用户提供即时通信服务并不以用户必须使用 QQ 软件管理为条件,对用户没有实质的强制性。其次,在将 QQ 软件管理和 QQ 医生升级为 QQ 电脑管家时,被上诉人通过公告的方式向用户告知了选择权。

第五,关于举证责任的分担问题。在滥用市场支配地位案件中,被诉垄断行为的受害人对被诉经营者具有市场支配地位承担举证责任,被诉经营者对其行为正当性承担举证责任。被诉垄断行为是否具有正当性与其是否具有排除、限制竞争的效果并不完全一致，两者既有联系，又存在区别。对正当性承担举证责任并不等同于对行为不具有排除、限制竞争的效果承担举证责任。还须说明的是，被诉垄断行为排除、限制竞争效果的存在有助于证明被诉经营者具有市场支配地位。一审法院在现有证据不能证明被上诉人具有市场支配地位的情况下，要求上诉人举证证明被诉搭售行为产生了排除、限制竞争的后果，并无明显不当。

综上，上诉人关于被上诉人实施了滥用市场支配地位行为的上诉理由不能成立，二审法院不予支持。

四、一审法院审理程序是否违法

（一）一审法院未按照其重新界定的相关市场组织双方当事人重新计算市场份额是否违反法定程序

上诉人主张，一审法院重新界定相关市场后，未组织双方当事人按照重新界定的相关市场计算市场份额，违反法定程序。二审法院认为：

第一，并非任何滥用市场支配地位案件均需要确定被诉经营者在相关市场的市场份额。滥用市场地位案件的关键在于确定被诉经营者是否在相关市场内具有市场支配地位。市场支配地位的认定是综合评估多个因素的结果，需要根据个案情况具体考量，每一个因素均不一定具有决定性作用。在特定情况下，即使不确定市场份额，仍可以基于其他证据认定经营者是否具有市场支配地位。因此，在认定经营者是否具有市场支配地位时，确定其在相关市场的市场份额并非必经步骤。

第二，关于一审法院对此问题的处理是否正确。一审法院在认定上诉人所界定的相关市场不正确后，未组织当事人重新计算市场份额。由于确定被诉经营者在相关市场的市场份额并非本案审理的必经步骤，一审法院的上述做法并不违反法定程序。还应注意到，一审法院虽未组织当事人重新计算市场份额，但其从被上诉人是否具有控制商品价格、数量或其他交易条件的能力以及是否具备阻碍、影响其他经营者进入相关市场的能力两个方面进行分析，得出被上诉人不具有市场支配地位的结论。这一处理并无不当。

综上，上诉人的相应上诉理由不能成立，二审法院不予支持。

（二）一审法院在认定被上诉人是否具有支配地位时，是否违背证据规则而引入未经质证的证据

上诉人主张，被上诉人没有引用欧盟委员会 Skype/Microsoft 案决定中有关即时通信工具用户核心圈的结论和 Facebook 用户通常只与四到六人保持双向互动的结论，一审法院在判决中将其作为论据使用，违反证据规则。一审卷宗中有全球经济咨询出具的《关于奇虎相关市场界定和滥用市场支配地位指控的经济分析报告》，一审法院大量采纳与该报告相同的观点和事实，但未组织质证，违反证据规则。二审法院认为：

第一，关于欧盟委员会 Skype/Microsoft 案的决定。该份决定在一审中由被上诉人提交，并经双方当事人质证。对于已经质证的证据，根据当事人的质证意见，结合证据本身对其整体内容予以审查判断，并将之运用于裁判之中，属于审理法院的职权范围。上诉人的上述主张过分机械地理解证据的质证与认定，二审法院不予支持。

第二，关于全球经济咨询出具的《关于奇虎相关市场界定和滥用市场支配地位指控的经济分析报告》。被上诉人在一审过程中将该份报告提交审理法院作为参考，并非作为证据使用。一审法院亦未援引该份报告作为裁判依据。一审判决的部分事实和观点与该份报告有相同之处，并不能说明一审法院采信该报告。由于一审法院并未将该份报告作为裁判依据加以采信，对于该份报告无须组织双方当事人质证。

综上，上诉人的相应上诉主张不能成立，二审法院不予支持。

（三）一审法院是否违反听证原则而大量认定未经质证的证据与事实

上诉人主张，一审过程中当事人并未就相关市场界定中使用假定垄断者测试方法进行辩论、质证，一审法院自行决定适用该方法；在判定 QQ 与社交网站、微博之间存在替代性时，一审法院认为微博产品的出现会否定上诉人所委托的专家对腾讯 QQ 与社交网站的相关性分析，该观点并未在法庭上提出，亦未经双方辩论；一审法院以腾讯 QQ 成功进入 MSN 占较高市场份额的早期即时通信服务市场为例，证明网络效应和用户黏性并非不可逾越的障碍，但是即时通信服务市场的竞争环境已经发生重大改变且MSN 在 QQ 进入市场之初是否具有支配地位没有证据支持，上述做法直接影响判决结果，违反了听证原则。二审法院认为：

第一，假定垄断者测试是界定相关市场的一种分析思路，法院可以根据案件具体情况决定采用何种分析思路，并不必然需要当事人辩论。

第二，一审法院以微博产品的出现作为依据，否定上诉人所委托的专家对腾讯QQ与社交网站的相关性分析，实质上是一审法院根据具体证据认定相关案件事实，属于法院职权范围，无须在对相关证据进行质证之外再行听取当事人意见。

第三，一审法院以腾讯QQ成功进入MSN占较高市场份额的即时通信服务市场为例，论证网络效应和用户黏性对于市场进入的阻碍并不明显。本案一审证据中，并无相关证据可以直接证明MSN在腾讯QQ进入市场时在中国大陆地区即时通信市场具有市场支配地位，且与当时的市场状况相比，市场环境已经发生变化。因此，一审法院的这一论证缺乏扎实的事实基础和说服力。但是，一审法院并非仅以此认定即时通信服务市场的进入比较容易，而是综合分析多种因素作出最终判断。这一论据本身存在的问题并不影响其最终结论的正确性。

综上，上诉人的上述主张不能成立，二审法院不予支持。

（四）一审法院是否怠于履行《民事诉讼证据规定》第三十五条规定的告知义务

上诉人主张，一审法院认定了被上诉人实施的"产品不兼容"（用户"二选一"）行为属于限制交易行为，该行为即使不构成反垄断法下的违法行为，亦应构成反不正当竞争法下的不正当竞争行为。一审法院应履行《民事诉讼证据规定》第三十五条规定的告知义务而未履行，违反法定程序。

二审法院认为，反垄断法和反不正当竞争法各有其不同的规制对象和法律要件。被上诉人实施的"产品不兼容"行为是否违反反垄断法或者反不正当竞争法，需要根据相关法律规定分别判断，并不是非此即彼。况且，一审法院在认定被上诉人实施的"产品不兼容"行为不违反反垄断法之后，并未认定该行为构成不正当竞争，因此不属于《民事诉讼证据规定》第三十五条规定的情形。

鉴于被上诉人的行为不构成反垄断法所禁止的滥用市场支配地位行为，二审法院对本案的法律责任问题不再进行评述。

综上，二审法院认为，一审判决认定事实基本属实，适用法律正确，裁判结果适当。上诉人的上诉理由虽部分成立，但不足以影响本案裁判结果。依照《中华人民共和国反垄断法》第十七条、第十八条、第十九条，《中华人民共和国民事诉讼法》第一百七十条第一款第（一）项之规定，作出判决。

二审裁判结果

驳回上诉，维持原判。

一审案件受理费人民币 796800 元，按照原判决执行；二审案件受理费人民币 796800 元，由上诉人北京奇虎科技有限公司负担。

本判决为终审判决。

评析

依照《反垄断法》第十二条第二款的规定，相关市场，是指经营者在一定时期内就特定商品或者服务进行竞争的商品范围和地域范围。在反垄断案件的审理中，合理地界定相关市场，对于正确认定经营者的市场地位、分析经营者的行为对市场竞争的影响、判断经营者行为是否违法以及在违法情况下需承担的法律责任等关键问题，具有重要意义，因此审理的首要问题是界定相关市场。但，并非在任何滥用市场支配地位的案件均必须明确而清楚地界定相关市场，界定相关市场只是评估的工具而非目的。是否能够明确界定相关市场取决于案件具体情况，尤其是案件证据、相关数据的可获得性、相关领域竞争的复杂性等。即使不明确界定相关市场，也可以通过排除或者妨碍竞争的直接证据对被诉经营者的市场地位及被诉垄断行为可能的市场影响进行评估。

在互联网领域中，市场份额只是判断市场支配地位的一项比较粗糙且可能具有误导性的指标，其在认定市场支配力方面的地位和作用必须根据案件具体情况确定。一审法院和二审法院均认为腾讯不具有市场支配力。尽管二审法院依据用户的有效使用时间、使用频度、活跃用户数等指标，计算出腾讯无论在个人电脑端还是即时通信服务市场的市场份额均超过80%。但是根据我国《反垄断法》第十八条规定的其他评估市场支配地位的要素，二审法院在市场份额、相关市场的竞争状况、被诉经营者控制商品价格、数量或者其他交易条件的能力、该经营者的财力和技术条件、其他经营者对该经营者在交易上的依赖程度、其他经营者进入相关市场的难易程度等方面，对被上诉人是否具有市场支配地位进行了考量和分析，并最终判断腾讯不具有市场支配地位。

46. 大数据时代用户信息内容保护及数据权属的首个判例

——"脉脉"非法抓取使用微博用户信息不正当竞争纠纷案

裁判要旨

1. 大数据时代背景下网络用户有权在充分表达自由意志的情况下向他人提供自己的信息或不提供信息，也有权充分了解他人使用自己信息的方式、范围，并对不合理的用户信息使用行为予以拒绝。

2. 用户信息是互联网经营者重要的经营资源，如何展现这些用户信息是经营活动的重要内容。保护社交网络平台上的各类用户信息，不仅是互联网经营者开展正常经营活动、维持并提升用户活跃度、保持竞争优势的必要条件，也是对广大用户权益的尊重和保障。

3. 其他经营者在与社交媒体网络平台开展合作时，不仅要合法获取社交网络平台的用户信息，也应妥善保护并正当使用用户信息。

案件索引

一审：北京市海淀区人民法院（2015）海民（知）初字第 12602 号
二审：北京知识产权法院（2016）京 73 民终 588 号

▓ 基本案情

原告北京微梦创科网络技术有限公司（简称"微梦公司"）经营的新浪微博，既是社交媒体网络平台，也是向第三方应用软件提供接口的开放平台。二被告北京淘友天下技术有限公司（简称"淘友技术公司"）、北京淘友天下科技发展有限公司（简称"淘友科技公司"）经营的脉脉软件是一款移动端的人脉社交应用软件，上线之初因为和新浪微博合作，用户可以通过新浪微博账号和个人手机号注册登录脉脉软件，用户注册时还要向脉脉上传个人手机通讯录联系人，"脉脉"根据与微梦公司的合作可以获得新浪微博用户的 ID 头像、昵称、好友关系、标签、性别等信息。微梦公司后来发现，脉脉用户的一度人脉中，大量非脉脉用户直接显示有新浪微博用户头像、名称、职业、教育等信息。后双方终止合作，但非脉脉用户的新浪微博用户信息没有在合理时间内删除。微梦公司提起本案诉讼，主张二被告存在四项不正当竞争行为：一、非法抓取、使用新浪微博用户职业、教育等信息；二、非法获取并使用脉脉注册用户手机通讯录联系人与新浪微博用户的对应关系；三、模仿新浪微博加 V 认证机制及展现方式；四、发表言论诋毁微梦公司商誉。微梦公司为此主张停止不正当竞争行为、消除影响、赔偿 1000 万元经济损失等。二被告否认存在上述不正当竞争行为。二被告表示，其与微梦公司合作期间，用户使用手机号或新浪微博账号注册脉脉，需要上传个人手机通讯录联系人，脉脉账号的一度人脉来自脉脉用户的手机通讯录联系人和新浪微博好友，二度人脉为一度人脉用户的手机通讯录联系人和微博好友；与微梦公司合作结束后，用户只能通过手机号注册登录，一度人脉仅是脉脉用户的手机通讯录联系人，他人留存有脉脉用户的手机号，该人也会出现在脉脉用户的一度人脉中；一度人脉不一定是脉脉用户。

▓ 原告诉称

原告微梦公司诉称，其公司独立运营新浪微博。二被告共同运营脉脉软件。新浪微博与脉脉软件同属于社交类软件，二被告与微梦公司存在竞争关系。二被告通过脉脉软件对微梦公司实施了四项不正当竞争行为：第一，非法抓取、使用新浪微博平台用户信息，包括头像、名称（昵称）、职业信息、教育信息及用户自定义标签、用户发布的微博内容；第二，通过脉脉用户手机通讯录中联系人，非法获得、非法使用这些联系人与新浪微博用户的对应关系；第三，模仿新浪微博的加 V 认证机制及展现方式；第四，对微梦公司进行商业诋毁。二被告的不正当竞争行为造成新浪微博开放平台计划运营受阻，微博用户误认为微梦公司措施不当导致信息泄露，致使用户流失、活跃度下降，损害微梦公司声誉，直接影响微梦公司运营收入。微梦公司诉至法院，请求判令二被告：1. 立即停止四项不正当竞争行为；2. 在 www. maimai. cn 网站首页显著位置及 App 应用显著位置连续三十天刊登声明，消除影响；3. 赔偿微梦公司经济损失 1000 万元及合理开支 30 万元（合理开支包括律师费 20 万、公证费等其他费用 10 万元）。

被告辩称

被告淘友技术公司、被告淘友科技公司共同辩称：1. 二被告一直遵守《开发者协议》，由于微梦公司的关联公司负责人向二被告法定代表人提出非法要求未获同意，微梦公司将二被告的微博接口关停。2. 二被告与微梦公司非同业竞争者，不存在竞争关系。3. 微梦公司的开放平台授权二被告可以获取新浪微博用户的相关信息，二被告未绕开新浪微博的开放接口抓取用户数据，二被告未获取被授权用户联系方式中的邮箱等联系方式，联系方式中的手机号不是从新浪微博获取的。4. 微梦公司提出二被告取得的非授权用户信息，并非全部从新浪微博获得，二被告从新浪微博网页获取的未授权用户信息系基于与微梦公司的合作关系，也已经取得用户的同意，且仅针对授权用户显示，不向不特定的第三方用户显示，并非针对微梦公司的不正当竞争行为。5. 二被告未抄袭新浪微博的设计及相关内容，也未诋毁微梦公司的商誉。6. 除了律师费和公证费外，微梦公司未提交任何证据证明其经济损失。二被告不同意微梦公司的诉讼请求。

🦊 一审法院审理查明

一、双方经营内容

微梦公司是新浪微博的经营人，是网站 www.weibo.com、www.weibo.com.cn、www.weibo.cn 的备案人，获得网络文化经营许可证。微博网站对自己的业务介绍为："微博已经成为一个重要的社交媒体平台，用户可通过该平台进行创作、分享和查询信息……国内的个人用户和组织机构不仅可以实时更新状态，还可以与平台上其他世界各地的用户进行沟通，以及实时关注世界发展动态。……2013年12月，微博的月活跃用户数达到1.291亿人，平均日活跃用户数达到6140万人。"用户使用手机号或电子邮箱注册新浪微博账号，手机号需要验证，用户可以选择手机号向不特定人公开，用户头像、名称（昵称）、性别、个人简介向所有人公开，用户可以设置其他个人信息公开的范围，职业信息、教育信息默认向所有人公开，互为好友的新浪微博用户能看到对方的职业信息、教育信息。

二被告共同经营脉脉软件及脉脉网站（网址为 http://maimai.cn）。淘友科技公司为脉脉网站备案人，该网站对脉脉软件的介绍为：淘友技术公司致力于为中国网民打造更有意义的交友平台。脉脉是淘友旗下的第4款产品，于2013年10月底上线。这是一款基于移动端的人脉社交应用，通过分析用户的新浪微博和通讯录数据，帮助用户发现新的朋友，并且可以使他们建立联系。上面累积了400亿条人脉关系，2亿张个人名片，80万职场圈子。应用提供了职场动态分享、人脉管理、人脉招聘、匿名职场八卦等功能，致力于帮助职场用户轻松管理和拓展自己的人脉，帮助创业者和企业高管轻松找靠谱人才，帮助求职者精确找靠谱工作。匿名职场八卦社区，为职场用户提供了一个安全的吐槽老板、分享八卦、匿名爆料的平台。

淘友科技公司是淘友网（www.taou.com）备案人，同时也是脉脉软件的数字签名人。二被告表示，在其与微梦公司合作期间，用户使用手机号或新浪微博账号注册脉脉，需要上传个人手机通讯录联系人，脉脉账号的一度人脉来自脉脉用户的手机通讯录联系人和新浪微博好友，二度人脉为一度人脉用户的手机通讯录联系人和微博好友；与微梦公司合作结束后，用户只能通过手机号注册登录，一度人脉仅是脉脉用户的手机通讯录联系人，他人留存有脉脉用户的手机号，该人也会出现在脉脉用户的一度人脉中；一度人脉不一定是脉脉用户。

（2014）京方正内经证字第 20797 号公证书（以下简称"第 20797 号公证书"）中显示，2014 年 11 月 25 日，在安卓系统手机中安装脉脉软件，出现的《脉脉服务协议》第一条明确该协议为淘友科技公司与脉脉服务使用人之间的服务协议，还强调"用户下载、注册、登录、使用及连接脉脉服务等行为均被视为用户完全了解、接受并同意遵守本协议项下的全部内容。本协议可由淘友公司单方随时修改，修改后的协议条款一经淘友公司公布即代替本协议的原条款，构成用户与淘友公司之间就本协议主题事由的全部、最新协议。如果用户不接受淘友公司修改后的最新协议条款，请立即停止使用脉脉服务。如用户选择继续使用脉脉服务，则视为用户完全了解、接受并同意遵守淘友公司修改后的最新协议条款。用户特此声明，已经完全理解本协议相关内容，并不存在任何重大误解；同时，认可协议内容并不存在显失公平的情形"。第二条约定"用户信息条款"对"用户个人信息"定义为"用户真实姓名、头像、手机号码、IP 地址"。"非用户个人信息"则定义为"用户对脉脉服务的操作状态、使用记录、使用习惯等反映在淘友公司服务器端的全部记录信息及其他一切……用户个人信息范围外的信息，均为普通信息，不属于用户信息"。"第三方平台记录信息"定义为"用户通过新浪微博账号、QQ 账号等第三方平台账号注册、登录、使用脉脉服务的，将被视为用户完全了解、同意并接受淘友公司已包括但不限于收集、统计、分析等方式使用其在新浪微博、QQ 等第三方平台上填写、登记、公布、记录的全部信息。用户一旦使用第三方平台账号注册、登录、使用脉脉服务，淘友公司对该等第三方平台记录的信息的任何使用，均将被视为已经获得了用户本人的完全同意并接受"。"用户个人信息的使用目的、方式和范围"为"用户提供包括好友印象、密友圈、人脉分布和关系链等脉脉服务的各项功能……淘友公司使用用户信息的范围包括但不限于用户个人信息、非用户个人信息、第三方平台记录等信息"。"重要提示：为向客户提供脉脉服务，淘友公司将可能使用用户个人信息、非用户个人信息及第三方平台记录信息。用户一旦注册、登录、使用脉脉服务将视为用户完全了解、同意并接受淘友公司通过包括但不限于收集、统计、分析、使用等方式使用用户信息。""特别说明：用户授权的明确性和不可撤销性。用户注册、登录、使用脉脉服务的行为，即视为明确同意淘友公司收集和使用其用户信息，无须其他意思表示。用户对淘友公司的前述明确同意是不可撤销、基于其自身真实意思表示的授权。淘友公司对用户信息的使用无需向用户支付任何费用。用户可关闭账号或者停止使用脉脉服务，但是用户前述关闭或停止使用的行为，淘友公司此前经用户同意和授权对用户信息的一切使用行为，仍然合法有效。"

二被告提交的（2015）京中信内经证字 16542 号公证书（以下简称"第 16542 号公证书"）显示，2015 年 4 月 13 日，通过 iTunes 搜索脉脉软件，查看《脉脉服务协议》，该协议内容与前述协议内容基本一致，区别主要在于第二条约定"用户授权的明确性。用户注册、登录、使用脉脉服务的行为，即视为明确同意淘友公司收集和使用其用户信息，无需其他意思表示。淘友公司对用户信息的使用无需向用户支付任何费用"。"特别说明：用户信息删除的选择权。脉脉注册用户在使用过程中发现有任何不妥或者不满意之处，有权通过 E-mail 或者电话的方式提出申请，进行相关信息删除；淘友公司通过新浪微博、QQ 等第三方平台收集并在脉脉上向授权用户展示的授权用户的用户好友信息，该授权用户及好友如发现有任何不妥或者不满意之处，亦有权通过 E-mail 或者电话的方式提出申请，进行相关信息删除。"并附邮箱地址和电话。"淘友公司承诺。淘友公司尊重授权用户的合法权利，尊重授权用户的自由选择权，不会以违反法律、行政法规以及本协议约定的方式收集、使用用户信息。"

二被告表示，新浪微博是一款社交媒体平台，侧重于实时交流，受众人群广泛，脉脉软件是一款基于移动端的人脉社交应用软件，侧重于职场，受众人群是职场人士，双方经营的商品或服务不同，受众不同，不存在同业竞争关系。微梦公司对此予以否认，提出新浪微博和脉脉软件都属于社交应用，二者受众人群存在交叉、重叠，双方经营的产品或服务类似，存在同业竞争关系。

二、微梦公司与二被告的合作情况

本案中，双方均提交了新浪微博开放平台的《开发者协议》，证明双方曾通过微博平台 OpenAPI 进行合作。该协议明确微梦公司依据本协议提供服务，本协议在开发者和微梦公司间具有合同上的法律效力。开发者违反本协议时，微梦公司有权依照其违反情况限制或停止向开发者提供开放平台服务，并有权追究开发者的相关责任。

第 1.1 条　开发者指经有效申请并经过微梦公司同意，将其开发的各种应用接入基于微博开放平台而向用户提供各种服务的，具备民事行为能力的个人、法人或其他组织。

第 1.2 条　应用是指由开发者开发的可向用户提供各种服务的应用程序，包括但不限于游戏类服务、工具类服务等。

第 1.6 条　用户数据指用户通过微博平台提交的或因用户访问微博平台而生成的数据。"用户数据"是微博的商业秘密。

第 2.1 条　约定开发者保证：对开发者在微博开放平台发布的应用、授权网站及利用微博开放平台实施的活动真实、准确、完整、安全，不存在任何欺诈成分，不侵犯任何组织或个人的合法权益，不违反任何法律、法规、条例或规章，符合微博的各项规范、规则及制度。

第 2.2 条　约定与微梦公司开展合作的开发者，其行为受本协议及微博开放平台规则及微博平台上公示的规则、制度、规范的约束。开发者必须合法使用微梦公司授予其应用的 AppKey。

第 2.5 条　约定开发者应用或服务需要收集用户数据的应当符合以下条件。2.5.1 开发者应用或服务需要收集用户数据的，必须事先获得用户的同意，仅应当收集为应用程序运行及功能实现目的而必要的用户数据和用户在授权网站或开发者应用生成的数据或信息。开发者应当告知用户相关数据收集的目的、范围及使用方式，以保障用户的知情权。2.5.5 约定未经用户同意，开发者不得收集用户的隐私信息数据及其他微梦公司认为属于敏感信息范畴的数据，开发者不得收集或要求用户提供任何微博账号、密码，开发者不得收集或要求用户提供用户关系链、好友列表数据等。2.5.10 如果微梦公司认为开发者使用用户数据的方式，会损害微博平台用户体验，微梦公司有权要求开发者删除相关数据并不得再以该方式使用用户数据。2.5.15 一旦开发者停止使用开放平台或微梦公司基于任何原因终止对开发者在微博开放平台的服务，开发者必须立即删除全部从微博开放平台中获得的数据。

本案中，微梦公司表示，根据《开发者协议》，二被告仅为普通用户，可以获得新浪微博用户的 ID 头像、好友关系（无好友信息）、标签、性别，无法获得新浪微博用户的职业和教育信息，但二被告违反了《开发者协议》，使大量未注册为脉脉用户的新浪微博用户的相关信息也展示在脉脉软件中，且双方合作终止后，二被告仍使用大量非脉脉用户的微博用户信息。

二被告认为，微梦公司在微博开放平台对开发者获取用户信息给予不同的访问授权级别，二被告为最高级别权限。为此，二被告提交了（2015）京中信内经证字 13983 号公证书（以下简称"第 13983 号公证书"）。其中显示，2015 年 3 月 10 日，进入微博开放平台（网址为 open. weibo. com），使用微博账号登录，标题栏显示有"微连接""文档""我的应用"等栏目。查看"文档"栏目，介绍有"网站接入""站内应用""移动应用"等内容。在页面中搜索"career"，出现"获取用户职业信息"的 URL 地址、支持格式、HTTP 请求方式等信息，同时显示需要登录、访问授权限制的访问级别为"高级接口（需要授权）"、有频次限制。"请求参数"中"UID"参数说明为"需要获取教育信息的用户 UID，默认为当前登录用户"。搜索"education"，出现与获取职业信息请求信息基本相同的内容。

搜索"users"，除了访问授权限制的访问级别为普通接口外，出现与获取职业信息请求信息基本相同的内容。搜索"friendships""tags"，相关内容与获取用户信息查询结果一致。

进入"我的应用"栏目，显示页面中间有脉脉图标，点击该图标，"基本状态"显示"AppKey 被停用"，"驳回理由：接口调用异常"。点击该页面中的"接口管理"，显示"接口申请状态"中"通知高级写入接口""用户邮箱高级读取接口"均于 2013 年 11 月 4 日被"申请驳回"，"关系备注高级接口"于 2013 年 10 月 31 日申请通过。同时显示"已有接口（27 组）"，包括"微博普通读取接口、微博普通写入接口、用户普通读取接口、复合关系普通读取接口、关系备注高级接口"等。左侧"接口管理"下有"已有权限"、"申请权限"、"调用频次"和"授权机制"四项，"接口调用频次等级"显示"当前级别"为"合作"，"当前接口调用频次为最高级别"。查看"接口管理"下的"授权机制",显示"OAuth2.0授权有效期","当前级别:合作",并注明"当前应用授权有效期为最高级别","对应授权有效期"为 90 天,同时授权级别和授权有效期的列表显示,高级授权有效期为 15 天,合作级别有效期为 30 天。

微梦公司结合第 13983 号公证书进行解释,普通接口不用申请就可使用,但获取包括职业信息、教育信息的高级接口需要申请,二被告申请关系备注高级接口并获得授权,二被告未申请其他高级接口。二被告否认第 13983 号公证书中显示情况为其与微梦公司合作期间的状态,并表示尽管其未与微梦公司订立过线下协议,但其经营的其他应用软件曾有与微梦公司订立线下协议获取新浪微博接口的情况;脉脉当时申请了 5 个接口,除了第 13983 号公证书中显示的三个接口外,二被告记不清其余两个接口;认可教育、职业信息接口未申请,因发现不申请直接可以用,二被告"就用了","以为合作级别就可以用"。

同时,二被告还提出,在证明双方合作内容方面,其"很被动",原因是微梦公司可以随时修改新浪微博后台的接口限制要求,且一旦调整,其无法证明双方之间存在相关合作级别和权限。二被告为此提交了(2015) 京中信内经证字 21295 号公证书(以下简称"第 21295 号公证书")。其中显示,2015 年 4 月 24 日,公证申请人委托代理人李 × 在公证人员监督下进入微博开放平台网站,通过邮件登录该平台账号,在"我的应用"中点击脉脉软件图标,该软件"基本状态""接口管理"进入页面所显示的内容与第 13983 号公证书中对应内容相同,但"接口管理"项下仅有"已有权限"、"申请权限"和"授权机制"三项,进入"授权机制",显示"Oauth2.0 授权有效期"的"当前级别:普通","对应授权有效期:7 天"。微梦公司解释,其对有问题的合作方于 2015 年 4 月 3 日统一处理了调用频次,不是针对二被告,且微梦公司强调授权有效期是针对高级接口的有效期,普通接口不存在有效期问题,但高级接口都需要单独申请。本案中,双方确认合作自 2013 年 9 月 11 日至 2014 年 8 月 15 日结束,微梦公司于 2014 年 7 月起向二被告发警示函。

三、微梦公司主张二被告的不正当竞争行为

本案中,微梦公司主张二被告实施了四项不正当竞争行为。

第一项行为指非法抓取、使用新浪微博用户信息，用户信息包括头像、名称、职业信息、教育信息、用户自定义标签及用户发布的微博内容。具体而言，双方合作期间，二被告非法抓取了新浪微博用户的教育信息、职业信息，并非法使用这些信息；双方合作结束后，二被告不仅未及时删除双方合作期间获取的新浪微博用户信息，还非法抓取并使用新浪微博用户的头像、名称、教育信息、职业信息、标签信息等。

第二项行为指非法获取并使用脉脉注册用户手机通讯录联系人与新浪微博用户的对应关系。具体而言，用户注册脉脉账号时，会被要求上传手机通讯录，同时，除非用户主动选择公开，新浪微博用户的手机号不公开。二被告采取技术措施在双方合作期间及合作结束后，非法获取脉脉用户手机通讯录联系人与新浪微博用户的对应关系，并将该对应关系用于脉脉用户一度人脉中。微梦公司强调，其未授权脉脉软件使用新浪微博用户的手机号，但二被告若未使用手机号进行匹配，不可能有如此高的匹配度。

第三项行为指二被告模仿新浪微博加 V 认证机制及展现方式。

第四项行为指二被告发表的网络言论对其构成商业诋毁。

针对第一项至第三项不正当竞争行为，微梦公司提交了下列证据。

1. 第 20797 号公证书中显示，2014 年 11 月 25 日，使用新购买的三星手机，下载安装脉脉软件后，以公证申请人委托代理人赵烨的手机号登录脉脉软件，通过"人脉"中"管理一度人脉"的人脉分组目录，默认分组为"公司"，点击"奇虎360"，出现"李××"，并注明"通讯录联系人李××，1 个共同好友"。同时显示有头像、影响力指数、手机号，个人标签有 360、360 安全卫士、80 后、IT 数码、NBA 等。通过"中信证券"找到"黄××"，亦显示有该人头像、手机号、影响力指数、个人标签信息。同样的步骤查看"豆瓣"的"王××"及"美中宜和妇儿医院"的"许×"，王××被注明为"豆瓣算法工程师"，上述四人的头像与（2014）京方正内经证字第 20798 号公证书（以下简称"第 20798 号公证书"）中涉及的四个微博用户头像相同。

第 20798 号公证书显示，2014 年 11 月 25 日，赵烨登录新浪微博，搜索"王××"，出现该人的微博，注册时间为 2011 年 2 月 15 日，工作信息显示单位为豆瓣（2009～2011 年），职位为算法工程师。搜索"AB 双子＊＊"，出现"AB 双子＊＊"的微博，注册时间为 2011 年 5 月 12 日，工作信息中单位为中信证券股份有限公司。搜索"coin＊＊"，出现"coin＊＊"的微博，注册时间为 2010 年 12 月 9 日，工作信息中单位为奇虎 360（2010 年至今）。搜索"许××"，出现"许××论坛"微博，注册时间为 2010 年 12 月 10 日，工作信息中单位为北京美中宜和妇儿医院。

2. （2014）京方正内经证字第 20799 号公证书（以下简称"第 20799 号公证书"）。其中显示，2014 年 11 月 23 日，公证申请人委托代理人辛××使用 iPhone 手机（手机号为 1860104×××）通过 AppStore 下载安装脉脉软件。查看该代理人手机通讯录中所有联系人。打开脉脉软件，使用本机号进行注册，允许上传通讯录后完成注册。进入脉脉软件下端的"人脉"，点击"管理一度人脉"，显示一度人脉列表，通过该页面中"人脉自动分组"进入"一度人脉分组"目录，列有"公司""学校""职位""地区"等分组标签。在"公司"分组下查找"新浪"，出现与"新浪"相关的联系人，其中有多人名字旁有"V"标识；在"公司"分组下查找"百度"，出现与"百度"相关的联系人。后退回"人脉"界面，点击"发现二度人脉"，出现"二度人脉"列表。返回一度人脉下"新浪"公司分组，点击联系人"牛×"，进入该人"人脉详情"，包括头像，"微梦创科网络科技（中国）有限公司……影响力 109，初识好友（LV1）"，手机号 1860135×××，共同好友为罗×、刘×等 20 人；个人标签注明 LAMP、NBA 球迷、PHP、phper、互联网、产品经理等。查看"新浪"公司分组下"林水×"，该人"人脉详情"中包括头像，"新浪网（北京），影响力 313，初识好友（LV1）"，手机号 1860112×××，共同友好为罗×等 19 人，个人标签注明微博、新浪、产品经理、80 后等。再查看"新浪"公司分组下"朱×"，该人"人脉详情"中包括头像，"新浪（北京），影响力 116，初识好友（LV1）"，手机号 1850004×××，共同好友为罗×、刘×等 19 人，个人标签注明 APP、DBA、PHP、上网、互联网、产品经理、产品设计等。通过一度人脉下"学校"分组，从"天津大学"项下找到"郎××"，该人"人脉详情"包括头像，"新浪网技术（中国）有限公司（北京），影响力 226，初识好友（LV1）"，手机号 1861006×××，共同好友有刘×、朱×等5人，个人标签注明FPS、IT互联网、互联网、交互设计、产品等。通过一度人脉下"地区"分组，从"北京"项下找到"马××"，该人"人脉详情"包括头像，"人人网（北京），影响力101，初识好友（LV1）"，手机号1381121××××，共同好友朱×、刘×等18人，个人标签注明DBA、PHP、RIA、SNS、UGC、三国杀等，查看"马××"的共同好友朱×、刘×等18人，其中部分联系人名字旁有加V标识。以上所涉联系人"牛×""林水×""郎××""马××"均未标注脉脉用户，但头像与其对应新浪微博头像相同。微梦公司还指出，牛×在脉脉软件中显示其新浪微博的头像、工作单位、手机号和个人标签。二被告承认脉脉软件存在上述人脉分组及相关信息，其中与新浪微博中相同的用户信息是其从其他渠道获得的。

（2014）京方正内经证字第20800号公证书。其中显示，2014年12月23日，辛××登录其新浪微博账号，搜索"太牛×"，进入该人新浪微博页面，头像下名字为"太牛×（牛×）"，工作单位标注为"微梦创科网络科技（中国）有限公司"，个人简介提到"……想弹好吉他的篮球迷是个好工程师"。搜索"朱×"，进入该人的新浪微博页面，头像下名称为"朱×"。搜索"水×"，进入该人的新浪微博页面，个人信息中的真实姓名为林水×，工作单位表述为"新浪网"。搜索"郎×"，头像下标注为"郎×（郎××）"，工作单位为新浪网技术（中国）有限公司（北京），教育信息中注明天津大学。搜索"马××"，进入"龙××（马××）"的微博页面，工作单位标注为"去哪儿网、新浪网技术（中国）游戏公司、人人网"。

微梦公司指出，上述公证书中显示的微博用户均非脉脉用户，但都出现在脉脉软件一度人脉中；比较上述人员在脉脉软件和微博中的个人信息：头像、工作单位基本一致，"牛×"等人的个人标签基本相同，"牛×"等人在微博中未公开真实姓名，但脉脉软件中为其真实姓名。

3. （2015）京方圆内经证字第704号公证书（以下简称"第704号公证书"）。其中显示，2015年1月13日至14日，公证申请人微梦公司的委托代理人吴×等在公证人员监督下使用公证处提供的手机及公证申请人提供的全新SIM卡，连接公证处网络后，通过搜索"脉脉"，下载、安装并打开脉脉软件。返回手机主屏页面，添加联系人张×、陈×等人及对应的手机号，同时使用随机拍摄的照片为张×等添加头像。再通过手机号注册脉脉账号，完成后在脉脉应用程序中点击"人脉"，后进入"管理一度人脉"，显示一度人脉有"张×""陈×"等，"张×"等无头像。比较手机中联系人，显示与脉脉软件中一度人脉联系人一致。

吴×使用公证处电脑登录微博网站，通过邮箱登录王×1的微博账号，点击页面右上方的"王×1"，进入该人个人信息页面，显示有 436 人关注，点击"关注"项下"查看其它分组"菜单中的"证明 72"，显示有 3 页微博证明用户列表，每个用户下方有"证明"按钮。第 1 页中，显示加 V 用户"杨××"为"已关注"好友；与王×1 互相关注的用户有"shusheng***""越*""my**""Can**""小小_*""Amita—y**""ding**2011""我还是不是**""mick**_1984""塔伦米尔**""宋**xiaoY""ghou**""大宝儿**""女王 Dai**""stellar**""Kannita_***""小迪 k**""ph**－刘""Feli×**"等。随后，由王×1 操作手机，在脉脉软件中退出吴×之前登录的账号，以手机号 1860002×××重新登录脉脉，并在脉脉软件中点击人脉，进入相关页面，点击"管理一度人脉"并浏览页面。

继续由吴×在王×1 微博中搜索关注证明好友"尹××"，显示该人与王×1 互相关注，点击尹××头像，出现的提示框显示："简介：移动互联网 & 智能硬件的狂热爱好者……毕业于西北工业大学，就职于 SOUGOU。"点击"查看更多"后显示该人基本信息有"原 360 手机助手产品总监，负责手机助手、360 随身 wifi、360 手游联运、手机卫士软件管家以及搜狗手机输入法等产品"；联系信息有邮箱、QQ 及 MSN；工作信息：SOUGOU、SOHU. COM 等；教育信息：西北工业大学等。王×1 点击手机"管理一度人脉"中的"尹××"，显示该人头像与王×1 微博中查看的"尹××"头像一致，手机页面显示与微博部分标签内容一致。点击页面下方的"发消息"，显示"对方未加入脉脉，暂时无法联系 TA"。

在王×1 新浪微博账号中查看关注好友"杨××"，点击"杨××"，查看更多中显示昵称、工作信息、教育信息等基本信息。王×1 继续点击"管理一度人脉"中的"杨××"，该人头像与王×1 微博中查看到的"杨××"头像一致，基本信息、工作信息等亦与杨××的微博信息一致。点击"发消息"，亦出现"对方未加入脉脉，发言将以短信通知"。

从王×1微博中搜索"顾××"，并进入该人的微博，显示该人头像、工作单位和教育信息，继续点击"管理一度人脉"中的"顾××"，出现该人头像等信息，该头像信息与"顾××"头像信息一致，点击"发消息"，亦出现与向"尹××"发消息时相同的提示。

继续采用同样的操作方式依次查询王×1微博及其脉脉账号中的"shusheng***""越 * """ - _ - * *""my**""Can**""小小_ * ""Amita—y**""Si***_西门小惟惟惟惟惟惟""ding**2011""我还是不是**""mick**_1984""塔伦米尔**""宋**xiaoY""ghou**""大宝儿**""女王Dai**""stellar**""Kannita_**""小迪k**""ph** - 刘""Feli×**"等人，显示上述人物都非脉脉用户，但在脉脉与微博中所对应的用户头像、职业信息等内容一致。

由公证申请人委托代理人白×登录左××的新浪微博账号，在"全部关注"中搜索"智联招聘_Add**""V_Ben*** - 柱子""太智联合赵**"等数十人，查看这些人的头像、基本信息等。由公证申请人委托代理人左××退出王×1之前登录的脉脉账号，使用手机号1391181××××登录脉脉账号，查看其"管理一度人脉"中的好友列表。依次查看"智联招聘_Add**"等数十人的头像、基本信息、职业信息等，显示与这些人新浪微博中的对应信息一致。分别给这些人发消息，均显示"对方未加入脉脉"。

继续由公证申请人委托代理人白×登录付××的加V新浪微博账号"gl***"，付××将其标注为"微人脉产品负责人"，查找到"孙××""郑×""黄×1""山民主义7s****""—快放开那****"等多人，查看这些人的头像、基本信息、教育信息、职业信息、个人标签等。由公证申请人委托代理人付××退出左××刚才进入的脉脉账号，使用手机号1860115×××× 登录脉脉账号，查看其"管理一度人脉"中的好友列表。依次查看孙××""郑×""黄×1""山民主义7s****""—快放开那****"等多人的头像、基本信息、职业信息等，显示与这些人新浪微博中的对应信息一致。分别给这些人发消息，均显示"对方未加入脉脉"。

微梦公司表示，经其统计，第704号公证书中，通过查询三人的脉脉账号与微博账号，共显示有"顾××""Amita - y**""Si***_西门小惟惟惟惟惟"等 100 多位非脉脉用户出现在这三人的脉脉账号一度人脉中，他们的头像、工作单位等信息与对应的微博账号中的信息相同，另有"尹××"等 200 多位非脉脉用户出现在这三人的脉脉账号一度人脉中，头像一致，但工作单位等信息基本相同。

结合以上公证书，微梦公司进一步解释其主张的第一项至第三项不正当竞争行为。

第一项行为：上述非脉脉用户的头像、名称、工作单位、教育背景、个人标签等内容与这些人在新浪微博中所使用的对应信息相同或基本相同，特别是诸如"-_-**""Amita-y**""Si***_西门小惟惟惟惟惟""—快放开那****"等较为特别的微博昵称，难以从其他渠道获取，体现了二被告非法抓取、使用新浪微博的用户信息的行为。微梦公司表示，目前虽无证据直接证明二被告在脉脉软件中使用微博用户发布的微博内容，但通过脉脉软件对非注册用户标注的个人标签可以推定脉脉软件对微博内容也进行了抓取和使用。对于信息抓取方式，微梦公司在本案中分两次提交了其后台数据，证明二被告未通过 OpenAPI 接口获取用户的职业、教育信息，但显示通过"脉脉""淘友网"两个微博账号大量读取微博用户的职业和教育信息，峰值为 2014 年 7、8 月分别达到月访问 1.6 万次和 9000 次。微梦公司认为，二被告系通过网页或者其他途径非法抓取了相关信息。另外，微梦公司也认可本案证据无法体现双方合作结束之后二被告再次非法抓取新浪微博用户的相关信息。

第二项行为：脉脉软件中出现的李××、黄××等非脉脉用户的相关个人信息，是二被告通过注册用户手机通讯录中李××、黄××等联系人非法获取了与新浪微博用户的对应关系，并将非脉脉用户的相关信息展示到脉脉用户的一度人脉中。

第三项行为：以第 20799 号公证书为例，脉脉软件对其用户采用加 V 认证标识，与新浪微博用户的加 V 标注一样。

针对第四项不正当竞争行为，微梦公司提交了下列证据。

1. （2014）京方圆内经证字第 19200 号公证书。其中显示，2014 年 8 月 19 日，登录脉脉网站（网址为 http://maimai.cn），首页下方提示："亲爱的脉脉用户，因新浪微博近日要求交出用户数据才能继续合作，我们拒绝接受，故 8 月 15 日下午 6 点起，脉脉将无法使用微博账号登录。"点击该提示的详情，页面上端的新浪微博标识被加禁止符号，右侧注有："我们认为，用户是脉脉的根基，用户隐私是脉脉必须保护的，用户数据不能成为任何交换条件。"网页中间以图文形式解释"脉脉停止微博登录的背后"。网页下端突出文字："脉脉不禁要问 1. 为什么需要脉脉的用户数据？2. 为什么要传输给竞品公司？3. 谁来保障用户隐私？用户隐私是底线，脉脉无法接受与用户数据有关的任何要求，我们选择关闭微博登录！"

2.（2014）京长安内经证字第 23764 号公证书（以下简称"第 23764 号公证书"）。其中显示，2014 年 10 月 29 日，登录 DoNews 网站，从原创栏目下可查找到发布时间为 2014 年 8 月 17 日的《脉脉遭新浪微博封杀：创业者如何同巨头共舞?》的文章，该文提到"林凡称：在脉脉公布 B 轮 2000 万美元融资消息后的当天下午，收到新浪微博开放平台的通知，新浪微博开放平台相关负责人表示，如果不向其提供用户数据的回写，就会停止向脉脉提供 API 接口。……脉脉方面决定，关闭微博登录，停止与新浪开放平台合作。目前，脉脉上的一度、二度人脉数据主要来源于手机通讯录和新浪微博，在终止与新浪微博的合作后，脉脉将用手机号码来作为注册和登录的唯一方式。脉脉商务市场总监张伟……表示，目前脉脉注册用户为 80 万，通过新浪微博注册、登录的用户约占 20%，停掉新浪微博合作后，这部分用户将受到一些影响。……2013 年 10 月上线的脉脉，定位做工作版微信，发展初期依靠新浪微博平台快速发展，但逐步发展壮大后开始同微博平台产生一些利益冲突。对于此次事件，新浪微博官方回应表示，脉脉通过恶意抓取行为获得并使用了未经微博用户授权的档案数据，违反微博开放平台的开发者协议，所以停止了其使用微博开放平台的所有接口。但是脉脉则认为新浪微博别有用心……附脉脉创始人林凡微博全文：8 月 13 日，脉脉公布了 B 轮 2000 万美元的融资。当天下午，我们收到了新浪微博开放平台的最后通牒。好一个，图穷匕见。……在脉脉新一轮投资落定时，他们终于磨刀霍霍。……"

3.（2014）京方圆内经证字第 19199 号公证书。其中显示，2014 年 8 月 19 日，使用三星手机下载并安装脉脉软件，打开脉脉软件出现声明："各位脉脉的用户：我们最近接到新浪微博的通知，要求将脉脉用户的资料和关系导出给微博投资的×招聘产品使用，否则关闭微博登录权限。面对×友商的胁迫，我们决定：为保护每一个用户的隐私，放弃使用微博接入，只使用手机号登录脉脉，对给您造成的不便深表歉意。"

微梦公司认为，以上三份公证书中微博标识被加禁止符号及右侧所配文字、网页底端"脉脉不禁要问"的文字、林凡微博中使用的"图穷匕见、磨刀霍霍"等措辞以及声明内容暗示微梦公司不保护用户隐私，对其构成商业诋毁。

诉讼中，二被告表示，其已于2014年10月停止微梦公司诉称的第四项不正当竞争行为，于2015年2月停止微梦公司诉称的第一、二项不正当竞争行为。微梦公司表示，对于第一项行为，二被告仅停止了抓取、使用用户头像行为，其他信息仍在使用；认可第四项行为已经停止，但否认二被告提出的停止时间，否认第二项行为已停止。

本案中，微梦公司提出，二被告至迟于2014年8月之前，仍可通过二度人脉查看非脉脉好友，向陌生人提供非法获取的微博用户隐私信息。为此，微梦公司提交了（2014）京方圆内经证字第18728号公证书，其中显示，2014年8月19日，使用手机连接公证处网络，登录脉脉网站（网址为 taou. maimai. cn）下载脉脉软件，打开后使用公证申请人委托代理人王××使用1391052××××手机号登录，进入后从"人脉"栏目进入"管理一度人脉"，其中显示，脉脉用户名称旁标注有"脉脉用户"，查看非脉脉用户"谢××"，显示有该人头像，并注明"高德软件有限公司渠道商务部""通讯录联系人谢××"。在一度人脉中查看非脉脉用户"曾祎安"，显示有该人头像，注明"友录CEO"，点击进入该人详细信息页面，显示有"59人"为登录用户与"曾祎安"的"共同好友"，同时标注该人手机号、人脉圈子信息等。

在"人脉"中搜索"唐×""林××"，显示有二人头像、名称，分别注明与工作单位有关信息"腾讯CDC""腾讯SOSO广告平台部"；二人"没有共同好友，拓展人脉才方便联系到他哦"；二人角标显示为"3度"。将"二度人脉"按公司排序，点击"百度"，在出现的人脉列表中查看"岳××"的信息，该人非脉脉用户，显示有该人头像、名称，注明"百度移动互联网事业部/总经理"，"……等13个好友可帮你引荐"，此人角标显示为"2度"。使用同样的操作查看多位二度人脉中非脉脉用户，均可显示头像、名称及工作单位等信息。

使用公证处电脑，通过邮箱登录王××的新浪微博，搜索刚才公证中涉及的多人并查看相关用户信息，所涉用户头像与脉脉软件中显示的头像相同，名称、单位及部门信息与脉脉软件中显示的信息基本相同。

二被告则表示，2014年9月之前二度人脉中可能因为技术 bug 有部分信息，但之后不再有非脉脉注册用户。

四、二被告的抗辩理由

本案中，二被告承认脉脉软件的部分用户信息中来自新浪微博，但提出以下主要抗辩理由：第一，二被告与微梦公司非同业竞争者，不存在竞争关系；第二，脉脉软件中的用户信息来源合法，未非法抓取新浪微博用户信息；第三，新浪微博及其他应用软件早已展示用户通讯录联系人手机号与新浪微博账号的对应关系；第四，二被告未抄袭新浪微博加 V 设计；第五，二被告未诋毁微梦公司商誉。二被告结合其提交的下列证据具体说明。

（一）关于竞争关系

二被告表示其经营的脉脉软件与微梦公司经营的微博所属产品或服务类别不同，受众群体不同，因此其与微梦公司非同业竞争者，不具有反不正当竞争法意义上的竞争关系。

二被告进一步指出，脉脉软件为一款移动端人脉社交应用软件，通过分析用户的通讯录数据，依托职场动态分享、人脉管理、人脉招聘、匿名职场八卦等功能帮助用户发现新朋友，并建立联系。新浪微博是一款既可用电脑客户端，也可以用移动端访问的社交媒体平台应用，供用户进行创作、分享及查询信息。同时，脉脉软件的受众群体较为固定，主要为国内在职或求职人员。微博的受众群体不固定且范围广泛，不仅有媒体机构、企业、政府等，还有普通个人、名人及社会公众人物等。

（二）脉脉软件中用户信息来源合法

二被告承认在双方合作期间获取新浪微博用户的职业信息、教育信息，但否认这些信息系非法抓取，亦否认在双方合作结束后从新浪微博抓取用户信息及微博内容，并明确脉脉软件中的用户信息有以下合法来源：

一是依《开发者协议》与微梦公司合作，且经用户授权同意取得新浪微博用户的相关信息；二是部分用户头像来自头像淘淘软件；三是通过协同过滤算法获得部分非脉脉用户的相关信息。

1. 经协议取得。二被告除了提交第 13983 号公证书，还提交了（2014）京中信内经证字 48382 号公证书（以下简称"第 48382 号公证书"）。其中显示，2014 年 9 月 15 日，进入微博开放平台网站（网址为 open. weibo. com），点击网页下部的"关于微博开放平台"，介绍"网站接入"为"微连接（WeiboConnect）是微博针对第三方网站提供的社会化网络接入方案，微连接基于微博亿级用户基数和社交网络传播特性，为第三方网站提供用户身份系统及社交关系导入"。"站内应用""能使你的 Web 类应用最快的融入微博，提升用户体验，你的应用将被用户访问到，并可深度整合微博众多推广资源及传播渠道帮助你构建高度社交特性的应用"。"移动应用开放平台为第三方提供了简便的合作模式，满足了手机用户和平板电脑用户随时随地分享信息的需求。移动应用开发平台提供相关接口，以实现第三方 WAP 站和客户端等多种应用的接入。"选择左侧列表中"政策规范"中的"开发者协议"，显示与微梦公司提交的《开发者协议》内容一致。

二被告表示，其为微梦公司 OpenAPI 合作用户，遵守微梦公司《开发者协议》约定，根据第 48382 号公证书中关于微博开放平台的描述，以及第 13983 号公证书中可知，二被告已获得微梦公司有关新浪微博用户的授权接口，有权在脉脉软件中体现这些用户信息。

同时，二被告强调，根据《开发者协议》第 2.5.1、2.5.5 条约定，其收集用户信息只需经用户同意。根据《脉脉服务协议》，脉脉用户一度人脉中显示的非脉脉用户的相关信息及好友关系，均已取得用户的授权同意。为说明非脉脉用户的头像出现在脉脉软件中的情况，二被告提交了（2015）京中信内经证字 16543 号公证书（以下简称"第 16543 号公证书"）。其中显示，2015 年 4 月 13 日，在公证处使用淘友科技公司委托代理人携带的电脑联网，通过 VPN 登录二被告服务器，搜索手机号 1381121××××，查找到用户马××的资料。显示马××的用户头像于 2012 年 12 月 16 日 16 时 29 分由用户"86017301589****"（该用户微博 UID 为 w166387****）通过手机号为 861356032××××的手机上传到二被告服务器。马××为该用户手机通讯录好友。登录新浪微博，通过查询 http：∥ weibo.com/u/166387****，显示为微博用户"小浩 lo**"，该人信息中，公司显示为"新浪网技术（中国）有限公司"，互相关注的好友中有"龙××"。

二被告进一步说明，在新浪微博向脉脉软件开放接口被关停前，用户通过新浪微博登录脉脉软件时，会出现"授权脉脉访问你的微博账号"字样，用户输入微博账号登录脉脉软件后，新浪微博还会提示"将允许脉脉进行以下操作：获得你的个人信息、好友关系"等，用户只有点击"授权"才可以继续操作使用脉脉软件。以新浪微博账号登录不同的应用软件时，若用户手机上并未下载新浪微博 App，则会提示"将允许××访问你的个人信息、好友关系"；若用户手机下载有新浪微博 App，则提示"该应用将访问你的公开资料、好友信息"。因此新浪微博对脉脉软件获取好友关系和好友信息均给予明确授权。

因当前脉脉软件被关停接口，二被告提交了（2015）京中信内经证字 21175 号公证书，证明其他应用软件也存在经用户授权获得用户个人信息的情况。该公证书显示，2015 年 4 月 22 日，使用苹果手机登录 AppStore 下载"大众点评"、"今日头条"、"知乎"、"唱吧"、"美图秀秀"和"音悦台"应用软件，后公证申请人代理人登录自己的新浪微博账号，再通过新浪微博账号登录上述应用时，均提示有"该应用将访问你的公开资料、好友信息"。微梦公司表示通过 OpenAPI 合作的第三方应用因申请接口不同，能获取的新浪微博用户信息类别不同，上述提示与本案无关，二被告应当证明其如何获取了涉案信息。

诉讼中，二被告申请证人张煜出庭作证，张煜称 2014 年 7 月之前在二被告市场运营部门工作，之后起至今在百度公司工作；其于 2013 年注册新浪微博实名认证用户，向新浪微博留有工作单位、身份证、联系电话、邮箱等信息；新浪微博前端陌生人能看到其职业、学校信息，互相关注的微博用户能看到其手机号和电子邮箱信息；其于 2014 年 1 月下载脉脉软件，使用新浪微博登录，注册脉脉用户时其阅读并接受了用户许可协议，提示获取认证信息和好友关系，但具体内容记不清了。张煜表示，大概 2014 年 7、8 月，无法使用新浪微博登录，而可用手机号登录；使用新浪微博登录时，可以在脉脉软件中看到互相关注的微博好友信息，2014 年 7 月之后，对于脉脉软件用户显示的变化，张煜表示"没注意过"。当微梦公司代理人询问其脉脉软件一度人脉中"有没有非脉脉用户"，张煜表示"不知道怎么区别是不是脉脉用户"，还表示其"不知道怎么区分一度人脉、二度人脉是否注册新浪微博"。

微梦公司提出，尽管证人为二被告前员工，但认可证言基本属实。微梦公司强调，即使微梦公司与二被告存在合作关系，也无法取得职业信息和教育信息，关于证人提到对《脉脉服务协议》具体内容记不清楚的表述，说明用户是在注意力低的情况下同意的，也不能由用户对他人信息授权脉脉软件使用。二被告认可证人陈述符合客观事实，并指出微梦公司提及的好友信息和好友关系，对于一般人而言，要辨析二词的区别过于严苛。

另外，二被告还指出，脉脉用户联系方式中的手机号，或者为用户直接以手机号注册时提供，或者是用户以新浪微博账号注册时，脉脉软件要求其提供；类似于第 20799 号、第 20797 号公证书中脉脉软件中所显示的非脉脉用户的手机号，系公证过程中登录脉脉账号的辛××、赵烨的手机通讯录联系人手机号，非从新浪微博中获得；脉脉软件中非脉脉用户的相关信息仅对相关注册用户显示，不向不特定的第三方显示。

2. 部分脉脉用户的头像来自头像淘淘。二被告表示，其经营头像淘淘软件，可以分别以 QQ、新浪微博、人人网账号登录，登录后可以将用户在 QQ 等社交网络中的好友头像匹配到用户在头像淘淘的通讯录中，二被告可以将头像淘淘中的头像用于脉脉软件中。为此，二被告提交了下列公证书。

（1）（2015）京中信内经证字 14790 号公证书。其中显示，2015 年 3 月 27 日，通过 iTunes 搜索"头像淘淘"，显示该软件开发商为淘友科技公司，更新日期显示为 2014 年 3 月 26 日，该软件"隐私政策"与第 16542 号公证书中显示的脉脉软件隐私政策内容基本一致。该软件最早版本显示于 2013 年 3 月 29 日发布。

进入淘友网（网址为 www.taou.com），首页显著页面为脉脉软件宣传下载内容，下方有"头像淘淘"软件下载图标，点击"头像淘淘"图标，进入页面为该软件下载页面。

（2）（2015）京中信内经证字 14788 号公证书。该公证书显示，2015年 3 月 27 日，淘友科技公司委托代理人在公证人员监督下首先查看其持有的手机本机号码，后通过 AppStore 搜索下载并安装"头像淘淘"应用软件。该代理人使用其新浪微博账号"liao1＊＊＊＊@sina.com"登录"头像淘淘"应用软件，再使用"头像淘淘"软件导入其 QQ 账号"2595＊＊＊＊"的头像、导入其人人网账号为"tale＊＊＊＊@gmail.com"的头像。随后，该代理人使用"头像淘淘"软件绑定手机号 139111×××。

微梦公司表示，头像淘淘软件中的头像主要也来自新浪微博，仍然是对新浪微博中用户信息的非法使用。

二被告还表示，有许多新浪微博用户头像并未显示在脉脉软件中，为此提交了（2015）京中信内经证字 16544 号公证书。其中显示，2015 年 4月 13 日，进入新浪微博网站，通过账号登录后，在搜索栏中分别输入"汪×""判×""尚××""袁××"等人，进入对应人员的微博页面，这些人员头像左下角均有加 V 标识。使用申请人委托代理人的手机，查看本机号码为 1851385＊＊＊＊，使用该手机号登录脉脉软件，进入"管理一度人脉"，查找上述四人，显示这些人在脉脉软件中均没有头像显示。

3. 通过协同过滤算法取得。二被告指出，虽然微梦公司通过公证书列举了几百个用户的相关信息相同，但有更多用户在脉脉软件中的信息与在微博中的信息不同。

部分用户在脉脉软件中的职业信息、标签信息与微博中对应人物的相关信息不一致，就是二被告采用协同过滤算法计算得来的。二被告对此举例说明。

关于职业信息："马××"在脉脉软件中显示为"人人网（北京）"，在微博中注明"去哪儿网、新浪网技术（中国）有限公司、人人网"；"－＿－＊＊"在脉脉软件中显示为"北京友录在线科技发展有限公司"，在微博中注明"北京友录在线科技发展有限公司、ACAA 教育集团、YOU-LU"；"太智联合赵＊＊"在脉脉软件中显示为"太智联合董事长"，在微博中注明"太智联合、锡恩咨询、智联招聘、太和顾问"；"孙××"在脉脉软件中显示为"新浪网技术（中国）有限公司手机微博产品经理"，在微博中注明"新浪网技术（中国）有限公司、微软亚洲研究院"。

关于标签信息："牛×"在脉脉软件中显示为"LAMP、NBA球迷、PHP、phper、互联网、产品经理、产品设计、减肥、单板滑雪"，在微博中注明"机器人、设计师、游泳、发型控、减肥、高尔夫6、单板滑冰、NBA球迷、胡子、phper"；"马××"在脉脉软件中显示为"DBA、PHP、RIA、SNS、UGC、三国杀、互联网、互联网产品经理、产品"，在微博中注明为"台球、三国杀、旅行、听歌、写作、射手座O型血、产品、SNS"。

同时，二被告在诉讼中还表示，新浪微博关闭接口之后，因脉脉软件有超过500万用户，相关用户信息主要来自用户自己填写；其花了一个月时间将脉脉软件中一度人脉的职业信息、教育信息和用户自定义标签数据来源从新浪微博改为协同过滤算法获得；对于此前获得的新浪微博信息，"原始记录还在，但是没用在前端"；此后还清理了来自新浪微博的用户头像、名称，从2014年9月起至2015年2月最终完成信息替换。当然，二被告也认可个性化很强的信息较难计算出来。

4. "脉脉""淘友网"两个微博账号的行为系作为普通用户的访问行为，非抓取用户数据行为。二被告为此提交的第21295号公证书显示，2015年4月24日，公证申请人委托代理人李×在公证人员监督下登录新浪微博"淘友网"及"脉脉"账号，其中显示这两个账号粉丝数分别为23151、31464。二被告指出，由于粉丝量大，微博正常的维护、粉丝的行为都会显示该账号被频繁访问。

二被告坚持其未使用爬虫抓取微博用户数据，并提交了有关"网络爬虫"的网页打印件，证明爬虫可以按秒为单位大量抓取网页内容，微梦公司提交微博后台显示的二被告两个微博账号的访问量不符合爬虫抓取情形。微梦公司认可二被告关于网络爬虫的意见，但表示其仅是以二被告的两个微博账号为例，证明可以通过微博账号抓取新浪微博的用户信息，微梦公司无法知晓二被告采用什么账号实施了用户数据的抓取行为。

（三）将用户通讯录联系人手机号与新浪微博账号的对应关系予以展示属于行业惯例

二被告承认其无法掌握新浪微博用户的手机号，其是获得了微梦公司关于好友关系的授权，并通过协同过滤算法等技术手段对脉脉注册用户手机通讯录联系人与此联系人的新浪微博账号名称、邮箱进行匹配，获得二者对应关系，并将未加入脉脉软件的新浪微博用户显示在一度人脉里，引导已注册用户邀请通讯录中的好友注册脉脉账号。

关于好友关系授权，二被告提交了（2015）京中信内经证字 14789 号公证书，表示因脉脉软件接口被关停，可以其他应用软件被授权好友关系情况类比，如下载"足记 FotoPlace" App 应用软件，在使用新浪微博账号登录时出现提示："授权足记访问你的微博账号""将允许足记 FotoPlace 进行以下操作：获得你的个人信息、好友关系……"使用新浪微博账号登录"遇见"应用软件时，亦出现上述相同提示。当然，二被告在庭审中也自认新浪微博提供给第三方应用的好友关系与微梦公司主张的第二项不正当竞争行为中的对应关系"确实无关"。

关于通过协同过滤算法计算对应关系，二被告表示，如有脉脉用户在新浪微博、手机通讯录中都有一名字相同的好友，算法会认为这两人为同一人，就能进行匹配；一个用户的数据可能还不够准确，把所有用户的通讯录数据和新浪微博好友数据进行分析匹配，能提高通讯录联系人和微博用户相对应的准确率。

二被告强调，此种对应关系的展示为行业惯例，并指出新浪微博也允许用户上传用户手机通讯录，也可以通过通讯录手机号匹配微博用户，而且，新浪微博还向 iOS 系统提供了用户通讯录接口。同时，二被告还表示新浪微博及其他应用均展示有此种对应关系，也展示有二度人脉、陌生人头像、职业信息、教育信息等内容，另外，微人脉软件也同样允许使用通讯录联系人与新浪微博的对应关系在一度人脉中予以展示。

为此，二被告提交了下列证据。

1. （2015）京中信内经证字 21390 号公证书。2015 年 4 月 30 日，公证申请人委托代理人李×使用自己持有的苹果手机，首先修改手机通讯录中部分联系人名称。后进入李×个人微博账号，通过"发现"中"找人"栏目下的"通讯录好友关注"；进入后页面显示"找到通讯录中的微博好友"，并提示"通讯录中信息仅用于查找好友并会得到严格保密"，点击"启用"；出现的页面为"通讯录好友"列表，并提示"他们也在玩微博，赶快关注吧"，列表中的通讯录好友均显示有微博头像及微博昵称，名称为手机通讯录联系人名称，亦体现有刚修改的用户名称。点击其中的通讯录联系人，直接进入此人的新浪微博页面。

返回手机"设置"，点击其中的"新浪微博"，显示有李×的新浪微博ID，"更新通讯录"下方有提示："新浪微博将使用您通讯录中的电子邮件地址和电话号码，来将新浪微博昵称和照片添加到您的联系人名片中"，下方提供用户是否允许的按钮。该按钮默认允许。点击"更新通讯录"，完成后显示"已更新107个联系人信息"。回到手机通讯录查看，其中的部分新浪微博用户则增加了"新浪微博"栏，其中显示有该联系人微博名称，点击后跳转进入该人的新浪微博页面。

使用该手机登录李×的微信，通过"通讯录"添加好友，可以通过QQ或手机通讯录添加好友，点击"添加手机联系人"，进入的页面提示要上传通讯录的手机号、"上传你的手机通讯录，如果你的手机通讯录中有朋友注册了微信，系统会通知你"，点击"上传通讯录找朋友"按钮，显示手机通讯录中的微信用户，并注明微信昵称，非微信好友在右侧显示有"添加"按钮，微信好友在右侧显示"已添加"。

退出微信，通过微博登录人脉通，"搜人脉"栏目下有"好友""人脉"等，随机查看"好友"中的联系人，均显示有人脉通ID，查看"人脉"，用户列表显示相关个人的头像、名称、工作单位等职业信息，部分栏目提示"成为商业人脉后才能查看"，李×表示其中的联系人其不认识，人脉通的"好友"就是一度人脉的展示。

退出人脉通，通过微博登录得脉，在"搜索"栏目下选择"新鲜人脉"，出现的用户列表显示有个人头像、名称、工作单位、职务，部分用户标注有地点；顶端搜索栏中灰色的搜索建议为"可搜索得脉号/人名/公司/职位等关键字"，随意点击进入，可显示该人的得脉号及相关个人信息。得脉联系人分为一度人脉和"二度人脉"，点击一度人脉，进入"我的圈子"，显示分"通讯录联系人"和"得脉联系人"；点击"通讯录联系人"，随意点击列表中的林凡等人，进入这些联系人的得脉账号页面，显示有其得脉号及其他个人信息。李×表示其不认识这些"新鲜人脉"中的联系人，这可视为得脉的二度人脉。

进入会会软件，点击其中推荐的一些陌生人，显示有这些人的个人标签等信息。进入陌陌软件，在"附近"中查找一些陌生人，能显示这些人的陌陌号及个人信息，亦能将通讯录联系人中的陌陌用户添加为陌陌好友。再进入猎聘软件，显示有"我的好友"，"我的好友的朋友"，进入"我的好友的朋友"列表，点击其中的"汪×"，显示有该人的头像、名称、职业信息等，"她的动态"处显示"TA已设置仅对一度好友可见"。

2.（2015）京中信内经证字21389号公证书。2015年4月30日，公证申请人委托代理人李×登录自己的新浪微博账号，在页面右下方"会员专区"中显示有"widi_**"及头像，点击名称进入后显示此人的微博页面，在左下方"微关系"中点击"查看更多"，显示该人的基本信息、工作信息、教育信息、标签信息等。每次刷新"会员专区"，出现其他微博用户。二被告表示，新浪微博也有人脉分组，即"关注""粉丝""好友关注""会员专区"等，也向微博用户展示陌生人的头像、职业信息、教育信息、标签信息等内容。

3.（2015）京中信内经证字21391号公证书（以下简称"第21391号公证书"）。2015年4月30日，公证申请人委托代理人李×在公证人员监督下使用自己的手机查看本机号码，登录其新浪微博账号，通过微博账号登录微人脉，"找人"栏目下有"发现二度人脉""您的人脉"列表。其中，二被告法定代表人林凡出现在二度人脉中。设置允许微人脉访问手机通讯录。在"更多"中点击"设置"，"导入通讯录"。随后再查看微人脉账号下"您的人脉"，出现部分通讯录联系人，主要显示有这些人的新浪微博头像、职业信息、标签信息，其中包括"**Louis"，单位显示为"搜狐"。可通过点击联系方式中的微博名称直接跳转进入该人的新浪微博页面。返回查看李×的微人脉个人信息页面，其中提示可升级为高级会员，"升级成为VIP，所有会员任联系"，并列举可购买月卡、季卡、半年卡等。

微梦公司承认其与苹果公司有合作，在iOS系统中内置有微博设置接口，但该接口由微博运营，在用户对手机"设置"中的新浪微博"更新通讯录"时，会有用户允许与否的按钮。该设置与Twitter与iOS合作的显示方式相同。微梦公司提交的网页及手机客户端页面截屏显示，新浪微博在"隐私设置"中提供禁止他人通过手机号、电子邮件查找到其微博账号的设置。类似的设置也存在于微信客户端软件。微人脉软件中二度人脉仅显示微人脉注册用户；猎聘、会会、得脉软件则让用户选择是否允许该软件访问用户的通讯录，人脉列表中也只显示注册用户。人脉通软件提供禁止他人通过手机号、邮箱找到为人脉通账号的设置，且人脉列表中仅显示注册用户。

二被告对微梦公司提交的上述有关微博和微信页面打印件的真实性认可，但否认其他应用程序打印件的真实性，并指出第 21391 号公证书中微人脉应用中一度人脉显示的"**Louis"和二度人脉显示的林凡均非微人脉用户。微梦公司则提出微人脉并未标注是否为注册用户。

（四）二被告未抄袭新浪微博加 V 设计

二被告提出，微梦公司并未提交证据证明其对实名认证用户的加 V 设计存在独占的合法权利，且脉脉软件中的加 V 设计与新浪微博的加 V 设计在外观上不同。同时，二被告明确，"脉脉"有自己独立且完备的实名认证体系，申请实名认证的用户必须经过三名已经实名认证过的加 V 用户认证，并经"脉脉"审核通过后才会被实名认证为加 V 用户；"脉脉"中实名认证的用户不一定在新浪微博中实名认证，新浪微博中实名认证的用户在"脉脉"中不一定实名认证。为此，二被告提交了（2015）京中信内经证字 14791 号公证书展示脉脉用户获取加 V 的流程。

微梦公司指出，其指控的二被告的不正当竞争行为系加 V 形式和加 V 状态，非加 V 流程。

（五）二被告未诋毁微梦公司商誉

二被告表示，其在网站及新闻稿中所称内容都有事实根据，非捏造污蔑，微梦公司是为了其关联公司的利益才与二被告终止合作。二被告提交了下列证据。

1. （2014）京中信内经证字 48383 号公证书。其中显示，2014 年 9 月 15 日，通过查询企业信用信息公示系统，微人脉（天津）科技发展有限公司法定代表人为曾祎安，该公司投资人为微博英才（北京）科技发展有限公司（简称"微博英才公司"），而微博英才公司的法定代表人亦为曾祎安，投资人有曾祎安、微梦公司等。

2. （2014）京中信内经证字 48388 号公证书。其中显示，2014 年 9 月 15 日，二被告法定代表人林凡持有自己的手机，进入微信页面，查询与"曾祎安 Zany"的微信记录，显示"曾祎安 Zany"于 2014 年 7 月 31 日表示："微博定制了新的用户资料和关系使用办法，脉脉需要把用户完善后的 Profile 和用户关系回写给微博，才能继续使用微博登录和用户数据。这个工作由我（微招聘）这边来做，后面咱们需要对接一下……下周要完成数据对接，否则会停止数据登录。"

3.（2014）京中信内经证字 48387 号公证书。其中显示，2014 年 9 月 15 日，登录林凡的新浪微博账号，"查看私信"，查看与 "indigo" 的对话，其中显示，于 2012 年 12 月，林凡向其申请微博分组的高级接口，2014 年 7 月 31 日，林凡询问："今天下午我们脉脉的微博接口突然被关停了，不知道是怎么回事，我们并没有违规使用接口啊？"该人回复："执行有些问题，很快恢复。"不久，林凡回复："已恢复，非常感谢！"查看 indigo 的微博页面，简介为 "indigoisadigitalmirrorof 芦义"，公司注明 "新浪网技术（中国）有限公司"。再次登录林凡的邮箱，有两封 "weibo_ app@ vip. sina. com" 于 8 月 13 日、8 月 5 日发出的星标邮件。其中，8 月 5 日的邮件提到："根据用户举报，您的应用（脉脉）在其产品中使用了未经授权的微博用户数据，请您在 3 日内删除；我们只授权有资质的第三方使用通过 OpenAPI 调用的数据，否则 3 日后我们会停止您的全部接口，并保留起诉的权利。"8 月 13 日的邮件提到："请您在本周五前移除非微博授权用户的档案数据，或者联系我们的官方合作伙伴'微人脉'，确定微博职业数据使用的合作关系；否则我们将在本周六前停止脉脉的应用授权接口使用。"登录微博开放平台网站，进入淘友网应用，显示脉脉软件"接口被关停"。

微梦公司承认"微人脉"涉及的公司为微梦公司关联企业，但二被告提及的上述内容与微梦公司本案诉称行为无关。

五、双方专家辅助人意见

针对微梦公司主张二被告实施的第一、二项不正当竞争行为，双方均申请专家辅助人对其中涉及的专门性问题发表意见，合议庭依法予以准许。微梦公司委派新浪微博研发经理李庆丰及微梦公司高级工程师张炜，二被告先后委派清华大学计算机系教师马少平、淘友技术公司研发总监徐俊作为各自的专家辅助人出庭。

上述专家辅助人主要就以下方面发表意见。

（一）关于新浪微博与脉脉用户注册及用户信息展示情况

张炜表示，新浪微博用户注册时，必须填写手机号或者身份证号，手机号需要验证，但身份证号没有与公安系统联网，由微梦公司自查；其他都是选填项，即使是选填项，每项至少有几千万用户会填写。新浪微博前端展示的信息为，非好友关系可以看到头像、昵称、性别、个人简介；手机号、邮箱可以选择向不特定人公开；其他信息取决于个人设置，可以选择向所有人公开还是向好友公开。李庆丰表示，在用户互为好友的情况下，教育信息、职业信息都能看到。

徐俊认可张炜关于新浪微博用户信息提供和公开情况的表述，还表示新浪微博可以通过用户邮箱、手机号注册，用户注册时可以填写联系方式、工作经历、教育背景等信息。徐俊同时提出微博用户的头像、职业、教育信息默认向所有人公开，但用户个人可以修改设置选择其个人信息公开的范围。新浪微博允许用户通过手机号查找微博用户。张炜对微博用户职业、教育等信息默认向所有人公开的事实予以确认。

对于脉脉的用户注册情况，徐俊表示，脉脉与微博合作时，脉脉可以通过新浪微博注册登录，目前脉脉仅能通过用户手机号注册，手机号需要验证，注册时要求用户上传手机通讯录，用户还需要填写名字、行业和方向，其他都是选填项；如果要加好友，必须要填写公司名称等信息。用户可以填写名称、教育、职业信息等。脉脉一般不公开用户手机号，用户可以对个人信息公开范围进行设置，如"可以在一度、二度人脉公开"。脉脉对二度人脉的信息展示方式及内容属于行业惯例，其他类似的应用软件，如人脉通、猎聘等都有这种展示方式；将用户手机通讯录与新浪微博用户的对应关系进行展示也属于行业惯例，如微信等社交 App 都有绑定手机通讯录的功能，新浪微博也有绑定手机通讯录的功能。

徐俊还表示，脉脉中对一度、二度、三度人脉的展示获得了登录用户的授权，没有直接获得被展示用户的授权；脉脉无法给予登录用户选择关闭非脉脉用户的手机号与微博的对应关系的自由。

（二）脉脉与新浪微博的合作及新浪微博 OpengAPI 权限体系

李庆丰表示，脉脉与新浪微博基于微博开放平台的《开发者协议》进行合作，脉脉通过新浪微博获取的用户信息包括姓名、性别、头像、电子邮箱，不包括用户教育信息、职业信息和手机号。新浪微博禁止第三方平台通过爬虫等抓取微博用户信息，第三方仅能通过 OpenAPI 接口获取新浪微博中用户信息。关于新浪微博 OpenAPI 的权限体系，其解释有三个维度。第一是授权有效期。第二是接口调用的频次。第三是具体的接口权限，即"哪些接口可以调用"，每个接口都有普通和高级之分，每个高级接口都需要第三方单独申请，且第三方要调取用户的隐私信息，还需要经用户授权。脉脉未申请过用户高级读取接口。上述新浪微博 OpenAPI 政策和调用规则未出现重大修改。技术上，微梦公司的技术人员可以调整给脉脉的授权、删除数据，但微梦公司作为上市公司不会随意修改。

李庆丰还表示，微梦公司不接受没有权限的调用请求。马少平称，此种情形下只有爬虫能获取相关信息。李庆丰对此予以确认。

（三）脉脉获取用户信息的方式

马少平表示，脉脉未抓取新浪微博的用户数据，脉脉获得用户数据是通过新浪微博的开放接口，对此微梦公司是知情的。技术上，脉脉可以实现绕开接口，使用爬虫抓取，但容易被微梦公司发现，而且在微梦公司服务器上会留日志。微梦公司已经通过授权接口允许脉脉获取用户职业、教育、标签等信息，在用户授权后，脉脉也可以获得好友关系。若不通过接口提供用户教育等信息，可以通过爬虫获得。关于匹配问题，可以通过协同过滤算法计算。当然，马少平承认其了解微博，但未使用过脉脉软件，非脉脉注册用户。

徐俊表示，脉脉与微博合作期间，脉脉通过三种方式获取用户信息：一是通过 OpenAPI 获取包括头像、昵称、性别、教育和职业等信息；二是脉脉用户填写的信息；三是通过协同过滤算法获取信息。合作结束后，脉脉仅通过用户填写信息和协同过滤算法获取信息。

（四）微梦公司认为二被告非法抓取微博用户信息的情况

李庆丰表示，其了解二被告在新浪微博开设有"脉脉"和"淘友网"两个账号，其发现上述账号平常每个月数据调用 2000 次左右，但在 2014 年 7、8 月数据调用异常，波动特别大，分别达到月 1.6 万次、9000 左右次。

徐俊表示，新浪微博应该有脉脉访问时的全部日志记录，这些记录脉脉控制不了。微梦公司提交的日志记录真实，但不完整。脉脉软件确实通过 OpenAPI 调取了用户信息、标签、好友关系，但微梦公司未对调取好友关系提交相应的记录。根据"脉脉""淘友网"两个微博账号的访问记录，即使是高峰时期，也与爬虫按秒计算的获取量无法相比。2014 年 7、8 月，二被告有公共事件，互动增加是正常的，其中有许多是与获取用户信息无关的访问记录，如看消息、发消息，无法看出与爬虫有关。如果通过微博账号使用爬虫抓取微博用户资料，就需要有大量微博账号，且集中于某些数据，但微梦公司提交的日志无法说明脉脉的信息抓取行为。

当问及如果第三方软件违反微梦公司的接口授权限制，新浪微博后台是否能及时发现时，李庆丰确认"可以发现"，并表示微梦公司于 2014 年 5、6 月发现脉脉调用异常的情况，是从微博前端信息展示发现的，脉脉可以在微博主站上通过爬虫抓取信息，从微博后台未发现调用记录。李庆丰还表示，由于脉脉软件中的用户信息与微博用户信息相似度非常高，其判断脉脉软件抓取了新浪微博的用户信息；同时，新浪微博从未开放过用户手机号与微博的对应关系，脉脉所称的通过注册用户导入通讯录后进行大数据匹配，技术上是可行的，但在未经用户同意的情况下是违规的。

（五）双方合作结束后的处理情况

李庆丰提出，合作结束后，脉脉从新浪微博 OpenAPI 不能获得任何信息，但"从技术上说"，脉脉可以通过爬虫抓取微博用户信息，因为信息显示在网页上，完全禁止抓取网页中的信息从技术上很难实现，新浪微博未关停二被告的微博账号，脉脉可以通过其账号抓取新浪微博信息。脉脉具体采用了何种技术抓取新浪微博信息，需要脉脉自己说明。

徐俊表示，合作结束后，脉脉对之前获取的新浪微博用户信息作了以下处理：第一步，删除从新浪微博获取的非脉脉注册用户的教育、职业信息；第二步，全部删除非脉脉用户的教育、职业信息；第三步，删除前两步涉及的用户头像、昵称；第四步，删除可能从新浪微博获取的工作经历、职位信息。上述四步从 2014 年 9 月至 2015 年 2、3 月完成。

（六）关于协同过滤算法

徐俊解释，2000 年左右，国外电商等互联网企业就开始使用协同过滤算法，新浪微博也在使用，比如添加好友时，会提示选择标签。脉脉是职场应用软件，将用户的好友属性作为输入源，在多份用户关系网中进行分析、计算、印证，能提高准确率。比如，一个人有 300 个好友，其中部分来自搜狐，部分来自清华，就会考虑该人可能是清华毕业在搜狐工作。如果搜狐好友能互联互通，上述结果可能性加大；如果清华好友不互通，该人为清华毕业的可能性较小。脉脉使用二被告自己研发的软件、自己购买的 24 核服务器实施协同过滤算法。对于协同过滤算法的数据源，在与微梦公司合作时，从微博、用户自行填写以及好友所作标签获取，在合作结束后，数据源也包括之前从微博获取的数据，但未从新浪微博取得新的数据。

微梦公司代理人询问如何根据×人的关系网通过协同过滤算法算出×人的具体职位，徐俊表示，通过该人的关系网能算出基本的职业，然后通过工作年限，确定职位级别，有些具体职位，可以通过自己填写的信息、好友给他打的标签等算出来，准确性取决于数据源。关于个人信息数据源的来源以及准确性判断，徐俊回答不清楚。

微梦公司的专家辅助人张炜表示，其不认为能通过协同算法算出非脉脉用户的职业信息和教育信息：徐俊提到的算法，业内普遍使用，但目前互联网界不能将此算法成熟应用，要技术准确，"物料必须高质量"，"脉脉开始才百万用户，不能精准算出相关数据"，对于大公司的用户，计算的准确率会高一些，但对于小公司用户，"算不出来"，有些极端个性化的信息也是不可能通过算法计算出的。张炜承认徐俊陈述的协同过滤算法最早用在电商企业以及新浪微博也在使用的情况，但表示，新浪微博用户量达到 5 亿，通过协同过滤算法计算的准确率不到 85%。

徐俊进一步强调，脉脉是职场应用软件，脉脉注册用户填写职业信息的比例高，其不否认脉脉软件中的部分用户数据来源于微博接口，但需要具体查询后才知道是怎么获取的；其仅"知道大体的"用于协同计算的数据，具体信息来源以及"准确度"，其"不清楚"。脉脉通过大数据进行计算是很依赖数据来源的，在数据来源、算法不变的情况下，可以再现协同计算过程，但开发过程中数据会变化，不能保证计算结果一致。当问及是否有互联网应用产品的用户信息都由用户填写，再通过协同过滤算法计算得出其他用户信息的情况时，徐俊表示可行，但计算结果有一定范围，"个性化很强"的信息较难算出来。

合议庭询问双方专家辅助人，若有几百万用户量，能算到何程度时，张炜表示计算准确率受来源信息的准确度、用户活跃度影响，不完全取决于信息的质量和数量，如果信息完全准确，协同过滤计算结果的准确率能增加20%。徐俊补充表示，脉脉更关注用户关系网，与总的用户量关系不大；新浪微博主要利用互粉关系，而脉脉还可以用手机号、通讯录联系人，且脉脉用户注册时必须填写公司信息。

另外，对于微梦公司代理人当庭提问的通过OpengAPI能否获得登录用户好友的教育信息、脉脉未上线时如何获得几十万微博注册用户、脉脉上线时宣传的2亿人名片是如何获取的以及人脉通、猎聘是否展示非注册用户信息等问题，徐俊表示不清楚。

六、其他

本案中，为证明合理费用支出，微梦公司提交了北京德恒律师事务所开具的金额为20万元的律师费发票。微梦公司还提交了北京市方正公证处开具的金额为8000元的公证费发票以及为购买公证用手机花费998元的发票。

上述事实，有微梦公司提交的网页截屏打印件、公证书、后台数据、发票，二被告提交的公证书、证人证言、网页打印件、电子数据，双方专家辅助人陈述等证据予以证明，法院证据交换笔录、开庭笔录等亦在案佐证。

法院认为

微梦公司在本案中主张二被告实施了四项不正当竞争行为，一是非法抓取、使用新浪微博的用户信息，二是非法获取并使用脉脉用户手机通讯录联系人与新浪微博用户的对应关系，三是模仿新浪微博加V认证机制及展现方式，四是发表网络言论对其构成商业诋毁。二被告在否认与微梦公司存在竞争关系的基础上，否认其行为对微梦公司构成不正当竞争。

本案的争议焦点主要有两项，一是二被告与微梦公司是否存在竞争关系，二是二被告的行为是否对微梦公司构成不正当竞争。

一、双方竞争关系问题

我国《反不正当竞争法》第二条规定的经营者是指从事商品经营或者营利性服务的法人、其他经济组织和个人。通常认为，反不正当竞争法所规范的经营者应具有竞争关系。本案中，微梦公司经营新浪微博，二被告经营脉脉软件。尽管新浪微博不仅是向用户提供创作、分享和查询信息的社交媒体平台，还是向众多第三方应用提供接口的开放平台，而脉脉软件主要是一款职场社交应用，且新浪微博分别有网页版和移动客户端软件，脉脉软件仅为移动客户端软件，但这些外在形式的不同并不影响双方都提供网络社交服务的实质。同时，双方用户群体、业务模式、经营范围都存在交叉重叠，双方在经营活动中也都涉及尽可能吸引用户注册、登录、留存用户信息，并高效安全地使用用户信息等行为，而且本案主要的争议也是针对二被告在脉脉软件中是否合法使用并展示新浪微博用户的相关信息等，二被告还以新浪微博为例进行抗辩并举证，类比说明其使用并展示用户信息的行为符合行业惯例。因此，法院认为，双方在对相关用户社交类信息的使用等方面存在竞争利益，具有竞争关系。

二、二被告的行为是否对微梦公司构成不正当竞争

我国《反不正当竞争法》第二条还规定，经营者在市场交易中，应当遵循自愿、平等、公平、诚实信用的原则，遵守公认的商业道德。该法所称的不正当竞争，是指经营者违反本法规定，损害其他经营者合法权益，扰乱社会经济秩序的行为。该法第十四条规定，经营者不得捏造、散布虚伪事实，损害竞争对手的商业信誉、商品声誉。

本案中，微梦公司表示其主张二被告实施的第一、二项不正当竞争行为表现为，二被告通过经营脉脉软件，要求用户注册脉脉账号时上传自己的手机通讯录联系人，从而非法获取该联系人与新浪微博中相关用户的对应关系，将这些人作为脉脉用户的一度人脉予以展示，并将非法抓取的该人新浪微博头像、名称（昵称）、职业信息、教育信息、个人标签等信息用于一度人脉中。微梦公司进一步表示，上述行为中非法抓取新浪微博用户的职业信息、教育信息发生于双方合作期间，其他行为均存在于双方合作期间及合作结束后。同时，微梦公司还表示，其主张的第三项不正当竞争行为表现为脉脉用户名称旁显示有加 V 标识，体现出脉脉软件模仿新浪

微博加 V 认证机制及展现方式；第四项不正当竞争行为表现为二被告在脉脉网站、脉脉软件中发表的言论、配图以及 DoNews 网站原创栏目中记载二被告主要管理人员言论的评论文章。

因双方曾于 2013 年 9 月 11 日至 2014 年 8 月 15 日通过新浪微博 OpenAPI 进行合作，即双方根据新浪微博的《开发者协议》，微梦公司允许脉脉软件接入新浪微博开放平台，获取微博平台上用户名称、性别、头像、邮箱等相关用户信息，二被告将所获取的新浪微博用户信息在脉脉软件中进行展示并向用户提供新浪微博账号注册、登录入口，甚至在 2013 年脉脉软件上线之初，二被告仅提供新浪微博账号入口注册、登录脉脉账号。鉴于此背景因素，法院结合双方具体意见及相关证据，对微梦公司的主张作以下评述。

（一）微梦公司主张二被告非法抓取、使用新浪微博用户信息的行为

法院注意到，微梦公司提交的公证书显示，其主张被非法抓取、非法使用的新浪微博用户信息均为非脉脉用户信息，要判断二被告是否非法抓取、使用这些用户信息，法院认为先要判断脉脉软件中的涉案非脉脉用户信息是否来自新浪微博，再根据双方合作情况判断二被告是否抓取、使用涉案用户信息，进而论证二被告对涉案信息的获取及使用行为是否合法正当。

1. 关于脉脉软件中涉案非脉脉用户信息的来源

鉴于脉脉软件上线至今，二被告仅与微梦公司存在合作关系，合作期间，微梦公司通过微博开放平台向二被告提供 OpenAPI 接口，二被告获取新浪微博用户的头像、名称、标签等信息。同时根据二被告所提交的第 16543 号公证书，二被告与微梦公司合作期间，有脉脉用户通过上传手机通讯录联系人将非脉脉用户但为新浪微博互粉好友的头像等资料上传到二被告服务器中的情况，法院认为，除非有充分证据证明这些信息存在其他来源，对于微梦公司提交证据显示的与所对应的新浪微博用户信息相同或基本相同的脉脉用户一度人脉中出现的大量非脉脉用户头像、名称（昵称）、职业、教育、个人标签等信息，应认定来源于新浪微博。

二被告虽然承认脉脉软件中的涉案部分用户信息来自新浪微博，但提出还存在另外两个主要来源，一是部分用户头像来自头像淘淘软件，二是

通过协同过滤算法取得。二被告为此还举证证明许多新浪微博用户的头像并未显示在脉脉软件中，并指出微梦公司提交的公证书中有部分非脉脉用户的职业信息、标签信息与新浪微博中对应用户的相关信息不一致等情况。

针对涉案用户头像来自头像淘淘软件的意见，法院认为，头像淘淘为二被告的另一款客户端软件，具有允许用户通过新浪微博、QQ 和人人网账号注册登录并导入这些平台账号中好友头像的功能，但二被告未能具体指出微梦公司诉称的脉脉软件中哪些用户头像来自 QQ 或人人网账号导入的头像淘淘软件，也未能提交证据证明这些用户在 QQ 或人人网账号中使用的头像不同于新浪微博账号中使用的头像。因此，二被告辩称其非脉脉用户的头像来自头像淘淘软件，证据不足。

针对二被告及其专家辅助人专门强调使用协同过滤算法计算用户信息，以及二被告指出的脉脉软件与新浪微博中相关个人信息不完全一致的情况，法院认为，尽管二被告未能具体说明其实际采用的计算方式，但双方及专家辅助人都认可协同过滤算法计算信息的准确性取决于数据源，且"个性化很强的信息较难计算出来"。因此，法院分析二被告使用协同过滤算法的数据源与本案证据所显示出的计算结果准确性之间的关系，据此判断涉案非脉脉用户信息系通过协同过滤算法获取的可能性。

关于数据源，二被告及其专家辅助人陈述，双方合作期间，二被告使用脉脉用户自行填写的信息、新浪微博用户信息及微博好友所作标签信息作为数据源进行计算；合作终止后，二被告既逐步清理非脉脉用户来自新浪微博的相关信息，并最终于 2015 年 2、3 月删除完毕，又承认也使用之前从新浪微博获取的用户数据进行计算。同时，根据第 23764 号公证书中 DoNews 网站刊载文章中提及的数据，脉脉软件于 2014 年 8 月的注册用户量为 80 万，其中通过新浪微博注册登录的用户约占 20%，而在诉讼中表示，新浪微博关闭接口之后，脉脉软件用户超过 500 万。可见，在数据源问题上，二被告对脉脉用户数量及与微梦公司合作终止后用于计算的数据源内容的陈述存在矛盾，二被告的专家辅助人还表示其对"个人信息数据源的来源"不清楚，而微梦公司的专家辅助人则提出，"脉脉开始才百万用户，不能精准算出相关数据"。

关于准确性，二被告专家辅助人表示，若互联网应用产品都由注册用户填写，再使用协同过滤算法计算其他用户信息时，计算结果有一定范围，"个性化很强"的信息较难算出来。当问及如何根据×人的人脉关系网使用协同过滤算法计算出该人的具体职位时，二被告的专家辅助人表示能通过关系网算出基本的职业，再通过工作年限确定职位级别，有些具体职位可以通过该人自己填写的信息、好友给其所作标签等算出来。微梦公司的专家辅助人则提出，新浪微博用户量达到5亿，通过协同过滤算法计算的准确率不到85%。法院注意到，微梦公司主张脉脉软件使用的新浪微博用户信息均针对非脉脉用户，不存在二被告专家辅助人说明的计算×人具体职位可使用用户自行填写信息及好友所作标签的情况。另外，以第704号公证书显示内容为例，三位脉脉注册用户通过上传其个人手机通讯录联系人，在一度人脉中共显示有300多位非脉脉用户，且这些人的头像、名称、职业、标签等信息与他们新浪微博中的用户信息基本相同，准确性远超过双方专家辅助人陈述的比例。且诸如"－＿－＊＊""Amita－y＊＊""Si＊＊＊＿西门小惟惟惟惟惟""—快放开那＊＊＊＊"等较为特别的微博昵称，二被告未能解释如何能通过协同过滤算法获得。

法院认为，本案证据证明二被告用于协同过滤计算的数据源在数量及质量没有充分可靠保证的情况下，能计算出本案证据所显示的超出双方专家辅助人确认的准确率，不合常理。因此，涉案非脉脉用户的信息来源于协同过滤计算取得的意见，缺乏现实可能性，法院对二被告此项主张不予支持。尽管存在二被告指出的第704号公证书中有少量非脉脉用户信息与该人在新浪微博中对应的职业、标签信息不完全一致的情况，法院认为，不排除由该公证书取证时间在双方合作结束之后，二被告认可在双方合作后即无法获取新浪微博用户信息，从而无法更新此前获取信息所致，即使这些少量信息确实为二被告通过协同过滤算法获取，协同过滤算法计算出不准确信息的情况，不能当然推定其他信息系协同过滤算法计算出的准确信息，二被告也未提交证据证明其提出的有更多非脉脉用户信息与微博用户信息不同的情况。且综合法院前述分析意见，法院根据优势证据原则认定涉案非脉脉用户信息来自新浪微博。

2. 二被告获取并使用涉案新浪微博用户信息的行为是否合法正当

本案中，双方对二被告获取并使用涉案新浪微博用户信息的具体事实存在争议，亦对获取并使用涉案新浪微博用户信息行为的合法正当性发生争议，对这两方面争议，法院认为：

首先，虽然本案证据取证时间为双方合作结束后，但是微梦公司在本案中既主张二被告在双方合作期间大量抓取、使用新浪微博用户的职业信息、教育信息，又主张在双方合作结束后大量抓取、使用新浪微博用户的头像、名称、职业、教育等信息以及用户微博内容。二被告承认其在双方合作期间从微博开放平台获取了新浪微博用户的职业信息、教育信息，但否认微梦公司主张的获取方式，亦否认在双方合作结束后从新浪微博抓取并继续使用用户信息及微博内容，并坚持认为二被告对涉案新浪微博用户信息的获取和使用行为正当合法。法院对双方以上争议分别从合作期间与合作结束后两个阶段进行分析。

关于合作期间的争议。微梦公司在本案中表示，包括获取职业信息、教育信息在内的高级接口需要申请。结合二被告提交的第 13983 号公证书中显示的职业信息、教育信息接口访问级别标注为"高级接口（需要授权）"，微梦公司专家辅助人对新浪微博 OpenAPI 权限体系的解释，以及双方专家辅助人确认新浪微博用户可以设置个人职业信息、教育信息公开的范围等情节，法院认为，正常情况下，二被告需要通过 OpenAPI 申请相应接口才能获取新浪微博用户的职业信息、教育信息。微梦公司表示，二被告申请过关系备注高级接口，未申请包括职业信息、教育信息等其他高级接口。

针对本案证据显示的脉脉软件中存在大量新浪微博用户的职业信息、教育信息的情况，微梦公司虽然承认其后台未查询到二被告通过 OpenAPI 接口获取用户职业信息、教育信息的记录，但表示查询到二被告通过"脉脉""淘友网"两个微博账号在双方合作期间大量读取微博用户的相关信息，故微梦公司推断二被告系使用爬虫技术通过网页或其他途径非法抓取了新浪微博用户的相关信息。二被告对此予以否认，坚持认为其两个微博账号的行为系作为普通用户的访问行为，非抓取数据行为，与网络爬虫按秒为单位大量抓取网页内容的效率不可比。法院注意到，微梦公司提交后台记录所显示的"脉脉""淘友网"两个微博账号的访问频次，2014 年 7、8 月峰值达到月 1.6 万次和 9000 次，平常每月访问频次稳定在 2000 次左右。针对此数据显示情况及双方专家辅助人对于网络爬虫技术的意见，法院认为脉脉软件中呈现的大量新浪微博用户的职业信息、教育信息，仅凭"脉脉""淘友网"两个微博账号通过新浪微博页面进行访问抓取，在通常情况下确实难以完成。

当然，二被告承认其申请过微博开放平台的 5 个接口中没有教育、职业信息接口，只是发现直接可以用"就用了"，以为双方为"合作级别就可以用"。法院认为，不论二被告采取何种技术措施，都能认定二被告在双方合作期间存在抓取涉案新浪微博用户职业信息、教育信息的行为。

关于合作结束后的争议。双方合作结束后，微梦公司关闭向脉脉软件的 OpenAPI 接口。法院认为，由于双方合作期间，二被告有权通过 OpenAPI 接口获取新浪微博用户的头像、名称、标签等信息，它们也实际通过技术措施获得了新浪微博用户的职业信息和教育信息，在微梦公司承认其从现有证据中无法体现双方合作结束后二被告再次抓取新浪微博用户相关信息的情况下，法院认为微梦公司提出二被告在双方合作结束后仍抓取新浪微博用户信息的主张证据不足。

关于微梦公司提出从脉脉软件中涉案新浪微博用户的个人标签推断认为二被告还抓取了这些用户微博内容的主张，法院认为新浪微博用户也有个人标签，该部分内容属于双方合作期间微梦公司允许二被告获取的内容，在微梦公司承认其无直接证据证明二被告存在抓取新浪微博用户微博内容的情况下，法院对微梦公司的此项主张不予支持。

对于双方合作结束后对涉案新浪微博用户信息的使用行为，尽管二被告表示其已及时删除脉脉软件中的新浪微博用户信息，但从微梦公司提交的证据看，在双方于 2014 年 8 月合作终止后数月间，脉脉软件中仍存在大量新浪微博用户基本信息，该情形与二被告及其专家辅助人陈述的二被告分阶段删除新浪微博用户信息的情况不符，法院认为二被告在双方合作结束后仍使用涉案新浪微博用户信息。

其次，法院结合以上分析，对二被告在合作期间抓取、使用涉案新浪微博用户的职业信息、教育信息以及在合作结束后使用涉案新浪微博用户的头像、名称、职业、教育等信息的行为是否合法正当进行分析。

第一，关于合法性。本案中，二被告表示其根据《开发者协议》《脉脉服务协议》，合法取得新浪微博的用户信息，并获得用户授权使用的信息。对此抗辩理由，法院认为需要分析《开发者协议》及《脉脉服务协议》中授权二被告在脉脉软件中使用用户信息的约定。

关于双方之间的协议。根据《开发者协议》约定，双方通过微博开放平台 OpenAPI 开展合作，二被告接受微梦公司提供的《开发者协议》。其中约定了用户数据是指用户通过微博平台提交的或因用户访问微博平台而生成的数据，用户数据是微博的商业秘密；开发者应用或服务需要收集用户数据应当符合的条件有：必须事先获得用户的同意，仅应当收集为应用程序运行及功能实现目的而必要的用户数据和用户在授权网站或开发者应用生成的数据或信息，开发者应当告知用户相关数据收集的目的、范围及使用方式，以保障用户的知情权。开发者不得收集用户的隐私信息数据及其他微梦公司认为属于敏感信息范畴的数据等。一旦开发者停止使用开放平台或微梦公司终止对开发者在微博开放平台的服务，开发者必须立即删除全部从微博平台中获得的数据。同时，二被告根据《开发者协议》，通过接入新浪微博 OpenAPI 接口获取新浪微博中的用户信息。根据微梦公司设置的 OpenAPI 接口权限体系，二被告需对调用接口的权限、频次、期限、级别等通过在线申请的方式获得。

可见，在双方合作期间，二被告有权出于应用程序运行及功能实现之必要目的，并事先取得用户同意，就所需要的用户信息按微博开放平台 OpenAPI 接口规则要求取得。但对于新浪微博用户的职业信息、教育信息，二被告自认并未向微梦公司申请 OpenAPI 接口。同时，二被告表示，其与微梦公司合作期间取得了微梦公司关于好友信息的明确授权，并类比举例通过新浪微博账号登录"大众点评""今日头条""知乎"等多个应用软件，提示有"该应用将访问你的公开资料、好友信息"等。微梦公司解释不同的第三方应用与新浪微博之间有不同的合作关系，第三方应用通过实际的授权接口取得相应的好友信息，而且即使获得，也不一定会从前端展现这些信息。法院认为，一方面，二被告未进一步举证证明"大众点评"等应用软件对新浪微博用户信息的具体使用情形，仅以提示语中涉及"好友信息"不能当然认定这些应用软件所使用的"好友信息"即为新浪微博用户的职业信息、教育信息；另一方面，由于缺乏证据证明这些应用软件与新浪微博开放平台之间的合作关系及履行情况，亦不能推论这些应用软件获取的权限与二被告获取的权限一致。

另外，从微梦公司于2014年11月至2015年1月公证的脉脉软件中使用新浪微博用户信息的情况看，在双方合作终止数月后，二被告依然在脉脉软件中显示大量非脉脉用户的新浪微博用户头像、昵称、职业、教育、个人标签等信息。

因此，法院认为，二被告在合作期间未根据与微梦公司的协议，申请职业信息、教育信息OpenAPI接口，即从微博开放平台获取新浪微博用户的职业信息、教育信息；在双方合作结束后，二被告未按协议要求及时删除相关用户信息，仍将包括新浪微博用户职业信息、教育信息在内的相关信息用于脉脉软件，该行为不符合《开发者协议》的约定。

关于二被告与用户之间的协议。本案中，二被告提交了《脉脉服务协议》，明确该协议为淘友科技公司与脉脉软件使用人之间的协议，约定"用户个人信息"为用户真实姓名、手机号码和IP地址，"第三方平台记录信息"为通过新浪微博等第三方平台注册、登录、使用脉脉软件的用户在新浪微博等第三方平台上填写、公布的全部信息。同时，二被告以证人张煜的证言证明用户实际授权情况。

对此，法院认为，根据合同相对性原则，上述协议仅能约束脉脉用户与淘友科技公司，对非脉脉用户不发生法律效力。而且，本案证人代表了用户接受应用软件格式合同时的普遍状态，即曾作为二被告员工的证人在无法准确区分脉脉用户与非脉脉用户的情况下，同意向脉脉软件授权好友关系，可见用户授权行为具有一定的随意性，更不能以此作为非脉脉用户的授权行为。即使在二被告与微梦公司合作期间，二被告也不能当然地依据《脉脉服务协议》收集脉脉用户在其新浪微博中可能留存的相关非脉脉用户的信息，因为二被告还应同时遵守《开发者协议》中要求的事先获得用户同意规定，并按OpenAPI权限规则通过申请接口获取信息的程序性要求。况且，本案也无证据显示双方合作结束后，二被告在脉脉软件中使用新浪微博用户的相关信息取得了这些用户许可。故法院认为，二被告未取得用户许可即获取并使用涉案非脉脉用户的相关新浪微博信息。

第二，关于正当性。《开发者协议》约定了开发者可以为实现应用程序运行及功能实现目的之必要需求而收集相关用户数据。本案中，微梦公司主张二被告在合作期间非法抓取新浪微博用户的职业信息、教育信息，在合作结束后非法使用新浪微博用户包括头像、名称、职业信息、教育信息和个人标签等信息。法院认为，用户职业信息、教育信息具有较强的用户个人特色，不论对于新浪微博，还是脉脉软件，都不属于程序运行和实现功能目的的必要信息，而是需要经营者在经营活动中付出努力，挖掘并积累的用户资源中的重要内容。另外，头像、昵称、职业、教育、标签等用户信息的完整使用能刻画出用户个人的生活、学习、工作等基本状态和需求，二被告未能在合作结束后就仍使用新浪微博用户的这些信息之必要性给予合理解释，因此，二被告在合作期间对涉案新浪微博用户职业信息、教育信息的获取及使用行为，以及在合作结束后对涉案新浪微博用户相关信息的使用行为均缺乏正当性。

综合以上分析，根据本案证据及双方陈述，法院认定二被告在双方合作期间实施了非法抓取、使用涉案新浪微博用户职业信息、教育信息的行为；在双方合作结束之后，二被告非法使用涉案新浪微博的用户信息。

（二）微梦公司主张二被告非法获取、使用脉脉用户手机通讯录联系人与新浪微博用户对应关系的行为

微梦公司提出，脉脉软件通过注册用户的手机通讯录联系人，非法获取、使用相关联系人与新浪微博用户的对应关系，将这些人展示在脉脉用户的一度人脉中。该对应关系表现为脉脉用户手机通讯录中联系人在未注册脉脉账号的情况下，因为脉脉用户上传个人手机通讯录而被准确找到该联系人对应的新浪微博账号。

对于该对应关系的获取方式，二被告表示其获得了微梦公司关于好友关系的授权，同时，在未使用新浪微博用户手机号的情况下，通过协同过滤算法等技术手段对脉脉用户手机通讯录与新浪微博用户名称、邮箱进行匹配，实现二者对应。二被告同时表示，其将未加入脉脉的新浪微博用户显示在一度人脉里，引导已注册用户邀请通讯录中的好友注册脉脉账号，此种对应关系的展示为行业惯例。微梦公司表示尽管其未授权二被告使用

新浪微博用户的手机号，但二被告为获得涉案对应关系所采用的技术措施中，若不使用用户手机号，则不可能有如此高的匹配度。

要认定二被告是否非法获取并展示上述对应关系，法院认为需要对二被告获取该对应关系的方式作出基本判断，同时分析二被告所称的行业惯例是否成立。

1. 关于对应关系的获取方式

法院认为可以从脉脉用户注册程序及二被告与微梦公司合作情况进行考虑。脉脉软件上线至今，仅能通过新浪微博账号注册登录或通过用户个人手机号注册登录，且脉脉用户需要上传手机通讯录联系人，而大量新浪微博用户也使用手机号注册登录。因此，二被告能掌握脉脉用户手机通讯录联系人的手机号等信息，即使该人未注册脉脉账号；微梦公司能掌握包括手机号在内的新浪微博用户信息。考虑到双方合作情况及本案证据显示出脉脉软件一度人脉中展示的对应关系的高度准确性，加之二被告提交的第 16543 号公证书所显示的通过查询二被告服务器中留存的非脉脉用户马××的手机号，能直接找到上传该手机号的脉脉用户及马××在新浪微博的账号（马××在新浪微博中的名称实际为龙××）的情况，法院认为，从常理推断，二被告系将用户上传的手机通讯录联系人手机号与其从新浪微博取得的用户手机号进行了匹配。

法院对二被告提出的上述抗辩理由进行分析。

第一，关于获得微梦公司的授权。法院认为，仅以"足记"等应用软件提示语中出现的"好友关系"，不能证明这些应用软件所取得的新浪微博开放平台授予"好友关系"的具体内容，也不能证明该"好友关系"即为手机通讯录联系人与新浪微博用户间的对应关系，无法体现与本案争议的联系。二被告在庭审中也自认新浪微博提供给第三方应用的好友关系与微梦公司主张的第二项不正当竞争行为中的对应关系"确实无关"。

第二，关于协同过滤算法等技术手段实现的可行性。从法院前述对协同过滤算法运用情况的分析，本案涉及的对应关系之精准程度，在当前技术能力下显然非通过该算法可获取。通常而言，个人手机通讯录中联系人信息主要为联系人名称和手机号，少数手机用户会对其部分手机通讯录联系人添加头像、标签、邮箱等。值得一提的是，通讯录中的名称、头像、标签等信息系存储该联系人的手机用户自主添加，与该联系人实际使用在新浪微博的用户昵称等信息通常不会高度近似。在手机通讯录中存储的他人邮箱，往往系为便利工作与个人手机通讯录相关联的工作邮箱，但通常情况下新浪微博用户注册使用的邮箱为个人邮箱，二者可匹配性较差；考虑到在手机通讯录中存储个人邮箱这一情形的非普遍性，即使邮箱信息准确，要能成为匹配对应关系的基本要素，缺乏现实可能性。而将脉脉用户的手机通讯录联系人中除手机号以外的少量信息与新浪微博用户信息进行广泛精准的匹配，客观上难以实现。法院认为，一般情况下，只有手机号能成为支持涉案对应关系获得广泛精准匹配的基本要素。当然，不排除二被告还获取了类似于手机号的其他用户精准信息进行匹配，获得用户通讯录联系人与新浪微博用户之间的对应关系，法院认为，包括手机号在内的相关用户精准信息与新浪微博之间的对应关系，为新浪微博用户信息构成中重要的组成部分，这种对应关系也是微梦公司重要的经营利益所在，在本案缺乏充分证据证明二被告能从新浪微博合法获取此类精准信息的情况下，二被告获取涉案对应关系不具有合法性。

2. 关于涉案对应关系的展示属于行业惯例

二被告表示新浪微博、微信、人脉通、得脉等其他应用软件也展示涉案对应关系。法院认为，要成为行业惯例，通常应满足为实现产品或服务的必要功能并被该行业经营者普遍采用的情形。本案中，二被告承认这种对应关系的展示是为了引导脉脉用户邀请新浪微博用户加入脉脉，该行为显然属于为二被告增加用户规模的市场行为，非必要的功能性设置。

另外，根据二被告提交的证据，法院注意到，新浪微博、微信均提供注册用户通过手机通讯录查找微博、微信好友功能，查询到的通讯录好友均为微博、微信注册用户，且要成为微信好友，还需要用户个人选择"添加"；人脉通用户在其"好友"栏目下看到的用户，均显示有人脉通 ID，即为人脉通注册用户，且部分栏目提示"成为商业人脉后才能查看"；得脉软件一度人脉也有通讯录联系人，但都为得脉用户，即使是出现在"新鲜人脉"中注册用户不认识的人，亦为得脉用户，可以通过得脉号查询。此外，类似的设置还体现在陌陌、猎聘等软件中。可见，当前，大部分社交应用软件不论对其用户作何种分类，采取何种方案尽可能多地建立用户之间的联系，都基本遵循在应用软件中展示注册用户相关信息的规则，在提供用户手机通讯录与应用软件好友之间的关系时，也只展示手机通讯录好友中同时为应用软件用户的信息，不体现手机通讯录好友与作为登录应用软件入口的开放平台用户之间的对应关系。即便存在微人脉软件在导入用户手机通讯录后，在"您的人脉"栏目下出现非微人脉用户的新浪微博用户信息，仅以此为例并不能认定获取并使用这种对应关系属于行业惯例。

根据以上分析，法院认为，二被告针对脉脉软件一度人脉中体现用户手机通讯录联系人与新浪微博用户对应关系的获取及使用行为没有合同依据，也缺乏正当理由。

综合法院对微梦公司主张的上述两项不正当竞争行为的分析，法院认为，鉴于双方曾经存在合作关系，在二被告明确了解需要通过申请获得微博用户相关信息的接口权限，且合作终止后应当及时删除从新浪微博获取的用户信息的情况下，二被告在合作期间超出许可范围抓取并使用新浪微博用户职业信息、教育信息，并在合作终止后较长一段时间内仍然使用来自新浪微博的用户信息作为脉脉软件中非脉脉用户的相关信息；同时，非法获取并在一度人脉中展示用户手机通讯录联系人与新浪微博用户的对应关系，使大量非脉脉用户的新浪微博信息及好友关系展现在脉脉软件中，便于脉脉软件拓展自身用户群，二被告的行为主观故意明显。

众所周知，用户信息是互联网经营者重要的经营资源，如何展现这些用户信息也是经营活动的重要内容。同时兼具社交媒体网络平台和向第三方应用软件提供接口的开放平台身份的微梦公司，其在多年经营活动中，已经积累了数以亿计的新浪微博用户，这些用户根据自身需要及微梦公司提供的设置条件，公开、向特定人公开或不公开自己的基本信息、职业、教育、喜好等特色信息。这些用户信息不仅是支撑微梦公司作为庞大社交媒体平台开展经营活动的基础，也是其向不同第三方应用软件提供平台资源的重要内容。规范、有序、安全地使用这些用户信息，是微梦公司维持并提升用户活跃度、开展正常经营活动、保持竞争优势的必要条件。本案中，二被告的行为违反了诚实信用的原则，违背了公认的商业道德，危害到新浪微博平台用户信息安全，损害了微梦公司的合法竞争利益，对微梦公司构成不正当竞争。

（三）微梦公司主张二被告模仿新浪微博加 V 认证机制及展现方式的行为

本案中，微梦公司指出，二被告对脉脉用户采用与新浪微博认证用户相同的加 V 认证标识，此种认证机制和加 V 形式对微梦公司构成不正当竞争。二被告对此予以否认，并提出脉脉软件有自己独立且完备的实名认证体系，而微梦公司对实名认证用户的加 V 设计不存在独占权利。法院认为，加 V 认证机制属于业务模式范畴，同时，就本案证据所显示的对用户进行加 V 标注的情况，仅能体现经营者对其实名注册用户简单必要的展示方式，无法形成经营者独特的应受法律保护的合法权益，故法院对微梦公司提出的此项请求不予支持。

（四）微梦公司主张二被告商业诋毁的行为

微梦公司表示，双方终止合作期间，二被告在脉脉网站、脉脉软件及第三方网站上发表声明，提及"因新浪微博近日要求交出用户数据才能继续合作，我们拒绝接受……我们选择关闭微博登录！"所用配图有新浪微博标识被加禁止符号，以及二被告法定代表人林凡在微博中针对微梦公司使用"图穷匕见""磨刀霍霍"等措辞，暗指微梦公司不保护用户隐私，上述言论构成对微梦公司的商业诋毁。

二被告提出其上述言论都有事实根据，并提交了二被告法定代表人林凡与曾祎安于 2014 年 7 月 31 日的微信记录，其中要求"脉脉需要把用户完善后的 Profile 和用户关系回写给微博，才能继续使用微博登录和用户数据"。二被告同时提交了林凡于 2014 年 8 月 5 日、8 月 13 日收到的来自新浪微博的邮件，分别提到脉脉软件使用了未经授权的微博用户数据，要求在 3 日内删除，否则将停止授权接口，以及除了要求删除非微博用户授权数据，还给出联系新浪微博官方合作伙伴"微人脉"确定微博职业数据使用的合作关系，否则将停止给脉脉的授权接口。曾祎安为微人脉软件经营者的法定代表人、投资人，微梦公司认可微人脉软件涉及的公司为其关联企业，但否认上述内容与本案争议有关。

法院认为，根据本案认定的事实，二被告在经营脉脉软件过程中，存在非法抓取、使用新浪微博用户职业信息、教育信息以及通过技术手段非法获取、使用用户手机通讯录联系人与新浪微博用户对应关系的不正当竞争行为，故法院认为微梦公司提出二被告应删除脉脉软件中未经授权的新浪微博用户信息否则将终止合作，属合理要求。但微梦公司提出该要求的同时，还为关联企业要求二被告就微博用户的职业信息等与"微人脉"合作，以此作为终止合作的交换条件，存在较为明显的不当性。但是，二被告在相关声明中仅着重提及后者，在明确表态"用户隐私是底线，脉脉无法接受与用户数据有关的任何要求，我们选择关闭微博登录"的同时，对新浪微博标识添加禁止符号，突出微梦公司的不当行为，对自身不正当竞争行为有意回避、忽略，致使无法客观完整地展现双方终止合作事件本身，造成公众仅对微梦公司不保护用户隐私信息的片面认识，降低了公众对微梦公司信誉的评价。法院对微梦公司主张二被告的涉案行为构成商业诋毁，予以支持。

本案中，二被告表示其已于2015年2月停止微梦公司主张的第一、二项不正当竞争行为，于2014年10月停止微梦公司主张的第四项不正当竞争行为。微梦公司除了认可二被告已停止使用新浪微博用户头像以及停止其主张的第四项不正当竞争行为外，否认二被告停止了其他行为，同时不认可二被告提出的第四项不正当竞争行为的停止时间。

三、法律责任及其他

二被告应对其不正当竞争行为承担相应的法律责任。鉴于微梦公司认可二被告已停止使用新浪微博用户头像，停止对其发表诋毁言论，故法院对微梦公司要求二被告停止涉案其他不正当竞争行为的主张，予以支持，对于微梦公司已经确认停止的不正当竞争行为，不再判决处理。考虑到新浪微博与脉脉软件都是用户量巨大的互联网应用平台，在业内有一定的知名度，二被告通过脉脉软件所实施的涉案不正当竞争行为，对微梦公司造成较为广泛的不良影响，故法院对微梦公司主张的消除影响的诉讼请求，予以支持，二被告应以适当方式予以说明澄清。关于赔偿数额，双方均未提交充分证据证明因本案不正当竞争行为对微梦公司造成的实际损失或二被告的违法获利，法院考虑到涉案不正当竞争行为涉及的用户群体广泛、影响范围巨大、危害性显而易见，且二被告的过错程度明显等因素，认为应当酌定增加赔偿数额，但因本案无法体现微梦公司对预防、查明、制止涉案不正当竞争行为有积极完善的应对措施，一定程度上纵容了不正当竞争行为，并扩大了危害范围，且在处理方式上还存在不当之处，经综合权衡，法院对微梦公司所主张的1000万元赔偿不再全部支持。对微梦公司在本案中主张的合理费用，法院依法予以支持。因微梦公司提出过高的赔偿请求产生的案件受理费，不应由二被告全部负担。

通过本案的审理，法院认为还需要强调以下两方面内容。

第一，互联网时代，保护用户信息是衡量经营者行为正当性的重要依据，也是反不正当竞争法意义上尊重消费者权益的重要内容。

反不正当竞争法旨在鼓励和保护公平竞争的同时，亦明确要保护经营者和消费者的合法权益。包括社交应用软件在内的各类互联网产品或服务之所以能迅速产生广泛影响力、形成巨大的经营规模并吸引大量投资，其中重要的原因就是网络平台能高效集聚大量用户，使"注意力经济"能最大限度发挥成效。这些用户在网络平台中的现实存在都体现为其自行填写或好友评价，并留存于网络平台中的，以及由该网络平台通过相关途径获取的相关用户各类身份标签等信息，如名字、昵称、头像、性别、地域、职业、毕业学校、喜好，甚至感想见闻等。这些用户信息能为网络平台经营者带来巨大的经济利益。

一方面，用户信息的规模及质量一定程度上反映了网络平台用户的活跃度，影响网络平台的吸引力，掌握更多用户信息，通常意味着拥有更大的用户规模。对于互联网经营者而言，维持已有用户并不断吸引新用户，才能推进网络平台的经营发展。另一方面，用户信息是经营者分析整理用户需求，开发特色产品和服务，提升用户体验的重要来源。这也是微梦公司在《开发者协议》中将用户信息定义为微博商业秘密的原因。

用户信息不仅体现了互联网经营者重大的竞争利益，更是消费者个人合法权益的重要组成部分。用户有权在充分表达自由意志的情况下向他人提供自己的信息或不提供信息，也有权充分了解他人使用自己信息的方式、范围，并对不合理的用户信息使用行为予以拒绝。这也是本案中多个应用软件在用户安装、启用某项功能时会出现相关提示的原因。

因此，互联网经营者不仅要合法获取用户信息，也应妥善保护并正当使用用户信息。法院注意到，本案中，二被告大量抓取、使用新浪微博用户职业信息、教育信息，但微梦公司未能提交直接证据证明二被告的获取方式，存在不妥。作为拥有5亿注册用户的上市公司，多年经营新浪微博，向众多第三方应用软件提供OpenAPI接口的微梦公司，理应对微博平台上的用户信息有相对完善的规范要求、相对有效的安全使用措施以及相对成熟的技术保障能力。脉脉软件在接入新浪微博开放平台后不到一年，即达到500万用户量，一定程度上依托于新浪微博平台的支持。微梦公司在帮助第三方应用软件快速发展的过程中，也应当不断提升保障用户信息安全的措施，注重对自身平台用户信息的保护，更不应在发现第三方应用软件发生非法抓取使用微博用户信息的情况下，以他人利益作为交换条件，放纵不正当竞争行为。

另外，作为第三方应用软件脉脉的经营者，也应当在尊重用户知情权的基础上合法使用用户信息。本案中，仅因为有人注册为脉脉用户时向脉脉软件上传个人手机通讯录，则与该通讯录联系人相关的新浪微博用户，不论其是否为脉脉用户，都能显示在一度人脉中；通过关联该手机通讯录联系人，能将大量非脉脉用户的新浪微博用户信息展示到二度人脉中，还能通过相关技术手段，展示三度人脉；一度、二度人脉间还能提示出哪些为共同好友。法院认为，此种对应关系的展现，明显未考虑用户权益：一是二被告未在《脉脉服务协议》中充分告知脉脉用户上传通讯录的要求及后果，且脉脉用户无权选择关闭相关对应关系或展示方式；二是未考虑亦未尊重新浪微博用户对个人微博信息是否公开、如何公开的自主意愿，使相关不愿通过手机号等方式查找到自己的新浪微博用户在不知情的情况下因为某些原因成为他人通讯录联系人而暴露自己的新浪微博用户身份及信息；三是未提供脉脉用户与其一度人脉、二度人脉之间共同好友展示状态的选择，使那些不愿出现在相关人脉圈的用户在不知情的情况下被关联。

虽然二被告强调，脉脉软件中非脉脉用户的新浪微博信息仅对相关脉脉用户展示，不向不特定的第三人显示，但显然，脉脉软件中二度、三度人脉的展示方式，已能实现向不特定第三人显示的效果。法院认为，互联网应用软件经营者充分发挥智慧、拓展经营模式，尽可能吸引、扩大用户群的主观意愿是正当的，但不能以不经用户许可，侵害用户知情权的方式非法抓取、使用竞争对手的用户信息、用户关系。

第二，处于相对优势地位的互联网经营者应诚信经营。本案中，双方合作期间未订立书面协议，以二被告在线接受微梦公司的《开发者协议》，向微博开放平台申请接口接入新浪微博平台获取新浪微博平台中的相关信息的方式开展合作。争议发生后，对于双方合作当时的协议约定及执行情况，仅能以微梦公司提交的证据为准，二被告提出其"很被动"，原因是微梦公司可以随意修改微博后台的接口规则要求，其无法证明争议发生前双方的合作级别及所获权限情况。法院注意到，根据二被告提交的第13983号公证书、第21295号公证书，公证时间前后仅间隔一个月左右，但微博开放平台的脉脉软件账号下，"接口管理"权限已经发生了变化，"授权机制"由合作级别调整为普通。

当然，类似的情形同样发生在《脉脉服务协议》中，第20797号公证书与第16542号公证书所显示的协议也不完全一致，且该协议中要求用户下载、注册等行为均被视为完全了解、接受并同意遵守该协议项下的全部内容，且该协议可以由淘友科技公司单方随时修改，修改后的协议条款一经公布即替代本协议原条款，构成新协议；也约定用户通过新浪微博等第三方平台账号注册登录的，将视为用户完全了解并同意收集、统计、分析其新浪微博等第三方平台上公布的全部信息。

法院认为，本案中，作为微博开放平台的微梦公司相对于二被告处于优势地位，而作为脉脉软件经营者的二被告相对于用户个人亦处于优势地位，不论是无法客观还原合作当时的合同内容以及合同履行情况，还是在格式合同中设置各种单方利益条款，甚至不考虑可能涉及的第三方用户合法权益的情形，都是处于相对优势地位的互联网经营者未能以诚信态度对待自身地位的表现。正是此种情形在当前市场竞争中存在相当程度的普遍性，才使诸如二被告在本案争议发生后"很被动"，也才使本案暴露出互联网企业经营活动中对用户信息保护存在普遍缺陷这一更深层次的矛盾。互联网经营者应当遵循自愿、平等、公平、诚实信用的原则，遵守公认的商业道德，尊重消费者合法权益，才能获得正当合法的竞争优势和竞争利益。

综上，法院依照《中华人民共和国反不正当竞争法》第二条、第十四条、第二十条，《中华人民共和国民事诉讼法》第六十四条第一款之规定，作出判决。

一审裁判结果

一、本判决生效之日起，被告北京淘友天下技术有限公司、被告北京淘友天下科技发展有限公司停止涉案不正当竞争行为。

二、本判决生效之日起三十日内，被告北京淘友天下技术有限公司、被告北京淘友天下科技发展有限公司共同在脉脉网站（网址为 www.mai-mai.cn）首页、脉脉客户端软件首页连续四十八小时刊登声明，就本案不正当竞争行为为原告北京微梦创科网络技术有限公司消除影响（声明内容须经法院审核，逾期不履行，法院将根据原告北京微梦创科网络技术有限公司申请，在相关媒体公布判决主要内容，费用由被告北京淘友天下技术有限公司、被告北京淘友天下科技发展有限公司承担）。

三、本判决生效之日起十日内，被告北京淘友天下技术有限公司、被告北京淘友天下科技发展有限公司共同赔偿原告北京微梦创科网络技术有限公司经济损失 200 万元及合理费用 208998 元。

四、驳回原告北京微梦创科网络技术有限公司的其他诉讼请求。

如被告北京淘友天下技术有限公司、被告北京淘友天下科技发展有限公司未按本判决所指定的期间履行给付金钱义务，则应依据《中华人民共和国民事诉讼法》第二百五十三条之规定，加倍支付迟延履行期间的债务利息。

案件受理费 83600 元（原告北京微梦创科网络技术有限公司已预交），由被告北京淘友天下技术有限公司、被告北京淘友天下科技发展有限公司共同负担 53600 百元，于判决生效之日起七日内交纳；原告北京微梦创科网络技术有限公司负担 3 万元，已交纳。

二审裁判结果

法院二审期间，上诉人淘友技术公司、淘友科技公司围绕上诉请求依法提交（2016）京中信内经证字 29807 号公证书，用以证明：1. 公证书第 15 页显示，在用户注册新浪微博账号时，微梦公司与微博用户达成的《微博服务使用协议》第6.2约定："保护用户隐私和其他个人信息是微梦公司的一项基本政策，微梦公司保证不会将单个用户的注册资料及用户在使用微博服务时存储在微梦公司的非公开内容用于任何非法的用途，且保证将单个用户的注册资料进行商业上的利用时应事先获得用户的同意，但下列情况除外：……6.2.4用户自行在网络上公开的信息或其他已合法公开的个人信息。"2.公证书第20页显示，新浪微博对用户的《微博个人信息保护政策》明确载明，"未经您本人允许，微博不会向任何第三方披露您的个人信息，下列情形除外：1）微博已经取得您或您监护人的授权；……4）根据您与微博相关服务条款、应用许可使用协议的约定；……"3.微梦公司在其与微博用户的《微博服务使用协议》《微博个人信息保护政策》中明确约定可以无须征得用户同意即将其公开的个人信息作为商业使用并向第三方披露。

二审期间，上诉人淘友技术公司、淘友科技公司的专家辅助人徐俊（淘友技术公司技术总监），被上诉人微梦公司的专家辅助人李庆丰（微梦公司研发总监）出庭就相关专业问题分别陈述意见如下。

上诉人淘友技术公司、淘友科技公司的专家辅助人徐俊认为，互联网数据取得的方式从技术上讲可分为抓取和获取两种方式。通常意义上的"数据抓取"是指搜索引擎未经数据方授权，通过爬虫（spider）程序进行的，需要自行分析网页上的非结构化数据，并会在数据方的网页服务器的相关日志中体现访问记录的互联网技术行为；而"数据获取"（开放平台接口）是经过数据方授权后，根据不同的数据需求，调用数据方提供的不同接口获取结构化数据的互联网技术行为。徐俊指出抓取数据和接口获取数据的最大区别在于数据方是否授权并知晓，但无论采取何种方式获得数据均会在数据方留下相关印记。通过新浪账号在前台逐一读取用户信息的方法，虽然理论上可以操作，但在短时间内无法读取大量用户信息，不具有现实操作性。OpenAPI的数据提供方可以通过技术手段根据应用软件开发者的权限级别，对其获取用户相关信息的权限进行严格控制。

被上诉人微梦公司的专家辅助人李庆丰认为，OpenAPI是网站把服务接口开发出去用于第三方，OpenAPI是第三方合法获取数据的唯一途径。从技术上讲，数据还可以通过爬虫方式抓取或者通过建立大量微博账户，模拟正常用户行为在网页主站、无线客户端等进行信息抓取或者购买大量IP来伪造调用IP来源，通过伪造为正常用户的请求等手段实现信息抓取。通过前述方式抓取信息无法判断抓取方亦无法区分是如何抓取的。新浪微博基于 Robot 协议禁止网络爬虫抓取信息。OpenAPI 的授权有效期、调用频次、接口调用高级权限均需要单独申请，后台有相关的记录日志会统一记录到信息系统部。目前没有与上诉人淘友技术公司、淘友科技公司相关的申请通过记录。OpenAPI 的记录和爬虫记录均无法看到上诉人淘友技术公司、淘友科技公司的访问记录，亦无法看到其通过自己的账号访问的记录，但不排除使用其他账号进行访问并获得数据。

上述事实，有双方当事人陈述、双方专家辅助人意见、双方提交的证据及庭审笔录等在案佐证。

二审法院认为，根据《中华人民共和国民事诉讼法》（简称《民事诉讼法》）第一百六十八条之规定：第二审人民法院应当对上诉请求的有关事实和适用法律进行审查。庭审中，本案按照一焦点一查明一辩论的方式进行审理，为实现诉辩审相一致，二审法院围绕以下焦点问题结合查明事实和辩论意见具体分析如下：一、上诉人淘友技术公司、淘友科技公司获取、使用新浪微博用户信息的行为是否构成不正当竞争行为；二、上诉人淘友技术公司、淘友科技公司获取、使用脉脉用户手机通讯录联系人与新浪微博用户对应关系的行为是否构成不正当竞争行为；三、上诉人淘友技术公司、淘友科技公司是否对被上诉人微梦公司实施了商业诋毁行为；四、一审判决有关民事责任的确定是否适当。

一、上诉人淘友技术公司、淘友科技公司获取、使用新浪微博用户信息的行为是否构成不正当竞争行为

针对该焦点问题，二审期间，上诉人淘友技术公司、淘友科技公司认为其不构成不正当竞争行为的理由如下。（1）其在与被上诉人微梦公司合作期间取得并使用的新浪微博用户职业信息、教育信息系通过 OpenAPI 接口，获得及使用合法；获取并使用用户的职业信息、教育信息正是脉脉作为职场社交软件最核心的功能之一，脉脉软件获取并使用用户的职业信息、教育信息符合为程序运行和实现功能之必要目的，符合《开发者协议》的约定，具有正当性。（2）获取并使用非脉脉用户的新浪微博信息具有合法性，并未违反《开发者协议》或《脉脉服务协议》之约定。同时，就非脉脉用户相关信息的权利主张，应当由用户提出，微梦公司作为原告并不适格。（3）在合作结束后，其已按照《开发者协议》的约定删除从新浪微博获取的相关用户信息，并不存在合作结束后非法使用新浪微博用户信息的行为，且在数据清理过程中尽到了合理、审慎的注意义务，并体现出诚信原则，不存在违反《开发者协议》的情形。针对上诉人淘友技术公司、淘友科技公司的前述述上诉理由，二审法院从以下方面进行论述。

（一）关于合作期间，上诉人淘友技术公司、淘友科技公司获取脉脉用户中新浪微博的职业信息、教育信息的方式问题

诉讼中，上诉人淘友技术公司、淘友科技公司主张其获得新浪微博 OpenAPI "合作级"频次授权后就可以直接读取新浪微博用户的职业信息和教育信息，亦认可其并没有就获得读取职业信息和教育信息的权限单独提交申请。被上诉人微梦公司主张上诉人为普通用户，可以获得新浪微博用户的 ID 头像、好友关系（无好友信息）、标签、性别，但其通过 OpenAPI 接口无法直接获得新浪微博的职业信息和教育信息。

二审庭审中，双方的专家辅助人均认可在互联网中取得数据信息的方式一般可以分为两种，即经合法授权后的获取和通过爬虫技术手段的抓取，这两种取得数据信息的方式均会在数据方的后台留下日志。

上诉人淘友技术公司、淘友科技公司在庭审中称其获取新浪微博用户的职业信息和教育信息是履行《开发者协议》的行为，不需要绕开 OpenAPI 即可获取。上诉人的专家辅助人徐俊进一步解释了上诉人如何通过 OpenAPI 获取新浪微博的用户信息。新浪微博开放平台对第三方开发者获取不同信息有不同的授权接口，其中主要有以下 5 个接口：

（1）http：//open. weibo. com/wiki/Users/show 根据用户 ID 获取用户信息；

（2）http：//open. weibo. com/wiki/2/account/profile/career 获取用户职业信息；

（3）http：//open. weibo. com/wiki/2/account/profile/education 获取用户教育信息；

（4）http：//open. weibo. com/wiki/2/tags 获取用户标签信息；

（5） http：//open. weibo. com/wiki/2/friendship/friends/bilateral/ids 获取用户好友关系。

上述接口是新浪微博授权脉脉获取新浪微博用户资料的接口，其中头像信息、职业信息、教育信息、标签信息都可以通过上述接口获取。用户授权后，接口使用者可以通过该用户的授权，获取用户好友关系。因此，如果脉脉获取相关用户的信息没有超出上述接口的具体授权，就没有超出 OpenAPI 接口范围获取用户信息。同时，新浪微博给予上述接口的具体授权，当然表示其同意脉脉从 OpenAPI 接口范围获取信息。

被上诉人微梦公司在庭审中主张，新浪微博作为信息开放平台，通过与第三方应用签订协议向其提供 OpenAPI 接口，第三方应用在经过用户授权的前提下，可通过该接口获取用户信息。OpenAPI 是第三方应用从新浪微博获取用户信息的唯一合法途径，任何其他形式的数据抓取行为都是被禁止的。在上诉人淘友技术公司、淘友科技公司与被上诉人微梦公司的合作期间内，上诉人淘友技术公司、淘友科技公司在其运营的脉脉中使用的新浪微博用户的职业信息及教育信息是无法通过 OpenAPI 获取的，因为上诉人在 OpenAPI "合作级" 中没有获得属于 "高级" 内容的职业信息及教育信息的权限。被上诉人的专家辅助人李庆丰进一步解释了脉脉在合作期间内的接口情况。

被上诉人微梦公司称，在合作期间内脉脉无法获得新浪微博用户的教育信息和职业信息。具体而言，新浪微博 OpenAPI 的权限体系有三个维度：授权有效期权限、调用频次权限、接口权限。分别有普通、高级区分。前两个权限与接口权限是独立无关的，并且每类高级接口权限都需要第三方应用单独进行申请，均会有相关操作日志记录。高级接口权限包括用户的隐私信息，如职业信息接口、教育信息接口等。应用获取相关高级接口权限后，仍需要在用户授权情况下才能调用获取。在 2014 年，users/show 接口可以支持传入其他 UID 来获取用户信息，但这个 users/show 接口是普通用户信息接口，不支持获取用户的职业、教育信息；同时，高级用户信息接口（profile/career 和 profile/education）可以获取他人的职业、教育信息，但这些高级接口需要单独进行申请，并通过平台的严格审核后才能调用。脉脉拥有的接口权限不含有 "用户高级读取权限"，即没有获取用户职业信息、教育信息的接口权限。脉脉之前所有的调取频率的高级账户，新浪微博于 2015 年 4 月 3 日统一对外网账户的相关信息进行了调整，并不针对脉脉。因此，第三方应用脉脉只有普通用户信息接口权限，无高级用户信息接口权限，从其授权的 OpenAPI 接口渠道无法获取微博用户的职业信息、教育信息，被上诉人微梦公司称其有合理理由相信，上诉人淘友技术公司、淘友科技公司使用了 OpenAPI 以外的非法手段抓取新浪微博用户的职业信息和教育信息。

对此，二审法院认为：

第一，关于 OpenAPI 的基本情况。

OpenAPI 即开放 API（Application Programming Interface，应用编程接口），是服务型网站常见的一种应用，网站的服务商将自己的网站服务封装成一系列 API 开放出去，供第三方开发者使用，这种行为称作开放网站的 API，所开放的 API 被称作 OpenAPI。OpenAPI 是互联网新的应用开发模式，这种网络应用开发模式能够更好地发挥数据资源价值，实现开放平台方和第三方应用方之间的合作共赢。OpenAPI 通过《开发者协议》来约定双方的权利义务，同时，亦通过该协议来实现保护用户数据信息目的。OpenAPI 的权限控制和安全权限控制由 OpenAPI 的提供方通过技术手段来控制实现，应用开发者必须在满足相应权限的前提下才有可能访问到相关资源。应用开发者通过 OpenAPI 平台调用数据，平台系统可通过检测响应时间和 Http 响应的状态码，获得相应时间和可用性，同时通过综合可用性的历史信息，得到该 OpenAPI 当前的稳定性指标。

第二，被上诉人微梦公司向上诉人淘友技术公司、淘友科技公司提供 OpenAPI 开放接口的情况。

被上诉人微梦公司为了实现新浪微博的开放平台战略，提供 OpenAPI 合作开发模式，允许第三方应用通过 OpenAPI 调用新浪微博平台的相关数据。新浪微博通过 OpenAPI 途径，让第三方应用可以在用户授权的前提下，通过相关接口获取相关信息。被上诉人微梦公司与第三方（包括上诉人淘友技术公司、淘友科技公司）之间的《开发者协议》的主要内容为以下几点。第 2.2 条约定与微梦公司开展合作的开发者，其行为受协议及微博开放平台规则及微博平台上公示的规则、制度、规范的约束。开发者必须合法使用微梦公司授予其应用的 AppKey。第 2.5 条约定开发者应用或服务需要收集用户数据的应当符合以下条件。2.5.1 开发者应用或服务需要收集用户数据的，必须事先获得用户的同意，仅应当收集为应用程序运行及功能实现目的而必要的用户数据和用户在授权网站或开发者应用生成的数据或信息。开发者应当告知用户相关数据收集的目的、范围及使用方式，以保障用户的知情权。2.5.5 约定未经用户同意，开发者不得收集用户的隐私信息数据及其他微梦公司认为属于敏感信息范畴的数据，开发者不得收集或要求用户提供任何微博账号、密码，开发者不得收集或要求用户提供用户关系链、好友列表数据等。

微梦公司与微博用户达成的《微博服务使用协议》第 6.2 条约定，"保护用户隐私和其他个人信息是微梦公司的一项基本政策，微梦公司保证不会将单个用户的注册资料及用户在使用微博服务时存储在微梦公司的非公开内容用于任何非法的用途，且保证将单个用户的注册资料进行商业上的利用时应事先获得用户的同意，但下列情况除外：……6.2.4 用户自行在网络上公开的信息或其他已合法公开的个人信息"。新浪微博对用户的《微博个人信息保护政策》明确载明，"未经您本人允许，微博不会向任何第三方披露您的个人信息，下列情形除外：1）微博已经取得您或您监护人的授权；……4）根据您与微博相关服务条款、应用许可使用协议的约定；……"微梦公司在其与微博用户的《微博服务使用协议》《微博个人信息保护政策》中明确约定可以无须征得用户同意即将其公开的个人信息作为商业使用并向第三方披露。

第三，上诉人淘友技术公司、淘友科技公司是否通过被上诉人微梦公司提供的 OpenAPI 开放接口获得用户的教育信息和职业信息。

根据双方专家辅助人对技术的意见来看，从技术上讲，如果脉脉系通过 OpenAPI 开放接口获取数据，脉脉和新浪微博都可以保留调取数据的日志。上诉人淘友技术公司、淘友科技公司未能提交其通过 OpenAPI 开放接口调取数据的日志，理由为新浪微博已于 2014 年 5 月将"职业"和"教育"信息的获取接口关闭，且于 2014 年 8 月终止与脉脉合作后关闭了脉脉的所有接口，脉脉因服务器容量有限，没有保留之前通过 OpenAPI 接口调取数据的日志。被上诉人微梦公司亦未能提交脉脉通过 OpenAPI 开放接口调取数据的日志。其一审提交的第十九组证据《脉脉 APP 端口在微博平台读取记录》证明其保存了 OpenAPI 的调取日志，但该份证据只有 users_show（获取用户信息）接口有相对较多的调用记录，而且在 2014 年 4 月 13 日，2013 年 9 月 11 日至 9 月 30 日、10 月 7 日至 10 月 10 日、10 月 13 日、10 月 16 日并没有该接口的调用记录；该日志中并没有 career（获取职业信息）、education（获取教育信息）、tags（获取用户标签，此接口新浪承认脉脉有调用权限）的任何调用记录，friends_bilateral（获取用户好友关系，此接口新浪承认脉脉有调用权限）的调用记录仅仅有两条；加之，该技术日志有大量的时间并没有任何调用记录，如 2013 年 9 月 14 日、9 月 19 日至 9 月 21 日、10 月 1 日至 10 月 6 日、10 月 19 日、12 月 15 日、12 月 16 日、12 月 19 日、12 月 21 日，2014 年 4 月 13 日等。从上述证据反映的情况来看，很难确信被上诉人微梦公司提交的该份日志系一份真实、完整的技术日志，因此，在案证据不能完整呈现脉脉通过 OpenAPI 获取微博用户数据的情况，亦不能以此证明脉脉并非通过 OpenAPI 获取微博用户相关数据。

对此，被上诉人微梦公司解释，新浪微博当前日志保存策略为：距今 1 年内留存全量日志数据，1 年以上的将抽取部分月份日志数据进行留存。新浪微博以微博用户"@ 太牛乐"为例，查询其 2014 年全年抽样留存的职业信息、教育信息的接口调用日志记录，可以看到用户的调用来源、调用时间和具体 IP，这些记录的调用来源为微博 weibo.com、iPhone 客户端等 6 个应用方，没有看到来源为脉脉应用（Appkey）的调用记录。

至此，由于双方当事人举证所限无法再现被诉侵权行为发生时的事实状态，二审法院将根据举证规则的具体要求确认法律事实。《民事诉讼法》第六十四条第一款规定："当事人对自己提出的主张，有责任提供证据。"该条款规定了举证责任分配的一般规则为"谁主张谁举证"。《最高人民法院关于民事诉讼证据的若干规定》第二条规定："当事人对自己提出的诉讼请求所依据的事实或者反驳对方诉讼请求所依据的事实有责任提供证据加以证明。没有证据或者证据不足以证明当事人的事实主张的，由负有举证责任的当事人承担不利后果。"该条款从行为及结果两方面规定了举证责任的分配问题。第七十三条规定："因证据的证明力无法判断导致争议事实难以认定的，人民法院应当依据举证责任分配的规则做出裁判。"最高人民法院在审理（2009）民申字第 1065 号"山东省食品进出口公司等与青岛圣克达诚贸易有限公司等不正当竞争纠纷再审案"中认定，"当事人对自己的诉讼请求所依据的事实有责任提供证据加以证明，这是我国民事诉讼法有关举证责任分配的一般规则，只有在法律有明文规定的特殊情况下才存在例外。如果当事人对其诉讼请求的举证达到了一定的证明程度，能够证明相关诉讼主张的成立，接下来应由对方当事人承担否定该主张的举证责任。我国相关法律或者司法解释对有关不正当竞争行为的民事诉讼并未规定特殊的举证责任规则，因此应适用一般规则"。最高人民法院在判决中明确不正当竞争案件中同样应适用举证的一般规则，即原告对其主张的被诉行为构成不正当竞争这一事实负有举证责任。

本案中，被上诉人微梦公司主张上诉人淘友技术公司、淘友科技公司通过 OpenAPI 以外的非法手段抓取新浪微博用户的职业信息和教育信息，对此应适用举证责任分配的一般规则，即"谁主张谁举证"。如双方专家辅助人所陈述，如果脉脉采用爬虫的方式抓取新浪微博中用户数据，新浪微博的服务器上会留下相关的日志。因此，如果脉脉绕开微博开放接口通过爬虫技术来抓取数据，被上诉人微梦公司是可以用其后台的相关日志来证明脉脉采用爬虫方式抓取新浪微博数据的行为的。但是，本案一、二审期间，被上诉人微梦公司均未提交其后台被爬虫抓取的相关日志，亦未提交其他任何证据证明上诉人淘友技术公司、淘友科技公司通过爬虫抓取相关数据，且未就其不能提供前述日志给出合理解释。虽然被上诉人微梦公司主张了上诉人淘友技术公司、淘友科技公司可能通过建立大量微博账户，模拟正常用户行为在网页主站、无线客户端等进行信息抓取或者购买大量 IP 来伪造调用 IP 来源，通过伪造为正常用户的请求等手段实现信息抓取，但是，其并未就上诉主张提供任何证据加以证明，尚未达到一定的证明程度从而发生举证责任转移的情形。在上诉人淘友技术公司、淘友科技公司提供初步证据证明其通过接口获得相关数据的情况下，二审法院根据"谁主张谁举证"的举证责任分配的一般规则，被上诉人微梦公司由于缺乏证据证明上诉人淘友技术公司、淘友科技公司系通过 OpenAPI 接口非法抓取相关信息，故其应当承担举证不能的不利后果。因此，二审法院推定上诉人淘友技术公司、淘友科技公司是通过 OpenAPI 方式获取新浪微博用户的职业信息、教育信息。一审法院就上诉人淘友技术公司、淘友科技公司如何获取职业信息、教育信息的技术手段没有查明，就直接认定"不论二被告采取何种技术措施，都能认定二被告在双方合作期间存在抓取涉案新浪微博用户职业信息、教育信息的行为"不妥，二审法院予以纠正。

此外，从本案中被上诉人微梦公司的举证情况可以看出，作为拥有上亿用户的大型社交网络平台的运营主体，其网站后台记录却未能保留全部获取/抓取日志，对于是否被爬虫抓取或通过其他手段抓取相关用户信息均存在举证不能的情况，这暴露出被上诉人微梦公司作为大型互联网运营平台对用户信息保护的责任意识与技术水平十分欠缺，亟待提高。互联网时代，保护用户信息是互联网企业的社会责任。互联网企业应当采取相应的技术措施反爬虫抓取用户数据信息并在后台就所有爬虫记录留存。同时，本案亦暴露出 OpenAPI 合作开发模式存在的不足。OpenAPI 是一种新型的互联网应用开发模式，是伴随着互联网技术的发展而产生的，实现信息资源共享的新途径。OpenAPI 的优势在于开放了资源的外部访问、调用，提供资源共享的机会，同时，也保护了资源提供者，仅提供接口用于有限数量和频度的获取。OpenAPI 需要平台提供方能够通过权限控制实现对数据调用内容、数量及频度的控制。本案中，被上诉人微梦公司作为 OpenA-PI 平台提供方，在其认为没有授予上诉人淘友技术公司、淘友科技公司相应权限的情况下，上诉人淘友技术公司、淘友科技公司已然通过 OpenAPI 接口获取了相应信息，暴露出被上诉人对于 OpenAPI 权限控制的漏洞。同时，从技术上讲，应用开发者通过 OpenAPI 平台调用数据，平台系统可通过检测响应时间和 Http 响应的状态码，获得相应时间和可用性，通过综合可用性的历史信息，得到该 OpenAPI 当前的稳定性指标。但是，被上诉人微梦公司不仅在与上诉人淘友技术公司、淘友科技公司合作期间没有发现其用户的教育信息和职业信息通过 OpenAPI 接口被调用，在诉讼中提交的证据亦不能完整呈现通过 OpenAPI 接口调取相关数据的记录。被上诉人微梦公司经营的新浪微博拥有数亿用户，通过 OpenAPI 向众多第三方应用软件提供接口，其在 OpenAPI 接口控制权限的设置、信息通过 OpenAPI 接口调用的检测以及调用过程的记录等方面存在严重的缺陷。因此，鉴于 OpenAPI

合作开发模式的巨大潜力以及在互联网大数据时代的积极作用，互联网企业在运用 OpenAPI 开展合作开发时，不仅应将用户数据信息作为竞争优势加以保护，还应将保护用户数据信息作为企业的社会责任，采取相应的技术措施提升对 OpenAPI 合作模式中相应权限的控制，不断完善 OpenAPI 合作模式。

（二）上诉人淘友技术公司、淘友科技公司获取并使用新浪微博用户信息的行为是否构成不正当竞争行为

最高人民法院在（2009）民申字第 1065 号"山东省食品进出口公司等与青岛圣克达诚贸易有限公司等不正当竞争纠纷再审案"中提出，适用《反不正当竞争法》第二条认定构成不正当竞争应当同时具备以下条件：1. 法律对该种竞争行为未作出特别规定；2. 其他经营者的合法权益确因该竞争行为而受到了实际损害；3. 该种竞争行为因确属违反诚实信用原则和公认的商业道德而具有不正当性。基于互联网行业中技术形态和市场竞争模式与传统行业存在显著差别，为保障新技术和市场竞争模式的发展空间，二审法院认为在互联网行业中适用《反不正当竞争法》第二条更应秉持谦抑的司法态度，在满足上述三个条件外还须满足以下三个条件才可适用：1. 该竞争行为所采用的技术手段确实损害了消费者的利益，例如限制消费者的自主选择权、未保障消费者的知情权、损害消费者的隐私权等；2. 该竞争行为破坏了互联网环境中的公开、公平、公正的市场竞争秩序，从而引发恶性竞争或者具备这样的可能性；3. 对于互联网中利用新技术手段或新商业模式的竞争行为，应首先推定具有正当性，不正当性需要证据加以证明。由此，二审法院分析如下。

1. 上诉人淘友技术公司、淘友科技公司获取并使用新浪微博用户的职业信息和教育信息的行为是否违反《开发者协议》

如前所述，OpenAPI 是一种互联网应用开发模式，新浪微博通过 OpenAPI 途径，让第三方应用可以在用户授权的前提下，通过相应接口获取相关信息。OpenAPI 通过《开发者协议》来约定双方的权利义务，同时，亦通过该协议来实现对用户数据信息的保护。从技术上讲，OpenAPI 通过权限控制实现对用户的角色分配进而实现对数据控制的目的。

本案中，（2015）京中信内经证字第 13983 号公证书中显示，在页面中搜索"career"，出现"获得用户职业信息"的 URL 地址、支持格式、

HTTP 请求方式等信息，同时显示需要登录、访问授权限制的访问级别为"高级接口（需要授权）"、有频次限制。从被上诉人微梦公司提供的双方合作期间脉脉获取的接口权限可知，脉脉在 OpenAPI "合作级"中没有获得属于"高级"内容的职业信息及教育信息的权限。庭审中，上诉人淘友技术公司、淘友科技公司认可其并没有全面阅读《开发者协议》内容，不清楚自己无权获取用户的职业信息、教育信息的接口权限，只是利用现有技术最大限度地获取信息，只有在无法获取相关数据时才会提交接口申请。同时，其主张获取并使用用户的职业信息、教育信息正是脉脉作为职场社交软件最核心的功能之一，脉脉软件获取并使用用户的职业信息、教育信息符合为程序运行和实现功能之必要目的，符合《开发者协议》的约定。

首先，从《开发者协议》的内容来看，在开发者的权利和义务中约定，与微梦公司开展合作的开发者，其行为受本协议及微博开放平台规则及微博平台上公示的规则、制度、规范的约束。开发者必须合法使用微梦公司授予其应用的 AppKey，不得违反本协议宗旨将该 AppKey 用于其他任何目的。AppKey 是第三方应用接入微博平台的凭证。同时，约定开发者应用或服务需要收集用户数据的，必须事先获得用户的同意，仅应当收集为应用程序运行及功能实现目的而必要的用户数据和用户在授权网站或开发者应用生成的数据或信息。开发者应当告知用户相关数据收集的目的、范围及使用方式，以保障用户的知情权。由此可见，基于《开发者协议》内容的约定，上诉人淘友技术公司、淘友科技公司可以出于应用程序运行及功能实现之目的事先取得用户同意，就所需的用户相关信息按照 OpenAPI 接口规则要求取得。

其次，从（2015）京中信内经证字第 13983 号公证书公证的内容来看，在"获得用户职业信息"的访问授权权限中明确写明访问级别是高级接口（需要授权），同时，该公证书中亦体现出上诉人淘友技术公司、淘友科技公司已有接口为 27 组，结合被上诉人微梦公司对于该 27 组接口的具体解释，其中"用户普通读取接口"的权限仅为"用户的信息获取接口，可以读取到用户的头像、昵称等信息，但无法读取到用户较为隐私的高级信息内容，比如：用户的职业，教育信息等"。由此可见，现有证据表明上诉人淘友技术公司、淘友科技公司通过《开发者协议》并没有获得读取用户的职业信息和教育信息的权限。此外，《开发者协议》约定"用户同意"与"获得的是为应用程序运行及功能实现目的而必要的用户数据"之间是并列的两个条件，而非选择性条件。第三方通过 OpenAPI 获得用户信息时必须取得用户的同意，用户的同意必须是具体的、清晰的，是用户在充分知情的前提下自由做出的决定。关于获取的用户信息应坚持最少够用原则，即网络运营者不得收集与其提供的服务无关的个人信息，即收集信息限于为了应用程序运行及功能实现而必要的用户数据。

最后，从主观状态来讲，上诉人淘友技术公司、淘友科技公司明知自己是基于《开发者协议》从而可以通过 OpenAPI 获取用户信息，却无视《开发者协议》的具体内容约定，通过技术手段获得用户数据信息，其主观上具有一定的过错。同时，上诉人淘友技术公司、淘友科技公司对于用户数据信息的获取以技术的最大能力为范围，对技术的应用不加人为理性地控制，不仅忽视双方之间的《开发者协议》约定的内容及 OpenAPI 合作模式的基本原则，还涉及对用户数据信息的不当利用。通过上诉人淘友技术公司、淘友科技公司的宣传可知脉脉软件是专业的交友平台，职场圈子及职场人脉是其特色亦是其主要竞争力，获取用户的职业信息和教育信息对其非常重要。因此，被上诉人淘友技术公司、淘友科技公司理应对其能否获得用户的职业信息和教育信息负有更高的注意义务，在获取用户职业信息和教育信息时明知或应知需要"高级接口（需要授权）"的情况下仍放任技术的抓取能力而获取相应信息，不仅破坏了基于《开发者协议》建立起来的 OpenAPI 合作模式，还容易引发"技术霸权"的恶性竞争，即只要技术上能够获取的信息就可以任意取得，从而破坏了互联网的竞争秩序。法律对该种竞争行为未作出特别规定，但是，诚实遵守《开发者协议》的其他经营者及作为数据开放平台的微梦公司的合法权益确因该竞争行为而受到了实际损害，任由技术抓取能力获取信息的方式如果不加规范必将引发技术的恶性竞争。法律鼓励技术创新，给予技术发展的空间，同时，法律亦应为技术的发展提供指引。

2. 上诉人淘友技术公司、淘友科技公司获取并使用非脉脉用户的新浪微博信息的行为是否违反《开发者协议》

本案中，一审法院认定与所对应的新浪微博用户信息相同或基本相同的脉脉用户一度人脉中出现的非脉脉用户的头像、名称、职业、教育、个人标签等信息来源于新浪微博，上诉人淘友技术公司、淘友科技公司在二审期间对此并未否认，但认为其获取前述信息并未违反《开发者协议》或《脉脉服务协议》，从而具有合法性。

从《开发者协议》约定的内容来看，第2.5条约定开发者应用或服务需要收集用户数据的应当符合以下条件：2.5.1 开发者应用或服务需要收集用户数据的，必须事先获得用户的同意，仅应当收集为应用程序运行及功能实现目的而必要的用户数据和用户在授权网站或开发者应用生成的数据或信息。开发者应当告知用户相关数据收集的目的、范围及使用方式，以保障用户的知情权。因此，上诉人淘友技术公司、淘友科技公司获取新浪微博用户的相关信息应事前获得用户的同意。《脉脉服务协议》在"第三方平台记录信息"中约定，"用户通过新浪微博账号、QQ账号等第三方平台账号注册、登录、使用脉脉服务的，将被视为用户完全了解、同意并接受淘友公司已包括但不限于收集、统计、分析等方式使用其在新浪微博、QQ等第三方平台上填写、登记、公布、记录的全部信息。用户一旦使用第三方平台账号注册、登录、使用脉脉服务，淘友公司对该等第三方平台记录的信息的任何使用，均将被视为已经获得了用户本人的完全同意并接受"。暂且不论该格式合同中对于取得用户同意收集相关数据信息的方式是否适当，从该约定本身亦仅能解读出用户通过新浪微博账号登录脉脉应用时，其在新浪微博上填写、登记、公布、记录的信息将被脉脉所收集并使用，但并不能得出脉脉软件可以直接收集并使用非脉脉用户的微博信息。上诉人淘友技术公司、淘友科技公司未取得用户许可获取并使用涉案非脉脉用户的相关新浪微博信息违反了《开发者协议》的约定。

3. 上诉人淘友技术公司、淘友科技公司获取并使用非脉脉用户新浪微博信息的行为是否符合诚实信用原则和商业道德

认定竞争行为是否违背诚信或者商业道德，往往需要综合考虑经营者、消费者和社会公众的利益，需要在各种利益之间进行平衡。商业上的诚信是最大的商业道德。在判断商业交易中的"诚信"时，需要综合考虑经营者、消费者和社会公众的不同利益，判断一种行为是否构成不正当竞争需要进行利益平衡。在认定一种行为是"正当"或者"不正当"时，对

经营者、消费者和社会公众三者利益的不同强调将直接影响对行为的定性。根据我国《反不正当竞争法》第一条规定的立法目的可知，反不正当竞争法是为了保障社会主义市场经济健康发展，鼓励和保护公平竞争，制止不正当竞争行为，保护经营者和消费者的合法权益。由此可见，在我国市场竞争行为中判断某一行为是否正当需要综合考虑经营者和消费者的合法权益。不正当性不仅仅针对竞争者，不当地侵犯消费者利益或者侵害了公众利益的行为都有可能被认定为行为不正当。在具体案件中认定不正当竞争行为，要从诚实信用标准出发，综合考虑涉案行为对竞争者、消费者和社会公众的影响。

《国家信息化发展战略纲要》明确指出，"信息资源日益成为重要的生产要素和社会财富"。数据是新治理和新经济的关键。在信息时代，数据信息资源已经成为重要的资源，是竞争力也是生产力，更是促进经济发展的重要动力。大数据持续激发商业模式创新，不断催生新业态，已成为互联网等新兴领域促进业务创新增值、提升企业核心价值的重要驱动力。在信息网络上开展各种专业化、社会化的应用，以利于人类谋求福利，才是其目的。然而，在新兴的信息网络社会中，建立良好的秩序却远比信息技术规范的实施要复杂得多，仅仅依靠技术手段和自律规则是不能完全胜任的，必要时应从法律的层面进行规范。

OpenAPI 开发合作模式是在互联网环境下实现数据信息资源共享的新途径。《开发者协议》是约束 OpenAPI 合作双方的协议，双方均应本着平等互利、诚实信用、保护用户利益的基本原则进行合作。同时，互联网中的用户即是消费者，对用户合法利益的保护是每一个互联网企业的责任。从国内相关规定来看，《中华人民共和国消费者权益保护法》（简称《消费者权益保护法》）第二十九条规定："经营者收集、使用消费者个人信息，应当遵循合法、正当、必要的原则，明示收集、使用信息的目的、方式和范围，并经消费者同意。经营者收集、使用消费者个人信息，应当公开其收集、使用规则，不得违反法律、法规的规定和双方的约定收集、使用信息。"《全国人民代表大会常务委员会关于加强网络信息保护的决定》（2012年12月28日第十一届全国人民代表大会常务委员会第三十次会议通过）第二条规定："网络服务提供者和其他企业事业单位在业务活动中收集使用公民个人电子信息，应当遵循合法、正当、必要的原则，明示收集、使用信息的目的、方式和范围，并经被收集者同意，不得违反法律、法规的规定和双方的约定收集、使用信息。"从上述规定可以看出，网络服务提供者收集、利用用户信息应当遵循合法、正当、必要的原则并经被收集者同意。此外，国际上关于个人信息保护方面的主要法律文本，例如 OECD 隐私框架、APEC 隐私框架、欧盟《通用数据保护条例》（General Data Protection Regulation）、欧美"隐私盾"协议（Privacy Shield）、美国"消费者隐私权法案（讨论稿）"（Consumer Privacy Bill of Rights Act of 2015）等亦规定，商业化利用个人信息必须告知用户并取得用户的同意。因此，互联网中，对用户个人信息的采集和利用必须以取得用户的同意为前提，这是互联网企业在利用用户信息时应当遵守的一般商业道德。在大数据和云计算的时代，包括个人信息在内的数据，只有充分地流动、共享、交易，才能实现集聚和规模效应，最大限度地发挥价值。但数据在流动、易手的同时，可能导致个人信息主体及收集、使用个人信息的组织和机构丧失对个人信息的控制能力，造成个人信息扩散范围和用途的不可控。因此，在涉及个人信息流动、易手等再利用时应给予用户、数据提供方保护及控制的权利。同时，尊重个体对个人信息权利的处分和对新技术的选择，是在个人信息保护和大数据利用的博弈中找到平衡点的重要因素。

故，OpenAPI 开发合作模式中数据提供方向第三方开放数据的前提是数据提供方取得用户同意，同时，第三方平台在使用用户信息时还应当明确告知用户其使用的目的、方式和范围，再次取得用户的同意。因此，在 OpenAPI 开发合作模式中，第三方通过 OpenAPI 获取用户信息时应坚持"用户授权"＋"平台授权"＋"用户授权"的三重授权原则。

本案中，被上诉人微梦公司通过 OpenAPI 开放接口与上诉人淘友技术公司、淘友科技公司合作，虽然其在 OpenAPI 开放接口权限管理、检测、维护等方面存在技术及管理等问题，导致上诉人淘友技术公司、淘友科技公司可以通过技术手段获取用户的职业信息和教育信息，但是，上诉人淘友技术公司、淘友科技公司并没有基于《开发者协议》在取得用户同意的情况下读取非脉脉用户的新浪微博信息，其获取前述信息的行为没有充分尊重《开发者协议》的内容，未能尊重用户的知情权及自由选择权，一定程度上破坏了 OpenAPI 合作开发模式。互联网技术飞速发展，各种新型的开发模式及应用不断涌现，这其中难免会出现技术的不足或管理的缺陷，当面临可能触及消费者利益时，诚实的网络经营者应当本着诚实信用的原则，遵守公认的商业道德，以保护消费者的利益为优先选择，而不是任凭技术的能力获得相关的数据信息或竞争优势。在大数据时代，如何对用户数据信息进行保护以及如何进行合法的商业化利用必将成为重要的课题，这需要所有网络经营者及互联网参与者的共同努力。

（三）被上诉人微梦公司是否可以就第三方应用使用其用户数据的不正当行为主张自身权益的问题

上诉人淘友技术公司、淘友科技公司主张其获取并使用非脉脉用户的新浪微博信息，就非脉脉用户相关信息的权利主张应当由用户提出，微梦公司不能就此主张权益。对此，二审法院认为，一种行为如果损害了消费者的权益但没有对公平竞争秩序构成损害，则不属于不正当竞争行为，消费者可以通过其他法律维护自己的权益，不正当竞争必然与竞争行为联系在一起。

随着互联网科技的高速发展，数据价值在信息社会中凸显得尤为重要。对企业而言，数据已经成为一种商业资本，一项重要的经济投入，科学运用数据可以创造新的经济利益。互联网中，用户信息已成为今后数字经济中提升效率、支撑创新最重要的基本元素之一。因此，数据的获取和使用，不仅能成为企业竞争优势的来源，更能为企业创造更多的经济效益，是经营者重要的竞争优势与商业资源。需要明确的是上述数据均为征得用户同意收集并在用户同意的前提下进行使用的数据。本案中，被上诉人微梦公司经营的新浪微博兼具社交媒体网络平台和向第三方应用提供接口开放平台的身份，通过其公司多年经营活动积累了数以亿计的微博用户，这些用户根据自身需要及新浪微博提供的设置条件，公开、向特定人公开或不公开自己的基本信息、职业、教育、喜好等特色信息。经过用户同意收集并进行商业利用的用户信息不仅是被上诉人微梦公司作为社交媒体平台开展经营活动的基础，也是其向不同第三方应用提供平台资源的重要商业资源。新浪微博将用户信息作为其研发产品、提升企业竞争力的基础和核心，实施开放平台战略向第三方应用有条件地提供用户信息，目的是在保护用户信息的同时维护新浪微博自身的核心竞争优势。第三方应用未经新浪微博用户及新浪微博的同意，不得使用新浪微博的用户信息。本案中，上诉人淘友技术公司、淘友科技公司未经新浪微博用户的同意，获取并使用非脉脉用户的新浪微博信息，节省了大量的经济投入，变相降低了同为竞争者的新浪微博的竞争优势。对社交软件而言，存在明显的用户网络效应，使用用户越多则社交软件越有商业价值。脉脉作为提供职场动态分享、人脉管理、人脉招聘、匿名职场八卦等功能的交友平台，用户信息更是其重要的商业资源，其掌握用户的数量与其竞争优势成正相关。上诉人淘友技术公司、淘友科技公司获取并使用非脉脉用户的新浪微博信息，无正当理由地截取了被上诉人微梦公司的竞争优势，一定程度上侵害了被上诉人微梦公司的商业资源，被上诉人微梦公司基于其 OpenAPI 合作开发提供数据方的市场主体地位，可以就开发方未按照《开发者协议》约定内容、未取得用户同意、无正当理由使用其平台相关数据资源的行为主张自己的合法权益。

（四）上诉人淘友技术公司、淘友科技公司与被上诉人微梦公司合作关系结束后，上诉人淘友技术公司、淘友科技公司是否存在非法使用新浪微博用户信息的行为

被上诉人微梦公司在一审中主张，其与上诉人淘友技术公司、淘友科技公司 2014 年 8 月 15 日合作关系结束后，上诉人仍存在使用新浪微博用户信息的行为。上诉人淘友技术公司、淘友科技公司在一审中对此予以否认。二审中，被上诉人微梦公司认可上诉人不再使用新浪微博用户的头像，但仍在使用新浪微博用户的职业信息和教育信息。对此，上诉人淘友技术公司、淘友科技公司称，双方终止合作之后，脉脉已对从新浪微博获取的非脉脉注册用户的信息进行了清理，但在 2014 年 9 月之前，由于技术上存在 bug（被其他人发消息、贴标签、加好友等操作的非注册用户会被误认为是注册用户），脉脉的二度人脉中可能还有部分非脉脉注册用户的信息，但是该部分信息已在 2014 年 9 月之后清理完毕。上诉人淘友技术公司、淘友科技公司的专家辅助人徐俊解释了脉脉对从新浪微博获取的用户信息的具体清理过程如下：1. 2014 年 8 月结束与新浪微博的合作后，脉脉首先删除了从新浪微博导入的非注册用户职业信息、教育信息，但保留了协同过滤算法的计算结果，这个过程大约耗时 1 个月；2. 当发现通过新浪

微博接口获取的职业信息、教育信息与通过协同过滤算法计算得到的结果难以区分时，脉脉立即将非注册用户的职业信息、教育信息全部予以删除；3. 2015 年初，为了完全清除新浪微博的数据，脉脉删除了非注册用户从新浪微博接口获取的昵称和头像；4. 最后，当发现非脉脉注册用户除工作经历之外，其个人资料中的公司、职位信息仍有可能包含从新浪微博接口获取的结果，脉脉再次对该部分数据进行了清理。上诉人淘友技术公司、淘友科技公司称，其在清理的过程中始终遵循一旦发现 bug，便立即进行进一步清理、改进的原则，截至 2015 年 1 月，上诉人淘友技术公司、淘友科技公司已将从新浪微博接口获取的用户信息全部清理完毕。

对此，二审法院认为，根据上诉人淘友技术公司、淘友科技公司与被上诉人微梦公司双方签订的《开发者协议》第 2.5.15 条：一旦开发者停止使用开放平台或微梦公司基于任何原因终止对开发者在微博开放平台的服务，开发者必须立即删除全部从微博开放平台中获得的数据。上诉人淘友技术公司、淘友科技公司与被上诉人微梦公司于 2014 年 8 月 15 日合作关系结束后，上诉人淘友技术公司、淘友科技公司应立即删除从新浪微博开放平台中获得的全部数据，无权再使用新浪微博用户的信息。本案中，从现有证据来看，在双方合作终止后数月期间，脉脉软件中仍存在大量新浪微博用户基本信息，虽然脉脉从新浪微博获取的职业信息及教育信息数量达到 500 万左右，立即删除 500 万的数据在技术操作上确实不易，且上诉人淘友技术公司、淘友科技公司承认在其数据清理过程中技术存在 bug，导致脉脉中仍显示部分非脉脉用户的新浪微博用户信息。但是，不可否认的是，上诉人淘友技术公司、淘友科技公司在清理相关数据期间，仍在持续使用相关数据信息。因此，一审法院认定合作关系结束后，上诉人淘友技术公司、淘友科技公司仍存在非法使用新浪微博用户信息的行为并无不当。上诉人淘友技术公司、淘友科技公司主张在合作结束后，其已按照《开发者协议》的约定删除从新浪微博获取的相关用户信息，并不存在合作结束后非法使用新浪微博用户信息的行为的主张缺乏依据，二审法院不予支持。但是，二审法院对于上诉人淘友技术公司、淘友科技公司能够在合作结束后对于数据进行清理并不断完善清理技术和方案的行为给予肯定。

综上所述，二审法院认为，上诉人淘友技术公司、淘友科技公司获取新浪微博信息的行为存在主观过错，违背了在 OpenAPI 开发合作模式中，第三方通过 OpenAPI 获取用户信息时应坚持"用户授权" + "平台授权" + "用户授权"的三重授权原则，违反了诚实信用原则和互联网中的商业道德，故，上诉人淘友技术公司、淘友科技公司获取并利用新浪微博用户信息的行为不具有正当性。

二、上诉人淘友技术公司、淘友科技公司获取、使用脉脉用户手机通讯录联系人与新浪微博用户对应关系的行为是否构成不正当竞争行为

二审期间，上诉人淘友技术公司、淘友科技公司坚持认为其从未展示脉脉用户手机通讯录联系人与新浪微博用户的对应关系，其获取该对应关系并非通过手机号进行匹配，且获取和使用该对应关系并未侵犯新浪微博的竞争利益，亦未损害新浪微博用户的信息安全。对此，二审法院认为判断上诉人淘友技术公司、淘友科技公司获取、使用脉脉用户手机通讯录联系人与新浪微博用户对应关系的行为是否构成不正当竞争行为，具体可以从以下两方面进行分析。

（一）上诉人淘友技术公司、淘友科技公司是否展示了手机通讯录联系人与新浪微博用户的对应关系以及其如何实现该对应关系

庭审中，上诉人淘友技术公司、淘友科技公司称其并未展示手机号与新浪微博账号的对应关系，其通过协同过滤算法匹配到对应关系后，将用户的头像信息、标签信息、职业信息、教育信息展现在人脉详情中，且好友名称仅显示通讯录名称而非新浪微博账号。事实上，脉脉并未披露手机通讯录联系人的新浪微博账号，是该新浪微博用户对其个人信息未设置隐私策略，选择完全对公众公开，才使得脉脉能够通过 OpenAPI 接口获取到新浪微博用户信息，并使得该用户信息能够通过网络搜索引擎搜索到。

1. 关于脉脉展示新浪微博用户信息的方式，上诉人淘友技术公司、淘友科技公司的专家辅助人徐俊进行了具体解释

（1）脉脉获取新浪微博用户信息后是如何使用的

①对于脉脉用户，将其在新浪微博的头像、职业信息、教育信息、标签信息填写到其个人资料中。②对于脉脉用户的手机通讯录联系人，通过协同过滤算法将新浪微博用户与该手机通讯录联系人进行匹配，如算法认为是同一个人，则将该新浪用户的头像、职业信息、教育信息、标签信息

展示在其人脉详情中；如算法未匹配出任何一个新浪微博好友与该脉脉用户手机通讯录联系人的对应关系，则仅将脉脉用户的微博好友昵称、头像、职业信息、教育信息、标签信息展示在该好友的人脉详情中。③对于好友的好友，即通过共同认识至少一个好友而建立的二度人脉，按照上述方式将其新浪微博的头像、职业信息、教育信息、标签信息展示在其人脉详情中。

（2）上述展示新浪微博用户信息的方式，是否展示了用户新浪微博的昵称

除非脉脉用户的一度人脉仅仅是通过其新浪微博好友建立的联系，而该脉脉用户并未存储该好友的手机号，则一度人脉中显示其微博好友的微博昵称。除此之外，只要手机通讯录存储了联系人的姓名，则即使脉脉通过协同过滤算法匹配出该通讯录联系人与微博用户的对应关系，也不会将微博用户昵称展示在其一度人脉中，而是展示通讯录联系人的名称。

（3）协同过滤算法如何匹配出手机通讯录联系人与新浪微博用户的对应关系

通过手机通讯录联系人存储的姓名、头像、邮箱等信息与新浪微博用户的备注名称、头像、邮箱信息进行匹配，如发现一致，则算法会认为该新浪微博用户与该手机通讯录存储的联系人为同一个人，并将该用户在新浪微博的职业信息、教育信息、标签等信息展示在一度人脉该联系人的人脉详情中。

2. 关于脉脉展示新浪微博用户信息的方式，被上诉人微梦公司的意见

（1）协同过滤算法必须基于一定数量及质量的信息

协同过滤算法必须基于一定数量及质量的信息才能计算分析出其他相关信息。本案中，上诉人淘友技术公司、淘友科技公司提供的手机通讯录与微博账号对应关系的准确率高达85%以上，协同过滤算法目前几乎不可能实现这么高的准确率。

①根据当前整个行业技术发展水平，要取得如此高的准确度从技术上是难以实现的。就目前的行业发展整体水平来看，业界使用协同计算可达到的准确率在80%左右，尚未出现行之有效的可以使准确率达到85%～90%的计算方法。虽然业内许多企业投入了大量人力物力以提高计算的准

确率，但都还未发现可以大规模应用到生成环境中的方式。就脉脉自身技术水平而言，淘友技术公司、淘友科技公司使用的方法仅为业界普通的方法。换言之，并不存在即使缺少物料也能得出高准确率的可能。微梦公司经营的新浪微博在拥有 5 亿用户的大规模物料基础上，通过协同计算可达到的准确率也仅为 80% 左右。而脉脉既不拥有大量物料，也不具备高水平计算方法，其声称的 85%～90% 的准确率明显不足为信。②使用协同过滤算法需要大量的基础信息，只有在用户数据充足的情况下才有条件进行协同过滤计算。上诉人淘友技术公司、淘友科技公司作为行业内的年轻企业，其初期注册用户仅为百万，这不足以作为协同计算的基础。③进行协同计算还需要较高准确度和关联度的信息。本案中，上诉人淘友技术公司、淘友科技公司获得的用户信息与其最终展现的通讯录和微博对应关系并不具有较高关联度。例如，通常通讯录中的名称、头像、标签等信息是存储该联系人的手机用户自主添加的，与该联系人实际使用在微博的昵称等信息通常不会高度近似；再如，手机通讯录中存储的他人邮箱，往往是为便利工作而关联的工作邮箱，但微博用户注册账号时通常会使用个人邮箱，二者匹配性较差。④无法通过协同计算得出个性化职业信息及具体职位信息。根据协同计算的基本原理可知，数据挖掘的结果一定是基于现有数据统计规律推理和总结得出，正如上诉人淘友技术公司、淘友科技公司专家辅助人举例说明，根据一个人的好友中有许多人都是清华毕业，则推定该人可能也是清华毕业。然而，在脉脉软件中显示的用户职业有诸如"芍药居长老"这样的个性化职业名称，显然，该用户不可能拥有数个"芍药居长老"的好友，这样的职业是无法通过协同计算得出的。此外，使用协同计算也无法得出用户的具体职位信息。协同计算是基于信息的共性来推算出目标用户信息的，而这种共性显然不会出现在职位信息中。由于一个公司某一职位具有唯一性，不可能依据某用户的好友都是某公司经理，从而推断该用户也是某公司经理。

因此，被上诉人微梦公司认为在技术及基础信息都无法满足标准的情况下，上诉人淘友技术公司、淘友科技公司很难通过协同过滤计算法得出精准度如此之高的通讯录和微博的对应关系。

（2）即使淘友公司进行协同计算的事实成立，其使用的基础数据仍是

从新浪微博非法获取的用户信息

　　根据前述的协同计算原理，挖掘某一类型数据，只能依据同类型基础数据进行计算。具体而言，若要计算用户的职业、教育信息，只能依据该用户好友的职业、教育信息来推测。如果已经有了具体某个用户的职业、教育信息，再通过所谓协同过滤算法进行计算则无此必要。因此，淘友公司进行协同计算的事实即便成立，其使用的基础数据仍是从新浪微博非法获取的。

　　3. 关于脉脉展示新浪微博用户信息的方式之二审法院认定

　　在法院查明事实的基础上，结合双方当事人的专家辅助人对于手机通讯录联系人与新浪微博用户的对应关系的解释意见，法院认为，首先，可以确认脉脉用户手机通讯录中联系人在未注册脉脉账号的情况下，因为脉脉用户上传个人手机通讯录而使得该通讯录中联系人的新浪微博信息能够在脉脉用户的一度人脉中展现。其次，关于这种对应关系的获取方式，被上诉人微梦公司未能提供证据证明上诉人淘友技术公司、淘友科技公司实施了抓取新浪微博用户手机号码的行为，但是，其提供了协同过滤算法的目前发展状况说明以及相应的技术效果需要的条件，以此来论证上诉人淘友技术公司、淘友科技公司是无法通过协同过滤算法实现如此高精准的计算结果以及极具个性化的匹配关系。对此，法院认可协同过滤算法确实可以计算出这种对应关系，亦不否认经过技术的改进或算法的提高，在具备一定条件的情况下可以实现高精准的计算结果甚至计算出极具个性化的匹配关系。但是，考虑到目前协同过滤算法的发展水平，上诉人淘友技术公司、淘友科技公司所拥有的基础数据情况及最终展现的对应关系的高度准确性，极具个性化特点的信息的对应关系等因素，上诉人淘友技术公司、淘友科技公司应就其如何实现本案中展示的高精准以及极具个性化的对应关系进行说明。本案中，上诉人淘友技术公司、淘友科技公司并未能就其所采用的协同过滤算法的具体计算方法、进行协同计算前如何辨别基础数据的准确性以及如何对基础数据进行筛选等问题进行说明，特别是没有就在新浪微博信息中未填手机号码的用户如何通过协同过滤算法，精准地计算出其与手机通讯录中联系人之间的对应关系进行说明。因此，根据证据优势原则，法院认为，上诉人淘友技术公司、淘友科技公司主张其全部对应关系均系通过协同过滤算法计算得出的依据不足，法院不予支持。最后，从脉脉用户注册程序及双方合作情况来看，脉脉软件在与新浪微博合作期间，仅能通过新浪微博账号注册登录或通过手机号码注册登录，且脉脉用户注册登录的前提是需要上传手机通讯录联系人，而大量新浪微博用户也通过手机号码注册登录。由此可见，通过手机号码将手机通讯录联系人与新浪微博用户相对应成为最直接、最高效、最准确的方法。考虑到手机通讯录联系人与新浪微博用户的对应关系的高度准确性及极具个性化的微博信息亦能与相应的手机通讯录联系人相对应，在没有证据证明上诉人淘友技术公司、淘友科技公司采取了其他方式获取前述对应关系的情况下，法院依据举证规则及在案证据，推定上诉人淘友技术公司、淘友科技公司在获取手机通讯录联系人与微博信息对应关系时存在通过手机号码、其他类似手机号码的用户精准信息进行匹配的行为。一审法院从常理推断认定上诉人淘友技术公司、淘友科技公司系将用户上传的手机通讯录联系人手机号与其从新浪微博取得的用户手机号进行匹配的方法不当，对于技术问题的查明，法院应该充分运用举证规则，从证据优势的角度判断法律事实而不能直接基于常理进行推断。

（二）上诉人淘友技术公司、淘友科技公司展示用户通讯录联系人与新浪微博用户之间的对应关系的行为是否构成不正当竞争行为

上诉人淘友技术公司、淘友科技公司称其将脉脉用户手机通讯录与新浪微博用户进行对应的行为并未构成不正当竞争行为的主要理由有两方面。一方面，用户真实姓名、手机号及其微博账号的对应关系并非被上诉人微梦公司的重要经营利益所在。目前，注册新浪微博的方式有两种，一是通过手机号注册，二是通过邮箱注册。登录新浪微博的方式除了注册新浪微博的手机号或邮箱外，还可通过百度账号、QQ账号、淘宝账号、联通沃邮箱账号登录。由于新浪微博用户注册和登录新浪微博账号的多样性，且其未必在其新浪微博个人资料页面填写手机号及真实姓名，因此，新浪微博并不一定能够获取用户真实姓名、手机号及其微博账号的对应关系。而且，作为一款社交媒体平台，新浪微博的主要功能在于用户通过平台进行创作、分享和查询信息、实时更新状态，并与其他用户进行沟通等，而新浪微博用户的真实姓名、手机号是基于用户自身意愿选择填写的

内容，不填写该内容并不影响新浪微博功能的使用。大多数人出于隐私保护不会在新浪微博填写自己的真实姓名及手机号。因此，新浪微博无法掌握大部分用户在现实生活中的真实姓名及手机号，用户真实姓名、手机号及其微博账号的对应关系更不是被上诉人微梦公司的重要经营利益所在。另一方面，获取并使用手机通讯录联系人与新浪微博用户的对应关系本身并未损害新浪微博的竞争利益，未危害用户的信息安全，亦未违反相关法律法规或合同约定。因此，上诉人淘友技术公司、淘友科技公司的行为并未构成不正当竞争行为。

被上诉人微梦公司称，新浪微博是全方位公开的社交软件，并非每个用户都愿意将其真实姓名公开，或者将手机号与新浪微博完全对应。在现代生活中，将手机号提供给他人并不意味着用户希望将所有信息一并予以公开。脉脉未经用户同意擅自公开的行为，是对新浪微博用户隐私权益的极大侵害。上诉人淘友技术公司、淘友科技公司抗辩其并未直接展现新浪微博的相应链接，故没有展现对应关系。但上诉人淘友技术公司、淘友科技公司展现了头像信息、标签信息、教育信息、职业信息，第三方可以轻松定位真实的对应关系，导致新浪微博用户的个人信息被严重侵害。即使上诉人淘友技术公司、淘友科技公司没有展现链接，对于新浪微博和手机号对应关系应用本身也侵犯了用户权益及被上诉人微梦公司的利益。新浪微博与手机号对应关系属于非公开的信息，上诉人淘友技术公司、淘友科技公司即便通过技术手段自行获得了该对应关系，也不应使用并谋取商业利益。

二审法院认为，首先，上诉人淘友技术公司、淘友科技公司无论通过何种方式获取了新浪微博用户的头像信息、标签信息、职业信息、教育信息，其将该信息展现在脉脉软件的人脉详情中，虽然好友名称仅显示通讯录名称而非新浪微博账号，但对于微博用户而言，头像信息、标签信息、职业信息、教育信息是用户的主要信息，上诉人淘友技术公司、淘友科技公司公开新浪微博用户的头像信息、标签信息、职业信息、教育信息，他人就可能由此对应新浪微博用户的账号信息。即使如上诉人淘友技术公司、淘友科技公司所言，"脉脉未披露手机通讯录联系人的新浪微博账号，是该新浪微博用户对其个人信息未设置隐私策略，选择完全对公众公开……"根据《开发者协议》第 2.5.1 条规定：开发者应用或服务需要收集用户数据的，必须事先获得用户的同意，仅应当收集为应用程序运行及功能实现目的而必要的用户数据和用户在授权网站或开发者应用生成的数据或信息。开发者应当告知用户相关数据收集的目的、范围及使用方式，以保障用户的知情权。新浪微博用户选择对公众公开个人信息，并不意味着上诉人淘友技术公司、淘友科技公司可以未经新浪微博用户的同意，获取用户头像信息、标签信息、职业信息、教育信息并展示在脉脉软件的人脉详情中。其次，上诉人淘友技术公司、淘友科技公司将微博用户的信息与脉脉用户上传的手机通讯录中的联系人进行对应关系的展示，使得在脉脉软件运行环境中非脉脉用户的微博信息进行了公开展示，而这样的展示并没有告知非脉脉用户亦未得到其同意，严重损害了非脉脉用户的知情权和选择权。最后，上诉人淘友技术公司、淘友科技公司实现将微博用户的信息与脉脉用户上传的手机通讯录中的联系人进行对应的方法中，存在通过获得微博用户手机号码进行匹配的情形。目前我国个人手机号实行实名登记，手机号码是微博用户的重要个人信息，获取、使用涉及个人的重要信息或者敏感信息应得到用户的明确同意。无论上诉人淘友技术公司、淘友科技公司通过何种方式获得微博用户手机号码，其均未提供证据证明已经取得用户的明确同意。

因此，二审法院认为，第一，上诉人淘友技术公司、淘友科技公司的行为违反了诚实信用原则和公认的商业道德。如前所述，在互联网中涉及对用户信息的获取并使用的不正当竞争行为认定时，是否取得用户同意以及是否保障用户的自由选择是公认的商业道德。本案中，上诉人淘友技术公司、淘友科技公司作为市场经营主体，应当遵守公认的商业道德，履行《开发者协议》中规定的义务，在通过 OpenAPI 接口获得相关信息时应取得用户的同意。同时，新浪微博是否采取技术措施要求开发者应用提供其已经取得用户同意的证明，并不影响开发者应依照诚实信用原则履行《开发者协议》规定的告知义务。此外，脉脉通过用户上传手机通讯录展示非脉脉用户的微博信息，损害了非脉脉用户的知情权和选择权。第二，上诉人淘友技术公司、淘友科技公司将对应关系进行展示亦不属于行业惯例。上诉人淘友技术公司、淘友科技公司表示新浪微博、微信、人脉通、得脉等其他应用软件也展示涉案对应关系，但从（2015）京中信内经证字21390号公证书公证的内容来看，新浪微博、微信、人脉通、得脉软件中展示的对应关系是手机通讯录与其自身软件注册的关系，例如，微信中能够展示手机通讯录中的其他微信用户，并注明微信昵称，而并非展示手机通讯录与其他应用软件之间的对应关系。因此，现有证据不能证明上诉人淘友技术公司、淘友科技公司展示的对应关系符合行业惯例。第三，上诉人淘友技术公司、淘友科技公司获取并展示对应关系的行为损害了公平的市场竞争秩序，同时，一定程度上损害了上诉人微梦公司的竞争利益。市场竞争主体在自由竞争时应遵守公认的商业道德，维护公平的市场秩序。本案中，上诉人淘友技术公司、淘友科技公司与被上诉人基于 OpenAPI 开发合作模式进行合作，双方均应遵守互联网环境中的商业道德，以诚实信用为原则，尊重用户隐私，保障用户的知情权和选择权，公平、平等地展开竞争，不得采取不正当手段损害公平、公开、公正的市场竞争秩序，侵犯对方的合法利益。在数据资源已经成为互联网企业重要的竞争优势及商业资源的情况下，互联网行业中，企业竞争力不仅体现在技术配备上，还体现在其拥有的数据规模上。大数据拥有者可以通过拥有的数据获得更多的数据从而将其转化为价值。对社交软件而言，拥有的用户越多将吸引更多的用户进行注册使用，该软件的活跃用户越多则越能创造出更多的商业机会和经济价值。新浪微博作为社交媒体平台，月活跃用户数达到亿人次，平均日活跃用户数达到千万人次，被上诉人微梦公司作为新浪微博的经营人，庞大的新浪微博用户的数据信息是其拥有的重要商业资源。用户信息作为社交软件提升企业竞争力的基础及核心，新浪微博在实施开放平台战略中，有条件地向开发者应用提供用户信息，坚持"用户授权" + "新浪授权" + "用户授权"的三重授权原则，目的在于保护用户隐私同时维护企业自身的核心竞争优势。脉脉应用于 2013 年 10 月底上线，是一款基于移动端的人脉社交应用，通过分析用户的新浪微博和通讯录数据，帮助用户发现新的朋友，并且可以使他们建立联系。但是，上诉人淘友技术公司、淘友科技公司违反《开发者协议》，未经用户同意且未经被上诉人微梦公司授权，获取新浪微博用户的相关信息并展示在脉脉应用的人脉详情中，侵害了被上诉人微梦公司的商业资源，不正当地获取竞争优势，这种竞争行为已经超出了法律所保护的正当竞争行为。

综上，上诉人淘友技术公司、淘友科技公司未经新浪微博用户的同意及新浪微博的授权，获取、使用脉脉用户手机通讯录中非脉脉用户联系人与新浪微博用户对应关系的行为，违反了诚实信用原则及公认的商业道德，破坏了 OpenAPI 的运行规则，损害了互联网行业合理有序公平的市场竞争秩序，一定程度上损害了被上诉人微梦公司的竞争优势及商业资源，根据《反不正当竞争法》第二条的规定，上诉人淘友技术公司、淘友科技公司展示对应关系的行为构成不正当竞争行为。

三、上诉人淘友技术公司、淘友科技公司实施的涉案行为是否构成对被上诉人微梦公司的商业诋毁

《反不正当竞争法》第十四条规定：经营者不得捏造、散布虚伪事实，损害竞争对手的商业信誉、商品声誉。商业诋毁有三个构成要件：（1）主体是经营者；（2）行为是捏造、散布虚伪事实；（3）后果是损害竞争对手的商业信誉、商品声誉。

本案中，上诉人淘友技术公司、淘友科技公司与被上诉人微梦公司同为社交软件的经营者，软件的功能及用户群体存在重叠，符合商业诋毁行为的主体要件。关于被诉行为是否构成商业诋毁的行为要件，可以从以下四个方面进行判断：（1）披露原告负面信息时，存在虚构、歪曲、夸大等情形，误导相关公众对原告作出负面评价的；（2）披露原告负面信息时，虽能举证证明该信息属客观、真实，但披露方式显属不当，且足以误导相关公众从而产生错误评价的；（3）以言语、奖励积分、提供奖品或者优惠服务等方式，鼓励、诱导网络用户对原告作出负面评价的；（4）其他构成商业诋毁的情形。本案中，（2014）京长安内经证字第 23764 号公证书中《脉脉遭新浪微博封杀：创业者如何同巨头共舞》报道了上诉人淘友技术公司、淘友科技公司的法定代表人林凡的微博内容："我的人生面临过很多次纠结，但这一次选择，只用了 1 秒钟。理由很朴素：用户在脉脉的隐私资料，不可能在未经用户授权的情况下，以任何形式、任何理由，提供给任何第三方。脉脉决定：关闭微博登录……"此外，上诉人淘友技术公司、淘友科技公司在脉脉网站、脉脉软件及第三方网站上发表声明，"因新浪微博今日要求交出用户数据才能继续合作，我们拒绝接受……用户隐私是底线，脉脉无法接受与用户数据有关的任何要求，我们选择关闭微博登录！"所用配图有新浪微博标识的被加禁止符号。对此，二审法院认为，上诉人淘友技术公司、淘友科技公司披露双方终止合作的方式显属不当，上诉人淘友技术公司、淘友科技公司没有客观、完整地呈现双方终止合作的前因后果，上诉人淘友技术公司、淘友科技公司及其法定代表人的公开声明中的表达将会误导新浪微博用户及其他相关公众对被上诉人微梦公司产生泄露用户信息及以交换用户数据为合作条件的错误评价，故上诉人淘友技术公司、淘友科技公司的前述行为符合商业诋毁的行为要件。大数据时代，用户数据安全是每一个网络用户关心的问题，也是整个互联网行业普遍关注的问题，互联网企业保护用户数据安全是企业的法律责任、社会责任，也是用户选择其提供服务时考虑的重要因素。自媒体时代网络的发达便捷使得互联网信息传播速度非常快，上诉人淘友技术公司、淘友科技公司公开发表的声明中称，"新浪微博今日要求交出用户数据才能继续合作"等内容可能在短时间内就会广泛传播，进而可能误导相关公众认为被上诉人微梦公司泄露用户信息并试图不正当使用用户数据从而导致新浪微博的信用度降低，影响被上诉人微梦公司的商业信誉，故上诉人淘友技术公司、淘友科技公司的前述行为符合商业诋毁行为的后果要件。

综上，上诉人淘友技术公司、淘友科技公司在公开声明中没有客观、完整地呈现双方终止合作的前因后果，披露方式显属不当，将会误导新浪微博用户及其他相关公众对被上诉人微梦公司产生泄露用户信息、非法获取用户信息的错误评价，损害被上诉人微梦公司的商业信誉，构成商业诋毁行为。因此，一审法院对此认定正确，二审法院予以维持。上诉人淘友技术公司、淘友科技公司的该项上诉理由缺乏依据，二审法院不予支持。

四、一审判决有关民事责任的确定是否适当

庭审中，上诉人淘友技术公司、淘友科技公司称其现已全部删除从新浪微博平台获取的用户信息，并已删除相关网络媒体发表的言论，一审法院判决第一项内容要求上诉人淘友技术公司、淘友科技公司自判决生效之日起停止涉案不正当竞争行为，不具可执行性。关于赔偿数额，上诉人淘友技术公司、淘友科技公司称即使本案认定其存在不正当竞争行为，但双方在一审庭审中均未提交相关证据对被上诉人微梦公司实际损失及上诉人淘友技术公司、淘友科技公司获取利益的情况予以证明，且一审法院并未查清被上诉人微梦公司是否存在实际损失以及上诉人淘友技术公司、淘友科技公司的获利情况及获利方式，仅依据"本案涉及的用户群体广泛、影响范围巨大、危害性显而易见，且二被告过错程度明显等因素"判令上诉人淘友技术公司、淘友科技公司向被上诉人微梦公司赔偿 200 万元，缺乏事实和法律依据。

二审法院认为，根据《中华人民共和国侵权责任法》第十五条规定，承担侵权责任的主要方式有停止侵害、赔偿损失和消除影响等。上诉人淘友技术公司、淘友科技公司涉案被诉行为构成反不正当竞争法意义上的不正当竞争行为，属于一种民事侵权行为，应当承担停止侵害的民事责任。对于无法确认在一审判决前是否已经停止的被诉侵权行为，一审法院直接判决停止涉案不正当竞争行为并无不妥，上诉人淘友技术公司、淘友科技公司如果已经停止了涉案不正当竞争行为则属于已经履行了判决，不存在不能执行的情形。关于赔偿数额的确定问题，根据《反不正当竞争法》第二十条第一款规定，经营者违反本法规定，给被侵害的经营者造成损害的，应当承担损害赔偿责任，被侵害的经营者的损失难以计算的，赔偿额为侵权人在侵权期间因侵权所获得的利润；并应当承担被侵害的经营者因调查该经营者侵害其合法权益的不正当竞争行为所支付的合理费用。依据前款规定，被侵害的经营者因不正当竞争行为所受到的实际损失难以确定的，应当要求其对侵权人所获得的利润进行举证；在被侵害的经营者已经提供侵权人所获得利润的初步证据，而与不正当竞争行为相关的账簿、资料、后台数据主要由侵权人掌握的情况下，可以责令侵权人提供与不正当竞争行为相关的账簿、资料、后台数据；侵权人无正当理由拒不提供或者提供虚假的账簿、资料、后台数据的，可以根据被侵害的经营者的主张和提供的证据认定侵权人所获得的利润。侵权人所获得的利润可以依据不正当竞争行为持续时间、范围、用户访问量、相关广告或者其他形式的收益等综合予以确定。本案中，在双方均未提交充分证据证明本案不正当竞争行为对被上诉人微梦公司造成的实际损失或上诉人淘友技术公司、淘友科技公司因侵权行为所获得的利润，一审法院考虑到涉案不正当竞争行为涉及的用户群体广泛、影响范围巨大、危害性显而易见及双方均存在过错的情况下，没有全额支持被上诉人微梦公司的诉讼请求，酌定200万元的赔偿数额没有明显不当，二审法院不予调整。

此外，二审法院需要指出，随着社交网络、网盘、位置服务等新型信息发布方式的出现，数据正以突飞猛进的速度增长和累计，数据从简单的信息开始转变为一种经济资源，管理并运用好数据资源，关系着权利人个人信息的保护及企业自身竞争优势的提高，保障网络安全秩序，更关系到社会公共利益的维护及经济社会信息化的健康可持续发展。网络运营者是网络建设与运行的关键参与者，在保障网络安全中具有优势和基础性作用，应当遵循合法、正当、必要的原则，尽到网络运营者的管理义务。第三方应用开发者作为网络建设与运行的重要参与者，在收集、使用个人数据信息时，应当遵循诚实信用的原则及公认的商业道德，取得用户同意并经网络运营者授权后合法获取、使用数据信息。

本案中，微梦公司作为新浪微博的网络运营者，拥有上亿用户的个人信息，庞大的用户群及数据信息成为新浪微博在社交软件中的竞争优势。但是，微梦公司在OpenAPI的接口权限设置中存在重大漏洞，被侵权后无法提供相应的网络日志进行举证，对涉及用户隐私信息数据的保护措施不到位，暴露出其作为网络运营者在管理、监测、记录网络运行状态，应用、管理、保护用户数据，应对网络安全事件方面的技术薄弱问题。为了保护新浪微博用户的个人信息及维护新浪微博的竞争优势，微梦公司应当积极履行网络运营者的管理义务，防止用户数据泄露或被窃取、篡改，保障网络免受干扰、破坏或者未经授权的访问。为此二审法院倡议网络运营者在采集运用用户数据时应履行如下管理义务：（1）制定内部数据信息安全管理制度和操作规程，确定网络安全负责人，落实网络数据信息安全保护责任；（2）采取防范计算机病毒和网络攻击、网络侵入等危害网络数据信息安全行为的技术措施；（3）采取监测、记录网络运行状态、网络安全事件的技术措施，并按照规定留存相关的网络日志；（4）采取数据分类、重要数据备份和加密等措施；（5）制定网络安全事件应急预案，及时处置系统漏洞、计算机病毒、网络攻击、网络侵入等安全风险。同时，对于OpenAPI合作开发模式，二审法院认为第三方应用开发者通过OpenAPI合作开发模式获取并使用用户数据应当充分尊重用户的隐私权、知情权和选择权，应当诚实守信，遵守《开发者协议》约定的内容，在运用技术获取数据信息时应以诚信为本。同时，第三方应用开发者作为网络建设与运行的重要参与者，在收集、使用个人数据信息时，应当遵循诚实信用的原则及公认的商业道德，取得用户同意并经网络运营者授权后合法获取、使用数据信息。"互联网＋大数据"时代，用户数据安全与商业化利用是形影不离的两个问题，只有在充分尊重用户意愿，保护用户隐私权、知情权和选择权的前提下，才能更好地利用数据信息，促进网络经济的发展，进而增进消费者福祉，营造公平有序的互联网竞争环境。以上需要网络运营者、第三方应用开发者等各方主体的积极参与和共同努力。

综上，一审判决虽然存在部分技术事实认定不清的问题，但考虑到最终结论正确，二审法院予以维持。上诉人淘友技术公司、淘友科技公司的上诉请求缺乏法律依据，二审法院不予支持。依照《中华人民共和国民事诉讼法》第一百七十条第一款第（一）项之规定，判决如下：

驳回上诉，维持原判。

一审案件受理费83600元，由北京微梦创科网络技术有限公司负担3万元（已交纳），由北京淘友天下技术有限公司、北京淘友天下科技发展有限公司共同负担53600元（于本判决生效之日起七日内交纳）；二审案件受理费22800元，由北京淘友天下技术有限公司、北京淘友天下科技发展有限公司共同负担（已交纳）。

本判决为终审判决。

📌 评析

本案为大数据时代用户信息内容保护及数据权属的首个判例，明确了网络平台提供方可以对在用户同意的前提下基于自身经营活动收集并进行商业性使用的用户数据信息主张权利。网络平台提供方可以就他人未经许可擅自使用其经过用户同意收集并使用的用户数据信息主张权利。本案中，被告淘友技术公司、淘友科技公司通过经营脉脉软件，要求用户注册脉脉账号时上传自己的手机通讯录联系人，从而非法获取这些联系人与原告微梦公司经营的新浪微博中相关用户的对应关系，在这些人未注册脉脉用户的情况下，将其个人信息作为脉脉用户的一度人脉予以展示，同时显示这些人的新浪微博职业、教育等信息。而且，原被告双方合作终止后，二被告没有及时删除从微梦公司获取的新浪微博用户头像、名称（昵称）、职业、教育、个人标签等信息，而是继续使用。二被告的上述行为，危害到新浪微博平台用户信息安全，损害了微梦公司的合法竞争利益，对微梦公司构成不正当竞争。

47. 大量、全文使用其他网站点评信息的行为构成不正当竞争

——大众点评诉北京百度网讯科技有限公司不正当竞争
索赔 9000 万元不正当竞争纠纷案

裁判要旨

经营者通过技术手段，从其他经营者经营网站上获取点评信息，并大量、全文用于充实自己的经营内容，此种使用方式，实质上是替代其他经营者向用户提供信息，其使用行为具有明显的"搭便车""不劳而获"的特点，给其他经营者造成损害。故经营者的上述行为，具有不正当性，构成不正当竞争。

案件索引

一审：上海市浦东新区人民法院（2015）浦民三（知）初字第 528 号
二审：上海知识产权法院（2016）沪 73 民终 242 号

审理经过

原告上海汉涛信息咨询有限公司（简称"汉涛公司"）与被告北京百度网讯科技有限公司（简称"百度公司"）、上海杰图软件技术有限公司

（简称"杰图公司"）不正当竞争纠纷一案，法院受理后，依法适用普通程序，经过庭前会议交换证据后，由审判员徐俊、许根华、邵勋组成合议庭，公开开庭审理。原告汉涛公司委托代理人傅钢，被告百度公司委托代理人王建新、王萱，被告杰图公司委托代理人吴向东到庭参加诉讼。本案现已审理终结。

📰 原告起诉

原告汉涛公司诉称：汉涛公司经营的大众点评网（www. dianping. com）创建于 2003 年 4 月。汉涛公司为经营大众点评网，投入了大量经营成本。大众点评网收集了大量商户信息，并吸引大量消费者通过真实体验发布点评信息。大众点评网中用户点评等内容已经成为广大消费者选择相关商家和服务的重要参考资料，为汉涛公司取得了良好社会效益和经济效益。汉涛公司对于大众点评网的点评信息享有合法权益，依法受我国法律保护。百度公司是百度地图（map. baidu. com）和百度知道（zhidao. baidu. com）的经营者，杰图公司是城市吧街景地图（www. city8. com）的经营者。汉涛公司发现，百度公司存在以下不正当竞争行为。

一、自 2012 年以来，百度公司未经许可，在未付出相应劳动及支出相应成本的情况下，在百度地图、百度知道中大量抄袭、复制大众点评网点评信息，直接替代了大众点评网向用户提供内容。百度公司由此迅速获得用户和流量，攫取汉涛公司市场份额，削减汉涛公司竞争优势及交易机会，给汉涛公司造成了巨额损失。其行为违背公认的商业道德和诚实信用原则，构成不正当竞争。

二、"大众点评"等标识属于知名服务特有名称，百度公司网站使用了上述标识，使得相关公众对服务来源产生误认，属于擅自使用知名服务特有名称的不正当竞争行为。

三、2013 年 4 月 16 日，名为"叶立鹤"的网络用户在其微博"weibo. com/laoyehome"发问："百度地图的美食部分在大量直接引用大众点评网评论和介绍，但仅允许用百度账号登录进行评论。怎么回事？""百度地图"官方微博在"叶立鹤"微博中回复称："亲我们现在是合作关系呀。"

由于双方并不存在合作关系，百度公司该回复构成虚假宣传。杰图公司与百度公司有深度合作关系，其将含有侵权内容的百度地图内嵌于自己网站中，扩大了百度公司的侵权范围，与百度公司构成共同侵权。

综上所述，两被告行为已经严重侵害了汉涛公司利益，给汉涛公司造成了巨额损失，也妨害了公正有序的市场秩序，其应依法承担相应法律责任，故请求判令：一、百度公司立即停止不正当竞争行为，即停止制作及删除百度公司运营的网站以及百度地图手机软件上的不正当竞争内容；二、杰图公司立即停止不正当竞争行为，即停止在其网站内嵌并使用含有侵权内容的百度地图相关产品及服务；三、百度公司、杰图公司共同赔偿汉涛公司经济损失人民币9000万元（以下币种相同）及汉涛公司为制止侵权行为支出的合理费用453470元；四、百度公司、杰图公司在《中国知识产权报》刊登公告，在百度公司、杰图公司网站首页显著位置上连续30天刊登公告，澄清事实，消除不良影响，公告内容需征得汉涛公司书面许可。

被告辩解

被告百度公司辩称：一、百度公司与汉涛公司不是同业竞争关系，大众点评网为用户提供以餐饮为主的消费点评、消费优惠等业务，同时提供餐厅预定、外卖等服务。而百度公司提供的是搜索服务，两者没有直接竞争关系。二、汉涛公司对大众点评网中存在的用户点评不享有任何权利。用户点评绝大部分不属于受著作权法保护的作品。即使用户点评属于作品，其著作权人也非汉涛公司，而是网络用户。即便汉涛公司确实为收集点评信息付出了大量的劳动和成本，汉涛公司关于其对点评信息享有某种权利或权益的主张也无法律依据。三、百度公司使用大众点评网信息并不构成不正当竞争。首先，百度地图通过蜘蛛机器人访问各个网站，至于特定内容可否抓取，搜索引擎将根据网站 Robots 协议的内容判断，百度公司的抓取行为完全符合大众点评网的 Robots 协议。其次，百度公司仅有限地展现来自大众点评网的用户点评，且设置了指向大众点评网的链接，不仅不会给汉涛公司造成损失，还会为汉涛公司带来流量。最后，若汉涛公司认为百度公司构成侵权，其完全可以通过修改大众点评网的 Robots 协议禁止百度公司搜索引擎访问其网站点评信息，但汉涛公司始终未这样做。四、百度公司使用"大众点评"等标识，是为了标注信息的来源，不构成不正当竞争。五、百度公司在"叶立鹤"的微博中回复"合作关系"，该行为不是宣传行为，而是针对特定个人的被动回答。且百度公司并无虚构事实，大众点评网可以使用百度账户登录，即双方账户是打通的，故双方网站当然存在合作关系，百度公司并未进行虚假宣传。六、即使百度公司行为构成侵权，本案应参照著作权法关于法定赔偿的规定，在50万元以下进行酌定。

被告杰图公司辩称：一、其与汉涛公司之间不存在竞争关系。汉涛公司的竞争优势在于商户的分类导航、排序比较。杰图公司的街景地图是3D街道实景地图。二、两被告使用信息方式合理。汉涛公司根本无意禁止搜索引擎抓取其网站点评信息。百度地图仅少量展示大众点评网点评信息，在大众点评网海量点评信息中占比很小。三、两被告行为不会给汉涛公司造成损害，百度地图展示少量点评信息，且都设置了指向大众点评网的链接，可以为大众点评网导流。四、杰图公司街景地图没有使用大众点评网信息。涉嫌侵权的信息在百度地图上，杰图公司网站通过 API（应用程序编程接口）调用百度地图，杰图公司与百度公司不存在共同故意或过失。无论百度公司是否构成不正当竞争，杰图公司均不构成不正当竞争。

一审裁判理由

一审法院认为，根据原、被告双方诉辩意见，本案各方主要争议体现在五个方面：一、关于百度公司使用大众点评网点评信息是否构成不正当竞争；二、关于百度公司对案外人微博回复行为是否构成虚假宣传；三、关于百度公司使用"大众点评"等标识是否构成擅自使用知名服务特有名称；四、关于杰图公司是否与百度公司构成共同侵权；五、关于被告应承担的民事责任。分述如下。

一、关于百度公司使用大众点评网点评信息是否构成不正当竞争

（一）百度公司和汉涛公司是否存在竞争关系

汉涛公司经营的大众点评网向网络用户提供商户基本信息及点评信

息。商户基本信息包括地址、联系方式、商户简介等信息。点评信息是消费者对该商户服务、价格、环境等所发表的评论。网络用户若对某商户感兴趣，可以调用地图查询路线。大众点评网还提供部分商户的团购等服务。

百度公司辩称，大众点评网自称是"城市生活消费平台"，而百度公司是搜索引擎服务商，百度地图、百度知道提供信息亦是其百度搜索服务的一部分，百度地图提供基于位置的服务，故百度公司与汉涛公司不存在竞争关系。一审法院认为，在现代市场经营模式尤其是互联网经济蓬勃发展的背景下，市场主体从事多领域业务的情况实属常见。对于竞争关系的判定，不应局限于相同行业、相同领域或相同业态模式等固化的要素范围，而应从经营主体具体实施的经营行为出发加以考量。反不正当竞争法所调整的竞争关系不限于同业者之间的竞争关系，还包括为自己或者他人争取交易机会所产生的竞争关系以及因破坏他人竞争优势所产生的竞争关系。竞争本质上是对客户即交易对象的争夺。在互联网行业，将网络用户吸引到自己的网站是经营者开展经营活动的基础。即使双方的经营模式存在不同，只要双方在争夺相同的网络用户群体，即可认定为存在竞争关系。

本案中，百度公司除了提供网络搜索服务，还提供其他网络服务。尤其是随着移动互联网的高速发展，百度地图已逐渐成为百度公司最重要的移动端产品之一。百度地图除了提供传统的地理位置服务如定位、导航等之外，亦为网络用户提供商户信息及点评信息，并提供部分商户的团购等服务。大众点评网和百度地图都为用户提供 LBS 服务（Location Based Services，即基于位置的服务）和 O2O 服务（Online To Offline，即线上到线下的服务），两者在为用户提供商户信息和点评信息的服务模式上近乎一致，存在直接的竞争关系。此外，百度公司还通过百度知道向用户提供来自大众点评网的点评信息。百度公司通过搜索技术从大众点评网等网站获取信息，并将搜索引擎抓取的信息直接提供给网络用户，其和大众点评网一样都向网络用户提供商户信息和点评信息，百度公司不仅是搜索服务提供商，还是内容提供商。百度公司通过百度地图和百度知道与大众点评网争夺网络用户，可以认定百度公司与汉涛公司存在竞争关系，百度公司的上述辩称意见一审法院未予采纳。

（二）汉涛公司是否因百度公司的竞争行为而受到损害

汉涛公司诉称，百度公司大量使用大众点评网的点评信息，给大众点评网造成损害。百度公司辩称，大众点评网和百度地图都有海量的商户，汉涛公司仅公证了极其有限的商户，并不能证明百度公司大量使用大众点评网的点评信息。一审法院认为，大众点评网和百度地图均有庞大的商户数量，当事人不可能对所有商户都公证，只能选取部分商户进行公证。汉涛公司举证的公证书中，所涉及的商户主要为餐饮类商户。汉涛公司公证时，根据百度地图自行生成的商户列表进行公证，此种方式所选取的商户具有随机性。此外，汉涛公司亦通过关键词搜索的方式选取商户进行公证。汉涛公司举证的公证书中，不管哪种方式选定的商户，百度地图中都有大量来源于大众点评网的点评信息。即使是百度公司举证的证据，如（2014）京方正内经证字第 16093 号公证书，也可证明百度地图餐饮等类别的商户大量使用大众点评网点评信息的事实。百度公司还举证了大量的公证书，欲证明百度地图中房产、酒店等类别的商户未使用大众点评网的点评信息，但上述证据并不能否认百度地图中其他类别尤其是餐饮类商户大量使用点评信息的事实。

百度公司还辩称，其仅少量使用大众点评网的信息，且在使用点评信息时设置了指向大众点评网的链接，不会对大众点评网产生实质性替代，不会对汉涛公司造成损害。一审法院认为，百度公司使用了部分大众点评网的点评信息，如大众点评网某商户可能有几千条点评信息，百度地图使用了其中的几百条或者几十条信息。按照常识，网络用户通常不会完整查看某商户的几百条甚至几千条点评信息后才作出选择，网络用户通过几十条甚至十几条评论就足以作出选择。尤其对于目前大量使用手机的用户而言，受屏幕尺寸、阅读习惯等因素的制约，网络用户作出选择所需的信息量可能更小。虽然百度地图中设置了指向大众点评网的链接，但由于百度地图中的每一条点评信息都是完整的，用户并不需要再去大众点评网查看该信息。百度地图大量使用大众点评网的点评信息，替代大众点评网向网络用户提供信息，会导致大众点评网的流量减少。百度地图在大量使用大众点评网点评信息的同时，又推介自己的团购等业务，攫取了大众点评网的部分交易机会。百度公司大量使用大众点评网点评信息的行为，会给汉涛公司造成损害。此外，当网络用户使用百度搜索商户名称时，百度公司通过百度知道直接向用户提供来自大众点评网的点评信息，将一些想获取点评信息的网络用户导流到百度知道，即百度公司通过百度知道代替大众点评网向公众提供信息。百度知道上述使用方式，也会截取大众点评网的流量，给汉涛公司造成损害。

（三）百度公司的行为是否具有不正当性

市场经济鼓励正当的竞争，通过竞争，可以实现优胜劣汰。不正当竞争行为会扭曲竞争机制，扰乱市场秩序，应当予以禁止。《中华人民共和国反不正当竞争法》第二章列举了常见的几类不正当竞争行为，但市场竞争行为方式具有多样性和可变性，法律不可能对所有类型的不正当竞争行为都预先作出规定。《中华人民共和国反不正当竞争法》第二条属于原则条款，具有填补法律漏洞的作用。在具体案件中，对那些虽不属于《中华人民共和国反不正当竞争法》第二章所列举，但确属违反诚实信用原则和公认的商业道德而具有不正当性的竞争行为，法院可以适用《中华人民共和国反不正当竞争法》第二条予以调整，以保障市场公平竞争。

一审法院认为，市场经济鼓励市场主体在信息的生产、搜集和使用等方面进行各种形式的自由竞争，但是这种竞争应当充分尊重竞争对手在信息的生产、搜集和使用过程中的辛勤付出。对涉及信息使用的市场竞争行为是否具有不正当性的判断应当综合考虑以下因素：涉案信息是否具有商业价值，能否给经营者带来竞争优势；信息获取的难易程度和成本付出；对信息的获取及利用是否违法、违背商业道德或损害社会公众利益；竞争对手使用信息的方式和范围。针对本案百度公司使用大众点评网点评信息的行为是否具有不正当性，一审法院分析如下。

第一，大众点评网的点评信息是汉涛公司的核心竞争资源之一，能给汉涛公司带来竞争优势，具有商业价值。以大众点评网为代表的点评类网站的出现，有效拓展了消费者获取商户信息的途径，解决了商户和消费者之间信息不对称的问题。在大众点评网提供的信息中，商户基本信息即商户名称、电话、地址、商户简介等信息类似于电话号码簿，尽管包含了商户简介等内容，但其信息量仍然有限，且用户很难判断信息的真伪，尚不能完全解决商户和消费者之间信息不对称的问题。大众点评网真正的优势在于其提供消费者真实的消费体验报告即用户点评。潜在的消费者可以通过点评获取有关商户服务、价格、环境等方面的真实信息，帮助其在同类商家中作出选择。同时，对于商家而言，其也能通过用户点评更准确地了解消费者需求，据此改善服务质量，采取更精准的营销措施。

第二，汉涛公司为运营大众点评网付出了巨额成本，网站上的点评信息是其长期经营的成果。点评类网站很难在短期内积累足够多的用户点评，因为每一条点评都需要由用户亲自撰写。点评类网站具有集聚效应，即网站商户覆盖面越广，用户点评越多，越能吸引更多的网络用户参与点评，也越能吸引消费者到该网站查找信息。此类网站，在开办的早期通常只有投入而没有收益，甚至需要额外支付费用吸引用户发布点评。只有点评数量达到一定规模，网站才有可能进入良性循环。也只有网站的浏览量达到一定的数量，网站才有可能通过广告、团购等途径获取收益。百度地图也有点评功能，百度的用户也可以直接发布点评。但在很多类别的商户中，直接来源于百度用户的点评只占很小的比例，如百度地图中餐饮类商户的点评信息主要来源于大众点评网等网站。在这些类别中，仅凭百度用户贡献的少量点评，百度公司无法为消费者提供足够的信息量。百度公司在我国互联网行业中处于领先的地位，拥有庞大的用户数量，其尚且不能凭借自己的用户获取足够的点评信息，由此亦可见点评信息的获得并非易事。

第三，大众点评网的点评信息由网络用户发布，网络用户自愿在大众点评网发布点评信息，汉涛公司获取、持有、使用上述信息未违反法律禁止性规定，也不违背公认的商业道德。通过法律维护点评信息使用市场的正当竞争秩序，有利于鼓励经营者创新业务模式，投入成本改善消费者福祉。相反，则将没有经营者再愿意投入巨额成本进行类似的创新性、基础性的工作，从而抑制经营者创新的动力。

第四，在靠自身用户无法获取足够点评信息的情况下，百度公司通过技术手段，从大众点评网等网站获取点评信息，用于充实自己的百度地图和百度知道。百度公司此种使用方式，实质是替代大众点评网向用户提供信息，对汉涛公司造成损害。百度公司并未对于大众点评网中的点评信息作出贡献，却在百度地图和百度知道中大量使用了这些点评信息，其行为具有明显的"搭便车""不劳而获"的特点。正是基于上述综合考虑，一审法院认为，百度公司大量、全文使用涉案点评信息的行为违反了公认的商业道德和诚实信用原则，具有不正当性。百度公司上述行为给汉涛公司造成了实质损害，具有不正当性，构成不正当竞争。

百度公司辩称，大众点评网的 Robots 协议允许百度公司抓取其网站的信息，故百度公司的行为不构成不正当竞争。一审法院确认，网站通过 Robots 协议可以告诉搜索引擎哪些内容可以抓取，哪些内容不能抓取。由于 Robots 协议是互联网行业普遍遵守的规则，故搜索引擎违反 Robots 协议抓取网站的内容，可能会被认定为违背公认的商业道德，从而构成不正当竞争。但并不能因此认为，搜索引擎只要遵守 Robots 协议就一定不构成不正当竞争。Robots 协议只涉及搜索引擎抓取网站信息的行为是否符合公认的行业准则的问题，不能解决搜索引擎抓取网站信息后的使用行为是否合法的问题。

本案中，百度公司的搜索引擎抓取涉案信息并不违反 Robots 协议，但这并不意味着百度公司可以任意使用上述信息，百度公司应当本着诚实信用的原则和公认的商业道德，合理控制来源于其他网站信息的使用范围和方式。百度公司拥有强大的技术能力及领先的市场地位，若不对百度公司使用其他网站信息的方式依法进行合理规制，其完全可以凭借技术优势和市场地位，以极低的成本攫取其他网站的成果，达到排挤竞争对手的目的。

一审法院注意到，百度地图经过多次改版，不同版本的百度地图使用其他网站点评信息的方式并不完全相同。在百度地图早期的安卓版本中，百度地图谨慎地少量使用来自其他网站的点评信息。如（2013）沪卢证经字第 1047 号公证书载明，在该版本的百度地图中，其商户页面仅显示了三条来自大众点评网的点评，且每条点评信息都未全文显示，每条信息都设置了指向大众点评网的链接。汉涛公司主张，百度公司的上述使用方式亦属于不正当竞争行为。一审法院认为，由于该版本的百度地图只提供三条来自大众点评网的点评信息，每条点评信息均未全文显示，且每条点评信息均设置了指向信息源网站的链接，百度地图中的此类使用方式，不足以替代大众点评网向公众提供点评信息，不会对汉涛公司造成实质损害，该类行为不违背公认的商业道德和诚实信用原则，不构成不正当竞争。

二、关于百度公司对案外人微博的回复行为是否构成虚假宣传

汉涛公司诉称，百度公司与汉涛公司不存在合作关系，百度公司在"叶立鹤"的微博中回复"我们现在是合作关系"，属于虚假宣传。一审法院认为，结合"叶立鹤"所发的微博，"百度地图"回复称"我们现在是合作关系"，按照通常理解，会以为百度公司使用大众点评网的内容已经经过了汉涛公司的许可。因此，"百度地图"官方微博的该回复确实可能会使阅读该微博的用户产生误解。但并非所有可能导致误解的言行均构成虚假宣传。虚假宣传是针对公众的误导行为，该不正当竞争行为包括几个方面：首先，行为的方式是以广告或其他方式；其次，行为所针对的对象为公众，其内容需可为相当数量的公众所知悉；最后，行为后果不仅可能误导公众，而且会给当事人造成损害。

结合本案的具体情况，一审法院认为，百度公司的该行为尚不构成虚假宣传。第一，"亲我们现在是合作关系呀"这条信息并未发布在"百度地图"自身的微博页面上，该行为有较强的针对性，系针对"叶立鹤"微博的回复。第二，根据微博的特点，除了关注了"叶立鹤"的网络用户，其他网络用户一般不会看到这条微博。即使是关注了"叶立鹤"的网络用户，也不一定会阅读其每一条微博，至于最终阅读了"百度地图"回复内容的网络用户则更少。"叶立鹤"的涉案微博"@大众点评网@百度地图"，即"百度地图"和"大众点评网"的官方微博都收到该条信息。"叶立鹤"发布涉案微博后，除了"百度地图"的回复，没有其他人对该微博回复或评论，连"大众点评网"也未回复，可见该微博并未引起公众的关注，影响极其有限。且微博有很强的时效性，在当前这样一个信息爆炸的时代，除了汉涛公司为了诉讼专门去搜索这条微博，几乎没有其他公众会去翻阅这条微博。第三，认定行为是否构成不正当竞争行为，需以该行为是否会给行为人带来竞争优势或者足以给其他经营者造成损害为条件。对于不会造成实际损害或者损害极其轻微的行为，司法不应予以干预。因汉涛公司的证据尚不足以证明其因百度公司的微博回复而受到了损害，故汉涛公司关于百度公司构成虚假宣传的主张，一审法院未予支持。

三、关于百度公司使用"大众点评"等标识是否构成擅自使用知名服务特有名称

百度地图和百度知道对来源于大众点评网的信息，标注了"来自大众点评"等标识。汉涛公司主张，百度公司的上述行为构成擅自使用知名服务特有名称的不正当竞争行为。法院认为，百度地图对于来源于大众点评网的信息，使用"大众点评"等标识，该行为系为了指示信息的来源，属于对他人标识的合理使用，并无不当。汉涛公司关于百度公司构成擅自使用知名服务特有名称的主张，法院未予支持。

四、关于杰图公司是否与百度公司构成共同侵权

汉涛公司主张，杰图公司和百度公司构成共同侵权。杰图公司主张，涉嫌侵权的信息存于百度地图，杰图公司根据百度地图的应用程序编程接口（API）调用百度地图，不构成共同侵权。法院认为，杰图公司运营的街景地图向网络用户提供实景地图，街景地图中并无来自大众点评网的点评信息。杰图公司运营的网站可调用百度地图，侵权的信息存在于百度地图中。随着互联网的发展，尤其是移动互联网的发展，大量的经营者需要向公众提供基于位置的服务（LBS）。因自己开发电子地图需要投入巨额成本，故绝大部分经营者会调用专业地图服务商提供的地图，如百度地图、高德地图、腾讯地图等。地图服务商会提供应用程序编程接口（API）、软件开发工具包（SDK），其他经营者只需根据地图服务商公布的技术规范，就可实现在自己的网站或移动应用中调用地图。大众点评网在提供定位、路线规划、导航服务时，也需要调用其他网站的地图。杰图公司的网站调用百度地图的方式，符合行业通行做法。

百度地图对相关点评信息的使用虽然构成不正当竞争，但提供点评信息仅是其众多服务中的一部分，百度地图还提供定位、位置查询、路线规划、导航等大量其他实质非侵权服务。杰图公司通过应用程序编程接口（API）调用百度地图，并非单纯指向百度地图中的点评信息，其主观上没有与百度公司共同实施侵权行为的故意，其行为符合行业通行做法，不违背公认的商业道德和诚实信用原则，并无不当。汉涛公司关于杰图公司与百度公司构成共同侵权的主张，一审法院未予支持。

五、关于百度公司应承担的民事责任

百度公司构成不正当竞争，应当承担相应民事责任。鉴于百度公司目前仍然大量、全文使用大众点评网点评信息，其应当立即停止此种不正当地使用点评信息的行为。关于赔偿损失，汉涛公司主张，根据汉涛公司的营业成本，考虑到大众点评网绝大部分点评内容和相关信息均被侵权，主张赔偿金9000万元。一审法院认为，虽然汉涛公司举证的审计报告中载明了营业成本，但该成本并非全部是大众点评网获取点评信息的成本，故不能以该营业成本为依据计算汉涛公司的经济损失。当事人也没有其他证据证明因百度公司不正当竞争行为给汉涛公司造成的损失或者为百度公司带来的利润，故一审法院综合考虑百度地图和百度知道的市场地位、百度公司使用涉案点评信息的方式和范围、涉案不正当竞争行为的持续时间、百度公司在本案诉讼过程中仍未停止不正当竞争行为、网站从用户直接获取点评信息的难易程度等因素，酌情确定赔偿金额。

百度公司还应当赔偿汉涛公司为制止不正当竞争行为所支出的合理费用。汉涛公司主张，其为本案支出公证费5万元、打印费和复印费3470元。百度公司主张，汉涛公司未提交完整的公证费发票原件，故对汉涛公司主张的其支出5万元公证费的事实不予认可。一审法院认为，汉涛公司举证的发票复印件盖有公证处的发票专用章，故一审法院认定上述发票的真实性。但并非汉涛公司实际支出的费用均应由百度公司承担，一审法院根据公证的合理性、必要性等因素，酌情支持公证费、打印费和复印费3万元。关于律师费，汉涛公司举证了40万元的律师费发票。百度公司辩称，汉涛公司主张的律师费金额过高，且百度公司与汉涛公司存在多个纠纷，不能认定该发票与本案的关联性。

一审法院认为，汉涛公司主张的律师费较高，其仅提供了律师费发票，未提供聘请律师合同等证据佐证其确为本案支出了40万元的律师费，一审法院综合考虑实际赔偿额与请求赔偿额、案件复杂程度、律师工作量等因素，酌定律师费20万元。由于百度公司在本案中的不正当竞争行为会给汉涛公司造成经济损失，但不会导致社会公众对汉涛公司的评价降低，不会给汉涛公司的商誉造成不良影响，故汉涛公司要求百度公司刊登公告以消除影响的诉讼请求，法院未予支持。

综上所述，依照《中华人民共和国反不正当竞争法》第二条、第五条第（二）项、第九条第一款、第二十条的规定，作出判决。

一审裁判结果

一、被告北京百度网讯科技有限公司于本判决生效之日起立即停止以不正当的方式使用原告上海汉涛信息咨询有限公司运营的大众点评网的点评信息。

二、被告北京百度网讯科技有限公司于本判决生效之日起10日内赔偿原告上海汉涛信息咨询有限公司经济损失人民币300万元及为制止不正当竞争行为所支付的合理费用人民币23万元。

三、驳回原告上海汉涛信息咨询有限公司的其余诉讼请求。

负有金钱给付义务的当事人如未按本判决指定的期间履行给付义务，应当依照《中华人民共和国民事诉讼法》第二百五十三条之规定，加倍支付迟延履行期间的债务利息。

案件受理费人民币494067元，由原告上海汉涛信息咨询有限公司负担238207元，由被告北京百度网讯科技有限公司负担255860元。

二审裁判理由

二审法院认为，根据双方当事人在二审中的诉辩意见，本案的主要争议焦点为：一、百度公司实施的被控行为是否构成不正当竞争行为；二、若被控行为构成不正当竞争行为，一审法院所确定的损害赔偿数额是否合理。

一、百度公司实施的被控行为是否构成不正当竞争行为

《中华人民共和国反不正当竞争法》第二条规定，经营者在市场交易中，应当遵循自愿、平等、公平、诚实信用原则，遵守公认的商业道德。违反本法规定，损害其他经营者的合法权益，扰乱社会经济秩序的行为属于不正当竞争。该条款系反不正当竞争法的一般条款，适用一般条款应满足以下三个要件：一是法律对该种竞争行为未作出特别规定；二是其他经营者的合法权益确因该竞争行为而受到了实际损害；三是该种竞争行为因确属违反诚实信用原则和公认的商业道德而具有不正当性或者说可责性。就上述要件的适用而言，各方当事人的主要争点在于，一是汉涛公司的利益是否因百度公司的行为受到损害，二是百度公司的行为是否违反诚实信用原则和公认的商业道德。以下分别进行评述。

（一）汉涛公司的利益是否因百度公司的行为受到损害

汉涛公司在本案中主张百度公司的行为违反反不正当竞争法一般条款的规定，需要满足其是否具有可获得法律保护的权益条件。本案中，汉涛公司的大众点评网站通过长期经营，其网站上积累了大量的用户点评信息，这些点评信息可以为其网站带来流量，同时这些信息对于消费者的交易决定有着一定的影响，本身具有较高的经济价值。汉涛公司依据其网站上的用户点评信息获取利益并不违反反不正当竞争法的原则精神和禁止性规定，其以此谋求商业利益的行为应受保护，他人不得以不正当的方式侵害其正当权益。

在案证据显示，用户在百度地图和百度知道中搜索某一商户时，尤其是餐饮类商户时，所展示的用户评论信息大量来自大众点评网，这些信息均全文显示且主要位于用户评论信息的前列，并附有"来自大众点评"的跳转链接。法院认为，虽然百度公司在百度地图和百度知道产品中使用涉案信息时，提供了跳转链接，但基于日常消费经验，消费者逐一阅读所有用户评论信息的概率极低，对于相当数量的消费者而言，在百度地图和百度知道中阅读用户评论信息后，已经无须再跳转至大众点评网阅看更多的信息。而法院查明的事实表明，仅汉涛公司公证抽取的百度地图商户中，就有 784 家商户使用的评论信息中超过 75% 的来自大众点评网。就提供用户评论信息而言，百度公司在百度地图和百度知道产品中大量使用来自大众点评网用户的评论信息，已对大众点评网构成实质性替代，这种替代必然会使汉涛公司的利益受到损害。

（二）百度公司的行为是否违反诚实信用原则和公认的商业道德

在自由、开放的市场经济秩序中，经营资源和商业机会具有稀缺性，经营者的权益并非可以获得像法定财产权那样的保护强度，经营者必须将损害作为一种竞争结果予以适当的容忍。本案中，汉涛公司对其所主张的应受保护的利益并非享有绝对权利，其受到损害并不必然意味着应当得到法律救济，只要他人的竞争行为本身是正当的，则该行为并不具有可责性。本案中，百度公司的行为是否构成不正当竞争，还需考虑其行为是否违反诚实信用原则和公认的商业道德。在反不正当竞争法意义上，诚实信用原则更多地体现为公认的商业道德。关于百度公司的行为是否违反公认的商业道德，二审法院评述如下。

本案中，大众点评网上用户评论信息是汉涛公司付出大量资源所获取的，且具有很高的经济价值，这些信息是汉涛公司的劳动成果。百度公司未经汉涛公司的许可，在其百度地图和百度知道产品中进行大量使用，这种行为本质上属于"未经许可使用他人劳动成果"。

二审法院认为，当某一劳动成果不属于法定权利时，对于未经许可使用或利用他人劳动成果的行为，不能当然地认定为构成反不正当竞争法意义上的"搭便车"和"不劳而获"，这是因为"模仿自由"，以及使用或利用不受法定权利保护的信息是基本的公共政策，也是一切技术和商业模式创新的基础，否则将在事实上设定一个"劳动成果权"。但是，随着信息技术产业和互联网产业的发展，尤其是在"大数据"时代的背景下，信息所具有的价值超越以往任何时期，愈来愈多的市场主体投入巨资收集、整理和挖掘信息，如果不加节制地允许市场主体任意地使用或利用他人通过巨大投入所获取的信息，将不利于鼓励商业投入、产业创新和诚实经营，最终损害健康的竞争机制。因此，市场主体在使用他人所获取的信息时，仍然要遵循公认的商业道德，在相对合理的范围内使用。

商业道德本身是一种在长期商业实践中所形成的公认的行为准则，但互联网等新兴市场领域中的各种商业规则整体上还处于探索当中，市场主体的权益边界尚不清晰，某一行为虽然损害了其他竞争者的利益，但可能同时产生促进市场竞争、增加消费者福祉的积极效应，诸多新型的竞争行为是否违反商业道德在市场共同体中并没有形成共识。就本案而言，对于擅自使用他人收集的信息的行为是否违反公认的商业道德的判断，一方面，需要考虑产业发展和互联网环境所具有的信息共享、互联互通的特点；另一方面，要兼顾信息获取者、信息使用者和社会公众三方的利益，既要考虑信息获取者的财产投入，又要考虑信息使用者自由竞争的权利，以及公众自由获取信息的利益，在利益平衡的基础上划定行为的边界。只有准确地划定正当与不正当使用信息的边界，才能达到公平与效率的平衡，实现反不正当竞争法维护自由和公平的市场秩序的立法目的。这种边界的划分不应完全诉诸主观的道德判断，而应综合考量上述各种要素，相对客观地审查行为是否扰乱了公平竞争的市场秩序。在判断百度公司的行为是否违反商业道德时，应综合考虑以下几个因素。

1. 百度公司的行为是否具有积极的效果。市场经济鼓励的是效能竞争，而非通过阻碍他人竞争，扭曲竞争秩序来提升自己的竞争能力。如果经营者是完全攫取他人劳动成果，提供同质化的服务，这种行为对于创新和促进市场竞争没有任何积极意义，有悖商业道德。本案中，当用户在百度地图上搜索某一商户时，不仅可以知晓该商户的地理位置，还可了解其他消费者对该商户的评价，这种商业模式上的创新在一定程度上提升了消费者的用户体验，丰富了消费者的选择，具有积极的效果。

2. 百度公司使用涉案信息是否超出了必要的限度。本案中，汉涛公司对涉案信息的获取付出了巨大的劳动，具有可获得法律保护的权益，而百度公司的竞争行为亦具有一定的积极效果，在此情况下应当对两者的利益进行一定平衡。百度公司在使用来自大众点评网的评论信息时，理想状态下应当遵循"最少、必要"的原则，即采取对汉涛公司损害最小的措施。但是要求百度公司在进行商业决策时，逐一考察各种可能的行为并选择对汉涛公司损害最小的方式，这在商业实践中是难以操作的。但如果存在明显对汉涛公司损害更小的方式而未采取，或者其欲实现的积极效果会严重损害汉涛公司利益的情况，则可认定为使用方式已超过必要的限度。本案中，百度公司通过搜索技术抓取并大量全文展示来自大众点评网的信息，二审法院认为其已经超过必要的限度，理由如下。首先，如前所述，这种行为已经实质替代了大众点评网的相关服务，其欲实现的积极效果与给大众点评网所造成的损失并不符合利益平衡的原则。其次，百度公司明显可以采取对汉涛公司损害更小，并能在一定程度上实现积极效果的措施。事实上，百度地图在早期版本中所使用的来自大众点评网的信息数量有限，且点评信息未全文显示，这种使用行为尚不足以替代大众点评网提供用户点评信息服务，且能在一定程度上提升用户体验，丰富消费者选择。

3. 超出必要限度使用信息的行为对市场秩序所产生的影响。百度公司超出必要限度使用涉案信息，这种行为不仅损害了汉涛公司的利益，也可能使得其他市场主体不愿再就信息的收集进行投入，破坏正常的产业生态，并对竞争秩序产生一定的负面影响。同时，这种超越边界的使用行为也可能会损害未来消费者的利益。消费者利益的根本提高来自经济发展，而经济的持续发展必然依赖于公平竞争的市场秩序。就本案而言，如果获取信息投入者的利益不能得到有效保护，则必然使得进入这一领域的市场主体减少，消费者未来所能获知信息的渠道和数量亦将减少。

4. 百度公司所采取的"垂直搜索"技术是否影响竞争行为正当性的判断。百度公司在本案中辩称其使用垂直搜索技术，这种搜索机制决定了最终所展示的信息必然集中来自大众点评网等少数网站，且垂直搜索是直接呈现向用户呈现的信息。二审法院认为，垂直搜索技术作为一种工具手段在价值上具有中立性，但这并未意味着技术本身可以作为豁免当事人法律责任的依据。无论是垂直搜索技术还是一般的搜索技术，都应当遵循搜索引擎服务的基本准则，即不应通过提供网络搜索服务而实质性替代被搜索方的内容提供服务，本案中百度公司使用涉案信息的方式和范围已明显超出了提供网络搜索服务的范围，其以垂直搜索技术决定了信息使用方式而可免责的抗辩意见，二审法院未予采纳。

综上所述，百度公司的行为损害了汉涛公司的利益，且其行为违反公认的商业道德，构成不正当竞争。百度公司的相关上诉请求，二审法院未予支持。

二、一审法院所确定的损害赔偿数额是否合理

《中华人民共和国反不正当竞争法》第二十条规定，经营者违反本法规定，给被侵害的经营者造成损害的，应当承担损害赔偿责任，被侵害的经营者的损失难以计算的，赔偿额为侵权人在侵权期间因侵权所获得的利润；并应当承担被侵害的经营者因调查该经营者侵害其合法权益的不正当竞争行为所支付的合理费用。

本案中，汉涛公司并未举证证明百度公司行为给其造成的具体损失，一审法院综合考虑了百度地图、百度知道两款产品的市场地位、百度公司使用信息的方式和范围、被控不正当竞争行为的持续时间以及汉涛公司获

取点评信息的难易程度，其考虑因素已较为全面，据此酌情确定的赔偿数额在合理范围之内，二审法院予以维持。

▌二审裁判结果

驳回上诉，维持原判。

▌评析

本案系经营者大量、全文使用其他经营者经营网站上的点评信息的行为是否构成不正当竞争的典型案例。经营者通过技术手段，从其他经营者经营网站上获取点评信息，并大量、全文使用用于充实自己的经营内容。此种使用方式，实质上是替代其他经营者向用户提供信息，其使用行为具有明显的"搭便车""不劳而获"的特点，给其他经营者造成损害。故经营者的上述行为，具有不正当性，构成不正当竞争。

本案中，汉涛公司系经营大众点评网的公司，百度公司是百度地图和百度知道的经营者。（1）汉涛公司经营的大众点评网向网络用户提供商户基本信息及点评信息。百度地图除了提供传统的地理位置服务如定位、导航等之外，亦为网络用户提供商户信息及点评信息，并提供部分商户的团购等服务。两者在为用户提供商户信息和点评信息的服务模式上近乎一致，存在直接的竞争关系。此外，百度公司还通过百度知道向用户提供来自大众点评网的点评信息。百度公司通过搜索技术从大众点评网等网站获取信息，并将搜索引擎抓取的信息直接提供给网络用户。百度公司通过百度地图和百度知道与大众点评网争夺网络用户，可以认定百度公司与汉涛公司存在竞争关系。（2）百度地图大量使用大众点评网的点评信息，替代大众点评网向网络用户提供信息，会导致大众点评网的流量减少。同时，其又推介自己的团购等业务，攫取了大众点评网的部分交易机会。百度公司通过百度知道代替大众点评网向公众提供信息。百度知道上述使用方式，也会截取大众点评网的流量，给汉涛公司造成损害。（3）大众点评网的点评信息是汉涛公司的核心竞争资源之一，能给汉涛公司带来竞争优势，具有商业价值。汉涛公司为运营大众点评网付出了巨额成本，网站上的点评信息是其长期经营的成果。大众点评网的点评信息由网络用户发布，网络用户自愿在大众点评网发布点评信息，汉涛公司获取、持有、使用上述信息未违反法律禁止性规定，也不违背公认的商业道德。在靠自身用户无法获取足够点评信息的情况下，百度公司通过技术手段，从大众点评网等网站获取点评信息，用于充实自己的百度地图和百度知道。百度公司此种使用方式，实质上替代大众点评网向用户提供信息，对汉涛公司造成损害。综上，百度公司上述行为给汉涛公司造成了实质损害，具有不正当性，构成不正当竞争。

48. 拦截软件屏蔽他人视频前广告的
行为构成不正当竞争

——北京爱奇艺科技有限公司诉上海大摩网络科技
有限公司不正当竞争纠纷案

裁判要旨

视频公司运营的"广告＋免费视频"的商业模式不违反法律，以此获得的商业利益正当、合法，应受法律保护。第三方采用技术手段拦截视频前广告，直接播放来源于该公司的视频以获取市场优势，其行为干扰视频公司的正常运营，构成不正当竞争行为，应当承担相应的民事侵权责任。

【案件索引】

一审：上海市闵行区人民法院（2015）闵民三（知）初字第 271 号
二审：上海知识产权法院（2016）沪 73 民终 33 号

基本案情

北京爱奇艺科技有限公司（简称"爱奇艺公司"）系国内知名视频分享网站爱奇艺的经营者。其商业模式主要为"广告＋免费视频"，即用户观看一定时间的广告，爱奇艺公司向其提供免费视频播放，爱奇艺公司则获取相应的广告收益。上海大摩网络科技有限公司（简称"大摩公司"）开发运营的"ADSafe"净网大师软件的"看视频不等待"功能通过阻止答复视频节目请求中的广告数据请求，实现了拦截视频前广告，直接播放视频内容的目的。

爱奇艺公司认为，大摩公司通过宣传引诱用户下载并运行"看视频不等待"功能软件，使得用户不用收看爱奇艺公司网站的视频前广告，直接获取视频内容，该行为损害了爱奇艺公司播放广告应取得的合法权益，故依据《中华人民共和国反不正当竞争法》第二条主张大摩公司的上述行为构成不正当竞争，要求大摩公司停止侵权并赔偿经济损失和合理费用。

一审裁判

法院认为，不正当竞争是指经营者违反《中华人民共和国反不正当竞争法》规定，损害其他经营者的合法权益，扰乱社会经济秩序的行为。从事商品经营或者营利性服务的经营者在市场交易中，应当遵循自愿、平等、公平、诚实信用的原则，遵守公认的商业道德。因此，构成不正当竞争行为，首先，其主体是具有竞争关系的从事商品经营和营利性服务的经营者。其次，其为一种市场竞争行为，其竞争目的是获取竞争优势或破坏他人竞争优势，并为此实施了相关的行为。再次，行为人的竞争行为具有不当性，违反了自愿、平等、公平和诚实信用的原则和公认的商业道德。最后，这种不正当竞争行为损害了其他经营者的合法权益，扰乱了经济秩序。

本案中，第一，原告与被告具有竞争关系。原、被告都是市场经营主体，经营公司当然具有营利性。被告关于其基于公益研发运营涉诉软件，免费提供给用户下载使用的辩称，法院认为，本案涉诉软件的"看视频不等待"功能，跳过的是原告正常经营的视频广告，被告亦未提供证据证明其视频广告的非法性，故被告此辩称法院未予采纳。涉诉软件"不良信息过滤""逛网站无骚扰"另两项功能是否具有公益性，不在本案涉诉范围内。营利的方式多种多样，有直观的眼前的利益，也有长远的利益。被告投入人力物力研发涉诉软件，运营网站先期投入资金，免费向用户提供，目的就是吸引用户下载，集聚人气、提高网站知名度来提升网站价值。因此，被告研发运营涉诉软件，当然具有营利性。营利不等于赢利，故被告辩称的其经营涉诉软件没有获利的意见，法院未予采纳。另外，原、被告经营的业务具有利用和被利用关系。原、被告都是通过网络运营，向用户提供不同的网络服务内容，原告经营视频分享网站，被告通过网络运营其研发的涉诉软件，但被告涉诉软件"看视频不等待"功能针对的目标对象是不特定的落入其运行原理的视频分享网站，被告利用原告的视频分享网站运营涉诉软件，如果没有原告的视频分享网站，则被告运营的涉诉软件"看视频不等待"功能成为无本之木、无源之水，不存在运营的基础和价值意义。因此，原、被告虽然向用户提供的服务不相同，但两者相关联，被告运营的涉诉软件势必影响原告网站的经营，且原、被告对此未提出异议，故法院认定原、被告之间的竞争关系。

第二，被告主观上明知或应知研发运营涉诉软件必然影响他人视频分享网站的正常经营。被告研发的涉诉软件"看视频不等待"功能，主要是跳过播放视频节目之前的视频广告，因此，各视频网站包括目前各家知名的大型视频分享网站，只要视频节目和视频广告的播放原理落入被告涉诉软件"看视频不等待"运行原理，用户均可下载被告涉诉软件跳过相关视频网站的视频广告。被告研发涉诉软件功能时应当知道用户下载使用涉诉软件"看视频不等待"功能将对各大视频分享网站造成的影响。被告研发的软件，"不良信息过滤"等功能，不排除其过滤不良信息、恶意广告等内容，但本案原告争讼的是"看视频不等待"功能，主要针对视频分享网站正常播放的商业视频广告，被告在研发推出该功能时应当预见到。

第三，被告研发运营的涉诉软件具有不当性，违背了公平竞争和诚实信用的商业道德，损害了不特定的与原告一样播放视频节目和视频广告的视频分享网站利益。原告"免费＋广告"的经营方式，是原告正常的经营活动，如果正如被告所称原告的视频广告时间长或广告质量不高，则应由优胜劣汰的市场竞争机制来调节，但被告无权干涉原告正当的经营行为。同时，原告向用户提供两种选择方案，有利于满足不同层面用户的需求，愿付费的，直接付费观看无广告的视频节目，愿以时间为对价的，则观看一段视频广告来获取观看视频节目的机会。被告通过"看视频不等待"功能，使被告涉诉软件受到网络用户的青睐，但影响了原告爱奇艺网站的视频广告播放量。同时因使用了涉诉软件可直接观看视频节目，用户若知道该软件，一般不会再选择付费观看有广告的视频节目。因此，用户下载使用涉诉软件后原告的合法利益将受严重损害。

另外，涉诉软件的"看视频不等待"功能，将损害消费者利益和公共利益。涉诉软件"看视频不等待"功能，貌似对用户有利，用户可不用付费直接观看在之前不带有视频广告的视频节目，但从长远来看，视频分享网站因收益受到严重影响，将无法承受购买播放视频节目版权费用，在无利可赚的情况下，将无人去经营视频分享网站，最终损害了视频分享网站和广大视频消费者的利益。因此，被告研发运营涉诉软件的"看视频不等待"功能，违背了诚实信用原则，为利己采取不正当手段而损他人之利。

关于被告提出的涉诉软件仅向不特定用户提供中立性技术工具之辩称，法院认为，互联网技术蓬勃发展，日新月异，竞争激烈，任何事物都有正反两面性，技术也不例外，其本身并无善恶之分。任何一项技术均可能被用于合法的、不受争议的用途，但也可能被用于非法之途，侵犯他人权益。但技术有别于一般的自然物，它是人类利用自然规律的成果，某种程度上体现了技术开发者或技术提供者的意图。技术开发者或技术提供者在开发时或提供时知道或者应当知道其产品可能被用于侵权，但不会因为该技术可能或实际上被用作侵权工具而直接被要求承担侵权责任，只有能够证明其为了自身的利益，教唆他人并为他人实施侵权行为提供便利的，才应承担侵权责任，除非他能够证明其主观上没有教唆或引诱他人侵权的故意。不仅有原告，也有其他使用与原告网站相同原理进行运营的视频网站，被告研发运营涉诉软件不一定针对原告网站。使用了涉诉软件"看视频不等待"功能，不仅使原告也使其他运用与原告网站相同原理的网站的视频广告被跳过。但原告的网络用户一旦下载使用了涉诉软件，原告与被告便形成了特定的、具体的关系，且是损害与被损害的侵权关系，因此，原告提起本诉，要求被告赔偿损害，是适格的诉讼主体。

教唆、帮助他人实施侵权行为的，应当与行为人承担连带任。教唆是指利用言语对他人进行开导、说服或通过刺激、利诱、怂恿等行为，最终促使被教唆人接受教唆人的意图，进而实施某种加害行为。帮助是指通过提供、指示目标或以言语激励等方式从物质上或精神上帮助实施加害行为。本案中，被告研发了"ADSafe"净网大师软件，并进行商业化经营，下载使用的用户越多，其商业价值越高。被告通过其网站仅向用户提供下载服务，而真正发挥该软件功能则必须有用户的下载使用行为。通常情况下，视频分享网站由用户付出播放视频广告的时间或支付金钱作为对价来观看视频节目，而对用户来说其付出时间或金钱的对价当然越少越好，甚至不付出对价。被告正是抓住了用户的如此心态研发推出了涉诉软件"看视频不等待"的功能。为了引诱用户，被告对该功能作了"可以跳过30秒、60秒、90秒的视频等待，杜绝一切干扰"的广告宣传，并通过免费下载、用户可添加规则源等手段利诱用户下载使用。用户既不愿等待播放视频广告的时间，也不愿付费，而欲直接观看视频节目的，原告通常不会接受。现被告帮助用户强行实现该意图，直接违背了原告的意愿。因此，被告为了自身利益，利用用户的侵权意图，利诱用户下载使用涉诉软件，帮助用户为了一己之利，实施了损害原告合法利益的行为，其应当承担侵权责任。

关于被告主张的涉诉软件页面显示："使用本软件请遵守互联网使用道德，请勿侵犯他人知识产权或其他一切权利"，其已尽到向用户提醒义务的辩称，法院认为，被告明知一旦用户下载使用了其涉诉软件，必然有损他人的合法权益，其如此之举显属欲盖弥彰，其辩称法院未予采纳。

综上，被告违背公认的商业道德，损害原告之合法利益而为自己获益，属不正当竞争行为。

被告涉诉软件具有"看视频不等待"的跳过他人视频广告的功能，并通过其网站向用户提供下载服务，侵权行为持续至今，应当立即停止。关于赔偿金额，原告未提供其实际受损或被告实际获益的证据，原告要求被告赔偿经济损失200万元，缺乏依据，法院难以支持。法院综合考虑被告主观过错、侵权行为严重程度、侵权行为持续时间、双方市场地位等因素酌定20万元。原告聘请律师维护其合法权益，为此支出的合理律师费用，法院予以支持，法院参考律师服务相关收费标准及原告律师工作量及案件难易程度等因素酌定3万元。原告为取证应支付的公证费用，被告应予赔偿。承担消除影响的责任方式主要用于因受害人的人格权受到侵害而应在影响所及的范围内消除不良后果，本案中，原告未提供证据证明因被告侵权行为其人格权遭受损害，故法院对原告要求被告刊登声明消除影响之诉讼请求不予支持。据此，依照《中华人民共和国反不正当竞争法》第二条、第二十条；《中华人民共和国侵权责任法》第九条第一款，第十五条第一款第（一）、（六）之规定，判决如下：一、被告上海大摩网络科技有限公司于本判决生效之日起立即停止运营、向用户提供"ADSafe"净网大师电脑版和安卓版软件中的"看视频不等待"功能跳过原告北京爱奇艺科技有限公司视频广告的行为；二、被告上海大摩网络科技有限公司于本判决生效之日起十日内赔偿原告北京爱奇艺科技有限公司经济损失20万元及合理开支33500元；三、驳回原告北京爱奇艺科技有限公司其余诉讼请求。如果未按本判决指定的期间履行给付金钱的义务，应当依照《中华人民共和国民事诉讼法》第二百五十三条之规定，加倍支付迟延履行期间的债务利息。案件受理费23468.00元，由原告北京爱奇艺科技有限公司负担8000元，由被告上海大摩网络科技有限公司负担15468元。

⚓ 二审裁判

上海知识产权法院经审理认为，爱奇艺公司依托"广告＋免费视频"的商业模式谋取的正当商业利益而非该商业模式受反不正当竞争法保护。涉诉软件的"看视频不等待"功能致使用户在爱奇艺网站观看免费视频时，爱奇艺公司无法获取相应的广告收益。大摩公司明知该功能会直接损害爱奇艺公司的商业利益，仍利用用户既不愿支付时间成本也不愿支付金钱成本的消费心理进行宣传推销，其目的在于依托爱奇艺公司多年经营所取得的用户群，为自身增加市场交易机会，取得市场竞争的优势。大摩公司的行为本质上是不当利用他人市场成果、损害他人合法权益来谋求自身竞争优势的行为。故判决驳回上诉，维持原判。

⚓ 评析

视频公司运营的"广告＋免费视频"的商业模式不违反法律，以此获得的商业利益正当、合法，应受法律保护。第三方采用技术手段拦截视频前广告，直接播放来源于该公司的视频以获取市场优势，其行为干扰视频公司的正常运营，构成不正当竞争行为，应当承担相应的民事侵权责任。具体到本案，爱奇艺公司系国内知名视频分享网站爱奇艺的经营者，其商业模式主要为"广告＋免费视频"，即用户观看一定时间的广告，爱奇艺公司向其提供免费视频播放，爱奇艺公司则获取相应的广告收益。大摩公司开发运营的"ADSafe"净网大师软件的"看视频不等待"功能通过阻止答复视频节目请求中的广告数据请求，实现了拦截视频前广告，直接播放视频内容的目的。本案中的涉诉软件主要通过阻止答复视频节目请求中的广告数据请求，实现跳过片前广告，直接播放视频的目的。大摩公司为引诱用户使用涉诉软件，对其"看视频不等待"功能做了广告宣传。大摩公司采用技术手段拦截视频前广告，直接播放来源于爱奇艺公司视频的行为，违背了诚实信用原则，损害了爱奇艺公司合法商业利益，构成不正当竞争。

49. 恶意修改其他软件使其难以正常下载、安装和运行的，构成不正当竞争

——百度在线网络技术（北京）有限公司诉北京三七二一科技有限公司不正当竞争纠纷案

▼ 裁判要旨

1. 软件注册表信息不属于计算机软件作品的组成部分，对注册表信息的修改不应视为对软件作品的修改。

2. 著作权侵权的前提是对作品的使用，阻止作品传播的行为不属于对作品的利用，不宜用著作权法进行规范。

3. 通过修改他人在先安装软件的注册表信息以阻碍在先安装软件的正常下载、安装和运行，构成不正当竞争。

▼ 案件索引

原告起诉

百度在线网络技术（北京）有限公司（简称"百度公司"）诉称：百度公司是一个在国内 IT 行业享有良好声誉的软件技术提供商和平台运营商。百度公司于 2002 年 6 月 17 日推出"百度 IE 搜索伴侣"软件的当日，即发现该软件的注册表信息被北京三七二一科技有限公司（简称"三七二一公司"）的"3721 网络实名"软件所删除，且不能正常运行。2002 年 7 月 3 日，百度公司推出"百度 IE 搜索伴侣"软件的升级版后，三七二一公司于当晚升级了"3721 网络实名"软件，依然删除百度公司软件的注册表信息，使该软件不能正常运行。同年 7 月 9 日，三七二一公司再次将"3721 网络实名"软件版本升级，增加了对"百度 IE 搜索伴侣"软件的安装拦截功能。2003 年以来，三七二一公司在"3721 网络实名"软件中专门设置了一个程序（cnsminkp 文件），该程序对"3721 网络实名"软件的运行无任何帮助，专为阻止用户从百度网站下载"百度 IE 搜索伴侣"软件，致使所有安装了"3721 网络实名"软件的用户均不能正常运行"百度 IE 搜索伴侣"软件，给百度公司造成巨大的经济损失，并导致用户对百度公司软件可靠性的怀疑，严重损害了百度公司的声誉。百度公司认为三七二一公司的行为违反诚实信用原则及公认的商业道德，侵犯了其对"百度 IE 搜索伴侣"软件所享有的修改权、发行权和网络传播权，并构成了不正当竞争。故诉至法院请求判令三七二一公司停止侵权行为，在"3721.com"网站和"baidu.com"网站公开赔礼道歉，就侵犯著作权和不正当竞争行为赔偿经济损失 100 万元，赔偿其他经济损失 5150 元并承担诉讼费用。

被告辩解

三七二一公司辩称：百度公司并未就其主张权利的作品及其为权利人进行举证，因此无法认定三七二一公司侵犯了其著作权。cnsminkp 文件是三七二一公司"3721 网络实名""上网助手"等多种软件产品共同的组成部分，是负责进程管理、文件管理以及文件统筹的底层支持模块。删除该文件不影响"3721网络实名"软件的表面功能，不意味着不影响该软件的其他功能。同样，"百度IE搜索伴侣"软件也影响三七二一公司的"3721网络实名"软件的正常下载和安装，出现相同的冲突现象，故百度公司提出的涉案现象属于正常的软件冲突问题。现三七二一公司向用户作出了提示，并提供了可行的解决方法。对于冲突的软件，用户完全可以自主选择。综上，三七二一公司从未接触过"百度IE搜索伴侣"软件的代码或其他文档，没有实施侵犯著作权和不正当竞争的行为，故不同意百度公司的诉讼请求。

法院查明事实

北京市朝阳区人民法院经审理查明：

1998年，三七二一公司推出地址栏搜索软件——"3721网络实名"，供用户免费下载、安装。后该软件不断升级，并于2003年6月包含cns-minkp文件。

2002年6月17日，百度公司在其网站上推出地址栏搜索软件——"百度IE搜索伴侣"，供用户免费下载、安装。之后即出现只要"百度IE搜索伴侣"软件和"3721网络实名"软件均安装在计算机中，则"3721网络实名"软件不能正常运行，且"3721网络实名"软件在IE中设置的"启用网络实名"等3个选项被取消。

同年7月，不论先安装"3721网络实名"软件或者"百度IE搜索伴侣"软件，查看注册表信息"［ab］代码"，均出现在后安装者替换在先安装者情况。

同年12月23日，未安装"百度IE搜索伴侣"软件时，登录三七二一网站（网址http://3721.com），则弹出"3721网络实名"软件的安装提示框。若已安装"百度IE搜索伴侣"软件，再登录三七二一网站，则不弹出"3721网络实名"软件的安装提示框。此现象在2003年11月17日亦存在。

2003年10月17日，安装"3721网络实名"软件后，在系统目录中即出现 cnsminkp 文件；之后，再登录百度网站（网址 http://bar.baidu.com），则无法通过点击鼠标左键正常下载"百度 IE 搜索伴侣"软件，仅可通过点击鼠标右键另存为方式下载"百度 IE 搜索伴侣"软件，但无法安装；删除 cnsminkp 文件后，仍仅可通过点击鼠标右键另存为方式下载"百度 IE 搜索伴侣"软件，但能够安装，且运行正常。

2003 年 11 月 12 日，"百度 IE 搜索伴侣"软件与其他地址栏搜索软件之间存在相互不能正常下载、安装的现象。

2003 年 11 月 17 日。在安装"3721 网络实名"软件的前提下，下载安装"百度 IE 搜索伴侣"软件，则弹出提示用户卸载"3721 网络实名"或者"上网助手"的对话框。卸载"3721 网络实名"软件后，再登录百度网站，可以通过点击鼠标左键方式下载"百度 IE 搜索伴侣"软件，且能正常安装运行。

诉讼中，双方均认可现先安装"百度 IE 搜索伴侣"软件，登录三七二一网站，亦仅能使用鼠标右键另存为方式下载"3721 网络实名"软件，但可以安装运行。

"3721 网络实名"软件中还包含 cnsmincg.ini 文件，该文件内容含有"百度""baidu.com"等字符串。百度公司未就该文件对"百度 IE 搜索伴侣"软件的影响举证，亦未举证证明安装"3721 网络实名"软件前后，"百度 IE 搜索伴侣"软件的内容存在变化。

一审裁判理由

北京市朝阳区人民法院认为：

百度公司作为"百度 IE 搜索伴侣"软件的著作权人，享有许可他人修改、发行和通过网络传播该软件的权利。百度公司并未举证证明三七二一公司未经许可对"百度 IE 搜索伴侣"软件进行了增补、删节，或改变指令、语句顺序；也未举证证明三七二一公司未经许可向公众提供了该软件的原件、复制件或通过网络传播了该软件。含有 cnsminkp 文件的"3721 网络实名"软件对"百度 IE 搜索伴侣"软件的下载安装制造的障碍，可以通过卸载"3721 网络实名"软件或删除其中的 cnsminkp 文件或其他技术手段加以解决，以达到使"百度 IE 搜索伴侣"软件正常下载、安装的目的。由此可以判断，"3721 网络实名"软件并未导致"百度 IE 搜索伴侣"软件绝对的不能下载安装，仅对"百度 IE 搜索伴侣"软件的发行和通过网络传播设置了障碍，没有根本地阻止该软件的发行及网络的传播。故对百度公司提出的三七二一公司侵犯其对"百度 IE 搜索伴侣"软件所享有的修改权、发行权和网络传播权的诉讼主张不予支持。

"百度 IE 搜索伴侣"软件和"3721 网络实名"软件均系供互联网用户免费下载、具有地址栏搜索功能的商业软件，百度公司和三七二一公司均通过收取注册费等形式获利，双方存在竞争关系。百度公司和三七二一公司均采取了用自己的软件注册表信息替代对方软件注册表信息的措施，可以认定双方均通过不正当的技术手段阻止了用户使用对方软件，导致双方原本平等地接受用户的选择，变为只有一方能被用户选择，另一方丧失被选择的机会。

作为同是提供地址栏搜索软件的经营者，三七二一公司和百度公司在保证自己的软件有效下载、安装的同时，均不应有意采取针对或影响对方软件正常下载、安装的技术措施，使对方处于不平等的竞争地位。本案双方均采用了技术手段阻止对方软件的正常下载。三七二一公司还采用了不正当的技术手段进一步阻止用户对"百度 IE 搜索伴侣"软件的安装。

百度公司和三七二一公司均采取技术措施替代对方软件注册表信息以及阻止用户正常下载对方软件的行为，尤其是三七二一公司进一步阻止"百度 IE 搜索伴侣"软件安装的行为，减少了对方的交易机会，以不正当手段谋取竞争优势，违反了公平、诚实信用的原则，三七二一公司实施的行为构成不正当竞争。由于三七二一公司未就"百度 IE 搜索伴侣"软件影响"3721 网络实名"软件的下载和安装提出相应诉讼请求，故法院对此不予处理。

由于三七二一公司的行为并未根本地导致"百度 IE 搜索伴侣"软件无法下载、安装，百度公司可以通过相应的手段使用户实现下载、安装该软件的目的，且百度公司并未就三七二一公司损害其声誉予以举证，故对于百度公司提出三七二一公司的行为导致用户对其软件可靠性怀疑，严重损害其声誉，以及要求三七二一公司赔礼道歉的诉讼请求不予支持。

鉴于"百度 IE 搜索伴侣"软件属免费下载软件，且三七二一公司的行为并未根本地导致"百度 IE 搜索伴侣"软件无法下载、安装，百度公司又未就三七二一公司的不正当竞争行为使其遭受的经济损失举证，故对于百度公司提出三七二一公司赔偿经济损失的诉讼请求，不予支持。但三七二一公司应当支付百度公司为本次诉讼支出的合理费用。

综上，一审法院依据《中华人民共和国民事诉讼法》第六十四条第一款，《中华人民共和国反不正当竞争法》第二条第一款、第二十条第一款之规定，作出判决。

一审裁判结果

一、北京三七二一科技有限公司于本判决生效之日起不得妨碍"百度 IE 搜索伴侣"软件以点击鼠标左键的方式正常安装。

二、北京三七二一科技有限公司于本判决生效之日起十日内赔偿百度在线网络技术（北京）有限公司为诉讼支出的合理费用 5150 元。

三、驳回百度在线网络技术（北京）有限公司的其他诉讼请求。

当事人上诉

上诉人百度公司不服一审判决，上诉请求撤销原判并判令：三七二一公司立即停止对"百度 IE 搜索伴侣"软件的识别，取消旨在误导用户的各种提示，停止以各种方式妨碍"百度 IE 搜索伴侣"软件正常下载、安装、运行的侵权行为；三七二一公司在"3721.com"网站和"baidu.com"网站公开赔礼道歉；三七二一公司赔偿因涉案著作权侵权行为和不正当竞争行为给百度公司造成的经济损失 100 万元及其他损失 5150 元；由三七二一公司承担本案诉讼费用。其上诉理由为以下几点。第一，原审认定三七二一公司的行为不构成侵犯著作权不当，属适用法律错误。根据有关法律规定，三七二一公司妨碍著作权人行使其所享有的著作权的涉案行为构成对百度公司所享有的发行权和网络传播权的侵犯。第二，原审判决并不足以使三七二一公司停止涉案侵权行为。三七二一公司涉案侵权行为主要表现为阻止用户正常下载、安装和运行百度公司涉案软件，但原审判决结果忽略了下载和运行两个重要步骤，未禁止其妨碍用户正常从百度网站下载涉案软件的行为，不能促使三七二一公司停止侵权行为。第三，原审未支持百度公司要求三七二一公司公开赔礼道歉和赔偿经济损失的诉讼请求，缺乏事实和法律依据。原审认定"3721网络实名"软件对"百度IE搜索伴侣"软件的下载、安装和运行设置了不必要的技术障碍，这种障碍无法满足用户的需求，用户必然对百度公司软件的可靠性产生怀疑，客观上损害了百度公司的声誉，其应当承担赔礼道歉的责任。百度公司的"百度IE搜索伴侣"软件虽为免费工具软件，但该软件可能给著作权人带来的收益是巨大的。对于提供搜索服务的企业而言，使用软件的用户数及网络流量即意味着巨大的经济收益。百度公司请求赔偿数额的计算是基于百度公司的实际损失和三七二一公司的违法所得，法院对赔偿请求应予以支持。

三七二一公司辩称：百度公司的上诉请求中有关要求三七二一公司停止相关行为的请求超出了原审所提诉讼请求的范围，该请求范围亦不明确；百度公司并非百度网站的经营者，不应就涉案发生在该网站上的行为作为权利人主张权利；百度公司并未提供证据证明其对涉案"百度IE搜索伴侣"软件享有著作权，且软件安装过程中产生注册表信息修改增删的原因是多方面的，注册表信息的变化不能表明软件被修改，只有将前后两个软件的代码进行比对，才能判断是否被修改；虽然存在两软件冲突的现象，但并非由三七二一公司直接实施的行为所导致的，而是软件用户在安装使用过程中出现的，因此不存在不正当或不公正问题；百度公司并无证据证明其经济损失或商誉受到损害的情况，其也不能通过诉讼达到均分市场的目的。因此请求法院驳回百度公司的诉讼请求。

三七二一公司也不服一审判决，上诉请求撤销原判第一、二项并判决驳回百度公司的诉讼请求。其上诉理由为以下内容。三七二一公司是国内中文上网服务的开创者和行业领先者，其主营业务是向互联网用户和企业提供网络关键词服务，即"3721网络实名"。百度公司涉案软件与三七二一公司涉案软件之间虽然存在冲突，但属于正常的软件冲突，并不存在侵犯著作权或不正当竞争问题。原审判决未能查明导致涉案技术现象的真正原因，三七二一公司就原审判决所认定的技术现象已经通过公开渠道向用户告知了软件可能存在冲突的情况以及解决冲突的方法，原审判决不应认定其存在过错。原审判决在未了解本行业的技术背景和商业背景的情况下所作出的判决，缺乏依据，且会对该行业造成负面影响。原审判决第一项缺乏可执行性，因为该项判决的执行取决于双方的技术升级状况，不仅需要三七二一公司重新进行技术上的研究，而且也不是该公司单方可以控制的。

被上诉人辩解

百度公司辩称：涉案软件之间的冲突并非正常冲突，三七二一公司的行为侵犯了百度公司的著作权，且构成不正当竞争，应当承担相应的法律责任。

在二审审理过程中，上诉人百度公司向法院提交了北京市国信公证处出具的（2004）京国证民字第 01403 号公证书，证明三七二一公司在原审判决后利用原审判决存在的漏洞继续进行侵权行为，原审判决不足以制止涉案侵权行为。三七二一公司对该证据材料的真实性不持异议，但认为该证据不属于新证据的范畴，如果该证据所涉及的行为与原审指控的是相同的行为则无须再举证，如是不同的行为，则应另案起诉。且该证据不能证明上述公证书记载的现象是由三七二一公司导致的，不能排除该现象是百度公司通过技术手段造成的。

鉴于三七二一公司对该证据的真实性不持异议，法院对其真实性予以确认。虽然三七二一公司提出该现象产生的原因有可能系百度公司通过技术手段造成的，但其未对此予以举证证明，故法院对其证明力予以确认。鉴于百度公司在原审中指控的是三七二一公司通过"3721 网络实名"软件拦截"百度 IE 搜索伴侣"软件的正常下载安装等行为，而该证据所记载的拦截安装的现象发生在原审判决后，从行为性质上看，该证据所涉及的行为应属百度公司所指控的涉案行为在本案审理期间的延续，属于本案审理范围。

上诉人三七二一公司向法院提交了天津市质量监督检验站第 70 站于 2004 年 3 月出具的"3721 网络实名"检验报告，证明先安装"3721 网络

实名"软件，后安装"百度 IE 搜索伴侣"软件，"3721 网络实名"软件
被破坏，不能安装运行，从技术角度看存在正常的软件冲突问题。百度公
司对出具检验报告的检验站的资质提出质疑，认为其并非法定的检验软件
质量的机关，同时百度公司对该证据所载明的现象予以认可，但存在上述
冲突的原因在于三七二一公司首先采取了妨碍"百度 IE 搜索伴侣"软件
正常下载、安装和运行的行为，百度公司为此采取了相应的防卫措施。鉴
于百度公司对该证据所记载的现象的真实性予以认可，法院对其中所记载
的涉案两软件之间存在冲突现象的真实性予以确认。

二审查明事实

北京市第二中级人民法院经审理查明：

2002 年 6 月 17 日，百度公司在其网站上推出地址栏搜索软件——
"百度 IE 搜索伴侣"，供用户免费下载、安装。之后即出现"百度 IE 搜索
伴侣"软件和"3721 网络实名"软件均安装在计算机中时，"3721 网络实
名"软件不能正常运行，且"3721 网络实名"软件在 IE 中设置的"启用
网络实名"等 3 个选项被取消。卸载"百度 IE 搜索伴侣"软件并选定上
述 3 个选项后，"3721 网络实名"软件即可正常运行。

2003 年 11 月 12 日，"百度 IE 搜索伴侣"软件与"新浪 IE 通"地址
栏搜索软件、"CNNIC 通用网址"软件之间在运行时存在冲突的现象。

2004 年 2 月 17 日，在本案二审审理期间，先安装"3721 网络实名"
软件，再下载安装"百度 IE 搜索伴侣"软件时，安装失败并弹出"软件
冲突警告"对话框，选择其中每一选项后，安装均失败。而卸载"3721 网
络实名"软件后，即可成功下载安装"百度 IE 搜索伴侣"软件。上诉人
百度公司据此主张三七二一公司在原审判决之后继续实施涉案侵权行为。

2004 年 2 月 10 日。天津市质量监督检验站第 70 站对三七二一公司委
托检验"3721 网络实名"软件作出检验结论，并出具 2004 - 003 号检验报
告。该检验报告备注栏载明："对在已安装 3721 网络实名软件的系统上进
一步安装其他同类浏览器地址栏搜索软件时，会改变系统原有网络实名软
件功能的情况进行检验。"该检验报告的检验结论为：在安装了"3721 网

络实名"软件的情况下，再安装"百度 IE 搜索伴侣"软件或"CNNIC 通用网址"软件，这两个软件对注册表中"3721 网络实名"软件的部分项目进行了删除，使"3721 网络实名"软件无法正常使用。经检验，安装"百度 IE 搜索伴侣"软件和"CNNIC 通用网址"软件将改变用户已安装的"3721 网络实名"软件的功能。上诉人三七二一公司据此主张从技术角度看，"3721 网络实名"软件与"百度 IE 搜索伴侣"软件或"CNNIC 通用网址"软件之间存在正常的软件冲突问题。百度公司虽对出具上述检验报告的检验站的资质提出质疑，但对该证据所载明的现象予以认可。

"3721 网络实名"软件中还包含 cnsmincg.ini 文件，该文件内容含有"百度""baidu.com"等字符串。百度公司主张该文件是 cnsminkp 文件运行时需调用的文件，该文件与 cnsminkp 文件共同对百度公司的涉案软件起到屏蔽作用，阻碍了百度公司涉案软件的正常下载、安装和运行，但三七二一公司主张上述两文件为两个独立的文件，cnsmincg.ini 文件仅起到对同类地址栏搜索软件进行识别，以进行冲突提示的作用。百度公司未就此进一步举证证明，亦未举证证明安装"3721 网络实名"软件前后，"百度 IE 搜索伴侣"软件的内容存在变化。

原审判决查明双方均认可先安装"百度 IE 搜索伴侣"软件，登录三七二一网站，亦仅能使用鼠标右键另存为方式下载"3721 网络实名"软件，但可以安装运行，两上诉人对此均提出异议。百度公司主张阻碍百度公司涉案软件下载的行为是三七二一公司所为，百度公司未曾对三七二一公司的涉案软件下载采取任何技术措施，其可通过鼠标左键或右键正常下载。三七二一公司主张百度公司不仅限制了"3721 网络实名"软件的下载，而且不能正常安装运行，对此三七二一公司未能提供证据予以证明。经查，在 2003 年 12 月 10 日原审谈话笔录中，双方曾对原审判决中所查明的上述事实予以认可。

在二审审理过程中，上诉人百度公司提出原审判决对其诉讼请求的表述有误，其主张三七二一公司赔偿因著作权侵权和不正当竞争行为给其造成的经济损失 100 万元，并未确定侵犯著作权的行为和不正当竞争行为各 50 万元的赔偿数额。经查，百度公司原审诉讼请求为：请求判令三七二一公司承担因著作权侵权及不正当竞争行为给百度公司造成的经济损失 100

万元。

在二审审理期间，百度公司认可其并非百度网站的经营者，但主张其系该网站内容的著作权人。经查，百度网站（网址为 www.baidu.com）的所有者为北京百度网讯科技有限公司，百度网站标注的版权声明表明，百度公司为该网站相关内容的权利人。百度公司主张在本案中三七二一公司对其"百度 IE 搜索伴侣"软件的软件版和插件版均实施了阻碍其正常下载、安装、运行的行为，其中其网页上显示"点此在线安装"所下载的为该软件的插件版，显示"下载本地安装"所下载的为该软件的软件版。

北京市第二中级人民法院对原审法院查明的其他事实予以认可。

二审裁判理由

北京市第二中级人民法院认为，本案争议的焦点问题是，三七二一公司的涉案行为是否侵犯了百度公司主张的其对"百度 IE 搜索伴侣"软件所享有的著作权，是否构成不正当竞争及应否承担停止侵权、赔礼道歉和赔偿经济损失的法律责任问题。

首先，关于三七二一公司的涉案行为是否侵犯了百度公司主张的其对"百度 IE 搜索伴侣"软件所享有的著作权问题。

根据我国著作权法的有关规定，如无相反证明，在作品上署名的公民、法人或者非法人单位为作者。本案中百度公司虽并非百度网站的经营者，但其在百度网站所标注的版权声明中表明，百度公司为该网站相关内容的权利人。据此，百度公司应为涉案"百度 IE 搜索伴侣"软件的著作权人，其所享有的著作权应当受到我国法律的保护。三七二一公司虽对百度公司为"百度 IE 搜索伴侣"软件的著作权人提出异议，但其未提供相反证明，因此法院对其上述抗辩主张不予采纳。百度公司在本案中主张其享有"百度 IE 搜索伴侣"软件的插件版和软件版的著作权，但该软件的插件版和软件版仅表明用户获取该软件的不同渠道和技术手段，二者并不就此构成著作权法意义上的不同作品，因此其上述主张缺乏法律依据，法院不予支持。

百度公司作为"百度 IE 搜索伴侣"软件的著作权人，未经其许可，他人不得对该软件进行修改或是通过网络传播该软件。根据本案查明的事实，2002年7月，"百度IE搜索伴侣"软件与"3721网络实名"软件之间存在在后安装者修改在先安装者注册表信息的情况。虽然注册表信息直接影响软件的运行，但注册表信息并非计算机软件作品的组成部分，对注册表信息的修改不应视为对软件作品的修改。而且，我国著作权法所规定的信息网络传播权是指以有线或者无线方式向公众提供作品，使公众可以在其个人选定的时间和地点获得作品的权利。本案中虽然存在"3721网络实名"软件与"百度IE搜索伴侣"软件相冲突，影响"百度IE搜索伴侣"软件正常下载、安装、运行的情况，但百度公司未举证证明三七二一公司未经许可，提供百度公司涉案软件并通过网络传播该软件，因此百度公司据此主张三七二一公司侵犯了其对"百度IE搜索伴侣"软件所享有的著作权并要求其承担停止侵权、赔礼道歉及赔偿经济损失的法律责任，于法无据，法院不予支持。

其次，关于三七二一公司的涉案行为是否构成不正当竞争，其应否承担停止侵权、赔礼道歉和赔偿经济损失的法律责任问题。

根据我国反不正当竞争法的有关规定，经营者在市场交易中，应当遵循自愿、平等、公平、诚实信用的原则，遵守公认的商业道德。互联网行业作为新兴行业，发展速度很快。为规范网络的健康发展，我国除制定相关法律法规外，中国互联网协会还组织制定了互联网行业自律规范——《中国互联网行业自律公约》，鼓励从业单位为促进行业共同发展加以自律，鼓励、支持开展合法、公平、有序的行业竞争，反对采用不正当手段进行行业内竞争，并规定从业者应尊重、保护消费者及用户合法权益，反对制作和传播对计算机网络及他人计算机信息系统具有恶意攻击能力的计算机程序等，以创造良好的行业发展环境。

本案中，涉案"百度IE搜索伴侣"软件和"3721网络实名"软件均为供互联网用户免费下载具有地址栏搜索功能的商业软件，百度公司虽不是百度网站的经营者，但其与三七二一公司均作为提供地址栏搜索软件的经营者，属于同行业竞争者，具有竞争关系。百度公司和三七二一公司在对各自的商业软件进行经营的过程中不得采取不正当的技术措施，影响对方涉案软件的正常下载、安装和运行。三七二一公司提出百度公司并非百度网站的经营者，其不能就该网站上发生的涉案行为主张权利的抗辩主张，依据不足，法院未予采信。

根据本案查明的事实，百度公司与三七二一公司的涉案两软件之间所存在的冲突是不断发展变化的，两公司都曾对各自软件进行升级。在 2002年7月，存在无论先安装哪个涉案软件，均出现在后安装者修改在先安装者注册表信息的情况，致使在先安装的软件不能正常运行。软件之间的正常冲突现象表现为在后安装的软件生效，但仍保留在先安装的软件，用户仍有对在先安装的软件的选择权。而上述涉案冲突现象的存在使用户的计算机操作系统无法再识别在先安装的软件，继而用户无法再使用在先安装的软件，而只能使用在后安装的软件，此冲突现象不仅使用户不能正常行使选择权，而且使在先安装的软件不能接受用户的平等选择，从而使软件权利人丧失了相应的交易机会。因此，依据合法、公平、有序的互联网行业竞争规范，涉案两软件之间的上述冲突现象已经超出了软件正常冲突的合理范畴，上述修改他人软件注册表信息的技术措施具有不正当竞争行为的性质。

根据本案现有证据，在 2003年10月17日，在先安装"3721网络实名"软件后，系统目录中出现 cnsminkp 文件。再登录百度网站，则无法通过点击鼠标左键的通常方式下载"百度 IE 搜索伴侣"软件，仅可通过点击鼠标右键以另存为方式下载，但无法安装；删除 cnsminkp 文件后，仍仅可通过点击鼠标右键以另存为方式下载，但可安装运行。显然，"3721网络实名"软件对"百度 IE 搜索伴侣"软件的下载、安装和运行产生了阻碍。三七二一公司虽认为上述现象系由于正常的软件冲突或可能由于其他原因所致，但其未就此举证证明。因此可以认定上述现象的产生与该公司"3721网络实名"软件中的 cnsminkp 文件有关。三七二一公司虽主张 cnsminkp 文件对其软件具有特定的功能，但该文件确实存在阻碍"百度 IE 搜索伴侣"软件下载、安装的问题，而三七二一公司又未对该现象产生的原因进一步举证证明，因此可以认定该阶段的软件冲突也超出了正常软件冲突的范畴，三七二一公司的上述行为阻碍了"百度 IE 搜索伴侣"软件的正常下载、安装和运行。

依据二审查明的事实，在 2004年2月17日，安装"3721网络实名"

软件后，下载安装"百度IE搜索伴侣"软件时，安装失败并弹出"软件冲突警告"对话框，选择其中每一选项后，安装均失败。而卸载"3721网络实名"软件后，即可成功下载安装"百度IE搜索伴侣"软件。上述四选项均不能成功安装的事实，表明普通用户丧失了对"百度IE搜索伴侣"软件的选择权，三七二一公司使用上述技术措施所造成的上述冲突超出了正常软件冲突的范畴。鉴于百度公司在原审中指控的是三七二一公司通过"3721网络实名"软件拦截"百度IE搜索伴侣"软件的正常下载、安装等行为，而上述冲突现象发生在原审判决后，从行为性质上看，该行为应属百度公司所指控的涉案行为在本案审理期间的延续，属于本案审理范围。故对于三七二一公司提出的上述行为超出本案审理范围，应另案处理的抗辩主张，法院未予采纳。

综上，三七二一公司的上述行为不仅使用户不能正常行使其选择权，而且使百度公司的"百度IE搜索伴侣"软件不能接受用户的平等选择，从而使软件权利人丧失了相应的交易机会。现百度公司指控三七二一公司的上述行为构成不正当竞争，法院予以支持。

关于三七二一公司提出的涉案两软件之间及两软件与其他地址栏搜索软件之间存在的冲突为正常的技术冲突，对双方均无损害，且其为避免正常的技术冲突，已向用户作出卸载"3721网络实名"软件的提示，卸载后亦可避免冲突的发生，因此其行为并不构成不正当竞争的上诉主张，法院认为，虽然"百度IE搜索伴侣"软件于2002年6月17日推出时确与"3721网络实名"软件存在冲突，但仅限于"3721网络实名"软件不能正常运行的情况；涉案两软件与其他地址栏软件之间的冲突也大多表现为相关软件不能正常运行，而不涉及相关软件的下载、安装问题。而三七二一公司的涉案行为不仅表现为使百度公司的"百度IE搜索伴侣"软件不能正常运行，而且表现为不能正常下载、安装等，对此三七二一公司又未能作出合理说明，因此其涉案行为不应视为正常的软件冲突。虽然百度公司认可"百度IE搜索伴侣"软件亦对"3721网络实名"软件的安装运行产生妨碍，但三七二一公司不能以二者之间存在非正常的冲突为由，对其实施的涉案不正当技术措施所造成的后果免除相应的法律责任。因此，三七二一公司的上述主张依据不足，法院不予支持。

综上，百度公司与三七二一公司为同业竞争者，三七二一公司上述修改软件注册表信息、阻碍点击鼠标左键正常下载安装运行、弹出软件冲突警告对话框中任一选项均导致安装失败的涉案行为阻碍了"百度 IE 搜索伴侣"软件的正常下载、安装和运行，构成了不正当竞争。

百度公司认可其对三七二一公司涉案软件的安装运行亦采取了屏蔽措施，但其主张该行为系出于防御目的，如三七二一公司停止其涉案行为，其亦将停止上述行为。百度公司的上述行为虽有不当之处，但三七二一公司对此未提出主张，故法院对此不予处理。百度公司在本案中主张"3721 网络实名"软件中含有"百度""baidu.com"等字符串的 cnsmincg.ini 文件是 cnsminkp 文件运行时需调用的文件，该文件与 cnsminkp 文件共同对百度公司的涉案软件起到屏蔽作用，阻碍了百度公司涉案软件的正常下载、安装和运行，但三七二一公司主张上述两文件为两个独立的文件，cnsimicg.ini 文件仅起到对同类地址栏搜索软件识别，以进行冲突提示的作用。百度公司未就此进一步举证证明，法院对其上述主张不予支持。

百度公司请求法院就三七二一公司涉案不正当竞争行为判令其承担停止侵权及赔偿因本案诉讼而支出的合理费用的法律责任的主张，理由正当，法院予以支持。鉴于百度公司未提交证据证明三七二一公司的涉案行为对其商誉造成损害，因此百度公司主张三七二一公司承担赔礼道歉法律责任的上诉请求，依据不足，法院不予支持。鉴于百度公司作为涉案商业软件的经营者，并非百度网站的实际经营者，其免费向用户提供涉案软件，亦未能举证证明三七二一公司涉案行为给其造成的经济损失，且责令三七二一公司停止涉案行为足以达到维护其正当合法权益，规范涉案不正当竞争行为的目的。因此，百度公司主张三七二一公司承担赔偿经济损失的上诉请求，法院未予支持。

原审判决主文第一项表述为三七二一公司不得阻碍"百度 IE 搜索伴侣"软件以点击鼠标左键的方式正常安装，该表述并未涵盖涉案妨碍"百度 IE 搜索伴侣"软件正常下载、安装和运行的不正当竞争行为，因此原审上述表述欠妥，法院对此予以纠正。

上诉人百度公司所提上诉理由部分成立，其相应的上诉请求法院予以支持。上诉人三七二一公司所提上诉理由缺乏依据，其相应的上诉请求法院不予支持。原审法院认定事实部分不清，法院予以纠正。法院依照《中华人民共和国反不正当竞争法》第二条第一款、第二十条第一款，《中华人民共和国民事诉讼法》第一百五十三条第一款第（三）项之规定，作出判决。

二审裁判结果

一、维持北京市朝阳区人民法院（2003）朝民初字第 24224 号民事判决第二项，即北京三七二一科技有限公司于本判决生效之日起十日内赔偿百度在线网络技术（北京）有限公司为诉讼支出的合理费用 5150 元。

二、撤销北京市朝阳区人民法院（2003）朝民初字第 24224 号民事判决第一、三项，即第一项北京三七二一科技有限公司于本判决生效之日起不得妨碍"百度 IE 搜索伴侣"软件以点击鼠标左键的方式正常安装；第三项驳回百度在线网络技术（北京）有限公司的其他诉讼请求。

三、自本判决生效之日起，北京三七二一科技有限公司停止以"3721 网络实名"软件阻碍百度在线网络技术（北京）有限公司"百度 IE 搜索伴侣"软件正常下载、安装和运行的涉案不正当竞争行为。

四、驳回百度在线网络技术（北京）有限公司的其他诉讼请求。

一审案件受理费 15036 元，由百度公司负担 4511 元，由三七二一公司负担 10525 元；二审案件受理费 15036 元，由百度公司负担 4511 元，由三七二一公司负担 10525 元。

评析

软件注册表信息不属于计算机软件作品的组成部分，对注册表信息的修改不应视为对软件作品的修改。著作权侵权的前提是对作品的使用，阻止作品传播的行为不属于对作品的利用，不宜用著作权法进行规范。通过修改他人在先安装软件的注册表信息以阻碍在先安装软件的正常下载、安装和运行，构成不正当竞争。

本案中，2002 年 7 月，百度公司推出"百度 IE 搜索伴侣"软件当日，该软件的注册表信息即被三七二一公司的"3721 网络实名"软件所删除，且不能正常运行。后百度公司推出升级版，但依然遭删除。"百度 IE 搜索伴侣"与"3721 网络实名"软件之间存在在后安装者修改在先安装者注册表信息的情况。虽然注册表信息直接影响软件的运行，但注册表信息并非计算机软件作品的组成部分，对注册表信息的修改不应视为对软件作品的修改；而且，我国著作权法所规定的信息网络传播权是指以有线或者无线方式向公众提供作品，使公众可以在其个人选定的时间和地点获得作品的权利。因此，三七二一公司的涉案行为并非侵犯了百度公司主张的其对"百度 IE 搜索伴侣"软件所享有的著作权。

关于三七二一公司的涉案行为是否构成不正当竞争的问题。涉案"百度 IE 搜索伴侣"软件和"3721 网络实名"软件均为供互联网用户免费下载具有地址栏搜索功能的商业软件，百度公司虽不是百度网站的经营者，但其与三七二一公司均作为提供地址栏搜索软件的经营者，属于同行业竞争者，具有竞争关系。涉案冲突现象的存在使用户的计算机操作系统无法再识别在先安装的软件，继而用户无法再使用在先安装的软件，而只能使用在后安装的软件，此冲突现象不仅使用户不能正常行使选择权，而且使在先安装的软件不能接受用户的平等选择，从而使软件权利人丧失了相应的交易机会。因此，依据合法、公平、有序的互联网行业竞争规范，涉案两软件之间的上述冲突现象已经超出了软件正常冲突的合理范畴，上述修改他人软件注册表信息的技术措施具有不正当竞争行为的性质。综上，百度公司与三七二一公司为同业竞争者，三七二一公司上述修改软件注册表信息、阻碍点击鼠标左键正常下载安装运行、弹出软件冲突警告对话框中任一选项均导致安装失败的涉案行为阻碍了"百度 IE 搜索伴侣"软件的正常下载、安装和运行，构成了不正当竞争。

50. 互联网接入服务经营者，人为干预搜索引擎的搜索结果

——北京百度网讯科技有限公司诉青岛奥商网络技术
有限公司等不正当竞争纠纷案

裁判要旨

1. 确定市场主体之间竞争关系的存在，不以二者属同一行业或服务类别为限，如果二者在市场竞争中存在一定联系或者一方的行为不正当地妨碍了另一方的正当经营活动并损害其合法权益，则应肯定二者之间存在竞争关系。

2. 互联网接入服务经营者与搜索服务经营者在服务类别上虽不完全相同，但互联网接入服务经营者，利用技术手段，在搜索服务经营者的搜索结果页面出现之前强行弹出其投放的与搜索的关键词及内容有紧密关系的广告页面，影响了搜索服务经营者按照自己意志向网络用户提供搜索服务与推广服务，也会导致搜索服务经营者搜索客户的流失，属于利用搜索服务经营者提供的搜索服务来为自己牟利的行为，违背了诚实信用、公平交易的市场行为准则和公认的商业道德，因此，构成不正当竞争。

案件索引

一审：山东省青岛市中级人民法院（2009）青民三初字第 110 号

二审：山东省高级人民法院（2010）鲁民三终字第 5 - 2 号

▮ 当事人起诉

原告北京百度网讯科技有限公司（简称"百度公司"）与被告青岛奥商网络技术有限公司（简称"奥商网络公司"）、中国联合网络通信有限公司青岛市分公司（简称"联通青岛公司"）、中国联合网络通信有限公司山东省分公司（简称"联通山东公司"）及第三人青岛鹏飞国际航空旅游服务有限公司（简称"鹏飞航空公司"）因发生不正当竞争纠纷，向青岛市中级人民法院提起诉讼。

原告百度公司诉称：原告是国内技术领先的中文搜索引擎制造商，原告拥有的 www.baidu.com 网站是全球最大的中文搜索引擎网站，每天有超过 1 亿的网民访问百度网站和查询信息。原告经过调查了解到，被告奥商网络公司、联通青岛公司、联通山东公司在青岛地区利用网通的互联网接入网络服务，在原告的搜索结果页面强行增加广告进行推广宣传，使原告不能正常向互联网用户提供服务，导致了大量的网民误以为三被告实施的广告是原告故意设置的，极大破坏了原告的商业运作模式，伤害了原告搜索服务的美誉和企业的商誉，造成了网民和流量的大量流失。同时，该行为严重削弱了原告作为搜索引擎营销服务商的竞争力，大量带走原告的现有和潜在客户，已经给原告造成了大量的客户流失，直接损害了原告的经济效益，三被告的行为违背了诚实信用和公平交易的市场行为准则，已构成严重的不正当竞争行为。为此，请求法院判令：1. 奥商网络公司、联通青岛公司的行为构成对原告的不正当竞争行为，并停止该不正当竞争行为；联通山东公司在其应负的法律责任范围内，承担连带责任；2. 三被告在《人民日报》《法制日报》《半岛都市报》《青岛晚报》上刊登声明以消除影响；3. 三被告共同赔偿原告经济损失人民币 480 万元；4. 三被告承担原告因本案而发生的律师费、公证费、差旅费等合理支出 10 万元。

被告辩解

被告奥商网络公司辩称：奥商网络公司不存在不正当竞争行为，即使存在这种行为也不应该赔礼道歉，即使赔礼道歉也不能在《法制日报》上赔礼道歉，原告百度公司不能提出有力证据证明应赔偿人民币 480 万元。

被告联通青岛公司辩称：原告百度公司的指控是建立在臆测和无根据的推定基础上的，其所提交的证据不能必然地确定地唯一地展示被告实施了以及如何实施了其所指控的相关行为。原告没有提交相关新的证据来证明其因被告被指控行为遭受的实际损失。请求驳回原告提出的全部诉讼请求。

被告联通山东公司辩称：原告百度公司没有提供任何有效证据证明联通山东公司实施了对方所指控的不正当竞争或侵权行为，原告关于被告联通青岛公司、联通山东公司之间法律关系的陈述与事实不符，也没有法律依据。

第三人鹏飞航空公司辩称：本案与第三人无关，原告百度公司恶意诉讼给第三人造成的商誉损失和律师费等经济损失，第三人保留诉讼的权利。

法院查明事实

青岛市中级人民法院一审查明：

原告百度公司成立于 2001 年 6 月 5 日，其经营范围为互联网信息服务业务，经北京市通信管理局核准经营网址为 www.baidu.com 的百度网站，该网站主要向网络用户提供互联网信息搜索服务，现为国内知名的搜索引擎网站。

被告奥商网络公司成立于 2003 年 9 月 22 日，其经营范围包括网络工程建设、网络技术应用服务、计算机软件设计开发等。其网站为 www.og.com.cn，该公司在上述网站"企业概况"中称该公司拥有四个网站：中国奥商网（www.og.com.cn）、讴歌网络营销伴侣（www.og.net.cn）、青岛电话实名网（www.0532114.org）、半岛人才网（www.job17.com）。该公司在该网站中介绍其"网络直通车"业务时称：无须安装任何插件，广告网页强制出现。其介绍"搜索通"产品表现形式时以图文方式列举了下列步骤：第一步，在搜索引擎对话框中输入关键词；第二步，优先出现网络直通车广告位（5秒钟展现）；第三步，同时点击上面广告位直接进入宣传网站新窗口；第四步，5秒后原窗口自动展示第一步请求的搜索结果。该网站还以其他形式介绍了上述服务。

被告联通青岛公司系原中国网通公司青岛分公司与原中国联通公司青岛分公司合并，于2008年10月24日被核准成立的。联通青岛公司的经营范围包括因特网接入服务和信息服务等业务，青岛信息港网站（域名为qd.sd.cn）为联通青岛公司所有。"电话实名"系联通青岛公司与被告奥商公司共同合作的一项语音搜索业务，网址为www.0532114.org的"114电话实名语音搜索"网站表明该网站版权所有人为联通青岛公司，独家注册中心为奥商网络公司。

被告联通山东公司亦系有关公司合并而成立，核准成立日期为2009年3月11日，其经营范围亦包括因特网接入服务和信息服务业务。联通山东公司网站（www.sdcnc.cn）显示，被告联通青岛公司是其下属分公司。

第三人鹏飞航空公司成立于2002年6月14日，其经营范围包括航空机票销售代理等。

一审裁判理由

本案一审的争议焦点是：一、被告奥商网络公司、联通青岛公司、联通山东公司是否实施了在原告百度公司的搜索引擎网站进行搜索时强制弹出相关广告页面的干预行为；二、如果被告实施了上述干预行为，则该行为是否构成不正当竞争。

青岛市中级人民法院一审认为：

一、关于被告奥商网络公司、联通青岛公司、联通山东公司是否实施了原告百度公司所指控的行为

从本案查明的事实可以看出，原告百度公司在申请青岛市市中公证处进行证据保全的过程中，通过被告联通青岛公司所提供的互联网接入服务登录原告百度公司所属搜索网站 www.baidu.com，在百度网站显示对话框中输入"鹏飞航空"进行搜索时，会弹出一显示有"打折机票抢先拿就打114"的页面，点击该页面即打开一显示地址为 http：//air.qd.sd.cn 的页面；在百度网站显示对话框中输入"青岛人才网"进行搜索，会弹出一显示有"找好工作到半岛人才网 www.job17.com"的页面，点击该页面即打开一显示地址为 http：//www.job17.com/的页面；在百度网站显示对话框中输入"电话实名"，点击"百度一下"，弹出一显示有"查信息打114，语音搜索更好用"的页面，随后该页面转至相应的"电话实名"搜索结果页面。

根据查明的事实，www.job17.com 系被告奥商网络公司所属的半岛人才网站，"电话实名语音搜索"系被告联通青岛公司与奥商网络公司合作经营的业务，当事人对此并无异议。本案当事人所争议的在于 IP 地址为 http：//air.qd.sd.cn 的网站是否属于联通青岛公司所有，对此一审法院认为，首先，对于域名 qd.sd.cn 属于联通青岛公司所有当事人均无异议，且联通青岛公司也将其作为"青岛信息港"的域名实际使用。其次，一个完整的域名由两个或两个以上部分组成，各部分之间用英文的句号"."来分隔，最后一个"."的右边部分称为顶级域名，最后一个"."的左边部分称为二级域名，二级域名的左边部分称为三级域名，以此类推，因此，http：//air.qd.sd.cn 是 qd.sd.cn 的子域。最后，虽然联通青岛公司提出了 qdmuh.qd.sd.cn 网页打印件以证明 qd.sd.cn 下的子域名并非当然属于其所有，但联通青岛公司回避了其作为 qd.sd.cn 的域名所有人，该域名下子域名的取得要经过其许可这一问题。根据域名命名的一般规则，每一级的域名控制它下一级域名的分配，尽管域名持有人与子域名的使用人可以不是同一民事主体，但除非域名持有人将自己的子域名转让给他人使用，否则其他人不可能通过正当途径来使用域名持有人的子域名，对此联通青岛公司并没有提出相反证据予以否定。联通青岛公司作为 qd.sd.cn 的域名持有人，有能力证明原告百度公司在进行公证保全时的 http：//air.qd.sd.cn 域名的实际使用人，但是其并未对此说明，应认定在原告公证保全时该子域名的使用人为联通青岛公司。

在互联网上登录搜索引擎网站进行关键词搜索时，正常出现的应该是搜索引擎网站搜索结果页面，不应弹出与搜索引擎网站无关的其他页面，但是在被告联通青岛公司所提供的网络接入服务网络区域内，却出现了与搜索结果无关的广告页面强行弹出的现象，这种广告页面的弹出并非接入互联网的公证处计算机本身安装程序所导致，联通青岛公司既没有证据说明在其他网络接入服务商网络区域内会出现同样情况，也没有对在其网络接入服务区域内出现的上述情况给出合理解释，应当认为原告百度公司对此进行的解释成立，即在联通青岛公司提供互联网接入服务的区域内，对网络服务对象针对百度网站所发出的搜索请求进行了人为干预，使干预者想要发布的广告页面在正常搜索结果页面出现前强行弹出。

关于谁是上述干预行为的实施主体，被告奥商网络公司在其主页中对其"网络直通车"业务的介绍表明，其中关于广告强行弹出的介绍与原告百度公司公证保全的形式完全一致，且公证保全中所出现的弹出广告页面"半岛人才网""114电话语音搜索"均是其正在经营的网站或者业务。因此，奥商网络公司是该干预行为的受益者，在其没有提供证据证明存在其他主体为实施上述广告行为的情况下，应当认为奥商网络公司是上述干预行为的实施主体。

虽然被告奥商网络公司是上述干预行为的实施主体，但是并不意味着奥商网络公司是唯一的实施主体。奥商网络公司这种干预行为不是通过在客户端计算机安装插件、程序等方式实现的，而是在特定网络接入服务区域内均可以实现，因此，这种行为如果没有网络接入服务商的配合则无法实现，被告联通青岛公司并没有证据证明奥商网络公司是通过非法手段干预其互联网接入服务而实施上述行为，同时根据本案查明的事实，http://air.qd.sd.cn域名实际使用人为联通青岛公司，而联通青岛公司与奥商网络公司合作经营电话实名业务，即联通青岛公司亦是上述行为的受益人，因此，联通青岛公司亦是上述干预行为的实施主体。

关于被告联通山东公司是否实施了干预行为，因联通山东公司、被告联通青岛公司同属于中国联合网络通信有限公司的分支机构，原告百度公司并无证据证明联通青岛公司是由联通山东公司开办并管理，也无证据证明联通山东公司参与实施了干预行为，联通青岛公司作为民事主体有承担民事责任的资格，故原告针对联通山东公司的诉讼请求，法院不予支持。

原告将鹏飞航空公司作为本案第三人，但是原告在诉状及庭审过程中并未指出鹏飞航空公司有任何不正当竞争行为，也未要求鹏飞航空公司承担任何民事责任，故原告将鹏飞航空公司作为第三人属于列举当事人不当，不予支持。

二、关于被告奥商网络公司、联通青岛公司实施的干预行为是否构成不正当竞争

《中华人民共和国反不正当竞争法》（简称《反不正当竞争法》）第二章对不正当竞争行为进行了列举式规定，对于那些没有在具体条文中规定的行为，法院可以适用《反不正当竞争法》第二条的原则性规定予以判断和规范。法院在判断时应当遵循以下原则，即对于法律未作特别规定的竞争行为，只有按照公认的商业标准和普遍认识能够认定违反原则性规定时，才可以认定为不正当竞争行为，防止因不适当扩大不正当竞争范围而妨碍自由、公平竞争。判断被告联通青岛公司、奥商网络公司的上述行为是否构成不正当竞争，应当具备以下几个要件：1. 该行为的实施者是反不正当竞争法意义上的经营者；2. 经营者在从事商业行为时，没有遵循自愿、平等、公平、诚实信用原则，违反了公认的商业道德；3. 经营者的该不正当竞争行为给正当经营者造成了经济损失。

本案中，首先，应当明确经营者的确定并不要求原、被告属同一行业或服务类别，只要是从事商品经营或者营利性服务的市场主体即可成为经营者。被告联通青岛公司与被告奥商网络公司均属于从事互联网相关业务的市场主体，属于反不正当竞争法意义上的经营者。其次，在互联网上发布广告、进行商业活动与传统商业模式存在较大差异，通过先进的计算机网络技术手段，可以实现传统商业模式下无法达到的商业效果。但是，从事互联网相关业务的经营者仍应当通过诚信经营、公平竞争来获得相应利润或竞争优势，不能未经他人许可、利用他人的服务行为或者市场份额来进行商业运作并从中获利。本案中，联通青岛公司与奥商网络公司实施的行为，是利用了百度网站搜索引擎在我国互联网用户中被广泛使用的实际情况，利用技术手段，让通过使用联通青岛公司提供互联网接入服务的网络用户，在登录百度网站进行关键词搜索时，在正常搜索结果显示前强行弹出奥商公司发布的广告页面，这种行为显然属于利用原告百度公司提供的搜索服务来为自己牟利，这种行为既没有征得百度公司的同意，也违背了使用互联网接入服务用户的意志，容易导致网络用户误以为弹出广告页面系百度公司所为，会使网络用户对百度公司所提供服务的评价降低，对百度公司的商业信誉产生不利影响。

综上，被告联通青岛公司、奥商网络公司的行为损害了原告百度公司的利益，违背了诚信原则和公认的商业道德，其已构成不正当竞争，依法应当承担相应的民事责任。

由于被告联通青岛公司与被告奥商网络公司共同实施了不正当竞争行为，依照《中华人民共和国民法通则》第一百三十条的规定应当承担连带责任。依照《中华人民共和国民法通则》第一百三十四条、《反不正当竞争法》第二十条的规定，其应当承担停止侵权、赔偿损失、消除影响的民事责任。首先，两被告应当立即停止不正当竞争行为，即不得利用技术手段使通过联通青岛公司提供互联网接入服务的网络用户在登录百度网站进行关键词搜索时，弹出两被告的广告页面。其次，根据上述分析，两被告的行为给原告百度公司造成了经济损失，但是原告提出480万元的损失并无法律和事实依据，根据原告为本案支出的合理费用、被告不正当竞争行为的情节、持续时间等酌定两被告共同向原告赔偿经济损失人民币20万元。最后，互联网用户在登录百度进行搜索时，面对弹出的广告页面，通常会认为该行为系百度公司所为，因此两被告的行为给原告造成了一定负面影响，应当承担消除影响的民事责任，由于该行为发生在互联网上，且发生在联通青岛公司提供互联网接入服务的区域内，故确定两被告应在其各自网站（青岛信息港 www.qd.sd.cn、中国奥商网 www.og.com.cn）的首页上刊登消除影响的声明，内容须经法院审核，该声明应当连续发布十五天。

综上，青岛市中级人民法院依照《中华人民共和国民法通则》第一百三十条、第一百三十四条，《反不正当竞争法》第二十条的规定，于2009年9月2日作出判决。

一审裁判结果

一、被告奥商网络公司、联通青岛公司于本判决生效之日起立即停止针对原告百度公司的不正当竞争行为，即不得利用技术手段，使通过联通青岛公司提供互联网接入服务的网络用户，在登录百度网站进行关键词搜索时，弹出两被告的广告页面。

二、被告奥商网络公司、联通青岛公司于本判决生效之日起十日内赔偿原告百度公司经济损失人民币 20 万元。

三、被告奥商网络公司、联通青岛公司于本判决生效之日起十日内在各自网站（青岛信息港 www. qd. sd. cn、中国奥商网 www. og. com. cn）首页位置上刊登声明以消除影响，声明刊登时间应为连续的十五天，声明内容须经法院审核；逾期不执行的，法院将在国内相关门户网站上公开本判决的主要内容，所需费用由两被告共同承担。

四、驳回原告百度公司的其他诉讼请求。

当事人上诉

联通青岛公司不服一审判决，向山东省高级人民法院提起上诉，请求撤销一审判决，依法改判。主要理由如下。（一）一审判决认定的事实仅是一种可能性，而非确定性的事实。1. 一审判决认定上诉人联通青岛公司是网站 http：∥air. qd. sd. cn 的实际所有人错误。2. 一审认定联通青岛公司是本案被控侵权行为的实施主体不符合逻辑。（二）一审判决认定联通青岛公司存在不正当竞争行为错误。1. 被上诉人百度公司所提供的搜索引擎服务并非营利性服务，不属于反不正当竞争法规定的"经营者"范畴，百度公司在本案中不具备提起不正当竞争之诉的主体资格。2. 百度公司、联通青岛公司之间不存在竞争关系，本案不成立不正当竞争之诉。

被上诉人辩解

被上诉人百度公司辩称：一审判决认定事实清楚，适用法律正确，上诉人联通青岛公司的上诉理由不成立，请求驳回上诉，维持原判。

二审裁判理由

山东省高级人民法院经二审，确认了一审查明的事实。

本案二审的争议焦点是：一、上诉人联通青岛公司是不是涉案被控不正当竞争行为的实施主体；二、联通青岛公司是否存在不正当竞争行为。

山东省高级人民法院二审认为：

一、关于上诉人联通青岛公司是不是涉案被控不正当竞争行为的实施主体

确认上诉人联通青岛公司是不是涉案被控不正当竞争行为的实施主体，首先需要确认涉案网站 http：∥air. qd. sd. cn 是否属于联通青岛公司所有。域名是互联网络上识别和定位计算机层次结构的字符标识。涉案域名 qd. sd. cn 属于联通青岛公司，联通青岛公司并将其作为"青岛信息港"的域名实际使用。air. qd. sd. cn 作为 qd. sd. cn 的子域，是由其上级域名 qd. sd. cn 分配与管理的。联通青岛公司作为域名 cld. sd. cn 的持有人否认域名 air. qd. sd. cn 为其所有，但没有提供证据予以证明，一审判决认定在被上诉人百度公司公证保全时该子域名的使用人为联通青岛公司所有，并无不当。

涉案被控不正当竞争行为发生在特定互联网接入服务区域，原审被告奥商网络公司作为本案被控不正当竞争行为的实施主体，在没有证据证明奥商网络公司是通过非法手段干预特定互联网接入服务的情况下，没有互联网接入服务商的配合，奥商网络公司是无法实现本案被控不正当竞争行为的。同时，联通青岛公司是域名 air. qd. sd. cn 的所有人，因持有或使用域名而侵害他人合法权益的责任，由域名持有者承担。因此，一审法院认定联通青岛公司是涉案被控不正当竞争行为的实施主体，并无不当。

二、关于被告联通青岛公司是否存在不正当竞争行为

首先，被上诉人百度公司在本案中具备诉讼主体资格。百度公司一方面面向普通上网用户提供免费的网页搜索服务，另一方面也面向企业和个人提供收费的搜索服务与推广服务，上网用户在百度网站输入关键词进行搜索时，百度网站会通过搜索引擎找到并呈现与关键词相关的页面信息，同时在网站右侧，出现与关键词相匹配的付费企业网站链接。因此，百度公司属于反不正当竞争法意义上的经营者，具备本案的诉讼主体资格。

其次，上诉人联通青岛公司与被上诉人百度公司之间存在竞争关系，联通青岛公司的行为构成不正当竞争。

虽然上诉人联通青岛公司是互联网接入服务经营者，被上诉人百度公司是搜索服务经营者，服务类别上不完全相同，但联通青岛公司实施的在百度搜索结果出现之前弹出广告的商业行为与百度公司的搜索模式存在竞争关系。根据涉案公证书的记载，在百度网站搜索"鹏飞航空"，弹出"打折机票抢先拿就打114"的广告页面，搜索"青岛人才网"，弹出"找好工作到半岛人才网 www.job17.com"的广告页面，搜索"电话实名"弹出"查信息打114，语音搜索更好用"的广告页面，可以看出搜索时弹出的广告是有针对性的，与搜索的关键词及内容有紧密关系。联通青岛公司利用百度网站搜索引擎在我国互联网用户中被广泛使用的情况，利用技术手段，在百度搜索结果出现之前强行弹出其投放的与搜索的关键词及内容有紧密关系的广告页面，影响了百度公司按照自己意志向网络用户提供搜索服务与推广服务，也会导致百度网站搜索客户的流失，属于利用百度公司提供的搜索服务来为自己牟利的行为。这种行为影响了百度公司的服务质量，损害了百度公司的合法利益，还会导致上网用户误以为弹出的广告页面系百度公司所为，使上网用户对百度公司所提供服务的评价降低，对百度公司的商业信誉产生不利影响，同时也违背了诚实信用、公平交易的市场行为准则和公认的商业道德。因此，一审判决依照《反不正当竞争法》第二条的规定认定联通青岛公司、原审被告奥商网络公司的行为构成不正当竞争，并无不当。

综上，上诉人联通青岛公司的上诉请求缺乏事实和法律依据，应予驳回。一审判决认定事实清楚，适用法律正确，应予维持。据此，山东省高级人民法院依照《中华人民共和国民事诉讼法》第一百五十三条第一款第（一）项的规定，于 2010 年 3 月 20 日作出判决。

二审裁判结果

驳回上诉，维持原判。

本判决为终审判决。

评析

确定市场主体之间竞争关系的存在，不以二者属同一行业或服务类别为限，如果二者在市场竞争中存在一定联系或者一方的行为不正当地妨碍了另一方的正当经营活动并损害其合法权益，则应肯定二者之间存在竞争关系。

对于法律未作特别规定的竞争行为，只有按照公认的商业标准和普遍认识能够认定违反原则性规定时，才可以认定为不正当竞争行为，防止因不适当扩大不正当竞争范围而妨碍自由、公平竞争。本案中，判断被告联通青岛公司、奥商网络公司的上述行为是否构成不正当竞争，应当具备：1. 该行为的实施者是反不正当竞争法意义上的经营者；2. 经营者在从事商业行为时，没有遵循自愿、平等、公平、诚实信用原则，违反了公认的商业道德；3. 经营者的该不正当竞争行为给正当经营者造成了经济损失。

只要是从事商品经营或者营利性服务的市场主体即可成为经营者，并不要求原、被告属同一行业或服务类别。联通青岛公司与奥商网络公司均属于从事互联网相关业务的市场主体，属于反不正当竞争法意义上的经营者。不能未经他人许可利用他人的服务行为或者市场份额来进行商业运作并从中获利。本案中，联通青岛公司与奥商网络公司实施的行为，是利用了百度网站搜索引擎在我国互联网用户中被广泛使用的实际情况，利用技术手段，让通过使用联通青岛公司提供互联网接入服务的网络用户，在登录百度网站进行关键词搜索时，在正常搜索结果显示前强行弹出奥商公司发布的广告页面，违背了百度公司的意志，易致网络用户误以为弹出广告页面系百度公司所为，会使网络用户对百度公司所提供服务的评价降低，对百度公司的商业信誉产生不利影响。综上，联通青岛公司、奥商网络公司实施的干预行为损害了百度公司的利益，违背了诚信原则和公认的商业道德，其已构成不正当竞争，依法应当承担相应的民事责任。

51. 搜索引擎竞价排名案

——北京枫叶之都旅游文化交流有限公司诉百度在线网络技术（北京）有限公司等不正当竞争纠纷案

裁判要旨

对于排名算法规则的设置尚没有明确的法律规定或行业规定，各搜索引擎网站均可自行设定排名算法规则。百度搜索引擎排名算法规则涉及两个因素：网站网页本身的内容及网站外链权值。网站网页内容与相关关键词关联度高，被其他网站链接多会使网站权值增加，从而使排名位置靠前。但是，如果被收录网站存在大量被百度搜索引擎视为"垃圾链接"的链接，搜索引擎系统则会自动识别并降低其权值，相应的，该网站排名就会降低。同时，百度搜索引擎网站还设置了"回捞"机制，即对排名算法规则进行补充和修正。因此，若无证据证明主观故意和过失或仅针对原告网站采用了与众不同或歧视性的排名算法规则，则难以认定存在不正当竞争。

案件索引

北京市第一中级人民法院（2006）一中民初字第 12408 号

审理经过

原告北京枫叶之都旅游文化交流有限公司（简称"枫叶之都公司"）诉被告百度在线网络技术（北京）有限公司（简称"百度在线公司"）、北京百度网讯科技有限公司（简称"百度网讯公司"）不正当竞争纠纷一案，法院于 2006 年 9 月 12 日受理后，依法组成合议庭，于 2006 年 11 月 14 日公开开庭进行了审理。枫叶之都公司的委托代理人张录荣、何军，百度在线公司和百度网讯公司共同委托的代理人张永宜、苏静到庭参加了诉讼。本案现已审理终结。

原告起诉

原告枫叶之都公司诉称：

枫叶之都公司是加拿大梦幻旅游集团中国区总代理，从事北美旅游文化交流、北美路线旅行信息发布代理业务。枫叶之都公司的商务性网站（网址为 http：//www. canada-travel. cn）自 2004 年初设立以来，被许多门户网站和相关业界网站收录、链接。为扩大影响，利用网站提升业务，枫叶之都公司自 2004 年 7 月起至今持续使用百度搜索引擎网站"百度竞价排名"作网络推广。至 2005 年底，"加拿大旅游""加拿大旅行社"等关联度较高的关键词在包括百度在内的主要搜索引擎搜索结果中，枫叶之都公司网站网页信息条目的自然排序位置几乎均名列前 10 位甚至前 5 位。2006 年 3 月起，枫叶之都公司发现其公司网站网页信息条目在百度相关关键词搜索结果列表自然排序页面前十页中全面消失，均被排在了倒数第一页或第二页中。在枫叶之都公司屡次拒绝百度搜索引擎网站扩大关键词竞价范围要求的背景下，枫叶之都公司网站网页信息条目在被告搜索引擎搜索结果的自然排序位置极为靠后，而同时在其他搜索引擎搜索结果的排名位置却保持正常，经与百度搜索引擎网站交涉后，枫叶之都公司网站网页信息条目恢复了正常排序。据此可以认为，不正常排序应属于百度搜索引擎网站为配合推广竞价排名业务而对客户网站人为降低自然排名后恶意锁定的结果。百度搜索引擎网站在枫叶之都公司网站不存在应不予收录、应予删除或屏蔽的情形或信息内容的情况下，出于某种不正当目的，恶意采取非正常的技术手段人为地降低枫叶之都公司网站网页信息条目的自然排序位置，应构成一种歧视性行为，属于新类型民事侵权行为。此种侵权行为侵犯的是枫叶之都公司网站在公平竞争的网络环境中，出于为搜索者提供有用信息和宣传业务的目的，通过搜索引擎将相关网页信息正常呈现在搜索引擎为搜索者反馈的网页信息条目列表中，供搜索者选择和浏览的固有权利。百度在线公司是百度搜索引擎网站的实际运营者，百度网讯公司是百度搜索引擎网站域名的持有者，两公司恶意降低排名的行为侵犯了枫叶之都公司的名誉权和财产权，构成不正当竞争。故请求判令百度在线公司、百度网讯公司赔礼道歉，并共同赔偿枫叶之都公司经济损失人民币 10 万元。

📖 被告辩解

被告百度在线公司、百度网讯公司共同辩称：

1. 枫叶之都公司网站在百度搜索引擎排序位置降低是其网站存在针对搜索引擎的大量垃圾链接，被百度搜索引擎算法规则系统识别，并调整其网站权值所致。恢复枫叶之都公司网站自然排名位置的原因是对其网站进行了"回捞"。百度在线公司、百度网讯公司作为商业搜索引擎公司有权按照客观、公正的原则制定、调整其搜索排名算法规则，从而为用户提供符合需要的检索服务，且百度网站已在显著位置公告公示了百度搜索引擎对网站收录、排序的标准及对存在垃圾链接网站处理的原则。2. 网站在搜索引擎的相关关键词搜索结果网页信息条目列表中的自然排名位置，实际上是各搜索引擎根据各自的排名算法规则排列形成的，这种位置在不同的搜索引擎中不尽相同，且是在不断变化的。枫叶之都公司诉称的所谓百度在线公司、百度网讯公司基于推销竞价排名业务的考虑而恶意降低其网站排名构成歧视性侵权毫无事实依据。3. 枫叶之都公司对百度在线公司、百度网讯公司关系的陈述与事实不符，实际上百度在线公司负责网络技术的研发和生产技术产品，百度网讯公司是百度搜索引擎网站的所有者。基于上述意见请求法院依法驳回枫叶之都公司的诉讼请求。

法院查明事实

法院经审理查明：

百度在线公司系百度中文搜索引擎的研发单位。

2005 年 3 月 31 日，百度网讯公司取得北京市通信管理局核发的编号为"京 ICP 证 030173 号"的国家电信与信息服务业务经营许可证，有效期自 2005 年 3 月 31 日至 2008 年 5 月 6 日。

百度网讯公司系名称为"百度"、域名为 www. baidu. com 网站的所有者。

百度搜索引擎排名算法规则涉及两个因素，即网站内容及网站外链权值。同时，垃圾链接的存在将会影响网站的排名位置。另外，百度搜索引擎网站定期对降低排名的网站进行"回捞"（即搜索引擎系统按照一定规则提取相应的网站数据再由人工对提取数据进行复核并对该网站重新排名），发现有需要修正的情况，即会恢复相关网站的排名。百度搜索引擎网站刊载的《百度搜索帮助 - 百度与站长》一文对"什么样的站点会受到百度欢迎""关于垃圾网站的处理"等问题进行了说明。

枫叶之都公司网站的网址为 http：∥www. canada-travel. cn。

枫叶之都公司系百度在线公司竞价排名服务的客户。

2006 年 3 月，枫叶之都公司发现其网站网页在百度搜索引擎相关关键词搜索结果中自然排名位置出现大幅度变化。为此枫叶之都公司分别于 2006 年 4 月 19 日、4 月 28 日、5 月 17 日就该公司网站网页针对相关关键词搜索结果在百度搜索引擎网站的自然排名位置进行了公证。公证内容涉及以下相关关键词：加拿大旅游、加拿大旅行社、加拿大商务签证、加拿大商务考察、北京枫叶之都旅游文化交流有限公司、加拿大旅游公司、加拿大旅游导读、加拿大礼品、加拿大签证办理须知、加拿大中文网、加拿大旅游网、加拿大探亲旅游、美国签证、美国旅游签证。公证结果显示，针对上述相关关键词进行搜索，枫叶之都公司网站网页在百度搜索引擎网站中的自然排名位置均位于倒数第一页或倒数第二页之内。枫叶之都公司就此事于 2006 年 6 月 20 日给百度在线公司发出异议函。后百度在线公司、百度网讯公司重新对枫叶之都公司网站权值进行了评估，并于 2006 年 6 月 28 日通过"回捞"机制恢复了枫叶之都公司网站在百度搜索引擎网站相关关键词搜索结果中的自然排名位置。为此枫叶之都公司于 2006 年 7 月 3 日就该公司网站网页针对相关关键词搜索结果在百度搜索引擎网站的自然排名位置进行了公证。此次公证过程涉及的相关关键词与恢复排名之前的公证所涉及关键词相比，相同的关键词包括：加拿大旅游、加拿大旅行社、加拿大商务签证、北京枫叶之都旅游文化交流有限公司、加拿大旅游公司、加拿大旅游导读、加拿大礼品、加拿大签证办理须知、加拿大旅游网、加拿大探亲旅游。但缺少以下关键词：加拿大商务考察、加拿大中文网、美国签证、美国旅游签证。同时增加了加拿大、加拿大旅游签证、加拿大旅游注意事项、加拿大签证、加拿大探亲签证、加拿大签证申请表、枫叶之都、北美枫叶之都、美国旅游等关键词。公证结果显示，针对上述相关关键词进行搜索，枫叶之都公司网站网页在百度搜索引擎网站的自然排名位置均位于正数第一页或正数第二页之内。后枫叶之都公司于 2006 年 7 月 7 日向百度在线公司、百度网讯公司发出索赔交涉函，要求其采取书面道歉、赔偿损失等措施。

枫叶之都公司提供了共计 19211 元的公证费、律师费票据。

裁判理由

法院认为，根据当事人的诉辩主张，本案争议焦点有以下两点。

一、百度在线公司和百度网讯公司两者间的关系问题

根据备案网站查询结果，现百度网站的所有者为百度网讯公司。《百度竞价排名服务合同》中显示百度在线公司享有百度竞价排名服务的所有权和运作权。百度在线公司致北京市工商行政管理局的申请中也显示百度在线公司系百度搜索引擎的研发单位。上述证据可以证明百度在线公司和百度网讯公司共同经营百度搜索引擎网站（www.baidu.com），至于百度在线公司与百度网讯公司两者之间就搜索引擎网站的经营作何分工，对外不产生对抗第三方的效力。故枫叶之都公司认为百度在线公司和百度网讯公司为百度搜索引擎网站的共同经营者，有事实根据。百度在线公司和百度网讯公司系本案适格被告。

二、百度在线公司、百度网讯公司的行为是否侵犯了枫叶之都公司的名誉权、财产权，构成不正当竞争

该争议焦点涉及以下两个问题。

（一）百度在线公司、百度网讯公司是否具有过错

搜索引擎技术是近几年来互联网发展中出现的一项新技术，它帮助互联网用户在浩如烟海的信息中迅速地查找并显示其所需要的信息。目前，常见的搜索引擎搜索结果的排名方式有两种，即竞价排名与自然排名。竞价排名是搜索引擎服务商的一种赢利模式，客户付款的数额与排名的顺序紧密相关，付款越多排名越靠前。自然排名则是非赢利模式，被收录网站的所有者无须交纳任何费用，亦可拒绝收录。在自然排名方式下，网站网页的排名顺序是搜索引擎服务商根据其设定的排名算法规则形成的。目前，对于排名算法规则的设置尚没有明确的法律规定或行业规定，各搜索引擎网站均自行设定排名算法规则。本案中，百度搜索引擎排名算法规则涉及两个因素：网站网页本身的内容及网站外链权值。网站网页内容与相关关键词关联度高、被其他网站链接多都会使网站权值增加，从而使排名位置靠前。但是，如果被收录网站存在大量被百度搜索引擎视为"垃圾链接"的链接，搜索引擎系统则会自动识别并降低其权值，相应的，该网站排名就会降低。同时，百度搜索引擎网站还设置了"回捞"机制，即对排名算法规则进行补充和修正。百度搜索引擎网站相关网页内容证明百度在线公司、百度网讯公司已经在一定程度上向公众公开了上述排名算法规则。百度在线公司、百度网讯公司虽曾在短期内降低了枫叶之都公司网站网页在百度搜索引擎网站相关关键词搜索结果中的排名位置，但在枫叶之都公司提出异议后，百度在线公司、百度网讯公司通过"回捞"机制已经恢复了其排名位置，且没有证据证明百度在线公司、百度网讯公司实施该行为具有主观故意和过失或仅针对枫叶之都公司网站采用了与众不同或歧视性的排名算法规则。枫叶之都公司所述百度在线公司、百度网讯公司降低其自然排名目的是迫使其参与竞价排名服务，因而认为百度在线公司、百度网讯公司的行为具有恶意的主张缺乏证据支持，法院未予采信。

(二) 百度在线公司、百度网讯公司的行为是否构成不正当竞争

随着网络的发展和海量信息的形成, 人们对搜索引擎的依赖愈加强烈, 通过搜索引擎寻找特定信息越来越普遍。对于企业来说, 其网站网页在相关关键词搜索结果中的排名, 特别是自然排名是十分重要的, 这其中不仅包含着一定的商机, 排名的位置还可能会影响社会公众对企业经营状况的评价。本案中, 枫叶之都公司网站网页在百度搜索引擎网站相关关键词搜索结果中的自然排名位置一度降低, 这在一定程度上确有可能影响相关公众对该公司经营状况的评价。但是, 目前国家及行业对搜索引擎的商业模式及排名算法规则均没有明确的法律规范和技术标准。在枫叶之都公司不能证明百度在线公司、百度网讯公司的行为具有违法性的情况下, 由百度在线公司、百度网讯公司就调整收录网站自然排名行为承担侵权责任, 缺乏法律依据。

综上所述, 搜索引擎技术的出现和发展导致互联网环境中出现了一些新的矛盾和利益冲突。在本案纠纷中, 虽然尚存在诸多需要进一步研究和探讨的问题, 如搜索引擎系统自然排名算法规则有待规范等, 但枫叶之都公司提出的百度在线公司和百度网讯公司曾降低其网站网页在百度搜索引擎相关关键词搜索结果中自然排名位置的行为侵犯了其名誉权、财产权, 构成不正当竞争等主张缺乏事实和法律依据, 法院不予支持。依据《中华人民共和国民事诉讼法》第六十四条第一款及《最高人民法院关于民事诉讼证据的若干规定》第二条之规定, 作出判决。

一审裁判结果

驳回北京枫叶之都旅游文化交流有限公司的诉讼请求。

案件受理费 3510 元, 由原告北京枫叶之都旅游文化交流有限公司负担 (已交纳)。

二审裁判理由

二审法院认为, 百度在线公司、百度网讯公司共同经营的百度搜索引

擎网站提供的搜索引擎服务包括竞价排名和自然排名两种排名方式。百度搜索引擎位置的自然排名是依据百度搜索引擎排名算法规则，由百度搜索引擎自然形成排名顺序位置，而并非由人工控制百度搜索引擎网站搜索结果页面的自然排名位置顺序。百度在线公司、百度网讯公司在百度搜索引擎网站的相关页面登载的《百度搜索帮助－百度与站长》等内容也在一定程度上向用户公开了百度搜索引擎排名算法规则。同时，百度在线公司、百度网讯公司设立"回捞"机制，即在发现有需要修正的情况时，通过该机制恢复相关网站的排名。枫叶之都公司网站虽然在一定期间内，在百度搜索引擎网站搜索结果页面的自然排名位置降低，但百度在线公司、百度网讯公司在枫叶之都公司提出异议后，通过"回捞"机制恢复了枫叶之都公司网站的自然排名位置。现有证据不能证明百度在线公司、百度网讯公司针对枫叶之都公司网站进行不利锁定并故意降低枫叶之都公司网站自然排名位置。枫叶之都公司网站在百度搜索引擎网站相关关键词搜索结果中的自然排名位置降低，在一定程度上确有可能影响相关公众对该公司的评价，但是由于不能证明百度在线公司、百度网讯公司利用百度搜索引擎故意降低枫叶之都公司网站自然排名位置，故不能认定百度在线公司、百度网讯公司针对枫叶之都公司实施了歧视性和胁迫性行为，百度在线公司、百度网讯公司并未针对枫叶之都公司实施不正当竞争行为。

二审裁判结果

驳回上诉，维持原判。
本判决为终审判决。

评析

本案系搜索引擎竞价排名案，其中，认定网站自行设定自然排名算法规则不具有违法性。具体为，百度在线公司、百度网讯公司共同经营的百度搜索引擎网站提供的搜索引擎服务包括竞价排名和自然排名两种排名方式。百度搜索引擎位置的自然排名是依据百度搜索引擎排名算法规则，由百度搜索引擎自然形成排名顺序位置。百度在线公司、百度网讯公司在百度搜索引擎网站的相关页面登载的《百度搜索帮助－百度与站长》等内容也在一定程度上向用户公开了百度搜索引擎排名算法规则。同时，百度在线公司、百度网讯公司设立"回捞"机制，即在发现有需要修正的情况时，通过该机制恢复相关网站的排名。百度在线公司、百度网讯公司虽曾在短期内降低枫叶之都公司网站网页在百度搜索引擎网站相关关键词搜索结果中的排名位置，但在枫叶之都公司提出异议后，百度在线公司、百度网讯公司通过"回捞"机制已经恢复了其排名位置，且没有证据证明百度在线公司、百度网讯公司实施该行为具有主观故意和过失或仅针对枫叶之都公司网站采用了与众不同或歧视性的排名算法规则。故不能认定百度在线公司、百度网讯公司针对枫叶之都公司实施了歧视性和胁迫性行为，不能认定构成不正当竞争。

52. 擅自使用他人已实际具有商号作用的企业名称简称

—— 天津中国青年旅行社诉天津国青国际旅行社
擅自使用他人企业名称纠纷案

▓ 裁判要旨

1. 企业长期、广泛对外使用，具有一定市场知名度，为相关公众所知悉，已实际具有商号作用的企业名称简称，可以视为企业名称予以保护。

2. 擅自将他人已实际具有商号作用的企业名称简称作为商业活动中互联网竞价排名关键词，使相关公众产生混淆误认的，属于不正当竞争行为。

▓ 【案件索引】

一审：天津市第二中级人民法院（2011）二中民三知初字第 135 号
二审：天津市高级人民法院（2012）津高民三终字第 3 号

▓ 基本案情

原告天津中国青年旅行社（简称"天津青旅"）诉称：被告天津国青国际旅行社有限公司（简称"天津国青旅"）在其版权所有的网站页面、网站源代码以及搜索引擎中，非法使用原告企业名称全称及简称"天津青旅"，违反了反不正当竞争法的规定，请求判令被告立即停止不正当竞争行为，公开赔礼道歉，赔偿经济损失 10 万元，并承担诉讼费用。

被告天津国青国际旅行社有限公司辩称："天津青旅"没有登记注册，并不由原告享有，原告主张的损失没有事实和法律依据，请求驳回原告诉讼请求。

💥 法院查明事实

法院经审理查明，天津中国青年旅行社于 1986 年 11 月 1 日成立，是从事国内及出入境旅游业务的国有企业，直属于共青团天津市委员会。共青团天津市委员会出具证明称，"天津青旅"是天津中国青年旅行社的企业简称。2007 年，《今晚报》等媒体在报道天津中国青年旅行社承办的活动中已开始以"天津青旅"简称指代天津中国青年旅行社。天津青旅在报价单、旅游合同、与同行业经营者合作文件、发票等资料以及经营场所各门店招牌上等，使用"天津青旅"作为企业的简称。天津国青国际旅行社有限公司于 2010 年 7 月 6 日成立，是从事国内旅游及入境旅游接待等业务的有限责任公司。

2010 年底，天津青旅发现通过 Google 搜索引擎分别搜索"天津中国青年旅行社"或"天津青旅"，在搜索结果的第一名并标注赞助商链接的位置，分别显示"天津中国青年旅行社网上营业厅 www.lechuyou.com 天津国青网上在线营业厅，是您理想选择，出行提供优质、贴心、舒心的服务"或"天津青旅网上营业厅 www.lechuyou.com 天津国青网上在线营业厅，是您理想选择，出行提供优质、贴心、舒心的服务"，点击链接后进入网页是标称为天津国青国际旅行社乐出游网的网站，网页顶端出现"天津国青国际旅行社 – 青年旅行社青旅/天津国旅"等字样，网页内容为天津国青旅游业务信息及报价，标称网站版权所有为乐出游网 – 天津国青，并标明了天津国青的联系电话和经营地址。同时，天津青旅通过百度搜索引擎搜索"天津青旅"，在搜索结果的第一名并标注推广链接的位置，显示"欢迎光临天津青旅重合同守信誉单位，汇集国内出境经典旅游线路，100% 出团，天津青旅 400 – 611 – 5253 022. ctsgz. cn"，点击链接后进入网页仍然是上述标称为天津国青国际旅行社乐出游网的网站。

一审裁判

天津市第二中级人民法院于 2011 年 10 月 24 日作出（2011）二中民三知初字第 135 号民事判决：一、被告天津国青国际旅行社有限公司立即停止侵害行为；二、被告于本判决生效之日起三十日内，在其公司网站上发布致歉声明持续十五天；三、被告赔偿原告天津中国青年旅行社经济损失30000 元；四、驳回原告其他诉讼请求。

宣判后，天津国青旅提出上诉。

二审裁判

天津市高级人民法院于 2012 年 3 月 20 日作出（2012）津高民三终字第 3 号民事判决：一、维持天津市第二中级人民法院上述民事判决第二、三、四项；二、变更判决第一项"被告天津国青国际旅行社有限公司立即停止侵害行为"为"被告天津国青国际旅行社有限公司立即停止使用'天津中国青年旅行社'、'天津青旅'字样及作为天津国青国际旅行社有限公司网站的搜索链接关键词"；三、驳回被告其他上诉请求。

裁判理由

法院生效裁判认为：根据《最高人民法院关于审理不正当竞争民事案件应用法律若干问题的解释》第六条第一款规定："企业登记主管机关依法登记注册的企业名称，以及在中国境内进行商业使用的外国（地区）企业名称，应当认定为反不正当竞争法第五条第（三）项规定的'企业名称'。具有一定的市场知名度、为相关公众所知悉的企业名称中的字号，可以认定为反不正当竞争法第五条第（三）项规定的'企业名称'。"因此，对于企业长期、广泛对外使用，具有一定市场知名度，为相关公众所知悉，已实际具有商号作用的企业名称简称，也应当视为企业名称予以保护。"天津中国青年旅行社"是原告 1986 年成立以来一直使用的企业名称，原告享有企业名称专用权。"天津青旅"作为其企业名称简称，于 2007 年就已被其在经营活动中广泛使用，相关宣传报道和客户也以"天津青旅"指代天津中国青年旅行社，经过多年在经营活动中使用和宣传，已享有一定市场知名度，为相关公众所知悉，已与天津中国青年旅行社之间建立起稳定的关联关系，具有可以识别经营主体的商业标识意义。所以，可以将"天津青旅"视为企业名称与"天津中国青年旅行社"共同加以保护。

《中华人民共和国反不正当竞争法》第五条第（三）项规定，经营者不得采用擅自使用他人的企业名称，引人误认为是他人的商品等不正当手段从事市场交易，损害竞争对手。因此，经营者擅自将他人的企业名称或简称作为互联网竞价排名关键词，使公众产生混淆误认，利用他人的知名度和商誉，达到宣传推广自己的目的的，属于不正当竞争行为，应当予以禁止。天津国青旅作为从事旅游服务的经营者，未经天津青旅许可，通过在相关搜索引擎中设置与天津青旅企业名称有关的关键词并在网站源代码中使用等手段，使相关公众在搜索"天津中国青年旅行社"和"天津青旅"关键词时，直接显示天津国青旅的网站链接，从而进入天津国青旅的网站联系旅游业务，达到利用网络用户的初始混淆争夺潜在客户的效果，主观上具有使相关公众在网络搜索、查询中产生误认的故意，客观上擅自使用"天津中国青年旅行社"及"天津青旅"，利用了天津青旅的企业信誉，损害了天津青旅的合法权益，其行为属于不正当竞争行为，依法应予以制止。天津国青旅作为与天津青旅同业的竞争者，在明知天津青旅企业名称及简称享有较高知名度的情况下，仍擅自使用，有借他人之名为自己谋取不当利益的意图，主观恶意明显。依照《中华人民共和国民法通则》第一百二十条之规定，天津国青旅应当承担停止侵害、消除影响、赔偿损失的法律责任。至于天津国青旅在网站网页顶端显示的"青年旅行社青旅"字样，并非原告企业名称的保护范围，不构成对原告的不正当竞争行为。

评析

企业登记主管机关依法登记注册的企业名称，以及在中国境内进行商业使用的外国（地区）企业名称，应当认定为反不正当竞争法规定的"企业名称"。具有一定的市场知名度、为相关公众所知悉的企业名称中的字号，可以认定为反不正当竞争法规定的"企业名称"。因此，对于企业长期、广泛对外使用，具有一定市场知名度、为相关公众所知悉，已实际具有商号作用的企业名称简称，也应当视其为企业名称予以保护。经营者擅自将他人的企业名称或简称作为互联网竞价排名关键词，使公众产生混淆误认，利用他人的知名度和商誉，达到宣传推广自己的目的的，属于不正当竞争行为，应当予以禁止。①

本案中，"天津中国青年旅行社"是原告 1986 年成立以来一直使用的企业名称，原告享有企业名称专用权。"天津青旅"作为其企业名称简称，于 2007 年就已被其在经营活动中广泛使用，相关宣传报道和客户也以"天津青旅"指代天津中国青年旅行社，经过多年在经营活动中使用和宣传，已享有一定市场知名度，为相关公众所知悉，已与天津中国青年旅行社之间建立起稳定的关联关系，具有可以识别经营主体的商业标识意义。所以，可以将"天津青旅"视为企业名称与"天津中国青年旅行社"共同加以保护。而天津国青国际旅行社有限公司在其版权所有的网站页面、网站源代码以及搜索引擎中，非法使用原告企业名称全称及简称"天津青旅"的行为，违反了反不正当竞争法的规定。

---

① 新反不正当竞争法第六条规定，经营者不得实施下列混淆行为，引人误认为是他人商品或者与他人存在特定联系：擅自使用他人有一定影响的企业名称（包括简称、字号等）、社会组织名称（包括简称等）、姓名（包括笔名、艺名、译名等）。

53. 首例电视剧植入广告虚假宣传案

——北京珂兰信钻网络科技有限公司诉上海辛迪加
影视有限公司等不正当竞争纠纷案

裁判要旨

不正当竞争行为的一个重要体现为"混淆行为",即足以使相关公众对商品的来源产生误认,包括误认为与其他商品的经营者具有许可使用、关联企业关系等特定联系。"混淆行为"的直接后果是,造成本来属于他人的商业机会被抢夺,从而损害了他人的经济利益。当事人在电视剧中植入广告,所使用的商品包装盒上印有自己的商标,但盒内的商品为他人享有著作权的产品,该行为容易使相关公众误以为商品为当事人自己的商品,使得喜欢该商品的公众对当事人的品牌产生一定兴趣,从而使其获取更多的商业机会,因此,构成对他人的不正当竞争。

案件索引

上海市浦东新区人民法院(2011)浦民三(知)初字第 694 号

审理经过

原告北京珂兰信钻网络科技有限公司与被告上海辛迪加影视有限公司

（简称"辛迪加公司"）、上海卓美珠宝有限公司（简称"卓美公司"）不正当竞争纠纷一案，法院受理后，依法适用普通程序，由审判员徐飞与人民陪审员盛美芬、杨红娣组成合议庭，于 2012 年 4 月 24 日公开开庭进行了审理。原告委托代理人朱彦煜，被告辛迪加公司委托代理人孙黎卿，被告卓美公司委托代理人谢东升、胡云峰到庭参加诉讼。本案现已审理终结。

原告起诉

原告北京珂兰信钻网络科技有限公司诉称，原告委托设计师创作完成美术作品《天使之翼吊坠》，并于 2008 年 3 月 8 日在北京首次发表。之后，原告开始按照上述美术作品图样生产、销售《天使之翼吊坠》实物产品。2009 年 2 月 24 日，原告将该美术作品进行了著作权登记，并取得著作权登记证书，原告以委托作品著作权人身份依法享有除署名权之外的著作权。

原告发现，在安徽卫视、东方卫视等各大电视台热播并在优酷网、百度奇艺、搜狐视频、土豆网等多个视频网站上传播的电视剧《夏家三千金》第二集约第 24 分钟至第 26 分钟处出现了一款与前述《天使之翼吊坠》美术作品几乎完全相同的吊坠产品。该产品所用的包装盒上醒目地印有被告卓美公司克徕帝珠宝的品牌标识"crd"。该剧由被告辛迪加公司参与共同出品及摄制，并由其负责办理电视剧拍摄制作备案。

原告认为，两被告未经原告授权许可，擅自在电视剧中使用与原告受著作权保护的《天使之翼吊坠》美术作品和实物产品构成实质相似的吊坠产品，不但误导了广大观众和消费者，而且严重地侵犯了原告的合法著作权，也构成虚假宣传及违反诚实信用原则的不正当竞争行为。故请求法院判令两被告：1. 在《法制日报》、新浪网首页（http：//www.sina.com.cn）、crd 克徕帝官网首页（http：//www.crd999.com）分别向原告公开赔礼道歉；2. 连带赔偿原告经济损失人民币 15 万元（以下币种相同）及原告为制止侵权行为所支付的合理开支 7521 元。后，原告撤回对著作权侵权的起诉。

被告辩解

被告辛迪加公司辩称，其仅作为终端消费者使用系争作品，剧中项链的使用由导演自由发挥，被告无主观过错，依法不应承担任何法律责任。

被告卓美公司辩称，被告没有实施生产、销售侵权产品的行为，不应承担法律责任。剧中珠宝产品由剧组自备，被告只提供了拍摄场地。剧中使用系争产品不是被告主动策划的，产品也不是被告提供给剧组的，对于展示珠宝的过程被告并不知情。原告没有证据证明被告实施了不正当竞争行为。

法院查明事实

经审理，法院查明以下事实：

原告于 2007 年 9 月注册成立，经营范围包括广告设计、制作，销售珠宝首饰、黄金饰品等。2008 年 2 月 18 日，案外人张萌创作完成作品《天使之翼吊坠》共三幅。同月 23 日，张萌与原告共同出具《职务创作说明》，内容为："本作品《天使之翼吊坠》是本公司员工张萌接受单位任务委派，利用单位工作资源，在单位规定的工作时间内完成的创作，版权归属于公司所有，作者仅享有署名权。"2009 年 9 月 24 日，国家版权局依原告申请发出著作权登记证书。证书载明：《天使之翼吊坠》（共三幅）于 2008 年 3 月 8 日在北京首次发表，北京珂兰信钻网络科技有限公司"以委托作品著作权人身份依法享有著作权（署名权除外）"。原告依上述作品生产了项链吊坠。其主体造型为一对翅膀，翅根镶嵌有钻石并可以转动，翅尖有孔洞供绳或项链穿过。当绳或项链同时穿过两个孔洞时，两个翅膀相对或相背可表现出两种不同的形态；当绳或项链只穿过一个孔洞时，两个翅膀呈竖直状态，即第三种形态。三种形态的项链吊坠分别再现了原告进行著作权登记的《天使之翼吊坠》的三幅作品。

2010 年 7 月，《夏家三千金》剧组工作人员来到被告卓美公司在厦门的加盟商厦门鹭屿克徕帝珠宝有限公司的经营场所。双方商定：《夏家三千金》剧组使用厦门店的经营场所进行拍摄，不支付场地费；剧组在拍摄中将把包括 logo 在内的店面的整体形象都拍摄到位并在鸣谢中体现被告品牌名称及广告语，为其免费做广告。在拍摄过程中，该剧周国栋导演在该店购买了一款项链，并除该项链所用首饰盒外又多要了一个带有"克徕帝"英文标识"crd"的首饰盒，告知将作为道具根据剧情使用，但没有说明用于何种剧情。

2011 年 4 月 22 日，北京市方圆公证处根据原告申请，进行了以下证据保全。1. 上网播放《夏家三千金》视频，在第二集中有以下情节：皓天与其母亲至珠宝店选购首饰，该店显示有明显的"crd 克徕帝"标识……在夏家，皓天将首饰送给友善，在打开首饰盒的特写镜头中可见首饰盒上明显的"crd"标识及盒中项链，项链吊坠与原告项链吊坠翅膀相对时的造型基本相同，项链特写镜头持续有 4 秒钟。随后，皓天帮友善戴上项链。画面显示有带着项链的友善的连续镜头。……电视剧片尾字幕显示"crd 克徕帝浪漫一刻幸福一生"字样。2. 进入被告官方网站"crd999. com"，点击"克徕帝新闻"中的"crd 克徕帝携手《夏家三千金》"，结果页面显示"crd 克徕帝携手《夏家三千金》太过爱你"的文章。文中写道："《夏家三千金》在 crd 克徕帝取景的镜头，crd 克徕帝愿随着《夏家三千金》走进每个人的心中……"，并附有"皓天跟妈妈在 crd 克徕帝挑选钻饰""选好东西从店面出来""哇，红色的 crd 克徕帝首饰盒，大爱哦""谢幕，crd 克徕帝，浪漫一刻，幸福一生"等文字及相关剧照。

另查明，被告辛迪加公司经营范围包括电视节目制作、发行，数字新媒体和传统媒体影视节目领域内的投资等。辛迪加公司系《夏家三千金》的著作权人，也系该剧的摄制者及主要出品人，并负责该剧的宣传、发行等。该剧在各卫视频道及主流网站均进行了播放。剧中所涉项链由剧组从广州市白云区银亮饰品商行购得。

被告卓美公司经营范围包括首饰的销售，饰品的零售、设计、开发，各类广告的设计、制作等。"克徕帝""crd"为被告卓美公司品牌，该公司所有加盟店均以该品牌经营。卓美公司知晓其厦门加盟店与被告辛迪加公司在《夏家三千金》拍摄中的合作，但卓美公司及其各加盟店并未生产或销售过系争款式的项链吊坠。

再查明，原告为本次诉讼支付公证费 2521 元、律师费 5000 元。

裁判理由

法院认为，《中华人民共和国反不正当竞争法》规定，经营者不得利用广告或者其他方法，对商品的质量、制作成分、性能、用途、生产者、有效期限、产地等作引人误解的虚假宣传。广告的经营者不得在明知或者应知的情况下，代理、设计、制作、发布虚假广告。依据上述规定及查明的事实，法院认为：

一、电视剧《夏家三千金》的相关情节构成对被告卓美公司品牌的广告宣传

商业广告是商品经营者或服务提供者自己或委托他人通过一定的媒介和形式介绍和推销其商品或服务的一种宣传活动。本案中，首先，从两被告之间的关系来看，被告卓美公司免费为被告辛迪加公司的电视剧提供拍摄场地，辛迪加公司免费在该剧中为卓美公司的品牌进行宣传。双方之间虽无书面合同，但形成了事实上的广告合作关系。其中，卓美公司是实际的广告主，辛迪加公司是实际的广告经营者，对价即为相互免除的场地费和广告费。其次，从电视剧的相关内容来看，在《夏家三千金》剧中，主人公先在有着明显"crd 克徕帝"标识的珠宝店中选购首饰；后又在家中打开带有明显"crd"标识的首饰盒；片尾还显示"crd 克徕帝浪漫一刻幸福一生"字幕，这些内容具有明显的植入广告的特征，构成对"克徕帝""crd"品牌的广告宣传。其中，系争项链吊坠与首饰盒一同出现，已成为植入广告的组成部分，客观上能够起到广告宣传的效果，亦构成对被告卓美公司品牌的广告宣传。

二、系争植入广告容易引人误解，损害了原告的合法权益

广告宣传，必须客观、真实，与被宣传对象的实际情况相符合。在珠宝首饰的广告宣传中，独特的首饰款式能够迅速引起消费者的关注，提高品牌的吸引力。本案中，被告卓美公司并不设计、生产或销售系争款式的项链吊坠，但被告辛迪加公司在电视剧的植入广告中将该款式的项链吊坠与卓美公司的品牌标识一并使用，向相关公众展示了打开带有明显"crd"

标识的首饰盒，并显示出系争项链吊坠，继而主人公将项链戴于颈上的情节，且首饰盒与系争项链均为特写镜头，项链特写镜头的持续时间更有 4 秒之久，加之选购场景及片尾字幕中的"crd 克徕帝"标识，足以使相关公众误认为该吊坠款式由"crd"品牌设计、生产或销售。使得喜欢该吊坠款式的公众对"crd"品牌产生一定的兴趣，吸引其进一步了解该品牌或购买该品牌产品，从而为卓美公司争取到更多的商业机会，使其不正当地取得一定的竞争优势，进而获取一定的商业利益。

原告与被告卓美公司均系珠宝首饰产品的经营者，相互存在竞争关系。原告作为《天使之翼吊坠》美术作品的著作权人，享有将该美术作品复制到首饰产品上并获得收益的权利。系争植入广告利用原告的饰品款式为被告卓美公司的品牌进行宣传，势必对原告因该特有款式而产生的竞争优势产生影响，或使相关公众误认为原告饰品仿照了被告的款式，损害了原告的合法权益，构成对原告的不正当竞争。

三、两被告应对虚假宣传行为承担连带责任

本案中，辛迪加公司是电视剧《夏家三千金》的制作者和发行者，同时也是系争植入广告的制作者和发布者。其明知系争项链吊坠与被告卓美公司无关，却将其与有着明显被告品牌标识的首饰盒一并使用，导致引人误解的后果，损害了原告的合法权益，应当就原告损失承担赔偿责任。被告卓美公司作为实际上的广告主，虽然没有主动参与剧情设计，但提供了带有其品牌标识的首饰盒，并且知道该首饰盒将根据剧情被使用，也知道该剧将为其品牌进行宣传，却未对宣传内容及可能产生的宣传后果尽到合理的注意义务，亦应对原告损失承担赔偿责任。

至于赔偿数额的确定，由于原告未就其损失或被告获利进行举证，法院综合考虑被告不正当竞争行为的性质、情节、主观过错程度、虚假宣传的影响范围以及原告合法权益受到损害的程度等酌情予以确定。法院注意到，被告除将系争项链吊坠与"crd"品牌的首饰盒一并使用外，并无其他虚假宣传行为；且消费者在实际选购首饰时，除款式外，还会考虑产品质量、品牌知名度等其他因素，故根据赔偿数额与损害结果相当的原则，酌情确定 2 万元的赔偿额。原告所支出的律师费、公证费，属于制止侵权的合理支出，法院予以支持。关于原告要求两被告赔礼道歉的诉讼请求，

由于赔礼道歉系人身权利受到侵害时的救济方式，而本案并不涉及原告人身权利受到侵害的情形，故原告该诉讼请求，于法无据，法院未予支持。原告可以通过其他形式，消除因被告的虚假宣传行为对其造成的影响。

综上，依据《中华人民共和国反不正当竞争法》第九条、第二十条之规定，作出判决。

裁判结果

一、被告上海辛迪加影视有限公司、上海卓美珠宝有限公司赔偿原告北京珂兰信钻网络科技有限公司经济损失人民币 2 万元及原告为制止侵权支出的合理费用人民币 7521 元；两被告互负连带责任。

二、驳回原告北京珂兰信钻网络科技有限公司的其余诉讼请求。

负有金钱给付义务的当事人未按本判决指定的期间履行给付金钱义务的，应当依照《中华人民共和国民事诉讼法》第二百二十九条之规定，加倍支付迟延履行期间的债务利息。

案件受理费人民币 3450 元（原告已预付），由原告北京珂兰信钻网络科技有限公司承担 1424 元，被告上海辛迪加影视有限公司、上海卓美珠宝有限公司承担 2026 元。

宣判后，双方当事人均未提起上诉，判决已发生法律效力。

评析

本案系首例电视剧植入广告虚假宣传案。虚假宣传，是指在商业活动中经营者利用广告或其他方法对商品或者服务做出与实际内容不相符的虚假信息，导致客户或消费者误解的行为。经营者不得对其商品的性能、功能、质量、销售状况、用户评价、曾获荣誉等作虚假或者引人误解的商业宣传，欺骗、误导消费者。经营者不得通过组织虚假交易等方式，帮助其他经营者进行虚假或者引人误解的商业宣传。本案中，两被告因一方提供免费拍摄场地，一方免费为对方在剧中作品牌宣传，而形成事实广告合作关系。电视剧中，标示有被告卓美公司的项链吊坠与首饰盒一同出现，已成为植入广告的组成部分，客观上能够起到广告宣传的效果，构成对被告卓美公司品牌的广告宣传。该项链吊坠与原告拥有著作权的天使之翼吊坠实质相似。原告与被告卓美公司均系珠宝首饰产品的经营者。前述植入广告的行为对原告因该特有款式而产生的竞争优势产生影响，或使相关公众误认为原告饰品仿照了被告的款式，损害了原告的合法权益，构成对原告的不正当竞争。

54. 首例涉网购助手不正当竞争案

——天猫、淘宝诉"帮5淘"不正当竞争案

裁判要旨

1. 网购网站和网购助手的服务内容虽不完全相同，但网购助手依附于网购网站而生，两者存在极为紧密的关联。从具体行为来看，网购助手实施了争夺用户流量入口的行为。可见，双方存在竞争关系。

2. 网购网站依托其商业模式，通过多年经营所获取的在购物网站行业的竞争优势，属于应受反不正当竞争法保护的合法权益。网购助手以减价标识引导用户至其他网站购物的行为，会降低原告网站的用户黏性，给原告造成损害。因此，该行为构成不正当竞争。

【案件索引】

一审：上海市浦东新区人民法院（2015）浦民三（知）初字第 1963 号
二审：上海知识产权法院（2016）沪 73 民辖终 11 号

审理经过

2015 年"双十一"前夕，天猫和淘宝向上海市浦东新区人民法院（简称"浦东法院"）申请诉前禁令，法院最终裁定，上海载和网络科技有限公司（简称"载和公司"）、载信软件（上海）有限公司（简称"载信公司"）立即停止将购物助手"帮5淘"嵌入天猫、淘宝网页的行为。天猫、淘宝后又向法院起诉两公司。经过审理，4月11日下午，浦东法院对这起国内首例涉购物助手不正当竞争纠纷案作出了一审宣判。

▌原告起诉

载和公司是"帮5买"网站的域名注册人及经营者。受载和公司委托，载信公司开发了"帮5淘"购物助手并提供了技术支持。

根据淘宝、天猫公司提交的证据保全公证：用户电脑装上"帮5淘"插件后，在使用IE、百度、搜狗等浏览器登录淘宝网和天猫商城时，"帮5淘"插件会在淘宝、天猫页面中嵌入"帮5买"的标识、商品推荐图片、搜索框、收藏按钮、价格走势图及减价按钮等内容。其中，在商品详情页原有的"立即购买""加入购物车"旁边或下方插入"现金立减"或"帮5买扫一扫立减1元"等减价按钮，用户一旦点击该按钮，网页就跳转到"帮5买"网站，在该网站完成下单、支付等流程，款项即到载和公司账户，然后再由载和公司的员工以自己的账号手动在淘宝、天猫平台下单。

淘宝、天猫公司以上述行为构成不正当竞争为由，于2015年10月向浦东法院申请诉前禁令，后又以不正当竞争为由起诉。

两原告认为，两被告以修改页面代码的方式在淘宝、天猫各层级页面中嵌入多种标识，使得被告的信息及推荐的商品等在原告页面中得到免费展示，直接造成原告巨额的在线营销服务费的损失；同时还会降低商户对原告网站广告投放效果的预期，降低了原告网站广告位的价值，间接导致原告在线营销服务费的损失；被告的行为导致用户在浏览淘宝、天猫时，误认为"帮5淘""帮5买"与原告存在合作关系；两被告通过"搭便车"的方式，将大量原打算在原告网站交易的用户引至被告网站或其他第三方网站，导致原告网站成交量大幅减少；被告的行为还严重影响了原告网站的用户体验。据此，两原告认为，两被告的行为构成不正当竞争，请求法院判令立即停止不正当竞争行为；分别赔偿两原告经济损失各1000万元及合理费用各15万元；刊登声明消除影响。诉讼过程中，鉴于被诉行为已停止，两原告撤回第一项诉请。

✗ 被告辩解

被告认为购物助手系网购新趋势，原告恶意指控。

两被告辩称，原、被告间不存在直接竞争关系。"帮5淘"使用的是众多购物助手均采用的浏览器扩展技术，该技术合法中立，符合这一特定商业领域的行为惯例。从行为结果看，被告未从"帮5淘"中获取直接利益，更未损害原告平台的利益，相反对其有促进作用。其中，"帮购"功能中用户流量的起点在"帮5买"网站，最终交易会返回淘宝、天猫，原告并不存在用户流量损失；其他功能立足垂直搜索技术，无歧视、无差别、中立客观地为用户提供商品信息，用户去何网站取决于其自主选择。使用"帮5淘"的用户事先已明确知晓"帮5买"网站的存在，该插件从未故意误导用户其与原告网站有关，相反一直突出使用其特有标识，明确标识来源，具有理性判断能力的普通用户不会将被告与原告混淆。

两原告依据用户流量和直通车价格主张损害赔偿，但用户流量并非原告损失，直通车广告模式与"帮5淘"购物助手的模式有明显区别，据此主张损害赔偿缺乏依据，计算方法和统计数据也存在问题。本案也并不存在原告商誉损失和用户混淆的事实，无须消除影响。

两被告提出，购物助手这一商业模式代表了网络购物发展的一个趋势，具有合理性和必要性，对其进行正当性评价时应十分谨慎。原告在其本身在先运营相同功能购物助手的情况下，恶意指控被诉插件构成不正当竞争，不应被支持。综上，请求法院驳回全部诉讼请求。

✗ 一审裁判理由

根据我国《反不正当竞争法》第二条的规定，经营者在市场交易中，应当遵循自愿、平等、公平、诚实信用原则，遵守公认的商业道德。违反该法规定，损害其他经营者的合法权益，扰乱社会经济秩序的行为属于不正当竞争。该条规定是判定竞争行为是否正当的基本原则，在被诉行为不属于《反不正当竞争法》第二章规定的具体不正当竞争行为，但确实违反诚实信用原则和公认的商业道德，损害其他经营者合法权益时，被侵权人可以请求依据该原则性条款予以救济。最高人民法院在山东省食品进出口公司等与马达庆等不正当竞争纠纷案中明确指出，适用该原则性条款认定构成不正当竞争应同时具备以下条件：一是法律对该种竞争行为未作出特别规定；二是其他经营者的合法权益确因该竞争行为而受到了实际损害；三是该种竞争行为因确属违反诚实信用原则和公认的商业道德而具有不正当性。本案被诉行为不属于《反不正当竞争法》第二章列举的具体的不正当竞争行为，对该行为的法律评价存在适用原则性条款的可能。结合本案案情及诉辩意见，本案的争议焦点在于：1. 当事人间是否存在竞争关系；2. 天猫公司是否因被诉行为而受到损害；3. 被诉行为是否具有不正当性；4. 载和公司、载信公司是否构成共同侵权；5. 若载和公司、载信公司构成共同侵权，其责任应如何承担。

一、当事人间是否存在竞争关系

竞争关系包括狭义的竞争关系和广义的竞争关系。前者是指提供的商品或服务具有同质性及相互替代性的经营者之间的同业竞争关系，后者是指非同业经营者的经营行为之间损害与被损害的关系。在市场经济背景下，市场主体从事跨行业经营的情况实属常见，互联网环境下的行业边界更是渐趋模糊，故不应将竞争关系局限于同业竞争者之间的狭义竞争，而应从经营者具体实施的经营行为出发加以考量。竞争的本质是对客户即交易对象的争夺。在互联网行业，将网络用户吸引到自己的网站是经营者开展经营活动的基础，培养用户黏性是获得竞争优势的关键。因此，即使双方的经营模式存在不同，只要具有相同的用户群体，在经营中争夺与相同用户的交易机会，亦应认定存在竞争关系。

本案中，天猫公司的"天猫商城"主要为注册用户提供网络购物平台，卖家用户和买家用户通过该平台进行商品、服务的交易。载和公司的"帮5淘"购物助手和"帮5买"网站均针对买家用户提供购物的垂直搜索、比价、帮购等服务。从用户群体来看，二者的用户均为有网购需求的用户，面对的用户群体类型完全相同，且具体用户亦存在较大程度的重合。从服务内容来看，载和公司的服务内容依托于网络购物而生，如果没有"天猫商城"等网络购物平台，则"帮5淘"购物助手及"帮5买"网站的上述服务不存在运营的基础和价值。可见，二者的服务内容虽不完全相同，但具有较大程度的依附性，存在极为紧密的关联。从具体行为来看，载和公司通过"帮5淘"购物助手在"天猫商城"插入的减价按钮会引导用户至"帮5买"网站进行注册和交易，可见其实施了争夺用户流量入口的行为。综上，可以认定载和公司与天猫公司之间存在竞争关系，一审法院对载和公司的相应辩称意见未予采纳。

二、天猫公司是否因被诉行为遭受损害

载和公司、载信公司提出，天猫公司并不存在可受反不正当竞争法保护的法益，且不存在用户流量损失。对此，一审法院分析如下。

（一）天猫公司依托其商业模式而取得的竞争优势受法律保护

"天猫商城"作为网络购物平台，其商业模式具体表现为：为卖家用户和买家用户提供商品与服务交易平台；向卖家用户收取技术服务费，并就达到一定年销售额的卖家进行费用减免；为卖家及买家用户提供包括即时通信工具、多种支付手段、售后管理、信用评价体系等与网络购物相关的特色服务；为卖家用户提供直通车广告等收费推广服务。

天猫公司的上述商业模式能为其带来经济利益和竞争优势，具有商业价值。在"用户为王"的互联网竞争中，依靠何种商业模式留住老用户、吸引新用户直接决定了其是否能获取利益。就购物平台而言，其卖家用户越多，则提供的商品和服务范围越广，能够吸引越多的买家用户；买家用户越多，则能够吸引更多的卖家用户进入该平台经营，卖家也更愿意为扩大销量而投放付费广告。因此，注册用户尤其是日活跃用户量以及在线商品数量是购物网站的核心竞争资源。天猫公司在提供交易平台的基础上，通过提供多样化的增值服务和特色服务培育起大量稳定的用户和极为丰富的商品及服务供量，使得"天猫商城"在中国购物类网站中具有较高的竞争力。

天猫公司为其竞争优势的取得付出了巨额成本。就购物平台而言，若无吸引消费者的手段，其很难在短期内积累足够多的用户，甚至需要额外支付费用吸引用户。即便注册用户数量达到了一定规模，购物网站往往还需进一步加大投入以培育用户黏性，让用户对其网站忠诚、依赖及产生再消费期望，如此才有可能进入良性循环并通过广告等途径获取收益。一般而言，购物网站需要通过长期分析用户行为、调整运营策略、优化网站功能、提高用户体验等方式，维护并提高其用户黏性。本案中，"天猫商城"共享了"淘宝网"的买家用户，天猫公司在经营过程中还同时提供与网络购物相关的诸多附加服务和增值服务，以吸引和保持更多的用户。其中，提供多种支付手段使得网络购物活动更为便捷，提供信用评价系统、客户服务、售后规则提高了买家用户的安全保障，提供即时通信工具、淘宝论坛促进了用户的参与度和信任度，针对卖家用户技术服务费的减免条款激励了卖家提高交易额以增加平台交易量。可见，积累"天猫商城"庞大而稳定的用户群体，形成较大的用户黏性，背后凝聚了巨大的心血，天猫公司为此付出了巨额成本。

综上，天猫公司依托其商业模式，通过多年的经营所获取的在购物网站行业的竞争优势，属于应受反不正当竞争法保护的合法权益。

（二）天猫公司因被诉行为而遭受损害

不同的竞争形态导致不同的损失形态，包括眼前已发生的直接损失和将来必然发生的损失。在互联网竞争中，对用户的竞争包括对具体用户交易机会的竞争和对用户流量入口的竞争。前者是指直接争夺与某一个或某一类用户的交易机会，在此情形下必然会造成竞争对手的损失。后者是指通过改变用户的上网习惯，破坏竞争对手的用户黏性进而为自己争取更多的交易机会，虽短期未必存在直接经济损失，但将来必然导致竞争对手的巨额损失。

本案中，"帮5淘"购物助手在"天猫商城"页面插入大量信息，其中"帮购"服务还将消费者引导至"帮5买"网站注册并交易，此系借助消费者对天猫公司平台服务质量的信任而增加了其网站的用户注册量及交易量，并可从中获利。"帮5淘"购物助手通过提供价格或运费补贴的方式，导致原先选择在"天猫商城"平台直接购物的用户改为选择在"帮5买"网站获得购物服务，虽载和公司的员工仍系在"天猫商城"平台下单，但长此以往，"帮5淘"购物助手及"帮5买"网站将获得更多、更稳定的网络用户"注意力"，使"帮5买"网站更多进入网购消费者的平台选择，不断提高该网站在消费者选择购物入口方面的优先性，同时不断降低天猫公司网站作为购物入口优先选择的优势，破坏天猫公司网站的用户黏性。此外，"帮5淘"购物助手所提供的"帮购"服务系先由消费者直接向载和公司下订单和支付货款，再由载和公司员工从"天猫商城"相应卖家用户处购买，形成了消费者与载和公司、载和公司与"天猫商城"平台的商家共两个独立的买卖合同关系。鉴于消费者非直接与"天猫商城"平台的商家形成买卖合同关系，其无法享受到"天猫商城"平台商家的售后服务及"天猫商城"提供的物流信息查询、售后保障、信用评价等其他服务，可能导致消费者对天猫公司服务的评价降低，对天猫公司的商业信誉产生不利影响。

综上，载和公司通过"帮5淘"购物助手在天猫公司网站页面中插入相应标识，并以减价标识引导用户至"帮5买"网站购物的行为，会降低天猫公司网站的用户黏性，而这正是天猫公司网站竞争力之所在，可见载和公司的行为会给天猫公司造成损失。

三、被诉行为是否具有不正当性

基于商业机会的开放性和不确定性，天猫公司的合法权益因被诉行为而遭受损害，不代表被诉行为必定构成不正当竞争。只有当被诉行为不遵循诚实信用原则和公认的商业道德，通过不正当手段攫取他人合理预期的商业利益时，才为反不正当竞争法所禁止。反不正当竞争法所要求的商业道德是指特定商业领域中市场交易参与者所普遍认知和接受的行为标准，不能仅从某一经营者的单方立场来判断。具体到个案中，应当按照特定商业领域中市场交易参与者的伦理标准，具体分析特定行业的一般实践、交易双方的主观状态、行为方式、行为后果等进行综合评判。

（一）购物网站对购物助手有一定的容忍义务

在网络购物领域，以"天猫商城"为代表的购物平台网站的出现，为消费者提供了更为便捷的购物途径，使得消费者能够足不出户，即可轻松实现商品购买及货比三家等目的。随着网络购物在人们的购物习惯中逐渐占据更大的比重，旨在提高价格透明度、选择多样化的服务模式，一般属于应受鼓励的良性竞争行为。

购物助手是随着网络购物行业的不断发展应运而生的一种服务模式，其核心功能在于比价，即为消费者提供纵向比价（提供某一商品的历史价格走势）、横向比价（比对多个平台同款或同类产品价格）、降价提醒等比价服务；此外有的购物助手还提供垂直搜索、全网收藏等服务。上述功能的运作原理与搜索引擎类似，即通过爬虫技术检索各大购物网站的商品信息并进行大数据分析后，为消费者提供多平台的商品价格、款式等方面的参考信息，满足消费者货比三家、物美价廉的购物需求。购物助手这一商业模式借用了购物网站的用户基础，有利用他人平台拓展业务之嫌。但该商业模式使得消费者可实现不同购物平台上商品之间的实时比较，解决了网购信息不对称的问题，能够提升消费者福祉；同时，也使得购物平台更愿意通过个性化服务吸引用户，有助于鼓励创新，提高竞争的充分性。因此，只要购物助手在实际经营中未对购物网站产生不当影响，购物网站应对这一商业模式有一定的容忍义务。

（二）购物助手的行为边界

一般而言，经营者可通过经营比价网站的方式提供购物助手相关服务，具有比价需求的网购消费者需要访问比价网站，在该网站进行一定的检索操作后选择合适的卖家及购物平台完成交易。上述过程一般不会对购物网站产生不良影响。但为了进一步方便消费者使用购物助手的服务，经营者往往还通过运营购物助手软件的方式，使用户不必每次登录特定购物助手网站，仅需安装购物助手软件后即可在访问任一购物网站过程中享受实时的多站点比价服务。购物助手软件的最初目的自然系更好地为消费者服务。然而，无论出于何种初衷而采取竞争行为，均应充分尊重竞争对手在客户培育等方面的付出，不得不合理地借用他人的竞争优势为自己谋取交易机会，不得对他人的正当经营模式产生不当干扰，更不得实施容易导致消费者混淆的竞争行为。

对提供网购平台的经营者而言，卖家用户根据其与购物平台经营者的协议上传店铺及商品信息。用户在访问购物网站过程中，一般看到的是该网站及其入驻商家所发布的内容。当购物助手软件作用于该购物网站时，其会在页面强行插入不受购物网站控制的信息。购物网站经营者对其网站的展示空间享有正当权益，购物助手软件若要在该空间拓展服务须谨慎适度。为避免不当干扰购物网站的正常经营，购物助手所插入的信息的内容、位置、功能等均应受到一定的限制。购物助手行为边界的确定应综合考虑购物网站经营者、消费者及购物助手经营者等多方利益。在判断某一购物助手所实施的具体行为是否正当时，应在以下方面进行综合审查判断。（1）对用户权益的充分尊重。购物助手应充分尊重用户的知情权与选择权，明确向用户告知其功能，由用户自由选择是否下载，并可以卸载该购物助手及关闭其功能。若以用户不知情的方式强行安装、运行，则有可能被认定为"流氓软件"而具有不正当性。（2）标识来源的明确标注。购物助手在运行过程中应注明相应插入信息的来源，向消费者标明该内容由购物助手而非所在网页的购物网站提供，以避免消费者产生混淆。（3）作用方式的合理程度。购物助手实现其功能的具体行为不得对被作用网站的日常经营产生不当干扰。购物网站经营者对其网站的页面展示空间享有正当权益，能从对该页面展示空间的利用中获利。卖家用户会根据其与购物网站的相应协议在宝贝详情页的价格信息附近发布优惠信息，购物网站经营者也会为卖家用户在网页的不同部位投放付费广告，且其往往还会在对消费者搜索行为进行大数据分析的基础上发布同类商品推荐图片。若购物助手所插入的信息遮挡了购物网站或商家用户发布的上述信息，或因占用空间过大而严重影响消费者的购物体验，可能会对购物网站的日常经营产生不当干扰。同时，购物助手在购物网站插入信息时，还应避免使消费者产生该信息由购物网站或商户发布，或与其之间存在某种特定联系的误认。（4）网购交易的介入程度。购物助手的功能主要是为消费者在购物过程中提供中立的比价、搜索等服务，以公正、透明的方式将各大主流购物平台的商品或服务信息提供给消费者，消费者据此选择交易对象。在此过程中，购物助手主要系提供购物信息的媒介，不应对网购交易介入过深，甚至干涉消费者选择购物平台的决策，使消费者对交易对象或平台产生混淆。

（三）对"帮5淘"购物助手涉案行为的正当性评价

本案中，"帮5淘"购物助手在"天猫商城"页面插入"帮5淘"标识、登录入口、收藏按钮、价格走势图标、搜索框、同类推荐图片、减价购买链接按钮等相应信息，向消费者提供的服务主要包括：（1）帮购服务，即在"天猫商城"宝贝详情页的价格信息右边或下方插入减价按钮，用户点击后跳转至"帮5买"网站注册并交易，相应款项直接支付给载和公司；（2）同类商品及活动推荐服务，即在"天猫商城"的顶部及宝贝详情页的购买信息处插入各购物网站上的同类商品或活动图片，用户点击后则跳转至该商品或活动所属的购物网站页面，包括淘宝网、京东网等各类购物网站；（3）垂直搜索服务，即在"天猫商城"的顶部插入搜索框，为用户提供针对各购物网站的搜索服务，用户输入关键词进行搜索时跳转至"帮5买"网站的搜索结果页面；（4）一站收藏服务，即在"天猫商城"的顶部及宝贝详情页的购买信息处插入收藏标识，用户点击后则可收藏相应商品；（5）价格走势服务，即在"天猫商城"宝贝详情页的价格信息下方插入价格走势标识，点击则可展开该商品的近期价格走势图。

天猫公司认为，"帮5淘"购物助手在"天猫商城"页面插入的上述标识，使相应信息在天猫公司页面中得到了免费展示，造成天猫公司在线营销服务费的损失；上述行为还导致用户误认为天猫公司和载和公司之间存在合作关系；上述行为将大量原打算在天猫公司网站交易的用户吸引至载和公司网站或其他第三方网站；上述行为还严重影响了天猫公司网站的用户体验，导致用户流失。载和公司、载信公司认为，"帮5淘"购物助手的上述行为并未违反诚实信用原则，其也未从中直接获利。其中，"帮购"服务是与携程网等提供的代购服务一样的传统服务，是用户对自身购物行为的合理处分；同类商品或活动推荐服务系基于分析用户搜索行为的实时推送，不存在广告推广情况；垂直搜索服务根据用户键入的关键词反馈各大电商网站的商品链接；价格走势图立足于电商网站公布的客观数据，未捏造价格信息。

一审法院认为，从客观方面来看，"帮5淘"购物助手通过浏览器扩展技术在天猫公司网站插入相应内容，该内容并非独立于天猫公司网站页面，而系在同一页面上，且用户无法选择关闭。鉴于天猫公司及其商家用户亦会在相应网页空间投放关于购物平台优惠活动、广告、商品优惠信息等内容，载和公司的上述行为方式有可能导致消费者误以为其插入的内容与天猫公司或商户存在特定联系。尤其是，当消费者点击其中"帮购"服务所对应的减价按钮后，页面跳转至"帮5买"网站进行注册和交易，消费者直接与载和公司形成买卖合同关系，切断了买家用户使用天猫公司服务的正常过程，使用户误以为上述信息系天猫公司设置或经天猫公司授权。该项服务的实质系利用消费者追求优惠的心理，通过提供价格或运费补贴的方式，利用天猫公司平台增加自己网站的用户量和交易量，且容易导致消费者的混淆，明显超出了购物助手的行为边界。从主观方面来看，载和公司、载信公司称"帮5淘"购物助手的目的系满足用户关于比价、优惠的需求。现有证据证明，该购物助手在提供比价的同时，以提供价格优惠为卖点吸引消费者点击，将用户吸引至"帮5买"网站注册并交易。该行为在给载和公司带来利益的同时，还可能给天猫公司造成损害，载和公司对此应当知悉，但仍利用消费者购买更低价格商品的消费心理推广该购物助手及其后面的"帮5买"网站，目的在于借助天猫公司多年经营所取得的用户群获取相关用户的关注，为其"帮5买"网站增加注册用户及交易机会。虽然该行为的确能满足用户的优惠需求，但其本质系利用他人多年经营所获得的竞争优势以谋求自身的交易机会，具有明显的"搭便车"的特点。

从利益衡量的角度来看，对一项竞争行为是否应予以规制，还应综合考虑经营者、消费者等各方的利益，并对其他经营者因被诉行为遭受的损害与停止被诉行为对行为者利益造成的损害进行衡量。本案中，"帮5淘"购物助手提供的比价、优惠等服务迎合了消费者关于货比三家、物美价廉的购物需求，对消费者利益有一定的促进。然而，该购物助手的具体行为方式同时也可能造成混淆服务来源、售后不良等后果，对消费者利益亦会产生一定的损害。而从天猫公司利益角度来看，其主要竞争优势在于用户流量，若允许"帮5淘"购物助手继续以该种方式提供服务，必然会破坏天猫公司的用户黏性，削弱其竞争力。长此以往，还有可能导致网络购物平台失去培育用户流量的动力，破坏网络购物这一行业的市场竞争秩序。购物助手为消费者购物提供比价等服务的行为值得肯定，但其提供服务的具体方式应予以适度规制。禁止"帮5淘"的上述行为，并非禁止购物助手这一商业模式，不会对购物助手经营者及行业利益造成实质影响，却能够保护天猫公司目前的主要盈利模式。因此，认定"帮5淘"购物助手的涉案行为构成不正当竞争更有利于社会整体利益。

综上，一审法院认定"帮5淘"购物助手的涉案行为违反了诚实信用原则和购物助手这一领域公认的商业道德，具有不正当性。该不正当行为将破坏天猫公司网站的用户黏性，给天猫公司造成损害，构成不正当竞争。

载和公司、载信公司以该购物助手保障了消费者的知情权和选择权为由，认为不会造成混淆。一审法院认为，消费者的知情权、选择权与是否会产生混淆系两个层面的概念，前者针对的是消费者是否基于自身的意愿下载、使用该插件，后者针对的是该插件的具体运行行为是否对消费者产生一定的误导。本案中，该购物助手"帮购"服务的具体行为方式会导致消费者产生该服务与天猫公司网站存在特定联系的误认，故对载和公司、载信公司的上述意见，一审法院不予采纳。

载和公司、载信公司还提出，该购物助手的功能实现完全依赖用户的选择，其仅向用户提供浏览器插件技术这一中立性技术工具，故不构成侵权。一审法院认为，本案评价的是载和公司、载信公司对技术的使用是否具有正当性，是否构成不正当竞争，而非对被诉行为所涉技术原理做法律评判。用户系基于其购物过程中的需求而选择使用具有相应功能的购物助手，但以何种方式实现该功能取决于购物助手的经营者。涉案购物助手从需求设计和研发开始，其实现功能的方式就具有"搭便车"的不正当竞争目的，载和公司、载信公司对其技术效果与功能系明确知晓，所实施的行为已超出购物助手的正当行为边界，不能再以用户自愿安装及使用该软件为由阻却其行为的不当性。

四、载和公司、载信公司是否构成共同侵权

根据查明的事实，载和公司的原法定代表人与载信公司的法定代表人系同一人，有相同的股东，主要经营地址相同；"帮5买"网站上介绍"帮5买"公司指的是载信公司，该网站的用户注册协议中称"帮5买"公司系指载和公司及其关联公司；根据该网站"帮5买"大事记的表述，载信公司的成立、"帮5买"的上线、"帮5淘"的上线为其"大事记"的内容；同时，"帮5淘"购物助手由载信公司开发，其在开发时对该购物助手将实现的功能及实现功能的具体方式、效果均明确知悉，在该购物助手的经营过程中其持续提供技术支持。上述事实表明，载和公司、载信公司具有共同经营"帮5淘"购物助手的主客观条件。虽然载和公司、载信公司否认载信公司参与该购物助手的具体运营，但结合载和公司、载信公司的关系，"帮5买"网站上的介绍及载和公司、载信公司在"帮5淘"

购物助手中所具体实施的行为，可以认定载信公司与载和公司在运营"帮5买"网站及"帮5淘"购物助手的过程中存在分工合作。据此，一审法院认定载和公司、载信公司共同实施了涉案侵权行为，应承担连带责任。

五、载和公司、载信公司的责任承担

载和公司、载信公司就其不正当竞争行为，应当承担停止侵权、消除影响、赔偿损失等民事责任。天猫公司以被诉侵权行为已停止为由，撤回要求载和公司、载信公司停止侵权的诉讼请求，于法不悖，一审法院予以准许。鉴于载和公司、载信公司的不正当竞争行为容易导致消费者的混淆，同时还可能因其"帮购"行为对交易的介入程度过深而导致消费者对天猫公司服务的评价降低，对天猫公司的商业信誉产生不利影响，故对天猫公司要求载和公司、载信公司消除影响的诉讼请求，一审法院予以支持。消除影响的方式应与不良影响的范围与程度相适应，鉴于不良影响的相关公众主要为安装了"帮5淘"购物助手的"天猫商城"用户，一审法院酌情判令载和公司、载信公司以连续十五日在"帮5买"网站和"天猫商城"首页刊载声明的方式予承担责任。

关于载和公司、载信公司应当赔偿的经济损失。天猫公司以其网站的广告点击价格、某一期间的点击次数的乘积作为该期间的损失计算依据，并以此为基础认为其因载和公司、载信公司侵权行为遭受的损失超过了法定赔偿最高限额，故主张1000万元的经济损失赔偿。一审法院认为，天猫公司提交的统计点击次数的证据因存在瑕疵而难以采纳，且该计算方式与载和公司、载信公司侵权行为所造成的损失并不具有直接关联，故对天猫公司的上述主张，一审法院不予采纳。载和公司提出其系亏损，并未获取经济利益，但载和公司开发运营"帮5淘"购物助手的目的就是吸引用户下载并使用，以集聚人气、提高"帮5买"网站的知名度和影响力，这在互联网"注意力"经济的背景下具有重要价值。故对载和公司的上述意见，一审法院亦不予采纳。鉴于天猫公司因被侵权所受到的实际损失、载和公司和载信公司因侵权所获得的利益均难以确定，一审法院综合考虑天猫公司网站在各类购物网站中的竞争优势，天猫公司对此的投入，用户流量对购物网站的重要性，天猫公司因本案侵权行为遭受损失是一个长期的过程，载和公司和载信公司侵权行为的持续时间、影响后果、侵权行为业已停止等因素酌情确定赔偿金额。关于载和公司、载信公司应承担的合理费用，天猫公司主张为包括本案在内的两个案件共支付律师费 10 万元、鉴定费 8 万元、公证费 6 万元和差旅费 6 万元，并主张在两案中予以分摊，即每案各主张 15 万元。对于第 67 号鉴定的鉴定费 3 万元，因对该证据未予采纳，故不予支持，其余鉴定费 5 万元属天猫公司为两案诉讼所支付的合理开支，应予支持。就公证费和差旅费，天猫公司虽未提交支付凭证，但确实支出了上述费用，一审法院根据合理性、必要性原则酌情予以支持。根据本案的具体案情、复杂程度，天猫公司主张的律师费金额并未超出合理范围，应予支持。综上，一审法院酌定支持本案合理费用为 10 万元。

一审裁判结果

一审法院依照《中华人民共和国侵权责任法》第八条及第十五条第一款第（六）项、第（八）项，第二款；《中华人民共和国反不正当竞争法》第二条、第二十条的规定，判决如下：

一、载和公司、载信公司自判决生效之日起十日内共同赔偿天猫公司经济损失 100 万元及其为制止侵权行为所支付的合理开支 10 万元。

二、载和公司、载信公司自判决生效之日起十五日内，共同在"天猫商城"（www.tmall.com）和"帮 5 买"网站（www.b5m.com）首页上连续十五日发布公开声明（声明内容须经一审法院审核），以消除因其不正当竞争行为对天猫公司造成的不良影响；如不履行，一审法院将在相关媒体上公布判决的主要内容，所需费用由载和公司、载信公司承担。如果未按判决指定的期间履行给付金钱义务，应当依照《中华人民共和国民事诉讼法》第二百五十三条的规定，加倍支付迟延履行期间的债务利息。

一审案件受理费 82700 元，由天猫公司负担 36869 元，载和公司、载信公司共同负担 45831 元；诉前行为保全费 30 元，由载和公司、载信公司共同负担。

二审裁判理由

一审判决后，上诉人上海载和网络科技有限公司、载信软件（上海）有限公司因不正当竞争纠纷一案，提起上诉。

根据当事人的诉辩意见，本案二审的争议焦点有两个方面：一是被控行为是否构成不正当竞争；二是如果被控行为构成不正当竞争，一审法院所确定的两上诉人承担的民事责任是否合理。

一、被控行为是否构成不正当竞争

本案中被上诉人依据《反不正当竞争法》第二条原则条款主张被控行为构成不正当竞争，两上诉人上诉意见认为，一审法院关于当事人间是否具有竞争关系、被上诉人的利益是否遭受损失以及被控行为是否具有不正当性的认定均有误，二审法院对此分别评述如下。

（一）当事人间是否具有竞争关系

上诉人认为其软件运行不需要依附于天猫商城，即便天猫商城关闭亦不影响其购物插件的正常运行。对此，二审法院认为，竞争关系的判断并不能作如此狭义的理解，首先，我国《反不正当竞争法》第二条第二款规定，本法所称的不正当竞争，是指经营者违反本法规定，损害其他经营者合法权益，扰乱社会经济秩序的行为。因此，反不正当竞争法的规范对象是竞争行为，立法并没将竞争关系尤其是同业竞争关系的存在，作为认定某一行为是否构成不正当竞争行为的前提。其次，随着经济发展和商业模式的创新，服务分工日益细化，竞争的本质是对经营资源和商业机会的争夺，这种争夺不仅存在于从事完全相同服务具有直接替代关系的经营者之间，在具有相互交叉、依存以及其他关联关系的经营者之间同样如此。因此，对于竞争关系应作广义理解，否则将不适当地压缩反不正当竞争法的适用空间。本案上诉人所运营的"帮5淘"软件主要功能是提供比价和帮购服务，虽然该软件并不特定依赖于天猫平台，但其提供的服务是在包括天猫网站以及其他购物网站的基础上进行的，两者的经营行为具有很强的关联关系，足以说明两者具有反不正当竞争法意义上的竞争关系。

（二）被上诉人的利益是否遭受损失

两上诉人认为，被控行为并没有破坏天猫商城网站的用户黏性，也不存在争夺流量入口和降低天猫平台流量的情形，没有对被上诉人的利益造成损害。对此，二审法院认为，就涉案软件的运行过程来看，消费者使用涉案软件享受比价和帮购服务时，仍然需要跳转至"天猫商城"，并没有证据显示其网站总体流量有所减少。但就消费者的流量起始入口而言，将会产生一定的变化。正如一审法院所言，原先选择在"天猫商城"平台直接购物的用户改为选择在"帮5买"网站获得购物服务。就电子商务网站而言，流量入口具有很高的经济价值，网站流量中用户直接登录网站平台所产生的流量与从其他渠道所导入的流量各自所占的比例，可以在一定程度上说明其网站的经济价值。除此之外，上诉人帮购软件运行后，最终与天猫商城商户直接进行交易的是载和公司而非消费者，这意味着天猫公司将无法掌握有关消费者在消费过程中所产生的数据信息，而这些数据信息对于电子商务类网站无疑具有巨大的商业价值。

（三）被控行为是否违背诚实信用原则和公认的商业道德

本案被控的不正当竞争行为主要表现为，上诉人的软件在安装运行后会在天猫平台页面中插入横幅、二维码、搜索框及图标等内容，并向消费者提供帮购、同类商品及活动推荐、垂直搜索、一站收藏及价格走势服务。上述未经被上诉人同意在其网站上插入信息的行为，实际上是对被上诉人的网站运行进行了某种程度的干扰，这种干扰行为是否违背诚实信用原则和公认的商业道德，是判断该行为是否构成不正当竞争的关键。在反不正当竞争法意义上，诚实信用原则更多地体现为公认的商业道德。就市场竞争中的干扰行为而言，其是否违背公认的商业道德，需要将该行为放置在反不正当竞争法促进竞争、鼓励创新，实现竞争公平与自由的立法目的下进行判断，防止脱离反不正当竞争法的目标进行泛道德化评判。

本案被控行为主要表现为涉案软件运行后，大致出现的以下两种情形：一是在天猫平台页面顶部地址栏下方插入横幅，该横幅上有相应的广告促销标识、搜索框等内容；二是在具体的商品信息页面中插入相应图标和相应按钮，点击该些按钮则跳转至"帮5买"网站的宝贝详情页。二审法院认为，判断上述行为是否违背公认的商业道德，应考虑以下几个方面的因素。

首先，上诉人的行为是否对被上诉人的正常经营造成过度妨碍。市场竞争是对资源和交易机会的争夺，尤其在互联网这样一个竞争充分，且各种产品往往具有一定互相依附、关联的市场领域，要求经营者之间固守自己的领域提升业绩而不进行干扰是不切实际的，正如对抗性比赛中不可避免的合理冲撞一样，竞争者在市场竞争中也需要容忍适度的干扰。更为重要的是，创新更多地来自经营者技术或商业模式之间激烈的撞击，而非各自在自己"地盘"上互不干扰的和平共处。本案中，就插入横幅的行为而言，该横幅宽度有限且位于页面顶部而非页面中心，同时并未遮挡被上诉人网站页面中的内容，加之该横幅可以进行收缩，插入横幅行为总体上并未实质性地影响被上诉人网站内容的展示，未对被上诉人正营经营活动的开展造成过度妨碍。但就在具体商品详情页面插入相应标识和按钮而言，该些标识和按钮系直接嵌入被上诉人网站页面的显著位置，与被上诉人网站内容形成一体，且通过插入的按钮引导消费者至其网站进行交易，用户对此无法选择关闭，该行为已严重破坏上诉人网站页面的完整性，使被上诉人无法按照自己的意愿在自己网站上正常展示信息，已属于过度妨碍被上诉人正常经营的行为。

其次，上诉人的行为是否具有正面的市场效应。互联网领域很多所谓的干扰行为，在技术上往往有一定的创新之处，既可能给其他经营者的利益造成损害，也可能会给消费者带来福利或提升公共利益的保障水平。反不正当竞争法所要保护的法益具有多元性，除了要保障经营者的合法权益之外，还蕴含着通过规制不正当竞争行为保护消费者利益乃至公共利益等内容，在其行为是否违反商业道德的判断上，还需从更广阔的市场环境、更多的利益主体去看待。就涉案软件所提供的帮购、比价等服务而言，一方面，其能够方便消费者在购物时进行价格比较，作出最优的交易决定，也能通过帮购服务使消费者以更低的价格购买到产品，具有提升消费者利益的积极效应。另一方面，涉案软件运行后在被上诉人网站中心位置页面中插入图标和按钮，并引导消费者至其网站交易的行为，足以使相关消费者对提供服务的主体产生混淆，或认为两者网站具有特定的关联关系，在客观上存在误导消费者的情形。虽然涉案软件在用户安装前进行了一定的告知，但该些告知内容并未有效消除相关公众所产生的混淆。

最后，综合考量各方当事人及消费者利益，以及被控行为对市场竞争秩序所产生的影响。如前所述，就两上诉人提供的比价、帮购等服务本身而言，其既可能给消费者带来一定福利，也可能会产生误导消费者的情形，并且，可以提升消费者利益的行为并不能当然被排除在不正当竞争行为之外，仍要就被控行为的正面效果与对被干扰者所造成的损害进行衡量。第一，上诉人在页面中插入相应标识和按钮，并引导消费者至其网站完成交易的行为已属过度妨碍被上诉人正常经营的行为，且该行为会产生误导消费者的可能，其对被上诉人所造成的损害与其欲实现的正面效应显然不符合比例原则。并且，上诉人提供比价、帮购等服务并非必须要通过该手段来实现，从利益平衡的角度看，上诉人应当通过更为适当的方式开展相应的服务。第二，上诉人在页面中插入横幅的行为并未对被上诉人的正常经营造成过度妨碍，但由于该行为是在涉案软件安装后所产生的，本案所有被控行为的表现形式是一个整体，而被上诉人在本案中主张停止使用涉案软件，从有利于判决执行的角度看，一审法院对被控行为未作区分亦有合理之处。

从对市场竞争秩序的影响来看，互联网环境下的比价、帮购等服务的开展是在相关电子商务网站的基础上进行的，没有电子商务网站的存在，有关的比价、帮购等服务便无从谈起。在某种程度上，电子商务网站整体的经营状况与比价、帮购等服务的开展是一种正相关的关系，只有在保证电子商务行业整体的正常经营和蓬勃发展的情况下，相关的比价、帮购等服务产业才能持续发展。本案中，虽然两上诉人的行为会给消费者带来一定的福利，但其过度妨碍被上诉人网站正常经营不仅有损被上诉人的利益，长此以往也会给电子商务网站的商业投入和创新带来负面影响，进而破坏电子商务和比价、帮购等服务共存的生态，消费者也难以获得长期持续的利益，有损公平竞争的市场秩序。

综合考虑上述因素，两上诉人运营涉案软件构成不正当竞争，其相关上诉请求，二审法院未予支持。

二、一审判决所确定的两上诉人承担的民事责任是否合理

上诉人载和公司认为，一审判决认定被上诉人商业信誉受损，判令两上诉人刊登声明以消除影响，缺乏根据。同时，在未提供有效证据证明其遭受实际损害的情况下，所判决的赔偿数额缺乏依据。二审法院认为，首先，消除影响是指行为因侵害了公民或法人的人格权，应在影响所及范围内消除不良后果。本案中，两上诉人的行为已导致相关公众对两者网站产生混淆，会对被上诉人的商誉造成负面影响，一审法院判决两上诉人承担消除影响的民事责任并无不当。其次，关于损害赔偿数额的确定。由于被上诉人因被控行为所受到的实际损失以及两上诉人获得的利益均难以确定，一审法院综合考虑被上诉人的经营优势、投入、用户流量，两上诉人实施被控行为的持续时间、影响后果等因素酌情确定赔偿金额，其考虑的因素已较为全面，所确定的赔偿数额并无不当，二审法院予以维持。

综上所述，两上诉人的上诉请求不能成立，应予驳回；一审法院认定事实清楚，适用法律正确，应予维持。依照《中华人民共和国民事诉讼法》第一百七十条第一款第一项规定，作出判决。

二审裁判结果

驳回上诉，维持原判。

评析

本案系国内首例涉购物助手不正当竞争纠纷案。不正当竞争行为是指经营者在生产经营活动中，违反反不正当竞争法规定，扰乱市场竞争秩序，损害其他经营者或者消费者的合法权益的行为。购物网站经营者对其网站的展示空间享有正当权益，购物助手若要在该空间拓展服务须谨慎适度。因为网购网站和网购助手的服务内容虽不完全相同，但网购助手依附于网购网站而生，两者存在极为紧密的关联。从具体行为来看，网购助手实施了争夺用户流量入口的行为。可见，双方存在竞争关系。网购助手不合理地借用他人的竞争优势为自己谋取交易机会，对他人的正当经营模式产生不当干扰，实施容易导致消费者混淆的竞争行为，降低网购网站的用户黏性，给网购网站造成损害的，均可能涉嫌不正当竞争。

本案中，天猫公司的"天猫商城"主要为注册用户提供网络购物平台，卖家用户和买家用户通过该平台进行商品、服务的交易。载和公司是"帮5买"网站的域名注册人及经营者。受载和公司委托，载信公司开发了"帮5淘"购物助手并提供了技术支持。用户电脑装上"帮5淘"插件后，淘宝、天猫页面即嵌入"帮5买"的标识、商品推荐图片、搜索框、减价按钮等内容。在商品详情页的原有"立即购买""加入购物车"旁边或下方插入"现金立减"或"帮5买扫一扫立减1元"等减价按钮，用户一旦点击该按钮，网页就跳转到"帮5买"网站，在该网站完成下单、支付等流程，款项即到账至载和公司账户，然后再由载和公司的员工以自己的账号手动在淘宝、天猫平台下单。原、被告双方的用户存在较大程度重合；二者的服务内容虽不完全相同，但被告的购物助手依附于购物网站而生，两者存在极为紧密的关联。从具体行为来看，两被告实施了争夺用户流量入口的行为。可见，双方存在竞争关系。原告依托其商业模式，通过多年经营所获取的在购物网站行业的竞争优势，属于应受反不正当竞争法保护的合法权益。被告通过"帮5淘"购物助手在原告页面中插入相应标识，并以减价标识引导用户至"帮5买"网站购物的行为，会降低原告网站的用户黏性，给原告造成损害，上述行为违反了诚实信用原则和购物助手这一领域公认的商业道德，具有不正当性。因此，该行为构成不正当竞争。

55. 首例网贷评级不正当竞争案

——融世纪公司发布评级报告不构成商业诋毁

裁判要旨

由于当前没有明确的法律法规对网贷评级主体资质、评级要求和标准作出具体规定，法院判断网贷评级机构是否构成商业诋毁，应以争议行为是否属于捏造、散布虚伪事实为基础，不以其是否具备合法评级资质为考虑因素。

【案件索引】

北京市海淀区人民法院（2015）海民（知）初字第 32295 号

基本案情

久亿恒远（北京）科技有限公司（简称"久亿公司"）经营"短融网"P2P 网贷平台，自 2014 年 5 月成立以来，业务规模迅速增长，其自称为业内以最短时间获得 A 轮融资的网贷平台。融世纪公司是一家主要提供金融产品垂直搜索服务的公司，有部分业务与久亿公司存在交叉。该公司联合中国人民大学国际学院从 2015 年初起针对 P2P 网贷平台开展评级活动，定期发布评级报告，每期报告针对 100 家左右的 P2P 网贷平台按 A 至

C 级进行划分。

久亿公司发现，短融网在两期评级报告中被评为 C 级和 C－级，认为融世纪公司的评级对其造成贬损，构成商业诋毁，要求删除与评级相关的文章、消除影响、赔偿经济损失 50 万元等。融世纪公司认为自己的评级客观、科学，不构成商业诋毁。

法院裁判

法院经审理后认为，由于本案为商业诋毁案件，融世纪公司行为正当与否，法院按照反不正当竞争法规定的商业诋毁要件进行判断，也就是考察其是否捏造、散布虚伪事实，有无损害竞争对手的商业信誉、商品声誉。法院同时对上述问题给予回应。

关于评级资质：由于当前没有明确的法律法规对网贷评级主体资质、评级要求和标准作出具体规定，法院判断融世纪公司是否构成商业诋毁，以本案争议行为是否属于捏造、散布虚伪事实为基础，不以其是否具备合法评级资质为考虑因素。

关于评级要求：单纯的竞争关系的存在与捏造、散布虚伪事实不产生必然联系，经营者有权依法制止竞争对手捏造、散布与其有关的虚伪事实，但也应当对竞争对手客观、真实的评价予以适度容忍。

关于评级标准：法院结合双方证据、专家辅助人的意见，认定久亿公司缺乏充分证据证明融世纪公司存在主观恶意，收集的短融网数据信息不真实、不完整，也无法指出涉案评级体系规则存在明显不科学、不合理之处，以及评级结果使久亿公司受到不当的市场冲击而造成商业信誉受损。

综合以上意见，法院没有支持久亿公司的主张，判决驳回原告的诉讼请求。

后久亿恒远（北京）科技有限公司提出上诉，在审理过程中，上诉人申请撤回上诉，法院准予其撤回上诉。

📕 评析

本案系我国首例网贷评级不正当竞争案件，被业界称为"网贷评级第一案"。由于当前没有明确的法律法规对网贷评级主体资质、评级要求和标准作出具体规定，法院判断网贷评级机构是否构成商业诋毁，应以争议行为是否属于捏造、散布虚伪事实为基础，不以其是否具备合法评级资质为考虑因素。经营者应当对竞争对手客观、真实的评价予以适度容忍。若主张构成商业诋毁，就应当有充分证据证明评级机构存在主观恶意，收集的数据信息不真实、不完整，证明涉案评级体系规则存在明显不科学、不合理之处，以及评级结果使原告一方受到不当的市场冲击而造成商业信誉受损，否则无法认定为商业诋毁。我国新反不正当竞争法中将商业诋毁规定为经营者不得编造、传播虚假信息或者误导性信息，损害竞争对手的商业信誉、商品声誉。

56. 未经许可擅自使用他人电竞游戏赛事直播画面构成不正当竞争

——"斗鱼网"全国首例电竞游戏赛事直播不正当竞争纠纷案

裁判要旨

随着互联网产业的发展，产业进一步分工，各种信息分享平台从原来的版权投资者集团中分离出来。在不同产业的利益诉求通过立法得到解决之前，尚存在一段过渡时期，而反不正当竞争法正是在这一过渡期内兼容并包、弥合并促进两个产业发展的必要工具。未经许可擅自使用他人电竞游戏赛事直播画面构成不正当竞争。

【案件索引】

一审：上海市浦东新区人民法院（2015）浦民三（知）初字第191号
二审：上海知识产权法院（2015）沪知民终字第81号

基本案情

2014年4月，上海耀宇文化传媒有限公司（简称"耀宇公司"）与DOTA游戏权利人通过合同约定了由双方合作举办DOTA2亚洲邀请赛、耀宇公司在中国大陆地区对该赛事享有独家的视频转播权。耀宇公司投入大量资金举办了 DOTA2 亚洲邀请赛，并通过其经营的"火猫 TV"网站对该赛事进行了实时的网络直播，播出内容为计算机软件截取的游戏自带的比赛画面以及耀宇公司制作的对游戏主播和直播间的摄像画面、解说、字幕、灯光、照明、音效等内容。广州斗鱼网络科技有限公司（简称"斗鱼公司"）未经授权，在其经营的"斗鱼"网站对涉案赛事进行了实时的视频直播，播出画面来源于涉案游戏的旁观者观战功能，并在视频播放框上方突出使用了"火猫 TV"标识。耀宇公司诉称：斗鱼公司的行为构成著作权侵权及不正当竞争，请求判令斗鱼公司停止侵权，赔偿经济损失 800 万元、合理开支 211000 元，消除影响。

📕 裁判理由

法院认为：根据本案案情以及原、被告双方的诉辩意见，本案系著作权侵权和不正当竞争纠纷案件。争议焦点主要是：被告是否侵害原告的信息网络传播权或者其他著作权；被告是否构成对原告的不正当竞争；侵权构成前提下被告应当承担的民事责任。

一、关于被告是否侵害原告的著作权

首先，原告主张被告播出涉案赛事的行为构成侵害原告的信息网络传播权。法院认为，我国著作权法规定的信息网络传播权是指以有线或者无线的方式向公众提供作品，使公众可以在其个人选定的时间、地点获得作品的权利。本案中，根据查明的事实，被告对正在进行的涉案赛事进行了实时的视频直播，在直播结束后不提供涉案赛事录播内容的点播观看等服务，网络用户仅能够在被告直播的特定时间段内观看正在进行的涉案赛事，该直播的时间段不受网络用户的控制，网络用户不能够在其个人任意选定的时间观看涉案赛事，故被告直播涉案赛事的行为不落入信息网络传播权的控制范围。因此，无论原告就涉案赛事的直播所形成的音像视频内容是否构成作品，也无论被告的直播内容是否与原告的直播内容相同或者实质性相同，被告的直播行为均与侵害信息网络传播权无关，原告关于被告侵害信息网络传播权的主张不能成立。

其次，鉴于原告在审理中表示如果其主张的信息网络传播权与法院认定的其享有的著作权不一致，则按照法院认定的著作权在本案中向被告主张权利，故还应当认定原告在本案中是否享有信息网络传播权以外的著作权以及被告是否侵害了原告可能享有的著作权。法院认为，第一，由于我国著作权法等法律法规对赛事等活动的转播权并未作出规定，故原告主张的视频转播权不属于法定的著作权权利，不能基于所谓的视频转播权直接给予原告著作权方面的保护。第二，我国著作权法保护的对象是在文学、艺术和科学领域内具有独创性并能以某种有形形式复制的智力成果。由于涉案赛事的比赛本身并无剧本之类的事先设计，比赛画面是由参加比赛的双方多位选手按照游戏规则、通过各自操作所形成的动态画面，系进行中的比赛情况的一种客观、直观的表现形式，比赛过程具有随机性和不可复制性，比赛结果具有不确定性，故比赛画面并不属于著作权法规定的作品，被告使用涉案赛事比赛画面的行为不构成侵害著作权。第三，由于原告向网络用户提供的直播内容不仅仅为软件截取的单纯的比赛画面，还包括了原告对比赛的解说内容、拍摄的直播间等相关画面以及字幕、音效等，故原告的涉案赛事直播内容属于由图像、声音等多种元素组成的一种比赛类型的音像视频节目。上述节目可以被复制在一定的载体上，根据其解说内容、拍摄的画面等组成元素及其组合等方面的独创性有无等情况，有可能构成作品，从而受到著作权法的保护。但根据查明的事实，由于原告确认被告并未使用有可能属于作品的涉案赛事节目中的解说内容、拍摄的画面，原告也无充分证据证明被告使用了有可能属于作品的涉案赛事节目的字幕、音效等组成元素及其组合，故无论原告制作、播出的涉案赛事节目是否构成作品，被告的行为均不构成侵害原告有可能享有的著作权。另外，即使涉案赛事节目属于原告的作品且被告进行了侵权性质的使用，由于涉案《完美世界 DOTA2 次级联赛及亚洲杯合作协议》约定因涉案赛事活动产生的资料（包括但不限于赛事视频等）的知识产权归成都完美公司所有，原告未举证证明成都完美公司作出了相应授权，故原告行使著作权的主体资格在本案中存在明显缺陷。因此，法院认定，原告关于被告侵害其著作权的主张不能成立。

二、关于被告是否构成不正当竞争

首先，原告主张被告直播涉案赛事的行为违反了诚实信用原则和公认的商业道德，构成对原告的不正当竞争。法院认为，第一，原告与涉案DOTA2 游戏在中国大陆地区的代理运营商完美公司签有相关合作框架协议，又与该公司的关联公司成都完美公司签有《完美世界 DOTA2 次级联赛及亚洲杯合作协议》，被告对完美公司有权就 DOTA2 游戏进行相关授权的资格并无异议，完美公司认可上述合作协议有效，故可以认定原告经有效授权而取得了 DOTA2 次级联赛及亚洲杯赛事在中国大陆地区的独家视频转播权。虽然涉案赛事的名称 DOTA2 亚洲邀请赛与上述授权中的 DOTA2 次级联赛及亚洲杯赛事的名称并不相同，但鉴于原告在涉案赛事的筹备、举办过程中混用 DOTA2 亚洲邀请赛、DOTA2 亚洲杯的名称，又无证据证明在上述合作协议有效期间另外举行了 DOTA2 亚洲杯比赛，且完美公司在DOTA2 游戏官方中文网站中明确亚洲邀请赛由火猫 TV 即原告进行独家转播，故可以认定上述合作协议所约定的 DOTA2 亚洲杯赛事即为实际举行的涉案 DOTA2 亚洲邀请赛，原告对该赛事在中国大陆地区独家享有视频转播权。第二，电子竞技网络游戏进入市场领域后具有商品属性，其开发商、运营商等相关主体可以组织、主办相关的赛事活动，可以将游戏比赛交由他人负责承办，可以通过合同约定、授权等方式由他人对游戏比赛进行独家的视频转播等，举办、转播比赛可以提高游戏本身及其开发商、运营商、比赛承办商、比赛转播商等相关主体的知名度、影响力，上述主体由此还可以通过投放广告、扩大网站流量、进行转授权等途径获得一定的经济利益。鉴于游戏比赛的举办、转播等行为受游戏开发商、运营商、承办商、转播商等相关主体的控制，且该些主体为举办、转播比赛须付出一定的财力等成本，而转播游戏可以获得一定的商誉及经济利益，故未获相关授权的主体不得擅自转播相关比赛，对于擅自转播比赛的行为应当依法予以规制。本案中，一方面，涉案赛事的转播权的授权约定并不存在违反法律、行政法规的强制性规定等导致合同无效的情形，故属合法有效。另一方面，我国法律法规虽然没有明文规定转播权为一种民事权利，但体育比赛的组织方、主办方包括类似于体育比赛的电子竞技网络游戏比赛的开发商、运营商等对他人转播比赛行为进行相关授权许可系国际国内较长时期以来的通常做法、商业惯例。由于原告投入较大财力、人力等成本举办了涉案赛事，其可以获得的对价之一是行使涉案赛事的独家视频转播权，故涉案转播权无疑具有强烈的商业属性，承载着原告可以由此获得的商誉以及一定的经济利益，该种利益属于我国侵权责任法保护的一种财产性的民事利益，根据我国《反不正当竞争法》第二条的规定，结合原告的诉讼主张，可以依法给予制止不正当竞争的保护。第三，经营者在市场经营活动中，应当遵循自愿、平等、公平、诚实信用的原则和公认的商业道德，不得损害其他经营者的合法权益。根据查明的事实，原、被告均系专业的网络游戏视频直播网站经营者，双方具有同业竞争关系，被告明知涉案赛事由原告举办、原告享有涉案赛事的独家视频转播权、原告付出了较大的办赛成本，明知转播他人举办的游戏比赛须获得相关授权许可系视频网站行业的商业惯例，但在未取得任何授权许可的情况下，向其用户提供了涉案赛事的部分场次比赛的视频直播。因此，法院认定，被告直播涉案赛事的行为直接损害了原告独家行使转播权能够为原告带来的市场竞争优势，侵害了该市场竞争优势能够为原告带来的商誉、经济利益等合法权益，亦损害了网络游戏直播网站行业的正常经营秩序，严重违反了诚实信用原则和公认的商业道德，具有主观恶意，构成对原告的不正当竞争。被告抗辩其系从DOTA2游戏客户端的旁观者观战功能中取得比赛画面、未使用原告的直播内容等，故其行为与原告无关，不构成不正当竞争。法院认为，第一，原告认为被告使用了其播出的比赛画面，但根据第782号公证书，原、被告各自播出的比赛画面不同，播放框左上角的相关显示及右上角的标识等也不同，且原告认可通过DOTA2游戏客户端的旁观者观战功能可以截取比赛画面，被告的证据也证明在诉讼期间原告直播DOTA2游戏的某场比赛的画面与通过DOTA2游戏客户端的旁观者观战功能截取到的该场比赛的画面不同，故在负有举证证明责任的原告没有相反证据证明（如证明被告系延迟播出比赛）的情况下，难以认定被告截取使用了原告播出的比赛画面。第二，在上述情况下，虽然可以推定认为被告播出的比赛画面来源于DOTA2游戏客户端，并因观战视角不同而导致观看到的比赛画面不同，但该客户端呈现给观战者的比赛无论从哪个观战视角而言，均来源于原告举办并正在进行直播的涉案赛事，被告通过该客户端直播的比赛与原告正在进行直播的比赛在本质上仍是同一场比赛。应当指出，虽然DOTA2游戏客户端提供了旁观比赛的服务，但通过该客户端观看比赛的行为与主动利用网络软件技术截取比赛画面的行为的性质完全不同，而被告并未举证证明该客户端允许其截取比赛画面并使用这些画面进行直播，故被告的行为明显超出了旁观比赛的合理范围。即使该客户端对比赛画面的被截取未作技术等方面的限制，也不等于运行涉案游戏客户端的相关主体允许他人可以将截取的比赛画面进行直播等商业性使用。将客户端未限制比赛画面流出视为允许他人可以任意使用比赛画面，既无法律、法理上的依据，也有悖商业常识，此行为将直接损害业已形成的游戏比赛授权许可转播的正常经营秩序，故被告截取涉案游戏客户端的比赛画面进行直播的行为与原告享有的独家视频转播权产生了直接冲突，损害了原告的合法权益。虽然被告在直播时未使用原告的解说内容，但转播的核心是转播比赛本身而非解说，对涉案转播权这一民事权益的实质性损害是播出比赛，一并使用他人解说仅是侵权行为的情节之一而非构成侵权的充分必要条件。因此，法院对被告不构成不正当竞争的上述抗辩意见不予采纳。

其次，原告主张被告构成虚假宣传的不正当竞争。法院认为，经营者在市场经营活动中，不得利用广告或者其他方法，对其提供的商品、服务作引人误解的虚假宣传。本案中，第一，被告在直播涉案赛事时，在网站页面显著位置即在视频播放框的上方，突出使用了涉案赛事举办方、独家视频转播方的品牌标识即原告的"火猫TV""MarsTV"标识。被告使用上述标识的行为与被告是否能够实施涉案直播行为之间没有关联，使用标识行为并非直播行为的不可分割的组成部分，故应当依法单独判定使用标识行为是否构成不正当竞争。第二，被告使用上述标识的行为属于对其直播行为的授权来源、直播内容的品牌来源方面的宣传。被告就涉案赛事并未获得任何授权许可，上述宣传内容无任何事实依据，易使网络用户产生被告与涉案赛事、与原告具有合作关系，被告有权进行直播，被告播出的是"正版"的比赛内容，被告的直播内容与原告的直播内容相同等方面的错误认识，误导网络用户在被告网站观看比赛直播，同时还易使原告的被授权许可人华多公司产生原告违反合同约定对被告进行了相关授权等误解。因此，法院认定，被告的上述行为损害了原告作为涉案赛事举办方、独家视频转播权人享有的合法权益，构成引人误解的虚假宣传的不正当竞争。原告还主张被告实施了向游戏主播散布其网站与涉案赛事有合作关系、在其网站上可以直播涉案赛事等虚假宣传行为，构成不正当竞争。法院认为，原告工作人员杨云科与游戏主播"一个抗争的少年""月夜№枫"之间的通信内容系间接证据，上述游戏主播对原告工作人员作出的相关表述并不能直接证明被告向游戏主播进行了虚假宣传，且无证据证明上述通信中涉及的"吴川""Near"能够代表被告作出相关意思表示，故原告的上述主张缺乏事实和法律依据，不能成立。原告另主张被告负责人在与原告负责人沟通时声称有转播的授权等相关行为亦属于虚假宣传行为，构成不正当竞争。法院认为，因原告主张的相关表述系他人在手机微信环境中对原告负责人作出，属于在纠纷沟通、处理中的一种单方陈述，并非向相关公众进行宣传，且原告无证据证明相关微信内容的发布者为被告负责人，故原告的上述主张缺乏事实和法律依据，亦不能成立。

三、关于被告应当承担的民事责任

根据我国侵权责任法、反不正当竞争法的规定，被告对原告实施不正当竞争行为，应当依法承担停止侵权、赔偿损失、消除影响等相应的民事责任。结合原告的诉讼请求，法院认为，第一，由于涉案赛事本身以及被告直播涉案赛事的行为均早已结束，被告的虚假宣传的不正当竞争行为也非持续至今的行为，原告未举证证明被告至今仍在继续实施其所指控的侵权行为，也无证据证明被告网站存储了涉案赛事的视频资源并供网络用户观看，故原告要求判令被告立即停止侵权的第一项诉讼请求已经缺乏事实依据，法院未予支持。第二，由于涉案游戏具有较高知名度，涉案赛事系奖金高达300万美元的、具有较大影响力的国际性职业赛事，并考虑被告自认其网站在同行业中处于国内第一位置、原告就涉案赛事的直播对华多公司进行了授权许可、观看比赛的网络用户较多等因素，可以认为被告直播涉案赛事等不正当竞争行为对同行业的正常市场经营秩序具有较大的破坏性，负面影响较大，已对原告的商誉造成了一定的不良影响，同时也误导了网络用户、游戏主播，故被告应当承担消除影响的民事责任。因此，法院对原告要求判令被告刊登消除影响的声明的诉讼请求，予以支持。鉴于侵权行为人承担消除影响的民事责任应当与其侵权行为造成不良影响的范围相对应，本案侵权行为发生在被告网站上，故被告应当在其网站上发布消除影响的声明，声明应持续保留一定时间，内容须经法院审核。第三，由于被告的不正当竞争行为对原告造成了一定的经济损失，故被告应当承担赔偿原告经济损失的民事责任，并承担原告维权的合理开支。关于经济损失赔偿额，法院认为，由于原告因被告侵权行为所遭受的实际损失、被告因侵权行为所获得的经济利益均难以具体确定，故在经济损失赔偿额的确定上应当依法适用法定赔偿原则。

法院综合考虑以下因素，依法酌定经济损失赔偿额。1. 涉案游戏、涉案赛事的知名度、影响力较大，被告网站的经营规模、知名度、影响力也较大，被告网站有商业广告，观看被告网站直播涉案赛事的观众较多（仅原告证据保全公证的一场比赛的观众人数就近 12 万），被告通过不正当竞争行为提升了其网站的用户关注度、流量等，从中获得了一定的经济利益。2. 被告明知涉案赛事由作为同业竞争对手的原告举办、原告享有涉案赛事的独家视频转播权，但为了非法获利和损害竞争对手，持续实施侵权行为，在主观上具有严重过错。3. 被告实施了直播涉案赛事、虚假宣传两方面的不正当竞争行为，侵权行为的情节严重。首先，根据第 782 号公证书，仅在 2015 年 1 月 15 日原告办理证据保全公证过程中的不足 1 小时的时间内，被告就同时直播了 DK 与 TongFu、HGT 与 Inv 之间的 2 场比赛，还预告在当日将另外直播 4 场比赛。此外，被告就 DK 与 TongFu 之间的比赛同时提供了 "杰出哥" "a274951686" 两个不同主播的直播，观众人数分别高达 11.7 万和 1.4 万，而原告在同时播出的该场比赛的观众人数不足 2900，被告的行为明显分流了原本只能在原告网站观看比赛直播（含解说）的观众。虽然原告没有充分证据证明被告共直播了 80 场比赛，但被告在原告公证的一个时间段内就直播了 2 场比赛并在该日将再直播 4 场比赛，而根据第 1814 号公证书，被告网站在 2015 年 1 月 13 日之前就直播了涉案赛事，且被告自认其在 2015 年 1 月 10 日至 15 日涉案赛事亚洲区预选赛进行时每日均有直播，故可推定认为被告进行了较多场次的直播，其数量（包括对一场比赛的不同直播间播出）明显超出其自认的 8 场。其次，网络用户选择在何家网站观看游戏比赛直播，往往与该直播由哪位主播进行解说具有较大的关联。根据第 782 号公证书载明的直播间情况，不同的主播对观众有明显不同的吸引力，同一场比赛的观众人数区别巨大。涉案赛事的直播（含解说）原本只能在原告网站进行，被告的引人误解的虚假宣传的不正当竞争行为使得希望解说涉案赛事的相关游戏主播转投到了被告网站进行解说，并由此分流了原告的观众，损害了原告基于独家视频转播权而可以在一定程度上控制主播资源为涉案赛事及其网站提供服务从而带来观众、流量等方面的竞争优势的利益。4. 原告为举办涉案赛事、行使独家视频转播权付出了较大的财力、人力等成本，除赛事奖金、演出嘉宾方面的较大费用外，已实际支付办赛费用 1240 万余元，即使扣除约定由授权方成都完美公司承担的 350 万元，原告的付出也已较大。依据原告举证的相关租赁设备、购买服务等方面的合同，虽然上述办赛费用主要用于决赛阶段的比赛，但由于预选赛与决赛是整个赛事的共同组成部分，预选赛的转播受到不正当竞争，通常会损害决赛的知名度、影响力，降低和减少网络用户对决赛的关注度、网站的流量等，故可以认为原告主要用于决赛的办赛成本投入及其所能够得到的利益回报因被告侵权直播预选赛行为而受到了一定的贬损。当然，由于被告仅直播了涉案赛事预选赛阶段的比赛，并未直播决赛阶段的比赛，且预选赛的影响力、关注度在通常情况下远逊于决赛阶段的比赛，故被告直播预选赛对原告造成的损害后果相对较小。5. 原告授权华多公司在 2014 年 11 月 17 日至 2015 年 12 月 31 日独家（除原告外）播出 DOTA2 游戏的系列赛事的许可费用高达 1500 万元，从原告与华多公司签订的合同以及该公司的情况说明、实际付款情况等分析，在没有相反证据的情况下，可以认为直播涉案赛事（包括预选赛）的许可费用为 600 万元，该数额可以作为酌定被告赔偿额的参考依据。关于维权的合理开支，法院认为，原告主张的公证费 11000 元系办理涉案证据保全公证的合理开支，并由公证书、公证费发票等证据佐证，故可予以支持。原告委托律师代理本案诉讼，相应的律师费也系原告维权的合理开支，综合考虑本案事实较为复杂、法律关系较为疑难以及本案争议标的额、本案判决支持的经济损失赔偿额、原告律师在本案中的工作量、本市律师服务业收费政府指导价标准等因素，可酌情支持律师费。

一审裁判结果

综上所述，为保护当事人的合法权益，维护网络游戏视频直播网站的市场正常经营秩序，依照《中华人民共和国反不正当竞争法》第二条第一款、第九条第一款、第二十条，《中华人民共和国侵权责任法》第十五条第一款第（六）项、第（八）项及第二款的规定，判决如下：

一、被告广州斗鱼网络科技有限公司赔偿原告上海耀宇文化传媒有限公司经济损失人民币 100 万元和维权的合理开支人民币 10 万元，合计人民币 110 万元，于本判决生效之日起十日内履行；

二、被告广州斗鱼网络科技有限公司在"斗鱼"网站（网址为 www.douyutv.com）的首页显著位置刊登声明，消除对原告上海耀宇文化传媒有限公司实施不正当竞争行为所造成的不良影响，声明须连续保留十日，声明内容及所在页面位置、占页面面积比例须经法院审核通过，于本判决生效之日起十日内履行。如不履行，法院将在相关媒体发布本判决的主要内容，费用由被告广州斗鱼网络科技有限公司承担；

三、驳回原告上海耀宇文化传媒有限公司的其余诉讼请求。

负有金钱给付义务的当事人，如果未按本判决指定的期间履行给付义务，应当依照《中华人民共和国民事诉讼法》第二百五十三条的规定，加倍支付迟延履行期间的债务利息。案件受理费人民币 69277 元、保全费人民币 30 元，由原告上海耀宇文化传媒有限公司负担人民币 29998 元，由被告广州斗鱼网络科技有限公司负担人民币 39309 元，于本判决生效之日起七日内向法院缴纳。

二审裁判

判决后，斗鱼公司提起上诉。

法院认为，本案二审中当事人之间的主要争议焦点在于：一、被上诉人举办涉案赛事是否非法；二、被上诉人经授权获得的视频转播权是否应受法律保护，上诉人网络直播涉案赛事的行为是否构成不正当竞争；三、上诉人在其直播页面上使用火猫 TV、MarsTV 标识是否构成虚假宣传；四、原审判决上诉人赔偿 100 万元经济损失是否合理。

关于争议焦点一，上诉人提出，中华全国体育总会于 2006 年 9 月 27 日颁布的《全国电子竞技竞赛管理办法（试行）》规定，举办电子竞技比赛实行审批制度。涉案赛事未经审批，是非法赛事。

　　法院认为，中华全国体育总会是群众性体育组织，是社团法人，其制定的管理办法是行业自律性文件，不属于法律规范性文件，不具有法律约束力。本案中，被上诉人经完美公司、成都完美公司授权，有权举办涉案赛事，并且获得该赛事在中国大陆地区的视频转播独家授权。上诉人的该项上诉理由不能成立，法院不予采信。

　　关于争议焦点二，上诉人提出法无明文规定不可为即可为，其涉案行为法律未规定不可为，应当为法律所允许。

　　法院认为，自由竞争是市场竞争的基本内涵，是对市场资源配置效率优化的基本需求，但竞争的自由必须以公平为原则，公平是对于自由竞争的伦理规范，是对竞争自由的适度规制和矫正。市场竞争不能放任自流，无序的自由竞争同样会损害资源配置的效率，公平、正当、有序之下的自由竞争才是健康的市场竞争。《反不正当竞争法》第二条规定，经营者在市场交易中，应当遵循自愿、平等、公平、诚实信用的原则，遵守公认的商业道德。违反本法规定，损害其他经营者的合法权益，扰乱社会经济秩序的行为属于不正当竞争。市场竞争的开放性和激烈性，必然导致市场竞争行为方式的多样性和可变性，反不正当竞争法作为管制市场竞争秩序的法律不可能对各种行为方式都作出具体化和预见性的规定。因此，在具体案件中，人民法院可以根据《反不正当竞争法》第二条第一款和第二款的一般规定对那些不属于《反不正当竞争法》第二章列举规定的市场竞争行为予以调整，以保障市场公平竞争。对于不属于《反不正当竞争法》第二章列举规定的行为的正当性，应当以该行为是否违反了诚实信用原则和公认的商业道德、是否给其他经营者的合法权益造成损害、是否不正当利用他人竞争优势或者破坏他人竞争优势作为基本判断标准。上诉人的涉案行为是否构成不正当竞争的问题亦应以此为基本标准来进行评判。上诉人的该项上诉理由不能成立，法院不予采信。上诉人认为其只是通过客户端截取比赛画面，再配上自己具有独创性的评论在网上播放，本质上是对涉案赛事进行报道，不是直播或转播。而且游戏厂商也鼓励视频平台播报游戏比赛，任何一个游戏客户端的参与者或旁观者，都可以对游戏比赛情况进行评论报道。因此，不构成不正当竞争。法院认为，电子游戏网络直播平台是近年来随着网络游戏的电子竞技产业的兴起而产生并快速发展起来的从事游戏直播的新兴商业经营模式。各平台通过组织运营直播、转播游戏比赛来吸引网络用户，提高网络用户流量，增加网络用户黏性，同时亦以该平台为媒介吸引相关广告商投放广告。因此，网络游戏比赛的转播权对于网络直播平台来讲，是其创造商业机会、获得商业利益、提升网站流量和知名度的经营项目之一。这种商业经营方式并不违反反不正当竞争法的原则精神和禁止性规定，属于正当的市场竞争行为，被上诉人以此谋求商业利益的行为应受法律保护，他人不得以不正当的方式损害其正当权益。网络游戏赛事如同体育竞赛，同样需要组织者投资、策划、运营、宣传、推广、管理等等。本案被上诉人在与成都完美公司的协议中约定被上诉人获得赛事在中国大陆地区的视频转播权独家授权，负责赛事的执行及管理工作（包括选手管理、赛事宣传、场地租赁及搭建布置、设备租赁及购置、主持人聘请、赛事举行、后勤保障以及节目拍摄、制作、直播、轮播和点播等），承担执行费用等等。被上诉人一系列的人力、物力、财力的投入，其有权对此收取回报，通过视频转播赛事增加网站流量、提高广告收入、提升知名度、增强网络用户黏性，使直播平台经济增值。因此，网络游戏比赛视频转播权需经比赛组织运营者的授权许可是网络游戏行业中长期以来形成的惯常做法，符合谁投入谁收益的一般商业规则，亦是对比赛组织运营者正当权益的保护，符合市场竞争中遵循的诚实信用原则。本案中，上诉人直播涉案赛事画面，虽然上诉人在直播过程中自配主播点评，但是其所直播的还是被上诉人所组织运营的涉案赛事，上诉人自配的主播点评也是对涉案赛事的点评，该点评依附于涉案赛事。在案的证据显示，2015 年 1 月 15 日 12 时直播的比赛中，上诉人斗鱼网站上对 DK - TF 的比赛有两个直播间，其中主播为"杰出哥"的直播间观众达 11.7 万，主播为"a××××××××"的直播间观众为 1.4 万；HGT - Inv 的比赛观众达 4.1 万。可见，当时上诉人斗鱼网上对涉案赛事的直播所吸引的观众数量已达较大规模，且系对涉案赛事的实时直播，上诉人称系报道行为，法院不予采信。上诉人未对赛事的组织运营进行任何投入，也未取得视频转播权，却免费坐享被上诉人投入巨资，花费大量人力、物力、精力组织运营的涉案赛事所产生的商业成果，为自己谋取商业利益和竞争优势，其实际上是一种"搭便车"行为，夺取了原本属于被上诉人的观众数量，导致被上诉人网站流量严重分流，影响了被上诉人的广告收益能力，损害了被上诉人的商业机会和竞争优势，弱化了被上诉人网络直播平台的增值力。因此，上诉人的行为违反反不正当竞争法中的诚实信用原则，也违背了公认的商业道德，损害了被上诉人合法权益，亦破坏了行业内业已形成的公认的市场竞争秩序，具有明显的不正当性。原审法院认定上诉人直播涉案赛事画面构成不正当竞争并无不当。上诉人提出游戏厂商也鼓励视频平台播报游戏比赛，任何一个游戏客户端的参与者或旁观者，都可以对游戏比赛情况进行评论报道。法院认为，即使存在游戏厂商鼓励视频平台播报游戏比赛亦属于其免费许可的情况，并不表明游戏客户端的参与者、旁观者可以未经许可即有权将客户端的比赛画面进行直播、转播并商业利用。而本案所涉"DOTA2"游戏系世界知名的电子竞技类网络游戏，该游戏官方中文网站明确声明涉案赛事是由完美世界主办、MarsTV 承办、火猫 TV 独家转播的国际职业赛事。上诉人作为专业的游戏直播网站，应当知晓如此大规模的知名赛事转播必须经授权许可，仍在明知被上诉人享有涉案赛事独家视频转播权的情况下，从游戏客户端截取比赛画面进行直播以谋取不正当利益，其不正当竞争行为的主观恶意明显。

关于争议焦点三，上诉人认为其在直播画面上使用火猫 TV、MarsTV 标识，是对作为举办方的被上诉人的尊重，同时亦为被上诉人起到宣传作用，故不构成虚假宣传。法院认为，根据我国反不正当竞争法的规定，经营者不得利用广告或者其他方法，对其提供的商品、服务等作引人误解的虚假宣传；以歧义性语言或者其他引人误解的方式进行宣传的，足以造成相关公众误解的，可以认定为虚假宣传行为。本案涉案赛事知名度高、影响力大，公众知晓涉案赛事由火猫 TV 举办并独家转播，上诉人未经授权许可直播涉案赛事，却在直播页面采用标明火猫 TV、MarsTV 标识之引人误解的方式，足以造成相关公众产生上诉人系涉案赛事合作方或者上诉人直播已获授权等误解，从而误认为上诉人的直播行为来源正当合法，以致会吸引更多观众和流量，损害被上诉人的合法权益，构成虚假宣传。上诉人的上诉理由缺乏事实和法律依据，法院不予采信。

关于争议焦点四，上诉人认为被上诉人未受到实际损失，上诉人亦未从中获利，因此一审判决赔偿损失无依据，而且即便构成不正当竞争，其只直播了 8 场涉案赛事，一审认定远超 8 场不当，其确定的赔偿数额畸高。法院认为，本案被上诉人的实际损失以及上诉人的实际获利均难以确定，但是根据在案证据，上诉人的不正当竞争行为严重分流被上诉人网站流量，对被上诉人的正当收益造成损害，故原审法院判决赔偿损失无不当。至于上诉人直播涉案比赛场次数，被上诉人一审中主张上诉人直播了 80 场预选赛，被上诉人提供的公证书证明上诉人在 2015 年 1 月 15 日 12 时直播两场比赛，同时预告直播当日另 4 场比赛。上诉人对此自认 1 月 10 日至 15 日每日有直播，共 8 场。法院认为，《最高人民法院关于民事诉讼证据的若干规定》第九条规定，根据法律规定或者已知事实和日常生活经验法则，能推定出的另一事实，当事人无须举证证明。通常情况下，如同体育比赛，网络游戏比赛的直播也会尽可能多地直播比赛场次，以满足观众关注整个赛事的正常需求以及不同观众不同的需求，而不太可能是偶尔、零星地直播其中的几场比赛，对于具有增加观众数量和用户流量目的的网络游戏直播平台来讲，亦是如此。本案涉案赛事预选赛每日共有 5 个比赛时段，每个时段同时进行 4 场比赛，每日共有 20 场比赛。结合上诉人每日均有直播以及公证当时直播同一时段 2 场比赛并预告直播 4 场比赛的事实，一审法院推定上诉人直播数量明显超出 8 场的逻辑推理，符合日常生活经验，法院予以认同。上诉人关于一审对此认定有误的上诉理由，法院未予采信。原审法院在赔偿方面综合考虑以下因素：1. 涉案游戏及赛事知名度、影响力较大，上诉人网站观众较多，有广告收益；2. 上诉人主观过错严重；3. 上诉人实施不正当竞争行为情节严重；4. 被上诉人投入较大，上诉人未直播决赛致损害后果相对较小；5. 涉案赛事直播许可费用情况。原审法院对该些因素已考虑全面，且分析说理详尽，其所确定的赔偿数额无不当，未达到二审法院需要调整的畸高程度。上诉人关于赔偿数额畸高的上诉理由，法院不予采信。综上，原审判决审判程序合法，事实认定清楚，法律适用正确，裁判结果无不当，二审法院予以维持。上诉人的上诉请求缺乏事实及法律依据，二审法院未予支持。

▶ 二审裁判结果

驳回上诉，维持原判。

▶ 评析

根据我国反不正当竞争法的规定，经营者不得利用广告或者其他方法，对其提供的商品、服务等作引人误解的虚假宣传；以歧义性语言或者其他引人误解的方式进行宣传的，足以造成相关公众误解的，可以认定为虚假宣传行为。本案中，斗鱼公司直播画面来源于涉案 DOTA2 游戏客户端对外公开的旁观者观战功能，电子竞技网络游戏进入市场领域后具有商品属性，耀宇公司经游戏运营商授权，取得了涉案赛事在中国大陆地区的独家视频转播权。涉案转播权承载着耀宇公司可以由此获得的商誉、经济利益，属于我国侵权责任法保护的一种财产性的民事利益，根据我国《反不正当竞争法》第二条的规定，可以给予制止不正当竞争的保护。原、被告具有同业竞争关系，斗鱼公司在未取得任何授权许可的情况下，向其用户提供了涉案赛事的部分场次比赛的视频直播，其行为侵害了耀宇公司的合法权益，构成不正当竞争。斗鱼公司在视频播放框上方突出使用耀宇公司的品牌标识，易使网络用户产生斗鱼公司与涉案赛事及与耀宇公司具有合作关系等错误认识，构成引人误解的虚假宣传。

57. 不正当竞争纠纷诉前行为
保全申请的处理路径

——假冒《寻龙诀》原著小说诉前禁令案

🔖 裁判要旨

网络不正当竞争纠纷中，法院受理申请后，积极合理采取保全措施，准确把握保全措施的适用条件和程序，既为权利人及时提供保护，又防止滥用诉讼权利。

🔖 【案件索引】

上海市浦东新区人民法院（2015）浦禁字第 4 号

🔖 基本案情

《鬼吹灯》原著作品是由张牧野（笔名天下霸唱）创作的网络原创小说，讲述的是胡八一、王胖子和 shirley 杨三个当代摸金校尉的系列探险盗墓故事。玄霆公司从张牧野处受让成为该小说著作权财产权人，案外人万达公司经玄霆公司授权根据《鬼吹灯》第二部改编的电影《鬼吹灯之寻龙诀》（简称《寻龙诀》）已上映。卓越公司在其经营的亚马逊网站（www. amazon. cn）上使用"电影《鬼吹灯之寻龙诀》原著小说"字样销售小说

《摸金校尉之九幽将军》kindle 电子书。玄霆公司认为，卓越公司与其有竞争关系，其使用"寻龙诀原著"字样的行为易使相关公众误认《摸金校尉之九幽将军》为《寻龙诀》原著小说或者与之有关，攀附《寻龙诀》《鬼吹灯》知名度的主观故意明显，构成不正当竞争。若不立即采取临时禁令措施，将会对《鬼吹灯》市场价值造成难以弥补的损害，且无法用事后的经济赔偿弥补，故申请法院责令卓越公司立即删除在亚马逊网站上销售小说《摸金校尉之九幽将军》kindle 电子书过程中使用的"电影《鬼吹灯之寻龙诀》原著小说"字样。

法院裁判

上海浦东法院经审理认为，电影《寻龙诀》的原著为玄霆公司的《鬼吹灯》作品。现卓越公司在其销售的电子小说《摸金校尉之九幽将军》书名中注以"电影《鬼吹灯之寻龙诀》原著小说"字样，易使相关公众误以为小说《摸金校尉之九幽将军》系电影《寻龙诀》的原著作品或与之具有一定的关联性，从而造成相关公众的混淆和误认。双方同为图书商品的经营者，具有竞争关系，卓越公司的行为有可能构成不正当竞争。现电影《寻龙诀》已于 2015 年 12 月 18 日在全国公映，若不及时制止上述被控侵权行为，可能对玄霆公司的竞争优势、市场份额造成难以弥补的损害，且采取保全措施并不会造成社会公共利益的损害。现玄霆公司已对上述申请保全事项提供了有效担保，故其申请符合条件，遂依法裁定卓越公司立即停止在亚马逊网站上销售小说《摸金校尉之九幽将军》过程中使用"电影《鬼吹灯之寻龙诀》原著小说"字样。禁令发出后，玄霆公司以不正当竞争纠纷为由将卓越公司诉至上海浦东法院，诉讼中双方达成调解协议，由卓越公司向玄霆公司支付赔偿金。

评析

民事诉讼行为保全是指当事人为维护其合法权益，保证生效裁判的执行、阻断侵害行为继续、避免损失的扩大，人民法院依法要求当事人为一定行为或不为一定行为的民事诉讼制度。对涉案诉前保全申请的审查主要从三个方面进行考量：申请人是否具有胜诉的可能性、若不采取保全措施是否会对申请人造成难以弥补的损害、采取保全措施是否会损害社会公共利益。

本案中，玄霆公司向上海浦东法院提出诉前行为保全申请，请求法院禁止两名被申请人在各自旗下图书销售平台上销售小说《摸金校尉之九幽将军》过程中使用"电影《鬼吹灯之寻龙诀》原著小说"或"寻龙诀原著"字样。申请人提供的证据材料初步证明申请人对小说《鬼吹灯》享有著作权的全部财产权，万达影视公司经申请人授权根据《鬼吹灯》原著系列小说的第二部改编拍摄了电影《寻龙诀》，因此该电影的原著应为申请人的《鬼吹灯》作品。被申请人与申请人同为图书商品的经营者，两者具有竞争关系，被申请人所实施的上述行为有可能构成不正当竞争。现电影《寻龙诀》已于2015年12月18日在全国公映，若不及时制止上述被控侵权行为，可能对申请人的竞争优势、市场份额造成难以弥补的损害，且涉案保全措施的采取并不会造成社会公共利益的损害。综上，申请人的申请符合作出诉前行为保全的条件。

第六编　网络知识产权

58. 高校学生的学位论文的著作权
是否属于该学生本人

——刘美丽诉北京万方数据股份有限公司侵犯著作权纠纷案

裁判要旨

1. 高校学生的学位论文，在创作期间虽然曾接受其学位授予单位以及导师等多方支持和帮助，但著作权法明确规定作品之著作权原则上属于作者；而在学位论文构成职务作品的情形下，应依据《著作权法》第十六条的规定界定学位论文著作权的归属。因此，在一般情形下，高校学生的学位论文的著作权属于该学生本人。

2. 若学生本人曾在提交学位论文的同时向其学位授予单位作出声明，明确授权学校可以将论文全部或部分内容编入有关数据库进行检索，并采用影印、缩印、扫描等复制手段保存、汇编以供查阅和借阅的，则校方据此声明有权以将论文收录入数据库之方式发表、传播。

3. 声明并未明示学校有权进行转授权，但因学校并非从事发表、传播作品工作的媒体，其对论文进行发表、传播通常需通过授权他人之方式，故该声明应解释为学生本人并未禁止学校转授权。

案件索引

一审：北京市海淀区人民法院（2008）海民初字第 8805 号

二审：北京市第一中级人民法院（2008）一中民终字第 12277 号

基本案情

2008 年 2 月 3 日，原告刘美丽将被告北京万方数据股份有限公司（简称"万方公司"）诉至一审法院。原告刘美丽诉称，《重组绵羊朊蛋白（ovprp ＜ c ＞）的构象转化与 prion 疾病发生机制的研究》一文（简称"《重》文"）系其博士学位论文，其对《重》文享有著作权。万方公司未经其许可，即擅自将《重》文收录入其制作的"中国学位论文全文数据库"（简称"学位论文数据库"），并将学位论文数据库出售给国家图书馆以及高等院校图书馆等用户，学位论文数据库用户则可在各自内部局域网提供在线浏览或者下载《重》文之服务，万方公司此举已侵犯了其对《重》文所享有的发表权、复制权、汇编权、信息网络传播权等项著作权。故其诉至法院，要求万方公司立即停止侵权，在《法制日报》和网址为www. wanfangdata. com. en 的网站上向其公开致歉，向其赔偿经济损失、精神损失、公证费、律师费等共计 36800 元。

被告万方公司辩称，学位论文作为文字作品具有其特殊性，因作者在创作学位论文期间均曾接受多方支持和帮助，故学位论文的著作权不应完全归属于作者，故万方公司对刘美丽系《重》文著作权人持有异议。学位论文数据库确曾收录《重》文全文。中国科学技术信息研究所（简称"中信研究所"）系国家法定的学位论文保藏和服务机构，其有权利和义务对各学位授予单位寄送的学位论文进行文献库的开发建设，以履行国家赋予其的法定职责。万方公司受中信研究所的委托进行学位论文数据库的开发建设，实则亦系履行国家赋予中信研究所的法定职责的行为。万方公司与中信研究所之间存在委托加工关系，学位论文数据库之著作权由万方公司与中信研究所共同享有，万方公司与中信研究所亦共同对该数据库承担责任。学位论文数据库的服务对象仅限于国家图书馆以及高等院校图书馆等图书馆用户，社会公众并非学位论文数据库的服务对象，万方公司向图书馆用户提供学位论文数据库系为促进科研成果在有限的科研学术群体范围内交流使用；且万方公司仅向学位论文数据库用户收取每篇学位论文 2 元的开发成本费，而并未以学位论文数据库进行营利性商业活动；故万方公司开发建设学位论文数据库具有促进国家科技事业高速健康发展的公益性目的。万方公司已与图书馆用户约定其仅可在内部局域网的 IP 范围内使用学位论文数据库，故万方公司已对《重》文的传播范围予以了必要限制，读者并不能在其个人选定的时间和地点获得《重》文。另，刘美丽曾声明同意中国农业大学以不同方式在不同媒体上发表、传播《重》文，且中国农业大学曾同意将其所拥有的包括《重》文在内的全部学位论文加入学位论文数据库，故万方公司据此亦有权在学位论文数据库中收录《重》文。即使万方公司构成侵权，刘美丽所要求赔偿的经济损失数额亦过高。综上，万方公司不同意刘美丽的全部诉讼请求。

法院查明事实

《重》文系刘美丽于 2006 年 6 月在中国农业大学创作完成的博士学位论文，该文字数为 125 千字。刘美丽曾于 2006 年 6 月向其博士学位授予单位中国农业大学书面声明，称其了解中国农业大学有关保留、使用学位论文的规定，即学校有权保留送交论文的复印件和磁盘，允许论文被查阅和借阅，可以采用影印、缩印、扫描等复制手段保存、汇编学位论文，并同意中国农业大学以不同方式在不同媒体上发表、传播《重》文等。中国农业大学研究生院曾于 2004 年 4 月 23 日与中信研究所签订共建学位论文数据库的协议书，双方约定中国农业大学研究生院同意汇集其所拥有的全部硕士、博士学位论文并提交中信研究所进行全文电子化处理，且同意中信研究所将全部学位论文以有偿许可的方式收录入学位论文数据库，进行数字化处理汇编并通过网络进行交流传播，以及以电子出版物形式出版发行；中国农业大学研究生院提供的学位论文的著作权归属于其所界定的著作权人，且其应享有学位论文的使用授权，中信研究所享有学位论文数据库的整体版权；中信研究所向中国农业大学研究生院及其作者支付每篇博士论文 50 元的录用费、每篇硕士论文 30 元的录用费；协议有效期为 3 年等。

中国科学技术情报研究所系中信研究所之前称。国务院学位委员会办公室曾于 1984 年 4 月 20 日向各学位授予单位发出名为"关于寄送博士和硕士学位论文的通知"的〔84〕学位办字 011 号文件，内容主要包括：为充分发挥我国博士和硕士学位论文的作用，做好学位论文的保管和交流，国家科委科技情报研究所和中国社会科学院情报研究所将分别建立自然科学和社会科学方面的博士和硕士学位论文文献库以供各单位查阅使用；各学位授予单位应根据《中华人民共和国学位条例暂行实施办法》第二十三条之规定，将已通过的博士学位论文和摘要（每人各一份）寄送北京图书馆采访部，并将已通过的全部博士和硕士学位论文和摘要（每人各一份）按自然科学和社会科学两大类分别寄送中国科学技术情报研究所国内文献馆和中国社会科学院情报研究所图书资料室等。

中信研究所与万方公司曾于 2003 年 12 月 22 日签订关于开发学位论文数据库的协议书，主要内容包括：中信研究所系中国中文学位论文的重要收藏单位，为加强科技文献资源数字化建设，更好地为用户提供文献服务，提高中文学位论文的利用率，中信研究所委托万方公司开发学位论文数据库；中信研究所向万方公司无偿出借学位论文馆藏印刷样本以供开发建设数据库使用，中信研究所在获得国家专项资金资助情况下，向万方公司提供数据库建设费用；中信研究所委托万方公司与学位授予单位签订有关建库和服务使用的知识产权协议书，收集的资料归中信研究所所有；万方公司完成学位论文的全文数据加工任务，并保证数据库建设的质量和时效性等。另查，学位论文数据库收录有《重》文全文。

中信研究所曾于 2007 年 3 月在万方公司所经营的网站上发布"关于学位论文加入《中国学位论文全文数据库》的邀请函"，称中信研究所系国家科技部直属的法定的学位论文收藏单位，其为适应信息网络技术的快速发展和国内科研教学工作的需要自 2003 年开始开发建设学位论文数据库，其向博士、硕士发出邀请并希望得到博士、硕士学位论文作者的许可以将相关学位论文加入学位论文数据库，并向博士论文或博士后研究报告的作者支付 80 元现金以及 300 元面值的"万方数据资源系统授权人阅读卡"作为报酬，向硕士论文或同等学力论文的作者支付 30 元现金以及 200 元面值的"万方数据资源系统授权人阅读卡"作为报酬等。另查，网址为 www.cnki.net 的网站所载"《中国优秀博硕士学位论文全文数据库》出版及稿酬支付公告"所确定的学位论文稿酬支付标准为，博士论文每篇现金 80 元以及面值为 300 元的"cnki 数字图书馆全文数据库检索卡"，硕士论文每篇现金 30 元以及面值为 200 元的"cnki 数字图书馆全文数据库检索卡"。

万方公司向国家图书馆以及高等院校图书馆等图书馆用户提供学位论文数据库，图书馆用户可在各自内部局域网免费提供在线浏览或者下载学位论文数据库内容的服务。

一审裁判

刘美丽系《重》文之作者。万方公司将相关论文收录入学位论文数据库，并向用户提供该数据库以使用于用户内部局域网，已涉及对相关论文的复制、汇编和信息网络传播，且如相关论文尚未发表，万方公司此举亦已涉及对相关论文的发表，故万方公司应取得相关论文著作权人之许可。

刘美丽曾在提交学位论文的同时向其学位授予单位中国农业大学作出声明，声明明确同意授权中国农业大学可以将论文全部或部分内容编入有关数据库进行检索，并采用影印、缩印、扫描等复制手段保存、汇编以供查阅和借阅，故中国农业大学据此声明有权以将《重》文收录入数据库之方式发表、传播。同时该声明并未明示中国农业大学有权进行转授权，但因中国农业大学并非从事发表、传播作品工作的媒体，其对《重》文进行发表、传播通常需通过授权他人之方式，故该声明应解释为刘美丽并未禁止中国农业大学转授权。中国农业大学已授权中信研究所将其所拥有的全部学位论文以有偿许可方式收录入学位论文数据库，故万方公司依据其与中信研究所所签合同在学位论文数据库中收录《重》文并向用户提供该数据库，万方公司之行为已经刘美丽之合法授权。

刘美丽称万方公司将《重》文收录入学位论文数据库并向用户提供该数据库之行为侵犯其对《重》文所享有的发表权、复制权、汇编权、信息网络传播权等项著作权，缺乏事实与法律依据。刘美丽要求万方公司承担停止侵权，公开致歉，赔偿经济损失、精神损失以及诉讼合理支出费用等侵权责任，一审法院均不予支持。综上，一审法院判决驳回刘美丽的全部诉讼请求。

⚑ 上诉理由

刘美丽不服原审判决，提起上诉称：

一、原审判决关于万方公司在数据库中使用涉案论文已经取得刘美丽授权的认定没有事实和法律依据

原审判决认定万方公司合法使用刘美丽论文的法理基础是经"授权"使用。此认定没有事实依据。本案中刘美丽没有授权万方公司使用，学校也没有授权万方公司使用。本案关于学位论文的授权涉及四个主体，即作者—学校—中信研究所—万方公司，这是一个三层授权结构，法理称之为间接授权，即转授权，这种授权要求授权链条环环相扣，一环断裂将导致整体授权无效，在此授权链条中自学校以下的主体必须拥有转授权的权利，对于学校拥有转授权的问题，原审判决进行了阐述，但对中信研究所是否拥有转授权问题并没有阐述，显然原审判决回避了这一关键问题，导致原审判决三段论推理中缺少小前提，即中信研究所拥有刘美丽论文转授权的特别授权。所以原审判决得出的结论是错误的。本案中，中信研究所没有转授权的权利。根据学校与中信研究所签订的《共建〈中国学位论文全文数据库〉协议书》（简称《共建协议》），只授权中信研究所制作数据库，明确约定中信研究所不得超协议约定范围使用论文。根据《著作权法》第二十六条的规定，应当解释为禁止中信研究所另行授权任何其他单位使用论文。本案中的授权链条从中信研究所处即断裂了，万方公司无法从中信研究所处获得使用授权。另外，万方公司在一审诉讼中没有主张过由中信研究所转授权的事实，其辩解是万方公司等同于中信研究所，中信研究所取得的授权即为万方公司取得的授权，因为中信研究所是万方公司的第一大股东。而原审判决抛开万方公司的意思表示，另为万方公司找到解脱责任的理由——转授权，不符合裁判规则。

二、万方公司以自己的名义销售和使用刘美丽的论文构成侵权

原审判决确认收录了刘美丽涉案论文的学位论文数据库的著作权全部属于万方公司。本案中，学校与中信研究所签订的《共建协议》中明确约定学位论文数据库的著作权归属于中信研究所。中信研究所与万方公司签订协议，只是委托万方公司对学位论文进行数据加工，制作学位论文数据库，但并未授权万方公司以自己的名义销售数据库，更未将该数据库的著作权转让或者授权许可给万方公司。万方公司不应因加工数据而获得学位论文数据库的著作权或商业使用、销售授权。但万方公司在实际销售中以自己的名义销售学位论文数据库，并将学位论文数据库的著作权人标注为万方公司。万方公司未经刘美丽或者学校的授权许可，在其独自享有著作权的数据库中收录刘美丽的论文，在全国范围内销售，并通过网络进行传播。万方公司的这种行为严重侵犯了刘美丽的发表权、复制权、汇编权和信息网络传播权。因此，万方公司应停止侵权，赔礼道歉，并按照稿酬每千字40元的标准赔偿刘美丽的经济损失，并应向刘美丽支付精神抚慰金。刘美丽请求撤销原审判决，并判令万方公司赔偿刘美丽经济损失10000元。在本案二审过程中，刘美丽主张学校转授权给中信研究所的行为亦不合法。

万方公司辩称：

万方公司和中信研究所取得了授权。万方公司对外宣传著作权归其所有没有不妥当的地方，万方公司和中信研究所作为汇编作品的机构，享有汇编作品的著作权。原审判决认定事实清楚，适用法律正确，请求二审法院予以维持。

▌ 二审裁判

从刘美丽论文中的声明内容可见，其明确授权中国农业大学可以将论文全部或部分内容编入有关数据库进行检索，并采用影印、缩印、扫描等复制手段保存、汇编以供查阅和借阅。虽然其声明中并未明示中国农业大学有权将上述权利进行转授权，但鉴于中国农业大学作为高等教育机构，其并非从事相关论文数据库开发、传播的单位，刘美丽在作出上述授权之时，了解中国农业大学的上述情况，其完全清楚中国农业大学只能通过转授权他人才能将包括《重》文在内的诸多论文编入数据库，并进行传播，因此，中国农业大学授权中信研究所将《重》文以收录入数据库之方式发表、传播并无不当。由于中国农业大学已授权中信研究所将其所拥有的全部学位论文收录入学位论文数据库，万方公司依据其与中信研究所所签合同在学位论文数据库中收录《重》文并向用户提供该数据库，其使用方式并未超出刘美丽在授权声明中许可中国农业大学的使用方式和目的，有利于作品的传播，符合刘美丽授权中国农业大学时的本意，且万方公司已承诺支付报酬，因此，刘美丽仅以其本人未许可万方公司使用《重》文指控万方公司侵犯其著作权，理由尚不充分，不予支持。

二审结果为：驳回上诉，维持原判。

评析

我国《著作权法》规定，著作权属于作者，本法另有规定的除外。创作作品的公民是作者；公民为完成法人或者其他组织工作任务所创作的作品是职务作品，除相应法条另有规定以外，著作权由作者享有，但法人或者其他组织有权在其业务范围内优先使用。为完成高等学校的工作任务所创作的作品是职务作品，除特殊情况外，著作权由完成者享有。高校学生的学位论文，在创作期间虽然曾接受其学位授予单位以及导师等多方支持和帮助，但著作权法明确规定作品之著作权原则上属于作者；而在学位论文构成职务作品的情形下，应依据《著作权法》第十六条的规定界定学位论文著作权的归属。因此，在一般情形下，高校学生的学位论文的著作权属于该学生本人。

本案具体涉及四个主体以及三层授权。主体为作者、学校（学位论文授予单位）、中信研究所、万方公司。三层授权为：学生对学校填写关于论文使用的授权声明；学校与中信所签订《共建〈中国学位论文全文数据库〉协议书》，许可中信研究所将学校全部学位论文收录数据库，进行交流传播；中信研究所与万方公司签订《开发〈中国学位论文全文数据库〉协议书》，委托万方公司开发学位论文数据库。原告曾在提交学位论文的同时向其学位授予单位作出声明，同意明确授权中国农业大学可以将论文全部或部分内容编入有关数据库进行检索，并采用影印、缩印、扫描等复制手段保存、汇编以供查阅和借阅，故中国农业大学据此声明有权以将原告的学位论文收录入数据库之方式发表、传播。同时该声明并未明示中国农业大学有权进行转授权，但因中国农业大学并非从事发表、传播作品工作的媒体，其对学位论文进行发表、传播通常需通过授权他人之方式，故该声明应解释为刘美丽并未禁止中国农业大学转授权。因此被告万方公司依据与中信研究所签订的协议书，在学位论文数据库中收录原告享有著作权的论文并向用户提供该数据库，法院认定被告已经原告合法授权。

59. 未经许可擅自将他人作品
公开于网络

——陈兴良诉中国数字图书馆有限责任公司著作权侵权纠纷案

裁判要旨

1. 未经他人允许将他人文字作品上载到互联网上的行为，扩大了作品传播的时间和空间范围，增加了接触作品的人数，超出了作者允许社会公众接触其作品的范围，未向作者支付合理报酬的，侵犯了作者对自己作品享有的信息网络传播权。因此，该行为是侵犯他人著作权的行为。

2. 侵犯他人著作权的，应当根据情况，承担停止侵害、消除影响、赔礼道歉、赔偿损失等民事责任。侵权人应当按照权利人的实际损失给予赔偿，实际损失难以计算的，可以按照侵权人的违法所得给予赔偿。赔偿数额还应当包括权利人为制止侵权行为所支付的合理开支。权利人的实际损失或者侵权人的违法所得不能确定的，由人民法院根据侵权行为的情节，判决给予 50 万元以下的赔偿。

【案件索引】

北京市海淀区人民法院（2005）海民初字第 03203 号

当事人起诉

原告陈兴良因与被告中国数字图书馆有限责任公司（简称"数字图书馆"）发生著作权侵权纠纷，向北京市海淀区人民法院提起诉讼。

原告诉称：被告未经原告同意，在自己的网站上（网址为 http://www.d-library.com.cn）使用原告的三部作品。读者付费后就成为被告网站的会员，可以在该网站上阅读并下载网上作品。被告这一行为，侵犯了原告的信息网络传播权。诉请判令被告立即停止侵权，并赔偿原告的经济损失 40 万元，以及原告为制止被告的侵权行为而支出的合理费用 8000 元。

被告回应

被告辩称：被告基本属于公益型的事业单位，为适应信息时代广大公众的需求，被告在网上建立了"中国数字图书馆"。图书馆收集各种图书供人阅览参考。原告所称的三部作品都已公开出版发行，被告将其收入数字图书馆中，有利于这三部作品的再次开发利用，不能视为侵权。况且被告一直十分重视对版权的保护，现正在投入资金开发版权保护系统。这套系统开发出来后，一方面能保护著作权人的利益不受侵犯，另一方面又能发挥数字图书馆的作用，使图书馆更好地为公众服务。请法院根据"中国数字图书馆"目前的实际情况，结合我国国情，对本案纠纷作出裁判。

法院查明事实

北京市海淀区人民法院经审理，确认如下案件事实：

一、《当代中国刑法新视界》1999 年 4 月由中国政法大学出版社出版第 1 版，该书 754 千字，印刷 3000 册，定价 45 元；《刑法适用总论》1999年 6 月由法律出版社出版第 1 版，该书 1170 千字，印刷 5000 册，定价 96元；《正当防卫论》1987 年 6 月由中国人民大学出版社出版第 1 版，该书206 千字，印刷 1 万册，定价 1.7 元。原告陈兴良为这三本书的作者，其提交的证据 1 可证明以上事实。

二、被告数字图书馆于 2000 年 1 月 17 日成立，企业性质为有限责任公司，经营范围为计算机软件的技术开发、技术转让、电子商务（未取得专项许可的项目除外）、制作发布网络广告等。2002 年 3 月 11 日，该公司进行了工商年检登记。该公司所设的"中国数字图书馆"网站，以搜集、整理和发布他人作品为主。数字图书馆提交的证据 1 至 4 以及营业执照可证明以上事实。

三、"中国数字图书馆"网站的访问方式为：使用联网主机启动 IE 浏览器 5.5 版，在地址栏中键入 http：∥www. d-library. com. cn，可进入"中国数字图书馆"主页，主页上注明"版权所有：中国数字图书馆有限责任公司"；点击该页面中"下载标准版浏览器"，新网页中显示"中国数图浏览器 Beta1.01 版是中国数字图书馆有限责任公司为网上图书馆开发的专用浏览器，读者通过它足不出户即可方便地进入网上图书馆读书借阅，同时以独特的方式对网上著作权进行了保护"；同时提示："读者浏览、借阅图书需办理读书证——利用网上或卡式方式付费，并通过用户注册获得用户名和密码"。原告陈兴良提交证据 2 中的公证书可证明以上事实。

四、在"中国数字图书馆"网站的主页上，使用"高级检索"系统，检索词语为"陈兴良"，检索途径为"责任者"，检索结果就包括本案涉及的《当代中国刑法新视界》《刑法适用总论》《正当防卫论》三部著作，同时包括这三部著作的有关信息。如，关于《当代中国刑法新视界》的信息是：题名责任者为"《当代中国刑法新视界》陈兴良著"；出版发行者为"北京：中国政法大学出版社，1999"；载体形态为"897 页；20cm"；主题词为"刑法—研究—中国"等。原告陈兴良提交证据 2 中的公证书可证明以上事实。

五、2002 年 3 月，案外人张庆方以用户名"张呆"，身份证号码，感兴趣的图书要目是"法律"等信息，注册成为"中国数字图书馆"的用户，注册号码为 459757，使用期限是 2002 年 3 月 13 日至 2002 年 6 月 11 日。同年 3 月 15 日，张庆方使用其注册号码，在"中国数字图书馆"网站阅读了与本案有关的三部著作，并对其中的部分网页进行了现场打印。原告陈兴良提交的证据 2、3 可证明以上事实。

六、因此次诉讼，原告陈兴良支付了律师费 8000 元，此即陈兴良诉称为制止侵权行为支出的合理费用。陈兴良提交的证据 4 可证明以上事实。

裁判理由

北京市海淀区人民法院认为：

第一，《中华人民共和国著作权法》（简称《著作权法》）第二条规定："中国公民、法人或者其他组织的作品，不论是否发表，依照本法享有著作权。"第十一条第一款规定："著作权属于作者，本法另有规定的除外。"第二款规定："创作作品的公民是作者。"根据《著作权法》第十条第一款第（十二）项的规定，著作权包括"信息网络传播权"，即以有线或者无线的方式向公众提供作品，使公众可以在个人选定的时间、地点从信息网络上获得作品。

著作权是法律赋予作者享有的专有权利，作者有权据此限制他人未经许可使用其作品。这种限制，只有在社会公众接触作品的范围扩大到足以影响作者行使著作权时作者才能行使。原告陈兴良依法享有《当代中国刑法新视界》《刑法适用总论》《正当防卫论》三部作品的著作权，有权许可他人使用自己的作品。在没有相反证据的情况下，目前只能认定陈兴良允许有关出版社以出版发行的方式将这三部作品固定在纸张上提供给公众。被告数字图书馆未经陈兴良许可，将这三部作品列入"中国数字图书馆"网站中，势必对陈兴良在网络空间行使这三部作品的著作权产生影响，侵犯陈兴良对自己作品享有的信息网络传播权。

《著作权法》第四十七条第一项规定，"未经著作权人许可，复制、发行、表演、放映、广播、汇编、通过信息网络向公众传播其作品的"，侵权人"应当根据情况，承担停止侵害、消除影响、赔礼道歉、赔偿损失等民事责任"。被告数字图书馆应当依照法律的规定承担侵权的民事责任。

第二，图书馆是搜集、整理、收藏图书资料供人阅览参考的机构，其功能在于保存作品并向社会公众提供接触作品的机会。图书馆向社会公众提供作品，对传播知识和促进社会文明进步具有非常重要的意义。只有特定的社会公众（有阅览资格的读者），在特定的时间以特定的方式（借阅），才能接触到图书馆向社会公众提供的作品。因此，这种接触对作者行使著作权的影响是有限的，不构成侵权。

被告数字图书馆作为企业法人，将原告陈兴良的作品上载到国际互联网上。对作品使用的这种方式，扩大了作品传播的时间和空间范围，增加了接触作品的人数，超出了作者允许社会公众接触其作品的范围。数字图书馆未经许可在网上使用陈兴良的作品，并且没有采取有效的手段保证陈兴良获得合理的报酬。这种行为妨碍了陈兴良依法对自己的作品行使著作权，是侵权行为。数字图书馆否认侵权的辩解理由，不能成立。

第三，《中华人民共和国民事诉讼法》第六十四条第一款规定："当事人对自己提出的主张，有责任提供证据。"《著作权法》第四十八条第一款规定："侵犯著作权或者与著作权有关的权利的，侵权人应当按照权利人的实际损失给予赔偿；实际损失难以计算的，可以按照侵权人的违法所得给予赔偿。赔偿数额还应当包括权利人为制止侵权行为所支付的合理开支。"第二款规定："权利人的实际损失或者侵权人的违法所得不能确定的，由人民法院根据侵权行为的情节，判决给予五十万元以下的赔偿。"原告陈兴良主张被告数字图书馆的侵权行为给其造成 40 万元的经济损失，并使其支出 8000 元律师费，要求赔偿。但是，陈兴良没有举证证明自己的实际损失或者侵权人的违法所得相当于诉讼请求赔偿的数额，也没有举证证明支出 8000 元律师费的合理性。因此，只能依侵权行为的情节确定数字图书馆的赔偿数额，不能全额支持陈兴良诉讼请求赔偿的数额。

据此，北京市海淀区人民法院于 2002 年 6 月 27 日作出判决。

裁判结果

一、自本判决生效之日起，被告数字图书馆停止在其"中国数字图书馆"网站上使用原告陈兴良的作品《当代中国刑法新视界》《刑法适用总论》《正当防卫论》。

二、自本判决生效之日起十日内，被告数字图书馆赔偿原告陈兴良经济损失 8 万元及因诉讼支出的合理费用 4800 元。

三、驳回原告陈兴良的其他诉讼请求。

案件受理费 8660 元，由被告数字图书馆负担。

宣判后，双方当事人均未上诉。

评析

我国著作权法规定：中国公民、法人或者其他组织的作品，不论是否发表，享有著作权；著作权属于作者，本法另有规定的除外；创作作品的公民是作者。著作权包括信息网络传播权，即以有线或者无线的方式向公众提供作品，使公众可以在个人选定的时间、地点从信息网络上获得作品。由此，著作权是法律赋予作者享有的专有权利，作者有权据此限制他人未经许可使用其作品。这种限制，只有在社会公众接触作品的范围扩大到足以影响作者行使著作权时作者才能行使。本案中，原告陈兴良依法享有《当代中国刑法新视界》《刑法适用总论》《正当防卫论》三部作品的著作权，有权许可他人使用自己的作品。被告数字图书馆未经原告许可，将这三部作品列入"中国数字图书馆"网站中，扩大了作品传播的时间和空间范围，增加了接触作品的人数，超出了原告允许社会公众接触其作品的范围，未向原告支付合理报酬，侵犯了原告对自己作品享有的信息网络传播权。

《著作权法》第四十七条第一项规定，"未经著作权人许可，复制、发行、表演、放映、广播、汇编、通过信息网络向公众传播其作品的"，侵权人"应当根据情况，承担停止侵害、消除影响、赔礼道歉、赔偿损失等民事责任"。被告数字图书馆应当依照法律的规定承担侵权的民事责任。

60. 中国版权第一案

——周志全等侵犯著作权罪

⚑ 裁判要旨

通过设立网站，以营利为目的，未经著作权人许可，通过信息网络传播他人作品，或者复制发行他人作品，违法所得数额较大，情节严重的，成立侵犯著作权罪。

⚑ 案件索引

一审：北京市海淀区人民法院（2014）海刑初字第 526 号
二审：北京市第一中级人民法（2014）一中刑终字第 2516 号

⚑ 审理经过

北京市海淀区人民法院审理北京市海淀区人民检察院指控原审被告人苏立源、寇宇杰、周志全、曹军、李赋然、贾晶洋、崔兵犯侵犯著作权罪一案，于 2014 年 5 月 15 日作出（2014）海刑初字第 526 号刑事判决。原审被告人苏立源、寇宇杰不服，提出上诉。二审法院依法组成合议庭，于 2014 年 10 月 23 日依法开庭进行了审理。北京市人民检察院第一分院指派检察官常国锋、张冬梅出庭履行职务，上诉人苏立源及其辩护人季晓川、上诉人寇宇杰，原审被告人曹军、李赋然、贾晶洋、崔兵到庭参加诉讼，原审被告人周志全因病未能到庭参加诉讼。本案现已审理终结。

法院查明事实

北京市海淀区人民法院判决认定：

一、被告人周志全于 2008 年 8 月注册成立北京心田一品科技有限公司（公司住所地为北京市海淀区清云里满庭芳园小区 9 号楼青云当代大厦十七层 1706B5 室），经营思路网站。思路网站下设门户网（网址 www. siluhd. com）、思路论坛（网址 bbs. siluhd. com），并以 HDstar 论坛（网址 www. hdstar. org）作为思路网站的内站。2009 年 1 月至 2013 年 4 月，被告人周志全雇佣被告人苏立源、曹军、贾晶洋、李赋然等人，未经著作权人许可，以会员制方式，将他人享有著作权的大量影视、音乐等作品以种子形式上传至 HDstar 论坛，供 2.6 万余注册会员下载，在思路网站投放广告，并通过销售网站注册邀请码和 VIP 会员资格营利。2013 年 4 月 24 日，被告人周志全、苏立源、李赋然被公安机关抓获。2013 年 5 月 23 日，被告人曹军被公安机关抓获。2013 年 5 月 30 日，被告人贾晶洋被公安机关抓获。现被告人周志全的大容量硬盘 202 个、普通移动硬盘 2 个、联想笔记本电脑 1 台、电影光盘 87 张、iPad 平板电脑 1 台、手提式光碟箱 4 个、推拉式光碟箱 6 个、普通光盘 2773 张、大容量硬盘 4 个、显示器 1 台、无牌电脑主机 3 台、联想黑色笔记本电脑 1 台、硬盘读取器 1 个，被告人苏立源的大容量硬盘 14 个，被告人李赋然的黑色自攒台式电脑主机 1 台，被告人贾晶洋的黑色杂牌电脑主机 1 台，已由公安机关依法扣押。

二、被告人寇宇杰于 2012 年 5 月至 2013 年 4 月，雇佣被告人崔兵等人，未经著作权人许可，复制他人享有著作权的电影至 4000 余个硬盘中，并通过淘宝网店予以销售。2013 年 4 月 24 日，被告人寇宇杰被公安机关抓获。2013 年 5 月 27 日，被告人崔兵被公安机关抓获。现绑定被告人寇宇杰淘宝网店的支付宝账户的关联银行卡（开户行：中国银行北京远大路支行，开户名吴贵文，账号×××）已冻结在案，冻结款项人民币 13053.10 元。现被告人寇宇杰的笔记本电脑 1 台、电脑主机 5 台、键盘 1 个、硬盘 82

个、显示器 4 个已由公安机关依法扣押并移送在案。

裁判结果

一审法院认为，被告人周志全雇佣被告人苏立源、曹军、李赋然、贾晶洋以营利为目的，未经著作权人许可，通过信息网络传播他人作品，情节特别严重；被告人寇宇杰雇佣被告人崔兵以营利为目的，未经著作权人许可，复制发行他人作品，情节特别严重，上述被告人的行为均已构成侵犯著作权罪，应予惩处。北京市海淀区人民检察院指控被告人周志全、苏立源、寇宇杰、曹军、李赋然、贾晶洋、崔兵犯有侵犯著作权罪的事实清楚，证据确实充分，指控罪名成立。

公诉机关指控的第一起犯罪事实，被告人周志全在共同犯罪中起主要作用，系主犯，被告人苏立源、曹军、贾晶洋、李赋然在共同犯罪中起次要作用，系从犯。公诉机关指控的第二起犯罪事实，被告人寇宇杰在共同犯罪中起主要作用，系主犯；被告人崔兵在共同犯罪中起次要作用，系从犯；且被告人苏立源、曹军、贾晶洋、李赋然、崔兵到案后及庭审中均能如实供述自己的罪行，法院对其五人均依法减轻处罚，并对被告人曹军、贾晶洋、李赋然、崔兵依法适用缓刑，以观后效。鉴于被告人寇宇杰到案后及庭审中能如实供述自己的罪行，认罪态度较好，法院对其亦依法从轻处罚。对辩护人的相关辩护意见，酌予采纳。据此，对被告人周志全依照《中华人民共和国刑法》第二百一十七条第（一）项，第二十五条第一款，第二十六条第一款、第四款，第五十三条；对被告人寇宇杰依照《中华人民共和国刑法》第二百一十七条第（一）项，第二十五条第一款，第二十六条第一款、第四款，第五十三条，第六十七条第三款；对被告人苏立源依照《中华人民共和国刑法》第二百一十七条第（一）项、第二十五条第一款、第二十七条、第五十三条、第六十七条第三款；对被告人曹军、贾晶洋、李赋然、崔兵依照《中华人民共和国刑法》第二百一十七条第（一）项，第二十五条第一款，第二十七条，第五十三条，第六十七条第三款，第七十二条第一款、第三款，第七十三条第二款、第三款之规定，判决：一、被告人周志全犯侵犯著作权罪，判处有期徒刑五年，罚金人民币 100 万元；二、被告人寇宇杰犯侵犯著作权罪，判处有期徒刑三年，罚金人民币 25 万元；三、被告人苏立源犯侵犯著作权罪，判处有期徒刑二年六个月，罚金人民币 10 万元；四、被告人曹军犯侵犯著作权罪，判处有期徒刑二年，缓刑三年，罚金人民币 5 万元；五、被告人李赋然犯侵犯著作权罪，判处有期徒刑二年，缓刑三年，罚金人民币 5 万元；六、被告人贾晶洋犯侵犯著作权罪，判处有期徒刑二年，缓刑三年，罚金人民币 5 万元；七、被告人崔兵犯侵犯著作权罪，判处有期徒刑一年，缓刑二年，罚金人民币 2 万元；八、冻结在案的人民币 13050.1 元，折抵被告人寇宇杰被判处的罚金；九、扣押在案的被告人苏立源的大容量硬盘 14 块，退回检察机关。在案扣押的其余物品，予以没收。

当事人上诉

上诉人苏立源的上诉理由为：HDstar 论坛会员并没有 2.6 万，很多会员 IP 是重复的，原判量刑过重，请求二审法庭适用缓刑。

上诉人苏立源的辩护人的主要辩护意见为：原判对苏立源量刑过重，请求二审法庭适用缓刑。

上诉人寇宇杰的上诉理由为：一审判决认定事实不清，淘宝网店上的 4000 余个移动硬盘并非都拷贝了电影，可以通过同一天销售的移动硬盘价格差异区分哪些没有拷贝电影，一审判决量刑过重。

北京市人民检察院第一分院的出庭意见为：原判认定周志权、苏立源、寇宇杰、曹军、李赋然、贾晶洋、崔兵犯侵犯著作权罪的事实清楚，证据确实充分，建议二审法院维持原判。

二审期间，上诉人苏立源的辩护人向法庭提供了一份新证据，系北京市公安局网络安全保卫处监制的《北京市公安局计算机信息网络国际联网单位备案表》，备案编号为京公网安备 11010802010252 号，拟证明 HDstar 的经营模式得到公安部门认可，因此是合法的。该份备案表主要记载了 HDstar 网站的名称、网址域名、开通时间等基本信息，备案时间显示为 2012 年 8 月 15 日，经营性质一栏显示非经营性，网站个人开办者姓名及应急联系人姓名均载明为苏立源，服务类型栏显示论坛/BBS，安全管理制度一栏显示已落实病毒检测和网络安全漏洞检测制度，安全技术保护措施一栏显示已落实计算机病毒防护功能。

二审裁判

二审审理查明的事实、证据与一审相同。一审判决所据证据，经查，收集合法，且经法定程序查证属实，能够证明案件事实，二审法院予以确认。

二审法院认为，上诉人苏立源以营利为目的，未经著作权人许可，通过信息网络传播他人作品，情节特别严重；上诉人寇宇杰雇佣被告人崔兵以营利为目的，未经著作权人许可，复制发行他人作品，情节特别严重，上述被告人的行为均已构成侵犯著作权罪，应予惩处。苏立源在共同犯罪中起到的作用，更多地表现为辅助，系从犯，且苏立源到案后能够如实供述其主要犯罪事实，具有酌予减轻处罚情节。寇宇杰在共同犯罪中起主要作用，系主犯，寇宇杰到案后及在庭审中能如实供述自己的罪行，认罪态度较好，依法可予从轻处罚。原审法院根据上诉人苏立源、寇宇杰及原审被告人周志全、曹军、李赋然、贾晶洋、崔兵犯罪的事实、犯罪的性质、情节和对社会的危害程度所作出的判决，事实清楚，证据确实、充分，定罪及适用法律正确，量刑适当，审判程序合法，应予维持。对于苏立源及其辩护人所提原判量刑过重，请求二审法庭对苏立源减轻处罚并给予缓刑的上诉理由及辩护意见，无法律依据，二审法院未予支持。对寇宇杰所提原判量刑过重的辩解，缺乏法律依据，二审法院亦未予支持。据此，依照《中华人民共和国刑事诉讼法》第二百二十五条第一款第（一）项之规定，裁定如下：

驳回苏立源、寇宇杰的上诉，维持原判。

本裁定为终审裁定。

评析

《中华人民共和国刑法》第二百一十七条对侵犯著作权罪做了具体规制。其中，以营利为目的，未经著作权人许可，复制发行其文字作品、音乐、电影、电视、录像作品、计算机软件及其他作品的，违法所得数额较大或者有其他严重情节的，处三年以下有期徒刑或者拘役，并处或者单处罚金；违法所得数额巨大或者有其他特别严重情节的，处三年以上七年以下有期徒刑，并处罚金。本案中，被告人周志全注册成立公司经营思路网站，并以 HDstar 论坛作为思路网站的内站。同时雇佣他人，未经著作权人许可，以会员制方式，将他人享有著作权的大量影视、音乐等作品以种子形式上传至 HDstar 论坛，供 2.6 万余注册会员下载，在思路网站投放广告，并通过销售网站注册邀请码和 VIP 会员资格营利。本案的被告人通过设立网站，以营利为目的，未经著作权人许可，通过信息网络传播他人作品，或者复制发行他人作品，违法所得数额较大，情节严重，皆构成侵犯著作权罪。

61. 计算机软件实质性相似的判断

——"乌龙"学习软件侵犯著作权罪案

▌ 裁判要旨

对计算机软件实质性相似的判断，应当根据行业惯例、软件特点，在排除公共文件、第三方文件的基础上，结合软件服务器端及客户端程序文件的相似度以及其他具体情况，进行综合判断。

▌【案件索引】

上海市徐汇区人民法院（2003）徐刑（知）初字第 20 号

▌ 基本案情

上海市徐汇区人民检察院指控称：乌龙公司系《乌龙学院》系列学习软件的著作权人，被告人汪洁系该公司前法定代表人。2012 年 2 月，被告人汪洁及万臻组织策划成立家翊星公司，并招揽了乌龙公司的前员工和代理商，被告人金文兵、孙国龙、沈良君、黄文锋、娄波、安明浩进入该公司，复制《乌龙学苑 3.0 版》软件程序的大量文件，制成《家育星》软件，通过互联网运营，并以招揽代理商及向代理商出售该软件的点卡的方式获利。

经司法鉴定，《乌龙学苑 3.0 版》与《家育星》软件在服务器端程序及客户端程序上均存在实质性相似；经司法审计，2012 年 5 月至同年 12 月，被告人以家翊星公司名义运营《家育星》软件获取的非法经营额为人民币 1060273 元。各被告人对鉴定结论存有异议，认为两款软件虽相似，但并不构成实质性相似，从而不构成"复制"。

裁判理由

上海市徐汇区人民法院经审理认为，被告人汪洁、万臻在未经乌龙公司同意的情况下，指使被告人娄波、金文兵、孙国龙、沈良君、黄文锋、安明浩，通过复制乌龙公司享有著作权的《乌龙学苑 3.0 版》软件相关文件的方式，制成《家育星》软件并投入运营。经比对，该两款软件虽然并非完全一致，但文件相似度高，且《家育星》软件中出现了与《乌龙学苑 3.0 版》软件相同的个性化信息，结合案件其他主客观情况，可以认定两款软件主体结构、功能实质性相同，系实质性相似。故各被告人复制《乌龙学苑 3.0 版》软件制成《家育星》软件的行为构成刑法意义上的非法复制行为，应当以侵犯著作权罪定罪处罚。

裁判结果

据此，法院判决汪洁等 8 名被告人犯侵犯著作权罪，并分别判处有期徒刑三年至免于刑事处罚不等。上海市第一中级人民法院经审理后认为，一审判决认定事实清楚，证据确实充分，定罪准确，审判程序合法，故裁定驳回上诉，维持原判。

评析

《中华人民共和国刑法》第二百一十七条对侵犯著作权罪做了具体规制。其中，以营利为目的，未经著作权人许可，复制发行其文字作品、音乐、电影、电视、录像作品、计算机软件及其他作品的，违法所得数额较大或者有其他严重情节的，处三年以下有期徒刑或者拘役，并处或者单处罚金；违法所得数额巨大或者有其他特别严重情节的，处三年以上七年以下有期徒刑，并处罚金。具体到本案，该案系一起员工跳槽后成立新公司窃取、复制原公司计算机软件，从而侵犯原公司计算机软件著作权的犯罪案件。本案判决表示，对于计算机软件实质性相似的判断，应当根据行业惯例、软件特点，在排除公共文件、第三方文件的基础上，结合软件服务器端及客户端程序文件的相似度以及其他具体情况，进行综合判断。通过专家证人出庭作证的方式审理，解决了计算机软件程序软件比对中的技术难题，确定了软件的实质同一性，确定了各被告人的犯罪事实，有效打击了侵犯计算机软件著作权这类隐秘性极强的犯罪。

62. 复制部分实质性相同的计算机程序
文件，并加入自行编写的脚本文件
形成新的外挂程序后运用

——余刚等侵犯著作权案

▓ 裁判要旨

复制部分实质性相同的计算机程序文件并加入自行编写的脚本文件形成新的外挂程序后运用的行为属于刑法意义上的"复制发行"行为，应以侵犯著作权罪定罪处罚。

▓ 案件索引

上海市徐汇区人民法院（2011）徐刑初字第 984 号

▓ 基本案情

2007 年 11 月 30 日，上海盛大网络发展有限公司（简称"盛大公司"）与韩国艾登特提游戏有限公司（eyedentity games inc.）签订著作权合作授权书，引进该公司拥有著作权的互联网游戏出版物 *Dragon Nest*（即《龙之谷》），并于 2009 年 6 月 23 日获国家版权局认证通过。2010 年 2 月 4 日，国家新闻出版总署批复同意盛大公司引进上述游戏出版物。2010 年 7 月，盛大公司授权数龙公司正式在互联网运营《龙之谷》游戏。

2008年8月，被告人余刚、冯典、曹志华等人注册成立了大猫公司，余刚为法定代表人。

2010年7月，被告人余刚、曹志华、冯典等利用自己掌握的电脑专业技术，通过反编译手段破译了数龙公司运营的《龙之谷》游戏的客户端程序及相应的通信协议，并利用从上述客户端程序中复制的大量涉及地图、物品、怪物、触发事件等代码的游戏核心数据库文件、登录文件及完全模拟的通信协议，加入被告人制作的各类能实现游戏自动操作功能的脚本文件，开发了涉案能实现自动后台多开登录、自动操作诸多游戏功能的脱机外挂软件。

2010年7月底至2011年1月，被告人余刚、赖怿等先后以大猫公司名义招募被告人张荣鑫、陈侬、马潇、刘京松、陈娅、刘川等人作为加盟商成立"工作室"，由赖怿负责日常管理，在交纳每台电脑1000元的加盟费及一定数额的保证金后，使用开发的脱机外挂软件登录大量账号，合作"生产"《龙之谷》游戏虚拟货币，并交由被告人古靖渲负责的市场部在相关网站上统一销售后分成。经审计查明，大猫公司《龙之谷》游戏金币总计销售额为4637448.30元，其中公司本部销售额为529888.80元，张荣鑫等人的工作室销售额为1257751.64元，陈侬的工作室销售额为898555.90元，马潇、刘京松的工作室销售额为989124.58元，陈娅的工作室销售额为706049.19元，刘川的工作室销售额为256078.18元。

2010年9月，被告人冯典、曹志华离开大猫公司，并带走了《龙之谷》游戏外挂源代码及68万元销售款，大猫公司的股东变更为余刚和古靖渲。

2011年1月，被告人余刚、古靖渲、陈侬到案，2011年3月，被告人曹志华、冯典、赖怿、张荣鑫、马潇、刘京松、陈娅、刘川到案，其中陈侬、陈娅、刘川系主动向公安机关投案及交代事实。

2011年9月，经辰星鉴定中心鉴定，将涉案外挂程序和样本《龙之谷》游戏客户端程序进行比对后，两者的文件目录结构相似度为84.92%，文件相似度为84.5%，两者存在实质性相似。

公诉机关指控

公诉机关指控称，被告人余刚伙同被告人曹志华、冯典、古靖渲、赖怿、陈侬、张荣鑫、马潇、刘京松、刘川、陈娅以营利为目的，未经著作权人许可，复制其计算机软件，其中，被告人余刚、曹志华、冯典、古靖渲、赖怿非法经营额共计人民币 400 余万元，被告人陈侬非法经营额共计人民币 898555.90 元，被告人张荣鑫非法经营额共计人民币 1257751.64 元，被告人马潇、刘京松的非法经营额共计人民币 989124.58 元，被告人陈娅非法经营额共计人民币 706049.19 元，被告人刘川的非法经营额共计人民币 256078.18 元，均属情节特别严重，应当以侵犯著作权罪追究其共同犯罪的刑事责任。其中被告人余刚、曹志华、冯典、古靖渲、赖怿系主犯；被告人陈侬、张荣鑫、马潇、刘京松、刘川、陈娅系从犯，应当减轻处罚；被告人陈侬、陈娅、刘川系自首，可以从轻处罚；被告人余刚、曹志华、冯典、古靖渲、赖怿、张荣鑫、马潇、刘京松到案后如实供述自己的犯罪事实，可以从轻处罚。

被告人辩解与辩护人辩护

被告人余刚辩称：起诉书描述的是事实，对本案的证据有些看不明白，对指控的罪名也不懂，服从法院的认定。

被告人余刚辩护人辩称：本案应认定为单位犯罪。会计师事务所对涉案金额的统计，程序不合法，结论不准确，外挂软件并未对游戏运行造成破坏，按司法解释规定，被告人并未达到复制的成罪标准，其并未对外销售该软件，非法经营额不能成立。现行法律并未禁止使用外挂软件打币及再销售，故本案不构成犯罪，应该宣告无罪。

被告人曹志华辩称：其对事实及罪名基本无异议，但其已经于 2010 年 9 月离开公司。

被告人曹志华辩护人辩称：对指控的罪名没有异议，曹志华离开公司后的犯罪金额应与其无关，外挂软件非其独立开发完成，利用外挂软件生产游戏币而获罪并无先例。被告人认罪态度好，也愿意退赃，请求法院能对其判处缓刑。

被告人冯典辩称：其对起诉书的指控没有异议，希望法院能从轻处罚。

被告人冯典辩护人辩称：外挂主程序文件与盛大公司的是不相同的，调取资源文件是复制还是改编也值得研究，即使各被告人的行为存在复制，也仅占游戏程序所有文件的极少比例。本案的非法经营额也认定不当，其中并无外挂软件的销售所得，即使存在违法所得，也必须扣除成本。冯典不是本案的主犯，其应仅对两个月的金额负责，念其年少无知，建议法院对其判处缓刑。

被告人古靖渲辩称：其对技术上的东西不懂，不知道自己是触犯了法律，账目都是财务在做，对涉案金额也不清楚。

被告人赖怿辩称：其系主动到案，应认定为自首。

被告人赖怿辩护人辩称：赖怿不应认定为主犯，搞外挂不是赖怿出的主意，其也未参与制作，未招揽过加盟商，未决定过分成比例，仅是做了一些管理工作，赖怿是接公安电话后主动投案，应认定为自首，赖怿认罪态度好，建议判处缓刑。

被告人陈侬辩称：其对罪名及事实基本无异议，但对涉案金额有异议，认为仅有 30 余万元。

被告人陈侬辩护人辩称：陈侬不构成侵犯著作权罪的共犯，其没有参与外挂软件的开发、复制，也没有参与游戏币的销售，单纯打游戏币不应认定为犯罪。对外挂软件相似度的鉴定结论不予认可。本案中没有侵权产品的价值，故也不存在非法经营额。30 余万元如果是违法所得，则需要扣除保证金、加盟费、办公成本等，剩余的也就 11 余万元。被告人系自首，初犯，妻子无工作，孩子尚小，请求法院判处缓刑。

被告人张荣鑫辩称：其对事实无异议，但认为涉案金额应为 40 余万元。

被告人马潇辩称：其对事实无异议，但认为涉案金额非起诉书认定的数额。

被告人刘京松辩称：涉案金额应为 30 余万元，其余无异议。

被告人刘京松辩护人辩称：本案中没有外挂软件的销售行为，鉴定对象错误，鉴定方法不对，相似度的认定仅是个人的主观意见。盛大公司经济上没有任何实际损失，服务器负担加重、系统瘫痪等破坏性结果也没证据证实，余刚等人的行为应认定为公司行为，刘京松没有参与外挂软件的复制，打金币不是复制行为，销售游戏币的收入也不是复制发行外挂软件的收入，刘京松只是马潇的合伙人，故不应认定为从犯。本案比较新颖，需慎重处理。

被告人陈娅辩称：公安机关当时给其看的金额没那么多，其余无异议。

被告人刘川辩称：涉案金额没那么多，其余无异议。

⚖ 裁判理由

上海市徐汇区人民法院经审理认为，余刚、曹志华、冯典等被告人通过非法手段，获取他人享有著作权的计算机软件中的相关核心程序文件，制作外挂软件并与其他被告人结伙使用牟利，该外挂程序虽与官方客户端程序所有文件并不完全一致，但主体结构、功能系实质性相同，故被告人的行为应属于我国刑法所规制的非法复制计算机软件的行为，应以侵犯著作权罪定罪处罚。

本案中被告人制造了侵权外挂软件，然后使用该侵权软件获取相关游戏虚拟货币并销售后牟利，应以侵权软件衍生物品的销售价格作为非法经营额的认定依据，其中被告人余刚、曹志华、冯典、古靖渲、赖怿非法经营额共计人民币400余万元，被告人陈侬非法经营额共计人民币89万余元，被告人张荣鑫非法经营额共计人民币125万余元，被告人马潇、刘京松非法经营额共计人民币98万余元，被告人陈娅非法经营额共计人民币70万余元，被告人刘川非法经营额共计人民币25万余元，均属情节特别严重，其行为均已构成侵犯著作权罪，应予处罚，公诉机关指控成立。

从犯罪主体来看，大猫公司设立后，是以制作、使用外挂软件实施侵犯著作权犯罪为主要活动，不应以单位犯罪论处。本案应认定为11名被告人系共同犯罪，其中被告人余刚、曹志华、冯典、古靖渲、赖怿在共同犯罪中起主要作用，是主犯；被告人陈侬、张荣鑫、马潇、刘京松、陈娅、刘川在共同犯罪中起次要、辅助作用，系从犯，依法应当减轻处罚；被告人陈侬、陈娅、刘川系自首，依法可以从轻处罚；被告人余刚、曹志华、冯典、古靖渲、赖怿、张荣鑫、马潇、刘京松到案后能如实供述自己的犯罪事实，依法可以从轻处罚。各被告人在庭审中均自愿认罪、悔罪，可酌情予以从轻处罚。

据此，依照2011年4月30日以前的《中华人民共和国刑法》第二百一十七条第一项，第二十五条第一款，第二十六条第一款、第四款，第二十七条，第五十三条，第六十四条，第六十七条第一款，第七十二条，第七十三条第二款、第三款和《中华人民共和国刑法》第十二条第一款、第六十七条第三款及《最高人民法院、最高人民检察院关于办理侵犯知识产权刑事案件具体应用法律若干问题的解释》第五条第二款之规定，作出判决。

裁判结果

一、被告人余刚犯侵犯著作权罪，判处有期徒刑四年，并处罚金人民币40万元。

二、被告人曹志华犯侵犯著作权罪，判处有期徒刑三年，并处罚金人民币30万元。

三、被告人冯典犯侵犯著作权罪，判处有期徒刑三年，并处罚金人民币30万元。

四、被告人古靖渲犯侵犯著作权罪，判处有期徒刑三年，缓刑三年，并处罚金人民币30万元。

五、被告人赖悻犯侵犯著作权罪，判处有期徒刑三年，缓刑三年，并处罚金人民币30万元。

六、被告人陈侬犯侵犯著作权罪，判处有期徒刑二年六个月，缓刑二年六个月，并处罚金人民币20万元。

七、被告人张荣鑫犯侵犯著作权罪，判处有期徒刑二年六个月，缓刑二年六个月，并处罚金人民币20万元。

八、被告人马潇犯侵犯著作权罪，判处有期徒刑二年三个月，缓刑二年三个月，并处罚金人民币10万元。

九、被告人刘京松犯侵犯著作权罪，判处有期徒刑二年三个月，缓刑二年三个月，并处罚金人民币10万元。

十、被告人陈娅犯侵犯著作权罪，判处有期徒刑二年，缓刑二年，并处罚金人民币 10 万元。

十一、被告人刘川犯侵犯著作权罪，判处有期徒刑一年九个月，缓刑一年九个月，并处罚金人民币 5 万元。

十二、被告人余刚、曹志华、冯典、古靖渲、赖恽、陈侬、张荣鑫、马潇、刘京松、陈娅、刘川的违法所得予以追缴；查扣的电脑、移动硬盘、硬盘等与本案犯罪有关的物品予以没收。

一审判决后，各被告人均未提起上诉，公诉机关也未提起抗诉，判决已生效。

评析

《中华人民共和国刑法》第二百一十七条对侵犯著作权罪做了具体规制。其中，以营利为目的，未经著作权人许可，复制发行其文字作品、音乐、电影、电视、录像作品、计算机软件及其他作品的，违法所得数额较大或者有其他严重情节的，处三年以下有期徒刑或者拘役，并处或者单处罚金；违法所得数额巨大或者有其他特别严重情节的，处三年以上七年以下有期徒刑，并处罚金。复制部分实质性相同的计算机程序文件并加入自行编写的脚本文件形成新的外挂程序后运用的行为属于刑法意义上的"复制发行"行为，应以侵犯著作权罪定罪处罚。

本案中，被告人利用自己掌握的电脑专业技术，通过反编译手段破译了数龙公司运营的《龙之谷》游戏的客户端程序及相应的通信协议，并利用从上述客户端程序中复制的大量涉及地图、物品、怪物、触发事件等代码的游戏核心数据库文件、登录文件及完全模拟的通信协议，加入被告人制作的各类能实现游戏自动操作功能的脚本文件，开发了涉案能实现自动后台多开登录、自动操作诸多游戏功能的脱机外挂软件，然后使用该侵权软件获取相关游戏虚拟货币并销售后牟利。被告人通过非法手段，获取他人享有著作权的计算机软件中的相关核心程序文件，制作外挂软件并与其他被告人结伙使用牟利，该外挂程序虽与官方客户端程序所有文件并不完全一致，但主体结构、功能实质性相同，故被告人的行为应属于我国刑法所规制的非法复制计算机软件的行为，应以侵犯著作权罪定罪处罚。

63. 游戏软件程序是否涉及盗版侵权，
主要取决于游戏程序同一性鉴定

——何利凯、厉标等涉嫌侵犯著作权案

📖 裁判要旨

游戏软件程序是否涉及盗版侵权，主要取决于游戏程序同一性鉴定。通过对盗版软件和被侵权软件程序进行比对，如果二者在文件夹名称和路径上高度一致，则可以认为两个游戏服务端程序存在实质性相似，构成对正版软件的侵权。

📖 【案件索引】

北京市海淀区人民法院（2015）海刑初字第 554 号

📖 基本案情

"笑傲江湖 OL"网络游戏软件 V1.0 系完美世界（北京）网络技术有限公司享有著作权的互联网游戏。

2013 年 10 月底，被告人何利凯等人从他人处购买"笑傲江湖 OL"网络游戏程序，由被告人何利凯负责运营和版本修改，罗林负责程序编写、修改，厉标负责修改原始密码、上传服务端、调试客户端登录游戏等。后

被告人何利凯等人租用服务器，并安装修改后的"笑傲江湖"游戏程序，通过私服论坛进行推广，吸引玩家，通过收发邮件等方式为网络游戏玩家提供客户服务。

2013 年 11 月起，被告人何利凯等人运营"笑傲江湖"私服并通过销售元宝（游戏币）营利，玩家充值元宝的方法是通过购买盛大一卡通，移动、联通、电信电话卡，通过第三方支付平台"易宝平台"进行充值，易宝平台扣除手续费后进行结算划款。据易宝平台出具的交易明细，被告人何利凯在易宝支付平台上所使用的商户进款总额共计人民币 31 万余元。

2014 年 2 月 21 日，北京市公安局海淀分局以何利凯、厉标涉嫌侵犯著作权罪立案侦查，并于 5 月 14 日提请批准逮捕，北京市海淀区人民检察院认为证据不足不予批准逮捕，并引导公安机关提取游戏程序同一性比对鉴定等关键性证据。2014 年 11 月 4 日公安机关再次对二人提请批准逮捕，北京市海淀区人民检察院依法批准逮捕并对同案犯罗林予以追捕。2015 年 2 月 13 日，北京市海淀区人民检察院以何利凯、厉标、罗林涉嫌侵犯著作权罪提起公诉。

裁判结果

2015 年 11 月 2 日，北京市海淀区人民法院以侵犯著作权罪判处被告人何利凯等三人有期徒刑三年至二年不等，适用缓刑，各并处罚金人民币 16 万元至 10 万元不等。

评析

《中华人民共和国刑法》第二百一十七条对侵犯著作权罪做了具体规制。其中，以营利为目的，未经著作权人许可，复制发行其文字作品、音乐、电影、电视、录像作品、计算机软件及其他作品的，违法所得数额较大或者有其他严重情节的，处三年以下有期徒刑或者拘役，并处或者单处罚金；违法所得数额巨大或者有其他特别严重情节的，处三年以上七年以下有期徒刑，并处罚金。游戏软件程序是否涉及盗版侵权，主要取决于游戏程序同一性鉴定。通过对盗版软件和被侵权软件程序进行比对，如果二者在文件夹名称和路径上高度一致，则可以认为两个游戏服务端程序存在实质性相似，构成对正版软件的侵权。本案中，"笑傲江湖 OL"网络游戏软件 V1.0 系完美世界（北京）网络技术有限公司享有著作权的互联网游戏。被告人未经著作权人许可，私自架设服务器，运营网络游戏"笑傲江湖"，收取玩家充值款。被告人以营利为目的，未经著作权人许可，发行运营其网络游戏软件作品，情节严重，构成侵犯著作权罪，应予惩处。

64. 侵害作品改编权

——网络游戏侵害金庸作品著作权、不正当竞争纠纷案

裁判要旨

游戏作品是否构成对文字作品的改编，关键在于游戏所展现的人物、人物关系、故事情节发展与文字作品是否构成实质性相似。

【案件索引】

上海市杨浦区人民法院（2015）杨民三（知）初字第 55 号

基本案情

原告完美世界（北京）软件有限公司（简称"完美世界公司"）起诉称，其经金庸授权，有权将《射雕英雄传》《神雕侠侣》《倚天屠龙记》《笑傲江湖》改编成移动端游戏。被告上海野火网络科技有限公司（简称"野火公司"）开发运营了《六大门派》游戏，该游戏中使用了四部金庸小说中的元素，另外三被告福建博瑞网络科技有限公司（简称"博瑞公司"）、广州爱九游信息技术有限公司（简称"爱九游公司"）、福建游龙网络科技有限公司（简称"游龙公司"）提供游戏下载服务，共同构成侵权。故要求四被告停止侵权及不正当竞争行为，赔偿经济损失，在其网站

上消除影响。被告野火公司网站中有内容为"飞雪连天射白鹿，笑书神侠倚碧鸳"等的新闻。四被告网站提供涉案游戏的下载服务，原告下载了涉案《六大门派》游戏，对游戏过程进行了公证。经比对，《六大门派》游戏中的人物及人物关系、武功、情节等与《笑傲江湖》前七章基本相同。游戏中有《倚天屠龙记》中主要人物名字、人物关系及个别事件，并提及了《射雕英雄传》《神雕侠侣》中个别人物名字和关系。

▮ 裁判理由

本案争议的焦点是：一、原告是否享有涉案四部作品在中国大陆地区的游戏改编权及运营"改编软件"的权利，原告主体资格是否适格；二、四被告是否实施了侵犯原告就涉案作品在中国大陆地区享有的独占的游戏改编权的行为；三、四被告是否实施了不正当竞争行为；四、四被告在本案中是否应当承担责任。

法院认为：

一、原告主体资格适格，可以自己的名义提起本案的诉讼

《中华人民共和国著作权法》第十条规定，著作权人可以全部或者部分转让本条第一款第（五）项至第（十七）项规定的权利，并依照约定或者本法有关规定获得报酬。查良镛是《射雕英雄传》《神雕侠侣》《倚天屠龙记》《笑傲江湖》文字作品的作者，享有四部文字作品的著作权。2002 年 1 月 1 日，查良镛将其包含涉案作品在内的十二部作品在中国境内的除图书形式的发行权外的其他所有权利授予了明河社出版有限公司。2013 年 4 月 8 日，明河社出版有限公司又出具许可书，许可查良镛将涉案四部作品的移动终端游戏软件改编权以及改编后游戏软件的商业开发权（包括但不限于游戏软件的开发、制作、发行、宣传、运营、信息网络传播等，以及基于游戏软件的衍生产品的开发、制作、销售等）独家授权原告完美世界公司，同时同意查良镛有权授权原告完美世界公司对任何第三人侵犯上述许可权利或实施的其他不正当竞争行为通过诉讼等法律手段维权。2013 年 4 月 30 日，查良镛与原告完美世界公司就涉案四部作品分别签订《移动终端游戏软件改编授权合约》，约定将上述作品的移动终端游

戏软件改编权授权原告完美世界公司，同时约定上述协议所称移动终端游戏软件改编权是指以上述四部作品名称、故事、人物、武功、地名为蓝本，参考改作为专供移动终端用户使用的游戏软件，以及公开发表和运营"改编软件"的权利。原告完美世界公司对上述四部作品在中国大陆地区享有独家专有权，查良镛不可在协议有效期内在授权区域内再授权第三方或他人行使此授权，授权期限均为三年。双方约定，该四份《移动终端游戏软件改编授权合约》于双方签署完成及原告清付所有版权费用方正式生效。其后，原告通过转账方式支付了版权费，北京市海淀区地方税务局亦出具"服务贸易、收益、经常转移和部分资本项目对外支付税务证明"。2014 年 5 月 28 日，查良镛又出具声明书（授权声明），其在声明书中再次明确将涉案作品目前在中国大陆的移动终端游戏改编权已独家授予原告完美世界公司，同时声明未经授权，任何单位和个人均不得使用该等作品名称和作品内容进行移动终端游戏的开发、运营和打着金庸作品的名义进行宣传，并授权原告完美世界公司分别在授权期限内对任何第三方擅自使用该等作品名称作为企业名称、商号进行不正当竞争行为及其他未经许可擅自使用该等作品的侵权或不正当竞争行为追究责任。

被告野火公司、博瑞公司、爱九游公司认为明河社出版有限公司在原告诉讼时注册期已届满，因此不能再将涉案四部作品的游戏改编权授予原作者查良镛，但根据本案查明事实，经香港公证机构公证的文书中记载，明河社出版有限公司的注册届满期是 2015 年 3 月 14 日，而明河社出版有限公司将上述权利授权给查良镛的时间是 2013 年 4 月 8 日，即使明河社出版有限公司在本案诉讼时已经营期限届满，但由于授权行为是在其存续期间所为，因此其仍然具有法律效力。对于被告野火公司、博瑞公司、爱九游公司提出的原告完美世界公司不能证明其已支付了版权费用，故四份《移动终端游戏软件改编授权合约》尚未生效的主张，法院认为，原告完美世界公司已经提供了"服务贸易、收益、经常转移和部分资本项目对外支付税务证明"，而查良镛亦于 2014 年 5 月 28 日再次出具授权声明，由此可以证明原告完美世界公司已经支付了相应的版权费用。因此，原告完美世界公司获得的授权连续、有效，其享有在中国大陆地区，以四部作品名称、故事、人物、武功、地名为蓝本改编成游戏软件，并发表和运营游戏软件的权利，也可以以自己的名义针对未经许可对涉案四部作品进行游戏终端改编、运营、宣传、擅自使用涉案作品名称、故事、人物等侵权或不正当竞争行为提起诉讼。

二、被告野火公司未经许可擅自将《笑傲江湖》改编成游戏侵害了原告完美世界公司享有的独家游戏改编权及运营改编后的游戏的权益

改编权指改变作品，创作出具有独创性的新作品的权利。所谓改变作品，一般是指在不改变作品内容的前提下，将作品由一种类型改变成另一种类型。本案中原告完美世界公司主张保护的《笑傲江湖》是文字作品，被控侵权的《六大门派》游戏是计算机软件作品，后者是否构成对前者的改编，关键在于游戏所展现的人物、人物关系、故事情节发展与《笑傲江湖》文字作品是否构成实质性相似。

首先，从人物角度来看。（2014）京方圆内经证字第 11748 号公证书中，《六大门派》游戏中华山派的人物有师父君子剑（岳不群）、师娘宁女侠（宁中则）；华山弟子：大师兄令狐冲、二师兄劳德诺、梁发、施戴子、高根明、陆大有、陶钧、英白罗、舒奇、小师妹岳灵珊、剑宗成不忧。与《笑傲江湖》文字作品中的人物名字完全相同。在原告完美世界公司发出侵权函后，从（2014）沪东证经字第 20218 号公证书公证的过程来看，被告野火公司将游戏中的人物名称略做改动，但也仅为同音字替换，如成不忧改为程不忧，或名字前后顺序的调换，如劳德诺改为劳诺德、施戴子改为戴施子等，同时该公证书显示游戏中出现的人物还包括曲阳、曲菲菲，嵩山派左冷禅、费冰，恒山派定逸大师、仪林，衡山派莫掌门、刘正枫、项大年，青城派于人炎、余人壕、罗仁杰，福威镖局林总镖头、少主小林子，采花贼伯光。上述人物名称除同音字替换外，与《笑傲江湖》文字作品中的人物名称在呼叫上基本相同，同时人物之间的相互关系，如师徒关系、师兄关系、对手关系、好友关系也与《笑傲江湖》文字作品一致。

其次，从故事情节发展来看。如前文所述，原告完美世界公司公证的《六大门派》游戏的情节主要包括福威镖局少主小林子因打抱不平杀死青城派于人炎、青城派为夺辟邪剑谱灭福威镖局、令狐少侠从采花贼伯光手下救走恒山派仪林、衡山派刘正枫（风）金盆洗手、嵩山派指责刘正枫与魔教曲阳勾结血洗刘门、刘正枫被曲阳救走、嵩山派费冰杀曲阳孙女曲菲菲、莫掌门杀死费冰，上述情节与《笑傲江湖》文字作品前七章的情节基本相同。

最后，从细节设计来看。《六大门派》游戏中福威镖局少主小林子杀死于人炎的原因是于人炎调戏萨老头的孙女、青城派拿从福威镖局掠得的财物送给刘正枫作为贺礼、令狐少侠为救仪林设计与伯光坐斗、令狐少侠为刺激仪林先行离开谎称自己见了尼姑就倒霉，上述的细节设计也与《笑傲江湖》文字作品相同。

因此，从现有证据来看，《六大门派》游戏构成对《笑傲江湖》文字作品前七章的改编。因原告完美世界公司经授权享有对《笑傲江湖》在中国大陆地区的独家游戏改编权及公开发表和运营改编软件的权利，因此被告野火公司的行为构成对原告完美世界公司上述权利的侵害。

对于原告完美世界公司指控的《六大门派》游戏构成对《倚天屠龙记》、《射雕英雄传》和《神雕侠侣》的改编。法院认为，从原告公证书展现的《六大门派》游戏内容来看，对于《倚天屠龙记》文字作品相关元素的使用主要体现为武当派张三丰、宋远桥、俞莲舟、殷梨亭、莫声谷、宋青书，峨眉派灭绝老尼、丁敏君、纪晓芙、周芷若，明教杨道，少林派觉远的人物名字和人物之间的关系相同，以及灭绝师太的师兄孤鸿子被杨道气死的事件相同。但是从构成改编最重要的故事情节及脉络发展来看，现有的《六大门派》游戏公证内容没有体现出与《倚天屠龙记》文字作品相同的故事情节。而对于《射雕英雄传》和《神雕侠侣》，公证的《六大门派》游戏内容仅在襄阳战场游戏场景中以列表方式出现丐帮诸长老、芙儿、大武、小武、耶律兄、郭大侠、蓉儿等人名，亦未出现与《射雕英雄传》和《神雕侠侣》文字作品相同的故事情节。因此，现有证据不能证明《六大门派》游戏构成对《倚天屠龙记》、《射雕英雄传》和《神雕侠侣》的改编。

三、被告野火公司在《六大门派》游戏中对《笑傲江湖》、《倚天屠龙记》、《射雕英雄传》和《神雕侠侣》四部文字作品相关要素的使用，构成对原告完美世界公司的不正当竞争

首先，对原告完美世界公司指控被告野火公司构成虚假宣传的主张，法院认为，虚假宣传是指经营者利用广告或者其他方法，对商品的质量、制作成分、性能、用途、生产者、有效期限、产地等作引人误解的虚假宣传。如前所述，《六大门派》游戏确实使用了涉案四部文字作品的相关要素，因此被告野火公司对外以涉案四部文字作品的元素进行宣传不构成虚假宣传。

其次，原告完美世界公司从查良镛处获得的授权包括以作品名称、故事、人物、武功、地名为蓝本，参考改作为专供移动终端用户使用的游戏软件，以及公开发表和运营"改编软件"的权利。同时原告被授权对于使用涉案四部文字作品的侵权和不正当竞争行为有权追究侵权责任。因此，尽管《六大门派》游戏不构成对《倚天屠龙记》、《射雕英雄传》和《神雕侠侣》三部文字作品的改编，但是被告野火公司在《六大门派》游戏中整体上将四部小说予以糅合，将经典元素、桥段、人物使用于《六大门派》游戏中，同时在游戏的对外宣传中提及"马景涛所饰演的无忌绝对是我们童年中不能被替代的永久经典回忆""那么83版《射雕》中黄日华所饰演的靖哥哥，则是我们童年中的最经典之一""那个丰神如玉，爱憎分明的男子也不会被超越，这就是观众对于古天乐版《神雕》的评价""古风武侠《六大门派》传承经典，为玩家还原一个真实的江湖，你可以像无忌那样练就绝世神功，也可以像郭大侠那样保卫襄阳，甚至可以师承东方祸乱江湖……加入《六大门派》，激荡人心的江湖之旅现在起航""浪荡不羁、重情重义的令狐兄，或是亦正亦邪、一曲荡魂的黄大夫，抑或是刚烈狠毒、令人不齿的灭绝老尼，又或是不择手段、有点傻笨的金轮喇嘛，而在《六大门派》中，玩家可以肆意选择挑战这些名动江湖的英雄好汉"。上述宣传结合游戏内容会吸引《笑傲江湖》《倚天屠龙记》《射雕英雄传》《神雕侠侣》文字作品的爱好者成为《六大门派》游戏的玩家，抢占市场，抢夺属于原告完美世界公司的玩家群体，对完美世界公司开发运营相关游戏产生不利影响，扰乱市场正常的经济秩序，因此被告野火公司的行为构成对原告完美世界公司的不正当竞争。

四、被告博瑞公司、爱九游公司、游龙公司不构成帮助侵权

被告博瑞公司运营的"91助手"软件平台，被告爱九游公司运营的"九游"软件平台，被告游龙公司的 www.19196.com 网站均系提供软件上传、存储、下载的平台，三被告均属于网络服务提供者。从客观上来看，开放软件平台上上传的软件数量是海量的，被告博瑞公司、爱九游公司、游龙公司难以对所有上传的软件逐一进行实质性审查。而从形式上来看，被告野火公司开发的《六大门派》游戏已取得计算机软件著作权登记证，并在上传游戏客户端时提供给被告博瑞公司、爱九游公司、游龙公司，从游戏名称以及被告野火公司在三个平台上所写的游戏介绍中均不能看出与何作品有关联。再者，原告完美世界公司在发现《六大门派》游戏涉嫌侵权后，并未向被告博瑞公司、爱九游公司、游龙公司发出通知删除游戏的函。因此现有证据不能证明被告博瑞公司、爱九游公司、游龙公司有帮助被告野火公司实施侵权行为的故意。另对于原告完美世界公司提出的被告博瑞公司、爱九游公司、游龙公司与被告野火公司共同运营《六大门派》游戏并获利的主张，由于原告完美世界公司并未提供相关证据，法院未予采信。

五、四被告在本案中应当承担的责任

被告野火公司实施了侵害原告完美世界公司游戏改编权以及不正当竞争的行为，应当承担停止侵权的民事责任。改编权指改变作品，创作出具有独创性的新作品的权利，被告野火公司将《笑傲江湖》文字作品改编为游戏的行为已经实施完毕，其应当停止的是未经许可使用改编后的游戏的行为，而在本案审理过程中，被告野火公司已经停止了《六大门派》游戏的运营，被告博瑞公司、爱九游公司、游龙公司已经停止提供《六大门派》游戏的下载服务，被告野火公司的网站也删除了对《六大门派》游戏宣传的内容，原告完美世界公司对上述事实亦已确认，故法院不再判决停止侵权。对于消除影响的诉讼请求，由于被告野火公司的行为会影响到原告完美世界公司正常的经营，故对原告完美世界公司主张其在 www.6damen-pai.com 网站上刊登声明消除影响的主张，法院予以支持。对于赔偿损失，原告完美世界公司根据其版权费支出和玩家充值的平均值估算出经济损失 10000000 元，法院认为，原告完美世界公司的上述计算依据不足，同时由于原告完美世界公司不能证明被告野火公司因侵权行为的获利，法院根据涉案文字作品的知名度、《六大门派》游戏运营时间、游戏中对于涉案文字作品相关要素使用的规模、主观恶意等因素，依法酌定赔偿数额。对于原告完美世界公司主张的合理费用，法院综合考虑本案的取证难度、案件疑难复杂程度、原告律师的工作量等因素，对该部分请求予以支持。由于被告博瑞公司、爱九游公司、游龙公司主观上没有过错，故不应当承担赔偿责任，本案中的赔偿责任由被告野火公司承担。被告游龙公司经法院合法传唤，无正当理由未到庭，不影响本案的审理。

裁判结果

判决被告野火公司赔偿原告经济损失和合理费用 50 万元，并就侵权行为消除影响。一审判决后，原告提起上诉，因未按规定预交上诉费，二审法院裁定按撤回上诉处理。

评析

改编权指改变作品，创作出具有独创性的新作品的权利。所谓改变作品，一般是指在不改变作品内容的前提下，将作品由一种类型改变成另一种类型。游戏作品是否构成对文字作品的改编，关键在于游戏所展现的人物、人物关系、故事情节发展与文字作品是否构成实质性相似。

本案争议焦点之一即为，被告野火公司未经许可擅自将《笑傲江湖》改编成游戏是否侵害了原告完美世界公司享有的独家游戏改编权及运营改编后的游戏的权益。原告主张保护的《笑傲江湖》是文字作品，被控侵权的《六大门派》游戏是计算机软件作品，后者是否构成对前者的改编，关键在于游戏所展现的人物、人物关系、故事情节发展与《笑傲江湖》文字作品是否构成实质性相似。从现有证据来看，《六大门派》游戏构成对《笑傲江湖》文字作品前七章的改编。因原告完美世界公司经授权享有对《笑傲江湖》在中国大陆地区的独家游戏改编权及公开发表和运营改编软件的权利，因此被告野火公司的行为构成对原告完美世界公司上述权利的侵害。从构成改编最重要的故事情节及脉络发展方面看，现有证据不能证明《六大门派》游戏构成对《倚天屠龙记》、《射雕英雄传》和《神雕侠侣》的改编。

65. 信息网络传播、间接侵权、直接侵权与搜索引擎

——上海玄霆娱乐信息科技有限公司诉北京百度网讯科技有限公司等侵犯著作财产权纠纷案

裁判要旨

1. 网络服务提供者接到权利人的通知书后，应当立即删除涉嫌侵权的作品、表演、录音录像制品，或者断开与涉嫌侵权的作品、表演、录音录像制品的链接，并同时将通知书转送提供作品、表演、录音录像制品的服务对象。若没有及时进行删除或断开链接的处理，其不作为在主观上具有过错，客观上扩大了侵权行为的损害后果，构成间接侵权。

2. 搜索引擎的使用是帮助用户在海量信息中迅速查询定位其所需要的信息，向其提供来源网站的信息索引和网络地址链接方式，引导用户到第三方网站浏览搜索内容，而不是替代第三方网站直接向用户提供内容，反之，则属于复制和上载作品行为，且超出了提供搜索引擎服务的正常范围，不属于法律规定的免责情形，因此构成直接侵权。

案件索引

上海市卢湾区人民法院（2010）卢民三（知）初字第 61 号

▮ 审理经过

原告上海玄霆娱乐信息科技有限公司诉被告北京百度网讯科技有限公司（简称"百度公司"）、上海隐志网络科技有限公司（简称"隐志公司"）侵犯著作财产权纠纷一案，法院受理后，依法组成合议庭，公开开庭进行了审理。原告委托代理人傅钢、游闽键，被告百度公司的委托代理人杨军、谭俊，被告隐志公司的委托代理人俞淑瑛、戴逸到庭参加诉讼。本案现已审理终结。

▮ 当事人起诉

原告诉称，原告作为中国网络文学领域的领导者，是原创文学门户网站"起点中文网"的运营商。《斗破苍穹》《凡人修仙传》《卡徒》《近身保镖》《天王》五部小说（下称"涉讼作品"）系起点中文网推出的著名网络小说，拥有庞大的读者群。截至 2010 年 1 月 12 日，小说《斗破苍穹》在起点中文网上的总点击数为 46142620 次，在被告百度公司所运营的百度网"十大小说风云榜"位列首位；小说《凡人修仙传》在起点中文网上的总点击数为 36907562 次，在被告百度公司所运营的百度网"十大小说风云榜"位列第 2 位；小说《卡徒》在起点中文网上的总点击数为 20369209 次，在被告百度公司所运营的百度网"十大小说风云榜"位列第 4 位；小说《近身保镖》在起点中文网上的总点击数为 12580491 次，在被告百度公司所运营的百度网"十大小说风云榜"位列第 8 位；小说《天王》在起点中文网上的总点击数亦高达 17987068 次。原告对涉讼作品享有包括复制权、改编权、信息网络传播权在内的所有著作权。

原告发现被告百度公司提供的百度（www.baidu.com）搜索服务长期以来大量公开提供原告拥有独家信息网络传播权的涉讼作品的侵权盗版链接。原告多次与被告百度公司沟通并要求其依法删除侵权链接，并以附有涉讼作品版权证明及盗链地址的法务函通知被告百度公司，要求其对原告依法发出的删除通知在 24 小时内予以响应并删除相应侵权链接，对原告提供侵权链接信息的删除结果进行逐条反馈，根据原告提供的侵权链接示范、作品名、作者名，对特定网站内的侵权信息进行检索和全部删除。但被告百度公司在知道原告对涉讼作品享有独家信息网络传播权，且在原告逐一指出侵权盗版链接的情况下，对原告通知删除的侵权链接是否删除不作明确回复，且对法务函所列的大量侵权链接不予删除。被告百度公司甚至在原告召开新闻发布会正式宣布将就作品被侵权进行起诉的情况下，依然怠于履行删除义务，原告要求删除的链接有多个依然存在。经原告查询发现，被告百度公司迟迟未删除的部分链接所指向的网站与被告百度公司有合作关系，系被告百度公司"百度网盟推广"的合作者，二者对搜索流量所产生的收益有分成协议。从中可以看出被告百度公司对拒不删除侵权链接不仅存在过失，也存在故意。被告百度公司不仅对其广告合作者的侵权内容未尽合理注意义务，甚至在原告依法通知具体侵权链接后仍然不予删除。被告百度公司的上述行为已经对原告合法权益造成了严重侵害，其主观上存在过错，客观上帮助第三方网站实施了著作权侵权行为并造成了损害结果，因此与直接侵权的第三方网站构成共同侵权，应当承担连带民事责任。

被告百度公司还在其二级域名 wap.baidu.com 通过设立"最热榜单"和"精品推荐"栏目的形式对涉讼作品进行推荐，并在其网站上完整复制了涉讼作品，使得公众无须到第三方网站，更无须到原告网站即可阅读或下载涉讼作品的完整内容，完全替代了作品的合法来源，构成对涉讼作品著作权的直接侵犯。

被告百度公司不仅怠于删除盗版链接，还直接传播盗版作品，使得侵权作品被大量传播，百度公司从中获得收益，使原告的正版小说点击率及收费因此大大减少，原告蒙受了巨大的经济损失。

被告隐志公司系"7999 网址大全"（www.7999.com）网站的制作者及实际运营商。"7999 网址大全"网站作为百度联盟绿色认证的百度联盟成员，与百度公司之间签有基于搜索结果的分成协议，且其网页显著位置内嵌有百度搜索条。通过该网站输入涉讼作品的名称进行搜索，每部作品均可以搜索到千万条以上的链接，其中大部分为含有涉讼作品的侵权盗版链接。被告隐志公司与被告百度公司共同推广百度搜索且从搜索推广中获取收益，共同扩大了侵权盗版链接的传播范围，给原告造成了巨大的损失，应与被告百度公司承担共同侵权责任。

根据我国《侵权责任法》《著作权法》《信息网络传播权保护条例》等相关法律规定，两被告的行为严重侵犯了原告的信息网络传播权，故请求法院依法判令：1. 被告百度公司立即停止侵权，立即删除百度网（www. baidu. com、wap. baidu. com 等）中与《斗破苍穹》《凡人修仙传》《卡徒》《近身保镖》《天王》五部小说相关的盗版链接及盗版内容；2. 两被告连带共同赔偿原告经济损失人民币 100 万元，并赔偿原告为制止侵权行为所支出的合理费用人民币 84500 元；3. 两被告共同承担本案的诉讼费用。

被告回应

被告百度公司辩称，1. 原告作为涉讼作品权利人证据不充分。2. 百度公司未实施帮助侵权的行为，不构成与第三方网站的共同侵权，在已断开链接的情况下，不应承担赔偿责任；原告发出的法务函不符合法定条件，应视为未提出警告，法务函所附只有作品声明及涉嫌侵权的链接列表，原告未能举证证明所列链接地址包含侵权内容，百度公司没有义务对链接进行审查，更没有断开链接的义务，根据筛查，那些未断开链接的网址中主要有：无效链接、与侵权内容完全无关的链接、网站首页链接（网页上仅有作品简要介绍）、页面上有合理引用作品内容的链接、作品目录页等情况。百度公司已尽到注意义务，对原告提及的链接进行了及时删除，故不应承担赔偿责任。3. 百度公司提供的 wap 服务不构成侵权。wap 是一项全球性网络通信协议，wap 将构成网页文档的超文本标记语言转换为无线标记语言，使之对应的因特网信息能够在手机等无线终端得以显示。wap 搜索结果均融合了 web 和 wap 两类网页资源，目前绝大多数移动终端的浏览器只能支持浏览 wap 格式页面，不能直接浏览 web 网页，对于搜索结果中的 web 网页，必须将格式转换为 wap 网页，在手机浏览器上浏览。百度的技术转码服务是为实现此目的、服务于 wap 搜索的附属产品。wap 并未存储第三方网页的内容，wap 搜索功能的实现分为两部分，即网页搜索：与百度搜索（www. baidu. com）提供的服务一致，当用户提交了对关键词的检索请求后，搜索引擎按用户的请求，在索引数据库中依照技术规则，把和用户指令有关的检索数据组织起来，生成临时链接提供给用户。手机适配：将搜索结果通过技术转码服务，适配为手机页面并返回给用户的过程。适配过程为：用户请求百度转码服务→转码服务解析 URL 获得第三方 web 网页链接地址→转码服务请求第三方 web 网页→转码服务将 web 网页转换为 wap 网页→转码服务将 wap 网页返回给用户的移动终端浏览器→用户查看到 wap 网页。从上述过程可以看出，整个过程全部为根据用户指令实时操作，百度 wap 没有也不可能在无法预知用户指令的情况下预先存储海量的第三方网站内容。同时，鉴于通用浏览器系根据地址栏的 URL 发起浏览请求，如果不采取任何技术手段，浏览器就会直接向第三方站点发起浏览请求，收到的 web 页面就无法在一般手机展示。为完成手机适配的需要，则必须采用代理方式，即浏览器地址栏的 URL 的开头域名为百度的域名，而真正目标网站的网址则变成一个 URL 参数（就是地址栏后半部分的 URL）。如果任意修改后半部分 URL，即可进入相应的第三方网站。可见，URL 以 "wap. baidu. com" 开头只是百度公司为完成手机适配采取的必要技术手段，并未复制和存储第三方网页的内容。因此，原告基于涉嫌侵权的网页 URL 以 "wap. baidu. com" 开头从而指控百度公司复制和存储第三方网页的主张不能成立。百度 wap 的技术转码服务不涉及对网页内容的编辑和修改，故百度公司不构成直接侵权。另外，原告从未针对百度公司 wap 搜索发送过任何通知，本案中百度公司收到原告证据后，已及时断开侵权链接，尽到注意义务，也不应承担间接侵权责任。

法院查明事实

法院经审理查明：

一、原告权利的事实

原告享有涉讼作品的复制权、信息网络传播权等著作财产权。原告与作者签署《委托创作协议》或者《版权转让协议》，支付高额费用并合法取得涉讼作品的独家授权，包括复制权、信息网络传播权及汇编权等著作财产权。上述协议约定，在协议有效期内除原告以外包括作者在内的任何人不得实施上述权利。作者在与原告签署委托创作协议时就笔名的使用进行了约定，该笔名与作者名在协议中有一一对应关系，且协议附上了作品的创作大纲，并有作者本人的真实身份证信息及住址等信息。为了维权的需要，涉讼作品的作者还专门就其著作财产权转让给原告进行了确认，并声明任何人未经原告的书面授权均不得行使上述权利，确认由原告行使维权的权利。

原告提供的涉讼作品图书系依法出版的畅销书，在书籍的封面及版权页有作者的名字及原告的网站及网址。

二、被控侵权事实

被告百度公司是 www.baidu.com 搜索服务网站的经营者。

（一）被告百度公司间接侵权的事实

2009 年 10 月 21 日，原告的代理人王峥在上海市卢湾公证处公证员的监督下，通过 EMS 向被告百度公司发送法务函，主要内容如下。

原告是国内原创文学门户网站"起点中文网"" www.qidian.com"的运营商。原告发现：百度公司的网站"百度网""www.baidu.com"对外公开提供众多原告拥有独家信息网络传播权及其他相关著作权的签约文学作品的侵权盗版链接。百度公司公开提供的部分侵权链接的互联网地址及其作品名称、作者姓名举例如下：

《天王》作者姓名：跳舞，www.xiaoshuo520.com/book/66175/index.aspx；

《卡徒》作者姓名：方想，www.xiaoshuo520.com/html/book/8/65436/；

《近身保镖》作者姓名：柳下挥，www.xiaoshuo520.com/html/book/68/66136/。

百度公司公开提供侵权链接的文学作品系原告拥有独家信息网络传播权及汇编权等相关著作权的签约作品，上述作品的作者均与原告签订了著作权独家转让或独家授权协议，原告自始即独家享有上述文学作品的信息网络传播权等相关著作权，并严正声明作品由起点中文网独家发布，禁止转载。原告从未许可任何第三方通过互联网向公众传播上述作品，任何在非原告网站发布的上述作品内容，均为侵犯原告信息网络传播权等著作权的侵权内容。百度公司至今仍提供侵权内容链接的行为，导致任何第三方均可通过百度公司提供的侵权链接，轻易浏览、阅读、复制、保存原告享有著作权的作品。百度公司上述行为已严重侵害了原告的合法权利，并导致原告遭受重大经济损失。百度公司应对此承担相应的法律责任。原告特发此函要求百度公司：

第一，百度公司于收到本函之日起，在"百度网"和百度公司下属的其他网站、开发的系列软件和平台等所有运营发布平台，立即断开、删除及停止提供本函及附件所列所有侵犯原告著作权的侵权链接；

第二，百度公司于收到本函之日起，根据本函清单提供的作品名称、作者姓名等基本信息及基本的检索方法，在"百度网"自行检索并断开、删除及停止提供所有对非原告网站发布上述作品的侵权信息的链接；

第三，如百度公司在 2009 年 11 月 5 日之前未履行完毕上述第一、二项要求，原告将通过包括但不限于司法诉讼、行政举报等所有合法途径，要求百度公司承担相应法律责任并赔偿原告所有相关损失及费用。

上述所有情况将由原告通过广大媒体全部披露。

原告在该函附件一中详细列举了涉讼作品在原告网站的链接及涉嫌侵权的网页链接清单共计 1252 条，并同时附上了原告的身份证明及作者出具的授权书。

2009 年 12 月 2 日，原告的代理人王峥在上海市卢湾公证处，在公证员的监督下，使用该公证处电脑核查了被告百度公司是否删除或屏蔽了原告于 2009 年 10 月 21 日发函中所列举的系争作品的盗版链接。主要操作步骤为：打开 IE 浏览器，在地址栏内输入"www. baidu. com"进入百度页面；在上步进入的页面，中间的空白搜索框中输入"33xs. com/files/article/info/193/193414. html"，点击"百度一下"进入，将显示的页面予以截屏保存；在上步进入的页面，中间的空白搜索框中输入"www. xiaoshuoxiazai. net/tags. php？/近身保镖/"，点击"百度一下"进入，将显示的页面予以截屏保存；在上步进入的页面，中间的空白搜索框中输入"http：//www. txtgogo. com/up/downloadebook26/"，点击"百度一下"进入，将显示的页面予以截屏保存。原告代理人总共搜索核查了 141 个已发函链接，该链接在百度上依然可以搜索到，在搜索结果页面中百度公司提供了该链接所对应网页的摘要，呈现了涉讼作品名称、作者、全文阅读、最新章节、全文下载等明显侵权的内容。

2009 年 12 月 4 日，原告的代理人王峥在上海市卢湾公证处公证员的监督下，通过 EMS 向被告百度公司再次发出法务函，该法务函内容与原告第一次发函的内容基本一致，除了包含针对涉讼五部作品第一次发函的侵权链接外，还进一步补充了其他新发现的盗版链接共计约 2500 条。原告在该函附件一中详细列举了涉讼作品在原告网站的链接及涉嫌侵权的网页链接清单共计约 2500 条，并同时附上了原告的身份证明及作者出具的授权书。

2009 年 12 月 17 日，原告的代理人白羽在上海市卢湾公证处，在公证员的监督下，使用该公证处电脑核查了在被告百度公司的网站上涉讼作品的排行榜及盗版链接存在的情况。主要操作步骤为：打开 IE 浏览器，输入"www.baidu.com"打开页面；在上一步进入的页面中，在中间空白搜索框中输入"斗破苍穹"，点击"百度一下"，打开新页面；返回第二步进入的页面，在中间空白搜索框中输入"凡人修仙传"，点击"百度一下"，打开新页面；在搜索结果的每页首尾部分都有原告向被告投放的系争作品的推广链接。返回百度首页，点击空白搜索框下的"更多＞＞"，进入新页面；在上一步进入的页面中，点击第五行第二列的"风云榜"进入新页面；在上一步进入的页面中，点击"热门搜索"下的"完整榜单"进入新页面，并将页面截图保存至"截图.doc"；在"风云榜"页面中，鼠标移动至"娱乐"栏目下"小说"分页；点击"完整榜单"，进入新页面。可以看到小说《斗破苍穹》在百度网"十大小说风云榜"上位列首位；小说《凡人修仙传》位列第 2 位；小说《卡徒》位列第 7 位；小说《近身保镖》位列第 5 位。在 IE 浏览器中输入"www.baidu.com"，点击下方"关于百度"进入新页面；在上一步打开的页面中，点击下方"关于联盟"进入新页面，可以看到"大联盟认证""百度大联盟认证计划对合作伙伴支持措施""百度大联盟认证计划如何运作""百度大联盟认证流程""百度大联盟各级认证的支持力度""百度大联盟认证计划的基本标准""百度大联盟认证会员的义务""如何加入百度大联盟认证""如何申请百度大联盟认证会员权益""网盟推广合作""如何优化文学类网站主题推广业务"等内容。

2010 年 1 月 4 日，原告的代理人王峥在上海市卢湾公证处，在公证员的监督下，使用该公证处电脑核查了被告百度公司是否删除或屏蔽了原告于 2009 年 10 月 21 日发函中所列举的涉讼作品的盗版链接。主要操作步骤为：打开 IE 浏览器，在地址栏内输入"www. baidu. com"进入百度首页；在上步进入的页面，中间的空白搜索框中输入"33xs. com/files/article/info/193/193414. html"，点击"百度一下"进入，将显示的页面予以截屏保存；在上步进入的页面，中间的空白搜索框中输入"www. xiaoshuoxiazai. net/tags. php? /近身保镖/"，点击"百度一下"进入，将显示的页面予以截屏保存；在上步进入的页面，中间的空白搜索框中输入"http：∥www. txtgogo. com/up/downloadebook26/"，点击"百度一下"进入，将显示的页面予以截屏保存。原告代理人总共搜索核查了 56 个已发函链接，该链接在百度上依然可以搜索到，在搜索结果页面中百度公司提供了该链接所对应网页的摘要，呈现了涉讼作品名称、作者、全文阅读、最新章节、全文下载等侵权内容。（2010）沪卢证经字第 11 号公证书附件第 1 至 31 页记载了《北京日报》、《南方都市报》、《文汇报》、新浪网、腾讯网、中央电视台等媒体报道原告在北京召开发布会，宣布将起诉百度公司盗版，附件第 3 页中记载《南方都市报》记者采访了百度公司的公关部负责人杨海俊，百度公司知晓原告的维权行为；公证书第 42 至 53 页显示隐志公司系百度公司"百度大联盟"成员，二者就搜索流量有利益分成。

2010 年 8 月 19 日，原告的代理人王峥在上海市卢湾公证处，在公证员的监督下，使用该公证处电脑核查了被告百度公司在其网站上对涉讼作品的盗版链接处理情况。主要操作步骤为：打开 360 安全浏览器，在地址栏中输入"www. baidu. com"，进入网站，在该页面中，输入"斗破苍穹天蚕土豆"，点击"百度一下"，进入新页面，点击第五个搜索结果"斗破苍弯最新章节—斗破苍穹全文阅读—天蚕土豆小说网盟"，进入新页面，在该页面中，点击页面上方广告栏右下角的"百度推广"标记，进入新页面，新进入页面的网址为 cpro. baidu. com，在该页面中，依次点击"进入百度网盟推广"，"四大领先优势"，"媒体焦点关注"，"百度集结 30 万家网站开展网盟推广"，"什么是百度推广?"，"做百度推广需要投入多少费用?"，"我的推广结果将如何展现?"，其中"按效果付费：免费获得海量展现，按点击付费"证明其推广业务收费较高、规模巨大。

2010 年 10 月 28 日，原告的代理人王峥在上海市卢湾公证处，在公证员的监督下，使用该公证处电脑核查了被告百度公司是否删除或屏蔽了原告于 2009 年 10 月 21 日发函中所列举的涉讼作品的盗版链接。主要操作步骤为：打开 360 安全浏览器，在地址栏内输入 "www. baidu. com" 进入百度页面；在页面搜索框中，输入 "cilook. com/html/8573. html"，点击 "百度一下"，进入页面，在该页面中，点击 "斗破苍穹 txt 下载—斗破苍穹最新章节—天蚕土豆—思路中文网"，进入新页面，在该页面点击 "正文第一千零八章当年旧事"，进入新页面，将显示的页面予以截屏保存；在百度搜索框中输入 "www. hy05. com/html_ wy/37552/"，点击 "百度一下"，进入页面，在进入的页面中，点击 "斗破苍穹最新章节斗破苍穹全集 txt 文字版阅读心玲文苑"，进入新页面，将显示的页面予以截屏保存。原告代理人总共搜索核查了 8 个已发函链接，在搜索结果页面中百度公司提供了该链接所对应网页的摘要，呈现了涉讼作品名称、作者、全文阅读、最新章节、全文下载等侵权内容。点击进入上述链接对应的页面，可以看到完整的侵权内容，在页面上端及两侧都有 "百度推广" 的广告。

2010 年 10 月 28 日，原告的代理人王峥在上海市卢湾公证处，在公证员的监督下，使用该公证处电脑核查了原告于 2009 年 10 月 21 日发函中所列举的涉讼作品的盗版链接对应页面的具体情况。主要操作步骤为：打开 360 安全浏览器，在地址栏中输入 "33xs. com/files/article/info/ 193/ 1934 14. html"，进入页面，将该页面予以截屏保存。原告总共核查了 62 个链接，在核查的页面中可以看到的确是涉讼作品的盗版内容，且在页面上端及两侧都有 "百度推广" 的广告。

（二）被告百度公司直接侵权的事实

被告百度公司确认 wap. baidu. com 是其二级域名。

2010 年 8 月 17 日，原告的代理人王峥在上海市卢湾公证处，在公证员的监督下，使用公证处电脑核查涉讼作品在被告百度公司无线频道的传播状况。主要操作步骤为：打开 360 安全浏览器，在地址栏中输入 "wap. baidu. com"，进入页面，在该页面中，点击 "小说" 进入新页面。在该新页面中，点击上方 "［玄幻］斗破苍穹（天蚕土豆）"，进入新页面。在该页面中，点击页面下方"下一页"，进入新页面，页面标题为"2—斗破苍穹天蚕土豆—百度小说"，依次点击"下一页"。可以看到百度公司在其小说频道的首页设立了"最热榜"和"精品推荐"，涉讼作品位列其中，其对每一部涉讼作品搜索结果呈现的网站是固定30多家网站，原告网站不在其中。

2010年9月7日至9月10日，原告的代理人王峥在上海市卢湾公证处，在公证员的监督下，使用公证处电脑核查了涉讼作品在百度公司无线频道的传播状况。主要操作步骤为：打开360安全浏览器，在地址栏中输入"wap. baidu. com"进入页面，点击该页面中"小说"进入其小说频道首页，可以看到百度公司在其小说频道的首页设立了"最热榜"和"精品推荐"，涉讼作品位列其中。点击该页面"［精品推荐］"项下的"［都市］近身保镖（柳下挥）"，可以进入该小说的搜索结果，点击其中的某一搜索结果，可以看到关于该作品的所有目录，地址栏中的网址显示该页面位于wap. baidu. com的下级页面，在该目录页左下角有"原网页"选项。点击目录中的章节，可以看到该章节的具体内容，地址栏中的网址同样显示该页面位于wap. baidu. com的下级页面，在该目录页左下角有"原网页"选项。点击小说频道首页的"［最热榜］"项下的"1.［玄幻］斗破苍穹（天蚕土豆）"，可以进入该小说的搜索结果，点击其中的某一搜索结果，可以看到关于该作品的所有目录，地址栏中的网址显示该页面位于wap. baidu. com的下级页面，在该目录页左下角有"原网页"选项。点击目录中的章节，可以看到该章节的具体内容，地址栏中的网址同样显示该页面位于wap. baidu. com的下级页面，在该目录页左下角有"原网页"选项。点击小说内容页面，查看页面属性，可以发现该属性同样显示页面属于wap. baidu. com的下级页面。

2010年10月25日，原告的代理人王峥在上海市卢湾公证处，在公证员的监下，使用公证处电脑进一步核查涉讼作品在百度公司无线频道的传播状况。主要操作步骤为：打开360安全浏览器，在地址栏中输入"wap. baidu. com"进入页面，点击该页面中"小说"进入其小说频道首页，可以看到百度公司在其小说频道的首页设立了"最热榜"和"精品推荐"。依次输入涉讼五部作品的名称点击搜索，可以得到该小说的搜索结果，点击其中的某一搜索结果，可以看到关于该作品的所有目录，地址栏中的网址显示该页面位于 wap. baidu. com 的下级页面，在该目录页左下角有"原网页"选项。点击目录中的章节，可以看到该章节的具体内容，地址栏中的网址同样显示该页面位于 wap. baidu. com 的下级页面，在该目录页左下角有"原网页"选项。点击"原网页"，可以进入该页内容所对应的原网页，可以发现在原网页中有"百度推广"投放的广告，有原网页所属网站的名称、标识及该网站的其他栏目的列表，而这些信息在百度相对应的页面中都不存在，且两个相对应的页面排版不同。

（三）合理费用支出事实

原告为本案已支付公证费人民币 4500 元、律师费人民币 8 万元。

裁判理由

法院认为，本案争议焦点在于：

一、原告对涉讼作品的权利

《中华人民共和国著作权法》第十一条规定，如无相反证明，在作品上署名的公民、法人或者其他组织为作者。结合五部涉讼作品的图书、作品转让协议、授权声明等证据，能形成原告权利证据链。因此，在被告百度公司没有提供任何相反证据的情况下，原告作为涉讼作品权利人依法享有本案诉讼主体资格和追究被告百度公司侵权责任的权利，法院依法予以确认。

二、原告通知删除是否符合规定

原告法务函符合《信息网络传播权保护条例》第十四条的规定。通知中包括：（一）原告情况、联系方式和地址；（二）要求删除或者断开链接的侵权作品的名称和网络地址；（三）构成侵权的初步证明材料。明确原告从未许可第三方通过互联网向公众传播涉讼作品，任何非在原告网站上发布的涉讼作品的内容均为侵权内容，可以推定原告法务函使被告百度公司知道涉讼作品的权属及侵权链接的状况。

三、百度公司是否构成间接侵权

《中华人民共和国侵权责任法》第三十六条规定，网络用户、网络服务提供者利用网络侵害他人民事权益的，应当承担侵权责任。网络用户利用网络服务实施侵权行为的，被侵权人有权通知网络服务提供者采取删除、屏蔽、断开链接等必要措施。网络服务提供者接到通知后未及时采取必要措施的，对损害的扩大部分与该网络用户承担连带责任。网络服务提供者知道网络用户利用其网络服务侵害他人民事权益，未采取必要措施的，与该网络用户承担连带责任。《信息网络传播权保护条例》第十四条规定，对提供信息存储空间或者提供搜索、链接服务的网络服务提供者，权利人认为其服务所涉及的作品、表演、录音录像制品，侵犯自己的信息网络传播权或者被删除、改变了自己的权利管理电子信息的，可以向该网络服务提供者提交书面通知，要求网络服务提供者删除该作品、表演、录音录像制品，或者断开与该作品、表演、录音录像制品的链接；第十五条规定，网络服务提供者接到权利人的通知书后，应当立即删除涉嫌侵权的作品、表演、录音录像制品，或者断开与涉嫌侵权的作品、表演、录音录像制品的链接；第二十三条规定，网络服务提供者为服务对象提供搜索或者链接服务，在接到权利人的通知书后，根据本条例规定断开与侵权的作品、表演、录音录像制品的链接的，不承担赔偿责任，但是，明知或者应知所链接的作品、表演、录音录像制品侵权的，应当承担共同侵权责任。从原告包括删除通知在内的多次公证取证证据可以看出，百度公司明知涉讼作品的信息网络传播权仅归属于原告及侵权链接的状况，未及时删除原告通知的侵权信息或断开链接，构成间接侵权。

四、百度公司是否构成直接侵权

被告百度公司辩称，百度 wap 搜索是对 web 页面进行技术转码，不涉及任何对第三方网页内容的编辑、修改、存储，百度 wap 系提供无线搜索服务，并非直接在线提供作品，不构成直接侵权。法院认为，在正常情形下，搜索引擎的使用是帮助互联网用户在海量信息中迅速查询定位其所需要的信息，向用户提供来源网站的信息索引和网络地址链接方式，引导用户到第三方网站浏览搜索内容，而不是替代第三方网站直接向用户提供内容。本案原告公证取证是从电脑通过互联网链接进入 wap. baidu. com，不是用手机浏览无线频道的内容，公证显示在 wap. baidu. com 页面有对涉讼作品的推荐、对搜索结果进行编辑及修改情况；被告百度公司在 wap 频道搜索结果及点击阅读功能向用户提供涉讼作品的全部内容，无论是点击阅读页面的地址栏，还是每一个网页的打印结果，地址显示均属于百度公司的服务器，显示页面也都有"百度"及"荐：手机上网必备，尽在新版掌上百度!"的字样，通过页面属性查询，可以看到该页面显示其主数据内容存储于百度网站服务器的事实；百度公司还在每页最下端显示"原网页"，证明其确认该网页不是原网页，而是原网页之外的一个复制页，而该复制页的内容明显有所删减和重新编排，并非应访问用户的要求自动形成。被告百度公司所称的格式转换，就技术而言，web网页内容需复制在百度服务器内存或硬盘上才能处理转换成wap网页。百度公司以wap搜索方式提供涉讼作品内容的行为使用户无须访问第三方网站即可完整获得内容，其已超出了提供搜索引擎服务的正常范围，不属于法律规定的免责情形。因此，可以认定百度公司直接、完整地将涉讼作品放置在其服务器上，由用户以点击小说搜索方式向用户提供涉讼作品，该行为属于复制和上载作品的行为，并通过网络进行传播，构成直接侵权。

五、隐志公司是否承担共同侵权责任

从原告提供的证据看出，"7999网址大全"网站作为百度联盟绿色认证的百度联盟成员，网页显著位置内嵌有百度搜索条，尚不足以证明隐志公司有主观过错且参与百度公司的侵权行为，法院对原告要求隐志公司承担共同侵权责任的诉请不予支持。

六、赔偿数额的确定

法院考虑涉讼五部小说的知名度、独创性程度和篇幅、图书售价、发行量、互联网传播作品特点、在原告网站浏览情况、原告可能因此遭受的损失以及被告百度公司侵权行为的性质和情节等因素，酌情予以确定。对于原告为制止侵权行为所支出的合理费用，酌情予以支持。

根据《中华人民共和国侵权责任法》第三十六条，《信息网络传播权保护条例》第十四条、第十五条、第十八条第一项、第二十三条，《中华人民共和国著作权法》第十条第一款第十二项、第四十八条第一项、第四十九条，《最高人民法院关于审理著作权民事纠纷案件适用法律若干问题的解释》第二十五条第一款、第二款及第二十六条的规定，作出判决。

⚡ 裁判结果

一、被告北京百度网讯科技有限公司自本判决生效之日起立即停止对原告上海玄霆娱乐信息科技有限公司享有著作权的《斗破苍穹》《凡人修仙传》《卡徒》《近身保镖》《天王》五部作品的信息网络传播权的侵权行为。

二、被告北京百度网讯科技有限公司自本判决生效之日起十日内赔偿原告上海玄霆娱乐信息科技有限公司经济损失人民币 50 万元以及合理费用人民币 44500 元。

三、驳回原告上海玄霆娱乐信息科技有限公司的其他诉讼请求。

被告北京百度网讯科技有限公司如果未按本判决指定的期间履行给付金钱义务，应当依照《中华人民共和国民事诉讼法》第二百二十九条之规定，加倍支付迟延履行期间的债务利息。

案件受理费人民币 13800 元，由原告上海玄霆娱乐信息科技有限公司承担人民币 3500 元，被告北京百度网讯科技有限公司承担人民币 10300 元。

被告百度公司不服一审判决，向上海市第一中级人民法院提起上诉，但在二审审理期间撤回了上诉请求。

⚡ 评析

著作权领域的"避风港"条款最早出现在美国 1998 年制定的《数字千年版权法案》（DMCA 法案）中，是指在发生著作权侵权案件时，ISP（网络服务提供商）只提供空间服务，并不制作网页内容，如果 ISP 被告知侵权，则有删除的义务，否则就被视为侵权。如果侵权内容既不在 ISP 的服务器上存储，又没有被告知哪些内容应该删除，则 ISP 不承担侵权责任。"避风港"条款也被扩展应用于提供搜索引擎、网络存储、在线图书馆等服务的提供商处。我国的《信息网络传播权保护条例》给网络参与者提供的避风港之一即为搜索引擎的避风港，目的在于对网络中介服务商间接侵权责任进行限制。在没有可能对其处理的内容进行审查，或对于涉嫌侵权作品传播没有主观过错的情况下，网络中介服务商可以主张免责。

本案中，原告系起点中文网的运营商。涉讼作品系起点中文网推出的著名网络小说。百度公司明知涉讼作品的信息网络传播权仅归属于原告及侵权链接的状况，未及时删除原告通知的侵权信息或断开链接，构成间接侵权。百度公司以 wap 搜索方式提供涉讼作品内容的行为使用户无须访问第三方网站即可完整获得内容，已超出了提供搜索引擎服务的正常范围，不属于法律规定的免责情形。因此，可以认定百度公司直接、完整地将涉讼作品放置在其服务器上，由用户以点击小说搜索方式向用户提供涉讼作品，该行为属于复制和上载作品的行为，并通过网络进行传播，构成直接侵权。

66. 网络服务提供商对于用户擅自
上传侵权作品时的责任认定

——何瑞东与李向华等侵犯著作权纠纷上诉案

裁判要旨

《信息网络传播权保护条例》第二十二条规定了"避风港"规则，即作为网络服务提供者，其是否应就网络用户未经许可上传侵权作品的行为承担侵权责任，应综合考量以下几方面的因素：（1）其对用户是否履行了适当的提示和告知义务；（2）其是否直接参与了侵权行为；（3）其是否知道或应当知道侵权事实的存在；（4）其是否履行了移除义务；（5）其是否从用户上传作品中直接获得经济利益。由此，在认定网络服务提供者是否应就网络用户未经许可上传侵权作品的行为承担侵权责任时，应当从以上几个方面考虑。

案件索引

一审：天津市第一中级人民法院（2009）一中民五初字第 46 号
二审：天津市高级人民法院（2009）津高民三终字第 29 号

▶ 当事人起诉

2010 年 5 月 4 日，何瑞东向天津市第一中级人民法院提起诉讼，称其是《股道登峰——股市全胜兵法》一书的作者，笔名为"狙击手"，该书 2007 年 9 月 1 日经中国科学技术出版社出版发行。2009 年 3 月底，何瑞东发现由李向华注册，并与理想慧天科技公司共同经营的英文域名为 http://www.55188.com 的网站，在未经许可的情况下，通过该网站的子栏目"理想论坛图书馆"，将何瑞东享有著作权的《股道登峰——股市全胜兵法》全书内容，向公众传播，供公众下载，侵犯了何瑞东对该书依法享有的信息网络传播权以及许可使用权和获得报酬权等权利。故请求判令二被告立即停止侵权行为，移除侵权内容，公开赔礼道歉，赔偿经济损失 100000 元，承担本案公证费、诉讼费、律师费等合理费用。

李向华、理想慧天科技公司辩称，理想论坛（www.55188.com）是李向华所创建的个人网站，于 2005 年 7 月 17 日在工业和信息化部进行了备案，并于 2006 年第一批获得天津市通信管理局电子公告服务（BBS 论坛）审批。理想论坛为大家提供免费的存储空间，并不断对安全、规则等进行完善，会员从注册到发言都会受到严格的监测，一经发现违法内容，管理人员将会马上进行处理。对于何瑞东所诉侵权行为，理想论坛包括李向华所在的理想慧天科技公司，没有任何责任。何瑞东所诉《股道登峰——股市全胜兵法》是由一名叫"跃马江湖道"的会员于 2009 年 2 月 1 日发表于论坛上。2009 年 4 月 28 日 15 点 20 分左右，论坛管理员李向华接到一名自称是北京晨报记者的电话，询问是否知道"跃马江湖道"并不是《股道登峰——股市全胜兵法》的作者或所有者。从保护著作权的角度出发，李向华于当日 15 点 23 分对该帖进行了移除屏蔽处理，而李向华至今未接到著作权人任何关于《股道登峰——股市全胜兵法》的证明材料和正式通知。故请求法院依法驳回何瑞东的诉讼请求。

法院查明事实

何瑞东是《股道登峰——股市全胜兵法》一书的作者，笔名为"狙击手"，该书 2007 年 9 月 1 日经中国科学技术出版社出版发行。理想论坛（www.55188.com）是李向华所创建的网站，于 2005 年 7 月 17 日在工业和信息化部进行了备案，并获得天津市通信管理局电子公告服务（BBS 论坛）审批。2009 年 2 月 1 日，注册名为"跃马江湖道"的网民在理想论坛（www.55188.com）上载了何瑞东所著的《股道登峰——股市全胜兵法》的电子文档。李向华在得知后将该上载内容移除，移除时间为 2009 年 4 月 28 日 15 点 23 分。李向华向法院提供了上传者"跃马江湖道"的个人信息，包括注册 IP 及访问 IP 等。

一审裁判

天津市第一中级人民法院一审认为，向网络公众提供互联网电子公告服务的网络服务提供者应该严格遵守国家相关的法律法规和规章，按照《互联网信息服务管理办法》《互联网电子公告服务管理规定》《互联网著作权行政保护办法》《信息网络传播权保护条例》等规范性法律文件的要求，不得侵犯他人的合法权益。李向华创建的理想论坛是提供互联网电子公告服务的网络服务提供者，其在得知网民"跃马江湖道"上载的内容系侵犯他人著作权的作品时，及时进行了移除，并在诉讼中提交了"跃马江湖道"的相关信息，因此其已经履行了自己的义务。同时何瑞东对于李向华、理想慧天科技公司直接参与侵权并鼓励用户侵犯著作权的主张没有足够的证据证明，故对于何瑞东认为李向华、理想慧天科技公司直接参与侵权并鼓励用户侵犯著作权的主张，不予支持。何瑞东要求李向华、理想慧天科技公司移除侵权内容的主张合法合理，但由于李向华、理想慧天科技公司已经移除该内容，对此不再作出判决。本案中，因李向华、理想慧天科技公司已经履行了相应的移除义务，故关于何瑞东提出的由李向华、理想慧天科技公司承担赔礼道歉、损失赔偿、公证费、诉讼费、律师费等的诉请，不予支持。

综上，天津市第一中级人民法院根据《最高人民法院关于审理涉及计算机网络著作权纠纷案件适用法律若干问题的解释》第五条，《信息网络传播权保护条例》第十四条、第二十二条之规定，判决驳回何瑞东的诉讼请求。

上诉理由

何瑞东不服，上诉于天津市高级人民法院，请求撤销一审判决，改判支持其诉讼请求。主要理由如下。1. 一审判决认定事实不清，涉及本案的主要事实未依法予以认定。（1）被上诉人作为"理想论坛图书馆"管理人员，在发布人"跃马江湖道"与涉诉《股道登峰——股市全胜兵法》一书的作者"狙击手"或"何瑞东"名称明显不一致情况下，未经核实是否存在侵权行为，直接对该书 PDF 文档进行"置顶"。（2）在上诉人于 2009 年 4 月 27 日提起本案诉讼后，2009 年 5 月 15 日，网名为"羽翼之神"的用户又在被上诉人的网站全书发布上诉人享有著作权的涉诉图书 PDF 文档并进行"置顶"，至上诉人 2009 年 6 月 16 日发现时，该书已被点击下载4700 多次。（3）在被上诉人"理想论坛图书馆"发布并被置顶的《股道登峰——股市全胜兵法》一书 PDF 文档中，每个页面均有"www.55188.com理想在线证券网图书馆"的水印及"www.55188.com 最好的股票论坛理想在线证券网欢迎您！"的广告词。（4）被上诉人鼓励并参与实施侵犯他人著作权的行为一审判决也未依法予以认定。2. 被上诉人作为网络服务提供商，对侵权作品多次置顶，其行为已是积极参与，构成共同侵权，不能适用"避风港"原则进行免责，一审判决忽视了被上诉人积极参与的行为，判决被上诉人不承担责任，属适用法律错误。3. 本案二被上诉人的行为构成共同侵权，应承担相关赔偿责任。

答辩理由

李向华、理想慧天科技公司答辩认为，一审判决事实清楚，适用法律正确，上诉人的上诉没有事实和法律依据，请求驳回上诉，维持原判。主要理由如下。1. 理想论坛经天津市通信管理局电子公告服务（BBS 论坛）审批，会员须先行免费注册才可在论坛发表内容，但注册前必须事先同意理想论坛的注册条款，该条款中特别注明，会员如在论坛上传软件、书籍、资料、报告、图文等内容，必须要确保其享有著作权或发布权。所以，会员在论坛所发表的任何内容，我们都视其享有相关权利，论坛只是起到存放的作用，如果内容不错又不涉及违禁或侵权内容，版主进行置顶没有问题。2. 涉诉《股道登峰——股市全胜兵法》一书由网名为"跃马江湖道"的会员发表，论坛管理员即视"跃马江湖道"为该书作者或所有者将资料与其他网友共享，无权干涉或者删除。后论坛管理员接到有关电话并及时对该帖进行了移除屏蔽处理，但一直未接到相关权利人的侵权通知。3. 关于网名为"羽翼之神"的用户于 2009 年 5 月 15 日又在论坛上传涉诉图书的问题，被上诉人是在 2009 年 6 月 17 日一审开庭时才首次知道该书的作者，之前并未接到权利人要求删除的通知，不知"羽翼之神"是否侵权，无法进行处理。且此帖在庭审结束后即进行了移除处理，为防止再有其他非权利人上传，被上诉人在后台从技术上对"股道登峰"四个字进行了屏蔽。4. 会员在上传书籍时打上水印，是会员的个人行为，以表示对理想论坛的热爱。上诉人所述利用侵权作品提高点击率、扩大自身知名度的主张不成立，综上，被上诉人作为网络服务提供商，已在会员注册条款上刊登了著作权声明且并不知晓侵权事实的存在，故没有侵权，也不应承担任何责任。

二审审理查明

2009 年 5 月 15 日，注册名为"羽翼之神"的网民在理想论坛再次上载了何瑞东著作《股道登峰——股市全胜兵法》的电子文档，被上诉人对此事实无异议。被上诉人于 2009 年 6 月 17 日一审庭审中知道何瑞东为该书作者后，即对该帖进行了移除，并对"股道登峰"四个字进行了屏蔽以防止涉案图书再被上传。

⚔️ 二审裁判

天津市高级人民法院二审认为，我国著作权法及相关法律、法规的立法目的是，既保护著作权及与著作权有关的权益，又鼓励作品的依法传播与共享。

本案中，何瑞东作为《股道登峰——股市全胜兵法》一书的作者，其对该作品享有的信息网络传播权应予保护，他人未经许可不得擅自通过互联网传播其作品。

李向华创建、经营的理想论坛（www.55188.com）是经有关部门审批，向网络用户提供电子公告服务的网络服务提供者，该网站为注册成为其会员的用户提供信息存储空间，供会员上传软件、书籍、资料、图文等内容交流和讨论。作为网络服务提供者，李向华是否应就网络用户未经许可上传涉案图书的行为承担侵权责任，应综合考量以下几方面的因素。

1. 其对用户是否履行了适当的提示和告知义务。理想论坛的注册条款中明确"欢迎您加入本站点参加讨论，本站点为公共论坛"，申请成为其会员者需接受包括"确保对上传的内容享有著作权或发布权"等内容的服务条款，方可注册成为会员并在论坛发表内容。

2. 其是否直接参与了侵权行为。理想论坛上登载的涉案图书电子文档是由注册名为"跃马江湖道"的会员上传，现有证据不能证明李向华直接参与了侵权行为，将用户上传的内容置顶并未改变作品。

3. 其是否知道或应当知道侵权事实的存在。作为信息网络存储服务提供者，李向华对会员上传于理想论坛的大量图书资料是否存在权利上的瑕疵，在客观上难以发现和判断，现实中亦不排除权利人将作品传播到网上以提升知名度的可能性。为方便权利人及时、快捷地向网站举报侵权事实，发出通知，理想论坛网站上公开了相关备案信息和联系方式。

4. 其是否履行了移除义务。李向华在得知用户上传的涉案图书可能侵犯他人著作权时即已进行了及时移除，并在本案成讼后向一审法院提供了上传者的个人信息。同时，李向华对诉讼后"羽翼之神"再次上传涉讼作品的行为，亦采取了必要合理的措施积极抑制侵权行为。

5. 其是否从用户上传作品中直接获得经济利益。李向华经营的理想论坛主要是为股票证券等投资者提供信息交流平台，网络用户注册会员并不收费，亦未依托上传内容投放广告以获取经济利益。

基于上述原因，李向华作为信息网络存储服务提供者，不知道也没有合理的理由应当知道用户上传的涉案图书存在侵权事实，且已履行了合理的移除义务，具备《信息网络传播权保护条例》第二十二条规定的免责条件。另，理想论坛是李向华所创建、经营的个人网站，理想慧天科技公司不是本案适格被告。故一审判决驳回何瑞东提出的由李向华、理想慧天科技公司承担赔礼道歉、损失赔偿及相关费用的诉请，并无不当。

综上，天津市高级人民法院依照《中华人民共和国民事诉讼法》第一百五十三条第一款第（一）项的规定，判决驳回上诉，维持原判。

评析

《信息网络传播权保护条例》第二十二条规定了"避风港"规则，即作为网络服务提供者，其是否应就网络用户未经许可上传侵权作品的行为承担侵权责任，应综合考量以下几方面的因素：（1）其对用户是否履行了适当的提示和告知义务；（2）其是否直接参与了侵权行为；（3）其是否知道或应当知道侵权事实的存在；（4）其是否履行了移除义务；（5）其是否从用户上传作品中直接获得经济利益。由此，在认定网络服务提供者是否应就网络用户未经许可上传侵权作品的行为承担侵权责任时，应当从以上几个方面考虑。

本案中，何瑞东是《股道登峰——股市全胜兵法》一书的作者，笔名为"狙击手"，其对该作品享有的信息网络传播权应予保护，他人未经许可不得擅自通过互联网传播其作品。理想论坛（www.55188.com）系李向华创建，已备案并获审批。注册名为"跃马江湖道"的网民在该论坛上载了何瑞东著作《股道登峰——股市全胜兵法》的电子文档。李向华在得知后将该上载内容移除。综合以上免责考量因素，李向华作为信息网络存储服务提供者，不知道也没有合理的理由应当知道用户上传的涉案图书存在侵权事实，且已履行了合理的移除义务，具备《信息网络传播权保护条例》第二十二条规定的免责条件。

67. 网络服务提供商对于其主页
提供的侵权作品的内容
频道的责任认定

——北京慈文影视制作有限公司与中国网络通信集团
公司海南省分公司侵犯著作权纠纷案

裁判要旨

网络提供商是否对其主页提供的侵犯他人著作权的内容频道承担侵权责任，需要分两种情况认定。第一种情况，如果侵犯他人著作权的内容频道所指向的网页属于网络提供商所有，或者该网页上没有显示任何对应的域名或者网站名称等信息可以表明该网页属于第三方所有，则网络提供商需要承担全部侵权责任。第二种情况，如果有证据证明该网页确属第三方主体所有或实际经营，但由于内容频道不同于指向第三方网站的普通链接，所以网络提供商对内容频道的内容具有一定程度的审核义务，如果其没有尽到最低的注意义务，则应对该网页上出现的侵权行为承担连带责任。

案件索引

最高人民法院（2009）民提字第 17 号

审理经过

申请再审人北京慈文影视制作有限公司（简称"慈文公司"）因与中国网络通信集团公司海南省分公司（简称"海南网通公司"）侵犯著作权纠纷一案，不服海南省高级人民法院 2006 年 9 月 25 日作出的（2006）琼民二终字第 29 号民事判决，向法院申请再审。法院于 2008 年 12 月 16 日作出（2007）民三监字第 44 - 1 号民事裁定，提审本案。法院依法组成合议庭审理了本案，现已审理终结。

当事人起诉

2005 年 12 月 16 日，一审原告慈文公司起诉至海口市中级人民法院称，慈文公司拥有电影《七剑》的著作权，海南网通公司在其经营的网站 www. hai169. com 上向公众提供该电影的在线播放服务，其行为侵犯了慈文公司的著作权，请求判令海南网通公司立即停止侵权行为，赔礼道歉并赔偿经济损失 20 万元及合理费用 3 万元。海南网通公司辩称，海南网通公司没有未经许可传播涉案电影的行为，播放涉案电影的网站是 http：∥221. 11. 132. 112，海南网通公司提供的仅是链接服务，且在慈文公司起诉后已断开链接，不应承担侵权责任。

一审裁判

海口市中级人民法院一审认为，从技术角度分析，海南网通公司网站仅是通过链接功能引导慈文公司到达了信息来源的网站。海南网通公司没有将《七剑》作品存储在自己的服务器上向社会公众提供在线播放服务，现有证据也不能证明登载《七剑》作品的网页系海南网通公司开设。海南网通公司的链接行为，不侵犯慈文公司的著作权。且其在受到侵权指控后已及时断开了链接，避免了侵权结果的扩大，因此，海南网通公司对于播放侵犯慈文公司著作权的作品行为不应承担侵权的民事责任。海口市中级人民法院于 2006 年 5 月 8 日作出（2006）海中法民三初字第 2 号民事判决：驳回慈文公司的诉讼请求。

当事人上诉

慈文公司不服一审判决，向海南省高级人民法院提起上诉，要求撤销一审判决，支持其一审全部诉讼请求。海南网通公司同意一审判决。

二审裁判

海南省高级人民法院二审确认了一审认定的事实。

海南省高级人民法院二审认为，本案证据表明，海南网通公司是提供链接服务的网络服务提供者。虽然登载《七剑》电影作品的页面的 IP 地址属于海南网通公司所拥有，但仅能证明该 IP 用户是海南网通公司 2 万多个用户中的 1 个，不能由此推断该网页属海南网通公司所开设，更不能认定海南网通公司是提供内容服务的网络服务提供者而由其承担侵权责任。网络服务提供者无法对数量巨大、内容庞杂的众多网站使用者的具体情况和信息内容逐一进行审查，也无义务对其合法性进行认定。慈文公司称海南网通公司与涉嫌侵权网站属共同侵权，应承担连带责任的理由，无事实和法律依据，不予采纳。海南省高级人民法院判决：驳回上诉，维持原判。

当事人申请再审

慈文公司申请再审称：一、原两审法院认定事实不清。具体播放影片的"影视天地"是海南网通公司网站的一个二级频道，其无普通意义上的域名，只有 IP 地址，该 IP 地址处于海南网通公司管理的 IP 地址段范围内，海南网通公司应提供该 IP 地址实际使用者的信息，但其拒绝提供。且一审中海南网通公司应诉后，www.hai169.com 及其"影视天地"网站均无法正常查看，证明海南网通公司对"影视天地"网站有控制的能力，海南网通公司提交的证据不能证明该网络传播行为是其链接的第三方网站实施的。二、原两审法院适用法律错误。海南网通公司在本案中并非简单的网络服务提供商，而应是内容提供商，不应适用有关"避风港"的规定。三、原两审法院对海南网通公司的责任认定不当，造成恶劣后果。综上，请求撤销原审判决，支持慈文公司原审诉讼请求。

海南网通公司辩称：原两审法院认定事实清楚，适用法律正确。涉嫌侵权的网站是 http://221.11.132.112，海南网通公司的网站只是提供了与该网站的链接。虽然该 IP 地址属于海南网通公司管理的 IP 地址范围，但不能因此得出该侵权网站由海南网通公司开设经营的结论。在本案中，海南网通公司只提供了由自己的网站到涉嫌侵权网站的链接服务，是网络服务提供商，而非内容提供商。涉嫌侵权的 IP 用户是海南网通公司 24480 个用户之一，海南网通公司无法对数量巨大的众多网站逐一进行审查，且在得知被链接网站涉嫌侵权后，已及时采取措施断开链接，故不应承担责任。请求维持原审判决。

🎗 再审裁判

法院再审确认原审法院认定事实属实。

法院再审认为，慈文公司拥有电影《七剑》在大陆地区的著作权，依法应受到保护。他人未经许可通过信息网络向公众传播该电影作品的，应承担相应的法律责任。本案中，慈文公司提交的公证书显示，通过互联网进入海南网通公司的网站，点击其首页上的"影视频道"，即可在进入的页面上进行操作观看电影《七剑》。进入的网页上虽然有"影视天地"的名称，但该网页上没有任何对应的域名或者网站名称等信息可以表明该网页属于第三方所有。该网页的 IP 地址亦不能证明该网页另属其他主体所有，故从慈文公司及其他社会公众的角度，播放《七剑》电影的网页至少从表面上属于海南网通公司。海南网通公司如欲证明该网页仅是其链接的第三方网站，其不应为该网页上的侵权行为承担责任，应提交相应的证据。因该网页的 IP 地址位于海南网通公司管理的地址段范围内，海南网通公司能够提供该证据，而包括慈文公司在内的社会公众均无法获得。在海南网通公司未提供相关证据的情况下，其关于仅提供链接服务的抗辩不能得到支持，其应对该网页上播放慈文公司享有著作权的电影作品的侵权行为承担相应的法律责任。即使该网页确属第三方主体所有或实际经营，因该"影视频道"与海南网通公司网站"主页""新闻频道""文学频道"等并列，海南网通公司将该网页内容作为其内容频道向公众提供，且从其在原审中提交公证书显示被诉后即变更了该"影视频道"内容来看，该选择完全是海南网通公司自主进行的，因此，此种行为与仅提供指向第三方网站的普通链接不同，海南网通公司对该频道上的内容亦有一定程度的审核义务，其至少应对该网站的实际所有者或经营者的主体资质进行一定的审核。本案中海南网通公司至今称其并不知晓该网页的实际经营主体，其未尽到最低程度的注意义务，对该网页上出现的侵权行为亦应承担连带责任。综上，原审法院对海南网通公司仅提供链接服务、得知侵权后断开链接即不承担侵权责任的认定不当，法院予以纠正。海南网通公司应对侵犯慈文公司信息网络传播权的行为承担停止侵权、赔偿损失等民事责任。

因海南网通公司在慈文公司提起诉讼后，已经改变其网站"影视频道"栏目的内容，即已停止《七剑》的在线播放行为，故判令其停止侵权已无必要。关于赔偿损失，因慈文公司并未提交证据证明其因该侵权行为所受损失，海南网通公司通过该行为的获利亦无法查明，故法院依据《七剑》电影在其网站上的存续时间及该电影的公映时间、影响力等因素，并考虑慈文公司为本案所支出的合理费用，酌情确定海南网通公司赔偿慈文公司经济损失 8 万元。慈文公司另提出赔礼道歉的诉讼请求，因海南网通公司涉案网页上播放《七剑》电影时显示了慈文公司等联合出品的内容，未侵犯慈文公司的署名权或其他人身权利，故对慈文公司该项诉讼请求不予支持。

综上，依照《中华人民共和国民事诉讼法》第一百八十六条第一款、第一百五十三条第一款第（二）项以及《中华人民共和国著作权法》第四十七条第（一）项、《最高人民法院关于审理涉及计算机网络著作权纠纷案件适用法律若干问题的解释》第三条的规定，判决如下：

一、撤销海南省高级人民法院（2006）琼民二终字第 29 号民事判决、海口市中级人民法院（2006）海中法民三初字第 2 号民事判决；

二、自本判决生效之日起十日内，中国网络通信集团公司海南省分公司赔偿北京慈文影视制作有限公司经济损失人民币 8 万元（包括为诉讼支出的合理费用）；

三、驳回北京慈文影视制作有限公司的其他诉讼请求。

如果未按本判决指定的期间履行给付金钱义务，应当依照《中华人民共和国民事诉讼法》第二百二十九条之规定，加倍支付迟延履行期间的债务利息。

一审、二审案件受理费各 5960 元，均由中国网络通信集团公司海南省分公司负担（于本判决生效之日起七日内交纳）。

本判决为终审判决。

评析

未经著作权人许可，发表其作品的，应当根据情况，承担停止侵害、消除影响、赔礼道歉、赔偿损失等民事责任。网络服务提供者通过网络参与他人侵犯著作权行为，或者通过网络教唆、帮助他人实施侵犯著作权行为的，人民法院应当追究其与其他行为人或者直接实施侵权行为人的共同侵权责任。

本案中，慈文公司拥有电影《七剑》在大陆地区的著作权，依法应受到保护。他人未经许可通过信息网络向公众传播该电影作品的，应承担相应的法律责任。点击海南网通公司经营的网站 www.hai169.com 首页上的"影视频道"，即可在进入的页面上进行操作观看电影《七剑》。海南网通公司不能证明该网页仅是其链接的第三方网站。即使该网页确属第三方主体所有或实际经营，因该"影视频道"与海南网通公司网站"主页""新闻频道"等并列，海南网通公司将该网页内容作为其内容频道向公众提供，且在被诉后即变更了该"影视频道"内容，该选择完全是海南网通公司自主进行的，因此，此种行为与仅提供指向第三方网站的普通链接不同，海南网通公司对该频道上的内容亦有一定程度的审核义务，其至少应对该网站的实际所有者或经营者的主体资质进行一定的审核。本案中海南网通公司至今称其并不知晓该网页的实际经营主体，其未尽到最低程度的注意义务，对该网页上出现的侵权行为亦应承担连带责任。

68. 网络交易平台的责任

——衣念（上海）时装贸易有限公司诉浙江淘宝网络
有限公司、杜国发侵害商标权纠纷案

裁判要旨

1. 网络交易平台经营者对网络商户的侵权行为一般不具有预见和避免的能力，故不当然为此承担侵权赔偿责任，但如果网络交易平台经营者知道网络商户利用其所提供的网络服务实施侵权行为，而仍然为侵权行为人提供网络服务或者没有采取必要的措施，则应当与网络商户承担共同侵权责任。

2. 网络交易平台经营者是否知道侵权行为的存在，可以结合权利人是否发出侵权警告、侵权现象的明显程度等因素综合判定。网络交易平台经营者是否采取了必要的避免侵权行为发生的措施，应当根据网络交易平台经营者对侵权警告的反应、避免侵权行为发生的能力、侵权行为发生的概率大小等因素综合判定。

案件索引

一审：上海市浦东新区人民法院（2010）浦民三（知）初字第 426 号
二审：上海市第一中级人民法院（2011）沪一中民五（知）终字第 40 号

📖 原告起诉

原告衣念（上海）时装贸易有限公司（简称"衣念公司"）因与被告杜国发、浙江淘宝网络有限公司（简称"淘宝公司"）发生侵害商标权纠纷，向上海市浦东新区人民法院提起诉讼。

原告衣念公司诉称：依兰德有限公司（E. LAND LTD）是第1545520号注册商标和第1326011号注册商标的权利人，依兰德有限公司将上述商标的独占许可使用权授予原告。原告生产的TEENIE WEENIE等品牌服装拥有很高的知名度，曾获得2009年度上海名牌称号。被告杜国发在淘宝网销售的服装中使用了TEENIE WEENIE等商标，侵犯了原告享有的注册商标专用权。根据杜国发在淘宝网上的成交记录，其在2009年12月1日至2010年2月1日两个月时间内就成交仿冒产品20余件，成交价格共计人民币3077元（以下币种相同）。原告正品的价格是仿冒产品的五倍至十倍，杜国发给原告造成直接损失15000元至30000元，侵权仿冒品给正品造成的品质减损影响则无法估测。被告淘宝公司是淘宝网的运营商。自2009年9月开始，原告就淘宝网上存在的大量侵权商品向淘宝公司提出警告，并要求其采取事先审查、屏蔽关键词等有效措施控制侵权行为的蔓延，但淘宝公司未采取合理措施。自2009年9月开始，原告针对杜国发的侵权行为，曾7次发函给淘宝公司，要求其删除杜国发发布的侵权商品信息。淘宝公司对原告举报的侵权信息予以删除，但未采取其他制止侵权行为的措施。淘宝公司不顾原告的警告和权利要求，在知道杜国发以销售侵权商品为业的情况下，依然向杜国发提供网络服务，故意为侵犯他人注册商标专用权的行为提供便利条件，继续纵容、帮助杜国发实施侵权行为。故原告请求法院判令：杜国发、淘宝公司共同赔偿原告经济损失3万元；杜国发、淘宝公司共同赔偿原告支出的合理费用，包括公证费4800元、户籍信息查询费用100元、律师费5万元，共计54900元；杜国发、淘宝公司在搜狐、新浪或其他同级别门户网站、《新闻晨报》及淘宝网上刊登说明告示并向原告致歉，说明淘宝网曾销售过侵犯原告商标专用权的产品。

被告辩解

被告杜国发辩称：其所销售的商品是从其他网站上订购的，其不知这些服装是侵权商品。原告衣念公司只举证证明其中的一件服装是假货，原告主张的经济损失及合理费用过高，没有依据。故请求驳回原告的诉讼请求。

被告淘宝公司辩称：一、原告衣念公司滥用权利。早在 2006 年 8 月，原告就开始针对淘宝网上出售的商品向淘宝公司提出投诉。在历经 4 年的投诉过程中，淘宝公司一直积极删除原告所指认的涉嫌侵权的信息，并始终按淘宝网当时适用的知识产权投诉规则，对涉嫌侵权人予以处理。原告投诉量巨大，仅以 2009 年 9 月 29 日至 11 月 3 日这段时间为例，原告投诉涉嫌侵权的商品信息累计达 105643 条。根据淘宝公司的统计，原告投诉的数十万条商品信息中，约有 20% 的投诉是错误投诉。原告的轻率投诉引起了相关淘宝网用户的大量异议，并对淘宝公司的商誉造成损害。本案所涉及的投诉仅是原告数十万投诉信息中的个案。原告认定侵权的理由不充分，仅以低价、未经授权销售为由认定侵权。原告除要淘宝公司删除涉嫌侵权的信息外，还要求淘宝公司采取事先审查、屏蔽关键词，以及永久删除用户账号等措施。二、淘宝公司采取了合理审慎的措施，保护原告的合法权益。淘宝网为防止用户侵犯他人知识产权采取了合理的保护措施，包括对卖家用户的真实身份采取了合理的审查措施、组建团队及时删除权利人投诉的涉嫌侵权的信息、制定并不断完善知识产权保护规则。三、淘宝公司未侵犯原告的注册商标专用权。原告针对被告杜国发的 7 次投诉中有 4 次不涉及原告主张的第 1545520 号注册商标和第 1326011 号注册商标。原告向淘宝公司主张杜国发侵权的 7 次投诉均未附任何证据，没有任何证据的投诉是不适格的投诉，淘宝公司可以不予接受。但考虑到如果不予删除链接，可能导致原告的权益受到损害，为了平衡原告和被投诉人之间的合法利益，淘宝公司暂时采取了只删除信息，但不予处罚的措施。淘宝公司善意的删除行为，并不能就此推定淘宝公司明知杜国发及其他被投诉人存在屡次重复侵权而怠于采取任何措施。在本案中，原告也只是公证购买了杜国发销售的一件商品并鉴定为假货，不能由此认定其他 7 次投诉的商品为仿冒品，也不能由此认定杜国发销售的其余商品为仿冒品。综上，淘宝公司并不构成侵权，请求驳回原告的诉讼请求。

法院查明事实

上海市浦东新区人民法院一审查明：

案外人依兰德有限公司（E. LAND LTD）是一家韩国公司。依兰德有限公司是第 1545520 号注册商标和第 1326011 号注册商标的权利人。第 1545520 号注册商标核定使用的商品为第 25 类的服装，第 1326011 号注册商标核定使用的商品为第 25 类的茄克（服装）、短裤、工作服、汗衫、衬衫、内衣、围巾、短统袜、帽子、运动鞋。2009 年 1 月 1 日，依兰德有限公司向原告衣念公司出具《商标维护授权委托书》，声明：委托衣念公司全权代表其公司在中国大陆独占使用第 1545520 号、第 1326011 号等注册商标及商标权维护行动，包括侵权人的信息调查、证据采集、产品真伪鉴定、侵权投诉以及诉讼、请求侵权人赔偿损失。2009 年 9 月，上海服装鞋帽商业行业协会出具证明，称：根据上海服装鞋帽商业协会定点商场休闲女装类销售统计资料，衣念公司生产的 TEENIE WEENIE 牌休闲女装，2006 年至 2008 年销售额所占市场份额在行业同类产品中名列前三位，在全国同类产品中排名前五位。衣念公司生产的 TEENIE WEENIE、E. LAND 休闲女装被上海市名牌推荐委员会推荐为 2009 年度上海名牌。

被告淘宝公司是淘宝网（网址：www.taobao.com）的经营管理者，淘宝公司为用户提供网络交易平台服务。淘宝网交易平台分为商城（即 B2C）和非商城（即 C2C），没有工商营业执照的个人也可以申请在淘宝网开设网络店铺（非商城），被告杜国发即属于非商城的卖家。非商城的卖家和买家通过淘宝网实现交易时，淘宝网不收取费用。淘宝网对个人卖家实行实名认证，卖家先在淘宝网注册一个账户，注册时需输入真实姓名、身份证号码、联系方式等信息。淘宝公司通过公安部身份证号码查询系统等途径核实卖家填写的身份信息的真实性，淘宝网用户只有通过实名认证后才能开设网络店铺。卖家可在该店铺发布待售的商品信息，包括价格、尺码、颜色、商品图片等信息。根据淘宝公司提供的数据，2009年上半年，淘宝网实现交易额809亿元，会员数1.45亿。

被告淘宝公司制定并发布了《淘宝网服务协议》《商品发布管理规则》《淘宝网用户行为管理规则》等规则，这些规则多次提到禁止用户发布侵犯他人知识产权的商品信息，并制定了相关处罚措施。淘宝网公布了知识产权侵权投诉途径，权利人可通过电话、信函、电子邮件等途径向被告淘宝公司进行投诉。

原告衣念公司认为淘宝网有大量卖家发布侵权商品信息。衣念公司利用淘宝网提供的搜索功能，通过关键字搜索涉嫌侵权的商品，再对搜索结果进行人工筛查，并通过电子邮件将侵权商品信息的网址发送给被告淘宝公司，同时衣念公司向淘宝公司发送书面通知函及相关的商标权属证明材料，要求淘宝公司删除侵权商品信息并提供卖家真实信息。淘宝公司收到衣念公司的投诉后，对衣念公司提交的商标权属证明进行核实，对衣念公司投诉的商品信息逐条进行人工审核，删除其中淘宝公司认为构成侵权的商品信息，并告知衣念公司发布侵权商品信息的卖家的身份信息。因衣念公司认定的淘宝网上的侵权商品信息非常多，衣念公司几乎在每个工作日都向淘宝公司投诉，每天投诉的商品信息少则数千条，多则数万条。根据统计，自2009年9月29日至2009年11月18日，衣念公司向淘宝公司投诉的侵权商品信息有131261条，淘宝公司经审核后删除了其中的117861条。2010年2月23日至2010年4月12日，衣念公司向淘宝公司投诉的商品信息有153277条，淘宝公司经审核后删除了其中的124742条。淘宝公司删除的商品信息数量约占衣念公司投诉总量的85%。衣念公司的投诉涉及TEENIE WEENIE、E. LAND等14个商标。淘宝公司根据衣念公司的投诉删除商品信息后，有的卖家会向淘宝公司提出异议，并提供其销售的商品具有合法来源的初步证据。淘宝公司会将卖家的异议转交给衣念公司。衣念公司有时会撤回投诉，撤回投诉的原因，有的确实属于因错误投诉而撤回投诉，有时则是由于其暂时无法判断是否侵权而撤回投诉。上述投诉中，包含了衣念公司于2009年9月29日至2009年11月11日针对被告杜国发的7次投诉，其中有3次涉及TEENIE WEENIE商标，4次涉及依兰德有限公司的另一个注册商标SCAT。淘宝公司接到衣念公司投诉后即删除了杜国发发布的商品信息，杜国发并未就此向衣念公司及淘宝公司提出异议，淘宝公司也未对杜国发采取处罚措施。直至 2010 年 9 月，淘宝公司才对杜国发实施扣分等处罚。

一审裁判

上海市浦东新区人民法院一审认为：

本案一审的争议焦点是：1. 被告杜国发的销售行为是否侵害了原告衣念公司的注册商标专用权；2. 被告淘宝公司是否知道网络用户利用其网络服务实施侵权行为以及是否采取了合理、必要的措施以避免侵权行为的发生；3. 淘宝公司是否构成侵权。

原告衣念公司经依兰德有限公司许可，享有第 1545520 号注册商标和第 1326011 号注册商标独占许可使用权。原告享有的注册商标专用权受法律保护，他人不得销售侵犯注册商标专用权的商品。本案中，第 1545520 号商标核定使用商品为服装，被告杜国发销售的商品与该商标核定使用的商品相同。经比对，杜国发销售的涉案商品上熊头图案与第 1545520 号商标图案在脸型、五官、头戴饰品及形态上都极为相似，以相关公众一般注意力为标准，两者在视觉上基本无差别，构成相同商标。第 1326011 号商标核定使用的商品为茄克（服装）、短裤、工作服、汗衫、衬衫、内衣、围巾、短统袜、帽子、运动鞋。杜国发销售的涉案商品与该商标核定使用的商品不同，但两者在功能、生产部门、销售渠道等方面基本相同，按照相关公众的一般认知，两者应为类似商品。杜国发销售的涉案商品吊牌上有与第 1326011 号商标相同的 TEENIE WEENIE 文字和心形图案，不同之处在于该吊牌的心型图案中多了两行英文："Fly To Dreams！"和 "CHARACTER STUDIO"。因 TEENIE WEENIE 文字和心形图案构成了涉案服装吊牌图案的主要内容，足以导致消费者对商品来源产生误认，故构成近似商标。综上，杜国发销售的涉案商品应认定为侵犯第 1545520 号和第 1326011 号注册商标专用权的商品。杜国发辩称，其销售的产品有合法来源，且不知销售的商品侵犯了他人的注册商标专用权。《中华人民共和国商标法》第五十六条第三款规定，销售不知道是侵犯注册商标专用权的商品，能证明该商品是自己合法取得的并说明提供者的，不承担赔偿责任。杜国发不能举证证明其销售的商品有合法来源，且在衣念公司多次投诉，被告淘宝公司多次删除其发布的商品信息后，杜国发应当知道其销售的商品侵犯他人注册商标专用权，故其抗辩意见不能成立，应当依法承担侵权责任。

网络用户利用网络实施侵权行为的，被侵权人有权通知网络服务提供者采取删除、屏蔽、断开链接等必要措施。2009年9月29日至2009年11月11日，原告衣念公司发现被告杜国发通过淘宝网销售侵权商品后，先后7次向淘宝公司发送侵权通知函，被告淘宝公司审核后先后7次删除了杜国发发布的商品信息。淘宝公司认为，其已经采取了必要的措施。法院认为，网络服务提供者接到通知后及时删除侵权信息是其免于承担赔偿责任的条件之一，但并非充分条件。网络服务提供者删除信息后，如果网络用户仍然利用其提供的网络服务继续实施侵权行为，网络服务提供者则应当进一步采取必要的措施以制止继续侵权。哪些措施属于必要的措施，应当根据网络服务的类型、技术可行性、成本、侵权情节等因素确定。具体到网络交易平台服务提供商，这些措施可以是对网络用户进行公开警告、降低信用评级、限制发布商品信息直至关闭该网络用户的账户等。淘宝公司作为国内最大的网络交易平台服务提供商，完全有能力对网络用户的违规行为进行管理。淘宝公司也实际制定并发布了一系列的网络用户行为规则，也曾对一些网络用户违规行为进行处罚。淘宝公司若能够严格根据其制定的规则对违规行为进行处理，虽不能完全杜绝网络用户的侵权行为，但可增加网络用户侵权的难度，从而达到减少侵权的目的。就本案而言，淘宝公司接到衣念公司的投诉通知后，对投诉的内容进行了审核并删除了杜国发发布的商品信息。根据淘宝网当时有效的用户行为管理规则，其在接到衣念公司的投诉并经核实后还应对杜国发采取限制发布商品信息、扣分直至冻结账户等处罚措施，但淘宝公司除了删除商品信息外没有采取其他任何处罚措施。在7次有效投诉的情况下，淘宝公司应当知道杜国发利用其网络交易平台销售侵权商品，但淘宝公司对此未采取必要措施以制止侵权，杜国发仍可不受限制地发布侵权商品信息。淘宝公司有条件、有能力针对特定侵权人杜国发采取措施，淘宝公司在知道杜国发多次发布侵权商品信息的情况下，未严格执行其管理规则，依然为杜国发提供网络服务，此是对杜国发继续实施侵权行为的放任、纵容。其故意为杜国发销售侵权商品提供便利条件，构成帮助侵权，具有主观过错，应承担连带赔偿责任。

关于赔偿数额，因原、被告均未举证证明被告杜国发因侵权所得利益或者原告衣念公司因被侵权所受损失，经综合考虑涉案商标具有较高知名度、杜国发网店经营规模较小、获利不多等因素，酌情确定经济损失赔偿额为 3000 元。原告主张律师费、公证费、查档费等开支，法院根据开支的真实性、关联性、必要性和合理性，酌情支持合理费用 7000 元。因被告侵犯原告的商标专用权，并不涉及人格利益，故原告要求被告赔礼道歉的诉讼请求，不予支持。

综上所述，上海市浦东新区人民法院依照《中华人民共和国民法通则》第一百三十条；《中华人民共和国商标法》第五十二条第（二）项、第（五）项，第五十六条；《最高人民法院关于贯彻执行〈中华人民共和国民法通则〉若干问题的意见（试行）》第一百四十八条第一款；《最高人民法院关于审理商标民事纠纷案件适用法律若干问题的解释》第十六条第一款、第二款，第十七条；《中华人民共和国商标法实施条例》第五十条第（二）项的规定，于 2011 年 1 月 17 日判决如下：

一、被告杜国发、淘宝公司于判决生效之日起 10 日内共同赔偿原告衣念公司经济损失人民币 3000 元；

二、被告杜国发、淘宝公司于判决生效之日起 10 日内共同赔偿原告衣念公司合理费用人民币 7000 元；

三、驳回原告衣念公司其余诉讼请求。

本案受理费人民币 1922 元（已由原告预交），由原告衣念公司负担 922 元，由被告杜国发、淘宝公司负担 1000 元。

当事人上诉

淘宝公司不服一审判决，向上海市第一中级人民法院提起上诉，请求二审法院依法改判驳回衣念公司对于淘宝公司的全部诉讼请求。淘宝公司的主要上诉理由为以下几点。

一、因被上诉人衣念公司涉案 7 次投诉未提供判断侵权的证明，不属于有效投诉，上诉人淘宝公司无法知道被上诉人存在多次投诉，无法对被投诉信息是否构成侵权予以审核，故无法对被投诉卖家采取进一步的处理措施。1. 被上诉人涉案的 7 次投诉中，4 次涉及依兰德有限公司的另一个注册商标"SCAT"，与本案被上诉人起诉主张的第 1545520 号和第 1326011 号注册商标无关联。其余的 3 次投诉均没有提交判断侵权的证明，不是有效的投诉。而一次有效的投诉，应当包括判断侵权成立的初步证明或者理由，否则上诉人即使收到投诉，看到的仍然是商品信息本身，在商品信息本身没有卖家自认侵权的情况下，上诉人收到投诉后并不知道发生了侵权。此外，7 次投诉必须是针对同一件商品不同时间发布的信息才是 7 次有效的投诉，但是原审法院对这一事实以及该 7 次投诉的商品信息是否构成侵权均未予查清，故原审法院认定 7 次投诉是有效投诉错误。2. 被上诉人在向上诉人投诉时不提交判断侵权的证明，上诉人对于被投诉信息无法审核是否构成侵权，故上诉人只能尽谨慎义务暂时对相关的被投诉商品信息予以删除。由于无法审核被投诉信息是否构成侵权，上诉人未能对被投诉的卖家予以处罚。原审法院认定上诉人对被上诉人投诉的信息进行了人工审核并删除认为构成侵权的商品信息，属认定事实错误。3. 被上诉人通过关键字搜索时，使用的关键字是"TW""小熊"等文字，其搜索结果的相关性、准确度差，被上诉人在商品侵权通知函中所附的涉嫌侵权信息中存在维尼小熊个性照片台历定制的不相关的链接信息，且被上诉人每日投诉量非常大，导致上诉人无法在每天数万条投诉信息中判断是否发生了多次投诉。4. 被上诉人 7 次投诉未按淘宝网规定的要求对重复投诉的具体时间、次数进行标注。

二、上诉人淘宝公司不知道原审被告杜国发存在侵权行为，对于杜国发的侵权行为不具有过错。原审法院以上诉人删除了投诉信息认定上诉人知道杜国发多次发布侵权商品信息没有法律依据，认定上诉人放纵杜国发继续实施侵权行为，故意为杜国发销售侵权商品提供便利条件更是没有事实和法律依据。

被上诉人回应

被上诉人衣念公司答辩称：上诉人淘宝公司明知原审被告杜国发存在侵权行为，仍未采取任何措施以防止再次侵权行为的发生，其为侵权行为提供了网络服务帮助。

一、被上诉人衣念公司的投诉函均具明了判断侵权成立的初步证明和理由。其在函中指出相关链接商品并非其公司生产或者委托生产，且进一步指明了其公司产品是直营模式销售，未曾授权他人经销或者代理；其公司与委托加工工厂定量生产，对超额产品约定了销毁等处理方式；其公司直营店目前销售价均在吊牌价格的 50% 以上，他人买入其公司产品再以低于 50% 折扣销售，不符合交易常识等多项理由。

二、上诉人淘宝公司在对被上诉人衣念公司投诉函的回函中表明，经其查看相关信息，暂无法判断侵权成立，从未向被上诉人提出过被上诉人的投诉函存在未提供判断侵权的证明或理由等不符合要求之情况。况且，被上诉人自 2006 年以来，针对淘宝网上的侵权商品信息频繁投诉，上诉人从未向被上诉人表明上诉人的投诉是无效投诉。上诉人根据被上诉人提供的判断标准方法及单方面陈述可以认定相关链接侵权，且上诉人已作删除，并提供侵权卖家信息附在上诉人邮件中。而原审被告杜国发的注册信息亦在上述邮件中，上诉人并没有将杜国发的信息列在"无法判断链接清单"中，而且在长达 2 个月的时间内，杜国发对于上诉人删除被投诉信息未提出异议。

三、根据上诉人淘宝公司的规定，权利人投诉应提供：判断侵权成立的初步证明是网页上明显的侵权信息、公证购买证明、卖家在聊天中自认。这种要求将使权利人不堪重负，亦与法律精神相悖。

四、淘宝网作为国内最大的网上购物平台，完全有能力管理网络用户的违规行为，然上诉人淘宝公司对于被上诉人衣念公司的多次投诉仅作删除商品信息处理，未进一步采取适当措施，如果其能严格按照其制定的规则对侵权用户进行处罚，可以制止卖家的违规行为。

原审被告杜国发称，其从事厂家代理，并不知道发布信息的商品侵权。其同意上诉人的意见。

▌二审裁判

上海市第一中级人民法院经二审，确认了一审查明的事实。

本案二审的争议焦点仍然是：上诉人淘宝公司是否知道原审被告杜国发在淘宝网上实施商标侵权行为以及是否采取了合理、必要的措施，其在本案中是否应当承担侵权责任。

上海市第一中级人民法院二审认为：

被上诉人衣念公司经注册商标专用权人的授权许可，依法享有第1545520号、第1326011号注册商标独占使用权，有权针对侵犯商标专用权的行为提起诉讼。根据《中华人民共和国商标法》第五十二条的规定，销售侵犯注册商标专用权的商品的行为，属侵犯注册商标专用权。原审法院关于原审被告杜国发销售侵犯第1545520号、第1326011号注册商标专用权的商品构成商标侵权的认定及理由正当，应予维持。

上诉人淘宝公司作为淘宝网的经营者，其在本案中为原审被告杜国发销售侵权商品提供网络交易平台，其未直接实施销售侵权商品的行为，而属于网络服务提供者。网络服务提供者对于网络用户的侵权行为一般不具有预见和避免的能力，因此，并不因为网络用户的侵权行为而当然须承担侵权赔偿责任。但是如果网络服务提供者明知或者应当知道网络用户利用其所提供的网络服务实施侵权行为，而仍然为侵权行为人提供网络服务或者没有采取适当的避免侵权行为发生的措施，则应当与网络用户承担共同侵权责任。

具体到本案，法院认为，首先，在案证据证明被上诉人衣念公司从2006年起就淘宝网上的商标侵权向上诉人淘宝公司投诉，而且投诉量巨大，然而至2009年11月，淘宝网上仍然存在大量被投诉侵权的商品信息，况且在上诉人删除的被投诉商品信息中，遭到卖家反通知的比率很小，由此可见，上诉人对于在淘宝网上大量存在商标侵权商品之现象是知道的，而且也知道对于被上诉人这样长期大量的投诉所采取的仅作删除链接的处理方式见效并不明显。其次，被上诉人的投诉函明确了其认为侵权的商品信息链接及相关的理由，虽然被上诉人没有就每一个投诉侵权的链接说明侵权的理由或提供判断侵权的证明，但是被上诉人已经向上诉人提供了相关的权利证明、投诉侵权的链接地址，并说明了侵权判断的诸多理由，而且被上诉人向上诉人持续投诉多年，其所投诉的理由亦不外乎被上诉人在投诉函中所列明的几种情况，因此上诉人实际也知晓一般情况下的被上诉人投诉的侵权理由类型。上诉人关于被上诉人未提供判断侵权成立的证明，其无法判断侵权成立的上诉理由不能成立；上诉人在处理被上诉人的投诉链接时，必然要查看相关链接的商品信息，从而对于相关商品信息是否侵权有初步了解和判断。因此，通过查看相关链接信息，作为经常处理商标侵权投诉的上诉人也应知道淘宝网上的卖家实施侵犯被上诉人商标权的行为。再次，在案的公证书表明被上诉人购买被控侵权商品时原审被告杜国发在其网店内公告："本店所出售的部分是专柜正品，部分是仿原单货，质量可以绝对放心……"，从该公告内容即可明显看出杜国发销售侵权商品，上诉人在处理相关被投诉链接信息时对此当然是知道的，由此亦能证明上诉人知道杜国发实施商标侵权行为。最后，判断侵权不仅从投诉人提供的证据考查，还应结合卖家是否反通知来进行判断，通常情况下，经过合法授权的商品信息被删除，被投诉人不可能会漠然处之，其肯定会作出积极回应，及时提出反通知，除非确实是侵权商品信息。故本案上诉人在多次删除杜国发的商品信息并通知杜国发被删除原因后，杜国发并没有回应或提出申辩，据此完全知道杜国发实施了销售侵权商品行为。

综合上述因素，法院认为上诉人淘宝公司知道原审被告杜国发利用其网络服务实施商标侵权行为，但仅是被动地根据权利人通知采取没有任何成效的删除链接之措施，未采取必要的能够防止侵权行为发生的措施，从而放任、纵容侵权行为的发生，其主观上具有过错，客观上帮助了杜国发实施侵权行为，构成共同侵权，应当与杜国发承担连带责任。

上诉人淘宝公司提出被上诉人衣念公司涉案的7次投诉，4次投诉与被上诉人在本案中主张的商标权利无关，其余3次未提供判断侵权的证明，7次投诉未针对同一商品不同时间发布，不是有效投诉。法院认为，商标权利人向网络服务提供者发出的通知内容应当能够向后者传达侵权事实可能存在以及被侵权人具有权利主张的信息。对于发布侵权商品信息的卖家，无论是一次发布行为还是多次发布行为，多次投诉针对的是同一商品还是不同商品，是同一权利人的同一商标还是不同商标，均能够足以使网络服务提供者知道侵权事实可能存在，并足以使其对被投诉卖家是否侵权有理性的认识。因此，本案被上诉人的 7 次投诉足以向上诉人表明原审被告杜国发存在侵权行为的信息，上诉人的前述上诉理由不能成立，不予采信。

上诉人淘宝公司提出被上诉人衣念公司投诉量大、投诉准确率差，且未作重复投诉标注，导致其无法发现重复投诉的情况。法院认为，在案证据证明自 2009 年 9 月 29 日至 2009 年 11 月 18 日，被上诉人投诉的侵权商品信息有 131261 条，上诉人删除了其中的 117861 条。2010 年 2 月 23 日至 2010 年 4 月 12 日，被上诉人投诉的商品信息有 153277 条，上诉人删除了其中的 124742 条。被上诉人如此大量的投诉以及上诉人如此大量的删除更加证明了上诉人仅采取删除措施并未使淘宝网上侵权现象有所改善。同时，被上诉人大量的投诉以及投诉准确率会影响到上诉人审查被投诉信息所耗费的人力和时间，但与上诉人是否能够发现重复投诉并无多大关联。因此，上诉人的该项上诉理由亦不能成立，不予采信。

综上所述，一审认定事实基本清楚，适用法律正确。上诉人淘宝公司的相关上诉理由不能成立，其上诉请求不予支持。上海市第一中级人民法院依照《中华人民共和国民事诉讼法》第一百五十三条第一款第（一）项之规定，于 2011 年 4 月 25 日判决如下：

驳回上诉，维持原判。

二审案件受理费人民币 800 元，由上诉人淘宝公司负担。

本判决为终审判决。

评析

网络用户利用网络实施侵权行为的，被侵权人有权通知网络服务提供者采取删除、屏蔽、断开链接等必要措施。网络服务提供者接到通知后及时删除侵权信息是其免于承担赔偿责任的条件之一，但并非充分条件。网络服务提供者删除信息后，如果网络用户仍然利用其提供的网络服务继续实施侵权行为，网络服务提供者则应当进一步采取必要的措施以制止继续侵权。哪些措施属于必要的措施，应当根据网络服务的类型、技术可行性、成本、侵权情节等因素确定。具体到网络交易平台服务提供商，这些措施可以是对网络用户进行公开警告、降低信用评级、限制发布商品信息直至关闭该网络用户的账户等。淘宝公司有条件、有能力针对特定侵权人杜国发采取措施，淘宝公司在知道杜国发多次发布侵权商品信息的情况下，未严格执行其管理规则，依然为杜国发提供网络服务，此是对杜国发继续实施侵权行为的放任、纵容。其故意为杜国发销售侵权商品提供便利条件，构成帮助侵权，具有主观过错，应承担连带赔偿责任。

69. 利用他人商标作为网络检索关键词设置推广链接可构成商标侵权

——"凡人修仙传"商标侵权纠纷案

▮ 裁判要旨

对于商家利用他人商标作为网络检索关键词设置推广链接引发的侵害商标权纠纷，要明确被告设置关键词的行为具有区别、指示其推广的商品来源的功能，属于商标性使用，将他人注册商标作为网络检索关键词设置推广链接的行为构成商标侵权。

▮ 【案件索引】

一审：上海市浦东新区人民法院（2014）浦民三（知）初字第763号
二审：上海知识产权法院（2015）沪知民终字第522号

▮ 基本案情

原告上海玄霆娱乐信息科技有限公司（简称"玄霆公司"）。

被告北京畅游时代数码技术有限公司（简称"畅游公司"）。

玄霆公司系国内原创文学门户网站"起点中文网"的运营商，是小说《凡人修仙传》的著作权人。玄霆公司在第9类的计算机程序、计算机游戏软件等商品上注册了第 7971332 号"凡人修仙传"商标。畅游公司系"玩游戏"网站的经营者,同时也是"风云无双"游戏的经营者。玄霆公司发现,畅游公司利用"凡人修仙传同名游戏"等字样在搜狗搜索中设置关键词推广链接,链接至与"凡人修仙传"无关的、畅游公司所经营的游戏"风云无双"。玄霆公司认为畅游公司的行为构成侵害商标权,诉请判令畅游公司消除影响,赔偿经济损失 300 万元以及合理费用。

一审法院裁判

一审法院认为,根据本案案情及玄霆公司、畅游公司双方的诉辩意见,本案系侵害注册商标专用权和不正当竞争纠纷案件,争议焦点主要是:畅游公司是否侵害玄霆公司的注册商标专用权;畅游公司的行为是否构成对玄霆公司的不正当竞争;侵权构成前提下畅游公司应当承担的民事责任。

一、关于侵害注册商标专用权

注册商标专用权依法受到保护。玄霆公司系第×××××××号"凡人修仙传"商标的注册人,该商标在注册有效期内,故玄霆公司对该商标享有的专用权受到法律保护。未经玄霆公司许可,在同一种商品上使用与玄霆公司商标相同的商标的,构成侵害玄霆公司注册商标专用权。

畅游公司在宣传推广其"风云无双"网络游戏商品的经营活动中,在"搜狗搜索"网站上刻意设置关键词为"凡人修仙传"的推广链接,在主观上具有将其选定的上述关键词作为区别、指示其推广的商品来源的目的。畅游公司的推广链接的标题分别为"凡人修仙传同名游戏,凡人…""全新〈凡人修仙传〉原作改编游戏,〈凡人修仙传〉邀你体验绝妙玄幻之旅!",其中的"凡人修仙传"字样虽非突出使用,但因标题较短,上述字样为标题的主要部分、显著部分,明确指示了推广链接的游戏是"凡人修仙传"改编的游戏而非其他游戏,具有标识商品来源的作用,故属于商标使用。虽相关公众点击该推广链接后进入的畅游公司网站信息中并不存在"凡人修仙传"的内容,亦即畅游公司并未在其网站中将"凡人修仙传"作商标使用,但畅游公司的该设置关键词行为亦会造成相关公众初始混淆，误认随后链接的网站与玄霆公司存在关联。

畅游公司在推广链接的标题中使用的"凡人修仙传"商标与玄霆公司商标相同，故畅游公司使用了与玄霆公司商标相同的商标。玄霆公司商标核定使用的商品包括了计算机游戏软件，畅游公司在网络游戏商品的宣传推广中使用商标，而网络游戏属于计算机游戏软件，故畅游公司在与玄霆公司商标核定使用的同一种商品上使用商标。因此，畅游公司行为属未经玄霆公司许可，在同一种商品上使用与玄霆公司商标相同商标，一审法院认定，畅游公司的上述行为构成侵害玄霆公司注册商标专用权。

二、关于不正当竞争

玄霆公司主张，依据《中华人民共和国反不正当竞争法》（简称《反不正当竞争法》）第五条第（二）项"经营者不得采用下列不正当手段从事市场交易，损害竞争对手：（二）擅自使用知名商品特有的名称、包装、装潢，或者使用与知名商品近似的名称、包装、装潢，造成和他人的知名商品相混淆，使购买者误认为是该知名商品"之规定，其小说《凡人修仙传》为知名商品，"凡人修仙传"为该知名商品特有名称，畅游公司擅自使用该特有名称，造成了和玄霆公司的知名商品相混淆，使消费者误认为其是《凡人修仙传》改编的游戏，因此畅游公司的行为已构成不正当竞争。

一审法院认为，首先，《最高人民法院关于审理不正当竞争民事案件应用法律若干问题的解释》（以下简称《反法司法解释》）第一条规定"在中国境内具有一定的市场知名度，为相关公众所知悉的商品，应当认定为《反不正当竞争法》第五条第（二）项规定的'知名商品'。人民法院认定知名商品，应当考虑该商品的销售时间、销售区域、销售额和销售对象，进行任何宣传的持续时间、程度和地域范围，作为知名商品受保护的情况等因素，进行综合判断。原告应当对其商品的市场知名度负举证责任"。因此，就小说《凡人修仙传》构成知名商品的举证责任，应当由玄霆公司承担。本案中，就小说《凡人修仙传》的知名度，玄霆公司仅向一审法院提交了《凡人修仙传》的出版物，而畅游公司提交的（2015）京方正内经证字第 02678 号公证书中存在的部分网友评论亦可间接证明该小说的知名度。但就这些证据，仅能证明该小说的出版情况以及部分网友的评论，尚不足以全面且充分地证明小说《凡人修仙传》已构成知名商品。而玄霆公司另外提交的一些旨在证明该小说知名度的证据均为网页打印件，因畅游公司否认其真实性，故无法作为本案定案证据。对此玄霆公司完全可采取证据保全公证等形式固定上述网页的真实性，但玄霆公司未采取有效措施固定其证据真实性，因此不能证明其主张的不利后果应当由玄霆公司自行负担，据此，一审法院认为其在本案中无法认定小说《凡人修仙传》为知名商品。

其次，对知名商品的保护是基于其名称等经使用而已具有标识性，构成擅自使用知名商品的特有名称等不正当竞争行为一般应当发生在相同或者类似商品上。本案中玄霆公司所主张权利的小说由文字组成，畅游公司经营的涉案网络游戏系计算机软件，两者在内容、功能、用途、载体等方面不同，不存在需要结合使用等方面的关系，相关公众通常不会将两者混淆，故小说商品《凡人修仙传》与网络游戏商品"凡人修仙传"不属于相同或者类似商品。在玄霆公司主张权利的知名商品为小说《凡人修仙传》、畅游公司行为发生在对网络游戏商品的宣传推广上的情况下，畅游公司的行为不属于《反不正当竞争法》第五条第（二）项规定的仿冒类的不正当竞争。

最后，就玄霆公司所主张的擅自使用玄霆公司知名商品小说《凡人修仙传》特有名称行为所基于的玄霆公司、畅游公司在市场中的关系而言，两者并不存在竞争关系。在不正当竞争之诉中，玄霆公司系小说《凡人修仙传》的权利人，而畅游公司系网络游戏"风云无双"的经营者，畅游公司在其游戏网站宣传过程中使用"凡人修仙传"作为关键词搜索进行推广，该过程中并未对小说《凡人修仙传》实施任何贬损行为，不会对小说《凡人修仙传》的声誉及价值产生不利影响，因此不会对玄霆公司造成损害。如果造成损害，亦是基于侵害商标权对作为网络游戏经营者的玄霆公司造成损害，但玄霆公司在本案不正当竞争之诉中所主张权利的主体身份并非网络游戏经营者，且作为网络游戏经营者的玄霆公司权利已由前述商标权侵权之诉予以了保护。

综上，鉴于玄霆公司在本案中未能举证证明其小说《凡人修仙传》构成知名商品，且玄霆公司所主张权利的小说商品与畅游公司所经营的网络游戏商品不属于相同或类似商品，畅游公司行为不会对作为小说《凡人修

《仙传》权利人的玄霆公司造成损害。故一审法院对玄霆公司主张畅游公司行为构成擅自使用知名商品特有名称的不正当竞争行为的诉讼请求，不予支持。

三、关于民事责任

一审法院认为，侵害注册商标专用权的，应当依法承担消除影响、赔偿经济损失等相应的民事责任。首先，畅游公司的商标侵权行为误导了相关公众，对玄霆公司的商誉造成了一定的不良影响，故应当消除影响。因畅游公司在网络上实施侵权行为，故可在其网站上刊文以消除影响。其次，畅游公司通过侵权行为增加了其游戏商品的用户，从而获得了一定的经济利益，对玄霆公司造成了一定的经济损失，故应当赔偿玄霆公司的经济损失。玄霆公司在本案中要求按《中华人民共和国商标法》（以下简称《商标法》）规定的法定赔偿额的上限确定赔偿额，该主张缺乏事实依据，一审法院不予采纳。由于玄霆公司因侵权行为遭受的实际损失、畅游公司因侵权行为获得的经济利益均难以确定，又不存在可以参照的商标许可使用费等情节，故应当依法定赔偿方式确定赔偿额。一审法院综合考虑以下因素，酌定经济损失赔偿额为 5 万元：1. 畅游公司具有一定的经营规模，从（2014）沪卢证经字第 502 号公证书中畅游公司"风云无双"游戏的相关新闻中亦可判断其侵权行为存在一定持续时间；2. 畅游公司主动设置与其无关的"凡人修仙传"作为网站推广链接关键词，证明其主观过错明显；3. 畅游公司的侵权行为发生在商品宣传推广环节中，即设定搜索引擎关键词中，但并未在其被链网站中使用畅游公司商标，对相关公众造成的是初始混淆，损害后果相对较轻；4. 畅游公司在诉讼过程中已经及时停止侵权；5. 虽然畅游公司举证证明了其"凡人修仙传"关键词的点击量，但该点击量仅仅是 2014 年 5 月的点击量，鉴于畅游公司未能举证证明其与搜索引擎服务商间的服务合同，故一审法院认为，不能仅仅以上述单月的点击量来确定赔偿数额。最后，畅游公司还应当赔偿玄霆公司为维权支出的合理费用。涉案公证费系玄霆公司维权的正当开支，应予支持；律师费系玄霆公司维权的正当开支，但玄霆公司主张 15 万元显属过高，一审法院综合考虑本案较为疑难、玄霆公司律师的工作量、本市律师服务业收费政府指导价标准等因素，酌情支持 17000 元。

综上所述，一审法院依照《中华人民共和国侵权责任法》第十五条第一款第（六）项、第（八）项，第二款；《商标法》（2013 年 8 月 30 日修正）第三条第一款，第四十八条，第五十六条，第五十七条第（一）项，第六十三条第一款、第三款；《反不正当竞争法》第五条第（二）项；《最高人民法院关于审理商标民事纠纷案件适用法律若干问题的解释》第九条第一款，第十六条第一款、第二款，第十七条；《反法司法解释》第一条第一款之规定，判决：一、畅游公司于判决生效之日起 10 日内在"玩"网站（域名 wan. com、首页网址 www. wan. com）的首页显著位置刊登声明，消除因对玄霆公司实施商标侵权行为而造成的不良影响，声明的内容、位置须经一审法院审核，声明的面积不小于 6（长）厘米 ×5（宽）厘米（以 14 寸显示器为例），声明须连续保留 30 日。如不履行，一审法院将在相关媒体发布判决主要内容，费用由畅游公司承担。二、畅游公司于判决生效之日起 10 日内赔偿玄霆公司经济损失 5 万元。三、畅游公司于判决生效之日起 10 日内赔偿玄霆公司合理费用 2 万元。四、驳回玄霆公司其余诉讼请求。一审案件受理费 32024 元，由玄霆公司负担 15301 元，由畅游公司负担 16723 元。

二审裁判

对于玄霆公司在二审提供的（2014）浦民三（知）初字第 736 号判决（简称"763 民事判决"），二审法院认为，畅游公司对该份证据的真实性无异议，且上述判决涉及的部分事实与本案有关，故二审法院对玄霆公司提供的 763 民事判决予以采纳。

二审法院经审理查明，原审法院查明的事实属实，二审法院予以确认。

二审法院另查明，经二审法院核实 763 民事判决已为生效判决，该民事判决查明如下与本案有关的事实。在（2014）浦民三（知）初字第 763 号一案审理中，上海市浦东新区人民法院进入"起点中文网"，通过搜索关键词"凡人修仙传"进行了现场勘验，勘验结果显示：小说《凡人修仙传》的作者为忘语，性质为 VIP 作品，类别为奇幻修真，总点击 9984 万

多次，月点击 28889 次，总推荐 1313 万多次，月推荐 4471 次，完成字数
767 万多字，最新更新小说章节的时间为 2014 年 12 月 18 日，系需付费才
能阅读的小说；上述页面突出使用了"凡人修仙传""凡人修仙"字样，
存在"点击阅读""投推荐票""打赏作品""试玩游戏本书改编"等标记
以及"经典必读""很好看很好看"等读者点评信息；点击上述"试玩游
戏本书改编"标记，进入"起点游戏平台"网页（网址 game. qidian.
com），其内容系《凡人修仙传》改编的同名网络游戏的介绍，页面突出使
用了"凡人修仙传""凡人修仙"字样，并有"进入游戏官网"标记。

以上事实由玄霆公司提供的 763 民事判决，二审法院审理笔录等证据
证实，二审法院予以确认。

二审法院认为，本案中各方当事人的主要争议焦点在于：一、畅游公
司在宣传推广其"风云无双"网络游戏商品的经营活动中，在"搜狗搜
索"网站上设置关键词为"凡人修仙传"的推广链接行为，是否构成对玄
霆公司涉案第×××××号"凡人修仙传"注册商标专用权的侵害；
二、"凡人修仙传"是否属于知名商品的特有名称，畅游公司的上述行为
是否构成对玄霆公司的不正当竞争，应否承担侵权民事责任；三、原审法
院判决畅游公司承担侵权赔偿责任，是否具有事实和法律依据。

关于第一个争议焦点

二审法院认为，首先，根据原审法院查明的事实，畅游公司系"风云
无双"网络游戏的经营者，而"风云无双"网络游戏与玄霆公司涉案第×
×××××号"凡人修仙传"注册商标核定使用的计算机游戏软件属于
同类商品。其次，《商标法》第五十七条第（一）项规定，未经商标注册
人的许可，在同一种商品上使用与其注册商标相同的商标的，属于侵犯注
册商标专用权的行为。本案中，畅游公司作为"风云无双"网络游戏的经
营者，未经玄霆公司的许可，亦无合理的理由，在"搜狗搜索"网站上刻
意设置关键词为"凡人修仙传"的推广链接，并在推广链接的标题中，以
"凡人修仙传同名游戏，凡人…""全新〈凡人修仙传〉原作改编游戏，
〈凡人修仙传〉邀你体验绝妙玄幻之旅！"等陈述，明确指示了涉案推广链
接的游戏与"凡人修仙传"相关联。畅游公司上述对"凡人修仙传"的使
用行为足以使相关消费者产生涉案推广链接所链接的游戏与涉案商标相关

联的混淆和误认。综上，二审法院认为，畅游公司的上述行为，属于未经许可将与他人注册商标相同的文字在相同商品上使用的商标侵权行为。畅游公司应当就此承担侵权民事责任。对于畅游公司关于涉案推广链接服务并不侵害玄霆公司涉案商标权的上诉意见，二审法院不予采纳。

关于第二个争议焦点

二审法院认为，首先，《反法司法解释》第一条规定，在中国境内具有一定的市场知名度，为相关公众所知悉的商品，应当认定为《反不正当竞争法》第五条第（二）项规定的"知名商品"。人民法院认定知名商品，应当考虑该商品的销售时间、销售区域、销售额和销售对象，进行任何宣传的持续时间、程度和地域范围，作为知名商品受保护的情况等因素，进行综合判断。本案中，涉案小说《凡人修仙传》自 2008 年 2 月 20 日起在"起点中文网"首发、连载，至 2014 年 12 月 18 日最后一次更新，创作时间长达六年，通过互联网传播收费阅读，其销售区域已经覆盖全国。单从"起点中文网"的网上数据统计看，涉案小说总点击 9984 万多次，月点击 28889 次，总推荐 1313 万多次，月推荐 4471 次，可见涉案小说具有极大的读者群。而勘验结果中"经典必读""很好看很好看"等读者点评信息，以及畅游公司原审提供的（2015）京方正内经证字第 02678 号公证书中"绝对经典，凡人过后无修仙；不错不错出仙界片就更完美了；唉，看完这本都找不到可以和他媲美的仙侠小说了；正在看，听说能跟仙逆媲美"等读者点评信息，亦可印证涉案小说在相关读者中具有良好口碑，为相关读者所欣赏、推荐。且涉案小说在 2010 年 1 月开始推出实体书籍，从网上传播覆盖至网下实体书籍发行，其销售额、销售对象进一步扩大。综上，二审法院认为，上述事实互相印证，足以证明涉案小说在相关公众中已具有一定的市场知名度，为相关公众所知悉，属于知名商品。而"凡人修仙传"作为涉案小说的名称，是涉案小说与其他同类商品所区别的主要标志，本案中亦无证据证明"凡人修仙传"已经成为同类小说的通用名称，故二审法院认为"凡人修仙传"具有区别商品来源的显著特征，属于知名商品涉案小说的特有名称。

其次，《反不正当竞争法》第五条第（二）项规定，擅自使用知名商品特有的名称、包装、装潢，或者使用与知名商品近似的名称、包装、装淆，造成和他人的知名商品相混淆，使购买者误认为是该知名商品，属于不正当竞争行为。《反法司法解释》第四条规定，足以使相关公众对商品的来源产生误认，包括误认为与知名商品的经营者具有许可使用、关联企业关系等特定联系的，应当认定为《反不正当竞争法》第五条第（二）项规定的"造成和他人的知名商品相混淆，使购买者误认为是该知名商品"。上述法律规定表明，反不正当竞争法作为规范市场竞争的法律，显然更侧重于鼓励和保护公平竞争，制止经营者违反法律的规定，损害其他经营者的合法权益、扰乱社会经济秩序、违反市场秩序和市场规则的竞争行为。因此，本案中在判断知名商品特有名称受保护的商品范围时，应当根据上述法律规定，以所涉及商品的关联程度作为判断标准和依据。本案中，首先，玄霆公司与畅游公司均为网络游戏商品的经营者，双方已存在同业竞争关系。其次，小说和网络游戏虽然在功能方面有所不同，但两者的用途都是为了丰富相关公众的文化生活，其载体都是通过互联网进行传播。而且，一般而言，经小说改编的同名网络游戏所涉及的内容、题材是基本一致的，而基于对同一内容、题材的喜欢和欣赏，两者在消费对象上亦存在极大的重合。目前将知名小说改编为网络游戏，已经成为网络游戏经营者之间的一种主要经营方式。知名小说改编为网络游戏，显然可以充分利用知名小说庞大的读者群，在小说内容已被相关读者认可的基础上，聚集网络游戏运行之初的人气，增强网络游戏被相关公众的认可程度。因此，涉案小说和同名网络游戏之间在消费对象方面显然存在极大的重合。鉴于一般情况下，改编自小说的网络游戏均须获得小说作者的授权，故相关公众一般会对涉案小说和同名网络游戏，产生具有共同来源、关联关系或者基本相同内容等特定联系的认知。最后，畅游公司在"搜狗搜索"网站上刻意设置关键词为"凡人修仙传"的推广链接，并在推广链接的标题中，以"凡人修仙传同名游戏，凡人…""全新〈凡人修仙传〉原作改编游戏，〈凡人修仙传〉邀你体验绝妙玄幻之旅！"等陈述，吸引关注涉案小说的相关公众，足以使相关公众产生涉案推广链接的游戏系来源于玄霆公司或由玄霆公司授权，涉案推广链接的游戏经营者与玄霆公司之间具有关联关系，涉案推广链接的游戏内容系改编自知名商品涉案小说《凡人修仙传》内容的混淆和误认。畅游公司的上述行为属于刻意攀附涉案小说《凡人修仙传》知名商品的商誉，利用了原属于玄霆公司的竞争优势，是俗称为"搭便车"的不正当竞争行为。综上，二审法院认为，本案中应当认定畅游公司的上述行为，违反了《反不正当竞争法》第五条第（二）项的规定，构成不正当竞争。

最后，本案中，玄霆公司主张畅游公司在宣传推广其"风云无双"网络游戏商品的经营活动中，在"搜狗搜索"网站上设置关键词为"凡人修仙传"的推广链接的行为，既构成商标侵权，同时构成不正当竞争。而玄霆公司的上述主张系认为畅游公司的行为在本案中已构成侵权竞合。一般情况下，在涉及侵权竞合的案件中，法院会向权利人予以释明，要求权利人明确择一法律关系对涉案侵权行为进行主张，或向法院明确对涉案侵权行为其优先适用的法律关系。本案中玄霆公司亦明确其针对畅游公司涉案侵权行为优先适用的是商标侵权的法律关系，而在原审法院已根据商标侵权的法律关系对畅游公司的涉案侵权行为作出处理后，畅游公司的侵权行为已被停止，玄霆公司亦获得了赔偿。故本案中亦无须对畅游公司上述不正当竞争行为再行处理。玄霆公司的上诉请求于法无据，二审法院不予支持。

关于第三个争议焦点

二审法院认为，本案中，畅游公司应当就其侵害玄霆公司涉案商标的行为承担消除影响、赔偿经济损失等民事责任。原审法院在玄霆公司因侵权行为遭受的实际损失，以及畅游公司因侵权行为获得的经济利益均难以确定，又不存在可以参照的商标许可使用费等情节的情形下，充分考虑了畅游公司侵权行为的持续时间、主观过错、侵权行为的具体性质、畅游公司已停止侵权的实际情况等因素，以及玄霆公司为制止畅游公司侵权而支出的维权费用中的合理部分，酌情确定畅游公司所应承担的包括合理费用在内的赔偿数额，依法有据，并无不当。对于畅游公司称涉案推广链接时间短、点击量极少的上诉意见，二审法院认为，虽然畅游公司在原审法院审理中提供了由搜狗公司出具的涉案推广链接发布说明，但原审法院在基于畅游公司未提供其与搜狗公司之间的服务合同，该说明尚缺乏相关证据予以印证，不能证明涉案推广链接发布的具体时间以及点击数量的情况下，未全部采信该份证据并无不当，二审法院对此予以认同，二审法院对于畅游公司的相关上诉意见不予采纳。

对于畅游公司关于其经营的"风云无双"游戏有独立的著作权，并未侵害玄霆公司任何作品的改编权，且"凡人修仙传"作为小说名称亦不享有著作权的辩称意见，以及原审法院判决畅游公司承担本案诉讼费用没有事实和法律依据的上诉意见。二审法院认为：1. 本案并未涉及著作权侵权法律关系，故二审法院对于畅游公司的相关上诉意见，不予采纳；2. 原审法院根据畅游公司的侵权事实，以及畅游公司实际承担的赔偿金额，对本案一审诉讼费用的处理，依法有据，并无不当，二审法院对于畅游公司的相关上诉意见，不予采纳。

二审裁判结果

驳回上诉，维持原判。

评析

《商标法》第五十七条第（一）项规定，未经商标注册人的许可，在同一种商品上使用与其注册商标相同的商标的，属于侵犯注册商标专用权的行为。注册商标专用权依法受到保护。本案中，玄霆公司系"凡人修仙传"商标的注册人。畅游公司在"搜狗搜索"网站上刻意设置关键词为"凡人修仙传"的推广链接，指向其"风云无双"网络游戏，主观上具有将其选定的上述关键词作为区别、指示其推广的商品来源的目的。涉案推广链接标题较短，"凡人修仙传"字样为标题的主要部分、显著部分，明确指示了推广链接的游戏是"凡人修仙传"改编的游戏而非其他游戏，具有标识商品来源的作用，故属于商标性使用。畅游公司的该设置关键词行为会造成相关公众混淆、误认随后链接的网站与玄霆公司存在关联。畅游公司在与玄霆公司商标核定使用的同一种商品"计算机游戏软件"上使用相同商标，构成商标侵权。

70. 商标权的合法来源抗辩问题

——广东骆驼服饰有限公司诉泉州琛宝商贸有限公司、 北京京东叁佰陆拾度电子商务有限 公司侵害商标专用权纠纷案

裁判要旨

进口商或者代理商在销售相关商品时，即使该商品使用了在国（境）外注册的商标，其也应当审查该商品使用的该境外注册商标是否存在侵犯国（境）内商标权人的注册商标专用权的可能，若其未尽合理审查义务，则应承担相应的侵权责任。

案件索引

一审：广东省佛山市南海区人民法院（2015）佛南法民四初字第 343 号
二审：广东省佛山市中级人民法院（2016）粤 06 民终 1966 号

基本案情

广东骆驼服饰有限公司（简称"骆驼公司"）拥有"XX1""XX2""XX3""XX4""XX5"注册商标，核定使用商品为第 25 类的鞋、靴等。经过骆驼公司的多年致力打造，"骆驼"品牌获得了较高的知名度和美誉

度。泉州琛宝商贸有限公司（简称"琛宝公司"）经营范围包括销售鞋服及自营和代理各类商品和技术的进出口业，在京东商城开设了台湾骆驼专卖店，并售卖了"YY1""YY2""YY3"标识的鞋子。骆驼公司主张琛宝公司的行为构成商标侵权，向法院提起诉讼。琛宝公司称其所使用的是在台湾地区注册的商标，具有合法来源。

⚡ 一审裁判

一审经审理后认为，被诉侵权鞋子及琛宝鞋靴专卖店使用的被控侵权标识易使相关公众误认为该商品来源于骆驼公司，或与骆驼公司存在联系，琛宝公司的销售行为侵犯了骆驼公司的注册商标专用权。虽然被诉侵权鞋子上使用的商标系台湾地区的注册商标，但琛宝公司作为一家自营和代理各类商品、技术进出口业务的商贸公司，理应知晓商标具有地域性，明知即使在台湾地区合法注册的商标，在大陆也不享有商标专用权，故琛宝公司主观上存在过错，未尽到合理注意义务，其合法来源抗辩不成立。一审法院判决琛宝公司停止侵权并赔偿损失。

⚡ 上诉理由

琛宝公司以商标不构成近似、其所使用的是台湾地区注册商标不构成侵权、其具有合法来源为由提出上诉。

⚡ 二审裁判

二审法院经审理后认为，商标权作为一种专有权，受到地域性的限制，按照台湾地区法律注册的商标权不能对抗骆驼公司在大陆依法注册取得的商标专用权。虽然琛宝公司提交了其与惠安沙洲贸易有限公司签订的代理合同书说明其销售的鞋子来自惠安沙洲贸易有限公司，但从该代理合同书内容来看，其仅能反映惠安沙洲贸易有限公司授权琛宝公司为代理商，但琛宝公司未提交相关进货单据与结算有关的商业发票、经营记录等以证明其确实从惠安沙洲贸易有限公司购入了被诉侵权商品，琛宝公司并未尽到其在合法来源抗辩客观方面的举证责任。作为专业的销售和代理各类商品和技术进出口业务的企业，琛宝公司对其所销售的商品和代理的业务是否存在侵犯知识产权情况负有相应的审查义务。骆驼公司涉案系列注册商标的显著性和知名度均较高，琛宝公司应当知道其所销售的被诉侵权商品存在侵犯骆驼公司涉案系列注册商标权的可能性，琛宝公司仍予以销售，故其主观上难谓善意。因此，综合主客观方面因素，琛宝公司所提出的合法来源抗辩不成立。二审最终判决驳回上诉，维持原判。

▐ 评析

关于侵犯注册商标专用权的问题。根据《中华人民共和国商标法》（简称《商标法》）第五十七条第（二）项的规定，未经商标注册人的许可，在同一种商品上使用与其注册商标近似的商标，或者在类似商品上使用与其注册商标相同或者近似的商标，容易导致混淆的，属侵犯注册商标专用权的行为。本案中，琛宝公司使用被诉侵权商标的商品是鞋子，与骆驼公司在其注册商标上核定使用的鞋类商品相同，故二者属于相同商品。同时，商标近似是指被控侵权的商标与原告的注册商标相比较，其文字的字形、读音、含义或者图形的构图及颜色，或者其各要素组合后的整体结构相似，或者其立体形状、颜色组合近似，易使相关公众对商品的来源产生误认或者认为其来源与原告注册商标的商品有特定的联系。琛宝公司使用的被诉侵权商标与骆驼公司的注册商标构成了商标近似。因此，琛宝公司的行为侵犯了骆驼公司注册商标专用权。商标权作为一种专有权，受到地域性的限制，按照台湾地区规定注册的商标权不能对抗骆驼公司在大陆依法注册取得的商标专用权，且按照《商标法》第五十七条第（二）项的规定，认定该商标侵权行为并不考虑行为人的主观状态，故琛宝公司是否知晓商标权的地域性问题并不影响对其侵权行为的判定。

关于合法来源抗辩的问题。《商标法》第六十四条第二款规定："销售不知道是侵犯注册商标专用权的商品，能证明该商品是自己合法取得并说明提供者的，不承担赔偿责任。"合法来源抗辩是否成立应从两个方面进行审查，一是客观上销售者需要证明侵犯注册商标专用权的商品是自己合法取得并说明提供者；二是销售者主观上不知道其销售的是侵犯注册商标专用权的商品。本案中，琛宝公司并未尽到其在合法来源抗辩客观方面的举证责任，其应当知道其所销售的被诉侵权商品存在侵犯骆驼公司涉案系列注册商标权的可能性，仍予以销售，主观上难谓善意。综合主客观方面因素，琛宝公司所提出的合法来源抗辩不成立。

71. 涉及网络的侵害商标权民事纠纷案例

——绫致公司与崔焕所等侵害"杰克·琼斯" 商标权民事纠纷案

📌 裁判要旨

行为人未经商标权人许可，在同一种商品的宣传、介绍和交易中使用与商标权人所有的商标相同或近似的商标，并销售侵犯上述商标专用权商品的，属于《中华人民共和国商标法》第五十七条第（一）、（二）项所规定的侵犯注册商标专用权的行为，构成对商标权人合法权利的侵害。

📌 基本案情

原告绫致公司经授权在中国境内享有使用"JACK&JONES"商标并提起侵权诉讼的权利，经注册享有"杰克·琼斯"商标的专用权。被告崔焕所、被告杜兴华未经许可，注册了 jackjonescn. net 域名，并利用该域名开办了杰克琼斯中文网。该网站在搜索结果中的网页标题显示为"JACK-JONES 中文网 – 杰克琼斯中文网 – JACK&JONES 中文官方网站"，网页描述中使用"杰克琼斯中文""杰克琼斯官方网站"等表述；在该网站首页及相关网页中大量使用"杰克琼斯中文网""jackjones 中文网"等表述以及杰克琼斯及图标识，并配以"杰克·琼斯介绍"等内容；在相关网页源文件中大量使用与杰克琼斯、JACKJONES、jackjones 等相关的文字；在"服饰目录"所列的每款服装左侧均显示有对应的实物图样和杰克琼斯及图标识；所售服装使用印有杰克琼斯及图标识的包装，服装的标签、吊牌上标有杰克琼斯及图标识，对襟扣、袖扣上标有"JACK&JONES"，合格证上注明商标为"杰克·琼斯"等。绫致公司认为被告的行为侵犯了其注册商标专用权，向北京市海淀区人民法院提起诉讼，请求判令被告停止侵权、消除影响、赔偿损失。

裁判结果

北京市海淀区人民法院经审理认为，被告的行为属于未经商标权人许可，在同一种商品的宣传、介绍和交易中使用与"JACK&JONES""杰克·琼斯"相同或近似的商标以及销售侵犯上述商标专用权商品之行为，其足以导致相关公众误认为上述域名、网站的所有人以及服装的提供者为绫致公司，构成对绫致公司合法权利的侵害。故于 2011 年 4 月 26 日判决二被告停止销售侵权服装，关闭用以销售侵权服装的涉案网站，停止使用涉案域名 jackjonescn.net，该域名由原告注册使用，并判决二被告在《法制日报》和新浪网（www.sina.com.cn）上刊登声明，消除影响，并赔偿原告经济损失及诉讼合理支出近 200 万元。

评析

根据《中华人民共和国商标法》第五十七条第（一）、（二）项规定，未经商标注册人的许可，在同一种商品上使用与其注册商标相同的商标的；未经商标注册人的许可，在同一种商品上使用与其注册商标近似的商标，或者在类似商品上使用与其注册商标相同或者近似的商标，容易导致混淆的，均属于侵犯注册商标专用权。本案中，原告经授权在中国境内享有使用"JACK&JONES"商标并提起侵权诉讼的权利，经注册享有"杰克·琼斯"商标的专用权。被告未经商标权人许可，在同一种商品的宣传、介绍和交易中使用与"JACK&JONES""杰克·琼斯"相同或近似的商标以及销售侵犯上述商标专用权商品之行为，足以导致相关公众误认为上述域名、网站的所有人以及服装的提供者为绫致公司，构成对绫致公司合法权利的侵害。

72. 通过互联网宣传煽动颠覆国家政权

——黄金秋颠覆国家政权案

裁判要旨

通过互联网攻击我国政治制度，宣传煽动颠覆国家政权，并组织、策划成立反动党派，不构成煽动颠覆国家政权罪，应以颠覆国家政权罪论处。

案例索引

一审：江苏省常州市中级人民法院（2004）常刑初字第 15 号
二审：江苏省高级人民法院（2004）苏刑终字第 309 号

基本案情

被告人黄金秋于 2003 年 1 月，在境外"博讯"新闻网站上以"清水君"之名组织、策划成立所谓的"中华爱国民主党"，并在互联网上发表由其亲自制定的《中华爱国民主党党章（征求意见稿）》，该党章在总则中确定："中华爱国民主党"的短、中、长期目标是"意志坚决地反对和揭露××独裁集团的黑暗势力和垄断制度"、"深刻批判和反思独裁集团祸国殃民的罪行"、最终"建立大中华民主联盟"，并以"中华爱国民主党"筹委会负责人"清水君"的名义，在"博讯"新闻网上发表由其撰写的

《颠覆无罪、民主有理》《珍惜经济成就，共建伟大中华——CPDP中华爱国民主党成立宣言》等大量文章，攻击我国的政治制度是"××独裁政权"，提出"三权分立，双重首长制"，建立"强大的政治替代组织"及"爱民"根据地，最终实现"大中华民主联盟"的政治目标。另外其在互联网上还发布《中华爱国民主党入党申请书》，招募了多名预备党员，发表了《爱国民主工作指南》《我们的爱国民主行动纲领》《关于建立地方机构深化组织工作的通知》等大量文章，具体指导如何开展所谓"中华爱国民主党"工作的方法，唆使他们成立"中华爱国民主党"支部，发展党员，扩大组织，散发传单，以达到其颠覆国家政权、推翻社会主义制度的目的。2003年8月，被告人黄金秋归来后先后在昆明、绵竹、连云港等地上网发表文章或发放印有"中华爱国民主党"创办人"清水君"的名片，宣传"中华爱国民主党"的"思想"，为颠覆国家政权积极进行组织活动。

▋裁判理由

江苏省常州市中级人民法院经审理认为，被告人黄金秋无视国法，以所谓"中华爱国民主党"筹委会负责人的身份，在互联网发表文章号召并积极组织、策划、实施颠覆我国国家政权，推翻我国社会主义制度，其行为已构成颠覆国家政权罪，且罪行重大，依法应予惩处。

据此，法院依照《中华人民共和国刑法》第一百零五条第一款、第五十五条第一款、第五十六条第一款、第六十四条之规定，于2004年9月20日作出判决。

▋裁判结果

一、被告人黄金秋犯颠覆国家政权罪，判处有期徒刑十二年，剥夺政治权利四年。

二、查获供犯罪使用的名片等物品，予以没收。

宣判后，被告人黄金秋不服提出上诉。江苏省高级人民法院经二审审理后认为，原判决定性准确，适用法律正确，审判程序合法，遂依据《中华人民共和国刑事诉讼法》第一百八十九条第（一）项之规定，于2004年12月9日裁定：驳回上诉，维持原判。

评析

网络发展到了互联网时代，用户之间的沟通与交流成为时代的主题，各种即时通信工具、自媒体平台迅速崛起，而老牌的门户网站则逐渐没落。网络的迭代发展深刻地形塑了现实社会，个人的生活方式、人与人之间的交往方式被彻底改变，网络真正显现了其威力。与此同时，犯罪也在悄然发生着改变，旧貌换了新颜。挑战、攻击系统的网络犯罪快速消减，网民之间"点对点"地以网络为工具的侵害成为犯罪的标准模式，以诈骗、造谣为主的各类传统犯罪的网络化爆发式增长，以网络为工具的犯罪开始飙升，网络因素快速介入几乎所有的传统犯罪之中，传统犯罪开始跃升到网络这一平台之上，传统犯罪进入网络时代。此阶段网络犯罪的特点，一方面是传统犯罪的网络异化。传统犯罪借助网络因素而迅速扩散，网络开始以犯罪工具的形象展现。互联网取代了计算机信息系统在整个网络犯罪中占据了核心地位，以计算机为"对象"的犯罪逐渐减少，以网络为"工具"的犯罪开始飙升。由于网络因素的介入，传统犯罪内部的构成要件要素、犯罪形态等产生了不同于过去的新的表现形式，传统的刑法理论、刑事立法和司法规则处于难以适用的尴尬境地，此即为"传统犯罪的网络异化"。另一方面是帮助犯的地位凸显。网络犯罪呈现大众化的趋势，犯罪的技术性色彩在进一步降低，掌握技术的犯罪者从台前退居到了幕后，从犯罪的实施者转变为犯罪的帮助者，开始为广大犯罪人提供技术支持。网络犯罪的帮助犯在这一阶段真正发生了异化，危害性实现了扩大，独立性得到了提升。

煽动颠覆国家政权罪是指以造谣、诽谤或者其他方式煽动颠覆国家政权、推翻社会主义制度的犯罪；颠覆国家政权罪指的是组织、策划、实施颠覆国家政权、推翻社会主义制度的犯罪。两罪的区别在于犯罪客观方面的不同，前者是以造谣、诽谤或者其他方式煽动颠覆国家政权、推翻社会主义制度的行为；后者是组织、策划、实施颠覆国家政权、推翻社会主义制度的行为。本案中，被告人黄金秋以所谓的"中华爱国民主党"筹委会负责人的身份，不仅在网络上发表文章攻击我国政治制度，怂恿、鼓动颠覆国家政权，而且组织、策划成立反动党派，招募预备党员，发布行动纲领，实施了颠覆我国国家政权，推翻我国社会主义制度的行为。其既实施了煽动颠覆国家政权的煽动行为，又实施了颠覆国家政权的实行行为。煽动行为本质上是组织、策划、实施颠覆国家政权的一种形式，只是我国刑法将煽动颠覆国家政权的行为规定为独立的犯罪罪名。依照我国刑法吸收犯的原理，事实上数个不同行为，其一行为吸收其他行为，仅成立吸收行为一个罪名的犯罪。本案中，煽动行为被实行行为所吸收，仅以实行行为所构成的犯罪即颠覆国家政权罪论处。

73. 利用伪基站发送广告

——郝林喜、黄国祥破坏公用电信设施案

裁判要旨

非法使用"伪基站"设备干扰公用电信网络信号，危害公共安全的，应以破坏公用电信设施罪追究刑事责任。行为人使用"伪基站"进行广告宣传，致使周边范围内手机通信中断，已经对公共通信安全造成了破坏，因此，应构成破坏公用电信设施罪。

【案件索引】

上海市静安区人民法院（2014）静刑初字第 162 号

公诉机关指控

上海市静安区人民检察院以被告人郝林喜、黄国祥犯破坏公用电信设施罪，向静安区人民法院提起公诉。

被告人辩解与辩护人辩护

被告人郝林喜、黄国祥对指控事实均无异议。郝林喜、黄国祥的辩护

人均提出，二被告人的目的是为特卖会做广告宣传，无破坏公用电信设施的故意，其行为仅在有限的时空范围内对部分移动电话使用者造成影响，并未对公用电信设施造成破坏；二被告人曾因违法使用"伪基站"被行政机关处罚，仍继续使用，其行为构成扰乱无线电通讯管理秩序罪。

❧ 法院查明事实

上海市静安区人民法院经公开审理查明，被告人郝林喜系推销人员，案发前购买了两套"伪基站"设备用于广告宣传。2013年9月9日至11日，郝林喜租赁上海市喜来登太平洋大饭店场地，举办皮鞋、箱包特卖会。为提高销量，郝林喜雇用其亲戚被告人黄国祥驾车携带一套"伪基站"设备，为特卖会做广告宣传。该设备占用中国移动上海公司gsm公众数字蜂窝移动通信网的频率，并发射无线电信号，截断一定范围内移动电话的正常通信联系。9月11日，上海市无线电管理局的工作人员当场对黄国祥进行查处，没收了"伪基站"相关设备。同年10月初，郝林喜租赁上海市西藏大厦万怡酒店、京辰大酒店场地，举办皮鞋、箱包特卖会，继续雇用黄国祥使用上述方法做广告宣传。经中国移动上海公司测算，10月10日和11日因郝林喜、黄国祥使用"伪基站"设备，周边用户通信中断约14万人次。

❧ 裁判理由

上海市静安区人民法院认为，被告人郝林喜、黄国祥破坏公用电信设施，危害公共安全，其行为均构成破坏公用电信设施罪。在共同犯罪中，郝林喜提起犯意，纠集黄国祥作案，系主犯；黄国祥系从犯，依法应当减轻处罚。郝林喜、黄国祥能够如实供述罪行，依法可以从轻处罚。据此，依照《中华人民共和国刑法》第一百二十四条第一款，第二十五条第一款，第二十六条第一款、第四款，第二十七条，第六十七条第三款之规定，上海市静安区人民法院于2014年4月25日作出判决。

裁判结果

一、被告人郝林喜犯破坏公用电信设施罪，判处有期徒刑三年。

二、被告人黄国祥犯破坏公用电信设施罪，判处有期徒刑一年六个月。

宣判后，被告人郝林喜、黄国祥未提出上诉，检察机关亦未抗诉，该判决已发生法律效力。

评析

依照我国《刑法》第一百二十四条第一款的规定，破坏公用电信设施罪指的是故意破坏公用电信设施，危害公共安全的行为。根据 2014 年《关于依法办理非法生产销售使用"伪基站"设备案件的意见》，非法使用"伪基站"设备干扰公用电信网络信号，危害公共安全的，应以破坏公用电信设施罪追究刑事责任。另根据最高人民法院《关于审理破坏公用电信设施刑事案件具体应用法律若干问题的解释》之规定：采用截断通信线路、损毁通信设备或者删除、修改、增加电信网计算机信息系统中存储、处理或者传输的数据和应用程序等手段，故意破坏正在使用的公用电信设施，具有下列情形之一的，属于刑法第一百二十四条规定的"危害公共安全"：（二）造成二千以上不满一万用户通信中断一小时以上，或者一万以上用户通信中断不满一小时的。被告人郝林喜使用两套"伪基站"设备用于广告宣传，通过发射无线电信号，截断一定范围内移动电话的正常通信联系，致使周边用户通信中断约 14 万人次，其行为构成破坏公用电信设施罪。

74. 利用伪基站发送诈骗信息

——林炎、胡明浪诈骗案

裁判要旨

1. 对电信诈骗数额难以查证，但发送诈骗信息 5000 条以上，拨打诈骗电话 500 人次以上的，或者诈骗手段恶劣、危害严重的，即可以诈骗罪（未遂）追究刑事责任。

2. 利用"伪基站"设备实施诈骗等其他犯罪行为，同时构成破坏公用电信设施罪的，依照处罚较重的规定追究刑事责任。

【案件索引】

一审：福建省福州市鼓楼区人民法院（2016）闽 0102 刑初 389 号
二审：福建省福州市中级人民法院（2016）闽 01 刑终 634 号

基本案情

2015 年 10 月 18 日至 21 日，被告人林炎、胡明浪和杨东昊（另案处理）经事先共谋，由杨东昊提供伪基站并事先编辑好诈骗短信，指使被告人林炎、胡明浪在福州市鼓楼区、台江区、仓山区、闽侯县上街镇等地使用伪基站，屏蔽干扰以该伪基站为中心一定范围内的通信运营商信号，搜取屏蔽范围内用户手机卡信息，冒充"95533""10086""95588"等相关客服号码向手机用户发送虚假短信 30801 条，企图骗取手机用户的信任，点击短信中的钓鱼网站、填写相关银行账户信息，以达到骗取手机用户钱款的目的。

本案由福建省福州市鼓楼区人民法院一审，福建省福州市中级人民法院二审，现已发生法律效力。

裁判结果

法院认为，被告人林炎、胡明浪以非法占有为目的，伙同他人利用电信技术手段发送虚假短信，对不特定多数人实施诈骗，情节严重，其行为已构成诈骗罪。被告人林炎、胡明浪已经着手实行犯罪，由于意志以外的原因而未得逞，是犯罪未遂，可以比照既遂犯从轻处罚。被告人林炎、胡明浪如实供述自己的罪行，是坦白，可以从轻处罚。据此，依法以诈骗罪分别对被告人林炎、胡明浪判处有期徒刑三年七个月，并处罚金人民币5000 元。

评析

根据 2014 年《关于依法办理非法生产销售使用"伪基站"设备案件的意见》，非法使用"伪基站"设备干扰公用电信网络信号，危害公共安全的，以破坏公用电信设施罪追究刑事责任；同时构成虚假广告罪、非法获取公民个人信息罪、破坏计算机信息系统罪、扰乱无线电通讯管理秩序罪的，依照处罚较重的规定追究刑事责任。被告人使用伪基站，屏蔽干扰以该伪基站为中心一定范围内的通信运营商信号，搜取屏蔽范围内用户手机卡信息，冒充"95533""10086""95588"等相关客服号码向手机用户发送虚假短信 30801 条，企图骗取手机用户的信任，实施诈骗。其行为，一方面，成立破坏公用电信设施罪；另一方面，依 2011 年《最高人民法院、最高人民检察院关于办理诈骗刑事案件具体应用法律若干问题的解释》（法释〔2011〕7 号）第五条第二款规定，利用发送短信、拨打电话、互联网等电信技术手段对不特定多数人实施诈骗，诈骗数额难以查证，但发送诈骗信息5000条以上的，应当认定为《刑法》第二百六十六条诈骗罪规定的"其他严重情节"，以诈骗罪（未遂）定罪处罚。因此，对被告人应以处罚更重的诈骗罪定罪处罚。

需要说明的是，2016年"两高一部"发布的《关于办理电信网络诈骗等刑事案件适用法律若干问题的意见》（法发〔2016〕32号）也规定，诈骗数额难以查证，但发送诈骗信息5000条以上的，或者拨打诈骗电话500人次以上的，应当认定为《刑法》第二百六十六条规定的"其他严重情节"，以诈骗罪（未遂）定罪处罚。

75. 反向刷单第一案

——被告人董某、谢某破坏生产经营案

裁判要旨

淘宝网商户通过信用等级维持和搜索排名提升，从而获利，是电商时代电子商户的基本生产经营活动，是随着信息技术进步而出现的受法律保护和鼓励的生产经营活动。"恶意好评"导致搜索降权就是以类似破坏"机器设备"的方式削减电商生产经营的规模，乃至使其无法进行生产经营。因此，"恶意好评"行为的最终刑法评价，完全可按照破坏生产经营罪制裁。

案件索引

南京市雨花台区人民法院（2015）雨刑二初字第 29 号

审理经过

南京市雨花台区人民检察院以宁雨检诉刑诉〔2015〕35 号起诉书指控被告人董某、谢某犯破坏生产经营罪，于 2015 年 2 月 16 日向法院提起公诉。法院依法适用普通程序，组成合议庭，公开开庭审理了本案。南京市雨花台区人民检察院指派检察员雷蕾、代理检察员李迪出庭支持公诉，被

告人董某及其辩护人周新，被告人谢某，鉴定人柏某到庭参加诉讼。现已
审理终结。

公诉机关指控

南京市雨花台区人民检察院指控，2014 年 4 月，被告人董某为谋取市
场竞争优势，雇用被告人谢某，多次以同一账号大量购买北京××科技有
限公司南京分公司（以下简称"××科技南京公司"）淘宝网店铺的商品，
致使该公司店铺被淘宝公司认定为虚假交易刷销量，并对其搜索降权。因
消费者在数日内无法通过淘宝网搜索栏搜索到××科技南京公司淘宝网店
铺的商品，该公司正常经营受严重影响。经审计，××科技南京公司因被
搜索降权，影响经营而产生的经济损失为人民币 159844.29 元。

被告人辩解与辩护人辩护

辩护人辩护提出：1. 董某的行为不构成犯罪；2. 董某的行为情节显
著轻微，社会危害性非常小；3. 对被害单位损失数额的审计结果过高；
4. 董某具有坦白情节，可以从轻处罚；5. 董某平时表现良好，无犯罪前
科，系初犯，归案后认罪、悔罪，已赔偿被害单位的经济损失，可以酌情
从轻处罚。综上，恳请法庭综合董某的量刑情节并结合其行为较小的社会
危害性，对董某依法公正裁决。

被告人谢某对公诉机关指控的犯罪事实不持异议。

法院查明事实

经审理查明，2013 年 9 月，北京××科技有限公司通过北京万方数据
股份有限公司获得万方数据知识资源系统 V1.0 的使用权，后于 2013 年 11
月在淘宝网注册成立名称为"PaperPass 论文通行证"的网上店铺，主要经
营论文相似度检测业务（俗称"论文查重"），由该公司南京分公司即××
科技南京公司具体负责运营。

2014 年 4 月，在淘宝网经营论文相似度检测业务的被告人董某为谋取市场竞争优势，雇用并指使被告人谢某，多次以同一账号恶意大量购买××科技南京公司淘宝网店铺的商品。其中，4 月 18 日凌晨指使被告人谢某使用同一账号，恶意购买 120 单商品；4 月 22 日凌晨指使被告人谢某使用同一账号，恶意购买 385 单商品；4 月 23 日凌晨指使被告人谢某使用同一账号，恶意购买 1000 单商品。

2014 年 4 月 23 日，浙江淘宝网络有限公司认定××科技南京公司淘宝网店铺从事虚假交易，并对该店铺作出商品搜索降权的处罚，后经××科技南京公司线下申诉，于 4 月 28 日恢复该店铺商品的搜索排名。被处罚期间，因消费者在数日内无法通过淘宝网搜索栏搜索到××科技南京公司淘宝网店铺的商品，该公司正常经营受严重影响。经审计，××科技南京公司因其淘宝网店铺被商品搜索降权处罚而导致的订单交易额损失为人民币 159844.29 元。

另查明，被告人谢某、董某分别于 2014 年 5 月 13 日、5 月 16 日被公安机关抓获，二被告人归案后均如实供述了自己的犯罪事实。本案侦查期间，被告人董某已赔偿被害单位××科技南京公司经济损失人民币 15 万元。

上述事实，有经庭审举证、质证，法院予以确认的下列证据证实：1. 报案材料、受案登记表、立案决定书、到案经过、扣押清单、《淘宝规则》、浙江淘宝网络有限公司出具的虚假交易处置记录、营业执照、万方数据知识资源系统 V1.0 合同书、国际域名转让合同、××科技南京公司出具的收入损失统计表、收条、被告人户籍资料等书证、物证；2. 证人季某、徐某、林某的证言及鉴定人柏某的当庭证言；3. 搜查笔录、电子证据检查笔录；4. "PaperPass 论文通行证"店铺页面截图，注册信息截图，首次入店来源拍下金额统计截图，董某淘宝网店铺页面截图，董某、谢某 QQ 账户截图，QQ 聊天记录截图，支付宝账户信息及交易记录，林某、谢某财付通汇款记录截图，××科技南京公司拍摄的录像等电子数据；5. 专项审计报告；6. 被告人董某、谢某的供述。

⚡裁判理由

　　法院认为，被告人董某、谢某出于打击竞争对手的目的，以其他方法破坏生产经营，二被告人的行为均已构成破坏生产经营罪。被告人董某、谢某共同故意实施破坏生产经营的犯罪行为，系共同犯罪。关于董某的辩护人提出"董某不构成犯罪"的辩护意见，经审查认为，被告人董某为打击竞争对手，雇用并指使被告人谢某多次以同一账号恶意大量购买××科技南京公司淘宝网店铺的商品，从而导致浙江淘宝网络有限公司错误判定该店铺在从事虚假交易，并对其作出商品搜索降权的处罚，严重影响了××科技南京公司淘宝网店铺的正常经营活动，且给该公司造成了较大的经济损失，其行为属于以其他方法破坏企业的生产经营，已符合破坏生产经营罪的构成要件，应以破坏生产经营罪定罪处罚。故辩护人的上述辩护意见不能成立，法院不予采纳。关于董某的辩护人提出"对被害单位损失数额的审计结果过高"的辩护意见，经查，××科技南京公司提供的收入损失统计表、首次入店来源拍下金额统计截图、专项审计报告及鉴定人柏某的当庭证言等在案证据证实，××科技南京公司淘宝网店铺的订单额（营业收入）主要通过"淘宝站外其他"、"淘宝搜索"（淘宝网首页搜索栏）、"直接访问"和"我的淘宝"等10个渠道获得，且在该店铺被处罚前，通过"淘宝搜索"获得的订单额一直稳居第2位；在该店铺被处罚期间及被处罚前后，除"淘宝搜索"外，从其他渠道获得的订单金额均相对较为稳定，唯独从"淘宝搜索"获得的订单金额出现了剧烈波动，每日订单额从被处罚前的数万元骤降至数百元甚至数十元，处罚撤销搜索排名恢复后又回升至数万元。鉴定机构根据客观事实并依据相应的审计规则所得出的鉴定意见具有事实和法律依据，应当予以采信。辩护人提出××科技南京公司淘宝网店铺订单额的减少部分系受论文检测市场需求减少所导致的辩护意见无事实依据。故上述辩护意见不能成立，法院不予采纳。关于董某的辩护人提出"董某的行为情节显著轻微，社会危害性非常小"的辩护意见，经审查认为，被告人董某的行为严重影响了××科技南京公司淘宝网店铺的正常经营活动，且给该公司造成了较大的经济损失。董某的行为已具有相当的社会危害性，不属于犯罪情节显著轻微。故辩护人的上述辩护意见不能成立，法院不予采纳。被告人董某、谢某归案后能如实供述自己的罪行，当庭认罪、悔罪，具有坦白情节，依法予以从轻处罚。鉴于被告人董某、谢某系初次犯罪，有退赔被害单位经济损失等认罪、悔罪表现，且二被告人所在社区均同意对其实施社区矫正，法院决定对二被告人适用缓刑。董某辩护人的相关辩护意见法院予以采纳。

综上，法院为维护社会主义市场经济秩序，保护企业的正常经营活动，依照《中华人民共和国刑法》第二百七十六条，第二十五条第一款，第六十七条第三款，第七十二条第一款，第七十三条第二款、第三款之规定，作出判决。

⚑ 裁判结果

被告人董某犯破坏生产经营罪，判处有期徒刑一年六个月，缓刑二年（缓刑考验期从判决确定之日起计算）。

被告人谢某犯破坏生产经营罪，判处有期徒刑一年，缓刑一年二个月（缓刑考验期从判决确定之日起计算）。

⚑ 二审裁判

二审法院认为，二上诉人主观上具有报复和从中获利的目的，客观上实施了通过损害被害单位商业信誉的方式破坏被害单位生产经营的行为，被害单位因二上诉人的行为遭受了10万元以上的损失，且二上诉人的行为与损失间存在因果关系，其行为符合破坏生产经营罪的犯罪构成，应以破坏生产经营罪定罪处罚。

经审理，二审法院认为，由于二审期间出现新的证据，原审判决认定二上诉人造成的损失数额不当，予以纠正（认定损失为人民币10万余元）。据此，二审法院在维持一审法院定罪的基础上，判处董某有期徒刑一年，缓刑一年，谢某免予刑事处罚。

▌ 评析

我国《刑法》第二百七十六条规定，破坏生产经营罪是由于泄愤报复或者其他个人目的，毁坏机器设备、残害耕畜或者以其他方法破坏生产经营的行为。信息时代中"生产经营"范畴的扩充和"机器设备"含义的扩大，是生产经营罪适用于"网络不正当竞争"案件的关键。淘宝网商户通过信用等级维持和搜索排名提升，从而获利，是电商时代电子商户的基本生产经营活动，是随着信息技术进步而出现的受法律保护和鼓励的生产经营活动。"恶意好评"导致搜索降权就是以类似破坏"机器设备"的方式削减电商生产经营的规模，乃至使其无法进行生产经营。因此，"恶意好评"行为的最终刑法评价，完全可按照破坏生产经营罪制裁。本案中二被告人恶意刷单，致使被害人的商品检索权被淘宝强行降级的行为，是否属于"以其他方法破坏生产经营"成为本案的争议焦点。一审判决认为，被告人董某为打击竞争对手，雇用并指使被告人谢某多次以同一账号恶意大量购买××科技南京公司淘宝网店铺的商品，从而导致浙江淘宝网络有限公司错误判定该店铺在从事虚假交易，并对其作出商品搜索降权的处罚，严重影响了××科技南京公司淘宝网店铺的正常经营活动，且给该公司造成了较大的经济损失，其行为属于以其他方法破坏企业的生产经营行为。二审判决认识到反向刷单不同于毁坏机器设备、残害耕畜的方式，而将其界定为"损害被害单位商业信誉"。在信息时代，搜索排名可谓决定着电商生产经营的规模，"恶意好评"导致搜索降权就是以类似破坏"机器设备"的方式削减电商生产经营的规模，乃至使其无法进行生产经营。因此，"恶意好评"行为的最终刑法评价，完全可按照破坏生产经营罪制裁。

76. 刷单炒信第一案

——李某某非法经营案

裁判要旨

以营利为目的，明知是虚假信息仍通过网络有偿提供发布信息等服务，在网络购物平台进行虚假交易并给予虚假好评的，扰乱了正常的市场交易秩序，属于非法经营行为。

【案件索引】

江西省宜春市袁州区人民法院（2017）赣 0902 刑初 136 号

基本案情

被告人李某某通过创建"零距网商联盟"（前身为"迅爆军团"）http：//5sbb.com 网站和利用 YY 语音聊天工具建立刷单炒信平台，吸纳淘宝卖家注册账户成为会员，并收取 300 元至 500 元不等的保证金和 40 元至 50 元的平台管理维护费及体验费，并通过制定刷单炒信规则与流程，组织会员通过该平台发布或接受刷单炒信任务。会员在承接任务后，通过与发布任务的会员在淘宝网上进行虚假交易并给予虚假好评的方式赚取任务点，使自己能够采用悬赏任务点的方式吸引其他会员为自己刷单炒信，进而提

633

升自己淘宝店铺的销量和信誉，欺骗淘宝买家。其间，被告人李某某还通过向会员销售任务点的方式牟利。从 2013 年 2 月至 2014 年 6 月，被告人李某某共收取平台管理维护费、体验费及任务点销售收入至少人民币 30 万元，另收取保证金共计人民币 50 余万元。另查明，http://5sbb.com 网站不具备获得增值电信业务经营许可的条件。

又查明，被告人李某某因涉嫌侵犯公民个人信息于 2016 年 9 月 10 日被江西省宜春市公安局刑事拘留，同年 9 月 30 日被逮捕，2017 年 5 月 16 日，江西省宜春市袁州区人民法院作出（2017）赣 0902 刑初 136 号刑事判决书，以被告人李某某犯侵犯公民个人信息罪，判处其有期徒刑九个月，并处罚金人民币 2 万元（刑期自 2016 年 9 月 10 日起至 2017 年 6 月 9 日止），所判罚金人民币 2 万元，被告人李某某已缴纳。

裁判理由

经法院审理查明，《全国人民代表大会常务委员会关于维护互联网安全的决定》系全国人民代表大会常务委员会制定的决定，《互联网信息服务管理办法》系国务院令，依法均属于《刑法》第九十六条规定的"国家规定"的范畴。被告人李某某创建并经营的"零距网商联盟"以收取平台维护管理费、体验费及销售任务点等方式牟利，属于提供经营性互联网信息服务，根据《互联网信息服务管理办法》相关规定，应当取得互联网信息服务增值电信业务经营许可证。

法院还认为，本案中，炒信行为即发布虚假好评的行为虽系在淘宝网上最终完成，但被告人李某某创建炒信平台，为炒信双方搭建联系渠道，并组织淘宝卖家通过该平台发布、散播炒信信息，引导部分淘宝卖家在淘宝网上对商品、服务作虚假宣传，并以此牟利，其主观上显具在淘宝网上发布虚假信息的故意，且系犯意的提出、引发者，客观上由平台会员即淘宝卖家实施完成发布虚假信息，其行为符合《全国人民代表大会常务委员会关于维护互联网安全的决定》第三条规定的"利用互联网对商品、服务作虚假宣传"，构成犯罪的，依照刑法有关规定追究刑事责任。

法院认为，被告人李某某违反国家规定，以营利为目的，明知是虚假的信息仍通过网络有偿提供发布信息等服务，扰乱市场秩序，且属情节特别严重，遂依据相关法律规定，以非法经营罪判处被告人李某某有期徒刑五年六个月，并处罚金人民币90万元，连同原判有期徒刑九个月，并处罚金人民币2万元，予以并罚，决定执行有期徒刑五年九个月，并处罚金人民币92万元。

✂ 评析

互联网进入了"2.0"时期，开始了一个以"互"为主的互联网时代，网络犯罪再次发生了变异，大量传统犯罪借助互联网的发展得以迅速扩散，以网络为犯罪"工具"的犯罪开始大量涌现，传统犯罪的网络异化已经凸显。此外，这一阶段的网络犯罪另一突出特点表现为涉财犯罪的爆发式增长。由于网络上集聚了大量的网民，且彼此之间实现了互动交流，网络开始累计大量的财产利益，如网络游戏、密码账号等。犯罪也由此发生了转向，开始由侵犯计算机本身转向侵犯网络中的利益，尤其是财产利益。因此，涉财犯罪在这一阶段的网络犯罪中占大多数，犯罪侵犯的法益主要是财产，犯罪的目的主要在于获利，如电信诈骗、贩卖淫秽物品。然而，由于网络因素的介入，传统犯罪内部的构成要件要素、犯罪形态等产生了不同于过去的新的表现形式，传统的刑法理论、刑事立法和司法规则处于难以适用的尴尬境地。这一问题在非法经营罪中表现得尤为突出。各种借助网络实施的非法经营行为层出不穷，传统的破坏市场经济秩序罪名难以妥当、完满地予以规制，这就使得作为破坏市场经济秩序罪中的"口袋罪"的非法经营罪面临迫切的适用需求与潜在的适用风险。正是在这样的背景下，非法经营罪伴随着网络因素的介入也发生了相应的变化，需要进行相应的重新理解与解释。

我国《刑法》第二百二十五条规定，非法经营罪，是指违反国家规定，故意从事非法经营活动，扰乱市场秩序，情节严重的行为，包括：（一）未经许可经营法律、行政法规规定的专营、专卖物品或其他限制买卖的物品的；（二）买卖进出口许可证、进出口原产地证明以及其他法律、行政法规规定的经营许可证或者批准文件；（三）未经国家有关主管部门批准，非法经营证券、期货或者保险业务的，或者非法从事资金结算业务的；（四）从事其他非法经营活动，扰乱市场秩序，情节严重的行为。最高人民法院、最高人民检察院 2013 年《关于办理利用信息网络实施诽谤等刑事案件适用法律若干问题的解释》第七条规定，违反国家规定，以营利为目的，通过信息网络有偿提供删除信息服务，或者明知是虚假信息，通过信息网络有偿提供发布信息等服务，扰乱市场秩序，具有下列情形之一的，属于非法经营行为"情节严重"，依照刑法第二百二十五条第（四）项的规定，以非法经营罪定罪处罚：（一）个人非法经营数额在五万元以上，或者违法所得数额在二万元以上的；（二）单位非法经营数额在十五万元以上，或者违法所得数额在五万元以上的。实施前款规定的行为，数额达到前款规定的数额五倍以上的，应当认定为刑法第二百二十五条规定的"情节特别严重"。本案中，被告人李某某通过创建"零距网商联盟"http://5sbb.com 网站和利用 YY 语音聊天工具建立刷单炒信平台，吸纳淘宝卖家注册账户成为会员。会员在承接任务后，通过与发布任务的会员在淘宝网上进行虚假交易并给予虚假好评的方式赚取任务点，使自己能够采用悬赏任务点的方式吸引其他会员为自己刷单炒信，进而提升自己淘宝店铺的销量和信誉，欺骗淘宝买家。其行为以营利为目的，明知是虚假信息仍通过网络有偿提供发布信息等服务，在网络购物平台进行虚假交易并给予虚假好评，扰乱了正常的市场交易秩序，违反了国家规定，属于非法经营行为，被告人李某某的行为依法应定性为非法经营罪。

77. 网络侵犯著作权

——闫少东等五人侵犯著作权案

📕 裁判要旨

在网络和自架设服务器上进行盗版网络游戏的营运行为，因经营网络游戏不属于特定的经营行为，故不应视为非法经营行为。

📕 案件索引

一审：上海市长宁区人民法院（2007）长少刑初字第 262 号
二审：上海市第一中级人民法院（2007）沪一中少刑终字第 40 号

📕 基本案情

韩国艺堂娱乐产业有限公司拥有《精灵复兴》网络游戏的著作权。2006 年 3 月，该公司授予上海易当网络科技有限公司在我国发行、销售、运营该网络游戏的权利以及该产品文字、图像和多媒体资料的使用权。

2006 年 5 月，被告人闫少东向他人购得《精灵复兴》网络游戏程序复制版，遂起意"私服"运营牟利。同年 7 月，闫少东与被告人王琪在武汉市就"私服"运营《精灵复兴》网络游戏签订合作协议，约定利润对半分成。王琪提供两台服务器并负责托管维护，兼负责聘用人员的食宿；闫少东负责网络游戏营运和招聘工作人员。随后，王琪租借武汉市东亭小区一私房，与闫少东筹备"私服"运营。王琪将两台服务器分别托管于武汉市和茂名市的某网络公司，并通过茂名市某网络公司在梧州市的分公司租借"私服"运营所需虚拟下载空间。闫少东聘用被告人陈科、陈少羽参与《精灵复兴》网络游戏"私服"运营，陈科负责建立该网络游戏"私服"运营所需网站，陈少羽负责"私服"运营客户服务。其间，闫少东将《精灵复兴》网络游戏更名为《精灵世界》。2007年初，上述《精灵世界》网络游戏"私服"运营地点转移至闫少东租借的重庆市渝北区一私房内，闫少东、王琪将原托管于武汉市某公司的一台服务器转托至重庆某公司。2007年3月下旬，被告人王友杰经聘用参与该"私服"团伙，与陈少羽一起负责客户服务。在"私服"运营期间，陈科、陈少羽、王友杰曾分别从闫少东处领取报酬。截至2007年5月，闫少东、王琪、陈科、陈少羽违法所得数额合计人民币14万余元，其中包括王友杰所共同参与的违法所得数额合计人民币7万余元。

据上海公信扬知识产权司法鉴定所司法鉴定，正版《精灵复兴》游戏和侵权嫌疑版《精灵世界》游戏之间存在复制关系。案发后被告人王琪自动至公安机关投案并如实供述案件事实。

裁判理由

一审法院认为，被告人闫少东、王琪、陈科、陈少羽、王友杰的上述行为均已构成侵犯著作权罪，且违法所得数额较大，依法应当承担刑事责任。闫少东、王琪系主犯。陈科、陈少羽、王友杰系从犯，予以从轻处罚。王琪系自首，予以从轻处罚。陈少羽犯罪时不满18周岁，亦予以从轻处罚。五名被告人在审理中都能认罪、悔罪，均酌情从轻处罚。

裁判结果

以犯侵犯著作权罪，分别对闫少东判处有期徒刑二年，并处罚金人民币2万元；对王琪判处有期徒刑一年六个月，缓刑一年六个月，并处罚金人民币 15000 元；对陈科判处有期徒刑一年，并处罚金人民币 1 万元；对陈少羽判处有期徒刑七个月，并处罚金人民币 5000 元；对被告人王友杰判处有期徒刑八个月，并处罚金人民币 8000 元；犯罪工具予以没收，违法所得予以追缴。

上诉理由

闫少东上诉辩称，原判认定的违法所得数额应为非法经营数额。闫少东的辩护人认为，一是闫少东没有复制或发行他人游戏软件，其对从他人处购得的《精灵复兴》游戏程序进行过汉化处理，存在"二次开发"的因素，故其行为不符合侵犯著作权罪的客观要件；二是非法所得数额应当指的是违法获利的数额，而原判认定的 14 万余元的性质应为非法经营数额，如认定违法所得须扣除闫少东等人对相关软件"二次开发"等的支出；三是建议对闫少东适用缓刑。原审被告人王琪辩解意见与闫少东相同。原审被告人陈科、陈少羽、王友杰对原判确认的事实、证据和定性均无异议。

二审裁判

上海市第一中级人民法院经审理认为，上诉人闫少东及原审被告人王琪、陈科、陈少羽、王友杰以营利为目的，未经著作权人许可，以"私服"营运方式，通过信息网络向公众传播并运营所购得的盗版网络游戏，该行为依法应被视为复制发行他人网络游戏软件，且违法所得数额较大，其行为均已构成侵犯著作权罪。原审法院认定闫少东、王琪为主犯，并认定陈科、陈少羽、王友杰为从犯，王琪系自首，陈少羽犯罪时系未成年人以及上诉人、原审被告人均能自愿认罪而予以从轻处罚和酌情从轻处罚并无不当。对于否认侵犯著作权犯罪的意见，经查，《精灵世界》游戏软件是在《精灵复兴》游戏软件基础上进行少量改动而成，尽管两者名称、局部功能略有差异，但程序文件基本相同，闫少东等人所谓的对《精灵复兴》游戏的"二次开发"不存在独创性，且闫少东购得该盗版游戏软件后，擅作修改并运营牟利，已侵犯了著作权人的著作权。至于违法所得是否应扣除"私服"经营成本的问题。依照《中华人民共和国刑法》第六十四条有关"供犯罪所用的本人财物，应当予以没收"的规定，闫少东等人为所谓的"二次开发"投入资金或财物的目的，是从事侵犯他人著作权的违法犯罪活动，相关资金或财物具违法性，应当视作侵犯著作权行为的一部分而予以处理，不应从违法所得中予以扣除。对闫少东及其辩护人的辩解和辩护意见不予采纳。陈少羽的辩护人关于陈少羽对犯罪不知情且无牟利动机而不构成侵犯著作权罪的辩护意见，原判已作出评判意见，该评判意见正确，故上述辩护意见亦不采纳。原审根据上诉人及其他四名原审被告人的犯罪事实、性质、情节及对社会的危害程度等所作的判决并无不当，且审判程序合法。二审法院遂驳回闫少东的上诉，维持原判。

评析

在前网络时代，个人计算机刚刚普及、网络刚刚起步、互联网还未形成的初创时期，网络犯罪并不存在，有的只是计算机犯罪，但在计算机犯罪这种具有高技术性的犯罪出现之前，犯罪的特点主要是不涉及网络，也和计算机没有直接关系，而是属于"与计算机有关的犯罪"的盗版软件问题，仅仅是传统犯罪中出现了涉及计算机因素的犯罪类型。通过盗版计算机软件、程序或者影视资源，然后利用计算机作为读取工具进行使用，计算机本身仅仅是盗版软件的读取工具和犯罪的"媒介"，犯罪并未直接涉及计算机本身。因此，当时法律打击的重点也是和计算机犯罪无关的盗版软件问题。侵犯著作权的盗版行为，以及销售侵权复制品的行为是当时严厉制裁的对象。基于当时的社会乱象，1997年《刑法》第二百一十七条规定了"侵犯著作权罪"，第二百一十八条规定"销售侵权复制品罪"。前者是为了打击未经著作权人许可复制发行其计算机软件的行为；后者制裁的则是"以营利为目的"销售明知是《刑法》第二百一十七条规定的侵权复制品，违法所得数额巨大的行为。虽然是作为新增罪名在1997年刑法中加入的，但刑法对于此类行为的制裁并非始于1997年修订刑法典时，而是在1994年7月5日全国人大常委会通过的《关于惩治侵犯著作权的犯罪的决定》的第一条和第二条中就已现端倪。可见，刑法关注最为原始的涉及计算机的犯罪，早在 20 世纪 90 年代初期就已经开始。此时，立法的指向是关注侵犯著作权的犯罪，以保护几乎无所不包的市场经济秩序。

随着网络的发展进入以"互（联）"为主的网络 2.0 阶段，网络犯罪呈现以网络为犯罪"工具"的特性，传统犯罪的网络异化与涉财犯罪的爆发式增长是这一时期的突出表现。由于网络因素的介入，传统犯罪内部的构成要件要素、犯罪形态等产生了不同于过去的新的表现形式，并使传统的刑法理论、刑事立法和司法规则处于难以适用的尴尬境地。这一问题也波及侵犯著作权罪，并往往表现在两方面：一方面，利用网络作为工具销售侵权复制品；另一方面，以网络游戏、网络工具为对象直接实施侵犯著作权的行为。正是在这样的背景下，侵犯著作权罪伴随着网络因素的介入也发生了相应的变化，需要进行相应的重新理解与解释。

2011 年最高人民法院、最高人民检察院、公安部《关于办理侵犯知识产权刑事案件适用法律若干问题的意见》第十二条明确，非法出版、复制、发行他人作品，侵犯著作权构成犯罪的，依照侵犯著作权罪进行处罚，不认定为非法经营罪等其他犯罪。被告人闫少东及王琪、陈科、陈少羽、王友杰以营利为目的，未经著作权人许可，以"私服"营运方式，通过信息网络向公众传播并运营所购得的盗版网络游戏，该行为依法应被视为复制发行他人网络游戏软件，且违法所得数额较大，其行为均已构成侵犯著作权罪。需要注意的是，依照最高人民法院在 1998 年《关于审理非法出版物刑事案件具体应用法律若干问题的解释》第十一条的规定，非法出版、印刷、复制、发行侵权复制品等五种特定出版物（主要包括载有煽动分裂国家、破坏国家统一或者煽动颠覆国家政权、推翻社会主义制度内容的出版物，侵犯著作权的出版物，侮辱或者诽谤他人的出版物，歧视、侮辱少数民族的出版物，淫秽出版物等）以外的其他严重扰乱市场秩序的非法出版物（不存在著作权的问题），才以非法经营罪定罪处罚。

78. 经营有偿删帖服务

——杨秀宇、卢某等非法经营案

裁判要旨

违反国家规定，以营利为目的，通过信息网络有偿经营删除信息服务，另在明知是虚假信息的情况下仍通过信息网络有偿提供发布信息服务，扰乱了市场秩序，属于非法经营行为。

【案件索引】

北京市朝阳区人民法院（2014）朝刑初字第 1300 号

审理经过

北京市朝阳区人民检察院以京朝检刑诉（2014）116 号起诉书指控被告单位 ×1 公司、×2 公司，被告人杨秀宇、卢某犯非法经营罪，于 2014 年 4 月 21 日向法院提起公诉。法院依法组成合议庭，公开开庭审理了本案。北京市朝阳区人民检察院指派检察员郑思科、刘荣，代理检察员汪婷婷出庭支持公诉，被告单位 ×1 公司的诉讼代表人赵华及辩护人刘玲、王耀刚，被告单位 ×2 公司的诉讼代表人杨 ×1 及辩护人康建龙，被告人杨秀宇及其辩护人李长青、郑传锴，被告人卢某及其辩护人李海涛到庭参加诉讼。现已审理终结。

⚜ 裁判理由

法院认为，被告单位 ×1 公司违反国家规定，以营利为目的，通过信息网络有偿提供删除信息服务，另在明知是虚假信息的情况下仍通过信息网络有偿提供发布信息服务，扰乱了市场秩序，情节严重；被告单位 ×2 公司违反国家规定，以营利为目的，通过信息网络有偿提供删除信息服务，扰乱了市场秩序，情节严重。被告人杨秀宇作为 ×1 公司及 ×2 公司主要负责人，指挥、策划并直接实施非法经营活动，系对二公司直接负责的主管人员；被告人卢某直接参与实施 ×2 公司的非法经营活动，系直接责任人员，被告单位 ×1 公司、×2 公司，被告人杨秀宇、卢某的行为均已构成非法经营罪。北京市朝阳区人民检察院指控被告单位 ×1 公司、×2 公司，被告人杨秀宇、卢某犯非法经营罪的事实清楚，证据确实、充分，指控罪名成立。

关于被告单位 ×1 公司、×2 公司的辩护人提出的公诉机关指控被告单位通过信息网络有偿提供删除信息服务的行为"违反国家规定"于法无据，指控被告单位的上述行为产生了"扰乱市场秩序"的后果缺乏证据的辩护意见，法院认为，《全国人民代表大会常务委员会关于维护互联网安全的决定》（简称《决定》）等法律、法规中已经规定了涉互联网的市场经济秩序属于刑法保护的对象，同时规定了利用互联网实施的犯罪行为，应依法追究刑事责任，上述法律规定即为被告单位及被告人实施的行为成立非法经营罪的法律依据。在案证据足以证明被告单位及被告人安排、联系、促成了删帖及发布虚假信息的行为并以此营利，属于未经国家许可，提供经营性的互联网信息服务，扰乱了信息网络服务市场管理秩序，情节严重，符合最高人民法院、最高人民检察院《关于办理利用信息网络实施诽谤等刑事案件适用法律若干问题的解释》（简称《解释》）中规定的以非法经营罪追究刑事责任的情形。故辩护人相关辩护意见法院不予采纳。

关于被告单位 ×1 公司的辩护人提出的"因被告单位行为时尚未颁布相关司法解释，指控被告单位通过信息网络有偿提供删除信息服务，或者通过信息网络有偿提供发布虚假信息的行为构成犯罪违反了我国刑法所规定的罪刑法定原则和刑法不溯及既往的原则"的辩护意见，法院认为，根据《最高人民法院、最高人民检察院关于适用刑事司法解释时间效力问题的规定》，司法解释的效力适用于法律的施行期间。对于司法解释实施前发生的行为，行为时没有相关司法解释，司法解释施行后尚未处理或者正在处理的案件，依照司法解释的规定办理。故本案适用《解释》处理不违反刑法不得溯及既往的原则，且本案系依照《中华人民共和国刑法》关于非法经营罪的法律规定定罪处罚，亦符合我国刑法所规定的罪刑法定原则。故辩护人相关辩护意见法院不予采纳。

鉴于被告人杨秀宇、卢某归案后能够如实供述自己的犯罪事实，自愿认罪、悔罪，可以依法从轻处罚，被告人杨秀宇、卢某的辩护人的相关辩护意见，法院酌予采纳。

综上，根据被告单位×1公司、×2公司，被告人杨秀宇、卢某犯罪的事实，犯罪的性质、情节和对社会的危害程度，法院依照《中华人民共和国刑法》第二百二十五条第（四）项、第三十条、第三十一条、第二十五条第一款、第六十九条、第六十七条第三款、第五十二条、第五十三条、第六十一条以及最高人民法院、最高人民检察院《关于办理利用信息网络实施诽谤等刑事案件适用法律若干问题的解释》第七条第一款第（二）项之规定，作出判决。

裁判结果

一、被告单位×1公司犯非法经营罪，判处罚金人民币50万元（罚金于本判决发生法律效力后三个月内缴纳）。

二、被告单位×2公司犯非法经营罪，判处罚金人民币20万元（罚金于本判决发生法律效力后三个月内缴纳）。

三、被告人杨秀宇作为×1公司直接负责的主管人员犯非法经营罪，判处有期徒刑三年，罚金人民币10万元；作为×2公司直接负责的主管人员犯非法经营罪，判处有期徒刑二年，罚金人民币5万元，决定执行有期徒刑四年，罚金人民币15万元（刑期从判决执行之日起计算。判决执行以前先行羁押的，羁押一日折抵刑期一日，即自 2013 年 8 月 19 日起至 2017 年 8 月 18 日止。罚金于本判决发生法律效力后三个月内缴纳）。

四、被告人卢某作为×2 公司的直接责任人员犯非法经营罪，判处有期徒刑一年六个月，罚金人民币 3 万元（刑期从判决执行之日起计算。判决执行以前先行羁押的，羁押一日折抵刑期一日，即自 2013 年 8 月 19 日起至 2015 年 2 月 18 日止。罚金于本判决发生法律效力后三个月内缴纳）。

评析

在以"互"为主的互联网 2.0 时代，大量传统犯罪借助互联网的发展得以迅速扩散并危害性扩张，以网络为犯罪"工具"的犯罪开始大量涌现，传统犯罪的网络异化已经凸显。由于网络行为的交往日益频繁与深化，经济行为逐渐密切，网络经济、金融创新等新兴经济领域蓬勃发展，第三方支付、网络信贷等金融领域创新业务层出不穷，网络开始累计大量的财产利益，网络游戏、密码账号等带有财产价值的网络事物日益增多。犯罪也由此发生了转向，开始由侵犯计算机本身转向侵犯网络中的利益，尤其是财产利益。因此，涉财犯罪在这一阶段的网络犯罪中占大多数，涉财犯罪呈爆发增长态势。犯罪侵犯的法益主要是财产，犯罪的目的主要在于获利。然而，由于网络因素的介入，传统犯罪内部的构成要件要素、犯罪形态等产生了不同于过去的新的表现形式，并使传统的刑法理论、刑事立法和司法规则处于难以适用的尴尬境地。这一问题在作为破坏市场经济秩序罪中的"口袋罪"，即非法经营罪中表现得尤为突出。各种借助网络实施的非法经营行为层出不穷，传统的破坏市场经济秩序罪名难以妥当、完满地予以规制。正是在这样的背景下，非法经营罪伴随着网络因素的介入也发生了相应的变化，需要进行相应的重新理解与解释。

根据 2013 年最高人民法院、最高人民检察院《关于办理利用信息网络实施诽谤等刑事案件适用法律若干问题的解释》第七条之规定，违反国家规定，以营利为目的，通过信息网络有偿提供删除信息服务，或者明知是虚假信息，通过信息网络有偿提供发布信息等服务，扰乱市场秩序的，属于非法经营行为。《全国人民代表大会常务委员会关于维护互联网安全的决定》等法律、法规中已经规定了涉互联网的市场经济秩序属于刑法保护的对象，同时规定了利用互联网实施的犯罪行为，应依法追究刑事责任。本案中，被告单位与被告人实施的行为成立非法经营罪的法律依据即为此。被告单位×1公司违反国家规定，以营利为目的，通过信息网络有偿提供删除信息服务，另在明知是虚假信息的情况下仍通过信息网络有偿提供发布信息服务，扰乱了市场秩序，情节严重；被告单位×2公司违反国家规定，以营利为目的，通过信息网络有偿提供删除信息服务，扰乱了市场秩序，情节严重。被告人杨秀宇作为×1公司及×2公司主要负责人，指挥、策划并直接实施非法经营活动，系对二公司直接负责的主管人员；被告人卢某直接参与实施×2公司的非法经营活动，系直接责任人员。被告单位×1公司、×2公司，被告人杨秀宇、卢某的行为均已构成非法经营罪。

79. 网络谣言、利用信息网络实施诽谤和 寻衅滋事犯罪的区分认定

——秦志晖诽谤、寻衅滋事案

裁判要旨

被告人利用信息网络捏造事实诽谤他人，包括"捏造并散布""篡改并散布""明知虚假事实而散布"三种行为方式，同一诽谤信息被转发次数达到500次以上的，系情节严重，构成诽谤罪。诽谤多人，造成恶劣社会影响的，应适用公诉程序追究被告人的刑事责任。诽谤多人，并不要求诽谤其中每一人的行为均单独构成诽谤罪。被告人编造虚假信息，在信息网络上散布，起哄闹事，造成公共秩序严重混乱的，构成寻衅滋事罪。

案件索引

北京市朝阳区人民法院（2013）朝刑初字第 2584 号

公诉机关指控

一、诽谤罪

被告人秦志晖于 2012 年 12 月至 2013 年 8 月，分别使用"东土秦火火""淮上秦火火""江淮秦火火""炎黄秦火火"等新浪微博账户捏造损

害罗援、杨澜、兰和、张海迪等人名誉的事实在信息网络上散布，引发大量网民转发和负面评论。

二、寻衅滋事罪

被告人秦志晖于 2011 年 8 月 20 日，为了自我炒作、引起网络舆论关注、提升个人知名度，使用名为"中国秦火火_f92"的新浪微博账户编造、散布虚假信息攻击原铁道部，引发大量网民转发和负面评论。

被告人秦志晖作案后于 2013 年 8 月 19 日被公安机关查获归案。

公诉机关就上述指控向法院移送了被害人陈述、证人证言、书证及被告人供述等证据，认为被告人秦志晖捏造损害他人名誉的事实在信息网络上散布，造成恶劣社会影响，严重危害社会秩序；编造虚假信息在信息网络上散布，起哄闹事，造成公共秩序严重混乱，其行为已构成诽谤罪、寻衅滋事罪，提请法院依法判处。

被告人秦志晖对公诉机关的指控未提出异议。其辩护人的辩护意见为：（1）起诉书指控诽谤杨澜、兰和的博文系由秦志晖所发布的证据不足；秦志晖的行为既不属于捏造、篡改事实并散布，也不属于明知是捏造的事实而散布；本案诽谤部分不属于公诉案件。（2）起诉书指控涉及攻击原铁道部的博文系由秦志晖所发布的证据不足；秦志晖的行为不属于编造虚假信息并散布，也不属于明知是编造的虚假信息并散布；认定秦志晖的行为造成公共秩序严重混乱的依据不足。（3）即使秦志晖的行为构成犯罪，也不应对诽谤和寻衅滋事的事实分别予以法律评价，而应以一罪处理，且其具有认罪悔罪表现，建议对其从轻处罚。

法院查明事实

一、诽谤的事实

1. 被告人秦志晖明知罗援（男，中国战略文化促进会常务副会长兼秘书长）系军人，于 2013 年 2 月 25 日使用昵称为"东土秦火火"的新浪微博账户（UID 号：3198027857）捏造"罗援之兄罗抗在德国西门子公司任职"的事实，无端质疑罗援及其家人搞"利益交换"，并在信息网络上散布。该信息被转发 2500 余次，引发大量网民对罗援的负面评价。

2. 被告人秦志晖明知"杨澜（女，阳光媒体集团控股有限公司董事局主席）向希望工程虚假捐赠"系捏造的事实，于 2013 年 7 月 15 日使用昵称为"淮上秦火火"的新浪微博账户（UID 号：3621506850）在信息网络上散布。该信息被转发 700 余次，引发大量网民对杨澜的负面评价。

3. 被告人秦志晖在信息网络上看到了"兰和（男，35 岁）被老女人包养"的不实信息后，将上述信息篡改为"兰和被老女人周某某包养"，并于 2013 年 7 月至 8 月使用昵称为"3662708323_307"的新浪微博账户（UID 号：3662708323，昵称又曾为"江淮秦火火"）多次在信息网络上散布。该信息累计被转发 900 余次，引发大量网民对兰和的负面评价。

4. 被告人秦志晖于 2012 年 11 月 27 日，使用昵称为"炎黄秦火火"的新浪微博账户（UID 号：2930912765）捏造"张海迪（女，中国残疾人联合会主席）具有德国国籍"的事实并散布，后经网友举报，新浪公司判定上述信息为不实信息，张海迪亦于 2012 年 11 月 28 日通过微博发布澄清声明。被告人秦志晖又于 2012 年 12 月 31 日使用"炎黄秦火火"的新浪微博账户再次发布有关上述信息的博文，在短时间内被转发 20 余次，引发网民对张海迪的负面评价。

二、寻衅滋事的事实

2011 年 7 月 23 日，甬温铁路浙江省温州市相关路段发生特别重大铁路交通事故（即"7·23"甬温线动车事故）。在事故善后处理期间，被告人秦志晖为了利用热点事件进行自我炒作，提高网络关注度，于 2011 年 8 月 20 日使用昵称为"中国秦火火_192"的新浪微博账户（UID 号：1746609413）编造并散布虚假信息，称原铁道部向"7·23"甬温线动车事故中外籍遇难旅客支付 3000 万欧元高额赔偿金。该微博被转发 11000 次，评论 3300 余次，引发大量网民对国家机关公信力的质疑，原铁道部被迫于当夜辟谣。被告人秦志晖的行为对事故善后工作的开展造成了不良影响。

🔖 裁判结果

北京市朝阳区人民法院于 2014 年 4 月 17 日作出（2013）朝刑初字第 2584 号刑事判决，认定被告人秦志晖犯诽谤罪，判处有期徒刑二年，犯寻衅滋事罪，判处有期徒刑一年六个月，决定执行有期徒刑三年。

一审宣判后，被告人秦志晖未上诉，公诉机关亦未抗诉，本判决已经发生法律效力。

裁判理由

法院生效判决认为，关于辩护人所提被告人秦志晖主观上不明知系虚假信息，客观上亦未实施捏造、编造虚假信息的行为的辩护意见，经查，被告人秦志晖在信息网络上所发布的涉案微博内容或无中生有，为秦志晖本人捏造、编造；或虚假信息所涉及内容有一定来源，但秦志晖进行过实质性篡改，以原创的方式发布；或虚假信息虽曾在信息网络上流传，但已经涉案被害人澄清，秦志晖仍然增添内容在信息网络上予以散布。秦志晖作为网络从业人员，对所发信息的真实性不仅没有尽到基本的核实义务，反而一贯捏造、编造虚假事实，足以证明其主观上明知涉案信息的虚假性。秦志晖客观上亦实施了捏造、编造虚假信息的行为，法院在事实、证据认定部分已经分别予以论证。故该辩护意见法院不予采纳。

关于辩护人所提本案诽谤事实不属于公诉案件，部分被害人未主动要求司法机关予以追究，公诉机关适用公诉程序追究被告人秦志晖诽谤罪刑事责任法律依据不足的辩护意见。经查，根据《中华人民共和国刑法》第二百四十六条之规定，诽谤他人，情节严重的，构成诽谤罪；严重危害社会秩序和国家利益的，应适用公诉程序。根据最高人民法院、最高人民检察院《关于办理利用信息网络实施诽谤等刑事案件适用法律若干问题的解释》第二条、第四条的规定，同一诽谤信息被转发次数达到500次以上的，应当认定为上述刑法条款规定的"情节严重"；一年内多次实施利用信息网络诽谤他人行为未经处理，诽谤信息实际被转发次数累计计算构成犯罪的，应当依法定罪处罚。同时，该司法解释第三条规定，具有诽谤多人，造成恶劣社会影响等情形的，应当认定为上述刑法条款规定的"严重危害社会秩序和国家利益"。本案中，秦志晖利用信息网络，分别诽谤罗援、杨澜、兰和、张海迪四名公民，其中关于罗援、杨澜、兰和三人的诽谤信息被转发次数均达到500次以上，应当认定为"情节严重"；关于张海迪的诽谤信息被转发次数虽然未达到 500 次，但根据该司法解释第四条的规定，秦志晖系在一年内分别诽谤罗援、杨澜、兰和、张海迪四人，应对上述诽谤信息的被转发次数累计计算。据此，秦志晖诽谤罗援、杨澜、兰和、张海迪的行为构成诽谤罪，且系诽谤多人并造成了恶劣的社会影响，应当适用公诉程序追究秦志晖所犯诽谤罪的刑事责任。故该辩护意见法院不予采纳。

关于辩护人所提被告人秦志晖发布原铁道部在"7·23"甬温线动车事故中天价赔偿外籍乘客的虚假信息不足以造成公共秩序严重混乱，公诉机关指控该起行为构成寻衅滋事罪的依据不足的辩护意见，经查，"7·23"甬温线动车事故为特别重大铁路交通事故，全民关注，秦志晖在该事故善后处理期间，编造政府机关天价赔偿外籍乘客的信息并在网络上散布，起哄闹事，该虚假信息被转发 11000 次，评论 3300 余次，不仅造成网络空间的混乱，也在现实社会引发不明真相群众的不满，扰乱了政府机关的善后工作。秦志晖的该起行为足以认定为造成公共秩序严重混乱，符合寻衅滋事罪的构成要件。故该辩护意见法院不予采纳。

关于辩护人所提被告人秦志晖发布涉案微博的主观故意和客观行为并无不同，对其以诽谤罪、寻衅滋事罪实行数罪并罚，将使被告人因同一行为两次承担罪责的辩护意见，经查，诽谤罪、寻衅滋事罪两罪的犯罪构成不同，诽谤罪侵犯的客体是公民的人格和名誉，寻衅滋事罪侵犯的客体是社会秩序，两罪的行为特征不同。本案中，秦志晖捏造损害罗援、杨澜、兰和、张海迪等公民人格、名誉的事实，在信息网络上散布，其行为符合诽谤罪的犯罪构成；而秦志晖在"7·23"甬温线动车事故发生后，编造政府机关天价赔偿外籍乘客的虚假信息在信息网络上散布，起哄闹事，造成了社会公共秩序的严重混乱，其行为符合寻衅滋事罪的犯罪构成。公诉机关根据不同性质的案件事实，分别认定为诽谤罪、寻衅滋事罪，定性准确，法院予以支持。故该辩护意见法院不予采纳。

被告人秦志晖无视国法，在信息网络上捏造事实，诽谤他人，情节严重，且系诽谤多人，造成恶劣社会影响，其行为已构成诽谤罪；被告人秦志晖在重大突发事件期间，在信息网络上编造、散布对国家机关产生不良影响的虚假信息，起哄闹事，造成公共秩序严重混乱，其行为已构成寻衅滋事罪，依法应予以惩处并实行数罪并罚。北京市朝阳区人民检察院指控被告人秦志晖犯诽谤罪、寻衅滋事罪的事实清楚，证据确实、充分，指控的罪名成立。被告人秦志晖在较长时间段内在信息网络上多次肆意实施违法犯罪行为，根据其所犯诽谤罪、寻衅滋事罪的事实、性质、情节及社会危害程度，本应对其酌情予以从重处罚，但鉴于被告人秦志晖归案后能如实供述所犯罪行，认罪悔罪态度较好，对其所犯诽谤罪、寻衅滋事罪均依法予以从轻处罚。故依法作出上述判决。

评析

随着平台思维的兴起，网络成为滋生犯罪的空间与土壤，网络正式成为"犯罪空间"。此阶段，网络犯罪的特点主要有二。一是网络犯罪在空间上的整体迁移。由于网络空间的出现与发展，传统犯罪的发生平台已不再仅仅局限于现实社会中的"现实空间"，而是传播到了网络社会中的"网络空间"，几乎所有的犯罪都能够利用互联网在网络空间中生成，或并存于现实与网络的双层空间，或实现线上与线下的周密互动和无缝转换。二是网络犯罪开始冲击社会秩序。网络 2.0 时代，传统犯罪利用互联网，将网络作为犯罪的"工具"实施犯罪行为，其方式是将计算机信息系统及网络因素作为手段介入传统犯罪中，整个犯罪行为针对的依旧是现实社会中的法益。可是，在网络"空间化"时代，网络作为一个犯罪空间，开始出现了一些完全不同于网络 2.0 时期的犯罪现象，它成为一些变异后的犯罪行为的独有温床和土壤，一些犯罪行为离开了网络要么根本就无法生存，要么根本就不可能爆发出令人关注的危害性。其中，伴随着网络空间的形成，对网络空间中社会秩序的冲击是这一时期的独有特点，煽动行为、侮辱诽谤行为和传播宣扬恐怖主义、邪教组织等行为完全可能借助网络空间的生成以及网络虚拟性带来的交流便捷、侦查困难等特性迎来爆发。秩序型犯罪很可能从对现实空间秩序的破坏转移到对网络空间秩序的摧毁。

法律对"网络空间"的认识经历了两个阶段，认识不断在实质化：第一阶段是以网络空间类比"物理空间"，侧重的是网络空间的平台作用，网络能够作为一个"空间""平台""场所"产生容纳、滋生某些犯罪的效果，这以《关于办理网络赌博犯罪案件适用法律若干问题的意见》为代表；第二阶段是以网络空间类比"现实社会"，侧重的是网络空间的秩序属性，强调的是网络空间与现实社会一样，是一种公共场所，也需要维护其中的公共场所秩序，这以最高人民法院、最高人民检察院《关于办理利用信息网络实施诽谤等刑事案件适用法律若干问题的解释》（简称《网络诽谤解释》）为典型。2013 年 9 月 10 日《网络诽谤解释》完成了"网络空间"向"现实社会"的过渡。除了在《最高人民法院、最高人民检察院关于办理利用互联网、移动通讯终端、声评台制作、复制、出版、贩卖、传播淫秽电子信息刑事案件具体应用法律若干问题的解释（一）》的基础上增加了"浏览""转发"作为网络违法信息传播犯罪的定量新标准外，最重要的是《网络诽谤解释》正式开始了对网络作为犯罪"空间"问题的探索，明确了网络空间、网络秩序的公共场所、公共秩序属性，并阶段性地以寻衅滋事罪作为问题的解决方案。《网络诽谤解释》第五条分为两款，分别规定了两种行为：第一款规定了"利用信息网络辱骂、恐吓他人，情节恶劣，破坏社会秩序的"；第二款规定了"编造虚假信息，或者明知是编造的虚假信息，在信息网络上散布，或者组织、指使人员在信息网络上散布，起哄闹事，造成公共秩序严重混乱的"。对于第一款行为依照寻衅滋事罪的第（二）项"追逐、拦截、辱骂、恐吓他人，情节恶劣的"处理；对于第二款行为则依照寻衅滋事罪第（四）项"在公共场所起哄闹事，造成公共场所秩序严重混乱的"处理。然而，仔细观察就会发现，前者制裁的是"利用信息网络"的行为，也就是网络作为"犯罪工具"的网络 2.0 阶段的问题；后者则制裁的是"在信息网络上散布、起哄闹事"的行为，实际是网络作为"犯罪空间"的网络"平台化"阶段的问题。对于前者按照寻衅滋事罪处理没有疑问；而对于后者仍按照寻衅滋事罪处理，尤其是按照寻衅滋事罪的第（四）项处理则产生了巨大的争议。争议的焦点在于，"信息网络"属不属于"公共空间"，"公共秩序"和"公共场所秩序"是否等同。尽管反对的观点仍未平息，但现实中立法与司法对"网络空间"观点的采纳是清晰而明显的。

本案中，被告人在信息网络上捏造事实，诽谤他人，情节严重，且系诽谤多人，造成恶劣社会影响，其行为已构成诽谤罪。此外，被告人在重大突发事件期间，在信息网络上编造、散布对国家机关产生不良影响的虚假信息，起哄闹事，造成公共秩序严重混乱，其行为已构成寻衅滋事罪。在 2015 年《刑法修正案（九）》增设第二百九十一条之一第二款编造、故意传播虚假信息罪之后，编造虚假的险情、疫情、灾情、警情，在信息网络或者其他媒体上传播，或者明知是上述虚假信息，故意在信息网络或者其他媒体上传播，严重扰乱社会秩序的，成立编造、故意传播虚假信息罪。鉴于编造、故意传播虚假信息罪的法定刑低于寻衅滋事罪的法定刑，因此编造险情、疫情、灾情、警情之外的虚假信息的行为，不应当认定为寻衅滋事罪，否则将违反罪刑相适应原则，应当认为此后的案件不应当再适用《诽谤案件解释》第五条第二款。

80. P2P 网贷诈骗

——翁某某等集资诈骗案

📕 裁判要旨

通过互联网 P2P 平台，以高利回报为诱饵，以非法占有为目的吸收大量资金后供个人肆意挥霍，属于利用 P2P 平台进行的集资诈骗行为。

📕 案件索引

浙江省丽水市莲都区人民法院（2015）丽莲刑初字第 645 号

📕 审理经过

丽水市莲都区人民检察院以丽莲检刑诉（2015）578 号起诉书指控被告人翁某某、杨某某犯集资诈骗罪，于 2015 年 9 月 24 日向法院提起公诉。法院依法组成合议庭，适用普通程序，公开开庭审理了本案。丽水市莲都区人民检察院指派检察员陈杨素出庭支持公诉，被告人翁某某及其辩护人李光耀、戴望，被告人杨某某及其辩护人张安友到庭参加诉讼。本案现已审理终结。

⚖ 公诉机关指控

1.2013 年 9 月 22 日，被告人翁某某、杨某某以中介代办注册并垫资、公司成立后即抽资的方式在丽水市莲都区寿尔福路 445 号 4 楼 405 室成立浙江雨滴电子商务有限公司（以下简称"雨滴公司"），公司登记法定代表人为蔡福长，登记股东为：蔡福长占股 80%，杨某某占股 20%。2014 年 3 月 1 日，该公司变更工商登记，股东变更为：翁某某占股 80%，杨某某占股 20%。被告人翁某某为雨滴公司的法定代表人，为该公司的实际控制人，被告人杨某某为该公司的运营总监，负责具体经营管理工作。雨滴公司对外宣称是一家专业级借款咨询与出借咨询服务公司，为有借款需求和投资需求的客户搭建一个诚信专业的网络借贷平台，并对雨滴财富产生的经营风险承担无限责任，实际通过"雨滴财富"P2P 网络借贷平台网站发布自融资金"五天信用借款标"及虚假标的物的"车辆抵押借款标""房产质押借款标"，以 21.6%～33% 的年利息及奖励并承诺到期还本付息等方式吸引社会不特定对象投资。投资人通过网页提示注册为用户并通过实名认证审核后，按照平台网页提供的第三方支付平台或者银行直接转账的方式，将出借款项汇入被告人翁某某、杨某某的个人账户中。雨滴公司吸收的资金部分用于归还投资人的本金和利息，其余则由被告人翁某某支配使用。

2.2014 年 9 月 24 日，被告人翁某某在雨滴公司资金紧张的情况下，许以月利率 3% 的利息，向被害人陈某乙借款人民币 242500 元，由被告人翁某某出具个人借条并加盖浙江雨滴电子商务有限公司的印章，后将该款项用于雨滴财富 P2P 网络借贷平台投资人提现。后被告人翁某某归还利息人民币 7500 元。

截至 2014 年 11 月 16 日，被告人翁某某将吸收的资金用于偿还雨滴公司成立之前的个人借款达人民币 500 余万元，通过雨滴财富 P2P 网络借贷平台共吸收资金人民币 51161672.9 元（共计注册账户 565 个），非法诈骗数额为人民币 7913391.95 元，另向陈某乙诈骗数额达人民币 235000 元，共计诈骗数额为人民币 8148391.95 元。

上述事实有户籍证明、被告人供述、被害人陈述、证人证言及其他书证等证据予以证实。被告人翁某某、杨某某的行为已触犯《中华人民共和国刑法》第一百九十二条的规定，构成集资诈骗罪。被告人翁某某在共同犯罪中系主犯；被告人杨某某系从犯；被告人翁某某、杨某某具有自首情节。提请依法判处。

被告人辩解与辩护人辩护

被告人翁某某辩解：1. 其没有非法占有目的；2. 其与陈某乙之间的债务属于正常的民间借贷；3. 其用掉的钱除偿还个人债务外，还包括雨滴公司运营的费用。

被告人翁某某的辩护人的辩护意见如下。1. 本案事实不清，公诉机关指控被告人翁某某将吸收的资金用于偿还其个人借款达 500 余万元的事实有误。被告人翁某某除归还个人借款外，还有其他用途的支出没有查明。2. 本案的定性不准确，被告人翁某某主观上并没有以非法占有为目的，其集资的 5000 余万元大部分是用于生产经营活动的，并且其在资金链断裂后没有逃跑，而是积极筹资归还借款。3. 起诉书指控的第 2 项犯罪事实属于正常的民间借贷，不应将该项事实认定为被告人翁某某的集资诈骗犯罪行为。4. 本案是浙江雨滴电子商务有限公司的单位犯罪行为。5. 被告人翁某某有自首情节。综上，建议法庭对被告人翁某某准确定性，并从轻处罚。

被告人杨某某辩解：1. 其主观上没有犯罪故意，也没有从中获利；2. 其在本案中所起作用较小，没有实际出资，股份都是挂名的。

被告人杨某某的辩护人的辩护意见：1. 在该起犯罪中被告人杨某某没有主观故意，其不清楚浙江雨滴电子商务有限公司的具体情况；2. 浙江雨滴电子商务有限公司在前期正常经营期间，属于非法吸收公众存款的犯罪行为，在后期资金紧张的情况下，属于集资诈骗的犯罪行为；3. 被告人杨某某在共同犯罪中没有从中获利，起次要作用，系从犯，并有自首情节。综上，建议对被告人杨某某以非法吸收公众存款罪定罪，并从轻处罚。

法院查明事实

经审理查明：

1. 2013 年 9 月 22 日，被告人翁某某、杨某某以公司成立后即抽资的方式，在丽水市莲都区寿尔福路 445 号 4 楼 405 室成立雨滴公司，公司登记法定代表人为蔡福长，登记股东为：蔡福长占股 80%，被告人杨某某占股 20%。2014 年 3 月 1 日，该公司变更工商登记，股东变更为：被告人翁某某占股 80%，被告人杨某某占股 20%。被告人翁某某为雨滴公司的法定代表人，为该公司的实际控制人，被告人杨某某为该公司的运营总监，负责具体经营管理工作。雨滴公司对外宣称是一家专业级借款咨询与出借咨询服务公司，为有借款需求和投资需求的客户搭建一个诚信专业的网络借贷平台，并对雨滴财富产生的经营风险承担无限责任，通过"雨滴财富" P2P 网络借贷平台网站发布自融资金"五天信用借款标"及虚假标的物的"车辆抵押借款标""房产质押借款标"，以 21.6% ~ 33% 的年利息及奖励并承诺到期还本付息等方式吸引社会不特定对象投资。投资人通过网页提示注册为用户并通过实名认证审核后，按照平台网页提供的第三方支付平台或者银行直接转账的方式，将出借款项汇入被告人翁某某、杨某某及蔡福长等人的个人银行账户中，所吸收的资金除用于归还投资人的本金和利息外，其余则由被告人翁某某、杨某某等人支配使用。

2. 2014 年 9 月 24 日，被告人翁某某以雨滴公司的名义，向被害人陈某乙借款人民币 242500 元，许以 3% 的月利息，由被告人翁某某出具借条并加盖浙江雨滴电子商务有限公司的印章。后被告人翁某某只归还利息人民币 7500 元。

截至 2014 年 11 月 16 日，被告人翁某某、杨某某等人通过雨滴财富 P2P 网络借贷平台共吸收资金人民币 51161672.9 元（共计注册账户 565 个），非法诈骗数额人民币 7913391.95 元。另被告人翁某某向陈某乙诈骗数额人民币 235000 元，共计诈骗数额为人民币 8148391.95 元。

⚑ 裁判理由

法院认为：被告人翁某某、杨某某以非法占有为目的，以虚假出资的方式成立浙江雨滴电子商务有限公司，并虚构融资项目，以高息为诱饵，以承诺到期还本付息的方式吸引社会不特定对象投资，并将投资款汇入被告人翁某某、杨某某等人的个人账户，并由其支配使用，数额特别巨大，其行为均已构成集资诈骗罪。公诉机关指控罪名成立，法院予以支持。对被告人翁某某、杨某某及其辩护人提出被告人翁某某、杨某某不构成集资诈骗罪，且在该犯罪行为中主观上不明知的辩解、辩护意见，法院不予采纳。被告人翁某某及其辩护人提出本案系浙江雨滴电子商务有限公司单位犯罪，被告人翁某某集资的 5000 余万元大部分是用于生产经营活动，且起诉书指控被告人翁某某的第 2 项犯罪事实系正常的民间借贷的辩解、辩护意见。根据《最高人民法院关于审理单位犯罪案件具体应用法律有关问题的解释》第二条的规定，个人为进行违法犯罪活动而设立的公司实施犯罪的，或者公司设立后，以实施犯罪为主要活动的不以单位犯罪论处。同时，被告人翁某某等人以后债还前债的方式向投资人支付本金及高息，诱使更多投资资金流入，这是实施犯罪的手段，其并未进行正常的生产经营活动。被告人翁某某以为犯罪活动而设立的浙江雨滴电子商务有限公司之名，许以高息，向被害人陈某乙借款并汇入其个人账户，其行为符合集资诈骗罪的构成要件。故对上述被告人翁某某及其辩护人提出的辩解、辩护意见，法院不予采纳。被告人翁某某及其辩护人还提出被告人翁某某因犯罪行为所吸收的资金的用途去向不明或用于雨滴公司运营费用的辩解、辩护意见，根据法院查明的事实，被告人翁某某通过网络平台所吸收到的资金已全部进入被告人翁某某、杨某某等人的个人银行账户，并由其支配使用，上述资金的用途并不影响对两被告人的定罪。被告人翁某某的辩护人还提出被告人翁某某在资金链断裂后没有逃跑，并筹集资金部分归还投资人的款项，故其主观上不具有犯罪故意的辩护意见，对此，公诉机关在认定集资诈骗的数额中已予以扣除，但不能据此认定其主观上没有犯罪的故意。被告人杨某某及其辩护人提出其在该犯罪行为中没有获利的辩解、辩护意见，与法院查明的事实不符，被告人杨某某在工商银行的账户明细列表证明被告人杨某某有将投资人汇入的投资款用于个人消费的事实。故对该辩解、辩护意见，法院不予采纳。在共同犯罪中，被告人翁某某起主要作用，系主犯；被告人杨某某起次要、辅助作用，系从犯，依法减轻处罚。被告人翁某某、杨某某案发后自动投案，并如实供述自己的犯罪事实，系自首，依法从轻处罚。对被告人翁某某、杨某某及其辩护人提出的其他从轻、减轻处罚情节的辩护意见，法院予以采纳。依照《中华人民共和国刑法》第一百九十二条、第二十五条第一款、第二十六条、第二十七条、第六十七条第一款、第四十五条、第四十七条、第五十二条、第六十四条的规定，作出判决。

裁判结果

一、被告人翁某某犯集资诈骗罪，判处有期徒刑十年六个月，并处罚金人民币30万元（刑期从判决执行之日起计算。判决执行以前先行羁押的，羁押一日折抵刑期一日，即自2015年1月16日起至2025年7月15日止）。

二、被告人杨某某犯集资诈骗罪，判处有期徒刑五年六个月，并处罚金人民币10万元（刑期从判决执行之日起计算。判决执行以前先行羁押的，羁押一日折抵刑期一日，即自2015年1月16日起至2020年7月15日止）。

三、两被告人的违法所得，退赔给被害人。

如不服本判决，可在接到判决书的第二日起十日内，通过一审法院或者直接向浙江省丽水市中级人民法院提出上诉。书面上诉的，应当提交上诉状正本一份，副本两份。

评析

随着互联网的加速发展，网络经济、金融创新等新兴经济领域蓬勃发展，第三方支付、网络信贷、众筹融资、云金融等金融领域创新业务层出不穷。然而，在互联网金融逐渐改变人们的理财习惯，乃至形塑生活方式的同时，互联网金融飞速发展引起的法律空白与漏洞、监管部门力不从心与监管不力，以及我国金融犯罪相关法律规定本身的缺陷，使得金融犯罪具有难以估量的潜在法律风险。尤其是传统犯罪借助网络这一迅捷、广泛的平台进行的金融犯罪，更是对当前法律秩序形成了巨大冲击。目前的互联网大量充斥着所谓的"伪平台"：利用互联网金融的概念，创立所谓的金融平台，以互联网金融之名，行集资诈骗之实，实则是一个彻底的犯罪工具。它们借助自己的"伪平台"，炒作互联网金融概念，通过网络大肆发布虚假借款信息、公权众筹项目、投资产品，并往往以高息进行诱惑。投资人的资金实际上直接打入"伪平台"账户，所谓的融资者根本就不存在。值得警惕的是，为了骗取更多的资金，此类集资诈骗往往在开始会按照高息返还给投资人，而当数额积聚到一定量时，则突然携款潜逃。正是网络的便捷性、受众群体的众多、互联网金融产品的噱头，使得利用网络实施的集资诈骗越来越多。非法集资罪，指的是以非法占有为目的，使用诈骗方法非法集资，数额较大的行为。成立本罪，要求客观上具有使用诈骗方法进行非法集资的行为，且非法集资的数额较大；主观上要具有非法占有的目的。通过互联网 P2P 平台，以高利回报为诱饵，以非法占有为目的吸收大量资金后供个人肆意挥霍，属于利用 P2P 平台进行的集资诈骗行为。本案中，被告人翁某某、杨某某以非法占有为目的，以虚假出资的方式成立浙江雨滴电子商务有限公司，并虚构融资项目，以高息为诱饵，以承诺到期还本付息的方式吸引社会不特定对象投资，并将投资款汇入被告人翁某某、杨某某等人的个人账户，并由其支配使用，数额特别巨大，其行为均已构成集资诈骗罪。

81. 利用黑客手段窃取公民
个人信息出售牟利

——肖凡、周浩等侵犯公民个人信息案

▶ 裁判要旨

利用黑客手段窃取公民个人信息出售牟利，构成侵犯公民个人信息罪。

▶ 【案件索引】

内蒙古自治区赤峰市红山区人民法院 （2016） 内 0402 刑初 396 号

▶ 基本案情

被告人肖凡、周浩预谋窃取邮局内部的公民个人信息进行出售牟利，共同出资购买了黑客软件。2016 年 5 月至 2016 年 6 月，二人通过黑客软件侵入邮局内网，在邮局内网窃取邮局内部的公民个人信息 103257 条，并将窃取的公民个人信息全部出售给被告人李晓波。后李晓波将购买的公民个人信息出售给被告人王丽元 40000 条，王丽元又将购买到的公民个人信息出售给被告人宋晓波 30000 条。

▶ 裁判结果

内蒙古自治区赤峰市红山区人民法院判决认为：被告人肖凡、周浩通过黑客手段窃取公民个人信息并非法出售，李晓波、王丽元、宋晓波通过购买方式非法获取公民个人信息，其行为均已构成侵犯公民个人信息罪。据此，以侵犯公民个人信息罪判处被告人肖凡、周浩、李晓波各有期徒刑二年，并处罚金人民币 5 万元；被告人王丽元有期徒刑一年，并处罚金人民币 3 万元；被告人宋晓波有期徒刑六个月，并处罚金人民币 3 万元。该判决已发生法律效力。

▓ 评析

《刑法》第二百五十三条之一规定了侵犯公民个人信息罪，第一款规定，违反国家有关规定，向他人出售或者提供公民个人信息，情节严重的，成立侵犯公民个人信息罪；第三款规定，窃取或者以其他方法非法获取公民个人信息的，以侵犯公民个人信息罪定罪处罚。2017 年 5 月 8 日的最高人民法院、最高人民检察院《关于办理侵犯公民个人信息刑事案件适用法律若干问题的解释》，在吸取了司法机关的办案经验，并基于全面保护公民个人信息的现实需要后，对"公民个人信息"的概念与范围予以进一步的扩张与明确，其第一条规定："刑法第二百五十三条之一规定的'公民个人信息'，是指以电子或者其他方式记录的能够单独或者与其他信息结合识别特定自然人身份或者反映特定自然人活动情况的各种信息，包括姓名、身份证件号码、通信通讯联系方式、住址、账号密码、财产状况、行踪轨迹等。"这一规定的引人注目之处在于：其一，对于个人信息的概念，在《网络安全法》所确立的"广义的可识别性"这一单一要素基础上又增加了"活动情况"要素，个人信息的概念被进一步扩张；其二，对于公民个人信息主要类型的列举，除了一直以来被公认的"姓名""身份证件号码""通信通讯联系方式""住址"之外，又加入了"账号密码""财产状况""行踪轨迹"三种类型的个人信息。本案中，被告人肖凡、周浩通过黑客手段窃取公民个人信息并非法出售，李晓波、王丽元、宋晓波通过购买方式非法获取公民个人信息，其行为均已构成侵犯公民个人信息罪。

82. 利用虚拟网络的盗窃与诈骗及其区分

——臧进泉等盗窃、诈骗案

裁判要旨

1. 行为人利用信息网络诱骗他人点击虚假链接，进而通过预先植入的计算机程序实施窃取财物行为，构成犯罪的，以盗窃罪论处；虚构可供交易的商品或者服务，欺骗他人点击付款链接，进而实施骗取财物行为，构成犯罪的，以诈骗罪论处。

2. 网络钓鱼类刑事案件中，需要关注被害人的处分意识，并根据被害人的实际认识进行不同处理。被告人植入虚假链接骗取被害人货款的构成诈骗罪；被告人植入与被害人处分意识不同的虚假链接窃取财物的构成盗窃罪。

案件索引

一审：浙江省杭州市中级人民法院（2011）浙杭刑初字第 91 号
二审：浙江省高级人民法院（2011）浙刑三终字第 132 号

基本案情

一、盗窃事实

2010 年 6 月 1 日，被告人郑必玲骗取被害人金某 195 元后，获悉金某的建设银行网银账户内有 305000 余元存款且无每日支付限额，遂电话告知被告人臧进泉，预谋合伙作案。臧进泉赶至网吧后，以尚未看到金某付款成功的记录为由，发送给金某一个交易金额标注为 1 元而实际植入了支付305000 元的计算机程序的虚假链接，谎称金某点击该 1 元支付链接后，其即可查看到付款成功的记录。金某在诱导下点击了该虚假链接，其建设银行网银账户中的 305000 元随即通过臧进泉预设的计算机程序，经上海快钱信息服务有限公司的平台支付到臧进泉提前在福州海都阳光信息科技有限公司注册的"kissal23"账户中。臧进泉使用其中的 116863 元购买大量游戏点卡，并在"小泉先生哦"的淘宝网店上出售套现。案发后，公安机关追回赃款 187126.31 元发还被害人。

二、诈骗事实

2010 年 5 月至 6 月，被告人臧进泉、郑必玲、刘涛分别以虚假身份开设无货可供的淘宝网店铺，并以低价吸引买家。三被告人事先在网游网站注册一账户，并对该账户预设充值程序，充值金额为买家欲支付的金额，后将该充值程序代码植入一个虚假淘宝网链接中。与买家商谈好商品价格后，三被告人各自以方便买家购物为由，将该虚假淘宝网链接通过阿里旺旺聊天工具发送给买家。买家误以为是淘宝网链接而点击该链接进行购物、付款，并认为所付货款会汇入支付宝公司为担保交易而设立的公用账户，但该货款实际通过预设程序转入网游网站在支付宝公司的私人账户，再转入被告人事先在网游网站注册的充值账户中。三被告人获取买家货款后，在网游网站购买游戏点卡、腾讯 Q 币等，然后将其按事先约定统一放在臧进泉的"小泉先生哦"的淘宝网店铺上出售套现，所得款均汇入臧进泉的工商银行卡中，由臧进泉按照获利额以约定方式分配。

被告人臧进泉、郑必玲、刘涛经预谋后，先后到江苏省苏州市、无锡市、昆山市等地网吧采用上述手段作案。臧进泉诈骗 22000 元，获利 5000余元，郑必玲诈骗获利 5000 余元，刘涛诈骗获利 12000 元。

裁判结果

浙江省杭州市中级人民法院于 2011 年 6 月 1 日作出（2011）浙杭刑初

字第 91 号刑事判决：一、被告人臧进泉犯盗窃罪，判处有期徒刑十三年，剥夺政治权利一年，并处罚金人民币 3 万元；犯诈骗罪，判处有期徒刑二年，并处罚金人民币 5000 元，决定执行有期徒刑十四年六个月，剥夺政治权利一年，并处罚金人民币 35000 元。二、被告人郑必玲犯盗窃罪，判处有期徒刑十年，剥夺政治权利一年，并处罚金人民币 1 万元；犯诈骗罪，判处有期徒刑六个月，并处罚金人民币 2000 元，决定执行有期徒刑十年三个月，剥夺政治权利一年，并处罚金人民币 12000 元。三、被告人刘涛犯诈骗罪，判处有期徒刑一年六个月，并处罚金人民币 5000 元。宣判后，臧进泉提出上诉。浙江省高级人民法院于 2011 年 8 月 9 日作出（2011）浙刑三终字第 132 号刑事裁定，驳回上诉，维持原判。

裁判理由

法院生效裁判认为：盗窃是指以非法占有为目的，秘密窃取公私财物的行为；诈骗是指以非法占有为目的，采用虚构事实或者隐瞒真相的方法，骗取公私财物的行为。对既采取秘密窃取手段又采取欺骗手段非法占有财物行为的定性，应从行为人采取主要手段和被害人有无处分财物意识方面区分盗窃与诈骗。如果行为人获取财物时起决定性作用的手段是秘密窃取，诈骗行为只是为盗窃创造条件或作掩护，被害人也没有"自愿"交付财物的，就应当认定为盗窃；如果行为人获取财物时起决定性作用的手段是诈骗，被害人基于错误认识而"自愿"交付财物，盗窃行为只是辅助手段的，就应当认定为诈骗。在信息网络情形下，行为人利用信息网络，诱骗他人点击虚假链接而实际上通过预先植入的计算机程序窃取他人财物构成犯罪的，应当以盗窃罪定罪处罚；行为人虚构可供交易的商品或者服务，欺骗他人为支付货款点击付款链接而获取财物构成犯罪的，应当以诈骗罪定罪处罚。本案中，被告人臧进泉、郑必玲使用预设计算机程序并植入的方法，秘密窃取他人网上银行账户内巨额钱款，其行为均已构成盗窃罪。臧进泉、郑必玲和被告人刘涛以非法占有为目的，通过开设虚假的网络店铺和利用伪造的购物链接骗取他人数额较大的货款，其行为均已构成诈骗罪。对臧进泉、郑必玲所犯数罪，应依法并罚。

关于被告人臧进泉及其辩护人所提非法获取被害人金某的网银账户内305000 元的行为，不构成盗窃罪而是诈骗罪的辩解与辩护意见，经查，臧进泉和被告人郑必玲在得知金某网银账户内有款后，即产生了通过植入计算机程序的非法占有目的；随后在网络聊天中诱导金某同意支付 1 元钱，而实际上制作了一个表面付款"1 元"却支付 305000 元的假淘宝网链接，致使金某点击后，其网银账户内 305000 元即被非法转移到臧进泉的注册账户中，对此金某既不知情，也非自愿。可见，臧进泉、郑必玲获取财物时起决定性作用的手段是秘密窃取，诱骗被害人点击"1 元"的虚假链接系实施盗窃的辅助手段，只是为盗窃创造条件或作掩护，被害人也没有"自愿"交付巨额财物，获取的银行存款实际上是通过隐藏的事先植入的计算机程序来窃取的，符合盗窃罪的犯罪构成要件，依照《刑法》第二百六十四条、第二百八十七条的规定，应当以盗窃罪定罪处罚。故臧进泉及其辩护人所提上述辩解和辩护意见与事实和法律规定不符，不予采纳。

▓ 评析

诈骗罪与盗窃罪区别的关键在于，行为人是否实施了使他人陷入处分财产的认识错误的欺骗行为，以及被害人是否基于认识错误处分财产。在行为人已经取得财产的情况下，二者的关键区别在于被害人是否基于认识错误而处分财产。如果不存在被害人处分财产的事实，则不可能成立诈骗罪。本案中，被告人臧进泉、郑必玲先是使用预设计算机程序并植入的方法，窃取他人网上银行账户内巨额钱款，被害人在不知情也没有处分305000 元意思（只有处分 1 元的意思）的情况下点击链接进而遭受财产损失，其行为均已构成盗窃罪。之后，被告人臧进泉、郑必玲和被告人刘涛以非法占有为目的，通过开设虚假的网络店铺和利用伪造的购物链接欺骗被害人处分财产，骗取他人数额较大的货款，其行为均已构成诈骗罪。对臧进泉、郑必玲所犯数罪，应依法并罚。

83. 盗窃虚拟财产

——孟动等盗窃案

🏛 裁判要旨

1. 依照法定程序收集的电子文件，如果与案件事实存在关联，且与其他证据印证后能够客观地反映案件真实情况的，依法可成为刑事诉讼中的证据。

2. 行为人通过网络实施的虚拟行为如果对现实生活中刑法所保护的法益造成危害或危险，进而构成犯罪的，应当承担相应刑事责任。

3. 窃取网络环境中的虚拟财产构成盗窃罪的，应当按该虚拟财产在现实生活中对应的实际财产损失数额确定盗窃数额。虚拟财产在现实生活中对应的财产数额，可以通过该虚拟财产在现实生活中的实际交易价格进行确定。

🏛 案件索引

上海市黄浦区人民法院（2006）黄刑初字第 186 号

🏛 基本案情

被告人孟动于 2005 年 6 ~ 7 月在广州市利用黑客程序并通过互联网，

窃得茂立公司所有的腾讯、网易在线充值系统的登录账号和密码。同年 7 月 22 日下午，被告人孟动通过 QQ 聊天的方式与被告人何立康取得了联系，并向何立康提供了上述所窃账号和密码，预谋入侵茂立公司的在线充值系统，窃取 Q 币和游戏点卡后在网上低价抛售。2005 年 7 月 22 日 18 时许，被告人孟动通知何立康为自己的 QQ 号试充 1 只 Q 币并在确认充入成功后，即开始寻找买家。找到买家谈妥价格后，通知被告人何立康为买家的 QQ 号充入 Q 币，并要求买家向其卡号为 9558823602001916770 的中国工商银行牡丹灵通卡内划款。其间，被告人何立康除按照孟动的指令为买家充入 Q 币外，还先后为自己及其朋友的 QQ 号充入数量不等的 Q 币。自 2005 年 7 月 22 日 18 时 32 分至 2005 年 7 月 23 日 10 时 52 分，被告人何立康陆续从茂立公司的账户内窃取 Q 币 32298 只，价值人民币 24869.46 元；自 2005 年 7 月 23 日 0 时 25 分至 4 时 07 分，被告人何立康还陆续从茂立公司的账户内窃取游戏点卡 50 点 134 张、100 点 60 张，价值人民币 1041.4 元。以上两被告人共计盗窃价值人民币 25910.86 元。案发后，茂立公司通过腾讯科技（深圳）有限公司追回 Q 币 15019 个，实际损失 17279 个，价值人民币 13304.83 元，连同被盗游戏点卡，合计损失价值人民币 14384.33 元。被告人孟动、何立康到案后，在家属的帮助下，分别向公安机关退缴人民币 8000 元和 2.6 万元，其中 14384.33 元已由侦查机关发还茂立公司。

裁判理由

法院经审理认为：被害单位茂立公司作为腾讯、网易公司的代销商，其销售的 Q 币和游戏点卡是通过支付真实货币并按双方合同约定的折扣购买的，一旦失窃便意味着所有人将丧失对这些财产的占有、使用、处分和收益等全部财产权利。被告人孟动、何立康以非法占有为目的，通过互联网共同窃取被害单位的 Q 币和游戏点卡，侵犯了被害单位的占有、使用、处分和收益的权利，数额巨大，已构成盗窃罪。被告人何立康能主动投案，如实交代全部犯罪事实，系自首，依法可减轻处罚；到案后有立功表现，依法可予从轻处罚。被告人孟动到案后能如实坦白自己的犯罪事实，可酌情从轻处罚；两名被告人在家属帮助下能退赔被害单位的全部损失，可予酌情从轻处罚。两名被告人系初犯、偶犯，到案后确有认罪悔罪表现，依法可适用缓刑。据此，以盗窃罪分别判处孟动有期徒刑三年，缓刑三年，并处罚金人民币 3000 元；何立康有期徒刑一年六个月，缓刑一年六个月，并处罚金人民币 2000 元；扣押在案的被告人孟动犯罪所用的电脑硬盘两块和卡号为 9558823602001916770 中国工商银行牡丹灵通卡，予以没收。

一审宣判后，两被告人未提出上诉，公诉机关亦未提起抗诉，判决发生法律效力。

评析

在网络由信息媒介向生活平台转变的背景下，网络虚拟财产的出现具有必然性。当前典型的虚拟财产种类包括游戏装备、电子币、QQ 号码等。虚拟财产虽然具有"虚拟"的形式，但从本质上讲仍然是一种财产，具有与一般物理财产相同的财产属性：经济价值性、稀缺性、能够被人力所控制等。然而，虚拟财产毕竟是以数字化的虚拟方式存在的，其物理意义恐怕仅在于自身是一段数字符号或者信息代码，可以被人力所控制，但是不能脱离网络而存在。可见，网络因素"置换"了财产的存在形态，这是虚拟财产和现实财产的最大区分。由此导致的问题是：虚拟财产能否作为《刑法》第九十二条中"其他财产"的一种类型，从而获得刑法保护。对于 Q 币和游戏点卡的性质，到底是否属于刑法中的"财物"，其实是存有争议的。也因此，有些法院至今仍然采取回避态度，不讨论虚拟财产中的价值成分，仅仅从物理属性出发，按照非法获取计算机信息系统数据罪处理。我国刑法对盗窃网络虚拟财产的行为没有作明确规定，司法实践中将该类行为主要认定为盗窃罪或非法获取计算机信息系统数据罪等计算机犯罪（非法获取计算机信息系统数据罪、非法控制计算机信息系统罪系 2009 年《刑法修正案（七）》增设第二百八十五条第二款所增设）。目前各地司法机关对盗窃虚拟财产的刑事案件基本都按照《刑法》第二百八十五条第二款定罪。2013 年《关于办理盗窃刑事案件适用法律若干问题的解释》

出台后，最高人民法院刊登该司法解释的理解与适用中，有关于虚拟财产的相关意见。最高人民法院的意见，主要考虑虚拟财产与金钱财物等有形财产、电力燃气等无形财产存在明显差别；虚拟财产的法律属性是计算机系统数据；对盗窃虚拟财产的行为适用盗窃罪会带来诸如数额认定等棘手问题。根据该意见，认为虚拟财产不作为财物处理，此后虚拟财产作为财物而认定侵犯财产的犯罪就少见了，实务中意见趋于统一。

84. 利用失灵的网络第三方支付平台获取游戏点数

——邓玮铭盗窃案

裁判要旨

以非法占有为目的，在网络上利用出现操作系统故障的第三方支付平台，故意输入错误卡号密码信息，在没有支付交易资金的情况下，获取具有财产属性的游戏点数，数额较大的，应认定为盗窃罪。

案件索引

上海市浦东新区人民法院（2010）浦刑初字第 2302 号

基本案情

2008 年北京创娱天下信息技术有限公司（以下简称"创娱天下"）和拥有网络交易平台易宝支付系统的北京通融通信息技术有限公司上海分公司（以下简称"通融公司"）合作，利用通融公司的第三方支付平台易宝支付销售网络游戏的游戏点数。通融公司与上海电信有限公司合作，利用上海电信有限公司发行的具有支付功能的充值卡聚信卡收取销售钱款。2008 年 7 月 4 日，通融公司技术人员对易宝支付系统进行升级调试时导致易宝支付系统出现故障，对上海电信有限公司返回的代码不能进行正确识别。

2008 年 7 月 8 日至 14 日，被告人邓玮铭在对创娱天下运营的网络游戏炎龙骑士游戏卡进行充值时，利用易宝支付交易平台正在升级期间的系统漏洞，恶意输入虚假的卡号、密码等信息，在没有实际支付充值金额的情况下获取创娱天下价值 58194 元的游戏点数，成功交易 238 笔。后将该游戏点数在淘宝网上折价售卖，获利 11000 余元，造成北京通融通信息技术有限公司财产损失合计人民币 58194 元。2010 年 5 月 19 日，被告人邓玮铭主动至公安机关投案自首并退出全部赃款。

裁判结果

上海市浦东新区人民法院经审理认为，被告人邓玮铭以非法占有为目的，采用秘密手段，窃取他人财物，数额巨大，其行为已构成盗窃罪。公诉机关指控的罪名成立，予以支持。被告人邓玮铭系自首，依法减轻处罚；其全额退赃，且自愿认罪，确有悔罪表现，酌情从轻处罚。依法判处被告人邓玮铭有期徒刑二年，缓刑二年，罚金人民币 2 万元。

宣判后，公诉机关没有提起抗诉，被告人也没有上诉，该判决已经生效。

评析

对于游戏点数的性质，到底是否属于刑法中的"财物"，其实是存有争议的。在观念上，对于盗窃他人具有经济价值，并且已经在一定市场上被认可且可以随意转换为现实货币的虚拟货币来说，与直接盗窃他人财物相比，在理念上认为这应当没有差别，并且完全能够被一般人所接受。可是法律上却没有明文规定虚拟财产的性质。我国刑法对盗窃网络虚拟财产的行为没有作明确规定，司法实践中对该类行为主要认定为盗窃罪或非法获取计算机信息系统数据罪等计算机犯罪。本案中，被告人邓玮铭在对创娱天下运营的网络游戏炎龙骑士游戏卡进行充值时，利用易宝支付交易平台正在升级期间的系统漏洞，恶意输入虚假的卡号、密码等信息，在没有实际支付充值金额的情况下获取创娱天下游戏点数，并将该游戏点数在淘宝网上折价售卖，造成北京通融通信息技术有限公司财产损失合计人民币58194元。其以非法占有为目的，在网络上利用出现操作系统故障的第三方支付平台，故意输入错误卡号密码信息，获取具有财产属性的游戏点数并变卖，数额较大，应认定为盗窃罪。

85. 非法利用信息网络、非法获取公民信息实施电信诈骗

——彭闯辉诈骗案

▓ 裁判要旨

利用信息网络，为实施诈骗等违法犯罪活动发布信息的，成立非法利用信息网络罪。同时构成其他犯罪的，依照处罚较重的规定定罪处罚。

▓ 案件索引

浙江省金华市中级人民法院（2016）浙 07 刑终 572 号

▓ 一审结果

原判认定：2015 年 8 月 23 日彭某驾驶车牌号为赣 M×××× 的东风牌面包车窜至义乌、金华等地，被告人彭闯辉在该车内，利用从张总（另案处理）等人处获取的笔记本电脑、伪基站设备及诺基亚手机，按照张总等人的指示连接设备并使用笔记本电脑中的短信群发软件，以中国建设银行的官方客服号码 95533 的名义发送诈骗短信，短信内容为"尊敬的建行用户，您的账户已满 10000 积分，可兑换 5% 的现金，手机登录 http://098.44.190.109 查询兑换，逾期失效【建设银行】"。公安民警于 2015

年 8 月 24 日将被告人彭闯辉传唤至派出所接受调查，并从彭闯辉处查获伪基站设备一套、手机两只、笔记本电脑一台。至被抓获时止，被告人彭闯辉在金华市婺城区等地共发送诈骗短信 193998 条。经浙江省金华无线电监测站检测，送检测的伪基站发射设备的发射频率为 P45MHz，发射功率为 21.5W，其发射频率均在移动公司的专用频率上，一旦非法使用，将对正常的通信业务造成有害干扰。被告人彭闯辉归案后如实供述了主要事实。

原判根据上述事实，并依照《中华人民共和国刑法》第二百六十六条、第二十五条第一款、第二十三条、第六十七条第三款、第五十二条、第五十三条、第六十四条之规定，判决：一、被告人彭闯辉犯诈骗罪，判处有期徒刑六年六个月，并处罚金人民币 3 万元；二、作案工具伪基站 1 套、手机 2 只、笔记本电脑 1 台，予以没收。

上诉理由

原审被告人彭闯辉上诉称，其不构成诈骗罪，根据《刑法》第二百八十七条之一的规定，对其应以非法利用信息网络罪定罪处罚，原判适用法律不当，定性错误；同时在共同犯罪中，其系从犯，认罪态度较好，有悔罪表现，原判对其量刑过重，请求二审法院依法改判。

法院查明事实

经审理查明，原判认定的事实有证人彭某的证言、电子证物检查工作记录、提取有关 TXT 文档中的手机号码报告及说明、检测报告、搜查笔录及照片、扣押决定书、接警单、人口信息、归案经过、被告人彭闯辉的供述等证据证实。上述证据形式合法，内容客观，与本案具有关联，且能相互印证，法院予以确认。

针对上诉理由，经查：1.《刑法》第二百八十七条之一规定，利用信息网络，为实施诈骗犯罪发布信息，情节严重的，应以非法利用信息网络罪判处三年以下有期徒刑或者拘役，并处或者单处罚金；同时构成其他犯罪的，依照处罚较重的规定定罪处罚。根据《刑法》第二百六十六条，

《最高人民法院、最高人民检察院关于办理诈骗刑事案件具体应用法律若干问题的解释》第五条的规定，利用发送短信等电信技术手段对不特定多数人实施诈骗，发送诈骗信息 5 万条以上的，属诈骗情节特别严重，应以诈骗罪（未遂）定罪处罚，依法应当判处十年以上有期徒刑或者无期徒刑。原审被告人彭闯辉为实施诈骗犯罪活动，通过伪基站设备发布虚假信息 193998 条，根据上述法律、司法解释的规定，应以诈骗罪对其定罪处罚，原判定罪和适用法律正确。原审被告人彭闯辉所提其不构成诈骗罪，原判定性错误，适用法律不当的理由，不能成立。2. 在共同犯罪中，原审被告人彭闯辉与共同作案人相互分工、紧密配合，均积极主动，作用相当，不宜区分主从犯。原审被告人彭闯辉上诉所提其系从犯的理由，不能成立。

裁判理由

法院认为，原审被告人彭闯辉伙同他人以非法占有为目的，冒充中国建设银行客服，发送虚假短信 193998 条，对不特定多数人实施诈骗，情节特别严重，其行为已构成诈骗罪。原审被告人彭闯辉已实行犯罪，因意志以外的原因未得逞，系犯罪未遂，可比照既遂犯减轻处罚；彭闯辉归案后能如实供述其罪行，认罪态度较好，依法可从轻处罚。原判认定事实清楚，证据确实充分，定罪和适用法律正确，审判程序合法，根据原审被告人彭闯辉的犯罪事实和量刑情节，原判对其作出的量刑适当。出庭检察人员建议驳回上诉、维持原判的意见予以采纳。原审被告人彭闯辉的上诉理由，与查明事实及法律规定不符，不予采纳。依照《中华人民共和国刑事诉讼法》第二百二十五条第一款第（一）项之规定，作出裁定。

裁判结果

驳回上诉，维持原判。

本裁定为终审裁定。

▌评析

预备行为实行化是将原本属于其他犯罪的预备行为按照实行行为予以处罚。预备行为的实行化具有两个效果：一是对于预备行为处罚的独立化，这一点与帮助行为的正犯化是一致的；二是刑法打击时点的前移，如果凡事都等到危害结果发生再去处罚往往不能有效保护法益。预备行为实行化的目的在于通过打击范围的前移使得法益得到前置保护，而不必等到法律受到实质威胁或者出现危害结果时才进行保护。个人信息解释中对"公民个人信息"的再次扩张背后就有预备行为实行化的影子。法律不断强化对"公民个人信息"的保护范围，扩张"公民个人信息"的法律概念，对"公民个人信息"的内涵层层加码，其早已不再局限于隐私信息，也超出了身份认证信息的范畴，而是已经扩张到了"可能影响人身、财产安全的个人信息"，立法意图很明显，除了大数据时代下公民个人信息的重要性越发凸显之外，更是有意将侵犯公民个人信息罪打造为后续犯罪的上游犯罪，这实际是一种预备行为的实行化。经过改造后，对公民个人信息的保护可以概括为两类：一类是保护个人身份认证信息的典型侵犯公民个人信息罪；另一类是通过对可能涉及公民人身、财产的信息进行保护进而保护公民人身、财产信息，而这就是预备行为实行化的体现。而最为典型的立法处理，当属 2015 年《刑法修正案（九）》新增的第二百八十七条之一"非法利用信息网络罪"。其规定，对于利用网络设立违法犯罪的网站、通讯群组，以及发布违法犯罪信息的行为，予以定罪处理，这就是一种预备行为实行化的处理方式。具体而言，其包括三种情形："利用信息网络实施下列行为之一，情节严重的，处三年以下有期徒刑或者拘役，并处或者单处罚金：（一）设立用于实施诈骗、传授犯罪方法、制作或者销售违禁物品、管制物品等违法犯罪活动的网站、通讯群组的；（二）发布有关制作或者销售毒品、枪支、淫秽物品等违禁物品、管制物品或者其他违法犯罪信息的；（三）为实施诈骗等违法犯罪活动发布信息的。"同时，该条第三款规定，同时构成其他犯罪的，依照处罚较重的规定定罪处罚。被告人彭闯辉伙同他人以非法占有为目的，冒充中国建设银行客服，发送虚假短信193998条，对不特定多数人实施诈骗，一方面，其行为符合第二百八十七条之一中的"利用信息网络为实施诈骗等违法犯罪活动发布信息"，构成非法利用信息网络罪；另一方面，被告人行为也符合诈骗罪的构成要件。根据《最高人民法院、最高人民检察院关于办理诈骗刑事案件具体应用法律若干问题的解释》第五条的规定，利用发送短信等电信技术手段对不特定多数人实施诈骗，发送诈骗信息5万条以上的，属诈骗情节特别严重，应以诈骗罪（未遂）定罪处罚，依法应当判处十年以上有期徒刑或者无期徒刑。因此，对于被告人，应当以处罚更重的诈骗罪定罪处罚。

86. 帮助信息网络犯罪活动

——胡文明等诈骗案

▌ 裁判要旨

明知他人利用信息网络实施犯罪，为其犯罪提供互联网接入、服务器托管、网络存储、通讯传输等技术支持，或者提供广告推广、支付结算等帮助，情节严重的，以帮助信息网络犯罪活动罪定罪处罚。

▌ 案件索引

浙江省杭州市中级人民法院（2016）浙 01 刑终 1084 号

▌ 审理经过

杭州市滨江区人民法院审理杭州市滨江区人民检察院指控原审被告人胡文明、曾绍滨犯诈骗罪一案，于 2016 年 10 月 8 日作出（2016）浙 0108 刑初 150 号刑事判决。原审被告人胡文明、曾绍滨均不服，分别提出上诉。二审法院依法组成合议庭，公开开庭审理了本案，杭州市人民检察院指派检察员徐荣及楼之恒出庭履行职务，上诉人胡文明及其辩护人斯佳、上诉人曾绍滨及其辩护人钱小琴到庭参加诉讼。案经浙江省高级人民法院批准，依法延长审理期限二个月。现已审理终结。

📇 一审裁判

原判认定，2015 年 2 月至 4 月，被告人胡文明、曾绍滨伙同他人通过假冒淘宝客服人员，以被害人的淘宝网店无法正常支付需激活淘宝账号、交纳保证金、开通业务等为由，利用钓鱼网站实施诈骗。其中，胡文明负责提供诈骗使用的支付宝分润平台账号和跳转软件等技术支持，并获取 8.8% ~9% 作为报酬，其参与的诈骗数额为人民币 2548432 元，涉及的被害人数达 751 人；曾绍滨参与的诈骗数额为人民币 988944 元，涉及的被害人数达 333 人。

案发后，被告人胡文明、曾绍滨被公安机关抓获归案。

原审人民法院根据上述事实，以诈骗罪，分别判处被告人胡文明有期徒刑十一年六个月，并处罚金人民币 5 万元；判处被告人曾绍滨有期徒刑十一年，并处罚金人民币 4 万元。扣押于杭州市公安局滨江区分局的作案工具判决予以没收；责令被告人胡文明、曾绍滨退赔违法所得。

📇 当事人上诉

上诉人胡文明上诉称，（一）原判认定其得知他人诈骗的时间与事实不符。其自 2012 年 12 月以来就拥有并经营"安付宝"平台以销售"免签约商户支付宝"授权账户及对接技术教程，一直提供实名业务，并非为诈骗而开发的，其没有犯罪动机；在 2015 年 3 月中旬左右，被害人联系其核实情况，其才知道网名"先生您好"的福建人诈骗，其不知情的部分金额应予扣除。（二）涉案的"安徽合硕文化传播有限公司"与其无关，该公司支付宝账户并非其注册的，相关部分数额应予扣除。（三）原判没有任何其与"先生您好"犯意联络、参与预谋、实施诈骗的记录为据，认定为共同诈骗犯罪依据不足，可以考虑其行为是否符合《刑法》第二百八十七条之二规定的帮助信息网络犯罪活动罪。（四）其在案件中的作用较小，分赃比例仅为 8.8% ~9%，明显属于从犯，又系坦白、初犯，原判量刑过重。综上，请求二审法院改判相应罪名并从轻量刑。

上诉人胡文明的辩护人提出，（一）胡文明主观上没有诈骗犯罪的故意，出售产品所得及利润提成均属于劳务报酬，并非想占有他人财物，客观上也没有参与整个诈骗的具体策划实施过程，其犯罪行为不应成立诈骗罪。（二）胡文明为他人实施网络诈骗提供技术支持，依据《刑法》第二百八十七条之二的规定，以帮助信息网络犯罪活动罪论处更为准确。（三）即使胡文明的行为构成诈骗罪，也是处于从属地位的，参与程度低，分赃比例小，仅仅为"先生您好"的诈骗行为提供了工具而已，应以从犯论处。综上，请求二审法院对胡文明减轻处罚。

上诉人曾绍滨上诉称，其仅仅是受指使帮助网名"发财"的人使用银行卡通过 ATM 机取款，没有使用曾某 4、曾某 1 的支付宝，取款时不知道是诈骗所得，请求二审法院改判其无罪。

上诉人曾绍滨的辩护人提出，（一）原判载明的支付宝交易明细，作为由支付宝（中国）网络技术有限公司提供的书证，以光盘形式存在不符合法定证据形式，在证据三性上都存在疑问；未经当庭公开举证、质证，审判程序违法。（二）原判在没有直接证据，在案的间接证据没有形成完整闭合证据链条的情况下，认定曾绍滨参与实施诈骗犯罪，没有达到证据确实、充分的证明标准，违反了证据裁判原则，认定事实错误。其中，曾某 4、曾某 1 的支付宝账户登录上网设备的 Mac 地址作为证据使用存在疑点，与曾绍滨的关联性认定错误；原判将曾某 1 支付宝中的 704594 元算作曾绍滨参与诈骗的金额，意指曾绍滨是曾某 1 支付宝的实际控制者，对此没有证据支持，不应认定。（三）原判认定与胡文明联系的"先生您好"就是曾绍滨，依据薄弱，存有认定错误的合理怀疑，并不能唯一锁定曾绍滨。退一步讲，即使这一认定正确，"先生您好"在本案中仅提供中间转移资金的服务并仅拿十分之一，为从犯，应当从轻、减轻处罚或者免除处罚。综上，请求二审法院改判曾绍滨无罪。

法院查明事实

经审理查明，原判认定上诉人胡文明、曾绍滨诈骗的事实，有被害人王某、莫某、陈某 2、吴某、赵某、丁某、张某、褚某、白某 1、党某、代

某、白某 3 等人的陈述及其提交的聊天记录、支付宝交易记录、银行交易
记录等，证人曾某 2 的证言及接受证据清单，证人曾某 4、曾某 3 的证言，
调取证据清单及支付宝交易记录明细、银行取款监控录像资料（附光盘），
搜查笔录、扣押物品、文件清单及照片，电子证物检查笔录、提取电子证
据清单及光盘，协助查询财产通知书及户名为曾某 4、曾某 3、胡文明、胡
某的银行卡交易记录明细，公安机关出具的侦查、破案、抓获经过等情况
说明，户籍证明等证据予以证实。上诉人胡文明、曾绍滨亦有供述在案，
胡文明所供主要情节及曾绍滨所供部分情节与上述证据所反映的基本事实
相符。上述证据，已经原审和二审庭审质证，法院予以确认。原判认定的
事实清楚，证据确实、充分。

🔨 裁判理由

二审法院认为，上诉人胡文明、曾绍滨伙同他人以非法占有为目的，
多次采用虚构事实、隐瞒真相的方法，利用互联网技术手段骗取不特定多
数人财物，数额特别巨大，其行为均已构成诈骗罪，系共同犯罪。关于二
上诉人及辩护人所提原判定罪量刑方面的上诉理由、辩护意见。经查，
(1)《刑法修正案（九）》增加刑法第二百八十七条之二，增设帮助信息
网络犯罪活动罪，将网络犯罪的帮助行为独立入罪。同时，该条第三款规
定，实施帮助信息网络犯罪活动行为，同时构成其他犯罪的，依照处罚较
重的规定定罪处罚。对此，最高人民法院、最高人民检察院、公安部《关
于办理电信网络诈骗等刑事案件适用法律若干问题的意见》亦有明确规
定。上诉人胡文明明知他人利用信息网络实施诈骗犯罪，为其犯罪提供网
络技术支持等帮助，情节严重，其行为同时构成诈骗罪和帮助信息网络犯
罪活动罪，按照具体犯罪行为应当适用的法定刑幅度，依法应当以处罚较
重的诈骗罪定罪处罚。(2) 原判根据全案事实情节，综合考虑二上诉人的
犯罪数额、行为手段、所起作用及获利情况，据此确定各人的罪责，在法
定刑幅度以内裁量刑罚，体现了罪责刑相适应的基本原则，量刑并无不
当。综上，上述上诉理由和辩护意见与相关法律规定不符，均不能成立，
二审法院不予采纳。出庭检察员的相关出庭意见正确，二审法院予以采

纳。原判定罪及适用法律正确，量刑适当。原审审判程序合法。

据此，依照《中华人民共和国刑法》第二百六十六条、第二十五条第一款、第六十七条第三款、第五十二条、第六十四条及最高人民法院、最高人民检察院《关于办理诈骗刑事案件具体应用法律若干问题的解释》第一条、第二条第一款第（一）项、第七条和《中华人民共和国刑事诉讼法》第二百二十五条第一款第（一）项之规定，作出裁定。

裁判结果

驳回上诉人（原审被告人）胡文明、曾绍滨之上诉，维持原判。

本裁定为终审裁定。

评析

对于共犯的正犯化立法，1997 年刑法制定时就有所涉及，2009 年颁行的《刑法修正案（七）》在《刑法》第二百八十五条第三款增设了"提供侵入、非法控制计算机信息系统的程序、工具罪"，该罪名是网络犯罪帮助行为领域的共犯正犯化立法尝试，通过立法的形式实现了对非法侵入计算机信息系统和为非法控制计算机信息系统提供帮助行为的充分评价，具有开创性。然而，《刑法修正案（七）》仅对刑法分则中的一个具体罪名的帮助行为进行了回应，而网络犯罪帮助行为对传统刑法的冲击则是全局性的，不仅体现在计算机信息系统罪名领域，也体现在传统罪名领域，而期待"一罪一立法"的模式显然会造成立法资源的巨大浪费，因此，《刑法修正案（九）》在《刑法》第二百八十七条之二增设了"帮助信息网络犯罪活动罪"，其规定："明知他人利用信息网络实施犯罪，为其犯罪提供互联网接入、服务器托管、网络存储、通讯传输等技术支持，或者提供广告推广、支付结算等帮助，情节严重的，处三年以下有期徒刑或者拘役，并处或者单处罚金。"帮助信息网络犯罪活动罪可以视为所有为网络犯罪提供信息技术支持行为的兜底性罪名，是立法对网络犯罪帮助行为的整体性回应。

　　这一规定在理论上被称为"共犯行为正犯化",其内涵在于两方面,一是帮助犯"定性独立化",二是帮助犯"评价正犯化"。"定性独立化"是指认定犯罪、追究责任时对于帮助犯可以脱离实行犯而单独、直接定罪;"评价正犯化"是指由于网络时代"一帮多"现象的大量存在,以及技术性帮助行为的地位越发重要,传统理论中被视为从犯、共犯的帮助犯,在评价上应当被视为主犯、正犯予以量刑处罚。《刑法》第二百八十七条之二规定了"帮助信息网络犯罪活动罪",对网络犯罪的帮助犯予以独立入罪。之所以要采取共犯行为正犯化这样一种立法思路,有三重背景。第一,二元化立法体制("违法"和"犯罪"二元并存)下"双重犯罪原则"导致的帮助犯难以处罚的尴尬。我国的立法方式和其他国家不同,是一种二元化的立法体系,犯罪与违法是区分的,通过犯罪与违法的分设分流了大部分轻罪行为,直接不让其进入犯罪的评价范围,不予以定罪处罚,也不让行为实施者留下犯罪记录。而其他国家采取的方式是一律入罪,然后通过高不起诉率来解决大部分人不入罪的问题。二元化的立法体系就会导致很多问题,如果涉及跨国、跨境案件时,管辖和制裁犯罪要求"双重犯罪原则",在中国认为是违法行为,甚至是完全的合法行为,而在国外被认为是犯罪时,问题就产生了。尤其是,在网络这样一个无中心、无国境的时代,跨国、跨境的行为司空见惯。要想在国内外之间、两个犯罪之间适用共犯关系,且符合"双重犯罪原则",是非常困难的。针对实行犯已经存在不小的困难,而针对帮助犯,既要证明帮助者符合"双重犯罪原则",同时还要证明双方具有共同犯意,这样的要求给实践办案带来了巨大的困难。因此,帮助行为的独立入罪化具有现实必要性。第二,网络时代下帮助犯的危害性扩大与独立性提升。网络时代与传统时代不一样的一点在于,传统犯罪中的帮助犯与实行犯之间的关系往往是"多帮一",多个帮助犯与一个实行犯。而恰恰在网络时代,"一帮多"的现象大量出现,一个人没有实行行为,但他的帮助行为的危害性远远超过了实行行为,无论是搜索网站的搜索行为,还是建立网站的管理行为,因此将帮助行为独立入罪进行评价具有现实合理性。第三,网络的虚拟性导致犯意无法证明。如果按照传统共犯理论要求有共犯的故意,是很难做到的。因此,共犯的实行化在这几年的司法解释中和具体罪名的增设上,是一个比较明显的规律。反对的声音虽然还存在，但这一趋势是清晰而明显的。

被告人胡文明、曾绍滨伙同他人以非法占有为目的，多次采用虚构事实、隐瞒真相的方法，利用互联网技术手段骗取不特定多数人财物，数额特别巨大，其行为均已构成诈骗罪。同时，被告人胡文明明知他人利用信息网络实施诈骗犯罪，为其犯罪提供网络技术支持等帮助，情节严重，其行为同时构成诈骗罪和帮助信息网络犯罪活动罪，按照具体犯罪行为应当适用的法定刑幅度，依法应当以处罚较重的诈骗罪定罪处罚。

87. 陈文辉等诈骗、侵犯公民个人信息

——徐玉玉电信诈骗致死案

裁判要旨

电信诈骗致人死亡，如果能认定死亡结果与被诈骗之间具有因果关系，则应将死亡结果归于诈骗行为。

案件索引

一审：山东省临沂市中级人民法院（2017）鲁 13 刑初 26 号

二审：山东省高级人民法院（2017）鲁刑终 281 号

基本案情

山东省临沂市人民检察院指控被告人陈文辉犯诈骗罪、侵犯公民个人信息罪，被告人郑金锋、黄进春、熊超、陈宝生、郑贤聪、陈福地犯诈骗罪，向临沂市中级人民法院提起公诉。2017 年 4 月 20 日，临沂市中级人民法院受理此案，并依法组成合议庭，于 6 月 27 日公开开庭进行了审理。

山东省临沂市中级人民法院审理查明：

（一）诈骗事实

2015 年 11 月至 2016 年 8 月，被告人陈文辉、郑金锋、黄进春、熊

超、陈宝生、郑贤聪、陈福地等人交叉结伙，通过网络购买学生信息和公民购房信息，分别在江西省九江市、新余市，广西壮族自治区钦州市，海南省海口市等地，租赁房屋作为诈骗场所，冒充教育局、财政局、房产局的工作人员，以发放贫困学生助学金、购房补贴为名，以高考学生为主要诈骗对象，拨打诈骗电话，骗取他人钱款。拨打诈骗电话累计 2.3 万余次，骗取他人钱款共计人民币 56 万余元。2016 年 8 月，刚接到大学录取通知书的山东省临沂市高三毕业生徐玉玉接到诈骗电话，被告人陈文辉等人以发放助学金的名义，骗走了徐玉玉全部学费 9900 元，徐玉玉在报警回家的路上猝死，造成被害人徐玉玉死亡。

其中，被告人陈文辉在九江市、新余市组织实施诈骗犯罪，拨打诈骗电话 1.3 万余次，骗得钱款共计 31 万余元，在诈骗被害人徐玉玉的犯罪过程中，系造成徐玉玉死亡的罪责最为严重的主犯；被告人郑金锋在钦州市、海口市组织实施诈骗犯罪，并为陈文辉等人在九江市、新余市实施诈骗时转移赃款，拨打诈骗电话 2.3 万余次，诈骗金额共计 54 万余元，在诈骗被害人徐玉玉的犯罪过程中，郑金锋根据分工，帮助转移赃款，作用相对小于陈文辉；被告人黄进春参与九江市、新余市、钦州市的诈骗犯罪，拨打诈骗电话 1.1 万余次，骗得钱款 22 万余元；被告人熊超参与钦州市的诈骗犯罪，拨打诈骗电话 1.1 万余次，骗得钱款 22 万余元，并帮助陈文辉等人在九江市转移诈骗赃款，在诈骗被害人徐玉玉的犯罪过程中起次要作用；被告人陈宝生参与九江市、新余市的诈骗犯罪，拨打诈骗电话 1.1 万余次，骗得钱款 27 万余元；被告人郑贤聪参与九江市的诈骗犯罪，拨打诈骗电话 2000 余次，诈骗金额 8 万余元，在诈骗被害人徐玉玉的犯罪过程中起次要作用；被告人陈福地诈骗金额 8 万余元，在诈骗被害人徐玉玉的犯罪过程中起次要作用。

（二）侵犯公民个人信息事实

2016 年 6 月至 8 月，被告人陈文辉为实施电信诈骗犯罪，通过腾讯QQ、支付宝等工具，从杜天禹（另案处理）处购买非法获取的山东省高考学生信息 10 万余条。

一审裁判

山东省临沂市中级人民法院审理认为，被告人陈文辉、郑金锋、黄进春、熊超、陈宝生、郑贤聪、陈福地以非法占有为目的，结成电信诈骗犯罪团伙，冒充国家机关工作人员，通过拨打电话对不特定多数人实施诈骗，各被告人行为均构成诈骗罪。被告人陈文辉还以非法方法获取公民个人信息，其行为还构成侵犯公民个人信息罪。陈文辉一人犯数罪，应依法数罪并罚。根据各被告人在共同犯罪中的地位、作用、情节和对社会的危害程度，依法作出下述判决：

以诈骗罪判处被告人陈文辉无期徒刑，剥夺政治权利终身，并处没收个人全部财产，以侵犯公民个人信息罪判处其有期徒刑五年，并处罚金人民币3万元，决定执行无期徒刑，剥夺政治权利终身，并处没收个人全部财产；

以诈骗罪判处被告人郑金锋有期徒刑十五年，并处罚金人民币60万元；

以诈骗罪判处被告人黄进春有期徒刑十二年，并处罚金人民币40万元；

以诈骗罪判处被告人熊超有期徒刑八年，并处罚金人民币20万元；

以诈骗罪判处被告人陈宝生有期徒刑七年，并处罚金人民币15万元；

以诈骗罪判处被告人郑贤聪有期徒刑六年，并处罚金人民币10万元；

以诈骗罪判处被告人陈福地有期徒刑三年，并处罚金人民币10万元；

责令各被告人向被害人退赔诈骗款项。

当事人上诉

宣判后，陈文辉、黄进春、陈宝生不服，提出上诉。山东省高级人民法院依法组成合议庭对此进行审理。

二审裁判

山东省高级人民法院经审理认为，上诉人陈文辉、黄进春、陈宝生伙同原审被告人郑金锋、熊超、郑贤聪、陈福地等人，以非法占有为目的，虚构事实，拨打电话骗取他人钱款，其行为均已构成诈骗罪。上诉人陈文辉还以非法方法获取公民个人信息，其行为又构成侵犯公民个人信息罪，依法应当数罪并罚。陈文辉在诈骗被害人徐玉玉的犯罪过程中，直接拨打诈骗电话，骗取徐玉玉的钱款，造成徐玉玉死亡，系罪责最为严重的主犯。一审判决认定事实清楚，证据确实、充分，定罪准确，量刑适当，审判程序合法。遂依法作出裁定。

评析

互联网的发展进入以"互（联）"为主的网络 2.0 时代后，网络犯罪也经历了进一步的跃迁，进入以网络为"工具"的发展阶段，挑战、攻击系统的网络犯罪快速消减，网民之间"点对点"地利用网络为工具的侵害成为犯罪的标准模式，以诈骗为主的各类传统犯罪，尤其是涉财犯罪的网络化爆发式增长，传统犯罪进入网络时代。此一阶段的特点之一在于涉财犯罪的爆发式增长。由于网络上集聚了大量的网民，且彼此之间实现了互动交流，网络开始累积大量的财产利益，如网络游戏、密码账号等。犯罪也由此发生了转向，开始由侵犯计算机本身转向侵犯网络中的利益，尤其是财产利益。因此，涉财犯罪在这一阶段的网络犯罪中占大多数，犯罪侵犯的法益主要是财产，犯罪的目的主要在于获利，最典型也最普遍的犯罪是电信诈骗。本案系法院审理电信网络诈骗犯罪如何认定犯罪情节的典型案例。诈骗罪是以非法占有为目的，使用欺骗方法，骗取数额较大的公私财物的行为。《最高人民法院、最高人民检察院关于办理诈骗刑事案件具体应用法律若干问题的解释》坚持从严惩处电信诈骗，规定对造成被害人自杀等严重后果的，从严惩处。本案中，数犯罪人以非法占有为目的，虚构事实，拨打诈骗电话骗取他人钱款，长期多次实施犯罪，并造成被害人徐某死亡，行为已构成诈骗罪，且犯罪性质恶劣，社会影响极大。同时，被告人实施了以非法方法获取公民个人信息的行为，故以侵犯公民个人信息罪和诈骗罪数罪并罚。另根据 2016 年 12 月"两高一部"出台的《关于办理电信网络诈骗等刑事案件适用法律若干问题的意见》，对实施电信网络诈骗犯罪，达到相应数额标准，又造成被害人或其近亲属自杀、死亡等严重后果，诈骗未成年人、在校学生等的财物的，酌情从重处罚。

88. 跨国电信诈骗

——戴春波等 32 人诈骗案

𝄢 裁判要旨

诈骗团伙通过在互联网上发布"招聘信息"招揽人手并将其安置于境外,冒充公检法单位工作人员,通过向境内拨打电话的方式,形成严密的话术体系,从而获得被害人信任,诱使被害人向其汇款,达到诈骗钱款的目的,成立诈骗罪。

𝄢 案件索引

北京市海淀区人民法院(2012)海刑初字第 3496 号

𝄢 基本案情

2011 年 8 月底,被告人戴春波、王瑞讯、周娟受雇佣参加他人组织的针对中国大陆公民的电信诈骗团伙,并持旅游签证出境到老挝人民民主共和国,后被安排在位于万象市西沙达腊彭巴报村的 24 组一栋别墅内从事电信诈骗活动。三人主要负责接听被害人回拨的电话,并按月领取工资及提成。戴春波等实施诈骗行为的方式为:一名台湾男子每天通过互联网向全国各地发送语音包,内容是对方因涉嫌恶意透支信用卡被法院传唤,需要查询详情的就会给转接人工查询,戴春波等三人便冒充法院工作人员接听电话，并按照话术内容告诉对方恶意透支信用卡未还钱涉嫌刑事犯罪，若对方予以否认，便帮助对方将电话转接给二线人员，由二线人员冒充公安局工作人员继续进行诈骗，诱导被害人向指定账户内转账或汇款，从而骗取被害人钱财。同年9月26日，戴春波等三人在该别墅内被老挝国家警察局抓获，同年9月30日被移交我国公安机关。

2011年8月底至9月初，被告人黄辉云等二十九人相继受雇佣参加他人组织的针对中国大陆公民的电信诈骗团伙，并持旅游签证出境到老挝人民民主共和国，在位于万象市西沙达腊县撒潘通村19组的一栋别墅内从事电信诈骗活动。黄辉云等二十九人主要负责接听被害人回拨的电话，并按月领取工资及提成。诈骗团伙成员冒充公安局、检察院和法院等司法机关工作人员，按照话术要求，接听被害人回拨的电话，虚构被害人的信用卡因购物等被恶意透支的虚假信息，诱使对方向指定账户内转账或汇款，从而骗取被害人钱财。同年9月16日，该团伙从被害人马某某处成功骗取人民币41万元。经马某某报案，9月26日，黄辉云等二十九人在该别墅内被老挝国家警察局抓获，9月30日被移交我国公安机关。

裁判结果

法院经审理认定，戴春波等三十二名被告人以非法占有为目的，利用拨打电话等电信技术手段对不特定多数人实施诈骗，构成诈骗罪；该诈骗团伙冒充公检法工作人员实施的跨国电信诈骗行为不仅损害司法机关声誉，而且严重干扰了广大群众的正常生活，故对三十二名被告人以诈骗罪分别判处二年六个月至六年不等的有期徒刑，并处罚金。

评析

进入网络2.0时代，传统犯罪网络异化的现象呈井喷之势，以网络为"工具"的犯罪层出不穷。此时，法律需要面对的问题主要有两方面：一是定性规则的确立，表现为对罪状表述的再解释；二是定量标准的搭建，体现为入罪标准即犯罪定量标准的细化与明确。此一时段的立法与司法解释都是在朝着这两个方向不断努力。立法上通过不断增设新罪名严密法网，司法上则表现为大量的司法解释出台，这一时期的司法解释远远多于其他时期可见一斑。1997 年《刑法》第二百八十七条的指引性规定，开辟了传统犯罪网络异化时代犯罪定性问题的处理思路。第二百八十七条规定："利用计算机实施金融诈骗、盗窃、贪污、挪用公款、窃取国家秘密或者其他犯罪的，依照本法有关规定定罪处罚。"客观地讲，这一条文成为当时处理传统犯罪网络异化问题的定性准则和依据，依赖这一条文解决了当时几乎所有利用网络进行犯罪的定性问题。2000 年 12 月 28 日《全国人大常委会关于维护互联网安全的决定》（简称《决定》），进一步强化了以网络为犯罪"工具"时传统犯罪的定性规则。该《决定》规定利用网络实施犯罪的，依照刑法既有规定定罪，这就使得对以网络为犯罪"工具"的犯罪再一次明确了其处理规则，对传统犯罪网络化的问题实现了整体解释。此外，这也在《刑法》第二百八十七条规定的"利用计算机实施犯罪"的基础上又向前迈进一步，从此"利用计算机实施犯罪"和"利用网络实施犯罪"都是作为传统犯罪网络化的形式，一并按照刑法既有规定定罪。其重要意义不在于对涉及具体案件时犯罪的解释，甚至也不局限于对《刑法》第二百八十七条的修正、扩充与强化，而是在于对观念上已经认同的处理思路的"法律确权"。通过这一绝无仅有的解释型单行刑法，打通了实施传统犯罪和利用网络实施传统犯罪适用同一制裁条款的通道。该《决定》第一、第二、第三、第四、第五分别规定了对互联网安全本身、国家安全、社会秩序、个人合法权利和其他法益的保护。相比于第二百八十七条的"……金融诈骗、盗窃、贪污、挪用公款、窃取国家秘密或者其他犯罪的……"，《决定》无疑保护得更加彻底、更加周全，也更加明确。更为重要的是，该《决定》实际是将所有刑法保护的法益均纳入其中，利用网络实施任何类型的传统犯罪与非涉网的传统犯罪一样，均受到刑法制裁。也因此，网络这一因素开始变得模糊，现实社会与网络社会的区别在刑法层面被淡化，现实空间和网络空间的通道被打通，现实空间中的刑法规则得以顺利地进入网络社会。人们开始在法律依据上，而不仅仅是在观念上，实现了现实空间与网络空间的等同，所有人们已经在生活上、理念上接受的事物最终在刑事法律上找到了位置与归宿，这便为司法实践中处理网络犯罪问题提供了明确而又坚实的法律依据。本案中，诈骗团伙通过在互联网上发布"招聘信息"等虚假信息招揽人手，并将其安置于境外，冒充公检法单位工作人员，通过向境内拨打电话的方式，形成严密的话术体系，从而获得被害人信任，诱使被害人向其汇款，达到诈骗钱款的目的，成立诈骗罪。

89. 伪造网上银行企业客户账户查询、转账授权书

——张北海等银行资金诈骗案

裁判要旨

1. 网上银行企业客户账户查询、转账授权书具有金融凭证属性。

2. 采取拉存企业款项，办理网上银行业务，私刻存款企业、银行印鉴，伪造存款企业网上银行转账授权书的手段，骗取银行资金，构成金融凭证诈骗罪。

案件索引

一审：陕西省西安市中级人民法院（2006）西刑二初字第 37 号
二审：陕西省高级人民法院（2006）陕刑二终字第 94 号

公诉机关指控

西安市人民检察院以被告人张北海、胡英华、白林、陈超、陈炜犯贷款诈骗罪和金融凭证诈骗罪，向西安市中级人民法院提起公诉。

被告人辩解与辩护人辩护

被告人张北海承认参与两次犯罪，但自己在第二宗犯罪中并没有犯罪动机，网上银行、假章都是别人做的，其辩护人提出，张北海在两宗犯罪中系从犯，主观恶性小，应从轻处罚。

被告人胡英华及其辩护人提出，在第一宗犯罪中，胡英华系从犯。在第二宗犯罪中，胡英华没有参与拉存款，也没有参与网上银行开户、转账，只是借用天海公司的支票，目的是让张北海还她的借款，胡英华不构成犯罪。

被告人陈超及其辩护人提出，起诉书指控陈超犯贷款诈骗和金融凭证诈骗的事实不清，证据不足，罪名不能成立。

被告人白林及其辩护人提出，白林系从犯，且积极退赃，应从轻处罚。

被告人陈炜对起诉书指控的犯罪事实不持异议。

法院查明事实

西安市中级人民法院经审理查明：2004年6月，被告人张北海、贺宏安、胡英华通过被告人陈超以付高息为诱饵，诱使西安大信公司（简称"大信公司"）将200万元资金存入指定的西安市商业银行盐店街支行，后由被告人白林作内线，将大信公司的开户资料及预留印鉴的印模抽出复印，交给张北海及贺宏安伪造相关资料和印章，再由白林对伪造的印章进行修改后，由张北海为被告人陈炜提供伪造的大信公司介绍信、委托书、存款单等，由陈炜出面以大信公司员工的名义将大信公司的200万元存款证实书变更为定期存款，再由张北海、陈超、陈炜等人冒充大信公司法定代表人、工作人员，胡英华以华美公司会计的名义，持假资料、印鉴，虚拟借款、质押协议，将大信公司资金200万元做质押，以华美公司名义在西安市商业银行钟楼支行贷款190万元，将贷款中的184万元分别转入胡英华、陈超、陈炜等人控制的银行账户提现。张北海、胡英华、陈超、白林、陈炜将赃款瓜分。案发后白林退回侦查机关10万元。

2004 年 10 月，被告人张北海与被告人陈超商定，以帮朋友拉存款为名，引诱陕西人达公司将资金存入工商银行西影路分理处账户，后张北海指使华博公司办公室主任晏娜到工商银行互助路支行开立一般账户并办理工商银行网上客户服务中心开户手续，并在工商银行西影路分理处开立一般账户，尔后让陈超私刻一枚"工商银行西影路分理处"公章，张北海操纵制作了虚假的《中国工商银行网上银行企业客户账户查询、转账授权书》、客户证书档案信息资料、需增加的分支机构档案信息资料，将上述资料交给刘娜，刘娜与工商银行电子结算中心市场部任经理的但卫国共同完善以上资料后，违规为张北海办理了"网上银行下挂账户手续"，将陕西人达公司设立在工商银行西影路分理处的账户下挂到华博公司设立在工商银行互助路支行账户名下，使张北海可对陕西人达公司账户任意进行转账支配。当陕西人达公司资金 500 万元到账后，张北海便指使晏娜同陈超、刘娜在银行人员的帮助下解锁，并将陕西人达公司账户 500 万元中的 280 万余元转入华博公司工商银行互助路支行账户。胡英华与晏娜在张北海的授意下，于 2004 年 10 月 25 日将其中 235 万元转入中行西影路支行华博公司账户，48 万元转入天海公司账户。后胡英华与陈超将 48 万元全部提现，胡英华留了 2 万元的张北海原借款，将 46 万元给陈超。破案后从陈超处追回赃款 28 万元，从张北海处追回赃款 217.59 万余元，共计 245.59 万余元，现已发还受骗单位。

裁判理由

西安市中级人民法院经审理认为：被告人张北海、胡英华、白林、陈超、陈炜以非法占有为目的，采取拉存企业款项，伪造存款企业资料、印鉴并改变企业存款方式，冒充存款企业，虚构质押贷款的手段和方法骗取银行款项，其行为分别构成贷款诈骗罪；张北海又伙同陈超、胡英华采取拉存企业款项，办理网上银行业务，私刻存款企业、银行印鉴，伪造存款企业网上银行转账授权书的手段，骗取银行资金，其行为又分别构成金融凭证诈骗罪，应数罪并罚；上述被告人贷款诈骗、金融凭证诈骗数额特别巨大，且有 200 余万元资金未被追回，依法均应予以惩处。依照《中华人民共和国刑法》第一百九十三条第（三）、（五）项，第一百九十四条第二款，第二十五条一款，第二十六条一款，第二十七条，第六十四条，第六十九条之规定，作出判决。

裁判结果

一、被告人张北海犯贷款诈骗罪，判处有期徒刑十三年，并处罚金8万元；犯金融凭证诈骗罪，判处有期徒刑十三年，并处罚金8万元，决定执行有期徒刑二十年，并处罚金16万元。

二、被告人陈超犯贷款诈骗罪，判处有期徒刑七年，并处罚金3万元，犯金融凭证诈骗罪，判处有期徒刑十年，并处罚金5万元，决定执行有期徒刑十六年，并处罚金8万元。

三、被告人胡英华犯贷款诈骗罪，判处有期徒刑十年，并处罚金5万元，犯金融凭证诈骗罪，判处有期徒刑五年，并处罚金2万元，决定执行有期徒刑十四年，并处罚金7万元。

四、被告人白林犯贷款诈骗罪，判处有期徒刑十年，并处罚金5万元。

五、被告人陈炜犯贷款诈骗罪，判处有期徒刑六年，并处罚金2万元。

被告人上诉

宣判后，被告人张北海服判，同案被告人胡英华、陈超、白林、陈炜不服，以事实不清，证据不足为由，提起上诉。

二审裁判

陕西省高级人民法院经审理认为：原审被告人张北海及上诉人胡英华、陈超、白林、陈炜以非法占有为目的，采取拉存企业款项后伪造存款企业资料、印鉴，改变存款企业的存款方式后又冒充存款企业虚构质押贷款的事实等方法和手段，骗取银行贷款，其行为均已分别构成贷款诈骗罪；张北海、陈超、胡英华又采取诱骗企业到银行存款后，私刻存款企业印鉴、银行印鉴，伪造存款企业网上银行转账授权书，将存款企业下挂到华博公司名下作为分支机构再利用网上银行骗取银行资金，张北海等人伪造并使用的《中国工商银行网上银行企业客户账户查询、转账授权书》是用于网上电子银行进行收付、结算的唯一的、排他的重要依据，是用于特定主体（金融机构、存款人）之间以特定的格式记载双方特定权利、义务的书面文件，同时也是双方记账的重要凭证，转账授权书与加盖银行印章后的网上银行票证一起，具有金融票证中的"委托收款凭证"的效力，属于金融凭证，故张北海等人使用伪造的《中国工商银行网上银行企业客户账户查询、转账授权书》通过网上银行骗取资金的行为构成金融凭证诈骗罪，且本案诈骗数额特别巨大，造成了 200 余万元的资金未被追回的严重后果，应依法惩处并予以数罪并罚。原审被告人张北海在贷款诈骗和金融凭证诈骗犯罪中操纵并指使他人实施犯罪，系主犯，上诉人胡英华、白林在贷款诈骗犯罪中行为积极主动，起主要、关键作用，系主犯。陈超、陈炜起帮助作用，系从犯，应依法减轻处罚。陈超在金融凭证诈骗犯罪中积极与张北海预谋并实施犯罪，系主犯。胡英华起辅助作用，系从犯，应依法减轻处罚。对陈超提出的上诉理由，经查，第一，陈超以帮忙给银行揽存为借口，将大信公司的资金引诱存入商业银行盐店街支行后，又向存款人要求将该企业的存款转为定期，此行为属于整个贷款诈骗的一部分，而且胡英华、陈炜均供述陈超参与了去商业银行办理贷款活动并当场从胡英华处得到 12.3 万元赃款。第二，在金融凭证诈骗犯罪中，陈超与张北海共同预谋将陕西人达公司的资金诱骗存入工商银行西影路分理处，再设法骗出的事实，有其二人在侦查阶段的供述印证。陈超在侦查阶段供述的作案所使用的西影路分理处假印章是其私刻的事实有张北海的供述印证。第三，因陈超于 2005 年 2 月 2 日在侦查阶段中所作的供述经一审当庭质证，被作为证据使用，符合法律规定，故应予采信。对陈超上诉请求宣告其无罪的理由不予采纳。

对胡英华提出的上诉理由，经查，第一，胡英华在贷款诈骗犯罪中虽然没有参与拉存款、伪造储户的资料、印鉴，但是，胡英华积极为张北海联系华美公司作为贷款单位，在明知张北海等人冒充大信公司的法人和职员实施贷款诈骗的情况下，仍然积极为张北海办理假贷款手续和为张北海转移赃款，从中牟取非法利益。第二，在金融凭证诈骗犯罪中，胡英华明知张北海等人将陕西人达公司的资金 500 万元诱骗存入工商银行西影路分理处是为了将款骗出，仍然从天海公司借出现金支票，帮助张北海转移赃款，并且参与网上银行转款的诈骗行为。第三，根据同案被告人张北海、陈超、白林的供述以及证人罗恒等人的证言，胡英华在贷款诈骗犯罪中的行为积极，起着主要作用，其主观故意清楚，原判决根据其罪责作出的判罚是适当的，故上诉理由不能成立。

对白林的上诉理由，经查，第一，白林身为银行职员，明知储户的资料和预留印鉴是储户的机密，不能泄露，但白林为了获得非法利益，在明知张北海等人要冒充他人，采取私刻印鉴，伪造资料进行非法行为时，仍利用其身份，将储户的资料、印鉴提供给张北海等人复印，并对张北海等人伪造的印鉴进行修改，其在主观上犯罪的故意十分明显，上诉提出的其不知张北海等人的真实用意，被蒙骗之理由不能成立。第二，白林在犯罪中，一面将陈超等人及储户介绍给盐店街支行存入资金，另一面又将储户的机密泄露给张北海等人，伪造储户的资料、印鉴，又为张北海在钟楼支行实施贷款诈骗活动予以帮助，在犯罪中起主要作用，原判决的认定是正确的，上诉理由不能成立。

对陈炜的上诉理由，经查，当张北海将伪造的大信公司的委托书、介绍信及印鉴交给陈炜，让陈炜将大信公司的存款转为定期时，陈炜即已发现张北海不是大信公司的法人代表张玉安，且其本人也不是大信公司的职员，但其为了非法利益，其以大信公司职员的身份，使用伪造的委托书、介绍信、印鉴为张北海将大信公司的存款转为定期，并将自己的账户让张北海转移赃款使用，事后又分得赃款，故原判决量刑适当，其请求免予刑事处罚的理由不能成立。原审判决认定的犯罪事实基本清楚，适用法律适当，定罪准确，量刑适当，审判程序合法，应驳回上诉，维持原判。

✎ 评析

互联网金融飞速发展引起的法律空白与漏洞、监管部门力不从心与监管不力，以及我国金融犯罪相关法律规定本身的缺陷，使得金融犯罪具有难以估量的潜在法律风险，对目前的法律形成巨大冲击。不法分子通过网络大肆发布虚假借款信息、公权众筹项目，并往往以高息进行诱惑实施诈骗。正是网络的便捷性、受众群体的众多、互联网金融产品的噱头，使得利用网络实施的集资诈骗越来越多。贷款诈骗罪，指的是以非法占有为目的，使用欺骗方法，骗取银行或者其他金融机构的贷款，数额较大的行为。金融凭证诈骗罪，指的是使用伪造、变造的委托收款凭证、汇款凭证、银行存单或其他银行结算凭证，骗取财物的行为。本案中，被告人张北海、胡英华、白林、陈超、陈炜以非法占有为目的，采取拉存企业款项，伪造存款企业资料、印鉴并改变企业存款方式，冒充存款企业虚构质押贷款的手段和方法骗取银行款项，其行为分别构成贷款诈骗罪；张北海又伙同陈超、胡英华采取拉存企业款项，办理网上银行业务，私刻存款企业、银行印鉴，伪造存款企业网上银行转账授权书的手段，将存款企业下挂到华博公司名下作为分支机构再利用网上银行骗取银行资金，其行为又分别构成金融凭证诈骗罪，两罪数罪并罚。

90. 盗窃和侵害非银行支付机构
用户支付账户

——艾某某非法获取计算机信息系统数据案

裁判要旨

非银行支付机构用户身份认证信息涉及用户金融资产，包含了用户身份信息、关联的银行卡信息、用户日常支付和理财等隐私信息和金融敏感信息，其价值和法律属性与传统银行身份认证信息在本质上一致，属于典型的网络金融服务身份认证信息。根据《最高人民法院、最高人民检察院关于办理危害计算机信息系统安全刑事案件应用法律若干问题的解释》规定，非法获取支付结算等网络金融服务的身份认证信息 10 组以上即为情节严重，数量达到前述五倍以上的即为情节特别严重。

案件索引

上海市浦东新区人民法院（2015）浦刑初字第 5087 号

公诉机关指控

上海市浦东新区人民检察院指控，2015 年 3 月 19 日至 7 月 22 日，被告人艾某某使用扫号软件及找回登录密码软件查询关联支付宝账户的邮箱并批量修改密码，使用本人电脑登录支付宝 ID833 组（含其本人支付宝 ID1 组）。被告人艾某某因涉嫌本案于 7 月 22 日被抓获，到案后如实供述了基本事实，并提供了其他犯罪嫌疑人的信息。7 月 24 日，公安机关对涉案服务器进行远程取证时查获通过自动运行找回登录密码软件成功修改密码的支付宝账户信息 2421 组。公诉人当庭讯问了被告人，宣读了证人证言、司法鉴定检验报告，出示了相关书证等以证实上述指控。公诉机关认为，被告人艾某某违反国家规定，非法获取支付结算等网络金融服务的身份认证信息 832 组；且输入邮箱地址、通过自动运行软件非法获取 2421 组计算机信息系统数据，情节特别严重，其行为已触犯《中华人民共和国刑法》第二百八十五条第二款之规定，应以非法获取计算机信息系统数据罪追究刑事责任。被告人艾某某非法获取 2421 组数据系犯罪未遂，可依法比照既遂犯从轻或减轻处罚。被告人艾某某在缓刑考验期限内犯新罪，应当依法撤销缓刑，并数罪并罚。被告人艾某某具有立功及坦白情节，可依法从轻处罚。

✎ 被告人辩解与辩护人辩护

被告人艾某某辩称，832 组支付宝 ID 中包含其本人的，但具体无法区分；公诉机关不能证明其修改了 832 组支付宝 ID 的登录密码。

辩护人提出：1. 832 组信息中有被告人自己注册及其女友的，这部分信息并非非法获取；2. 被告人于 7 月 22 日被羁押，公安机关有足够的时间阻止被告人犯罪，故查获的 2421 组信息不应认定为犯罪；3. 公安机关以盗窃罪上网追逃被告人，被告人到案后即供认了本案事实，系自首；4. 被告人获取的支付宝账号内无钱款，未对被害人造成损失；5. 被告人认罪、悔罪态度较好，家庭需要照顾，本人身体较差。综上，本案事实不清、证据不足，建议对被告人免予处罚。辩护人当庭出示公安机关出具的情况说明以证实被告人艾某某系因涉嫌盗窃罪被公安机关抓获。

▓ 法院查明事实

经审理查明，2015 年 3 月 19 日至 7 月 22 日，被告人艾某某使用"小赢家检测邮箱是否支付宝"等软件对其之前获取的他人邮箱进行是否关联支付宝账户的批量查询，再使用"林云支付宝邮箱找回登录密码"软件对查询所得的关联支付宝账户进行密码批量修改。经查，被告人艾某某在该时段内使用网卡物理地址为××××××××××C8 的本人电脑进行支付宝账户登录，经去除重复登录账户后，成功登录支付宝账户 832 组。

2015 年 5 月 20 日支付宝（中国）网络技术有限公司（以下简称"支付宝公司"）接支付宝账户异常交易的投诉后发现被告人艾某某的网卡地址涉嫌该案，遂报案。同年 7 月 22 日，被告人艾某某被公安机关抓获，到案后如实供述了涉案基本事实，后提供重要线索协助公安机关侦破其他案件。

2015 年 7 月 24 日，公安机关对涉案服务器进行远程取证，发现服务器内已存在被告人艾某某事先输入的大量邮箱地址，并通过处于自动运行状态的"林云支付宝邮箱找回登录密码"软件进行密码修改，软件界面显示任务完成。经鉴定，从中提取由该软件创建的名为"a. txt"文本文档，该文档内包含 2421 组已成功修改密码的支付宝账号信息。

▓ 裁判理由

法院认为，被告人艾某某违反国家规定，非法获取支付结算等网络金融服务的身份认证信息，情节特别严重，其行为已构成非法获取计算机信息系统数据罪，公诉机关的指控成立，予以支持。对于被告人艾某某辩称不能证实其修改 832 组支付宝账号密码、该 832 组支付宝账号中还包含其本人账号的意见，以及辩护人关于指控的 832 组数据中含有被告人及其女友的信息，涉及 2000 余组数据一节不构成犯罪，本案事实不清且被告人系自首的意见，综合评判如下。1. 本案案发后，公安机关从被告人艾某某使用的服务器内提取到"林云支付宝邮箱找回登录密码 . exe""小赢家检测邮箱是否支付宝 6.16A. exe"等程序文件。经检测"林云支付宝邮箱找回登录密码"软件具备自动、批量查询支付宝中用户信息并重置用户密码的功能，且在检测日 2015 年 7 月 24 日处于运行状态，程序设置将运行结果成功及失败的数据分别保存在不同文件中。上述证据充分证实被告人艾某某使用软件修改他人支付宝账号登录密码的事实，而另 800 余组支付宝账号均在被告人艾某某的电脑上被成功登录，数量如此庞大的支付宝账号由同一电脑登录，登录的前提是知悉密码，综合本案证据可知被告人艾某某非法获取支付宝密码是不言而喻的。2. 涉案 833 组支付宝账号中明确查见系被告人艾某某本人账号的仅 1 组，被告人艾某某虽辩称其中还有其本人账号，辩护人提出有被告人女友的账号，但被告人艾某某本人也表示无法区分。结合被告人艾某某在本案中的作案手段和目的，出于出售支付宝账号的目的，通过扫号软件获取他人支付宝账号显然比本人注册更为贴近被告人艾某某本意及其在本案中的行为特征。再者，根据《最高人民法院、最高人民检察院关于办理危害计算机信息系统安全刑事案件应用法律若干问题的解释》规定，非法获取支付结算等网络金融服务的身份认证信息 10 组以上即为情节严重，数量达到前述五倍以上的即为情节特别严重。被告人艾某某被查实的已获取支付宝账号信息 800 余组，即使其中有部分其本人及女友的数据，其非法获取的他人支付宝账号信息也超过了司法解释中情节特别严重的标准。3. 支付宝公司的报案材料，公安机关出具的案发经过、抓获经过等证实，被告人艾某某的犯罪行为被揭露最初是源于支付宝公司发现用户支付宝账户被盗用，且该盗用事件与被告人艾某某有关联，进而发现被告人艾某某使用电脑登录 800 余组支付宝账号，据此向公安机关报案。尽管公安机关系以盗窃罪对被告人艾某某实施抓捕，检察机关以非法获取计算机信息系统数据罪提起公诉，但并不表示被告人艾某某的到案与本案无关。相反，公安机关抓捕的罪名正是指前述支付宝账户被盗用，而彼时公安机关已初步掌握了被告人艾某某涉嫌获取他人支付宝账号的犯罪，因此，被告人艾某某被抓获到案系因具有实施本案的重大犯罪嫌疑。关于被告人到案时是否为重大犯罪嫌疑，并不能简单地依照公安机关立案或抓捕时采用的罪名确定，而是要根据当时公安机关已掌握的犯罪事实加以判断。故辩护人关于被告人艾某某系自首的意见于事实无据、与法

律不符。鉴于被告人艾某某于 2015 年 7 月 22 日即被限制人身自由，公安机关于 7 月 24 日在其租用的服务器内调取到的 2000 余组支付宝账号均已修改密码，且相关修改密码软件处于自行运行中，表明被告人艾某某在被抓获前已实施非法获取计算机信息系统数据的犯罪，故辩护人关于该部分行为不构成犯罪的意见与事实不符，但考虑到被告人艾某某已无法实际控制该部分数据，属于已着手实施犯罪，因意志以外原因犯罪未得逞，该部分犯罪系未遂，结合其到案后能如实供述罪行，并有立功表现，对其依法从轻处罚。被告人艾某某在缓刑考验期内犯新罪，依法撤销缓刑，予以数罪并罚。依照《中华人民共和国刑法》第二百八十五条第二款、第二十三条、第六十七条第三款、第六十八条、第六十四条、第五十三条、第七十七条、第六十九条之规定，作出判决。

裁判结果

一、被告人艾某某犯非法获取计算机信息系统数据罪，判处有期徒刑三年六个月，罚金人民币 3500 元；撤销（2014）湖吴刑初字第 4 号刑事判决中的缓刑部分，连同该判决中有期徒刑三年，决定执行有期徒刑六年，罚金人民币 3500 元（刑期从判决执行之日起计算；判决执行以前先行羁押的，羁押一日折抵刑期一日。先行羁押 28 日折抵刑期 28 日。即自 2015 年 7 月 22 日起至 2021 年 6 月 23 日止。罚金自判决生效后一个月内缴纳）。

二、作案工具予以没收；违法所得的一切财物予以追缴。

评析

在网络刚刚普及的网络 1.0 时代，网络把所有的终端或者说网民连接到一起，实现了"联结"的功能。此时的网络，实际上是一个以"联"为主的网络世界，网民虽然可以连接网络进行上网，但当时更多的是网民与以门户网站为代表的网络之间的交流，此时网络的发展还没能达到"互通"的地步，无论是网民之间还是网民与网络之间，均无法实现"互动"，能做的只是信息交换，网民在网络面前只能是"受众"，是信息的接收者。

由此，个人与系统之间的"冲突"成为犯罪的唯一表现形式，个人挑战、攻击系统成为当时的"标准化"犯罪模式，系统完全是作为犯罪对象出现的。犯罪呈现"技术性犯罪"的倾向，利用技术手段针对计算机信息系统本身进行侵害是主流，具体表现为非法侵入计算机信息系统、获取其中存储的数据、破坏计算机信息系统等行为。这实际是将计算机作为犯罪"对象"加以侵害。也因此，此时的犯罪门槛较高，一般是掌握计算机知识与技术的人才有可能实施。不过，随着计算机技术的不断发展与普及，木马程序等病毒软件成为"傻瓜式软件"，即得即用，不再需要知识背景，犯罪的技术性色彩明显降低，普通人即可参与其中。也因此，提供侵入、破坏计算机程序的帮助犯逐渐崭露头角，地位越来越重要。由此，网络时代下帮助犯的异化开始显现。不过，技术性犯罪仍然是这一网络犯罪时代的主题。1997 年 7 月 6 日刑法初步探索出计算机犯罪的制裁思路。增设第二百八十五条"非法侵入计算机信息系统罪"和第二百八十六条"破坏计算机信息系统罪"，前者制裁非法侵入三个重要领域计算机信息系统的行为，后者则打击破坏计算机信息系统的行为。2009 年 2 月 28 日《刑法修正案（七）》，扩展了对计算机信息系统的保护范围，计算机犯罪的罪名体系初步建立。在原有第二百八十五条的基础上增设了第二款、第三款，即"非法获取计算机信息系统数据、非法控制计算机信息系统罪"和"提供侵入、非法控制计算机信息系统程序、工具罪"。前者确立了对个人使用的计算机中数据的保护，从此对普通信息系统也开始予以关注；后者则实现了对危害计算机系统帮助行为的独立性评价，法律开始注意到技术犯罪领域中帮助犯具有巨大危害性的现象。

网络 1.0 时代的以计算机为"对象"的犯罪在进入了网络 2.0 时代后也发生了变异，对计算机信息系统的侵入、控制和侵害等犯罪行为不再是目的，而是作为整个犯罪产业链的初始一环，为后续的犯罪行为服务。换言之，针对计算机系统的犯罪不再是对象和目的，而是犯罪的工具，是借助互联网实施犯罪的工具。2011 年 8 月 1 日《最高人民法院、最高人民检察院关于办理危害计算机信息系统安全刑事案件应用法律若干问题的解释》，则从三个方面对之前的四个计算机犯罪罪名进行了不同程度的细化：一是确立了一系列技术性概念的标准，使得"专门用于侵入、非法控制计算机信息系统的程序、工具"、"计算机信息系统"、"计算机系统"、"身份认证信息"、"经济损失"和"计算机病毒等破坏性程序"这些技术性概念有了标准；二是明确了危害计算机信息系统安全犯罪的量化标准，结束了我国计算机犯罪罪名无量化标准的历史；三是突破了传统刑法理论的观点，规定危害计算机信息系统安全犯罪中可以普遍成立片面共犯。此解释的出台，有相当一部分原因是为了解决实践中越来越多的非法获取计算机信息系统中存储的支付结算、证券交易、期货交易等具有重大经济价值的数据问题。该解释第一条第一款明确规定，获取支付结算、证券交易、期货交易等网络金融服务的身份认证信息10组以上的，属于非法获取计算机信息系统数据罪中"情节严重"的情形；数量达到50组以上的，则属于"情节特别严重"的情形。本案中，被告人艾某某违反国家规定，非法获取非银行支付机构用户身份认证信息，而该信息涉及用户金融资产，包含了用户身份信息、关联的银行卡信息、用户日常支付和理财等隐私信息和金融敏感信息，其价值和法律属性与传统银行身份认证信息在本质上一致，属于典型的网络金融服务身份认证信息，故其行为构成非法获取计算机信息系统数据罪。

91. 全国首例"流量劫持"案

——付某某等破坏计算机信息系统案

▓ 裁判要旨

通过技术手段修改浏览器、锁定主页或不停弹出新窗口等方式，强制用户访问某些网站，从而造成用户流量损失，属于对计算机信息系统中存储的数据进行修改，构成破坏计算机信息系统罪。

▓ 案件索引

上海市浦东新区人民法院（2015）浦刑初字第 1460 号

▓ 审理经过

上海市浦东新区人民检察院以沪浦检张江院刑诉〔2015〕1079 号起诉书指控被告人付某某、黄乙犯破坏计算机信息系统罪，于 2015 年 4 月 2 日向法院提起公诉。法院于同日立案后，依法适用普通程序，组成合议庭，公开开庭审理了本案。上海市浦东新区人民检察院指派检察员杨某某出庭支持公诉，被告人付某某、黄某及辩护人杨虹亮、马朗到庭参加诉讼。现已审理终结。

法院查明事实

经审理查明，2013 年底至 2014 年 10 月，被告人付某某、黄某等人租赁多台服务器，使用恶意代码修改互联网用户路由器的 DNS 设置，进而使用户登录"2345. com"等导航网站时跳转至其设置的"5w. com"导航网站，被告人付某某、黄某等人再将获取的互联网用户流量出售给杭州久尚科技有限公司（系"5w. com"导航网站所有者），违法所得合计人民币 754762. 34 元。

2014 年 11 月 17 日，被告人付某某接民警电话通知后自动至公安机关，到案后如实供述了上述犯罪事实。后被告人付某某让其母亲熊某某打电话劝被告人黄某投案，2014 年 11 月 17 日，被告人黄某主动投案并如实供述了上述犯罪事实。

案发后，公安机关扣押了计算机硬盘一只。

法院审理期间，被告人付某某、黄某在亲友的帮助下退缴违法所得人民币 754762. 34 元。

裁判理由

法院认为，被告人付某某、黄某违反国家规定，对计算机信息系统中存储的数据进行修改，后果特别严重，依照《中华人民共和国刑法》第二百八十六条、第二十五条第一款的规定，均已构成破坏计算机信息系统罪，分别应处五年以上有期徒刑。公诉机关指控被告人付某某、黄某犯破坏计算机信息系统罪的事实清楚，证据确实、充分，罪名成立。被告人付某某、黄某具有自首情节，依照《中华人民共和国刑法》第六十七条第一款的规定，均可以减轻处罚。被告人付某某让其母亲劝说被告人黄某投案，可以酌情从轻处罚。依照《中华人民共和国刑法》第七十二条第一款和第七十三条第二款、第三款的规定，对被告人付某某、黄某均可以宣告缓刑。辩护人的相关辩护意见法院予以采纳。依照《中华人民共和国刑法》第六十四条的规定，扣押在案的作案工具以及退缴在案的违法所得应予没收。法院为维护社会公共秩序，作出判决。

裁判结果

一、被告人付某某犯破坏计算机信息系统罪，判处有期徒刑三年，缓刑三年（缓刑考验期限，从判决确定之日起计算）。

二、被告人黄某犯破坏计算机信息系统罪，判处有期徒刑三年，缓刑三年（缓刑考验期限，从判决确定之日起计算）。

三、扣押在案的作案工具以及退缴在案的违法所得予以没收。

付某某、黄某回到社区后，应当遵守法律、法规，服从公安机关、社区矫正机关等部门的监督管理，接受教育，完成公益劳动，做一名有益于社会的公民。

评析

随着"访问量"作为一项评价门户网站经营成功与否的重要指标，"流量经济"迅速兴起，创造流量、掌控流量、引导流量成为互联网时代的新思维。在正向的发展过程当中，所谓的"流量劫持"这种只可能在当下才会产生的特定网络犯罪也逐渐滋生。"流量劫持"是指通过技术手段，在用户不知情的情况下，强制用户访问某些网站或网页的行为，其中最为典型的是"域名劫持"。其是指通过修改用户计算机信息系统的数据，使用户在想访问目标网页时自动跳转到行为人设置的特定网页，导致用户不能访问目标网站或网页。此种行为，不仅触犯了非法控制计算机信息系统罪（"劫持"），又触犯了破坏计算机信息系统罪（植入操控数据），因为只有一个行为，故按照想象竞合犯处理。本案中，被告人付某某、黄某租赁多台服务器，使用恶意代码修改互联网用户路由器的 DNS 设置，进而使用户登录"2345.com"等导航网站时跳转至其设置的"5w.com"导航网站，被告人付某某、黄某再将获取的互联网用户流量出售给杭州久尚科技有限公司（系"5w.com"导航网站所有者），其行为同时触犯了非法控制计算机信息系统罪和破坏计算机信息系统罪，想象竞合，应以破坏计算机信息系统罪论处。

92. 单县高考志愿篡改案

——陈某某破坏计算机信息系统罪

裁判要旨

违反国家规定，对计算机信息系统中存储、处理或者传输的数据和应用程序进行删除、修改、增加，后果严重的，以破坏计算机信息系统罪定罪处罚。

案件索引

山东省单县人民法院（2016）鲁 1722 刑初 312 号

审理经过

山东省单县人民检察院以单检未检刑诉〔2016〕9 号起诉书指控被告人陈某某犯破坏计算机信息系统罪，于 2016 年 10 月 12 日向法院提起公诉。法院于当日立案，依法适用简易程序，实行独任审判，公开开庭审理了本案。单县人民检察院指派检察员龚义成出庭支持公诉，被告人陈某某及其辩护人谢怀庆到庭参加诉讼。现已审理终结。

公诉机关指控

公诉机关指控，被告人陈某某在家使用惠普牌电脑登录山东省教育招生考试院网上报名系统，对田某、朱某某、凡某某、许某某的高考志愿进行了删除、修改，造成四人没有按照自己所报的志愿或者志愿顺序被投档。

裁判理由

法院认为，被告人陈某某违反国家规定，对计算机信息系统中存储、处理或者传输的数据进行删除、修改，后果严重，其行为已构成破坏计算机信息系统罪。公诉机关指控的罪名成立，予以确认。被告人陈某某认罪态度较好，可酌情从轻处罚。根据被告人犯罪的事实、性质、情节和对社会的危害程度，依照《中华人民共和国刑法》第二百八十六条第二款之规定，作出判决。

裁判结果

被告人陈某某犯破坏计算机信息系统罪，判处有期徒刑七个月。

评析

对于以计算机为"对象"的犯罪，主要包括侵入重要领域计算机信息系统、非法获取他人电脑上的数据和设置木马病毒等破坏性程序等行为。对于此类行为，我国相继出台了一系列法律文件予以规制，旨在解决以计算机为"对象"的犯罪类型问题。通过两次立法，构建了我国计算机犯罪罪名体系，并通过后续的司法解释不断进行了完善与细化。第一，1997年7月6日，刑法初步探索出计算机犯罪的制裁思路。增设第二百八十五条"非法侵入计算机信息系统罪"和第二百八十六条"破坏计算机信息系统罪"，前者制裁非法侵入三个重要领域计算机信息系统的行为，后者则打击破坏计算机信息系统的行为。就当时而言，应当说这是一种走在实践前面的超前性和预测性立法。在 1997 年刑法颁布之前，虽然实践中也曾出现过部分破坏计算机系统的行为，但并非大面积出现的典型危害行为，在缺乏足够实践需求和理论积淀的情况下，立法机关参照国外刑事立法的最新趋势，"懵懵懂懂"地增设了两个罪名，这一举措无意中将原属于工业时代的中国刑法拉上了信息时代的"快车"，中国刑法自此开始了信息时代的刑法转型之路。第二，2009 年 2 月 28 日《刑法修正案（七）》，扩展了对计算机信息系统的保护范围，计算机犯罪的罪名体系初步建立。在原有第二百八十五条的基础上增设了第二款、第三款，即"非法获取计算机信息系统数据、非法控制计算机信息系统罪"和"提供侵入、非法控制计算机信息系统程序、工具罪"。前者确立了对个人使用的计算机中数据的保护，从此对普通信息系统也开始予以关注；后者则实现了对危害计算机系统帮助行为的独立性评价，法律开始注意到技术犯罪领域中帮助犯具有巨大危害性的现象。第三，2011 年 8 月 1 日《最高人民法院、最高人民检察院关于办理危害计算机信息系统安全刑事案件应用法律若干问题的解释》，则从三个方面对之前的四个计算机犯罪罪名进行了不同程度的细化：一是确立了一系列技术性概念的标准，使得"专门用于侵入、非法控制计算机信息系统的程序、工具"、"计算机信息系统"、"计算机系统"、"身份认证信息"、"经济损失"和"计算机病毒等破坏性程序"这些技术性概念有了标准；二是明确了危害计算机信息系统安全犯罪的量化标准，结束了我国计算机犯罪罪名无量化标准的历史；三是突破了传统刑法理论的观点，规定危害计算机信息系统安全犯罪中可以普遍成立片面共犯。

本案中，被告人陈某某登录山东省教育招生考试院网上报名系统，对田某、朱某某、凡某某、许某某的高考志愿进行了删除、修改，造成四人没有按照自己所报的志愿或者志愿顺序被投档。根据《刑法》第二百八十六条第二款规定，违反国家规定，对计算机信息系统中存储、处理或者传输的数据和应用程序进行删除、修改、增加的操作，后果严重的，依照破坏计算机信息系统罪定罪处罚。被告人陈某某的行为构成破坏计算机信息系统罪。

93. 网络传授犯罪方法罪的司法认定

——冯庆钊传授犯罪方法案

▮ 裁判要旨

在互联网上散布已类型化为特定犯罪方法的技术知识，可构成传授犯罪方法罪。传授对象的不特定性及其接受与否，不影响犯罪的成立。间接故意支配下实施传授犯罪方法的行为，也成立此罪。

▮ 案件索引

北京市朝阳区人民法院（2010）朝刑初字第 2656 号

▮ 基本案情

被告人冯庆钊在家中自行搜集涉及炸药制造的信息，经整理形成一个电子文档，命名为《恐怖分子手册》，并于 2009 年 11 月 26 日及 2010 年 4 月 19 日先后两次使用"但它"的用户名，在百度网文库栏目中发布《恐怖分子手册》电子文档（一）至（十），内容包括各种炸药、燃烧剂、汽油弹、炸弹、燃烧弹等配方及制作方法，其中穿插了一些涉及恐怖组织活动的字眼和语句，例如，"同学们，伟大主席奥马尔说：胜利属于团结的塔利班人民""同学们，双手沾满了恐怖分子鲜血的沙龙曾说：如果我是巴勒斯坦人，我也会做自杀爆炸者，而且我要用 C4"，等等。文档中所涉及的各种炸药知识、制法等均具有一定的科学性、可行性，但其内容不涉密，通过正常渠道如专业图书、网络等均可进行查询。两个文档在网络上共被浏览 2065 次，下载 116 次。冯庆钊于 2010 年 5 月 20 日被抓获归案后供述："自己这样做当时没想后果，就是觉得好玩，想让别人也看看。用这个文档名称，是想引起浏览者的注意。"

裁判理由

北京市朝阳区人民法院经审理认为，被告人冯庆钊将涉及炸药制造方法的内容与涉及恐怖活动的文字相结合，以"恐怖分子手册"的名称在互联网上公然发布，向他人传授犯罪方法，其行为妨害了社会管理秩序，构成传授犯罪方法罪，依法应予惩处。鉴于被告人冯庆钊当庭自愿认罪，有悔罪表现，故对其所犯罪行酌予从轻处罚。根据被告人冯庆钊犯罪的事实、性质、情节以及对社会的危害程度，依照《中华人民共和国刑法》第二百九十五条、第六十一条、第六十四条之规定，于 2010 年 11 月 19 日作出判决。

裁判结果

被告人犯传授犯罪方法罪，判处拘役六个月。

宣判后，冯庆钊未提出上诉，检察院未提出抗诉，判决已发生法律效力。

评析

大约从 2000 年开始，互联网进入了"2.0"时期，开始了一个以"互"为主的互联网时代，其标志是以 QQ 为代表的大量即时通信工具的出现和迅速传播。与此同时，网络犯罪再次发生了变异，大量传统犯罪借助互联网的发展得以迅速扩散，传统的传授犯罪方法罪也通过信息网络的发展呈现了新的趋势。此阶段网络犯罪的特点主要有三。一是传统犯罪的网络异化。传统犯罪借助网络因素而迅速扩散，网络开始以犯罪"工具"的形象展现。互联网取代了计算机信息系统在整个网络犯罪中占据了核心地位，以计算机为"对象"的犯罪逐渐减少，以网络为"工具"的犯罪开始飙升，网络因素快速介入几乎所有的传统犯罪之中，传统犯罪开始跃升到网络这一平台之上。由于网络因素的介入，传统犯罪内部的构成要件要素、犯罪形态等产生了不同于过去的新的表现形式，并使传统的刑法理论、刑事立法和司法规则处于难以适用的尴尬境地，此即为"传统犯罪的网络异化"。二是涉财犯罪的爆发式增长。由于网络上集聚了大量的网民，且彼此之间实现了互动交流，网络开始累积大量的财产利益，如网络游戏、密码账号等。犯罪也由此发生了转向，开始由侵犯计算机本身转向侵犯网络中的利益，尤其是财产利益。因此，涉财犯罪在这一阶段的网络犯罪中占大多数，犯罪侵犯的法益主要是财产，犯罪的目的主要在于获利，如电信诈骗、贩卖淫秽物品。三是帮助犯的地位凸显。网络犯罪呈现大众化的趋势，犯罪的技术性色彩在进一步降低，掌握技术的犯罪者从台前退居到了幕后，从犯罪的实施者转变为犯罪的帮助者，开始为广大犯罪人提供技术支持。网络犯罪的帮助犯在这一阶段真正发生了异化，危害性实现了扩大，独立性得到了提升。

本案涉及的利用互联网实施传授犯罪方法行为的认定问题就是典型的以网络为"工具"的犯罪。由于互联网的出现，借助其实施的针对不特定对象的传授犯罪方法的行为日益增加。需要注意"传授"与"教唆"的区别，在客观的告知的内容方面，前者限定为犯罪方法，而后者则是产生犯罪决意的一切内容。被告人冯庆钊将涉及炸药制造方法的内容与涉及恐怖活动的文字相结合，以"恐怖分子手册"的名称在互联网上公然发布，向他人传授犯罪方法，由于其是在网络空间中公开散布，针对的是不特定传授对象，因此其行为已经妨害了社会管理秩序，且传授犯罪方法罪本身不要求传授对象特定并实际接受，故被告人的行为构成传授犯罪方法罪。

94. 网络赌博

——陈宝林等赌博案

裁判要旨

赌博罪，是指以营利为目的，聚众赌博或者以赌博为业的行为。行为人以营利为目的，为赌博网站担任代理，以提供赌博网站账户和密码的形式，发展赌博客户，实施赌博犯罪活动，其虽没参与"赌场分红"，但是其为赌博网站担任代理的行为对发展赌博客户起了非常重要的作用，在赌博犯罪中起主要作用，应当按照其所参与、组织、指挥的全部犯罪处罚，以赌博罪定罪处罚。

公诉机关指控

南京市白下区人民检察院以被告人陈宝林、彭世美、陈中勋、王胜利、陈东生、简翠霞犯赌博罪向南京市白下区人民法院提起公诉。上述六被告人对公诉机关起诉指控的犯罪事实不持异议。

法院查明事实

南京市白下区人民法院经审理查明：2003 年 12 月以来，被告人陈宝林伙同被告人彭世美、陈中勋、王胜利、陈东生、简翠霞等人，在南京市白下区洪武路 137 号 2806 室（陈宝林的住处）、洪武路 137 号 26 楼（临时租用）、太平南路 333 号 604 室（陈中勋的住处）等处，利用赌博网站提供的网络管理操作平台，为赌博网站担任代理，以提供赌博网站账户和密码的方式，发展数十名代理商和会员进行赌球活动。被告人陈宝林负责与赌博网站的"后庄"联系发展代理商和会员、赌资结算，掌握、控制参赌人员输赢结算。被告人陈中勋受陈宝林的指使对赌球代理商、会员进行网上登记、对账核算，并安排人员结算输赢款。陈宝林每月付给陈中勋人民币 5000 元；陈宝林指使被告人彭世美、王胜利等人结算以现金形式收付的赌博输赢款，每月分别付给彭世美、王胜利人民币 5000 元、2000 元；陈宝林指使被告人陈东生结算以信用卡形式收付的赌博输赢款，每月付给陈东生人民币 1000 元；陈宝林指使被告人简翠霞记载赌球代理商和会员的赌球输赢明细账和收支日记账，每月付给简翠霞人民币 3000 元。仅 2004 年 4 月 22 日至同年 7 月 21 日，赌球输赢款收支累计达人民币 61136196 元，违法所得人民币 2319365 元。

裁判理由

南京市白下区人民法院认为：被告人陈宝林以营利为目的，为赌博网站担任代理，以提供赌博网站账户和密码的形式，发展赌博客户，实施赌博犯罪活动，被告人彭世美、陈中勋、王胜利、陈东生、简翠霞明知陈宝林实施赌博犯罪活动，仍为其提供直接帮助，其行为已构成赌博罪，系共同犯罪。被告人陈宝林与彭世美、陈中勋、王胜利、陈东生、简翠霞等人结成的赌博团伙，成员固定，分工明确。在共同犯罪中，陈宝林起主要作用，系主犯，应当按照其所参与、组织、指挥的全部犯罪处罚；彭世美、陈中勋、王胜利、陈东生、简翠霞在共同犯罪中起辅助作用，系从犯，依法应当从轻处罚。依照《中华人民共和国刑法》第三百零三条，第二十五条第一款，第二十六条第一款、第四款，第二十七条，第五十二条，第五十三条，第六十四条之规定作出判决。

裁判结果

1. 被告人陈宝林犯赌博罪，判处有期徒刑三年；罚金人民币 600 万元。

2. 被告人彭世美犯赌博罪，判处有期徒刑二年；罚金人民币 15 万元。

3. 被告人陈中勋犯赌博罪，判处有期徒刑一年六个月；罚金人民币 15 万元。

4. 被告人王胜利犯赌博罪，判处有期徒刑一年；罚金人民币 10 万元。

5. 被告人陈东生犯赌博罪，判处有期徒刑一年；罚金人民币 8 万元。

6. 被告人简翠霞犯赌博罪，判处有期徒刑一年；罚金人民币 12 万元。

7. 追缴被告人陈宝林违法所得人民币 2319365 元；追缴被告人彭世美违法所得人民币 40000 元；追缴被告人陈中勋违法所得人民币 40000 元；追缴被告人王胜利违法所得人民币 8000 元；追缴被告人陈东生违法所得人民币 8000 元；追缴被告人简翠霞违法所得人民币 24000 元。

8. 没收从被告人陈中勋家中搜缴的赌资人民币 102750 元；没收从被告人彭世美身上搜获的赌资人民币 114500 元；没收从被告人陈东生处搜获的四张银行卡上的赌资 724222 元及其利息。

9. 没收作案工具电脑主机、显示器各一台，IBM 牌携式电脑一台，三星牌手机二部，诺基亚牌手机四部。

评析

网络赌博是赌博这一古老行业在信息时代的全新形态，互联网代际性演变带来的网络技术的普及和电子金融业务的发展使赌博从现实社会蔓延到网络空间成为可能，网络赌场这一新生事物也应运而生。随着 1994 年世界第一家真正意义上的网络赌场的出现，在短短 20 年左右的时间内，网络赌场在世界范围内实现了爆炸式的发展，随之带来的是传统的相对可控的赌害开始泛滥成灾。网络赌博具有鲜明的技术性色彩，网络赌博的开展离不开网络技术的支持。根据网络社会发展的阶段性历程，可以将网络社会分为网络 1.0 时代、网络 2.0 时代和网络平台时代，网络社会在代际性演进的同时，网络赌博也实现了自身的跨越式发展，网络开设赌场犯罪的"犯罪空间"亦"步履一致"地不断扩张。网络 1.0 时代以"联"为主要特征，网络的通信工具属性明显，开始出现了借助于网络通信技术进行投注或者是获得赌博信息的现象，但此时严格意义上的网络赌场还处于初期阶段，赌博的开展主要仍依托于现实赌场网络；网络 2.0 时代以"互"为主要特征，网络的交互性功能开始凸显，借助于网络，网络赌场可以实现赌场与赌客、赌客与赌客之间的充分互动，为网络开设赌场犯罪走向规模化奠定了基础；网络平台时代，网络开始全面介入社会的各个层面，人类开始进入虚拟社会和现实社会并行交错的双层社会时期，网络赌博几乎复制了现实赌场的全部功能，借助于网络技术具备了实体赌场所不具备的巨大优势，开设网络赌场犯罪亦迎来了爆发式的增长。因此，网络赌博与网络开设赌场二者并行发展，相互推动。

2010 年 8 月 31 日《关于办理网络赌博犯罪案件适用法律若干问题的意见》，实现了"网络空间"向"物理空间"的转化。该意见明确将赌博网站与传统的、物理性的赌博场所统一视为刑法中的"赌场"。这实际是承认了网络具有"空间"的属性，能够成为容纳、滋生赌博行为的"平台"与"场所"，从实际所起到的作用而言，这一作用与现实的物理赌场没有分别，甚至网络的虚拟性使得更多的赌徒参与其中，进而造成更大的危害。除此之外，该意见继续保持对网络 2.0 时代下问题的关注，深化了信息时代下对定性、定量规则的探索。一方面，将片面帮助犯的范围扩展到了网络开设赌场行为，还明确了网络赌博犯罪中的共犯正犯化，进一步扩展了共犯正犯化的司法解释思路。另一方面，规定了网络赌博犯罪数额的重复计算模式，对传统空间赌博和网络空间赌博的定量标准进行了区分，继续构建网络时代犯罪定量规则。同时，还对网络赌博犯罪中的"参赌人数"、"赌资数额"和"网站代理"规定了认定标准。

《刑法》第三百零三条第一款规定了赌博罪，"以营利为目的，聚众赌博或者以赌博为业"。被告人陈宝林伙同他人，以营利为目的，利用赌博网站提供的网络管理操作平台，为赌博网站担任代理，以提供赌博网站账户和密码的方式，发展数十名代理商和会员进行赌球活动。其虽没参与"赌场分红"，但是其为赌博网站担任代理的行为对发展赌博客户起了非常重要的作用，在赌博犯罪中起主要作用，应当按照其所参与、组织、指挥的全部犯罪处罚，以赌博罪定罪处罚。

95. 网络开设赌场

——钱葆春等开设赌场案

▌裁判要旨

利用互联网、移动通信等传输赌博视频、数据，具有下列情形之一的，属于《刑法》第三百零三条第二款的"开设赌场"：其一，建立赌博网站并组织赌博的；其二，建立赌博网站并提供给他人组织赌博的；其三，为赌博网站担任代理并组织赌博的；其四，运营管理赌博网站开展赌博的。

▌公诉机关指控

公诉机关指控，被告人钱葆春、邹军、刘必清、温翔霖、林兴、刘俊、顾家凯、包列、王伟鸣、戴里、赵弘杰、汤德峰、陈钧杰、彭新、周伟明、袁春峰、朱春燕、叶琪、张煜锋、张永兵的行为均构成开设赌场罪，其中被告人钱葆春在缓刑期间重新犯罪，应当认定其犯罪情节严重。温翔霖还构成非法持有毒品罪。提请法院依法惩处。

▌被告人辩解与辩护人辩护

被告人钱葆春、邹军、刘必清、温翔霖、林兴、刘俊、顾家凯、包列、王伟鸣、戴里、赵弘杰、汤德峰、陈钧杰、彭新、周伟明、袁春峰、朱春燕、叶琪、张煜锋、张永兵对起诉书指控的犯罪事实和定性均无异议，均表示自愿认罪，并要求从轻处罚。

辩护人对起诉书指控各名被告人的犯罪事实和定性均无异议。其中被告人钱葆春的辩护人提出，公诉机关指控被告人钱葆春开设赌场罪情节严重，违反了罪刑法定的原则，适用法律不当。

法院查明事实

2006年8月至2007年7月，被告人钱葆春、邹军、刘必清经预谋，利用他人提供的境外赌博网站"新宝"（又名"皇冠"）、"太阳城"的股东代理账号，合伙担任上述赌博网站的代理人，通过开设和发放赌博账号，各自发展下级代理人或会员参赌，开设网络赌场，并从有效投注额中按"分成"或者"提成"等方法获取非法利益，由三人均分。在此期间，被告人钱葆春发展了被告人顾家凯、戴里，被告人邹军发展了吴棉铭、赵晔君，被告人刘必清发展了马新国等人为下级代理人或会员参赌，同时，以支付工资的形式，先后招募被告人陈钧杰、周伟明等人为开设的网络赌场服务。被告人陈钧杰主要负责为下级代理人或会员开设赌博账号，结算、核对赌账等；被告人周伟明主要负责与下级代理人交接赌账。2006年11月至2007年，仅通过"太阳城"赌博网站就接受投注金额达60余亿元人民币。被告人钱葆春、邹军、刘必清从开设的"太阳城""新宝"赌博网站中非法所得人民币160余万元。

2007年2、3月起，被告人钱葆春、邹军、温翔霖及唐通利（在逃）合伙利用"新宝""克拉克""太阳城"等赌博网站的股东代理账号，担任赌博网站的代理人，并通过开设和发放赌博账号，发展下级代理人或会员参赌，开设网络赌场，各级代理人均从有效投注额中按"分成"或者"提成"等方法获取非法利益。同时，以支付工资的形式，先后招募被告人陈钧杰、彭新、袁春峰等人为开设的网络赌场服务。被告人陈钧杰、彭新主要负责为下级代理人或会员开设赌博账号，结算、核对赌账等；被告人袁春峰主要负责与上下级代理人交接赌账。2008年5月1日至6月1日，仅"新宝"赌博网站的投注金额就达 1.59 亿余元人民币。

在此期间，被告人钱葆春、邹军、温翔霖及唐通利先后发展了被告人顾家凯、刘俊、戴里、包列、王伟鸣等人为下级代理人，并由被告人顾家凯等人再发展下一级的代理人或会员参赌。其中，被告人顾家凯通过开设和发放赌博账号发展了杨建军、吕光迅、孙兵、李桂民及被告人汤德峰等人为下级代理人或会员参赌。被告人汤德峰又通过发放赌博账号先后发展了金铭、袁永、许捷、马炜、郑淼、刘国庆等人参赌。

被告人刘俊通过开设和发放赌博账号先后发展了吴祎铭、徐小颖、凌浩亮、王斌等人参赌。

被告人戴里通过开设和发放赌博账号，先后发展了席斌、刘忠瑛、沈磊、王琦等人为下级代理人或会员。同时，以支付工资的形式，招募被告人叶琪为开设的网络赌场服务，负责为下级代理人或会员开设赌博账号，结算、核对赌账和交接赌资。其中，刘忠瑛召集杨建定、杨骅等人参赌；沈磊、王琦召集李肇基、陈长水等人参赌。

被告人包列从被告人钱葆春处获得"太阳城"赌博网站代理账号，同时由被告人钱葆春担保，还从被告人林兴处获得"新宝"赌博网站代理账号，通过开设和发放赌博账号先后发展朱奕、唐振华等人参赌。被告人张永兵受被告人包列指使，与上下级代理人或会员之间交接赌资，还从被告人包列处获取赌博账号提供给他人参赌。

被告人王伟鸣通过开设和发放赌博账号，发展了被告人刘俊、赵弘杰等人为下级代理人。同时，以支付工资的形式，招募被告人张煜锋为开设的网络赌场服务，负责为下级代理人或会员开设赌博账号，结算、核对赌账等。被告人赵弘杰又先后发展了魏琦、马祺、李晓洁等人并通过李晓洁召集章达欣等人参赌。

2008 年 4 月底起，被告人钱葆春、林兴、刘俊、包列等人合伙利用"克拉克"赌博网站的股东代理账号，担任赌博网站的代理人，并通过开设和发放赌博账号，发展下级代理人或会员参赌，开设网络赌场，并从有效投注额中按"分成"或者"提成"等方法获取非法利益。先后召集被告人刘必清、顾家凯、王伟鸣和王小雷等人参赌，仅 2008 年 5 月 1 日至 23 日，该赌博网站的投注金额就达 4.4 亿余元人民币。其间，被告人刘必清先后召集刘建成、邓国良等人参赌；被告人顾家凯召集沈寅明等人参赌。

被告人朱春燕自 2007 年初明知其丈夫被告人钱葆春从事赌博活动后，还向钱葆春提供其开设的招商、交通等银行账号进行赌资转账，同时还帮助钱葆春与上下级代理之间转账、汇款交接赌资。

被告人温翔霖因涉嫌开设赌场罪被抓获后，侦查机关在其车内查获 25.10 克白色晶体、14.44 克白色晶体和 24.32 克白色晶体各 1 包，1.30 克杂色药片 8 片和 1.36 克褐色药片 1 包。经上海市毒品检验中心鉴定，25.10 克白色晶体中检出甲基苯丙胺成分，14.44 克白色晶体和 24.32 克白色晶体中均检出氯胺酮成分，1.30 克杂色药片中检出尼美西泮成分，1.36 克褐色药片中检出 mdma 成分。

裁判理由

法院经审理后认为，被告人钱葆春、邹军、刘必清、温翔霖、林兴、刘俊、顾家凯、包列、王伟鸣、戴里、赵弘杰、汤德峰、陈钧杰、彭新、周伟明、袁春峰、朱春燕、叶琪、张煜锋、张永兵结伙利用网络开设赌场，其行为均已构成开设赌场罪，依法应予处罚。被告人钱葆春犯罪时间长，从 2006 年至 2008 年 6 月案发持续时间二年多；担任网络代理多，本案认定的赌博网站中，被告人钱葆春均参与其中；赌客赌博数额大，其中仅通过"太阳城"网就接受投注金额达 60 余亿元；非法获利巨大，伙同邹军、刘必清从开设"太阳城""新宝"网络赌场中非法所得 160 余万元；在共同犯罪中较之其他被告人其作用更大，同时被告人钱葆春因开设赌场被判刑时，隐瞒了部分犯罪事实，且被宣告缓刑后又继续犯罪，主观恶性大，应当认定其犯罪情节严重，依法应当在三年以上十年以下量刑。根据各名被告人的具体犯罪事实、性质、作用和法定、酌定从重或从轻情节，法院依照《中华人民共和国刑法》第三百零三条第二款，第三百四十八条，第二十五条第一款，第六十七条第一款，第七十七条第一款，第六十九条，第七十二条，第七十三条第二款、第三款，第六十四条及最高人民法院《关于处理自首和立功具体应用法律若干问题的解释》第一条规定，作出判决。

裁判结果

撤销被告人钱葆春缓刑，执行原判有期徒刑一年六个月；被告人钱葆春犯开设赌场罪，判处有期徒刑五年，并处罚金 500 万元，决定执行有期徒刑六年，并处罚金 500 万元。以开设赌场罪，判处被告人温翔霖有期徒刑二年十个月，并处罚金 100 万元；犯非法持有毒品罪，判处有期徒刑二年六个月，并处罚金 1 万元，决定执行有期徒刑五年，并处罚金 101 万元。以开设赌场罪，分别判处被告人邹军有期徒刑二年十个月，并处罚金 100 万元；被告人刘必清有期徒刑二年八个月，并处罚金 100 万元；被告人林兴、刘俊、顾家凯、包列、王伟鸣、戴里有期徒刑二年，并处罚金 50 万元；被告人赵弘杰、汤德峰有期徒刑一年六个月，缓刑一年六个月，并处罚金 20 万元；被告人陈钧杰有期徒刑一年八个月，并处罚金 5 万元；被告人彭新有期徒刑一年六个月，并处罚金 5 万元；被告人周伟明、袁春峰、朱春燕有期徒刑一年，缓刑一年，并处罚金 2 万元；被告人叶琪、张煜锋、张永兵有期徒刑一年，并处罚金 2 万元。犯罪工具、违法所得和毒品依法予以没收。

上诉理由

一审判决后，被告人林兴、顾家凯、戴里、陈钧杰不服，提起上诉。

林兴上诉提出，其未参与利用"克拉克"赌博网站开设网络赌场并从中获利，此事钱葆春确实与其谈及，但其并未表示同意，故原判决认定其参与此节犯罪导致其量刑过重。其辩护人认为，林兴系被动牵涉进"克拉克"赌博网，且不知代理账号和密码，对赌博平台的情况不了解，属情节较轻并起次要作用，请求对林兴从轻处罚并适用缓刑。

顾家凯、戴里、陈钧杰上诉均认为原判决量刑过重，要求从轻处罚。戴里的辩护人认为，戴里涉案犯罪金额极小，对社会危害有限，且到案后认罪态度较好，请求对戴里减轻处罚。

◤ 二审裁判

二审法院经审理查明的事实和证据与一审判决相同。

二审法院认为，上诉人林兴与他人结伙利用"克拉克"赌博网站开设网络赌场的犯罪事实，不仅有同案多名被告人的供述证实，且其亦曾供述在案，事实清楚，应予确认。其否认参与开设"克拉克"网络赌场的上诉辩解无相关证据予以佐证，上诉理由不能成立。原审法院根据本案各名被告人犯罪的事实、情节、对社会的危害程度及各自法定、酌定的量刑情节，依法作出的判决并无不当，且审判程序合法，林兴、顾家凯、戴里、陈钧杰上诉要求从轻处罚不予准许，辩护人关于对林兴适用缓刑及对戴里减轻处罚的辩护意见不予采纳。据此，依照《中华人民共和国刑事诉讼法》第一百八十九条第（一）项之规定，二审法院裁定驳回上诉，维持原判。

◤ 评析

现实社会的赌博行为能够在网络中再现，是网络开设赌场犯罪产生的前提，因此，网络赌博的规模是网络开设赌场犯罪所依赖的"犯罪空间"，当网络的发展进入网络"空间化"时代，网络犯罪再一次进行了变异与升级，犯罪已经不局限为一对一的侵财行为（如电信诈骗），或是单纯的贩卖非法物品牟利行为（如贩卖淫秽物品）等等，而是产生了"规模化"，"群"开始取代"个人"成为犯罪的主体。也因此，犯罪的目的与侵害的客体也随之而转变。每个网络平台都可能发展为一个独立的网络生态系统，用户可以在其中满足几乎所有需求。正是由于这样一个"独立王国"的出现，网络空间和网络社会开始形成，现实社会与网络社会同时存在的"双层社会"成为新的社会结构。网络在网络犯罪中的地位，也从作为犯罪对象、犯罪工具进入了一个全新的阶段——"犯罪空间"。网络空间成为一个犯罪的空间，一个全新的犯罪场域。这一阶段，法律对"网络空间"的认识不断实质化，以网络空间类比"物理空间"，强调网络空间的平台作用，网络能够作为一个"空间""平台""场所"起到容纳、滋生某些犯罪的效果，这以《关于办理网络赌博犯罪案件适用法律若干问题的意见》为代表。2010 年 8 月 31 日《关于办理网络赌博犯罪案件适用法律若干问题的意见》，实现了"网络空间"向"物理空间"的转化。该意见明确将赌博网站与传统的物理性的赌博场所统一视为刑法中的"赌场"。其第一条规定"利用互联网、移动通讯终端等传输赌博视频、数据，组织赌博活动，具有下列情形之一的，属于刑法第三百零三条第二款规定的'开设赌场'行为：（一）建立赌博网站并接受投注的；（二）建立赌博网站并提供给他人组织赌博的；（三）为赌博网站担任代理并接受投注的；（四）参与赌博网站利润分成的"。这实际是承认了网络具有"空间"的属性，能够成为容纳、滋生赌博行为的"平台"与"场所"，从实际所起到的作用而言，这一作用与现实的物理赌场没有分别，甚至网络的虚拟性使得其能够容纳更多的赌徒参与其中，进而造成更大的危害。

本案涉及的网络开设赌场行为的定性问题正是此一问题。《刑法》第三百零三条第二款规定了开设赌场罪。本案中，被告人利用他人提供的境外赌博网站"新宝""太阳城""克拉克"的股东代理账号，合伙担任上述赌博网站的代理人，通过开设和发放赌博账号，各自发展下级代理人或会员参赌，开设网络赌场，并从有效投注额中按"分成"或者"提成"等方法获取非法利益，2006 年 11 月至 2007 年，仅通过"太阳城"赌博网站就接受投注金额达 60 余亿元人民币，因此，成立开设赌场罪。

96. 全国最大网络贩卖野生动物案

——张爱民、李楠等非法收购、运输、出售珍贵、濒危野生动物、珍贵、濒危野生动物制品罪

裁判要旨

利用网络、物流等具有高活跃性、流通性和隐蔽性的手段对濒危动物进行买卖、运输的，属于非法收购、运输、出售珍贵、濒危野生动物行为。

案件索引

江苏省徐州市鼓楼区人民法院（2016）苏 0302 刑初 189 号

审理经过

徐州市云龙区人民检察院以云检诉刑诉（2016）208 号起诉书指控被告人张爱民、李楠、王某 1、田景涉嫌非法收购、运输、出售珍贵、濒危野生动物罪，被告人黄达林涉嫌非法收购、出售珍贵、濒危野生动物罪，被告人王志、王学义涉嫌非法运输、出售珍贵、濒危野生动物罪，被告人高江涛涉嫌非法猎捕、收购珍贵、濒危野生动物罪，被告人刘西员涉嫌非法猎捕、运输、出售珍贵、濒危野生动物罪，被告人韩冬冬涉嫌非法收购、运输珍贵、濒危野生动物罪，被告人王高、赖正文、邓雨、许藤严、

储朔涉嫌非法收购珍贵、濒危野生动物罪一案，于 2016 年 7 月 12 日向法院提起公诉，法院依法适用普通程序，组成合议庭公开开庭进行了审理。徐州市云龙区人民检察院指派检察员张林、刘晓阳出庭支持公诉，被告人张爱民、李楠、黄达林、王志、高江涛、刘西员、王某 1、韩冬冬、王高、赖正文、邓雨、田景、王学义、许藤严、储朔及辩护人孙汝辉、魏成民、李政、叶文、黄喜全、尹剑、朱韵颐、万延军到庭参加诉讼。本案现已审理终结。

⚔ 公诉机关指控

公诉机关指控：2015 年 5 月至 2016 年 1 月，被告人张爱民、李楠、黄达林、王志、高江涛、刘西员、王某 1、韩冬冬、王高、赖正文、邓雨、田景、王学义、许藤严、储朔等人违反野生动物保护法规，非法猎捕、收购、运输、出售珍贵、濒危野生动物，其中被告人张爱民非法收购、运输、出售国家一级重点保护野生动物金雕 5 只、国家二级重点保护野生动物大𫛭 1 只、《濒危野生动植物种国际贸易公约》附录二野生动物网纹蟒 1 条；被告人李楠非法收购、运输、出售国家一级重点保护野生动物金雕 5 只；被告人黄达林非法收购国家二级重点保护野生动物雀鹰 2 只、松雀鹰 1 只、游隼 1 只，非法出售《濒危野生动植物种国际贸易公约》附录二野生动物网纹蟒 1 条；被告人王志非法运输、出售国家一级重点保护野生动物金雕 1 只；被告人高江涛非法猎捕国家二级重点保护野生动物猎隼 1 只，非法收购国家二级重点保护野生动物猎隼 1 只；被告人刘西员非法猎捕、运输、出售国家二级重点保护野生动物雀鹰 2 只；被告人王某 1 非法收购、运输、出售国家一级重点保护野生动物金雕 3 只，非法收购、出售国家二级重点保护野生动物猎隼 1 只、猕猴 1 只；被告人韩冬冬非法收购国家一级重点保护野生动物金雕 1 只、非法运输国家一级重点保护野生动物金雕 1 只；被告人王高非法收购国家一级重点保护野生动物金雕 1 只；被告人赖正文非法收购国家二级重点保护野生动物雀鹰 2 只；被告人邓雨非法收购国家二级重点保护野生动物大𫛭 1 只；被告人田景非法收购、运输、出售国家二级重点保护野生动物猎隼 1 只；被告人王学义非法运输、出售国家二级重点保护野生动物猎隼1只；被告人许藤严非法收购国家二级重点保护野生动物草原雕1只；被告人储朔非法收购国家二级重点保护野生动物红隼1只。

公诉机关认为被告人张爱民、李楠非法收购、运输、出售珍贵、濒危野生动物，情节特别严重；被告人王某1非法收购、运输、出售珍贵、濒危野生动物，情节严重；被告人韩冬冬非法收购、运输珍贵、濒危野生动物，情节严重；被告人黄达林非法收购、出售珍贵、濒危野生动物；被告人王志、王学义非法运输、出售珍贵、濒危野生动物；被告人高江涛非法猎捕、收购珍贵、濒危野生动物；被告人刘西员非法猎捕、运输、出售珍贵、濒危野生动物；被告人王高、赖正文、邓雨、许藤严、储朔非法收购珍贵、濒危野生动物；被告人田景非法收购、运输、出售珍贵、濒危野生动物，其行为均触犯了《中华人民共和国刑法》第三百四十一条第一款的规定，犯罪事实清楚、证据确实充分，应当以非法收购、运输、出售珍贵、濒危野生动物罪追究被告人张爱民、李楠、王某1、田景的刑事责任，以非法收购、出售珍贵、濒危野生动物罪追究被告人黄达林的刑事责任，以非法运输、出售珍贵、濒危野生动物罪追究被告人王志、王学义的刑事责任，以非法猎捕、收购珍贵、濒危野生动物罪追究被告人高江涛的刑事责任，以非法猎捕、运输、出售珍贵、濒危野生动物罪追究被告人刘西员的刑事责任，以非法收购、运输珍贵、濒危野生动物罪追究被告人韩冬冬的刑事责任，以非法收购珍贵、濒危野生动物罪追究被告人王高、赖正文、邓雨、许藤严、储朔的刑事责任。并提供了被告人供述和辩解、证人证言、鉴定意见以及相关书证等证据材料予以证实。

▌被告人辩解与辩护人辩护

被告人张爱民、李楠、黄达林、王志、刘西员、王某1、韩冬冬、王高、赖正文、邓雨、田景、王学义、许藤严、储朔对公诉机关指控的犯罪事实及罪名均无异议，未作辩解。

被告人高江涛辩解称，公诉机关指控高江涛非法猎捕猎隼的事实中，系猎隼飞到高江涛家中的鸽棚，其为了避免饲养的鸽子遭受损失才猎捕了猎隼，因此不应当认定为非法猎捕。

被告人黄达林辩护人的辩护意见如下。1. 在黄达林涉及的两起犯罪中，其出售网纹蟒仅是充当媒介的作用，获利较少；其收购雀鹰、松雀鹰和游隼仅是出于喜爱由自己饲养，并未出售，因此黄达林犯罪行为社会危害性较小。2. 被告人黄达林归案后能够如实供述犯罪事实，系坦白。3. 黄达林无犯罪前科，系初犯、偶犯，可酌情从轻处罚。

被告人王志辩护人的辩护意见：1. 被告人王志归案后如实供述全部犯罪事实，系坦白；2. 王志是受王某1的邀请一同去接收金雕并帮助王某1饲养，后又在王某1的要求下帮助其将该金雕运输、出售给孔某，王志从中并未获利，因此其主观恶性较小，犯罪情节较轻；3. 王志系初犯、偶犯，无犯罪前科，可酌情对其从轻处罚。

被告人刘西员辩护人的辩护意见：1. 被告人刘西员是出于对雀鹰的喜爱才会猎捕雀鹰，在自己不会饲养的情况下才将雀鹰出售给他人，主观恶性较小；2. 刘西员猎捕、运输、出售的雀鹰为两只，数量较少，犯罪情节较轻；3. 刘西员归案后如实供述自己的犯罪事实，系坦白，依法可以从轻处罚；4. 刘西员无犯罪前科，系初犯、偶犯。

被告人王某1辩护人的辩护意见：1. 王某1在实施公诉机关指控的2015年5月的犯罪行为时，系未成年人，依法应当从轻或减轻处罚；2. 关于公诉机关指控王某1非法收购、运输、出售金雕的犯罪事实，王某1是受张爱民的指使、安排，帮助张爱民非法收购、运输、出售珍贵、濒危野生动物，在共同犯罪中系从犯；3. 王某1归案后如实供述自己的犯罪事实，系坦白；4. 王某1归案后，向公安机关提供其所掌握的其他非法收购、出售珍贵、濒危野生动物犯罪嫌疑人的信息，且都经查证属实，故王某1具有立功情节；5. 经王某1出售的野生动物最终被公安机关查获，未造成死亡的严重后果，故王某1犯罪行为的社会危害性较小。

被告人韩冬冬辩护人的辩护意见：1. 被告人韩冬冬实施犯罪行为是出于饲养的目的，在收到张爱民安排其接收的两只金雕后，将其中一只转运给张爱民，是韩冬冬完成"非法收购"这一环节的必然阶段，且韩冬冬对此并无获利，因此韩冬冬将一只金雕运输给张爱民的行为不能视为独立的犯罪行为，不应当认定其构成非法运输珍贵、濒危野生动物罪；2. 韩冬冬在与张爱民的共同犯罪中系从犯；3. 被告人将金雕上缴公安机关，且未对金雕造成伤害，可酌情对其从轻处罚。

被告人王学义辩护人的辩护意见：1. 王学义涉案的动物数量为 1 只，其出售的行为也只是起到媒介作用而且从中获利较少，在运输过程中也没有伤害动物，故其犯罪情节显著轻微；2. 王学义系初犯、偶犯，其归案后能够如实供述犯罪事实，具有坦白情节。

被告人储朔辩护人的辩护意见：1. 储朔系初犯、偶犯，归案后能够如实供述自己的犯罪事实，具有坦白情节；2. 储朔涉案的动物数量仅为 1 只，且购买后在自己家中饲养、观赏，并未出售牟利，因此储朔的犯罪情节较轻，社会危害性较小。

裁判理由

法院认为，野生动物资源属于国家所有，也是全人类的共同财富，具有较高的生态、经济和科研价值。保护、合理利用野生动物资源，对于维护生态平衡、改善自然环境、促进经济社会全面协调可持续发展具有重要意义。但由于过度狩猎、栖息地丧失、黑市交易等，野生动物的灭绝速度呈逐步上升趋势。本案作为犯罪对象的金雕、猎隼等珍贵、濒危野生动物，本身属于生物链顶端的物种，且繁殖率低、数量稀少，极容易受环境影响，如再乱捕滥猎、非法交易，更易使其濒临灭绝，破坏生物链的完整性和生物多样性，进而破坏整个生态环境，因此更需刑事司法保护。

被告人张爱民、李楠、王某 1、韩冬冬、黄达林、王志、高江涛、刘西员、王高、赖正文、邓雨、田景、王学义、许藤严、储朔违反国家对珍贵、濒危野生动物的保护法规，明知系国家重点保护野生动物，仍分别予以猎捕、收购、运输、出售，其中张爱民、李楠达到情节特别严重，王某1、韩冬冬达到情节严重，故被告人张爱民、李楠、王某 1、田景的行为分别构成非法收购、运输、出售珍贵、濒危野生动物罪；被告人韩冬冬的行为构成非法收购、运输珍贵、濒危野生动物罪；被告人黄达林的行为构成非法收购、出售珍贵、濒危野生动物罪；被告人王志、王学义的行为分别构成非法运输、出售珍贵、濒危野生动物罪；被告人高江涛的行为构成非法猎捕珍贵、濒危野生动物罪，非法收购珍贵、濒危野生动物罪；被告人刘西员构成非法猎捕珍贵、濒危野生动物罪；被告人王高、赖正文、邓雨、许藤严、储朔的行为分别构成非法收购珍贵、濒危野生动物罪。十五名被告人依法应予刑事处罚。公诉机关指控被告人张爱民、李楠、王某1、田景犯非法收购、运输、出售珍贵、濒危野生动物罪，被告人韩冬冬犯非法收购、运输珍贵、濒危野生动物罪，被告人黄达林犯非法收购、出售珍贵、濒危野生动物罪，被告人王志、王学义犯非法运输、出售珍贵、濒危野生动物罪，被告人王高、赖正文、邓雨、许藤严、储朔犯非法收购珍贵、濒危野生动物罪事实清楚，证据确实、充分，适用法律正确，予以采纳。

关于公诉机关指控被告人高江涛犯非法猎捕、收购珍贵、濒危野生动物罪，被告人刘西员犯非法猎捕、运输、出售珍贵、濒危野生动物罪，经查，《中华人民共和国刑法》第三百四十一条第一款的规定包含非法猎捕、杀害珍贵、濒危野生动物罪和非法收购、运输、出售珍贵、濒危野生动物、珍贵、濒危野生动物制品罪两个独立的罪名，高江涛分别实施非法猎捕、收购国家二级重点保护野生动物猎隼各1只，实施了两个不同的犯罪行为，同时触犯了两个罪名，应以非法猎捕珍贵、濒危野生动物罪和非法收购珍贵、濒危野生动物罪数罪并罚；刘西员非法猎捕国家二级重点保护野生动物雀鹰2只，并将2只雀鹰非法运输、出售给被告人赖正文，其实施的猎捕、运输、出售三种犯罪行为的犯罪对象均系同一物，猎捕的目的亦是出售，因此刘西员的犯罪行为系出于一个犯罪目的，实施数个犯罪行为，行为之间存在手段和目的的关系，属于刑法中的牵连犯，应择一重罪论处，本案中以非法猎捕珍贵、濒危野生动物罪对其定罪量刑较为适宜。综上，公诉机关对被告人高江涛、刘西员指控的犯罪事实清楚，但适用法律错误，予以纠正。

被告人张爱民、王某1、王志、韩冬冬、田景、王学义具有《中华人民共和国刑法》第二十五条第一款规定的情节，在相关的共同犯罪中作用相当，均系主犯。被告人李楠曾因故意犯罪被判处有期徒刑以上刑罚，刑罚执行完毕后五年内再犯应当判处有期徒刑以上刑罚之罪，且系同种犯罪，构成累犯，依法对其从重处罚。被告人张爱民在实施以3500元的价格从李楠处收购金雕的犯罪行为中系犯罪未遂，依法对该起犯罪事实从轻处罚。被告人王某 1 于 2015 年 5 月实施非法出售猎隼的犯罪行为时虽已满十七周岁，但尚未满十八周岁，系未成年人，依法对该起犯罪事实从轻处罚。被告人王高主动到公安机关投案，且如实供述全部犯罪事实，系自首，依法对其从轻处罚。被告人李楠、黄达林、王志、高江涛、刘西员、韩冬冬、赖正文、邓雨、田景、王学义、许藤严、储朔归案后能够如实供述犯罪事实，系坦白，依法对其从轻处罚，故对被告人黄达林、王志、刘西员、王学义、储朔辩护人的该辩护意见予以采纳。被告人张爱民、王某 1 当庭自愿认罪，酌情从轻处罚。被告人王高、韩冬冬非法收购金雕自行饲养，已属犯罪既遂，在同案参与人张爱民案发后，将各自饲养的金雕上缴至莱芜翱翔猛禽救助中心和河南省民权县森林公安局，针对上述情节对二被告人酌情从轻处罚。关于被告人黄达林、王志、刘西员、王学义、储朔的辩护人提出的上述被告人系初犯、偶犯，无犯罪前科的辩护意见，经查属实，予以采纳。

鉴于被告人王高、赖正文、邓雨、田景、王学义、许藤严、储朔犯罪情节较轻，认罪态度较好，适用缓刑对其所居住社区无重大不良影响，不致再危害社会，故可以对上述被告人适用缓刑。

综上，根据各被告人的犯罪事实、犯罪性质、情节和对社会的危害程度，依照《中华人民共和国刑法》第三百四十一条第一款，第十七条第一款、第三款，第二十三条，第二十五条第一款，第二十六条第一款、第四款，第六十五条第一款，第六十七条第一款、第三款，第六十九条第一款、第三款，第七十二条第一款、第三款，第七十三条第二款、第三款，第六十四条；《最高人民法院关于审理破坏野生动物资源刑事案件具体应用法律若干问题的解释》第一条，第二条，第三条第一款第（一）项、第二款第（一）项之规定，作出判决。

裁判结果

一、被告人张爱民犯非法收购、运输、出售珍贵、濒危野生动物罪，判处有期徒刑十一年六个月，并处罚金人民币 4 万元。

二、被告人李楠犯非法收购、运输、出售珍贵、濒危野生动物罪，判处有期徒刑十一年，并处罚金人民币35000元。

三、被告人王某1犯非法收购、运输、出售珍贵、濒危野生动物罪，判处有期徒刑七年，并处罚金人民币2万元。

四、被告人韩冬冬犯非法收购、运输珍贵、濒危野生动物罪，判处有期徒刑五年，并处罚金人民币15000元。

五、被告人黄达林犯非法收购、出售珍贵、濒危野生动物罪，判处有期徒刑四年，并处罚金人民币1万元。

六、被告人王志犯非法运输、出售珍贵、濒危野生动物罪，判处有期徒刑二年，并处罚金人民币7000元。

七、被告人高江涛犯非法猎捕珍贵、濒危野生动物罪，判处有期徒刑一年，并处罚金人民币3000元；犯非法收购珍贵、濒危野生动物罪，判处有期徒刑一年，并处罚金人民币3000元，决定执行有期徒刑一年六个月，并处罚金人民币6000元。

八、被告人刘西员犯非法猎捕珍贵、濒危野生动物罪，判处有期徒刑一年六个月，并处罚金人民币6000元。

九、被告人王高犯非法收购珍贵、濒危野生动物罪，判处有期徒刑一年，缓刑二年，并处罚金人民币5000元。

十、被告人赖正文犯非法收购珍贵、濒危野生动物罪，判处有期徒刑一年，缓刑二年，并处罚金人民币5000元。

十一、被告人邓雨犯非法收购珍贵、濒危野生动物罪，判处有期徒刑一年，缓刑一年六个月，并处罚金人民币3000元。

十二、被告人田景犯非法收购、运输、出售珍贵、濒危野生动物罪，判处有期徒刑一年，缓刑一年六个月，并处罚金人民币3000元。

十三、被告人王学义犯非法运输、出售珍贵、濒危野生动物罪，判处有期徒刑一年，缓刑一年六个月，并处罚金人民币3000元。

十四、被告人许藤严犯非法收购珍贵、濒危野生动物罪，判处有期徒刑一年，缓刑一年，并处罚金人民币3000元。

十五、被告人储朔犯非法收购珍贵、濒危野生动物罪，判处有期徒刑一年，缓刑一年，并处罚金人民币3000元。

十六、对被告人的违法所得，由公安机关依法予以追缴，上缴国库；对扣押的涉案野生动物，由公安机关依法移交处置。

评析

网络发展到了互联网时代，用户之间的沟通与交流成为时代的主题，各种即时通信工具、自媒体平台迅速崛起，而老牌的门户网站则逐渐没落。网络的迭代发展深刻地形塑了现实社会，个人的生活方式、人与人之交的交往方式被彻底改变，网络真正显现了其威力。与此同时，犯罪也在悄然发生改变，旧貌换了新颜。以网络为犯罪"工具"，大量传统犯罪借助互联网的发展得以迅速扩散并产生较之以往更大的危害。本案正是利用互联网进行的贩卖野生动物案，该案系我国最大网络贩卖野生动物案。我国《刑法》第三百四十一条第一款包含非法猎捕、杀害珍贵、濒危野生动物罪和非法收购、运输、出售珍贵、濒危野生动物、珍贵、濒危野生动物制品罪两个独立的罪名。"收购"包括以营利、自用等为目的的购买行为；"运输"包括采用携带、邮寄、利用他人、使用交通工具等方法进行运送的行为；"出售"包括出卖和以营利为目的的加工利用行为。本案中，各被告人违反国家对珍贵、濒危野生动物的保护法规，明知系国家重点保护野生动物，仍分别予以猎捕，利用网络、物流等具有高活跃性、流通性和隐蔽性的手段对濒危动物进行买卖、运输，属于非法收购、运输、出售珍贵、濒危野生动物行为，构成非法收购、运输、出售珍贵、濒危野生动物罪。其中，被告人高江涛分别实施非法猎捕、收购国家二级重点保护野生动物猎隼各 1 只，实施了两个不同的犯罪行为，同时触犯了两个罪名，应以非法猎捕珍贵、濒危野生动物罪和非法收购珍贵、濒危野生动物罪数罪并罚；被告人刘西员非法猎捕国家二级重点保护野生动物雀鹰 2 只，并将 2 只雀鹰非法运输、出售，其实施的猎捕、运输、出售三种犯罪行为的犯罪对象均系同一物，猎捕的目的亦是出售，其犯罪行为系出于一个犯罪目的，实施数个犯罪行为，行为之间存在手段和目的关系，属于刑法中的牵连犯，应择一重罪论处，以非法猎捕珍贵、濒危野生动物罪对其定罪量刑。

97. 网络裸聊

——方惠茹传播淫秽物品牟利案

裁判要旨

通过网络视频聊天进行裸聊具有淫秽物品的本质属性即淫秽性，以牟利为目的与多人进行网络视频裸聊的，应以传播淫秽物品牟利罪论处。

案件索引

浙江省龙游县人民法院（2007）龙刑初字第 249 号

公诉机关指控

浙江省龙游县人民检察院以被告人方惠茹犯传播淫秽物品牟利罪，向龙游县人民法院提起公诉。

被告人方惠茹对起诉书指控的犯罪事实没有异议。

法院查明事实

龙游县人民法院经审理查明：被告人方惠茹于 2006 年下半年在网上注册了 287557234 和 448562245 两个 QQ 号，其中 287557234 的网名为"水水"，448562245 的网名为"晴一儿"。注册后，方惠茹即将这两个 QQ 号挂于 QQ 聊天室大厅的"E 网情深"聊天室下的"E 夜激情"室内，聊天中以发信息的形式告知"好友"进行色情聊天，以招揽网友进行裸聊，从中牟利。之后，方惠茹又在这两个 QQ 号的"个人资料""介绍说明"栏内加入了"加我请注明网银支付宝，试看人民币（以下币种均为人民币）5 元（我裸体 2 分钟，同时证明我是真人）满意后 50 元服务 30 分钟，特殊的加钱。绝对真人，有良好的信誉，欢迎付费男士"的个人说明。在裸聊时，方惠茹根据对方的实际情况先将以其丈夫王华佗名义开户的银行账号或自己在支付宝网站申请的支付宝账号告知对方，待核实对方已将钱汇入后，即根据对方的要求以及汇入资金的数额通过视频提供不同的裸聊内容。自 2006 年 11 月 1 日到 2007 年 5 月 14 日，方惠茹裸聊范围达 20 余个省份，裸聊的对象有 300 余人，其用于裸聊收费的银行账号以及支付宝账号共汇入裸聊资金 1054 次，计 24973.03 元。

裁判理由

龙游县人民法院认为，被告人方惠茹以牟利为目的，利用互联网传播淫秽电子信息，其行为构成传播淫秽物品牟利罪，公诉机关指控的罪名成立。方惠茹利用淫秽电子信息收取其他费用，违法所得在一万元以上，但未达到情节严重所规定标准的五倍以上，不属于情节严重。方惠茹归案后认罪态度较好并退出违法所得，可以酌情从轻处罚。根据方惠茹的犯罪情节及悔罪表现，适用缓刑确实不致再危害社会，可对其宣告缓刑。依照《中华人民共和国刑法》第三百六十三条、第六十四条和《最高人民法院、最高人民检察院关于办理利用互联网、移动通讯终端、声讯台制作、复制、出版、贩卖、传播淫秽电子信息刑事案件具体应用法律若干问题的解释（一）》第一条第六项之规定，作出判决。

裁判结果

一、被告人方惠茹犯传播淫秽物品牟利罪，判处有期徒刑六个月，缓刑一年，并处罚金人民币 5000 元。

二、被告人方惠茹的违法所得予以追缴，上交国库。

三、作案工具电脑二台，予以没收。

一审宣判后，被告人方惠茹没有上诉，公诉机关亦未提出抗诉，判决发生法律效力。

评析

网络 2.0 时代，传统犯罪网络异化的现象呈井喷之势，以网络为"工具"的犯罪层出不穷。此时，法律需要面对的问题主要有两方面：一是定性规则的确立，表现为对罪状表述的再解释；二是定量标准的搭建，体现为入罪标准即犯罪定量标准的细化与明确。此一时段的立法与司法解释都是在朝着这两个方向不断努力。立法上通过不断增设新罪名严密法网，司法上则表现为大量的司法解释出台，这一时期的司法解释远远多于其他时期可见一斑。关于淫秽物品的定性与定量问题，两部司法解释分别做出了相应规定。2004 年 9 月 6 日《最高人民法院、最高人民检察院关于办理利用互联网、移动通讯终端、声讯台制作、复制、出版、贩卖、传播淫秽电子信息刑事案件具体应用法律若干问题的解释（一）》，确立了网络犯罪中片面共犯的成立空间，并提出了信息时代的定量规则标准。一方面，该解释规定了网络传播淫秽信息犯罪中的片面共犯，首次承认了网络帮助行为可以缺乏"双向的意思联络"，仅以"单向明知"与实行行为人成立共同犯罪，这一司法解释打破了我国传统刑法理论界不承认片面共犯的惯例，首次通过司法解释的方式突破了共同犯罪的传统通说观点，为网络犯罪中共犯的定性问题提供了解决思路。另一方面，对网络违法信息传播犯罪的定量标准进行了规定，"点击数""注册会员"成为新的刑法量化标准，这是司法上第一次针对网络犯罪引入了新定量模式。2010 年 2 月 4 日《最高人民法院、最高人民检察院关于办理利用互联网、移动通讯终端、声讯台制作、复制、出版、贩卖、传播淫秽电子信息刑事案件具体应用法律若干问题的解释（二）》，确立了网络犯罪中共犯行为正犯化现象的存在，并增加了片面共犯的存在范围。一方面，该解释提出了网络传播淫秽信息犯罪中的共犯的正犯化，首次将共犯行为独立为正犯行为，是制裁网络犯罪帮助行为的重大突破，也是继网络犯罪的片面共犯之后又一解决网络犯罪定性问题的处理思路。另一方面，将网络传播淫秽信息犯罪中片面共犯的成立范围扩展到了投放广告等提供资金的行为，通过投放广告或直接或间接地提供资金给淫秽网站的，以制作、复制、出版、贩卖、传播淫秽物品牟利罪的共犯处理，这就从经济来源上有力地打击了淫秽网站，起到了釜底抽薪的效果。

本案涉及网络裸聊行为的定性问题。依照2004年9月3日《最高人民法院、最高人民检察院关于办理利用互联网、移动通讯终端、声讯台制作、复制、出版、贩卖、传播淫秽电子信息刑事案件具体应用法律若干问题的解释（一）》第一条第六项规定，利用淫秽电子信息收取广告费、会员注册费或者其他费用，违法所得一万元以上的，依照《刑法》第三百六十三条第一款的规定，以制作、复制、出版、贩卖、传播淫秽物品牟利罪定罪处罚，这实际是将淫秽视频文件、音频文件等电子信息解释为《刑法》第三百六十七条规定的"其他淫秽物品"。随着互联网移动通信时代的到来与发展，将电子信息解释为物品符合用语可能具有的含义。同时，将淫秽电子信息解释为淫秽物品也具有实质的正当性和合理性，即刑法处罚的必要性。通过网络视频聊天进行裸聊具有淫秽物品的本质属性即淫秽性，以牟利为目的与多人进行网络视频裸聊的，应以传播淫秽物品牟利罪论处。

98. 快播案

——吴某等制作、复制、出版、贩卖、传播淫秽物品牟利案

裁判要旨

1. 适用技术中立原则的前提条件是技术提供者只是单纯地提供技术设备，并不能干预设备的实际使用。若技术提供者不仅提供技术设备工具，并且使用该技术实施违法行为，则不再适用技术中立原则。

2. 单纯从提供技术让用户下载和上传淫秽视频来说，上传淫秽视频文件的用户实施了传播淫秽物品的行为，技术提供者可谓中立的帮助。但是，通过拉拽淫秽视频文件存储在缓存服务器里，并且向用户提供缓存服务器里的淫秽视频文件的行为，则不是中立的帮助行为，而是传播淫秽物品的正犯行为。

案件索引

北京市海淀区人民法院（2015）海刑初字第 512 号

审理经过

北京市海淀区人民检察院以京海检公诉刑诉（2015）1、2 号起诉书指控被告单位深圳市快播科技有限公司（简称"快播公司"）和被告人王某、

吴某、张某某、牛某犯传播淫秽物品牟利罪，向法院提起公诉。法院于2015年2月10日立案受理，依法由审判员杨晓明、审判员吴扬传、人民陪审员梁铭全组成合议庭，适用普通程序进行了审理。鉴于本案系取证困难的重大复杂单位犯罪案件，及被告单位、被告人王某变更诉讼代理人或辩护人等，经法院报请，北京市第一中级人民法院于2015年4月22日批准同意延长审限一个月。2015年5月28日，法院召开第一次庭前会议，听取控辩双方意见。北京市海淀区人民检察院根据庭前会议情况，于2015年6月5日、10月3日先后两次以需要补充侦查为由提请延期审理，法院予以同意。2015年11月30日，北京市海淀区人民检察院向法院提交了京海检公诉刑变诉（2015）15号变更起诉决定书，并于2015年12月11日向法院移交了补充侦查的证据材料。在向被告单位及各被告人、辩护人送达了变更起诉决定书、辩护人阅卷完毕后，法院于2016年1月7日至8日第一次公开开庭审理了本案。在庭审过程中，控辩双方对部分证据争议较大，法院决定检验核实相关证据。鉴于本案涉及面广，取证困难，经法院报请，北京市第一中级人民法院于2016年1月15日批准同意延长审限二个月，最高人民法院于2016年3月26日、2016年6月29日分别批准同意延长审理期限三个月。在依法向被告人、辩护人送达了法院检验核实的证据材料后，经2016年9月6日第二次召开庭前会议，听取控辩双方意见，法院于2016年9月9日恢复法庭调查，再次公开开庭审理了本案。两次开庭审理过程中，北京市海淀区人民检察院指派检察员胡志强、闫莉、姜楠，代理检察员肖瑶出庭支持公诉，被告单位快播公司诉讼代表人黄勇及辩护人北京市时代九和律师事务所律师陈学军、北京市康达律师事务所律师刘立木，被告人王某及辩护人北京市中洲律师事务所律师赵志军、北京康达（天津）律师事务所律师曾志俊，被告人吴某及辩护人北京实地律师事务所律师范伯松、北京市盈科律师事务所律师崔欣，被告人张某某及辩护人北京市尚权律师事务所律师于洪伟、北京大成律师事务所律师张志勇，被告人牛某及辩护人北京天达共和律师事务所律师杜连军、朱岳等到庭参加诉讼，鉴定人北京市公安局治安某某行管支队淫秽物品审验员丁某某、国家信息中心电子数据司法鉴定中心王某某出庭作证。现已审理终结。

公诉机关指控

北京市海淀区人民检察院起诉书指控，被告人王某系快播公司法定代表人及首席执行官，被告人吴某系快播公司快播事业部总经理，被告人张某某系快播公司快播事业部副总经理兼技术平台部总监，被告人牛某系快播公司快播事业部副总经理兼市场部总监。被告单位快播公司自 2007 年 12 月成立以来，基于流媒体播放技术，通过向国际互联网发布免费的 qvod 媒体服务器安装程序（简称"qsi"）和快播播放器软件的方式，为网络用户提供网络视频服务。其间，被告单位快播公司及其直接负责的主管人员被告人王某、吴某、张某某、牛某以牟利为目的，在明知上述 qvod 媒体服务器安装程序及快播播放器被网络用户用于发布、搜索、下载、播放淫秽视频的情况下，仍予以放任，导致大量淫秽视频在国际互联网上传播。2013 年 11 月 18 日，北京市海淀区文化委员会（简称"海淀文委"）从位于本市海淀区的北京网联光通技术有限公司（简称"光通公司"）查获快播公司托管的服务器 4 台。后北京市公安局从上述 3 台服务器里提取了 29841 个视频文件进行鉴定，认定其中属于淫秽视频的文件为 21251 个。被告人吴某、张某某、牛某于 2014 年 4 月 23 日被抓获归案，被告人王某于 2014 年 8 月 8 日被抓获归案。北京市海淀区人民检察院认为，被告单位快播公司及被告人王某、吴某、张某某、牛某以牟利为目的，传播淫秽物品，情节特别严重，其行为均已构成传播淫秽物品牟利罪，提请法院依据《中华人民共和国刑法》第三百六十三条第一款、第三百六十六条、第三十条、第三十一条之规定，对被告单位快播公司及被告人王某、吴某、张某某、牛某分别定罪量刑。

被告人辩解与辩护人辩护

被告单位、各被告人及辩护人在第一次庭审中发表辩护意见认为，本案事实不清、证据不足、程序违法、适用法律错误，指控罪名不能成立。辩护意见概括如下。（1）在传播主体认定方面，不能确定起获的 4 台服务器是否为快播公司控制和管理；合同约定应由光通公司删除违法内容，不应由快播公司对服务器中的淫秽视频承担法律责任；快播公司也不属于放任他人在其网站上发布淫秽视频的责任主体。（2）在传播内容认定方面，涉案起获的服务器内的文件为视频文件碎片，不能将鉴定书所鉴定的数量作为定罪量刑依据，且快播公司不是这些视频文件的发布者和使用者。（3）在传播行为认定方面，快播公司提供的是技术服务，没有传播、发布、搜索淫秽视频行为，也不存在帮助行为；快播技术不是专门发布淫秽视频的工具，而是提供缓存服务以提高网络传输效率，为用户提供 P2P 视频点播技术服务；基于技术中立原则，对快播公司的行为应适用"避风港"原则，快播公司不应为网络用户传播淫秽物品承担刑事责任；快播公司实际上是因其先进的流媒体技术被终端用户用于发布和分享淫秽信息的被害者；没有证据显示涉案缓存服务器中的淫秽视频曾经被某些用户浏览或下载，没有证据证明快播公司从涉案服务器中获取任何直接利益，没有证据证明快播公司从涉案服务器获取非法利益的具体数额。（4）在网络安全管理义务和措施方面，快播公司只是播放工具软件的开发者和提供者，并不是网络信息提供者或者网络服务运营商，没有查处、屏蔽淫秽视频的法定义务；快播公司采取了监管措施，设置了"110"不良信息管理平台，屏蔽了大量不良视频，履行了网络安全管理义务；现有技术对淫秽视频难以有效杜绝，若全部审查视频内容需要大量人力物力成本，快播公司及各被告人不具备防范和杜绝他人利用快播软件传播淫秽信息的技术能力。（5）在主观故意方面，没有证据证明快播公司及各被告人有通过传播淫秽视频牟利的目的，或放任传播淫秽视频的间接故意。快播公司不具备刑法意义上明知的主观要件，涉案视频文件是碎片存储，并非完整的视频，快播公司不可能明知缓存服务器里存储的视频是淫秽视频；2012 年和 2013 年受行政处罚的内容与快播播放器的运营模式、淫秽内容没有关系。（6）在被告单位及各被告人的具体责任方面，控方未能证明快播公司及各被告人与传播淫秽视频的直接行为人存在共同的犯罪故意，在公诉机关没有追究直接传播人员刑事责任的情况下，不宜单独追究软件开发者的刑事责任；被告人吴某及其辩护人认为吴某不是公司的股东，只是挂名事业部总经理，并不实际负责具体业务，对涉案 4 台服务器及存储视频的情况并不了解，不具备犯罪时间和行为，不应对涉案软件开发行为承担法律责任；被告人牛某及其辩护人认为牛某较为全面地履行了自己的职责，及时上报整改情况，取得了显著成效，不应承担法律责任。

在第二次庭审过程中，被告单位，被告人王某、张某某、牛某对指控事实和罪名均表示无异议，其辩护人主要围绕量刑情节做了罪轻辩护，希望对被告单位和各被告人从宽处罚。辩护意见概括如下。（1）量刑应该考虑本案发生的特殊社会环境和网络犯罪特点，防止对被告人主观认知评价不足。（2）快播公司不是淫秽视频直接传播者，仅是怠于履行监管职责，主观上不具有直接、主动传播意义上的明知，放任心态是由于屏蔽技术难度较大造成的，在主观恶性上应区别于能管而不管。（3）快播公司并非网站，仅是提供了一个传播通道，不应适用相关司法解释规定；且涉案 4 台服务器获利情况、淫秽视频数量均不明，淫秽视频数量也不是判定法定刑升格唯一标准，建议不适用情节特别严重，而应认定情节一般或情节严重。（4）王某具有自首情节；张某某系从犯，应在三年有期徒刑以下判处刑罚并适用缓刑；牛某尽到了监管职责，不是公司股东，无决策权，系从犯。被告人吴某及其辩护人对快播公司构成传播淫秽物品牟利罪不持异议。吴某坚持认为其本人工作分工与视频监管没有关系，不应对快播公司行为承担法律责任。其辩护人认为吴某担任快播事业部总经理前，快播软件及缓存服务器就已经存在，吴某对此并无实际决定权，对于涉案 4 台缓存服务器也不知情，其行为不应当构成犯罪；如果法院认定有罪，希望考虑本案案情，判处其三年有期徒刑以下刑罚并适用缓刑。

公诉机关回应

公诉机关发表公诉意见，认为起诉书指控事实清楚，证据确实、充分，已证明被告单位及各被告人的行为构成传播淫秽物品牟利罪，具有严重的社会危害性，应当依法追究刑事责任。经过两次庭审，被告单位及被告人在第二次庭审中做出的有罪供述，也进一步证明了被告单位和各被告人的行为构成传播淫秽物品牟利罪。公诉意见概括如下。（1）快播公司在网上发布 qsi 资源发布工具和快播用户端软件（播放器），在快播管理的调度服务器、存储服务器、qsi 软件、快播播放器以及网站站长、用户之间形成了一个可以实现发布、搜索、下载、存储和观看功能的综合性网络平台。在这个网络平台中，所有视频资源都可以实现无障碍、无筛选、无监管的自由流通。而所有视频的上传、观看、分享和采集用户观影特征、调度选择、网络优化等功能，都是在快播后台调度服务器的统一处理下完成的。快播公司对平台上的视频内容不加审核，且在明知存在大量淫秽视频的情况下仍不落实监管责任，反而架设缓存服务器，用以存储大量淫秽视频，为用户随时提供下载流量补偿服务，并开发碎片化视频存储方式规避风险。作为快播网络平台的控制与管理者，快播公司及王某等人对本公司视频网络平台中存在海量淫秽视频完全明知。按照有关法律规定，快播公司依法应当积极采取技术手段将海量淫秽视频加以屏蔽和监管，同时也有足够的专业能力对淫秽视频进行有效的管控。但快播公司并没有进行实际意义上的管控，而是为了追逐经济利益放任淫秽视频在网络空间广泛传播。快播公司曾经因为没有落实有关监管责任和快播网络中存在大量淫秽视频两次受到行政处罚，但仍不思整改、不实际履行监管责任，不但没有采用视频关键帧提取、淫秽视频图像识别等行业常见的、成熟的屏蔽手段，且连最基础的关键词、二级域名屏蔽等措施也没有认真实施，这种有悖行业常规的做法也进一步反映出快播公司对淫秽视频监管的懈怠，进而导致了海量淫秽视频持续、广泛传播。作为快播公司的管理者，被告人王某等人清楚知道海量淫秽视频能够带来用户数增长和流量增加，进而为快播公司带来可观的广告收益和经济利益。快播公司在全国各地架设的上千台缓存服务器也对淫秽视频的传播起到了推波助澜的作用。（2）技术本身无罪，但如果使用技术的人用之危害社会，就是违法犯罪。快播公司的运营模式已不仅仅是单纯的提供技术服务，而是一种利用技术手段实施的犯罪行为，不能因技术中立原则而免除刑事责任。（3）本案不同于传统传播淫秽物品牟利的案件，从快播公司传播行为与用户行为的混同性、快播大型网络传输平台的特殊性、快播公司自主研发技术的特别性、社会对新型技术发展产生负面效应的容忍性等方面考虑，快播公司放任传播淫秽物品和据此牟利的行为具有间接性。根据罪责刑相适应的刑法原则，快播公司及各被告人的刑事责任应当区别于传统的直接传播淫秽物品牟利的犯罪主体的刑事责任。（4）本案属于单位犯罪，快播公司和三名被告人在庭审中均明确表示认识到了快播公司和各自的行为性质，对公诉机关指控的犯罪事实及罪名均予以承认，对淫秽视频的存在、缓存服务器的功用、主观明知、监管措施严重不足、放任传播、牟利目的等关键问题均作了较为明确的供述，认罪悔罪且态度真诚，对其从宽处罚符合我国宽严相济的刑事司法政策。被告人吴某对快播公司构成犯罪亦不持异议，仅就自身所起作用进行辩解，属于违法性认识不足，同样可以酌予从轻，故建议合议庭对快播公司及四名被告人均予以从宽处罚。

法院查明事实

被告单位深圳市快播科技有限公司成立于 2007 年 12 月 26 日，公司性质为有限责任公司，注册资本 1000 万元。该公司主办的快播网站网址包括：www. kuaibo. com、www. qvod. com 等。快播公司持有网络文化经营许可证，至案发之日没有取得互联网视听节目服务许可。被告人王某为快播公司的法定代表人、股东、执行董事、经理，负责快播公司经营和管理工作。快播公司快播事业部负责公司视频播放器的技术开发和市场推广。被告人吴某于 2013 年担任快播事业部总经理，负责事业部全面工作。被告人张某某系快播公司股东，于 2012 年担任事业部副总经理兼技术平台部总监，最初开发了快播视频传输和播放的核心软件。被告人牛某于 2012 年担任事业部副总经理兼运营部总监，2013 年担任事业部市场部负责人，负责信息安全组工作。

快播公司通过免费提供 qsi（qvodserverinstall，即 qvod 资源服务器程序）和 qvodplayer（即快播播放器程序或客户端程序）的方式，为网络用户提供网络视频服务。任何人（被快播公司称为"站长"）均可通过 qsi 发布自己所拥有的视频资源。具体方法是，"站长"选择要发布的视频文件，使用资源服务器程序生成该视频文件的特征码（hash 值），导出包含 hash 值等信息的链接。"站长"把链接放到自己或他人的网站上，即可通过快播公司中心调度服务器（运行 P2Ptracker 调度服务器程序）与点播用户分享该视频。这样，快播公司的中心调度服务器在站长与用户、用户与用户之间搭建了一个视频文件传输的平台。为提高热点视频下载速度，快播公司搭建了以缓存调度服务器（运行 cachetracker 缓存调度服务器程序）为核心的平台，通过自有或与运营商合作的方式，在全国各地不同运营商处设置缓存服务器 1000 余台。在视频文件点播次数达到一定标准后，缓存调度服务器即指令处于适当位置的缓存服务器（运行 cacheserver 程序）抓取、存储该视频文件。当用户再次点播该视频时，若下载速度慢，缓存调度服务器就会提供最佳路径，供用户建立链接，向缓存服务器调取该视频，提高用户下载速度。部分淫秽视频因用户的点播、下载次数较高而被缓存服务器自动存储。缓存服务器方便、加速了淫秽视频的下载、传播。

2012 年 8 月，深圳市公安局公安信息网络安全监察分局对快播公司进行检查，针对该公司未建立安全保护管理制度、未落实安全保护技术措施等问题，给予了行政警告处罚，并责令整改。随后，深圳网监将违法关键词和违法视频网站链接发给快播公司，要求采取措施过滤屏蔽。快播公司于是成立了信息安全组开展了不到一周的突击工作，于 8 月 8 日投入使用"110"不良信息管理平台，截至 9 月 26 日共报送"色情过滤"类别的不良信息 15836 个。但在深圳网监验收合格后，信息安全组原有 4 名成员或离职或调到其他部门，"110"平台工作基本搁置，检查屏蔽工作未再有效进行。2013 年 8 月 5 日，深圳市南山区广播电视局执法人员对快播公司开展调查，在牛某在场的情况下，执法人员登录 www.kuaibo.com，进入快播"超级雷达"（一种发现周边快播用户观看网络视频记录的应用），很快便找到了可播放的淫秽视频。牛某现场对此予以签字确认。但快播公司随后仅提交了一份整改报告。10 月 11 日，南山区广播电视局认定快播公司擅自从事互联网视听节目服务，提供的视听节目含有诱导未成年人违法犯罪和渲染暴力、色情、赌博、恐怖活动的内容，对快播公司予以行政处罚。此后，快播公司的"110"平台工作依然搁置，检查屏蔽工作依然没有有效落实。

快播公司直接负责的主管人员王某、吴某、张某某、牛某，在明知快播公司擅自从事互联网视听节目服务、提供的视听节目含有色情等内容的情况下，未履行监管职责，放任淫秽视频在快播公司控制和管理的缓存服务器内存储并被下载，导致大量淫秽视频在网上传播。

2013 年上半年，北京网联光通技术有限公司为解决使用快播播放器访问快播视频资源不流畅的问题，与快播公司联系技术解决方法，双方开展战略合作。根据双方协商，由光通公司提供硬件设备即 4 台服务器，由快播公司提供内容数据源以及降低网络出口带宽、提升用户体验的数据传输技术解决方案，负责远程对软件系统及系统内容的维护。2013 年 8 月，光通公司提供 4 台服务器开始上线测试，快播公司为 4 台服务器安装了快播公司的缓存服务器系统软件，并通过账号和密码远程登录进行维护。2013 年 11 月 18 日，北京市海淀区文化委员会在行政执法检查时，从光通公司查获此 4 台服务器。2014 年 4 月 11 日，北京市公安局海淀分局决定对王某等人涉嫌传播淫秽物品牟利罪立案。经查，该 4 台服务器从 2013 年下半年投入使用，至 2013 年 11 月 18 日被扣押，存储的均为点击请求量达到一定频次以上的视频文件。公安机关从服务器里提取了 29841 个视频文件进行鉴定，认定其中属于淫秽视频的文件为 21251 个。

2013 年底，为了规避版权和淫秽视频等法律风险，在王某的授意下，张某某领导的技术部门开始对快播缓存服务器的存储方式进行调整，将原有的完整视频文件存储变为多台服务器的碎片化存储，将一部视频改由多台服务器共同下载，每台服务器保存的均是 32M 大小的视频文件片段，用户点播时需通过多台服务器调取链接，集合为可完整播放的视频节目。

另查，快播公司盈利主要来源于广告费、游戏分成、会员费和电子硬件等，快播事业部是快播公司盈利的主要部门。账目显示，快播事业部的主要收入来源于网络营销服务（包括资讯快播、客户端、第三方软件捆绑、VIP 服务等），其中资讯快播和第三方软件捆绑是最为主要的盈利方式。具体而言，快播公司向欲发布广告的公司收取广告费，用户使用快播播放器时，会有快播资讯窗口弹出，该窗口内除部分新闻外即是广告内容；快播公司还向一些软件开发公司收取合作费用，使得用户安装快播播放器的同时捆绑安装一些合作公司软件。快播公司营业收入逐年增长，至 2013 年仅快播事业部即实现营业收入人民币 143075083 元，其中资讯快播营业收入人民币 70463416 元，占 49.25%，第三方软件捆绑营业收入为人民币 39481457 元，占 27.59%。

被告人吴某、张某某、牛某于 2014 年 4 月 23 日在深圳被抓获，被告人王某于 2014 年 8 月 8 日从韩国济州岛被押解回京。

裁判理由

我国《刑法》第三百六十三条第一款规定：以牟利为目的，制作、复制、出版、贩卖、传播淫秽物品的，处三年以下有期徒刑、拘役或者管制，并处罚金；情节严重的，处三年以上十年以下有期徒刑，并处罚金；情节特别严重的，处十年以上有期徒刑或者无期徒刑，并处罚金或者没收财产。公诉机关指控被告单位及各被告人犯该条规定之罪，根据已经查明的事实、证据和法律规定判定指控的犯罪是否成立是本案的核心问题。就此，法院分析如下。

（一）快播公司负有网络视频信息服务提供者应当承担的网络安全管理义务

视频信息的海量传播已经成为商业网络运营的重要特征，P2P 技术对于降低视频服务企业的带宽成本具有重要价值，而缓存服务器技术的支持使得视频文件的传播速度更快、范围更广。以 P2P 网络平台为依托的视频服务企业，在网络信息安全管理中扮演着重要角色。本案被告单位快播公司，是一家流媒体应用开发和服务供应企业，其免费发布快播资源服务器程序和播放器程序，使快播资源服务器、用户播放器、中心调度服务器、缓存调度服务器和上千台缓存服务器共同构建起了一个庞大的基于 P2P 技术提供视频信息服务的网络平台。用户使用快播播放器客户端点播视频，或者"站长"使用快播资源服务器程序发布视频，快播公司中心调度服务器均参与其中。中心调度服务器为使用资源服务器程序的"站长"提供视频文件转换、链接地址发布服务，为使用播放器程序的用户提供搜索、下载、上传服务，进而通过其缓存服务器提供视频存储和加速服务。快播公司缓存服务器内存储的视频文件，也是在中心调度服务器、缓存调度服务器控制下，根据视频被用户的点击量自动存储下来的，只要在一定周期内点击量达到设定值，就能存储并随时供用户使用。快播公司由此成为提供包括视频服务在内的网络信息服务提供者。

快播公司作为快播网络系统的建立者、管理者、经营者，应当依法承担网络安全管理义务。1997 年公安部发布的《计算机信息网络国际联网安全保护管理办法》明确，任何单位和个人不得利用互联网传播"宣扬淫秽、色情"内容的信息，并且应当履行建立健全安全保护管理制度、落实安全保护技术措施等职责。2000 年 9 月国务院发布的《互联网信息服务管理办法》规定，互联网信息服务提供者应当向上网用户提供良好的服务，并保证所提供的信息内容合法，不得复制、传播淫秽、色情信息。2000 年 12 月《全国人民代表大会常务委员会关于维护互联网安全的决定》规定，对于在互联网上建立淫秽网站、网页，提供淫秽站点链接服务，或者传播淫秽影片、音像，构成犯罪的，依照刑法有关规定追究刑事责任。2007 年国家广播电影电视总局、信息产业部发布的《互联网视听节目服务管理规定》进一步明确，互联网视听节目服务单位提供的、网络运营单位接入的视听节目应当符合法律、行政法规、部门规章的规定，视听节目不得含有诱导未成年人违法犯罪和渲染暴力、色情活动的内容。2012 年施行的《全国人民代表大会常务委员会关于加强网络信息保护的决定》第五条规定，网络服务提供者应当加强对其用户发布的信息的管理，发现法律、法规禁止发布或者传输的信息的，应当立即停止传输该信息，采取消除等处置措施，保存有关记录，并向有关主管部门报告。在互联网产业迅速发展的今天，法律没有苛责互联网企业在其经营管理的网站上不允许出现任何违法或不良信息，但要求其严格履行网络安全管理义务，设置必要的监管环节，及时处置违法或不良信息。快播公司作为互联网信息服务的提供者，作为视听节目的提供者，必须遵守相关法律法规的规定，对其网络信息服务内容履行网络安全管理义务。P2P 技术容易被用于淫秽视频、盗版作品传播，这在行业内已经是众所周知的事实。监管淫秽视频以避免淫秽视频通过快播网络传播，不仅是快播公司作为网络视频信息服务提供者的法律义务，更是其应当积极承担的社会责任。

本案查扣的 4 台缓存服务器所存储的淫秽视频与快播公司未履行网络安全管理义务直接相关。在案证据证明，本案查扣的 4 台缓存服务器的所有者是光通公司，快播公司则是该服务器的远程控制者和日常维护者。快播公司与光通公司的合同签订者侯爱娇是快播公司事业部下市场部运营商合作组员工，负责与运营商签订缓存服务器托管等合作合同，其证明自己与光通公司进行了有关合同内容的沟通；快播公司的网络维护员钟琨也证实其为涉案缓存服务器安装了快播系统软件，并通过账户和密码来远程控制和维护。上述证言与光通公司合同签订联系人、工程师陈某1的证言，以及信息鉴定中心检验所证实的远程控制IP为快播公司所有等证据内容完全相符，印证了快播公司负责涉案4台缓存服务器的软件安装和远程控制这一事实。关于缓存服务器的内容，合同规定，光通公司提供机柜和接入带宽及系统所需的硬件设备（4台服务器），快播公司提供内容数据源以及技术解决方案，这说明涉案4台服务器的内容数据源由快播公司提供。证据表明，缓存服务器从网上获取并存储视频文件，系在快播公司调度服务器的支配下完成。侯爱娇与钟琨是依岗位职责开展工作，他们的具体操作行为代表快播公司，快播公司应当对涉案合同及起获的4台服务器的内容负责。就违法内容的删除责任，合同规定光通公司的删除义务是以能够证明所存储的数据违反相关法规为前提。虽然经查缓存服务器内的视频并非不完整数据碎片，但是快播公司实际上是4台服务器的远程控制者和日常维护者，缓存的视频文件以快播公司特有的文件格式和特征码文件名的方式存储，光通公司不具备审查缓存服务器内存储内容合法性的能力。这种形式上的民事约定，不能否定快播公司对其控制、维护的缓存服务器依法要承担的网络信息安全责任。另外，关于缓存服务器内存储的淫秽视频是否为完整视频的问题，法院认为，涉案4台服务器的起获时间是2013年11月18日，快播公司尚未开始碎片化存储，鉴定意见也证实服务器内的视频文件均为完整存储方式。快播公司与光通公司合同中规定的"数据是……不完整数据碎片"与查明事实不符，现有证据能够确定涉案起获的服务器内的视频并非碎片化文件，而是完整视频文件，而且70%以上为淫秽视频。

（二）快播公司及各被告人均明知快播网络系统内大量存在淫秽视频并介入了淫秽视频传播活动

刑法上的"明知"，司法实践中一般可以从两个角度证明：一是直接证明行为人知道或者因他人告知而知道；二是基于行为人的特定身份、职业、经验等特点推定其知道。对于单位犯罪而言，要求直接责任人员对于单位传播淫秽物品行为具有明知，并不要求其对单位传播淫秽物品的具体方法、技术等完全知晓。具体到本案，并不要求各被告人对快播公司缓存服务器在调度服务器的支配下传播淫秽视频的具体方法、技术具有认知，只要求各被告人对快播公司传播淫秽视频这一基本事实具有明知即可。根据快播公司员工的证言，结合本案被告人的供述等众多言词证据均能证明，王某、吴某、张某某、牛某不仅已经知道快播网络服务系统传播淫秽视频，而且已经知道快播公司的行为导致淫秽视频在互联网上大量传播的事实。证据还显示，王某、张某某、牛某对于缓存服务器实质上介入淫秽视频传播均已知晓，王某、张某某对于介入传播的具体技术原理更有深入研究。作为一个自称"非常重视用户体验"的视频服务提供商，快播公司应当知道其网络用户搜索和点击的视频内容的统计特征。在案扣押的缓存服务器内存储的内容多达70%为淫秽视频，便是这一特征的客观表现。进一步的证据是，执法部门以各种方式开展了监管活动。2012年8月，深圳网监针对快播公司未建立信息安全保护管理制度、未落实安全保护技术措施的情况给予行政处罚警告，快播公司接受整改的主要内容就是审核和过滤淫秽视频，其在整改报告中称审核和过滤的信息类别也主要是"色情过滤"。2013年8月5日，南山区广播电视局执法人员对快播公司现场执法检查，确认快播公司网站上的淫秽视频内容，随后作出行政处罚决定。王某作为快播公司的法定代表人在授权牛某代理此事的授权委托书上，明确写了"涉嫌提供的视听节目含有渲染色情活动的内容"，证明王某知道快播公司网络传播淫秽视频的事实。南山区广播电视局在2013年8月5日对快播公司作出的调查询问通知书、2013年9月25日作出的行政处罚事先告知书及2013年10月作出的行政处罚决定书中，均明确了调查和处罚快播公司的原因就是快播公司"提供的视听节目含有诱导未成年人违法犯罪和渲染暴力、色情、赌博、恐怖活动的内容"。如果说在第一次接受处罚并做出整改时，快播公司的决策者、经营者、管理者还有对快播网络服务系统介入淫秽视频传播活动且导致淫秽视频在互联网上大量传播并不知情的可能，那么在事隔一年之后，快播公司再次接受处罚并作出整改，而且先后两次整改的内容实际上都是针对快播公司传播淫秽视频这一事实，此时快播公司的经营者、管理者仍然坚称不知情，显然难以置信。上述证据表明，各被告人在主观上完全符合单位犯罪所要求的传播淫秽物品牟利罪的"明知"要件，应予认定。

吴某作为快播事业部负责人，负责快播事业部的全面工作，张某某和牛某均是其下属，王某、牛某、何某等人均证实事业部的日常工作一般都要先向吴某汇报，可见吴某在快播事业部拥有决策权、管理权。快播事业部管理快播网络日常工作，全国上千台缓存服务器进入快播网络，快播公司均要与合作单位签订合同，因而吴某应当明知缓存服务器在快播网络中的作用。牛某称"其定期或不定期会向吴某汇报淫秽视频的屏蔽情况，每次都是通过电子邮件的形式汇报，吴某审批后其再安排孙某通过电子邮件的方式给深圳网监部门发送淫秽视频屏蔽情况"。所以吴某不仅知道快播网络服务系统传播淫秽视频，而且知道快播公司的行为已经导致淫秽视频在互联网上大量传播。法院对被告人吴某及其辩护人所提吴某对快播网络服务系统传播淫秽视频并不"明知"的意见，不予采纳。

（三）快播公司及各被告人放任其网络服务系统大量传播淫秽视频属于间接故意

传播淫秽物品牟利罪的传播，是指通过播放、陈列、建立淫秽网站、网页等方式使淫秽物品让不特定人感知，以及通过出借、赠送等方式散布、流传淫秽物品的行为。根据张某某的供述及江某、伍某、唐某、钟某等快播技术开发人员、服务器维护人员的证言，涉案起获的4台缓存服务器内的淫秽视频文件均是快播用户一周内请求点播达到一定次数以上后被缓存服务器下载存储下来，并处于提供给光通公司用户在其个人选定的时间和地点获取的状态。虽然没有证据直接显示涉案4台服务器内的淫秽视频被用户浏览或下载的频次，但快播公司放任其缓存服务器存储淫秽视频并使公众可以观看并随时得到加速服务的方式，属于通过互联网陈列等方式提供淫秽物品的传播行为。应当指出，缓存服务器介入视频传播中，快播公司在主观上并没有对视频内容进行选择，而只是根据视频热度提供加速服务。也就是说，缓存服务器介入传播何种内容的视频，不是快播公司主观意志选择的结果，而是对他人传播行为的放任，对他人利用自己技术服务传播淫秽视频的放任，对自己的缓存服务器介入淫秽视频传播行为之中的放任，对自己的行为造成淫秽视频在网络上大量传播的放任。

同时，快播公司及各被告人面对深圳网监的行政处罚，在最初应付检查之后，信息安全组工作几乎停止，而且非但没有开展实质性的管理、阻止工作，还采取碎片化存储的方式企图规避法律风险。快播公司的张某某、伍某、江某等技术开发者均证实，2013 年底以前的视频文件采用加密的完整存储方式。2013 年底，为了规避版权和淫秽视频等法律风险，在王某的授意下，张某某领导的技术部门开始对快播缓存服务器的存储方式进行调整，将原有的完整视频文件存储变为多台服务器的碎片化存储，将一部视频改由多台服务器共同下载，每台服务器保存的均是 32M 大小的视频片段，用户点播时须通过多台服务器调取链接，集合为完整视频播放。碎片化存储固然有效率较高的特点，但张某某等人供称："2011 年底，完美公司到其公司谈合作的时候，了解到公司文件存储的方式，提出这样的存储有法律风险，建议最好采用碎片化的存储方式。2013 年年底，反盗版联盟说公司的视频文件有侵权的嫌疑，然后公安机关抱走了公司的几台服务器。王某要求服务器内缓存的视频全部采用碎片化存储的方式。2014 年 2月，快播公司的所有缓存服务器都采取了碎片化的存储方式"，"做'碎片化'就是要规避法律风险，怕被人告说公司盗版，还有就是规避淫秽视频风险"，这证明王某对于快播网络传播淫秽视频的事实不但明知，而且还着手采取逃避检查的技术措施，消极对待其监管责任，放任大量淫秽视频经由其网络系统，特别是经由其缓存服务器任意传播。王某的这种意志实际上就是快播公司的意志，而快播公司事业部的管理者吴某、张某某、牛某就是这一意志的执行者和执行监督者。根据我国刑法，犯罪的故意，是指明知自己的行为会发生危害社会的结果，并且希望或者放任这种结果发生的心理态度。快播公司及各被告人的行为足以表明其"放任"的间接故意，足以表明其放任的是正在发生或可能正在发生的危害后果。

（四）快播公司具备承担网络安全管理义务的现实可能但拒不履行网络安全管理义务

任何经营策略都应当计算自身承担法定义务的成本。作为自身技术规则的设定者，快播公司应当具备网络视频服务的信息安全管理能力，问题的关键是其愿不愿意把这种能力转变为现实的行动。具体而言，快播公司的 P2P 技术不仅使得用户在下载视频的同时提供了上传视频的服务，而且在用户与用户之间还介入了自己控制、管理的缓存服务器。快播用户点播视频过程中，在拥有视频的"站长"（或"客户端"）、缓存服务器、观看视频的客户端之间形成三角关系，快播调度服务器不仅拉拽淫秽视频文件存储在缓存服务器里，而且也向客户端提供缓存服务器里的淫秽视频文件。这让缓存服务器实际上起到了淫秽视频的下载、储存、分发的作用。快播公司根据某一视频被点播的次数来决定是否缓存，并且这个次数可能因为网络接入服务商的用户多少和提供缓存服务的服务器可用存储空间大小不断调整。快播公司并不制作或购买合法的视频资源产品，其以搜索点击数量决定"缓存"哪些视频的技术特点，决定了其缓存服务器中存储的视频文件必然包括被搜索点击频率较高的淫秽视频。正是快播公司提供的这种介入了缓存服务器的视频点播服务，以及设立的这种"缓存"技术规则，决定了其实质介入了淫秽视频的传播行为。技术是快播公司研发，技术服务是快播公司提供，技术服务规则是快播公司设定，快播公司介入视频传播的结果体现了快播公司的经营策略。"站长"的发布、用户的搜索、用户点对点的文件传输、快播缓存与加速服务，这些关键环节离开快播公司的调度服务器都不可能实现。用户搜索与点播的频次构成快播公司提供缓存服务的条件，调度服务器所记录的信息使快播公司在制定缓存规则的时候当然可以根据其主观意愿设定条件，在点播、缓存环节采取限制措施，是快播公司承担网络安全管理义务的基本路径。不论是通过专用程序自动审核还是通过专门人员人工审查，快播公司作为一家网络视频信息服务提供商，应当具备相应的安全管理能力，应当付出必需的经营成本。

一般来说，网络视频服务企业难以做到屏蔽所有非法视频，但证据表明，快播公司连行业内普遍能够实施的关键词屏蔽、截图审查等最基本的措施都没有认真落实。快播公司在2012年被深圳网监处罚后，确实设置了信息安全组，开展了一些工作。但一年后，南山区广播电视局执法人员在快播公司牛某面前当场取证，从快播官网可以非常"便利"地看到淫秽视频正在快播网络上传播。显然，如果快播公司的"110"不良信息管理平台有效发挥作用，检查屏蔽淫秽视频工作并不困难。正如牛某的供述以及快播公司负责信息安全工作的员工证言所称，"110"不良信息管理平台，在深圳网监验收合格之后，就基本被搁置，原为应对检查设立的信息安全组名存实亡。从另一角度讲，快播公司控制着每一台缓存服务器，能够轻易调取所存储的视频进行随机审查，可以轻易判断和批量清除缓存服务器内的淫秽视频，但快播公司没有做这种后台审查工作，放任占存储量70%的淫秽视频在自己的缓存服务器中以供加速下载之用。快播公司及王某等人在第一次庭审过程中反复强调自己对淫秽视频通过快播技术传播没有网络安全管理义务，既体现出其对法律法规规定义务的漠视，也体现出其逃避社会责任的主观态度。快播公司对于信息网络安全管理义务不是没有履行的现实能力，而是没有切实履行的意愿，其在本案中所表现出的行为属于拒不履行网络安全管理义务的行为。

（五）快播公司及各被告人的行为具有非法牟利目的

传播淫秽物品牟利罪要求"以牟利为目的"，即行为人主观上具有牟取非法利益的目的。这里的利益，既包括直接利益，也包括间接利益。司法实践中认定"以牟利为目的"，既包括通过制作、复制、出版、贩卖、传播淫秽物品直接获取对价的目的，也包括通过广告、流量、用户数量等获得间接收入的目的。淫秽视频被搜索、点播、下载的数量越多，淫秽视频的网络传播者所获取的间接利益可能就越大。所以，以获取广告费等间接利益为目的，为吸引网民、增加网站网页访问量、提高用户数量而在互联网上发布、陈列、播放淫秽视频的行为，应当认定为"以牟利为目的"传播淫秽物品的行为。

使用快播资源服务器程序发布、经由快播网络平台传播的淫秽视频的点击数量直接影响了播放器的用户数量，与快播公司的广告收益相互关联。快播公司综合管理中心财务总监刘某某的证言及其提供的财务报表显示，快播公司盈利主要来源于快播事业部，而快播事业部的主要收入来源于网络营销服务，其中资讯快播和第三方软件捆绑是最为主要的盈利方式，即来自快播播放器的安装和使用。2008年至2013年，快播公司营业收入逐年快速增长，仅快播事业部2013年达到人民币1.4亿元，其中资讯快播营业收入人民币7046万元，占49.25%，第三方软件捆绑营业收入为人民币3948万元，占27.59%。虽然快播公司自己并未上传淫秽视频，但任何网络用户均可以使用快播资源服务器程序发布淫秽视频。客观上，快播公司非但不加监管，反而通过有条件的存储、调取方式提供网络支持，为用户上传、搜索、点播淫秽视频提供便利，致使淫秽视频大量传播。快播播放器软件借此得到推广，快播公司也因此大量获利。快播资源服务器程序发布的视频经过快播技术手段加密，只能用快播播放器播放，快播公司因此对于使用快播软件播放快播视频过程中的第三方软件捆绑和广告资讯等盈利具有独占性。快播公司正是利用这种独占性特点，不断通过提供缓存技术支持等方法改善用户体验，增加用户数量和市场占有率，进而提升快播资讯广告或捆绑推广软件的盈利能力，增加收入。快播公司明知其快播软件和快播网络平台被用于传播淫秽视频而不予监管，反而用缓存服务器加速传播，这一放任行为在客观上对淫秽视频在网络上传播起到了推波助澜的作用，也由此让快播播放器的下载和使用产生的利益随之迅速增加。快播公司明知其网络上淫秽视频传播和公司盈收增长之间的因果关系，仍放任其网络系统被继续用于传播淫秽视频，应当认定为具有非法牟利目的。

（六）本案既不适用"技术中立"的责任豁免也不属于"中立的帮助行为"

司法实践对于技术中立的肯定，意在鼓励技术创新和发展，但技术是人类利用自然规律的成果，一定程度上受到技术提供者和使用者意志的控制和影响，并体现技术提供者和使用者的目的和利益。技术本身的中立性与技术使用者的社会责任、法律责任的关系，实质上反映了技术使用方式对社会发展起到推动进步还是阻碍进步的作用。以技术中立原则给予法律责任豁免的情形，通常限于技术提供者，对于实际使用技术的主体，则应视其具体行为是否符合法律规定进行判断。恶意使用技术危害社会或他人的行为，应受法律制裁。快播公司绝不单纯是技术的提供者，"站长"或用户发布或点播视频时，快播公司的调度服务器、缓存服务器参与其中，快播公司构建的 P2P 网络平台和缓存加速服务都让其成为技术的使用者，同时也是网络视频信息服务的提供者。快播公司在提供 P2P 视频技术服务和缓存技术服务时，虽然客观上没有对视频内容进行选择，但当其明知自己的 P2P 视频技术服务被他人利用传播淫秽视频，自己的缓存技术服务被利用成为大量淫秽视频的加速传播工具，自己有义务、有能力阻止而不阻止时，快播公司就不可能再获得技术中立的责任豁免。快播公司出于牟利目的，不履行安全管理义务，继续放任他人利用快播网络大量传播淫秽视频，且自己的缓存服务器也介入传播，在技术使用过程中明显存在恶意，应当承担相应的法律责任。

基于技术中立原则的要求，在信息网络传播权保护领域，技术的提供者需要尽到合理的注意义务，从而产生所谓"避风港"规则，行为人只要及时停止侵权便免除侵权责任。这一规则在《信息网络传播权保护条例》中规定为，当网络用户利用网络服务实施侵权行为时，被侵权人有权通知网络服务提供者采取删除、屏蔽、断开链接等必要措施，网络服务提供者如果并不明知作品、表演、录音录像制品系侵权时，接到通知后，未采取必要措施的，网络服务提供者应当承担责任；网络服务提供者接到通知后采取了必要措施的，则不需要承担责任。设立该项规则的目的在于保护单纯的网络服务提供者不因网络中海量的作品、表演、录音录像制品中存在侵权内容而被追究侵权赔偿责任，以促进网络服务的发展。辩护人认为基于"避风港"规则，快播公司作为网络服务提供者可适用《信息网络传播权保护条例》的规定免除责任。必须指出，《信息网络传播权保护条例》第三条明确规定，"依法禁止提供的作品、表演、录音录像制品，不受本条例保护。权利人行使信息网络传播权，不得违反宪法和法律、行政法规，不得损害公共利益"。也就是说，"避风港"规则保护的对象是合法的作品、表演、录音录像制品，而淫秽视频内容违法，严重危害青少年身心健康和社会管理秩序，属于依法禁止提供的对象，不属于信息网络传播权保护的范围，当然不适用著作权法意义上的"避风港"规则。

关于缓存服务器内存储视频的"缓存"状态问题是否应适用"避风港"规则免责问题，经查，知识产权法领域基于"避风港"规则免责的缓存是指"断电即被清除的临时存储"。而本案缓存服务器内存储的视频，均根据视频点击量自动存储下来，只要在设定的周期内点击量达到要求，就能长期存储并随时提供用户使用。故本案快播公司的缓存服务器或缓存技术中的"缓存"概念，并非计算机信息系统中通常意义上"断电即被清除的临时存储"，而是对符合设定条件内容的硬盘（服务器）存储，不属于知识产权法领域"避风港"规则免责的"缓存"类型。

本案另一个值得关注的问题是关于快播公司的行为是否属于"中立的帮助行为"。中立的帮助行为，是指外表上属于日常生活行为、业务行为等不追求非法目的的行为，客观上对他人的犯罪起到促进作用的情形。中立的帮助行为是以帮助犯为视角在共同犯罪中讨论中立性对定罪量刑的影响，而实行行为不存在"中立性"问题。快播公司的缓存服务器下载、存储并提供淫秽视频传播，属于传播淫秽视频的实行行为，且具有非法牟利的目的，不适用于共同犯罪中的中立的帮助行为理论。辩方以行为的中立性来否定快播公司及各被告人责任的意见，不应采纳。

（七）快播公司以牟利为目的放任淫秽视频大量传播的行为构成传播淫秽物品牟利罪的单位犯罪

我国《刑法》第三十条规定：公司、企业、事业单位、机关、团体实施的危害社会的行为，法律规定为单位犯罪的，应当负刑事责任。从主体身份看，快播公司通过调度服务器为使用资源服务器程序的"站长"提供视频文件转码、链接地址发布服务，为使用快播播放器的用户提供搜索、下载、上传服务，进而通过其缓存服务器提供视频存储和下载加速服务，快播公司属于网络信息服务提供者，应当依法承担网络安全管理义务。从客观行为看，快播公司在明知快播网络服务系统被众多"站长"（用户）用于传播淫秽视频的情况下，有能力但拒不履行网络安全管理义务，甚至采取技术措施规避法律责任，放任他人利用自己的网络技术服务传播淫秽视频，放任自己的缓存服务器被他人利用介入淫秽视频的传播之中，导致了淫秽视频大量传播的严重危害后果。从主观认知看，快播公司曾因传播淫秽视频等网络信息安全问题被采取行政处罚措施，王某、张某某、牛某等人亦曾多次供述知道快播传播淫秽视频的问题，足以认定快播公司明知其网络服务系统被用于传播淫秽视频。从犯罪目的来看，由于大量淫秽视频得以通过快播网络服务系统传播，快播播放器的用户数量和市场占有率得以提高，快播资讯和捆绑软件的盈利能力得以提升，快播公司拒不履行网络安全管理义务，具有非法牟利目的。快播公司的行为符合《刑法》第三百六十三条规定的传播淫秽物品牟利罪的构成要件。快播公司明知快播网络服务系统被用于传播淫秽视频，但出于扩大经营、非法牟利目的，拒不履行监管和阻止义务，放任其网络平台大量传播淫秽视频，具有明显的社会危害性和刑事违法性，应当依法追究刑事责任。

单位犯罪中直接负责的主管人员，是在单位实施犯罪中起决定、批准、授意、纵容、指挥等作用的人员，一般是单位的主管负责人。王某在快播公司传播淫秽视频牟利犯罪行为中起到了决定、批准、授意、纵容、指挥等作用。张某某、牛某则是快播公司和王某意志的执行者，不仅明知快播公司传播淫秽视频牟利的行为，而且为了快播公司实现非法牟利目的，在管理过程中指挥和监督下属员工积极落实单位和王某的决定，在快播公司传播淫秽视频牟利犯罪行为中起到了纵容、指挥等作用。吴某系快播事业部的总经理，负责整个快播事业部的工作，具有领导、管理、监督职责。对于快播公司存在的传播淫秽视频问题，张某某称，在公司产品会上说起快播涉黄，吴某的态度是"内容的事情找王某做决策"，可见吴某采取了推脱、回避的态度。同时，吴某对于快播事业部审核过滤淫秽信息工作停滞一事，亦负有督促有效运转之责，但其放任不管，实际上体现了快播公司对传播淫秽视频的"放任"意志。王某、张某某、吴某、牛某均应作为快播公司直接负责的主管人员承担相应的刑事责任。

我国《刑法》第三百六十六条规定：单位犯本节第三百六十三条……规定之罪的，对单位判处罚金，并对其直接负责的主管人员和其他直接责任人员，依照各该条的规定处罚。关于该罪的刑罚适用标准，最高人民法院、最高人民检察院先后于 2004 年和 2010 年发布了《关于办理利用互联网、移动通讯终端、声讯台制作、复制、出版、贩卖、传播淫秽电子信息刑事案件具体应用法律若干问题的解释（一）》和《关于办理利用互联网、移动通讯终端、声讯台制作、复制、出版、贩卖、传播淫秽电子信息刑事案件具体应用法律若干问题的解释（二）》。前者，针对直接传播电子淫秽信息的犯罪行为规定了定罪量刑标准；后者，重点就网站建立者、直接负责的管理者、互联网信息服务提供者、广告主、第三方支付平台等涉及淫秽电子信息的犯罪补充规定了定罪量刑标准。本案公诉机关在起诉书中指控被告单位及各被告人犯传播淫秽物品牟利罪情节特别严重，法院认为，应当根据上述法律规定并结合本案情节就刑罚适用问题进行分析。

1. 快播公司的行为不属于司法解释规定的传播淫秽物品牟利罪"情节特别严重"的情形

第一，快播公司对于特定视频是否为淫秽视频缺乏事先的明知。"事先明确知道是淫秽电子信息"与"明知其网络平台上存在淫秽电子信息"

所表达的主观明知内容完全不同，前者是针对特定视频文件，后者是针对网络平台所传播的内容包括哪类信息。本案中，快播公司在提供视频发布、点对点链接、缓存加速等服务时，并没有事先设置有效的内容审查技术环节或监管措施。快播公司主观方面虽然明知自己的网络平台上存在淫秽视频，但就本案缓存服务器内检验出的淫秽视频而言，没有证据表明快播公司事先明确知道其中不特定的任一视频是否为淫秽视频（服务器目录中均以特征码作为文件名）。虽然本案能够认定快播公司控制下的缓存服务器参与了淫秽视频的传播，但无法认定快播公司有针对性地实施了上传、下载和存储、提供淫秽视频的行为。

第二，快播公司不具有传播淫秽视频的直接故意。从行为人的意志因素上说，现有证据并不能证明快播公司"希望"淫秽视频通过快播网络平台大量传播。实际上，缓存服务器提供加速服务符合淫秽网站"站长"的直接传播故意和点播用户的自主选择意愿，快播公司采取了听之任之的放任态度。另外，本案没有证据证明快播公司与淫秽网站的"站长"或其他发布淫秽视频的用户之间存在共谋。快播公司无论是提供快播视频客户端软件、服务器软件，抑或提供缓存服务器的储存、加速服务，无论是针对服务对象还是服务内容，都没有进行区分或选择，无法认定快播公司与淫秽网站等具有直接故意的淫秽视频传播者之间具有犯意联络。缓存服务器内大量淫秽视频的存在，是淫秽网站、用户（每一个用户既是下载者也是上传者）的直接故意和快播公司的间接故意交织在一起共同作用的结果。同时，本案没有快播网站"发布"缓存服务器内这些淫秽视频的直接证据，用户从缓存服务器下载淫秽视频的数量，特别是用户下载淫秽视频文件时由快播公司缓存服务器提供支持（加速服务）的比例亦无从知晓。在此情形下，要求被告人承担与淫秽网站等具有直接故意的传播者相同的刑事责任，有客观归责之弊，违背主客观相一致的原则。

第三，快播公司的放任传播与技术介入的非直观性是本案的重要特征。传统的传播行为，一般由淫秽网站"站长"或用户以直观陈列的方式实施，传播者直接将淫秽视频链接放到网上提供给他人点播，或直接展示播放，或直接提供下载服务。比较而言，在单纯的 P2P 传播模式下，快播公司提供的是在用户之间建立链接渠道的程序，难以认定快播公司是淫秽视频的内容提供者；但在运用缓存服务器提供加速服务的传播模式下，快播公司放任其缓存服务器参与淫秽视频的传播过程，却没有开展有效的事前审查或后台审查，刑法应当责难此种不履行法定义务的行为。但即便是缓存服务器介入视频传播过程中，也不是直接提供缓存服务器的链接，而是用户点击淫秽网站上的链接后，快播公司的缓存服务器才因调度服务器的指挥提供加速服务，其实现方式更多地体现出网络技术的后台传输特点，技术介入的非直观性特征明显。考虑快播公司的放任传播方式的非直观性与传统直观陈列方式传播的区别以及技术介入性特点，单纯以缓存服务器内实际存储的淫秽视频数量来评价快播公司及各被告人的刑事责任，过于严苛。

第四，快播公司放任淫秽视频传播的直接获利数额难以认定。现有证据可以认定快播公司及各被告人之所以放任淫秽视频传播，目的是利用淫秽视频传播带动用户增加从而产生更多收入，且实际获利巨大。但应当看到，现有证据没有证明快播公司经营的网络平台通过传播淫秽视频直接收取费用，不能区分快播公司现有营业收入中具体有哪些属于传播淫秽视频所得，哪些是合法经营所得。实际上，快播公司及各被告人在经营视频点播业务过程中，主观上兼有合法经营目的和非法牟利目的，客观上难以即时区分合法视频点播服务和非法视频点播服务。快播公司获利方式的间接性决定了这种合法经营和非法经营的混同存在，所反映出的主观恶性和行为的社会危害性，比纯粹以淫秽物品传播为专营业务的淫秽网站要小。但须指出，间接获取非法利益的目的包含在刑法所规定的非法牟利目的的范畴之内，只是间接获利与直接获利在刑罚适用标准方面有所区别。

第五，本案"犯罪情节"的认定应该充分考量网络信息平台传播特点。点对点视频传播技术更新速度快，传播能力迅速攀升，其所产生的正面或负面影响，均与传播淫秽物品牟利罪刑法条文和司法解释制定时的情形难以同日而语。缓存服务器参与下的 P2P 视频点播技术使淫秽物品传播产生了超高速率、超大范围的传播效果，缓存服务器提供存储服务的淫秽视频数量动辄数以万计。故，不宜按照相关司法解释所规定的传播淫秽视频牟利罪的数量标准来确定刑罚。科学技术的应用必须符合法律规范，法律也应当鼓励优先运用技术措施解决技术问题，从而使科学技术具有更大的发展空间。本案应当充分考量科技发展的特殊性，将新类型网络传播淫秽物品犯罪的量刑方法区别于传统传播行为，体现谦抑性，实现罪责刑相统一。

综合主客观方面，快播公司缓存服务器内存储的淫秽视频数量与相关司法解释中数量标准规定的情形不同，本案不宜适用现有司法解释中的数量标准认定"情节特别严重"。

2. 快播公司放任淫秽视频大量传播并获取巨额非法利益应当认定为"情节严重"

"情节严重"，是出于立法技术的考虑而对犯罪情形的综合表述。一方面，立法者不能预见所有情节严重的情况而作出明确具体的规定；另一方面，即使有所预见，也不能使用冗长表述而使刑法丧失简明价值。传播淫秽物品牟利罪中的"情节严重"，是法定刑升格的依据。司法实践中，这种情节可以根据具体案情综合判定。就本案而言，深圳网监和南山区广播电视局先后两次针对快播公司存在的网络信息安全问题进行行政处罚，快播公司及各被告人明知这些执法活动的具体指向就是其网络上存在的涉嫌传播淫秽、侵权等网络违法犯罪行为，消极对待整改，以作为的形式掩盖不作为的实质，继续放任自己控制的缓存服务器被他人利用并提供加速服务，放任快播网络平台大量传播淫秽视频，其主观恶性和社会危害性显然大于一般的传播淫秽物品牟利行为。淫秽视频污染网络环境，尤其对青少年身心健康带来巨大损害，因此我国法律法规明确规定了网络信息服务提供者的网络信息安全管理责任。综合考虑快播公司拒不履行视频信息服务企业的网络安全管理义务，放任其网络系统被用于传播淫秽信息，两次受到行政处罚后仍以作为的形式掩盖不作为的实质，造成淫秽视频大量传播，间接获取巨额非法利益，法院认为，应当依据《刑法》第三百六十三条第一款的规定，认定为"情节严重"。

综上所述，被告单位深圳市快播科技有限公司及被告人王某、吴某、张某某、牛某以牟利为目的，在互联网上传播淫秽视频，其行为均已构成传播淫秽物品牟利罪，情节严重，应依法惩处。北京市海淀区人民检察院指控被告单位深圳市快播科技有限公司，被告人王某、吴某、张某某、牛某犯传播淫秽物品牟利罪的事实清楚，证据确实、充分，指控罪名成立。

被告单位、各被告人及辩护人在第一次庭审中所提之无罪辩护意见，没有事实及法律依据，法院不予采纳。

《刑法》第六十一条规定，对犯罪分子决定刑罚的时候，应当根据犯罪的事实、犯罪的性质、情节和对社会的危害程度，依法判处。法院根据被告单位和各被告人的法定情节和酌定情节确定刑罚。（1）被告单位快播公司通过网络系统中的大量缓存服务器介入淫秽视频传播而拒不履行安全管理义务，间接获取巨额非法利益，社会危害性大，鉴于快播公司在第二次庭审中能自愿认罪，法院对其酌予从轻处罚。（2）被告人王某系快播公司法定代表人、股东、执行董事、经理，明知快播软件的技术特点和存在的法律风险，拒不履行网络安全管理义务，授意他人以作为的形式掩盖不作为的实质，在本案中起主要作用。考虑到王某在第二次庭审过程中，能如实供述犯罪事实，自愿认罪，法院对其酌予从轻处罚。王某系被通缉后由公安机关从境外押解归案，并非自动投案，法院对其辩护人关于其有自首情节的辩护意见不予采纳。（3）被告人张某某系快播公司股东、事业部副总经理兼技术平台部总监，主要负责快播公司的技术平台工作，其主观上明知快播网络服务系统被用于传播淫秽视频，仍然提供缓存加速、碎片化存储等方面的技术支持，应当认定为直接负责的主管人员。考虑到张某某在第二次庭审过程中，能如实供述犯罪事实，自愿认罪，在犯罪过程中主要从事技术工作，听命于王某，作用较王某相对较轻，法院对其酌予从轻处罚。但张某某并非从犯，不符合缓刑适用条件，法院对其辩护人所提张某某系从犯并适用缓刑的意见不予采纳。（4）被告人吴某系事业部总经理，负责快播播放器等核心产品的营销工作，在快播事业部拥有管理权，应当认定为直接负责的主管人员。吴某进入事业部工作的时间内是快播公司传播淫秽视频牟利的时间段，起获涉案4台缓存服务器传播淫秽视频的时间也是在吴某担任事业部总经理期间，故法院对其辩护人关于吴某没有犯罪时间，没有决策权，不应认定为直接负责的主管人员的辩护意见不予采纳。考虑到被告人吴某参与时间较短，不是公司股东，听命于王某，作用相对王某、张某某较轻，法院对其酌予从轻处罚。吴某作为直接负责的主管人员，回避自己在犯罪中的作用，不宜对其适用缓刑，法院对其辩护人所提适用缓刑的意见不予采纳。（5）被告人牛某系事业部副总经理，主要负责市场部和网络信息安全小组的工作，对快播网络被用于传播淫秽视频负有监管责任，应当认定为直接负责的主管人员。牛某及其辩护人所提牛某履行了监管责任且属从犯的辩护意见，没有事实依据。考虑到牛某不是公司股东，听命于王某，作用相对王某、张某某、吴某较轻，且能如实供述犯罪事实，自愿认罪，法院对其酌予从轻处罚。各被告人之辩护人在第二次庭审中所提有关罪轻辩护意见，可以作为量刑时的参考，法院酌予采纳。法院依照《刑法》第三百六十三条第一款、第三百六十六条、第三十条、第三十一条、第五十二条、第五十三条之规定，作出判决。

裁判结果

一、被告单位深圳市快播科技有限公司犯传播淫秽物品牟利罪，判处罚金人民币 1000 万元（罚金限判决生效之日起三个月内缴纳）。

二、被告人王某犯传播淫秽物品牟利罪，判处有期徒刑三年六个月，罚金人民币 100 万元（刑期从判决执行之日起计算。判决执行以前先行羁押的，羁押一日折抵刑期一日，即自 2014 年 8 月 8 日起至 2018 年 2 月 7 日止；罚金限判决生效之日起三个月内缴纳）。

三、被告人张某某犯传播淫秽物品牟利罪，判处有期徒刑三年三个月，罚金人民币 50 万元（刑期从判决执行之日起计算。判决执行以前先行羁押的，羁押一日折抵刑期一日，即自 2014 年 4 月 23 日起至 2017 年 7 月 22 日止；罚金限判决生效之日起三个月内缴纳）。

四、被告人吴某犯传播淫秽物品牟利罪，判处有期徒刑三年三个月，罚金人民币 30 万元（刑期从判决执行之日起计算。判决执行以前先行羁押的，羁押一日折抵刑期一日，即自 2014 年 4 月 23 日起至 2017 年 7 月 22 日止；罚金限判决生效之日起三个月内缴纳）。

五、被告人牛某犯传播淫秽物品牟利罪，判处有期徒刑三年，罚金人民币 20 万元（刑期从判决执行之日起计算。判决执行以前先行羁押的，羁押一日折抵刑期一日，即自 2014 年 4 月 23 日起至 2017 年 4 月 22 日止；罚金限判决生效之日起三个月内缴纳）。

如不服本判决，可在接到判决书的第二日起十日内，通过法院或者直接向北京市第一中级人民法院提出上诉。书面上诉的，应当提交上诉状正本一份，副本五份。

评析

技术中立原则，是 1984 年美国最高法院在环球电影制片公司诉索尼公司案中确立的一个法律原则。根据该原则，如果产品可能被广泛用于合法的、不受争议的用途，即能够具有实质性的非侵权用途，即使制造商和销售商知道其设备可能被用于侵权，也不能推定其故意帮助他人侵权并构成共同侵权。技术中立原则对于推动技术进步具有重要意义，但适用技术中立原则的一个前提条件是制造商或者销售商只是单纯的技术设备提供者，并不能干预设备的实际使用。若技术提供者不仅提供技术设备工具，并且使用该技术实施侵权违法行为，则不再适用该原则。在快播案件中，快播公司并非只是单纯提供视频播放器，其基于 P2P 原理开发了 qvod 视频播放器。该播放器除了具备常规的视频播放功能之外，还可以针对广泛分布于互联网上的视频种子进行在线播放。当终端用户观看在线视频有卡顿现象，或者某些视频因点击量高而成为热门视频时，快播公司的缓存服务器便自动将视频文件下载存储起来，用户可以直接从快播公司的缓存服务器下载观看。因此，缓存服务器就成为视频资源站。换言之，快播公司在提供视频软件技术的同时，还利用该技术建立了一个视频发布、传播和分享的平台。因此，本案不适用技术中立原则。快播公司通过拉拽淫秽视频文件存储在缓存服务器里，并且向用户提供缓存服务器里的淫秽视频文件的行为，不是中立的帮助行为，而是传播淫秽物品的正犯行为，因而构成了传播淫秽物品牟利罪。

第八编　电子证据

99. 电子证据"QQ 聊天记录"的效力认定

——某电子公司与某网络公司承揽合同纠纷案

▶ 裁判要旨

QQ 聊天记录作为电子证据的具体形式，具有易更改性，因此在司法实践中对其证据效力的认定应当比较慎重，一般需要结合案件事实、当事人陈述及其他证据综合认定。

▶ 基本案情

2010 年 12 月 21 日，某电子公司与某网络公司签订《外贸网络营销服务合同》，约定电子公司购买一套外贸营销系统，由网络公司负责服务平台的搭建及推广，电子公司分期向网络公司支付货款。电子公司称网络公司未能按约依期履行合同，起诉请求网络公司返还已付合同款项。网络公司提交 QQ 聊天记录，以证明双方通过 QQ 聊天平台协商变更了合同内容，辩称其不存在违约事实。

▶ 法院裁判

法院经审理认为，电子公司认为网络公司没有完成平台搭建及推广的义务，网络公司提交 QQ 聊天记录证明双方仍在交流和协商过程中。电子公司否认 QQ 聊天记录的证据效力，但同时又引用聊天记录的部分内容作为网络公司违约的证据，相当于确认了电子证据的效力，故可以确认 QQ 聊天记录内容的真实性。从聊天记录的内容看，直到 2011 年 6 月初双方仍在就网络平台的建立进行沟通交流和更正、调整有关数据资料，可见双方在履行合同中以实际行为对合同约定的网络平台建立期限作出了变更，因此电子公司主张网络公司迟延履行合同义务与事实不符，故判决驳回电子公司的诉讼请求。

评析

根据 2015 年最高人民法院发布的《关于适用〈中华人民共和国民事诉讼法〉的解释》第一百一十六条的规定，电子数据是指通过电子邮件、电子数据交换、网上聊天记录、博客、微博客、手机短信、电子签名、域名等形成或者存储在电子介质中的信息。无疑，QQ 聊天记录应当属于电子证据的一种具体形式。但在实践中，由于以 QQ、微信聊天记录为代表的电子证据具有易更改的特性，因此在认定时需要慎重。在该案中，电子公司先是否认 QQ 聊天记录的证据效力，但同时又引用聊天记录的部分内容作为网络公司违约的证据，因此实际上其变相地承认了该 QQ 聊天记录的效力，故可以确认其内容的真实性。

100. 网站不正当竞争诉前行为保全案

——淘宝网诉"帮5买"案

裁判要旨

电子商务平台不正当竞争诉前行为保全案件，要严格把握不正当竞争纠纷诉前行为保全的审查要件，并结合实际情况确定是否可能对申请人造成难以弥补的损失。

案件索引

上海市浦东新区人民法院（2015）浦禁字第 1 号

案情摘要

申请人浙江淘宝网络有限公司（以下简称"淘宝公司"）为"淘宝网"的经营者，被申请人上海载和网络科技有限公司（以下简称"载和公司"）为"帮5买"网站的经营者，被申请人载信软件（上海）有限公司（以下简称"载信公司"）为"帮5淘"软件的开发者，"帮5买"网站上提供了"帮5淘"插件的下载服务。用户安装该插件后，使用 IE、百度等主流浏览器在"淘宝网"购物时，该插件会在"淘宝网"页面嵌入"帮5买"网站的广告栏和搜索栏，并在购物页面的标价附近嵌入"现金立减"

等链接，点击后则跳转到"帮5买"网站完成交易。

淘宝公司以两被申请人构成不正当竞争，不及时制止可能对淘宝公司造成不可弥补的损失为由，向上海市浦东新区人民法院提出诉前行为保全申请，请求法院责令两被申请人停止以"帮5淘"网页插件的形式实施不正当竞争行为。

法院裁判

上海市浦东新区人民法院认为，"淘宝网"与"帮5买"网站均为购物网站，具有直接竞争关系；载和公司的上述行为涉嫌不正当地利用"淘宝网"的知名度和用户基础，有可能构成不正当竞争；"淘宝网"的交易量巨大，且"双11"购物狂欢节即将到来，若不及时制止上述行为，可能对申请人的竞争优势、市场份额造成难以弥补的损害。遂裁定两被申请人立即停止将"帮5淘"网页插件嵌入申请人淘宝公司"淘宝网"网页的行为。两被申请人不服，提出复议申请，要求法院撤销前述民事裁定。法院组织双方进行听证，充分听取双方意见后，作出驳回复议申请，维持原裁定的决定。

评析

本案涉及网络购物中不正当竞争行为的诉前保全问题。与淘宝网有直接竞争关系的"帮5买"网站提供的"帮5淘"插件，通过跳转链接等不正当行为阻碍了淘宝网的正常经营，有可能构成不正当竞争，尤其在"双11"购物狂欢节到来之际，若不及时阻止上述不正当行为，将会对淘宝网造成难以弥补的损失。因此，通过诉前行为保全的方式，要求被申请人停止不正当竞争行为。

后　记

这本案例评析能够出版成书，实则是一次偶然。

最初，在学习网络法的过程中，由于这一新兴专业仍处于发展阶段，知识体系尚未成型，市面上关于网络法的教科书也寥寥无几，因此，深感较之于其他法学专业而言，对于案例尤其是具有典型意义的案例的研读与分析，在网络法的学习过程中显得尤为迫切。法律本就是一门以社会为导向、面向实践、重视经验、作用于司法的技艺，对于案例的格外关注可谓"与生俱来"。此外，网络法以"网络"为名，其与网络技术的联系之紧密可谓"刻骨铭心"。而网络技术的发展日新月异，网络中的新问题层出不穷，素以稳定性为价值追求的立法具有明显的滞后性，对此只能疲于应对，越发捉襟见肘。而司法又不能以法无规定为由拒绝受理。因此，实践中往往以个案的形式，先于立法形成特定的裁判规则。正是这些点滴汇聚的裁判规则在实质性地推动我国网络法律规则的建立。然而，囿于市面上关于网络法案例书籍的匮乏，只能通过自己检索个别案例进行学习，其效果可想而知。

同样的问题也出现在教学层面。因此，为了配合网络法教学工作，导师提议进行案例选编，以法院原文判决书的形式，辅之以简明扼要的裁判要旨，囊括网络法各个领域，共计100个典型案例。整理的思路是从程序法到实体法，实体法再细分为个人信息保护、网络言论、电子合同、网络不正当竞争、网络知识产权、网络犯罪等领域。

按照这个思路，翻阅和检索了历年的典型案例，并一一进行筛查。选取的案例基本是来自最高人民法院发布的典型案例（如个人信息、英雄人物人格权案例）、各地市法院发布的年度十大涉网典型案例（如北京、上海、广州知识产权法院发布的年度十大案例）、《刑事审判参考》中的经典案例（如盗窃虚拟财产、网络谣言、网络赌博），部分是通过北大法宝检索出的虽不出名却具有代表性意义的案件（如为了涵盖网络犯罪中非常重要的预备行为实行化和帮助行为正犯化两种犯罪类型，特意检索出第85、86两个案例）。这些案例之所以被挑选出，不是因为其出名，而是因为其具有典型意义，这也是本书的书名"网络法'典型案例'"所揭示的。此外，本书的案件详情大多摘自中国裁判文书网。由于专业、时间、精力的限制，本案例集的评析较简洁。倘若未来有机会，将会针对每一个案例展开更加深入翔实的评述。

最后，特别感谢于志刚老师在本案例集编写过程中给予的悉心指导与宝贵建议；特别感谢王立梅老师对本书出版计划的推进与协调，并一直关注着编辑出版中的各种细节；特别感谢出版社编辑姚敏、张娇老师耐心细致的审稿校对。

图书在版编目（CIP）数据

网络法典型案例：裁判要旨与分析／吴尚聪编著

．-- 北京：社会科学文献出版社，2019.8

ISBN 978 - 7 - 5201 - 4573 - 2

Ⅰ.①网…　Ⅱ.①吴…　Ⅲ.①计算机网络 - 科学技术

管理法规 - 案例 - 中国　Ⅳ.①D922.175

中国版本图书馆 CIP 数据核字（2019）第 054697 号

网络法典型案例：裁判要旨与分析

编　　著／吴尚聪

出 版 人／谢寿光
组稿编辑／刘骁军
责任编辑／姚　敏
文稿编辑／张　娇

出　　版／社会科学文献出版社 （010）59367161
　　　　　　地址：北京市北三环中路甲 29 号院华龙大厦　邮编：100029
　　　　　　网址：www. ssap. com. cn
发　　行／市场营销中心 （010）59367081　　59367083
印　　装／三河市东方印刷有限公司

规　　格／开 本：787mm×1092mm　1/16
　　　　　　印 张：49.75　字 数：779 千字
版　　次／2019 年 8 月第 1 版　2019 年 8 月第 1 次印刷
书　　号／ISBN 978 - 7 - 5201 - 4573 - 2
定　　价／258.00 元

本书如有印装质量问题，请与读者服务中心（010 - 59367028）联系